U0938861

清代通史

萧一山 著

九

商务印书馆
创于1897 The Commercial Press
2019年·北京

第九册目录

下卷

第六篇　宪政运动与国民革命

第六篇　宪政运动与国民革命

第三十五章　百日维新及戊戌政变

一百四十九　维新运动之背景

（一）国势之背景

梁启超为维新运动领导人物之一，其言曰："唤起吾国四千年之大梦，实自甲午一役始也。吾国之大患，由国家视其民为奴隶，积之既久，民之自视，亦如奴隶焉。彼奴隶者苟抗颜而干预主人之家事，主人必艴然而怒，非擯斥则谴责耳。故奴隶于主人之事，罕有关心者，非其性然也，势使之然也。吾国之人视国事若于己无与焉，虽经国耻历国难，而漠然不以动其心者，非其性然也，势使然也。且其地太辽阔，而道路不通，彼此隔绝，异省之民，罕有交通之事，其相视若异国焉，各不相知，各不相关，诚有如小说家所记巨鲸之体，广袤数里，渔人断其背而穴焉，寝处于是，炊爨于是，而巨鲸渺然不之知也。故非受巨创受深痛，固不足以震动之。昔日本当安政间，受浦贺米舰，一言之挫辱，而国民蜂起，遂成维新。吾国则一经庚申圆明园之变，再经甲申马江之变，而十八行省之民，犹不知痛痒，未尝稍改其顽固嚣张之习。直待台湾既割，二百兆之偿款既输，而鼾睡之声，乃渐惊起，此事之无如何者也。"（《戊戌政变记》附《改革起源》）任公以当事人所言维新之动机若此，其中盖有二义焉：一曰人民之觉醒，二曰外患之煎急。而康有为于保国会《演说辞》更详言之曰：

吾中国四万万人，无贵无贱，当今日在覆屋之下，漏舟之中，薪火之上；如笼中之鸟，釜底之鱼，牢中之囚；为奴隶，为牛马，为犬羊，听人驱使,听人宰割,此四千年中未有、二十朝未有之奇变！加以圣教式微,种族沦亡,奇惨大痛,真有不能言者也。吾中国自古为大一统国,环列皆小国,若缅甸、朝鲜、安南、琉球之类,吾皆鞭棰使之,其自大也久矣。故在国初时,视英、法各国皆若南洋小岛。虽以纪文达校订《四库》,赵瓯北札记《二十二史》,阮文达为文学大宗,皆博极群书,而纪文达谓艾儒略《职方外纪》、南怀仁《坤舆图说》,如中土瑶台阆苑,大抵寄托之辞。赵瓯北谓俄罗斯北有准噶尔大国,以铜为城,二百方里。阮文达《畴人传》,不信对足抵行。今人环游地球,座中诸公有踏遍者。吾粤贩商估客,亦视为寻常。而乾、嘉时博学如诸公,尚未之知。至道光十二年英人轮舟初成,横行四海,以轮船二艘犯广州,两广总督卢敏肃,以三千师船二万兵御之而败。卢公曾平瑶匪赵金陇者,宣宗成皇帝诏谓卢坤昔平赵金陇曾著微劳,不料今日无用至此。卢敏肃虽言洋船极大,而既无影镜灯片,宣宗无从见之,无能自白也。暨道光二十年,林文忠始译洋报,为讲求外国情形之始。败于定海、舟山,裕谦、牛鉴、刘韵珂继败,舰入长江,而炮震天津,乃开五口。宣宗乃知洋人之强在船坚炮利,命仿制之,西人如何,实未知也。道光二十九年,咸丰六年、八年、十年,屡战屡败,输数千万,开十一口,乃至破京师,文宗狩热河,洋使入住京师,亦可谓非常之变矣。然而士大夫以犬羊视之,深闭固拒。同治三年斌椿遍游各国,等于游戏,无稍讲求之者。曾文正与洋人共事,乃始少知其故,开制造局译书,置同文馆、方言馆、招商局,文文忠乃遣美人蒲安臣与志刚、孙家谷出使各国,首用洋人,如古之安史那、金日磾,实为绝异之事。当时欲遣京官五品以下正途翰林六曹出身入同文馆读书,最为通达,而倭文端限之。自是虽轺车岁出,而士大夫深恶外人,蔽拒如故。甲申之役,张南关之功,日益骄满。鄙人当时考求时局,以为俄窥东三省,日本讲求新治,骤强示威,必取朝鲜。曾上书请及时变法自强,而当时天下皆以为狂。壬辰年,傅兰雅《译书事略》,言上海制造局译出西书,售去者仅一万三百余部。中国四万万人,而购书者乃只有此数,则天下士讲求中外之学者,能有几人？可想见矣。非经甲午之役割台偿款,创巨痛深,未有肯翻然而改者。至此天下志士,乃知渐渐讲求,自强学会首倡之,遂有官书局《时务报》之继起。于是海内缤纷,争言新法,自此举始也。然甲午之后,仍不变法,间有一二,徒为具文,即如海军、电线、铁路、船局、船厂,间有一二,然变其甲不变其乙,变其一不变其二,牵连相累,必至无成。其他且勿论,即如被创之后,而兵未尝增练,铁舰不再购一艘,吾绿营兵六十余万,八旗兵三十余万,实皆老弱,且各有业,托名伍籍中。泰西以民为兵,吾则以兵为民,何以敌之?若夫泰西立国之有本末,重学校,讲保民、养民、教民之道,议院以通下情,君不甚贵,民不甚贱。制器利用以便民,皆与吾经义相合,故其致强也有由。吾兵、农、学校皆不修,民生无保养教之之道,上下不通,贵贱隔绝者,皆与吾经义相反,故宜其弱也。故遂复有胶州之事,四十日之间,要挟逼迫者二十事:一德之强租胶州,人所共知也。其二,则英欲借我款三厘息,而俄不许矣。其三,欲开大连湾通商,俄不许矣。其四,欲开南宁通商,俄不许矣。其五,借英款不成,而内河全许驶行轮船矣。其六,西贡烧教堂,法索我偿款十万矣。其七,姚协赞调补山东道,德人限二十四点钟撤去矣。其八,津镇铁路过山东,三电德廷,德不许矣。其九,改道过河南,德亦不许,后请英、美使言之乃许矣。其十,聂军请俄教习,而订明不归统领节制矣。其十一,俄教习去留,须候俄廷旨矣。其十二,俄人勒逐德教习四人矣。其十三,直隶、山西、东三省练兵,必须请俄教习矣。其十四,长江左右厘金,尽归税务司矣。其十五,德人既得胶州百里,复索增广矣。其十六,既得增广,又索铁路矣。其十七,既得铁路,又索全省矣。其十八,既得铁路,又索全省商务矣。其十九,俄人要割旅顺、大连湾、金州矣。其二十,法人索广州湾,又订两广、云贵不得让与他国矣。此皆今年二月以前之事,此后英之索威海,日本之订福建不得让与别国等事,尚未及计也。夫筑路待商之德廷,道员听其留逐,是皇上之权已失,贾谊所谓"何忍以帝王尊号为戎人诸侯"!二月以来,失地、失权之事,已二十见,来日方长,何以卒岁?缅甸、安南、印度、波兰,吾将为其续矣。观分波兰事,胁其国主,辱其贵臣,荼毒缙绅,真可为吾之前车哉！必然之事，安能侥幸而免乎？印度之被灭，无作第六等以上人者。自乾隆三十六年，至光绪二年，百余年始有议员二人。香港隶英人，至今尚无科第，人以买办为至荣。英人之窭贫者可为大班，吾华人百万之富，道府之衔，红蓝之顶，乃多为其一洋行之买办，立侍其侧，仰视颜色。呜呼哀哉！及今不自强，恐吾四万万人，他日之至荣者不过如此也。元人始来中国，尝废科举矣，其视安南之进士，抱布贸丝，有以异乎？故我士大夫设想他日，真有不可言者。即有无耻之辈，发愤作贰臣，前朝所极不齿者，而西人必不用中人，以西人之官必有专门，非专学不能承乏也。若使吴梅村在，他日将并一教官不能得，安敢望祭酒哉！即欲如熊开元作僧，而西教专毁像教，佛像佛殿，将无可存，僧于何依？即欲蹈东海而死，吾中国无海军，即无海境，此亦非我干净土矣。做贰臣不得，做僧不得，死而蹈海不得，吾四万万之人，吾万千之士大夫，将何依何归、何去何从乎？今日当如大败之余，人自为战，救亡之法无他，只有发愤而已。穷途单路，更无歧趋，韩信背水之军，项羽沉舟之战，人人怀此心，只此或有救法耳。然割地失权之事，既忌讳秘密，国家又无法人师丹之油画院，绘败图以激人心，薄海臣民，多有不知者，或依然太平歌舞，晏然无事，尚纷纷求富贵求保举，或乃日暮途远，倒行而逆施之。《孟子》曰："国必自伐，然后人伐之。"故割地失权之事，非洋人之来割胁也，亦不敢责在上者之为也，实吾辈甘为之卖地，甘为之输权。若使吾四万万人皆发愤，洋人岂敢正视乎？而乃安然耽乐，从容谈笑，不自奋厉，非吾辈自卖地而何？故鄙人不责在上而责在下，而责我辈士大夫，责我辈士大夫义愤不振之心，故今日人人有亡天下之责，人人有救天下之权者。考日本昔为英、美所陵，其弱与我同，今何以能取我台湾，灭琉球而制朝鲜，得我偿款二万万？此日本之兵强为之耶？非也。其相伊藤，其将大山为之耶？非也。尝推考如此大事，乃一布衣高山正芝之所为。高山正芝哀国之衰不能变法，愤大将军之擅政，终日在东京痛哭于通衢，见人辄哭，终以哭死。于是西乡、吉田、藤田、蒲生秀实之流，出而言尊攘。大久保利通、岩仓具视、木户孝允、板垣退助、三条实美、大隈重信出而谈变法，日本乃盛强。至明治以后，日人赏维新之功，乃赠高山正芝四品卿，赐男爵。凡物作始也简，将毕也巨，呜呼！谁知日本之治，盛强之效，乃由一诸生无权无勇、无智无术而成之耶？盖万物之生，皆由热力，有热点故生诸天，有热点故生太阳。太阳热之至者，去我不知几百万亿里，而一尺之地，热可九十四马力，故能生地，能生万物，被其光热者，莫不发生。地有热力，满腹皆热汁火汁，故能运转不息。医者视人寿之长短，察其命门火之衰旺，火衰则将死，至哉言乎。故凡物热则生，热则荣，热则涨，热则运动，故不热则冷，冷则缩，则枯，则干，则夭死，自然之理也。今吾中国以无动为大，无一事能举，民穷财尽，兵弱士愚，好言安靖而恶兴作，日日割地削权，命门火衰矣，冷矣，枯矣，缩矣，干矣，将危矣，救之之道，惟增心之热力而已。凡能办大事复大仇成大业者，皆有热力为之，其心力弱者，热力减故也。胡文忠谓今日最难得者，是忠肝热血人。范蔚宗谓桓灵百余年倾而未颠，危而未坠者，皆由仁人君子心力之为。凡古称烈士、志士、义士、仁人，皆热血人也，视其热多少以为成就之大小。若热如萤火如灯则微矣，并此而无之，则死矣。若如一大火团，至百二十度之沸度，则无不灼矣。若如日之热，则无所不照，无所不烧，热力愈大，张力愈大，吸力愈多，生物愈荣，长物愈大。故今日之会，欲救亡无他法，但激励其心力，增长其心力，念兹在兹，则爝火之微，自足以争光日月，基于滥觞，流为江河。果能合四万万人，人人热愤，则无不可为者，奚患于不能救！

康、梁所述，皆以甲午一役为维新变法之始因，而列强谋瓜分之祸，实为维新运动达于高潮之时。且以日本之维新为例，谓其功由一布衣无权无勇者成之，则寄望于人民之奋起图救者，实昭然若揭。惟康、梁虽以唤起人民为目标，而所领导者，仍为士大夫阶级，因中国一向为士大夫领导之社会，甲午战败以后，首先发生反省觉悟者，即此一阶级之人。康、梁之祖父皆为教谕，可谓出身士大夫世家，本人又系科第中之新贵，故其所谓人民者，亦不出士大夫阶级之范围。士大夫受数千年礼教之浸渍，“君臣之义已定,天泽之分难越","食毛践土,谁非臣子?"是种观念,在当时一般人心目中,已属牢不可破,对皇帝认为神圣不可侵犯,如欲救国则必须得君行道,然后始能匡济天下。此康、梁维新运动所以倾向于因时改革,而不能如孙中山先生之创造新环境,推翻旧皇朝,倡导国民革命运动也。然此二种并兴之救国运动,均系外患之压迫而成,则固不待言矣。

(二) 学术之背景

中国学术,向以通经致用为目标,然自汉、唐而后,世所谓经生文人者,常在训诂、心性、制艺中讨生活,是甲非乙,哓哓不休,经尚不能通,何云致用?清初顾亭林力倡舍经学无理学之说,欲使经理之学汇其归为经世,而乾、嘉学者,不能绍述之,反日趋于支离破碎。道光以来,国势凌夷,有识之士,始儳然若不可终日。顾生网密之世,风议隐约,不能尽言,乃以恢诡渊眇之理想,证衍古谊,而今文学派之寖盛,即此之由也。其真能远绍孔孟而近挹亭林者,惟曾国藩一人而已,曾氏之事业,所以在晚清放一异彩,盖由于其学能通经致用耳。以守旧维新为对立之道,见解亦颇超越流俗。如云:"欲求自强之道,终以修政事求贤才为急务。以学作炸炮,学造轮舟为下手工夫。但使彼之所长,我亦有之,顺则报德有其具,逆则报怨亦有具。"(见《求阙斋日记·治道》)惜为功名所淹,与后日之中山先生,处于同一境遇,以故论学术者,往往遗之。国藩与龚、魏并世,中山先生与康、梁并世,然龚、魏、康、梁在学术史上有其相当之地位,而曾、孙则无;实则涤生、中山之学,较龚、魏、康、梁远胜,一般人均不注意及之,殊可慨也。观梁任公《论中国学术思想变迁之大势》云:

> 数新思想之萌蘖,其因缘固不得不远溯龚(自珍)、魏(源),而二子皆治今文学,然则今文学与新思想之关系,果如是密切乎?是又不然。……欲明其理,请征泰西。夫泰西古学复兴,遂开近世之治,谓希腊古学,果与近世科学、哲学,有不可离之关系?殆未必然。然铜山崩而洛钟应者,其机固若是也。凡社会思想,束缚于一途既久,骤有人焉冲其藩篱而陷之,其所发明者,不必其遂有当于真理也,但使

持之有故，言之成理，则自能震耸一般之耳目，而导以一线光明。此怀疑派所以与学界革命常相缘也。今文家言，一种之怀疑派也。……疑之不已，而俶诡之论起焉……故怀疑派之后，恒继以诡辩派，诡辩派之后，而学界革命遂成立。此征诸中外古今而皆然者也。今文之学，对于有清一代学术之中坚而怀疑者也，龚、魏及祖述龚、魏之徒，则近于诡辩者也，而我思想界亦自兹一变矣。其与龚、魏相先后而学统有因缘者，则有若阳湖李申耆（兆洛），长州宋于庭（翔凤），仁和邵位西（懿辰）……而湘潭王壬秋（闿运），壬秋弟子井研廖季平（平）集其大成。……廖氏受师说而附益之，著书乃及百种，可谓不殚烦，而其说亦屡变……蚤岁实有所心得，俨然有开拓千古推倒一时之概，晚节则几于自卖其学，进退失据矣。……虽然，固集今学之大成者，好学深思之誉，不能没也。……吾师南海康先生，少从学于同县朱子襄（次琦）先生。朱先生讲陆、王于举世不讲之日，而尤好言历史、法制得失，其治经则杂糅汉、宋今古，不言家法。康先生之治《公羊》，治今文也，其渊源颇出自井研，不可诬也。然所治同，而所以治之者不同。畴昔治《公羊》者皆言例，南海则言义，惟牵于例，故还珠而买椟，惟究其义，故藏往而知来。以改制言《春秋》，以三世言《春秋》者，自南海始也。改制之义立，则以为《春秋》者，绌君威而申人权，夷贵族而尚平等，去内竞而归统一，革习惯而遵法治，此南海之言也。畴昔吾国学子，对于法制之观念，有补苴，无更革；其对于政府之观念，有服从，有劝谏，无反抗。虽由霸者之积威，抑亦误学孔子，谓教义固如是也。南海则对于此种观念，施根本的治疗者也。三世之义立，则以进化之理，释经世之志，遍读群书，而无所阂，而导人以后来之希望，现在之义务。夫三世之义，自何劭公以来，久闇曶焉，南海之倡此，在达尔文主义未输入中国以前，不可谓非一大发明也。南海以其所怀抱，思以易天下，而知国人之思想，束缚既久，不可以猝易，则以其所尊信之人为鹄，就其所能解者而导之，此南海说经之微意也。

任公并于注文中以申之曰:"南海尊《礼运》大同义,谓传自子游,其衍为子思、孟子。《荀子·非十二子篇》其非思孟之言曰:'以为仲尼、子游,为兹厚于后世。'是其证也。子夏传经,其与荀卿之渊源,见于《汉书·艺文志》。故南海谓子游受微言以传诸孟子,子夏受大义以传诸荀子,微言为太平世大同教,大义为升平世小康教。因此导入政治问题,美孟而剧荀,发明当由专制进为立宪、共和之理。其言有伦脊,先排古文以追孔子之大义,次排荀学以追孔子之微言,此南海所以与井研异也。井研为无意识之排古,南海则有所为而排之,以求达一高尚之目的也。"又曰:"谤者或以为是康教,非孔教,顾《礼运》、《孟子》、《公羊传》之言,不可得削也。就令非孔子而为康所托,其托之也则亦于社会上有绝大关系,明矣。夫在今日,虽以小学校之学僮,固莫不口英、美之政体,手卢、孟之著书矣。二十年前昌言之者谁耶?……抑亦思今日国中闻立宪、共和之论而却走者,尚占大多数,二十年前,不引征先圣最有力之学说以为奥援,安能树一壁垒与二千年之勍敌抗耶?孟子曰:'知人论世。'乌可以今而例昔也?"可知维新运动领袖人物之学术思想背景,盖欲以先圣作变法改制之护符而已。其以三世之义言大同、小康,以"据乱"、"升平"、"太平",言"专制"、"立宪"、"共和",衍为政治进化之理论,颇能发辉孔子"大学"之精神,惟此仅就中国传统之学术而言也。至于西洋学术之采纳,则由于自强运动之坚甲利兵政策,迄甲午而竟不验,而郭嵩焘、冯桂芬、郑观应等之说,始为国人所接受耳。《戊戌政变记》云:"甲午以前,我国士大夫言西法者,以为西人之长,不过在船坚炮利,机器精奇,故学之者亦不过炮械船舰而已。此实我国致败之由也。乙未和议成后,士大夫渐知泰西之强,由于学术,颇有上书言之者,而刑部侍郎李端棻之奏,最为深切详明,得旨允行。而恭亲王刚毅等谓可以缓办,诸臣和之,故虽奉有明诏,而束高阁者三年矣。"端棻为任公内兄,所奏恐出任公手,其时正康有为发动公车上书时也。郭嵩焘于二十年前,所著《使西纪程》即言:"西洋立国,自有本末,诚得其道,相辅以致富强,由此而保国,千年可也。不得其道,其祸亦反是。"总署为之刊行,李慈铭却称凡有血气者,无不切齿!薛福成亦谓郭侍郎每叹西洋国政民风之美,至为清议之士所牴排,余亦稍讶其言之过当。及身历欧洲,始信侍郎之说。冯桂芬之《校邠庐抗议》,郑观应之《盛世危言》,至戊戌始发生作用,而为光绪帝所激赏。康有为之西学知识,除梁任公所述“道经香港、上海,见西人殖民政治之完整,属地如此,本国之进步更可知。因思所以致此者,必有道德、学问以为之本原,乃悉购江南制造局及西教会所译各书尽读之。彼时所译者,皆初级普通学,及工艺、兵法、医学之书,否则耶稣经典论疏耳,于政治、哲学毫无所及。而有为别有会晤,能举一反三,因小以知大,自是于学力中别开一境界”外,实则《使西纪程》、《校邠庐抗议》、《盛世危言》、《新政真铨》(何启、胡礼垣合著)诸书,皆为康氏宪政思想之本源,惟康氏不愿明言,亦如其窃廖平之今文学说耳。任公所谓甲午以前言西法者,不过在船坚炮利、机器精奇,殆事实也。光绪八年陈启泰《兴利除弊事宜》曰:“通商各国,莫不有铁甲船而兵强,有火轮舟而国富,中国相形见绌,宜其环而侮我,莫可如何！夫知己知彼,与师其长技,皆兵家上乘。”可为斯时言西学者之代表。然甲午一役,中国之炮船多于日本,中国之地大物博民众,亦过日本十倍,又何以失败乎？文廷式等五百余人,联名劾李鸿章云:“倭国国势兵力,不能与西洋各国同年而论,国债重而民力困,则根本未坚也;有快船而无巨舰,则武备不足也;兵出于卒募,非素练之师也;权纷于党论,非划一之政也。东事之兴,凡曾经战阵之士,通晓夷情之人,莫不以为螳臂当车,应时立碎,虽西人亦凿凿言之。而事竟有大谬不然者!”于是一般人始憬然于“不察其所以强,而徒效其器械,岂足恃哉?”(同治间李经羲奏语)。明治维新,实行宪政,因而击败我数千年之文明古国,正是吾人之绝好榜样。而康有为以经生文人,能作激昂慷慨,洋洋洒洒万言书,其必为士大夫阶级所拥护,自属事理之必然者矣。

(三) 国际之背景

薛福成《出使日记》云:“光绪十六年闰二月初七日,在法京晤土耳其国头等公使爱萨德鲁,交谈之下,土使则叹息痛恨于英、俄诸国之恃强相陵。大抵谓:今之时世,一铁舰枪炮之世耳,未有势不强而可立国者,盖王道之不讲也久矣。所谓公法条约,皆不过欺人之谈耳,奚足恃哉？其寄慨之旨如此。”观此可知当时之世界,盖以弱肉强食为公理,国势不强,则惟有任人宰割而已。薛《记》又云:“尝考火轮船之权舆,乾隆元年,英人或议造小火轮船,运用之力,不用水气,而用风气。船头置轮,船尾置机,以大绳运转其轮,欲拖大船出海口未成。是后制作日精,道光十八年,英人造一大火轮船,载货一千四百吨,开行十五日,可抵美国之纽约,是为轮船出大西洋之始。咸丰二年,始造铁船,即遇飓风,可免迸裂沉没之虞。又有隔舱之法,以防渗漏。自是轮船之制全备,殚无穷之财力,积数国奇智异能之士,苦心经营,有美必备,然后无遗憾矣。然则握富强之枢者,岂非以轮船为第一要图乎?”又云:“西人制造,愈出愈奇,美国新法,以纸制造各物,令其坚实,以代钢铁之用。火车之轮,亦以纸为之。又造货厂一所,墙壁屋瓦,以及楼板阶砖,无不以纸为之,耐久不颓,火不能然,水不能入,较砖瓦之用为尤坚。”而陈其元《庸闲斋笔记》云:“天下至巧,至泰西而极,泰西之巧,至今日而极。古人云铁船渡海,为必无之事。壬申(同治十一年)之春,竟有北德意志国铁甲船至吴淞海口,其船纯以精铁铸成,大片镶合,一船重数千万斤,可载战士万人。大炮击之,不损分毫。每造一船,须用银三百万两,此时英、法、美、俄各国,皆有此船。或数只或数十只不等。海中有此船,则各种大轮船,皆不能敌矣。又有气球,其身可分作五六间屋,用机转运,则上升数十丈,东西南北,无不如意所向。北德围法兰西都城时,法主乘气球出亡,北军亦乘气球追之,空上争战,卒为法王逸去,此则行于天上矣。”此可见当时人对于西洋技艺之巧,认为富强之本,岂能不以船炮为第一要图乎?至于国际间之纵横捭阖,固仍瞢然不知也。刘云生《英轺私记》云:“中国外交之道,当据理直言,不可为客气之谈,尤不可为阴阳之论。凡自夸强大,不殚用兵,及中外一家,怀柔远人等,皆彼所共识,传相姗笑。而或自相轻薄,诋华媚夷,至效其衣冠,习其礼节,尤彼所深鄙。”吾国使臣之所能晓然者,仅此表面文章,而于国际斗争之内幕,除曾纪泽外,似鲜有一人曾作研究者。甚至驻俄公使杨儒被俄人从楼上踢下致命,其子复悲愤自缢,仅以暴卒闻,而政府亦不敢过问。观英使威妥玛《答东方时局问》云:“中国骄傲之气,不可一世,而所作之事,则正与相反。即如中国素称文明之国,而其民乃有至愚极拙者。中国之教化，固所谓最古而最上者也，然衡以各国之教法，则中国今日之所教，仅未成丁之稚子耳。华人又有不肯自谦之弊，岂知适成为不能交战之人。"（见《经世文三编》）又云："余久游中国，甚爱中国，缘此变故（按指中日之战），恒代伤心。而其未肯预备之咎，则断不能为之恕也。前后六十年间，泰西官绅之游华者，剀劝中国亟宜整顿，不啻口敝舌焦，而中国仍率由旧章，不动不变。偶有急难，则似虾一跳而水一动，及至事过情迁，则又相与淡忘矣。"此旁观者之言，可知以往维新，俱属虾跳盲动，在国际间已无独立自由之资格矣。其时对远东侵略最积极者，莫如英、俄两国。英、俄在近东之土耳其冲突，在远东之中国更冲突。中日战争以前之朝鲜问题，英国以光荣孤立政策而失败，使俄人对中国坐收大利，而李鸿章之联俄政策，竟使俄国不费吹灰之力而兴建东清铁路，获取满、蒙之权利。犹不足，则联络德国以攫取我胶州湾与旅顺、大连。旅、大已割与日本，由三国干涉而归还，顾不及三年，俄人复攘之，此日本已吞复吐出之物，其心岂能甘乎？于是英国张伯伦高唱联美、联德（后改联法），放弃光荣孤立之远东政策，而与日本结好，四年后，遂订攻守同盟。又调欧格纳公使赴俄，与俄协商中国势力范围之分配。俄国为要索旅、大，于英则不得不放弃对华借款权，于日则不得不让出韩国之税务监督权，以为交换条件。然日本参谋部仍派人向中国游说，联英以拒德、俄。康有为《自编年谱》云：

> 胶案起后，日本参谋部曾使人见两湖总督张之洞云：愿助中国联英拒德。惟朝士多猜疑日本，而恭王更主倚俄，故却日本之请。既而英使提议开旅顺、大连为商埠，俄使闻而怒之，以绝交威吓中国。（有为）乃上书常熟（翁同龢）谓："此为中国之生机也。吾意且尽开沿边口岸，以众国敌俄耳。"卒以恭王及慈禧畏俄甚，不徇英请。未几，英愿以三厘不扣借款中国，而俄国强以四厘扣息，于是朝议纷纷，终畏俄使大言恐吓，用两不借之说。自是朝士始渐知英国之可信，而俄国之叵测。

观此可知康有为主张联英联日，拒德拒俄，而恭王、慈禧乃至李鸿章、荣禄辈却畏俄、亲俄。有为既说动翁同龢及光绪帝而变法,则帝后两党之外交路线不同,于是由新旧政见之斗争,转而为国际政治之斗争,故英、日偏袒维新党,而俄、德则拥护慈禧太后执政。英国外交档案中,有一八九八年驻华公使窦纳乐(MacDonald)给外交部之报告书,谓外交团在德国使馆开会,本欲对慈禧再出训政提出质问。因俄、德两国已经面允总理衙门,是以中止。是年,慈禧立溥儁为大阿哥,拟废光绪帝,而以英、日两国有间言,两江总督刘坤一始以"君臣之分已定,中外之口宜防"十二字,打消此种废立之大计。故当时《字林西报》社评云:"这是俄国钦差巴布诺夫与英国公使窦纳乐的斗争。窦纳乐赶走了李鸿章,巴布诺夫也设法把光绪帝赶走。"此乃一针见血之言,可见当时之变法维新运动,与国际政治斗争之内幕,固息息相关也。康、梁于政变后得以脱逃,张荫桓、黄遵宪得以免死,光绪帝之所以不废,而能延长其帝号,皆由英、日两国操纵于其间耳。俄人欲亡中国,即李鸿章亦公开承认(见《日俄战争之口实》),岂英国果如威妥玛所云甚爱中国乎?盖欲把握中国之政权,以便维持既得之利益而已。此于维新运动时之国际背景,更可以了然矣。

一百五十　康有为之上书与受知

(一)公车上书之前后

有为之学,上篇已详述之,其初盖受朱九江之教,而以经世致用为归。早岁既著《政学通议》,遂遍游南北各省,所至察其风土,交其士大夫,欲乘时以见用也。光绪十四年,北上京师,上书翁同龢,言日本变法自强,将规朝鲜及辽东。时同龢以毓庆宫师傅,为户部尚书,兼管国子监事,清德雅望,重于朝廷。有为因国子监祭酒盛昱以通于同龢,具封事,极陈时局艰危,请变法图自强,乞代奏。同龢曰:"无裨时局,徒长乱耳。"格不达。独侍郎曾纪泽颇韪变法之议,而有为献议,辟朝鲜为万国公地,纪泽尤赏叹之云,然卒无术以进。有为既返粤,开万木草堂讲学,生徒甚众,而梁启超尤特出。光绪二十年入京师,以《新学伪经考》献同龢,欲以感其意,同龢惊诧不已。御史余晋珊、安维峻参劾其书,启超为多方奔走,清廷命两广总督谕令自行焚毁。时有为已归粤矣。二十一年又率其徒入都会试，适中日和议甫就，定割辽、台，并赔款二万万两。三月二十一日电到北京，有为先知消息，即令启超鼓动各省士子，上书拒和。启超与麦孟华、张寿波、赖际熙代表广东公车百九十人上书都察院，请代奏，力言台湾万不可割。湖南人和之，各省亦受康、梁鼓动，纷纷上书，章满都察院，衣冠塞途。围其长官之车。台湾举人垂涕而请命，莫不哀之。有为以士气可用，乃合十八省举人于松筠庵会议，具名者千二百余人。有为草万言书，启超、孟华书之，遍传都下，上海刻有《公车上书记》。至四月八日递，都察院以和约既已用宝，无法挽回，却不收。然公车之人散而归里者，亦渐知天下大局之事，各省蒙昧启辟，实起点于斯举。时朝廷痛于丧师割地赔款之耻辱，士大夫又震于公车运动之热烈，颇有发奋为雄、力图自强之现象。有为适登进士，授职工部主事，复上书言变法下手之方，先后缓急之序，专主开民智，通下情，合天下人之聪明才力，以治天下之事。而归本于皇上之独伸乾断，勿为浮言所动。其书大略如下：

夫泰西诸国之相逼，中国数千年来未有之变局也。曩代四夷之交侵，以强兵相凌而已，未有治法文学之事也。今泰西诸国以治法相竞，以智学相上，此诚从古诸夷之所无也。尝考泰西致强之由：一在千年来诸国之并立也。若政稍不振，则灭亡随之，故上下励精，日夜戒惧，尊贤而尚功，保民而亲下。……盖事事有相忌相畏之心，故时时有相牵相胜之意，所以讲法立政，精益求精，而后仅能相持也。一在立科以励智学也。泰西当宋、元之时，大为教王所愚，屡为回国所破，贫弱甚矣。英人培根当明永乐时，创为新义，以为聪明凿而愈出，事物踵而增华，主启新不主仍旧，主宜今不主泥古，请于国家立科鼓励，其士人著有新书，发从古未创之说者，赏以清秩高第，其工人制有新器，发从古未有之巧者，予以厚币功牌，皆许其专利，宽其岁年。其有寻得新地，为人迹所未辟，身任大功，为生民所利赖者，予以世爵；于是国人踊跃，各竭心思，争求新法，以取富贵，各国从之。……至近百年来新法益盛……人皆惊洋人气象之强，制造之奇，而推所自来，皆由立爵赏以劝智学为之。一在设议院以通下情也。……人皆来自四方,故疾苦无不上闻;政皆出于一堂,故德意无不下达;事皆本于众议,故权奸无所容其私;动皆溢于众听,故中饱无所容其弊。有是三者,故百度并举,以致富强。……中国自古一统,环列皆小蛮夷,故于外无争雄竞长之心,但于下有防乱弭患之意。至于明世,治法尤密,以八股取士,以年劳累官,务困智名勇功之士,不能尽其学。一职而有数人,一人而兼数职,务为分权掣肘之法,不能尽其才。道路极塞,而散则易治;上下极隔,而尊则易威;国朝因用明制,故数百年来大臣重镇,不闻他变。天下虽大,戢戢奉法,而文网颇疏,取民极薄,小民不知不识,乐业嬉生,此其治效中古所无也。若使地球未辟,泰西不来,虽后此千年率由不变可也。无如大地忽通,强敌环逼,士知诗文,而不通中外,故锢聪塞明,而才不足用:官求安谨,而畏兴作,故苟且粉饰,而事不能兴,民多而利源不开,则穷而为盗;官多而事权不属,则冗而无耻。至于上下隔绝,故百弊丛生,一统相安,故敌情不识,但内而防患,未尝外而争强,以此闭关之俗,忽当竞长之时,绨绤宜于夏日,雨雪忽至,不能不易重裘;车马宜于陆行,大河前横,不能不觅舟楫。外之感触既异,内之备御因之,故《大易》贵乎时义,《管子》贵乎观邻……盖列国并争,如孤军转战于长围,苟精神方略,兵械士马,少有不逮,败绩立见。今略如春秋、战国之并争,非复汉、唐、宋、明之专统,所谓数千年未有之变也。若引旧法以治近世,是执旧方以医变证,药既不对,病必加危。五十年来讲求国是者,既审证之未真,故言战言和,亦施药之未当。否则笃守不药,坐待弱亡,用致割地偿款,病日危重,至此伤寒传里,病入厥阴……如不讲明病症,尽易旧方,垂危之人,岂堪再误?……故今审端致力之始,尤以讲明国是为先。伏闻圣意所注垂,下及群臣所论说,咸欲变法自强,可谓通知情势矣。曩言今当以开创治天下,不当以守成治天下;当以列国并争治天下,不当以一统无为治天下;诚以积习既深,时势大异,非尽弃旧习,再立堂构,无以涤除旧弊,维新气象。若仅补苴罅漏,弥缝缺失,则千疮百孔,顾此失彼,连类并败,必至无功。夫夏屋坏于短棁,金堤败于蚁穴,况欲饰粪墙,雕朽木,而当雷电风雨之交加,焉有不倾覆者哉?……职伏愿皇上召问群臣,讲明国是,反复辨难,露显事势,确知旧习之宜尽弃,补漏之无成功,大体既立,而后措施不失;议论既定,而后耳目不惊。先后缓急,乃可徐图,摧陷扩清,乃可用力。若果能涤除积习,别立堂基,窃为皇上计之,三年则规模已成,十年则治化大定,然后恢复旧壤,大雪仇耻,于以为政地球而有余矣。……(以下尚有六千字)

有为所谓:“今当以开创治天下,不当以守成治天下;当以列国并争治天下,不当以一统无为治天下。”皆言人所不敢言。此即龚自珍为一姓劝豫之论也。自是四年之间,有为凡七上书,每书皆近万言。大意皆以变法为归。光绪二十三年十二月,德人占据胶州之事起,有为又驰赴北京,上书极陈事变之急曰:

窃自马江败后,法人据越南,职于此时隐忧时事,妄有条陈,发俄、日之谋,指朝鲜之患,以为若不及时图治,数年之后,四邻交逼,不能立国。已而东师大辱,遂有割台赔款之事。于是外国蔑视,海内离心,职忧愤迫切,谬陈大计,及时变法,图保疆圉。妄谓:及今为之,犹可补牢,如再徘徊迟疑,苟且度日,因循守旧,坐失时机,则外患内讧,间不容发,迟之期月,事变之患,旦夕可致,后欲悔改,不可收拾,虽有善者,无如之何。危言狂论,冒犯刑诛。荷蒙皇上天地之量,俯采刍荛,下疆臣施行,以图卧薪尝胆之治。职诚感激圣明,续有陈论,格未上达(此即上所引书)。旋即告归。去国二年,侧望新政,而泄沓如故,坐以待亡。土室抚膺,闭门泣血,顷果有德人强据胶州之事。……职从海上来,阅外国报……议论沸腾,咸以分中国为言,若箭在弦,省括即发,海内惊惶,乱民蠢动,职诚不料昔日忧危之论,仓猝遽验于目前。更不料盈廷缄默之风,沉痼更深于昔日,瓜分豆剖,渐露机牙,恐惧回惶,不知死所。用敢万里浮海,再诣阙廷,竭尽愚诚,惟望皇上自垂览而采择焉。夫自东师辱后,泰西蔑视,以野蛮待我,以愚顽鄙我,昔视我为半教之国者,今等我于非洲黑奴矣;昔憎我为倨傲自尊者,今则侮我为聋瞽蠢冥矣。……三年来泰西专以分中国为说,报章论议,公托义声,其分割之图,传遍大地,擘划详明,绝无隐讳,此尚虚声,请言实践。俄、德、法何事而订密约?英、日何事而订深交?土、希之役,诸国何以惜兵力而不用?战舰之数,诸国何以竞厚兵而相持?号于众曰保欧洲太平,则其移毒于亚洲可知。文其言曰保教、保商,则其垂涎于地利可想。……胶警乃其借端,德国乃其嚆矢耳。二万万膏腴之地,四万万秀淑之民,诸国眈眈,朵颐已久,慢藏诲盗,陈之交衢,主者屡经抢掠,高卧不醒;守者袖手熟视,若病青狂,垂手可得,俯拾即是,如蚁慕膻,闻风并至,失鹿共逐,抚掌欢呼。其始壮夫动其食指,其后老稚亦分杯羹,诸国咸来,并思一脔。……骨肉有限,剥削无已。且铁路与人,南北之咽喉已断,疆臣斥逐,用人之大权亦失。浸假如埃及之管其户部,如土耳其之柄其国政,枢垣总署,彼皆可派其国人,公卿督抚,彼且将制其死命。鞭笞亲贵,奴隶重臣,囚奴士夫,蹂践民庶,甚则如土耳其之幽废国主,如高丽之祸及君后。又甚则如安南之尽取其土地人民,而存其虚号,波兰之宰割均分,而举其国土。马达加斯加以挑水起衅而国灭,安南以争道致命而社墟。蚁穴溃堤,衅不在大,职恐自尔以后,皇上与诸臣,虽欲苟安旦夕,歌舞湖山而不可得矣!且恐皇上与诸臣求为长安布衣而不可得矣!……夫谓皇上无发愤之心,诸臣无忧国之意,坐以待毙,岂不宜然?然伏观皇上发愤之心,昭于日月,密勿重臣,及六曹九列之贤士大夫,忧国之诚,瘴颜黑色,亦且暴著于人。顾日言自强,而弱日甚;日思防乱,而乱日深者何哉?盖南辕而北辙,永无税驾之时;缘木而求鱼,决无得鱼之日。……吾既自居于弱昧,安能禁人之兼攻?吾既日即于乱亡,安能怨人之取侮?不知病所,而方药杂投,不知变症,而旧方犹守,其加危笃固也。……皇上远观晋、宋,近考突厥,上承宗庙,孝事皇太后,即不为天下计,独不计及宋世谢后签名降表,徽、钦移徙五国之事耶?近者诸臣泄泄,言路钳口,且默窥朝旨,一切讳言,及事一来,相与惶恐,至于主辱臣死,粉身碎骨,天下去矣。

何补于事？不早图内治，而十数王大臣俯首于外交，岂惟束手，徒增耻辱而已。不豫修于平时，一旦临警，张皇而求请，岂能弥缝？徒增赔割而已。故胶警之来，不在今日之难于对付，而在向者之不发愤自强也。势弱至此，岂复能进而折冲？惟有急于退而结网。职不避斧钺，屡有所陈，今日亦不敢言自保，言图存而已，亦不敢言图存，即为偏安之谋，亦须早定规模已耳。殷忧所以启圣，外患所以兴邦，伏愿皇上因胶警之变，下发愤之诏，先罪己以励人心，次明耻以激士气，集群材咨问以广圣听，求天下上书以通下情，明定国是，与海内更始。自兹国事付国会议行，纡尊降贵，延见臣庶，尽革旧俗，一意维新。大召天下才俊，议筹款变法之方。采择万国律例，定宪法公私之分。大校天下官吏贤否，其疲老不才者，皆令冠带退休，分遣亲王大臣及俊才出洋，其未游历外国者，不得当官任政。统算地产人工，以筹岁计预算，察阅万国得失，以求进步改良。罢去旧例，以济时宜，大借洋款，以举庶政。若诏旨一下，天下雷动，士气奋跃，海内耸望，然后破资格以励人材，厚俸禄以养廉耻，停捐纳、汰冗员、专职司以正官制，变科举、广学校、译西书以成人材。悬清秩功牌，以奖新艺新器之能；创农政商学，以为阜财富民之本。改定地方新法，推行保民仁政。若卫生济贫，洁监狱，免酷刑，修道路，设巡捕，整市场，铸钞币，创邮船，徙贫民，开矿学，保民险，重烟税，罢厘征，以铁路为通，以兵船为护，夫如是则庶政尽举，民心知戴。但天下人心离散，当日有恩意慰抚，以团其情，志士之志气劣弱，当激以强健豪侠以壮其气。然后尽变民兵，令每省三万人，而加之训练，大购铁舰，须沿海数十艘，而习以海战。诏令日下，百举维新，诚意谆恳，明旨峻切，料所有新政诏书，虽未推行，德人闻之，便当退舍。但各国兵机已动，会议已纷，宜急派才望素重，文臣辩士，分游各国，结其议员。自开新报之馆，商保太平之局。散布论议，耸动英、日，职以为用此对付，或可缓兵。然后雷厉风行，力推新政，三月而政体略举，期年而规模有成，海内回首，外国耸听矣。皇上发奋为雄，励精图治，于中国何有焉！论者谓病入膏肓，虽和缓、扁鹊不能救，火燃眉睫，虽焦头烂额不为功，天运至此，无可挽回,况普国变法而法人禁之,毕士马克作内政而后立;美国制造铁炮,而英人禁之,华盛顿托荒岛而后成。近者英人有禁止出售机器于我之说,俄、法欲据我海关、铁路、矿务、银行、练兵之权,虽欲变法,虑掣我之肘。职窃以为不然。少康以一成一旅而光复旧物,华盛顿无一兵尺土而保全美国,况以中国二万里之地,四万万之民哉!顾视皇上志愿何如耳。若皇上赫然发愤,虽未能遽转弱而为强,而仓猝可图存于亡,虽未能因败以成功,而俄顷可转乱为治。职献有三策以待皇上抉择焉。夫今日在列大竞争之中,图保自存之策,舍变法别无他图,此谈经济者异口而同词,亦老于交涉之劳臣所百虑而莫易。顾革故鼎新,事有缓急,因时审势,道备刚柔。其条目之散见者,当世之士能言之,职前岁已条陈之,今不敢泛举,请言其要者,第一策曰采法俄、日以定国是。……第二策曰大集群材而谋变政。……第三策曰听任疆臣各自变法。凡此三策,能行其上,则可以强;能行其中,则犹可以弱;仅行其下,则不至于尽亡。惟皇上择而行之,宗社存亡之机,在于今日。皇上发愤与否,在于此时。若徘徊迟疑,因循守旧,一切不行,则幅员日割,手足俱缚,腹心已封,欲为偏安,无能为计。圈牢羊豕,宰割随时,一旦脔割,亦固其所。职上为君国,下为身家,苦心忧思,虑不能免,明知逖疏,岂敢冒越?但栋折榱坏,同受倾压,心所谓危,急何能择?若皇上少采其言,发奋维新,或可图存,宗社幸甚,天下幸甚!职虽以狂言获罪,虽死之日,犹生之年也。否则沼吴之祸立见,裂晋之事即来,职诚不忍见煤山前事也。瞻望宫阙,忧思愤盈,泪尽血竭,不复有云,冒犯圣听,不胜战栗屏营之至,伏维代奏皇上圣鉴。谨呈。

书上,工部大臣恶其伉直,不为代奏,然京师一时传抄,海上刊刻,诸大臣士人共见之,莫不嗟悚。有给事中高燮曾者,见其书叹其忠,乃抗疏荐之,请帝召见。光绪帝欲如所请,恭亲王奕䜣进谏曰:本朝成例,非四品以上官不能召见,今康有为乃小臣,皇上若欲有所询问,命大臣传语可也。载湉不得已,遂命王大臣延康有为于总署,询问天下大计变法之宜。时光绪二十四年正月初三日也。

（二）康有为与翁同龢

《戊戌政变记》云："自光绪十四年康有为以布衣伏阙上书，极陈外国相逼，中国危险之状，并发俄人蚕食东方之阴谋，称道日本变法致强之故事，请厘革积弊，修明内政，取法泰西，实行改革。当时举京师之人，咸以康为病狂。大臣阻格，不为代达。……及乙未之役，复至京师，将有所陈。适和议甫就，乃上万言书，力陈变法之不可缓，谓宜乘和议既定，国耻方新之时，下哀痛之诏，作士民之气，则转败为功，重建国基，亦自易易。书中言改革之条理甚详。既上，皇上嘉许，命阁臣抄录副本三分，以一分呈西后，以一分留乾清宫南窗，以备乙览。以一分发各省督抚会议。康有为之初承宸眷，实自此始，时光绪二十一年四月也。五月，复上书言变法之先后次第，盖前书仅言其条理，未及下手之法也。是时守旧大臣，已有妒嫉康之心，复阻格不为代奏。于时师傅翁同龢兼直军机，性行忠纯，学问极博，至甲午败后，知西法不能不用，大搜时务书而考求之。见康之书大惊服，时翁与康尚未识面。先是康有为于十四年奏言日人变法，将规朝鲜及辽、台，及甲午大验，翁同龢乃悔当时不用康有为言，面谢之。后乃就见康商榷治法，康为极陈列国并争，非改革不能立国之理。翁反复询诘，乃益豁然，索康所著之书。自是翁议论专主变法，比前若两人焉。翁者皇上二十年之师傅，最见信用者也。备以康之言达皇上，又日以万国之故，西法之良，启沃皇上，于是皇上毅然有改革之志矣。其年六月，翁与皇上决议拟下诏敕十二道，布维新之令。既而为西后所觉察，乃撤翁毓庆宫行走，而皇上信用之汪鸣銮、长麟等皆褫革，自是变法之议中止。"又曰："（二十四年）正月初三日，遂命王大臣延康有为于总署，并令如有所见，及有著述论政治者，可由总署进呈，于是其书卒得达。皇上览之，肃然动容，指篇中'求为长安布衣而不可得'，及'不忍见煤山前事'等语，而语军机大臣曰：'非忠肝义胆，不顾生死之人，安敢以此直言陈于朕前乎？'叹惜者久之。康之此书，以去年十一月上于工部，至今年五月，始得达御览。皇上乃命总署诸臣，自后康有为如有条陈，即日呈递，无许阻格。并宣取康所著《日本变政考》、《俄皇大彼得传》等书。而翁同龢复面荐于上,谓康有为之才,过臣百倍,请举国以听,自此倾心向用矣。"任公先生所言康之受知于光绪帝,完全由于翁同龢之关系。而翁同龢日记云:

甲午五月初二日,看康长素《新学伪经考》,以刘歆古文,无一不伪,窜乱六经,而郑康成以下,皆为所惑云云,真说经家一野狐禅也,为惊诧不已。

戊戌四月初七日,上命臣索康有为所进书,令再写一份递进。臣对:"与康不往来。"上问何也?对曰:"以此人居心叵测。"曰:"前此何以不说?"对:"臣近见其《孔子改制考》知之。"

四月初八日,上又问康书,臣对如昨。上发怒诘责。臣对:"传总署令进。"上不允,必欲臣诣张荫桓传知。臣曰:"张某日日进见何不见谕?"上仍不允,退乃传知张君。

己亥十一年二十一日,《新闻报》记十八日谕旨,严拿康、梁二逆,并及康有为为翁同龢极荐,有"其才百倍于臣"之语。伏读悚惕。窃念康逆进身之日,已微臣去国之后,且屡陈此人居心叵测,臣不敢与往来。上索其书,至再至三,卒传旨由张荫桓转索。送至军机处,同僚公封递上,不知书中所言何也?厥后臣若在列,必不任此逆猖狂至此,而转以此获罪,惟有自艾而已。

是同龢未曾荐康,且于帝前谓其人居心叵测;又谓康进身之日,已在翁去国之后,若在朝列,必不任其猖狂至此矣。而康有为《自编年谱》,于翁则称扬备至,频记其往来之踪迹,绝不能无中生有。《康南海诗集》有《怀翁常熟去国》一首云:

胶州警近圣人居,伏阙忧危数上书。已极九关空痛苦,但思吾党赋归歌。早携书剑将马行,忽枉轩裳特执裾。深惜追亡萧相国,天心存汉果何如?

观此可知康有为上书不达，已欲摒挡南归，而翁同龢枉过往访，坚挽留之。有为比于萧何之追韩信，其荐之德宗，殆属确凿不移。维新定国是之诏，即同龢所拟也。《翁文恭公日记》云：

> 上奉慈谕，以前日御史杨深秀、学士徐致靖言国是未定，良是。今宜专讲西学，明白宣示等因。……圣意坚定，臣对：西法不可不讲，圣贤义理之学，尤不可忘。退拟旨一道。

维新之幕，可谓由同龢揭之。然同龢对康已有所不满，亦系事实。盖同龢当乙未新败之余，未尝不思有所树立，图挽危亡，彼以军机总署之大臣，又为帝师，抑其分也。初眩于康有为之才调，亲访叩询维新之道，颇多奖掖，有为所记，殆属实录。继而知之较详，则觉其思想与己不合，行动铺张过甚，新进草茅，锐气太盛，遂渐恶之。如《清代七百名人传·康有为传》云："有为成进士，出侍郎李文田之门，抑置三甲，不得翰林。有为大恨，竟削门生之籍。自是凡七上书，又工捭阖，论议纵横，波澜极壮。既通籍，住上斜街，仍颜其室曰万木草堂。仆从十许人，夹陛侍立，如王公贵人，宾客车马填咽，争以望见颜色为幸。"《续孽海花》述有为所寓："南海馆门前车马纷纷，都是要见唐（康）先生的。弄得常肃（长素）应接不暇，不得不摆起见客的架子，有见有不见，顿时南海馆内的长班，也像中堂尚书的门公了。也有许多小官儿，竟掏出门包封儿，送给南海馆的长班。"又云："梁超如（梁启超）自接唐常肃的信，就收拾北上……见了唐先生，略谈了数语，只见来拜会唐先生的客极多，就是满洲人也不少。晚上应酬也很忙，直到十一点钟，唐先生才回寓。师弟二人同住在一室中，闭了门这才畅谈。常肃说道：'自从进京，见了龚老师（翁同龢）数次，他才赞成我们的主张，教我做了一篇变法大纲，他拿去，大约在书房时面呈皇上看了。据人传说，他在面奏时，曾有唐猷辉（有为）之才胜臣十倍之语。他的爱才，是真可感激的。只是敬王（恭王）不赞成变法，他也没法。他教我拟了十二道新政的上谕，只因敬王不能同意，停止不行。'……到了明日，超如就往东单牌楼二条胡同龚宅进谒，那时龚和甫正在延揽人才，看见了梁超如名刺,也就叫请超如到书厅,不多时出来见了,就说道:‘令师来见了几回,所说的话,实在是救时良药,不过舆论未能尽孚,一时尚难实行,我亦无能为力,自觉惭愧得很!但是国家大事,也不是仓猝所能办成的。请转达令师,加以郑重忍耐,一待机会到来,自有水到渠成之日。好在圣心默契,人定或可胜天。尊意以为如何?’超如道:‘中堂一身系天下安危,老成谋国,理当如是。不过机会之来,稍纵即逝,总望中堂出力担当,随时留意,勿使错过机会,实为天下所盼望,务望中堂采纳!’……徐应骧(许应骙)现任礼部尚书,是广东同乡中老前辈,他听见粤东馆开保国会,心中以为开会结社是违禁的,本想干涉,却又听见人说龚师傅极赏识他,曾经在皇上面前密保过的,所以不敢去得罪他。现在庄小燕(张荫桓)竟许他开会,自问是广东同乡的领袖,若付之不闻不见,将来发生事端,恐不免为人所指摘。所以请小燕来面谈一回,讨论底细。……小燕心中暗想,这个老顽固,将来总要淘汰的。……超如向小燕说道:‘太后撤去了书房,显见的有了意见了。常熟(翁同龢)是想做清流的领袖,资望却也够,不过少些毅力。将来如有风波,恐怕未必有担当的力量。’小燕道:‘你的眼光不差,现在他能赞成我们,当然助力不少。他的手段决不肯出头露面的。将来我们办事要全靠他,是要失望的。我们现在借他开开门,入了门,自然要四方八面去找帮手。……常熟一则古板,二则不肯担风险,我们轮到办事,有些也不可全听他,真正到了大利害关系上,就反对他也没有什么。’超如道:‘小翁(荫桓)圣眷优隆,趁此机会,就可以埋伏些根苗。’小燕道:‘我也是受常熟的青眼,所以屡次叫起儿(即皇帝召见意),很邀圣眷。我看上头的意思,很喜观外洋的东西,所以我随时供奉些玩意儿,希望上头渐渐地走到维新一面来。本来一个不出国门的少年天子,那有不喜新厌旧的?我们只要下点功夫,自然有点把握了。这是我二人的密谈,不足为外人道的。’超如微笑道:‘当然我又不是疯子,去乱说。’”以上虽小说家言,然作者张鸿久官郎署,亲见亲闻,大致尚质实,可见康有为之受知于光绪帝,确由于翁同龢,而被推荐进用,则不由于同龢。梁任公以是年二月入京,翁已嘱其转达有为郑重忍耐,梁谓机会稍纵即逝,务望中堂采纳,即知翁与康、梁之意见已不同,故张荫桓谓:同龢古

板,不肯担风险,真到大利害关系上,就反对他也没什么。新党对翁,亦殊不满,王伯恭《蜷庐随笔》云:

> 光绪中吴县潘伯寅(祖荫)、常熟翁叔平(同龢)两尚书,皆以好士名,潘公断断无他,尤为恳到,翁则不免客气。潘公不好诣人,客至无不接见,设非端人正士,则严气正性待之,或甫入座,即请出。翁则一味蔼然,虽门下士无不答拜,且多下舆深谈,此两公之异也。潘公尝向吾言,叔平虽为君之座师,其人专以巧妙用事,未可全信之也。吾与彼皆同时贵公子,总角之交,对我犹用巧妙,他可知矣。然将来必以巧妙败,君姑验之。后又曰:叔平实无知人之才,而欲博公卿好士之名,实亦愚不可及。庚寅冬,潘公卒于位,翁旋为军机大臣,戊戌罢官,潘公之言竟验。……四月二十七日翁师相罢斥后,五月一日遂颁变法之诏,自后所有纶音,皆康有为口含天宪,虽军机王大臣,亦不得稍参末议。而德宗与彼,言听计从,终不加以重任。……常熟既深结主知,断无骤发雷霆之事,而康有为经常熟切保后,屡蒙召对,温谕褒奖,谓可畀以钧衡之任矣,不意故我依然,仍是浮沉郎署。又诇知保折后加之辞,引为大恨。疑常熟从旁沮之,不去此老,终难放手作事,乃于上前,任意倾轧,极口诬罔,德宗忠厚仁弱,虽知其所讦过甚,竟不能正色折之。时在戊戌四月二十七日,常熟六十九岁生辰,宗族亲友,门生故吏,争来亲贺,常熟亦欣然置酒相款,特于是日乞假,在寓酬答,盖前一日尚在内廷行走,上意固鱼水契洽如常也。忽清晨奉严旨,以翁同龢在上前言语狂悖,渐露跋扈,本应严谴,姑念平时尚无大过,加恩仅予褫职,以示保全云云,中外哗骇,以为天威不可测也。

有为虚声所播,圣主亦颇闻之,将为不次之擢,常熟窃窥上意,因具折力保,谓"康有为之才,胜臣十倍"。既又虑其人他日或有越轨,乃又加"人之心术,能否初终异辙,臣亦未敢深知"等语,以为此等言辞,可以不至受过矣,孰意大谬不然,斯亦巧妙太过之一误也。

王氏谓同龢窥光绪帝之意而荐康,非出本心,故折后附加不敢保之语,而康恨之,遂排牴以去。实则翁去之日,康犹未得召见,以新进小臣,即能排师相而去之,决无此理。然所记情节颇宛合,盖排而去之者,非康有为乃张荫桓也。翁以巧妙用事,潘祖荫所言,殆深知其性情者,彼既荐有为,又言其居心叵测,盖亦巧妙之运用耳。在其日记中已显露破绽矣。帝索康所著书,令再写一份递进,翁谓与康不往来,帝问何也?对以此人居心叵测。曰:前此何以不说?对:臣近见所著《孔子改制考》知之。翁氏自记帝令其再写一份递进,此一再字,即可知康书已由翁递进一次矣。责其前此何以不说,即谓其前此何以保荐耳。而翁之辩辞,谓近见其《孔子改制考》知之。是翁对康态度之转变,由于阅《孔子改制考》一书,始虑其心术不端,非经生本色耳。次日,帝又问康书,并发怒诘责。帝何为对其二十余年相依如父之老师发怒?又所诘责何事?不言可知矣。诚如翁言张荫桓日日进见,帝何以不肯面谕之,而必令同龢传知?则帝于同龢,固已不慊于对康之前后不一致矣。何况翁之日记尚有得罪窜改之迹耶?如乙未(光绪二十一年)闰五月初九日记云:

李莼客来长谈,此君举世目为狂生,余自观之,盖策士也。

李莼客即李慈铭,卒于光绪二十年十一月,何能于半年后与之长谈乎?且李年较翁尤长一岁,已属宿耆,何得目为狂生?此李莼客之名,盖即康有为也。康方中进士,视翁为座师,《续孽海花》述康往见翁,即自称门生,所谓乙未第三次上书之得达帝览者,即翁氏所代上也。不然,康第四、五次上书(即前目所引二书),均由工部而未代达,何以此书竟得帝之嘉许,并分发各省督抚乎?(康第四次书云:荷蒙皇上天地之量,俯采刍荛,下疆臣施行。即指此书。)《戊戌政变记》所谓翁备以康之言达皇上,于是皇上毅然有改革之志矣。拟下诏敕十二道,为西后所觉察,乃撤翁毓庆宫走,皆事实也。翁何从而抵赖之?无怪乎光绪帝于其言康居心叵测,而发怒诘责矣。且就翁氏日记力剖无推荐事,只谓康进时已去国一语,殊不知旧荐必在进用之前,岂非欲盖弥彰耶?翁获罪之上谕,绝不能信口捏造,当时人固皆耳熟能详;然始信终疑,余曾亲询诸任公所云,而柳诒徵谓其乡人曾某，尝馆翁家，闻翁于私邸赞康不绝口。此皆戊戌四月以前事，四月以后，翁始以康离经叛道而远之，不愿再进康书，即欲卸其前此荐举之责也。故张荫桓谓真到了大利害关系上，就反对他也没有什么，而翁终以巧妙圆滑为张所排去矣。

（三）康有为与张荫桓

荫桓字野樵，先世居广东新会，后徙佛山镇，遂籍隶南海，与康、梁皆同县人也。生长海隅，熟悉洋务，而于炮台、机器各事，在粤时常与西人讲求，闻见极多。同治三年，报捐知县，分省山东，时年已二十七矣。山东巡抚阎敬铭、丁宝桢均器重之，先后延入幕。宝桢治军剿捻，命荫桓赴关外调练马队三千人，防剿均甚得力。同治七年迭保至道员，分省湖北。荫桓献宝桢诗云：

> 不才依大厦，奉使及陪京。自识将军礼，为亲子弟兵。七年同患难，一柱独峥嵘。投分兼师友，深恩逮舅甥。

其与宝桢相处之得，可以想见。同治八年十月，始赴湖北，在总督李瀚章幕五年，“幕府文章日日高，忧谗不为听竽逃”“更随大府筹军费，转似闲官累俸钱”，其抑郁之情见于词句。十三年，宝桢因筹办海防，专折奏调荫桓回鲁。荫桓擘划修筑烟台、威海等处炮台，并赴津与李鸿章有所商洽。光绪元年，马嘉理案起，鸿章至烟台与英议款，荫桓襄助有功，鸿章益赏识之。二年，署理登莱青道，于通商事务，操纵得宜，华洋辑睦。七年，转安徽徽宁池太广道，清除积弊，力去烦苛。八年，升署按察使。十年五月，以李鸿章、恭王曾交章密荐，被召见，备出使外洋。召对称旨，除太常寺少卿，在总理各国事务衙门学习行走。值法越事起，和战之议未决，政府举棋不定，李鸿章负交涉重责，力持慎重，言官交章呵诋，鸿章处境极难。及曾国荃奉为全权大臣，与法使巴德诺会于上海，鸿章以丛谤之身，不敢公然有所主张，仅谋暗中挽回危局。荫桓为之奔走甚力。荫桓精敏，号知外务，骤跻巍官，务揽权为同列所忌。给事中孔宪瑴摭其致苏松太道邵友濂私函,为泄朝旨劾之,诏出总署。又以语连同官,并罢周家楣等,朝列益衔之。李慈铭日记谓:闻国荃之许法夷银,实张荫桓私发电信怂恿,而陈宝琛力赞成之。并称张为"粤之洋厮"。左迁直隶大顺广道。然不数月复受命为出使美、日(西班牙)、秘鲁钦差大臣。光绪十二年二月,起程赴美,陛辞时,慈禧谕以"尔向来办事认真,能办事人,往往招忌"。可见朝眷之隆。在美三年,交涉限禁华工,并保障其财产、生命之安全,颇著绩效,尤以学习英语,研究外国之典章制度,使荫桓为当时大臣,除曾纪泽外,唯一能通外国语言文字之人。光绪十六年,返国仍充总署大臣,并转户部左侍郎。时翁同龢为户部尚书,尝见其和樊云门诗,叹为绝才。依畀甚殷,而鸿章外交,多与商洽。中日事起,鸿章误信俄使之言,迟徊不进,荫桓电李:"喀言太夸,事机转顿。"并与翁同龢、李鸿藻联名奏请谕令李鸿章迅速前进,勿稍延迟。可知其非尽阿附鸿章也。中日议和,初派荫桓及邵友濂,为日本所拒。及改派鸿章,鸿章于议和随员及决策,仍采荫桓意见。光绪二十三年,奉使贺英皇维多利亚即位六十庆典,历经法、德、俄而还。鸿章素信俄援,与订密约,荫桓始终以俄反复无常,惟利是视,不以鸿章为然。俄租旅、大,威特《回忆录》谓急电财政部驻北京之代表,以重贿李鸿章、张荫桓二人,一为五十万卢布,一为二十五万卢布。然赤档(Pokotiloff)致威一电云:

余今日面付李鸿章银五十万两,李大为欣慰,嘱余向阁下致谢。……余未得便交银与张荫桓,盖彼行为远较谨慎也。

罗曼诺夫《帝俄侵略满洲史》言俄行贿事,亦仅提鸿章,未及荫桓。就荫桓当时之主张借英款而不借俄款,即可知受贿之说,全属欺人之谈矣。观《翁文恭公日记》云:

丁酉(光绪二十三年)十月十七日,张樵野来,抵暮去。言借款须与英使商量,不可自坏门面。合肥(李鸿章)办法,声名扫地,而必无成。又言现在只需七千万,不必万万,颇可听。

> 十八日，晚，李相(鸿章)来长谈，借款似可成。甚诋前此与日本定镑价一事，为中国受亏二千余万，盖汇丰之说也。其言与樵野大相径庭。

李、张之主张及观察不同如此，日使矢野文雄亦告同龢曰："英之借款，较他国为宜，英不过推广商利，中国不借英款，英必生心矣。"俄、英互争借款，中国左右为难，遂声明"两不借"之意。但借债系还日本赔款，时期转瞬即届，总署不得已，始令荫桓与赫德议借商款。翁等事先皆不知，由荫桓直接奏准，一手经理，盖此时荫桓已因历司枢要，屡决疑难，为德宗所重。同龢所谓张某日日进见者，即可知"荫桓蒙眷最隆，虽不入枢府，而朝夕得入枢府，权在军机王大臣以上"矣。德宗有意励精，即由荫桓时以维新之说进。盖荫桓目睹世界大势，身经旷古变局，因感中国非彻底革新，无以图存。鸿章序其《西学富强丛书》，言樵野伉爽有大志，恒以天下事为己任。德宗接见外使于宫廷，有鞠躬，握手，赐坐，赏游，赐宝星，致答词等仪节，即由荫桓所订，同龢日记谓："传旨荫桓，将所开礼节照旧递上。""上宣谕用汉语，皆前此所未有也。此次仪节，庆邸不知，臣等亦不知，真辟门达聪之意矣。"可见荫桓于接待外使仪节，又与同龢之意见相左。《清史稿·张荫桓传》谓："先是，变法议起，主事康有为与往还甚密。"《近代名人小传》谓："张荫桓既荐康有为，同龢以为不世才，密为帝言。既德据胶州，俄、法交乘，帝决更国事，更力荐有为。初荣禄入值，执礼若弟子，亦漫受之，禄遂含怒弗言。至是乃与刚毅朋比，谮于孝钦，谓其劝帝游历国外。帝预白其诬，后终不信，遂令开缺回籍，诏中谓其狂悖情形，断难胜机枢之任，盖后手笔也。去之日，帝哭失声，而无如后何!"此记荣禄、刚毅谮于孝钦而罢翁同龢，借其劝帝游历为由。其实据梁任公《与夏穗卿书》云："惜覃溪(指翁同龢)以阻天津之幸，至见摈逐，未能大启天下之蒙耳。康先生从容度无所补救，亦将南下。"是同龢之罢，原因在阻天津阅兵之举，盖太后正与荣禄密谋借阅兵以废之也。惟天津阅兵之事，定议在四月三十日，而同龢已罢，故原因实不在此，观翁氏自记云：

戊戌四月廿二日,是日见起,上欲于宫内见外使,臣以为不可,颇被诘责。又以张荫桓被劾,疑臣与彼有隙,欲臣推重力保之,臣据理力陈不可阿附也。语特长不悉记。……散时先传旨告奕劻,又赴张荫桓处商宫内进见事,臣期期知其不可也,归后颓然。

廿七日,微雨,既而潺潺,喜而不寐。今日生朝,晨起治事如常,起下,中官传翁某勿入,同人入。余独坐看雨,检点官事五匣交苏拉英海。一时许,同人退,恭读朱谕,臣感激涕零,自省罪状如此,而圣恩矜全,所谓生死而肉白骨也。随即趋出,移至公所小憩。……张樵野来。……明日仍须碰头,姑留一宿。

廿八日晴,午正二时驾出(时帝在颐和园),余急趋宫门,在道右碰头,上回顾无言,臣亦黯然如梦。遂行南归哭墓,默省获保首领,从先人于地下矣。

观此可知翁与荫桓已有冲突,《续孽海花》所记翁罢由于与张主张不同,亦非无根之谭。盖翁既胁于新,复逼于旧,实无再留之理耳。任公《与碎佛书》云:“常熟去国,最为大关键,此间极知其故,然不能形诸笔墨,俟见时详之。”足见翁如不去,则维新事仍不可知,荫桓在利害关头上反对之,仅可于意会而不能言传。《近代名人小传》谓张荫桓既荐康有为,亦殊有因。征之《续孽海花》则云:

常肃等客走后向着超如道:“我看韵高所说马加剌庙固然是一条道儿,小燕那儿也是一条道儿。我想龚师傅不过是敲门砖,他的魄力太小,对于我们也不是十分信任的。要是有越格的举动,他决不能担当的。小燕很有霸才,他对于上头的举动,很有历史上权相的手段,我们应当加劲联合在一起,加以同乡的关系,较为容易一点。”……常肃向房外望望没有人,就低声说道:“我们的宗旨相同,同志也很多,此次龚老夫子一番励精图治的盛意,我们总算有了一点儿基础。不过他老人家也是孤立无助。现在吾党中只有小翁才识不让江陵,我常和超如说,我们的希望,中国的前途,都只在小翁一人身上，老夫子（指翁）是德有余而才不足，要他去抵抗风波，希望很少，我们一切进行，只有请小翁于暗中指挥。吾辈合力听从进行，或可旋乾转坤。……望小翁为中国四万万同胞起见，毅然担当，实为天下苍生的大幸！”小燕听时，默不一声，俟常肃言毕，方慢慢说道：“这是不敢当的，自分那有张太岳的魄力胆识？且没有深固的圣眷，如何可以担任呢？”常肃道：“江陵得政，也是机会……想当时江陵一定也有许多手段。现在龚老夫子位望不逊江陵，然仅仅自守，一点儿不知道权变笼络，以致与连总管（李莲英）等几如水火，时时避嫌退让，惟恐有揽权之谤，以致一事不能行，一人不能进，将来结果至多成为爱惜羽毛的清流，决不能为救时宰相。环观中外，只有小翁识见魄力，足以指挥一切，余子碌碌不足数也。”……小燕道：“纵横九万里，上下五千年，卓见宏议，令人心折！现在既承推心置腹，究竟要兄弟怎么样呢？”……常肃道：“全仗主裁，决随麾下，一无异言。”……唐常肃、梁超如因接庄小燕的信，请速往密谈，就赶往锡拉胡同小燕寓中，小燕请到书房，坐定，就告诉常肃道：“前天上头叫起儿，我上去面奏，极力保举了阁下许多话，并题及阁下著作，说龚师傅均曾看过，上头点点头，说道，也看过了。我就奏道：皇上如以为可取，不妨由一位德高望重的大臣，递折保举一下，自然可以镇压浮言。上头也点点头。以我意见观察，上头很赞成变法，不过上有西太后的阻挠，下有枢廷的不赞成，恐怕没有结果。”常肃道：“今儿听说皇上跟龚老夫子谈及了我，老夫子面奏，庄某既然面奏，不妨叫他递折保举。”腾佛（指谭嗣同，其实嗣同是时仍在湖南，未入京也）说：“这位老夫子的意思，一来要迎合王爷的意思，二来要脱卸在小翁身上，不担责任，三来恐怕我不受羁勒。这几句话确是十得七八。”小燕道：“现在龚师傅既然如此，以后未必能得他的助力了……王爷（指恭王）多病，万一不起，政府必有变动。新近他圣眷也不甚好，就像各国钦差要求在乾清宫觐见的事，前天召见，上头问及，我即面奏，现在外交，对于虚文礼节不妨优待，只是注意收回实在权利。上意亦以为然。不料军机上去商量办法，这位老人家（指翁）固执不可，仍是天朝夷狄一派顽固思想,上头不以为然,因此碰了很大的钉子。……不免为众矢之的(他老人家还在梦中呢!)”……皇上题起召见外人就在宫中也不妨,和甫(翁同龢)坚持以为不可。皇上道:“庄焕英(张荫桓)以为不妨,你与他有什么过节儿么?但庄焕英很有才具的,你为什么跟他不合呢?”和甫奏道:“臣与庄焕英并没有嫌隙。”皇上道:“你既与他并无意见,何妨保举他一下。”和甫道:“臣与他虽无嫌隙,亦不能深知他的才具,就未便昧然举荐。”皇上听了,冷笑了一声。军机散后,皇上于太后前请安时,就奏道:“龚平意见迂执,实在不胜其任,怎么样办法?请圣裁!”太后微笑道:“也好教他回家休息去吧!”……和甫望见皇上出来,就跪在道旁碰头,皇上过去时,只向他望了一望,绝无表示。和甫黯然如梦……一路思想,教了皇上二十余年,一点儿没有感情,虽然轰我的主见,大部分是太后的……昨天的话,明明你也不以我为然了,我看前天庄小燕召见,必说了什么话,所以题起庄小燕,教我保举他一下,以为分谤之地,大约已决定轰我了,我真白吃了二十余年的辛苦。……不过皇上想要变法……我看是太后安心要试试他,任他去办,外头人不知内容,加倍高兴,将来闹出了大事,才不得了呢!我此时先走,也是塞翁失马,焉知非福哩!

以上所述,与翁氏日记、时人随笔,均完全符合,固不得以小说轻之。书中谓帝对荫桓言:翁从前曾面奏康有为很有才干,现在却说未必靠得住。荫桓言翁意见未除,台谏希其意旨,侧目于彼,正是荫桓于帝前暗示翁阻挠变法,帝方倚重荫桓,亦以去翁为快也。可见荫桓不仅荐康,且为维新运动之主持人,而翁之去,乃新旧交迫,任公所谓不能形诸笔墨者,盖原因复杂,错综交织,其内情正以张鸿之见闻为近似矣。总而言之,有为之受知于帝,由于同龢,其向用变法,则由于荫桓,所谓徐致靖、杨深秀、高燮曾、李端棻等推荐,皆系官样文章,其奏疏全出梁任公手,观《梁任公先生年谱稿》可以知之。惟诸当事人所亲记,如翁,如康,如梁,均只言其一方面,实际暗中为之运用者,皆张荫桓,而荫桓之名竟不彰,殊可惜耳。

（四）康有为与恭亲王

《戊戌政变记》云："于时皇上久欲召见康有为，而为恭亲王所抑，不能行其志。及四月恭亲王薨，翁同龢谋于上，决计变法，开制度局而议其宜，选康有为任之。乃于四月二十三日下诏定国是，二十五日下诏命康有为预备召见，二十八日遂召见于颐和园之仁寿殿。"是以奕䜣为阻挠变法之人，而康有为《自编年谱》所记尤详，有云：

> 光绪二十一年，公车上书后，时常与翁长谈，论变法事。并告以应提举人才，同龢然之。因索读所著论治之书，亦锐意变法矣，然是时当事者多守旧之士，如徐用仪等，即恭王亦不明外事。
>
> 光绪二十三年，胶州案起；乃入京上书，极陈事变之急，给事中高燮曾荐请召见，旨下，交总理衙门议，许应骙阻之于恭王，经常熟（翁）坚持，始奏闻。奉旨令王大臣问话。
>
> 光绪二十四年正月三日，王大臣传见于总理衙门，是日恭、庆两邸未到，及翁以言入奏，上命召见，为恭邸阻，乃令陈所见。……四月初十日恭亲王奕䜣既薨，亟上书翁常熟，促其急变法。但常熟以谤声鼎沸，颇愿退避贤路……二十三日，乃下定国是之诏。

康、梁所记，有故以启新之机，归功同龢之意，以同龢耆德硕望，盖不忘本也。其实，彼等以翁为敲门砖，定国是之诏，虽出翁手，然系光绪帝之意，观前所引翁氏日记自知。惟恭亲王反对变法，则确凿不移，《翁文恭公日记》云：

> 上颇诘问时事所宜先，并以变法为急。恭邸默然，臣颇有敷对，谓从内政根本起，诸臣亦默然也。……上切责枢臣一事不办，恭邸为之流汗。……上盛怒责刚毅，谓尔总不以然，试问尔所条陈者，能行乎？否乎？因论赫德亦可见，从前汉纳根欲见，为恭亲王所阻。……前后不能悉记，记之者知圣意焦劳，臣等因循一事不办，为可愧憾也。

此可见当时柄国之重臣,皆因循一事不办,及光绪帝欲变法,而又作无言抗议,且以祖宗制度挠之。王伯恭《蜷庐随笔》谓同龢窃窥上意,因具折力保康有为,殆属事实。盖光绪惩于甲午之败,已锐意维新,而恭亲王以三朝元老,亲贵近支,在咸、同间为自强运动之倡导者,及甲申罢相,甲午复起,隔绝实际政治已十年,行年又已六十,心中似不免有苟安余年之情绪,固已无大兴革之勇气矣。然外国使臣震于王往昔之声威,均冀其能大加振作,主持革新事业,如英使欧格纳即数次劝王立海军,练精兵,而王唯唯而已。欧使失望之余,竟对翁同龢大发牢骚,其警语有云:

> 自中倭讲和六阅月而无变更,致西国人群相訾议,今中国危亡已见端矣,各国聚谋,而中国至今熟睡未醒,何也?且王果善病,精力不继,则宜选忠廉有才能之大臣,专图新政,期于必成。何必事事推诿,一无所就乎?吾英商贸易于中国者,皆愿中国富强,无危险;吾英之不来华借贸易以活者,亦愿中国富强无危险,故吾抒真心,说真话,不知王爷肯信否?即信,所虑仍如耳边之风,一过即忘耳。此吾临别之言,譬如遗折,言尽于此!

其言似出至诚,可知英人之望我维新,较之当国之恭王,尤高出倍蓰也。而恭王倚俄畏俄,心情颓丧!以笼络敷衍之术,主持外交,致肇瓜分之祸。其在同治初年,主力师事西法,为顽固守旧派所诟詈者,不料三十余年后,竟致主客易位,反以阻挠新政为翁同龢所不满。然同龢于恭王死后,非不知中国需改革之切,而不敢苟同尽废旧章之改革;非不知中国需才之殷,而不敢用驰突不羁之才;非不愿有所建树,而不敢以首领禄位为孤注,故于变法之论,未尝执义力主,亦未昌言反对,久宦伎俩,首鼠模棱,终以此为新旧两党所不满,而获罪以去。其与恭王皆以数十年坎坷生涯痛苦经验而因循畏难,不能迎头赶上时代,即难逃落伍之讥矣。谭嗣同谓其非不知有关兴亡之大计,但以文人素习,避嫌远祸,不肯冒险,实中国学术所造成;潘祖荫谓其必以巧妙败,皆属至论。故恭死而翁去,任公谓为大关键也。

一百五十一　百日维新之事实

（一）维新运动之前奏——强学会与《时务报》

先是公车上书后，翁同龢极赞有为变法之议，令草拟新政诏旨十二道，将谋实行。既为西后所察觉，乃撤翁毓庆宫行走，变法之议遂中止。康、梁为提倡新学开通风气起见，乃创办《万国公报》（或曰《中外公报》，或曰《时事汇编》）"与送京报人商，每月刊送千份于朝士大夫，纸墨银二两，自捐此款，令卓如（启超）、孺博（麦孟华）日属文，分学校、军政各类，日腾于朝，不收报费，朝士乃日闻所未闻，识议一变焉"（见《南海自编年谱》）。又立强学会于后孙公园，备置图书仪器，邀人来观，冀输入世界之智识于我国民，且于讲学之外谋政治之改革，其性质实兼学校与政党而一之。赞之者为郎中陈炽、沈曾植，编修张孝谦，浙江温处道袁世凯等，启超为书记员，一切事皆启超经理之。月余每日发报三千内外，然谣诼已蜂起，送至各家门者，辄怒以目，驯至送报人惧祸及，悬重赏亦不肯代送矣。中国人向来闭关自守，绝不知本国危险之状，即有一二稍知之者，亦以为国家之祸，于己无与。盖习闻前朝易姓革命故事，其降服新朝者，皆可复得本官，民间亦安土乐业，以为虽不幸而亡国，亦不过如是，而不知今日西人之灭人国，大异于昔也。有为撰强学会序文，痛陈亡国以后惨酷之状，以激励人心，读之者多为之下泪。故热血震荡，民气渐伸，而守旧之徒恶之，御史杨崇伊上奏劾其私立会党，显干例禁，请旨查封。所有书籍仪器，尽括而去。御史胡孚辰奏请就强学书局改设官书局，嗣后将官书局改办京师大学堂，皆李端棻、孙家鼐谋也。有为先已南下，于十月间说两江总督张之洞设上海分会，推之洞为会长。之洞拨公款一千两，自捐五百两以助之，派幕客梁鼎芬、黄绍箕与其事。既以《强学报》用孔子降生纪元触之洞怒，立禁止发行。黄遵宪以会中余款一千二百两，并捐款一千两，创办《时务报》，召启超任主撰，汪康年为经理。自是各省风气一变，组织会社者，风起云涌，有学会二十四所，学堂十九所，报馆八所，以在湖南者为最多，江苏、广东次之。所谓维新运动者，盖以是为权舆矣。而梁启超之力居多,故康、梁齐名,亦自此始。时光绪二十二年七月《时务报》发刊时也。启超首著《变法通议》,言:变法之本在育人才;人才之兴,在开学校;学校之立,在变科举;而一切要其大成,在变官制。康年亦著《自强三策》弁其端,力言中国宜申民权,重公理,尚创作而贱安闲,尚改革而贱守常;开利源,求新学,宣达民性,振奋士气,欲化愚弱为明强,非立议院选议员不可。《时务报》月出三册,每册二十余页,以连史纸石印,甚清晰美观,所载有论说、谕折、京外近事、域外报译等栏,而以世界消息占篇幅独多。麦孟华(孺博)、徐勤(君勉)、欧榘甲(云樵)皆襄助之,章炳麟亦尝为编辑,王国维则为书记。启超自撰及删改之文占三分之一,六月酷暑,独居一楼上,挥汗执笔,日不暇食,夜不惶息。数月后,之洞以报中多言民权,干涉甚烈,启超少年(二十四岁)气盛,时与牴牾,翌年,遂就湖南时务学堂之聘。然《时务报》风靡海内,销行至万余分,为中国有报以来所未有,举国趋之,如饮狂泉,民智之开通,实维新运动最大之生力也。其时严复、夏曾佑等复发刊《国闻杂志》于天津,南北两报,互相呼应,而民气始大张。戊戌闰三月,康年复另创《时务日报》,用报纸两面印刷,每面划分四版。其时上海最流行之《申报》、《新闻报》,皆用有光纸一面印刷,行款仍系书册式,一行四十余字,阅者感不便,后亦效《时务日报》格式,遂为吾国日报改进之先河。惟是年六月,清廷允御史宋伯鲁(芝栋)之请,改《时务报》为官报,命康有为督办。康年以既奉旨改为官办,则《时务报》名目,自非草野所能擅用,因即改为《昌言报》,延梁鼎芬为总董,另行出版,其一切体例,均与《时务报》同。并于报端刊登启事,公布《时务报》资金来源,纯为公众捐集,自无交代之可言。《时务日报》亦改为《中外日报》。启事有"康年于丙申秋创办《时务报》,延请梁卓如孝廉为主笔"之语,为启超所不满。以汪独居创办之名,而视彼若佣工也,乃撰《创办时务报原委记》一篇,刊诸各报,责康年"私众人所捐之金为己产,私众人所出之力为己功"。且谓:"穰卿与启超之有意见,自去年以来矣。同事之艰,自古所叹,以乱易整,旁观所笑。"盖康年亦出入之洞幕府,持论较平实,不似任公之激越而富煽动力,二人"学术不同,加以构煽,至渐乖离"(汪作梁文书后语)。梁未离馆前,其中已有浙(汪字穰卿,浙江钱塘人,光绪十八年进士，较启超长十三岁）、粤两派，罗振玉《雪堂自传》中尝言及之，以汪、罗交谊甚笃也。戊戌政变后，《昌言报》出至十期即停刊。《中外日报》维持至光绪三十四年六月，因揭露南京军政界之腐败，触怒两江总督端方，电饬上海道蔡乃煌迫让接办，至宣统三年停刊。康年于光绪三十二年，复创《京报》于北京，以报馆与政府距离宜近，不仅见闻较确，即遇有应匡救、应警告之事，易于上闻，不致有坐失时机之叹，较之在外省设报，虽言之力竭声嘶，而政府仍不见不闻者，其效力实有大小之殊也。惟《京报》以伉直敢言之故，为权贵所侧目，出版仅五阅月，即为外城巡警总厅所封闭（《中国报学史》谓被封于宣统元年，殊有误）。军机大臣瞿鸿禨（子玖）且以为康年座师，为御史恽毓鼎所劾，休致回籍。康年辛苦经营之南北两报，先后为政府所摧残，其志仍不馁，又与湖北王慕陶办海外通讯社，王供职比国使馆，由康年具稿付寄，慕陶译送各国报社，颇受欢迎。国人之自办通信社从事国际宣传者，亦自康年始。宣统二年康年复办《刍言报》于北京，月出六期，每期八页，侧重评议，不载新闻。宣统三年九月汪康年卒，《刍言报》始停刊。盖汪氏经营报纸十六年，其主张虽失之迂缓，专属望于清廷之能自改革，而于清末维新启蒙发聩之功，固不可没也。梁、汪虽以《时务报》之争，不无芥蒂，而音问并未中绝，互相期许勉励者备至。任公复书有"兄之相爱，语语肺腑，读之犹恍忆南怀仁里一灯兀兀对坐时也。比年以来，屡经挫折，于世途上勾当阅历日深，自问较前略有增长，他日相见，或亦许其非吴下阿蒙也"等语，二人亦可谓之诤友也矣。因康年事知者少，故附及之。

（二）保国会及有为之觐见

光绪二十四年正月三日，总理各国事务衙门奉帝旨召见有为，恭王、庆王皆未到。大臣仅李鸿章、翁同龢、荣禄、廖寿恒（刑部尚书）、张荫桓五人，荣首问以祖宗之法不可变。有为答所以必变之者，因时制宜，诚非得已。廖问如何变法？有为答以变法律制度为先。此种法律制度诚宜尽废，即一时不能废除，亦当斟酌改定，方可推行新政。翁问何以筹款？有为答日本之银行纸币，法国印花，印度田税，行之中国，可得十倍于今。乃进呈法律、度支、学校、农商工矿政、铁路、邮信、会社、海军、陆军之法,并言日本法制与吾国相近,最易摹仿。及翁以言入奏,上谕总署,以后康有为如有所陈,即日呈递,无许阻格。并命有为具折上陈。初八日,有为上疏统筹全局曰:

窃德人割据胶州,俄人窥伺旅大,诸国环伺,岌岌待亡。自甲午和议成后,臣累上书,极陈时危,力请变法,格未得达。旋即告归,土室抚膺,闭门泣血,未及三年,遂有兹变。臣万里浮海,再诣阙廷,荷蒙皇上不弃刍荛,特命总署王大臣传询,问以大计。复命具折上陈,并宣取臣所著《日本变政考》、《俄大彼得变政考》,进呈御览,此盖历朝未有之异数,而大圣人采及葑菲之盛德也。臣愚何人,受此殊遇!遭际时艰,敢不竭尽其愚,以备采择。臣闻方今大地守旧之国,未有不分割危亡者也。有次第胁割其土地人民而亡之者,波兰是也。有尽取其利权一举而亡之者,缅甸是也。有尽亡其土地人民而存其虚号者,安南是也。有收其利权而后亡之者,印度是也。有握其利权而徐分割而亡之者,土耳其、埃及是也。我今无士、无兵、无饷、无械,虽名为国,而土地、铁路、轮船、商务、银行,惟敌之命,听容取求,虽无亡之形,而有亡之实矣。后此之变,臣不忍言。观大地诸国,皆以变法而强,守旧而亡,然则守旧开新之效,已断可观矣。以皇上之明,观万国之势,能变则存,不变则亡,全变则强,小变仍亡,皇上与诸臣审知其病之所源,则救病之方,即在是矣。夫方今之病,在笃守旧法而不知变,处列国竞争之世,而行一统垂裳之法,此如处夏而衣重裘,涉水而乘高车,未有不病暍而沦胥者也。……夫使能守祖宗之法,而不能守祖宗之地,与稍变祖宗之法,而能守祖宗之地,孰重孰轻,殆不待辨矣。虽然欲变法矣,而国是未定,众论不一,何从而能舍旧图新哉?……若夫美、法民政,英、德共和,地远俗殊,变久迹绝,臣故请皇上以俄大彼得之心为心,以日本明治之政为政法也。……考其维新之始,百度甚多,惟要义有三:一曰大誓群臣以定国是;二曰立对策所以征贤才;三曰开制度局而定宪法。……既立制度局总其纲,宜立十

> 二局分其事：一曰法律局……二曰度支局……三曰学校局……四曰农局……五曰工局……六曰商局……七曰铁路局……八曰邮政局……九曰矿务局……十曰游会局……十一曰陆军局……十二曰海军局。……十二局设，庶政可得而举矣。然国政之立，皆以为民，民政不举，等于具文而已……宜用汉制，每道设一民政局，妙选通才督办其事……准其专折奏事……每县设民政分局……三月而备其规模，一年而责其成，如此内外并举，臂指灵通，宪章草定，奉行有准，然后变法可成，新政有效也。……

书既上，帝命总理衙门王大臣会议，并进呈所著《日本变政考》、《俄彼得变政考》，及李提摩太所译《泰西新史揽要》、《列国变通兴盛记》、《列国岁计政要》诸书，日加披览，变法之志更决。时启超与麦孟华等亦上书言拒俄联英，然后发愤变法，力求自强。三月，有为、启超复思振士气，特开保国会于粤东会馆，士大夫集者二百余人，定章程三十条，张荫桓与有为相结自此始。守旧之士，颇骇其非常。再会于崧云草堂，三会于贵州馆，来会者尚过百人，谤议渐风起。御史黄桂鋆、李盛铎、潘庆澜等上疏劾之，帝曰："会能保国，岂不大善？何可查究耶？"事遂止。及恭王病卒，有为上书同龢，促急变法，而同龢以谤言鼎沸，讽其去，有为因上请定国是书，交杨深秀、徐致靖上之。四月二十三日，乃下定国是之诏。二十五日，徐致靖荐有为、启超及黄遵宪、谭嗣同、张元济备顾问，奉旨着于二十八日预备召见。有为于二十七日诣颐和园，宿户部公所，即见懿旨逐翁同龢，令荣禄出督直隶，统三军，自后在廷臣工，及各省将军、都统、督抚等官，亦着向皇太后具折奏谢。二十八日早，有为入对，德宗问年岁出身毕，有为即言："四夷交迫，分割洊至，覆亡无日。"帝谓："皆守旧者致之。"有为称上之圣明，洞悉病源，因云："既知守旧之致祸败，则非尽变旧法，与之维新，不能自强。"帝言："今日诚非变法不可！"有为曰："近岁非不言变法，然少变而不全变，举其一而不改其二，连类并收，必至无功。"帝然之。有为又曰："今数十年诸臣所言变法者，率皆略变其一端，而未尝筹及全体。又所谓变法者，须自制度、法律先为改定，乃谓之变法，今所言变者是变事非变法也。臣请皇上变法,须先统筹全局而变之,又请先开制度局而变法律,乃为有益也。何为久不举,坐致削弱?”帝以目视外,叹曰:“奈掣肘何!”有为曰:“就皇上现在之权,行可变之事,虽不能尽变,而扼要以图,亦足以救中国矣!”继又曰:“皇上欲变法,惟于擢用小臣,广其登荐,与之召对,察其才否,皇上亲拔之,不吝爵赏,破格擢用。凡今军机、总署,并已用差,但用京卿、御史两官分任内外诸差,则已无事不办,其旧人且姑听之。惟彼等事事守旧,请皇上多下诏书,示以意旨所在,凡变法之事,皆特下诏书,彼等无从议驳。”有为又论八股之害曰:“今日之患,在吾民智未开,故虽多而不可用,而民智不开之故,皆由八股致之。故辽、台之割,不割于朝廷,而割于八股,二万万之款不赔于朝廷,而赔于八股;以至胶州、旅大、威海卫、广州湾亦莫不割于八股。皇上既以为可废,请下明诏,勿交部议;若交部议,部臣必驳斥矣。”帝曰:“可。”乃问筹款之方。有为对曰:“日本纸币银行,印度田税,皆可取法。”因略言中国地大物博,藏富于地,贫非所患也。但患变法不得本也。若能统筹全局,大举而筹款数万万,遍筑铁路,练民兵,购铁舰,遍开郡县各种学堂,水师学堂,及建立船坞等,则一举而大势立矣。于是更言译书、游学,及派游历等事。每终一事,稍息以待上命,否则起而重提。其初言及用人行政,未及推广社会,以开民智,而激民气,并抚各会匪。又谢保国会上为保全之恩,帝皆点头称是。又条陈所著书及教会事。久之,始命退出,并命若尚有言,可具折条陈,时已逾十刻矣。既退,遇李鸿章,对有为叹惜,告以荣禄、刚毅之阻抑。盖鸿章已晓然于变法之终无结果矣。

(三) 维新之诏旨

所谓百日维新者,即自四月二十三日下定国是之诏起,至八月六日而政变,共一百零三日也。如以有为召见之日起算,则尚不及百日。有为尝自镌“百日维新”章以寄意。定国是之诏,虽系御史杨深秀、徐致靖先后所奏请,实皆有为创议。诏旨如下:

> 钦奉上谕:数年以来,中外臣工讲求时务,多主变法自强。迩者

诏书数下，如开特科，裁冗兵，改武科，创立大小学堂，皆经再三审度，筹之至熟，始定议施行。惟是风气尚未大开，论说莫衷一是，或狃于老成忧国，以为旧章应行墨守，新法必当摈除；众喙哓哓，空言无补。至今日时局如此，国势如此，若仍以不练之兵，有限之饷，士无实学，工无良师，强弱异形，贫富悬绝，岂真能制梃以挞坚甲利兵乎？朕惟国是不定，则号令不行；极其流弊，必至门户纷争，互相水火，徒蹈宋、明积习，于实政毫无裨益。即以中国大经大法而论，五帝三王不相沿袭，譬之冬裘夏葛，势不两存，用是明白宣示，尔中外大小诸臣，自王公以及士庶，各宜努力向上，愤然为雄，佩圣贤义理之学，采其根本，又须博采西学之切于时务者，实力讲求，以救空疏迂谬之弊，专心致志，精益求精，毋徒袭其皮毛，腾其口说，始可化无用以成通权济变之才。京师大学堂为各行省之倡，尤应首先课学，着军机大臣总理各国事务王大臣会同妥速议奏，所有翰林院编修，各部院司员，銮仪侍卫，候补选道府州县以下各官，大员子弟，八旗世职各员，武职后裔，其愿入学堂者，均准其入学肄习，以期人才辈出，宏济时艰，不得敷衍因循，徘徊援引，致负朝廷谆谆告诫之至意！将此通谕知之。钦此。

此诏为维新变法之揭幕，《戊戌政变记》任公按语云："我国迫于外侮，当变法者，盖六十余年矣。此六十余年中，可分为四界：自道光二十年割香港，通五口，魏源著《海国图志》，倡师夷长技以制夷之说，林则徐乃创译西书，实为变法之萌芽。然此后二十余年，迭经大患，国中一切守旧，实无毫厘变法之说也，是为第一界。同治初年，创巨痛深，曾国藩借洋将，渐知西人之长，创制造局以制器译书。设方言馆，创招商局，派出洋学生，文祥亦稍知时局，用客卿美人蒲安臣为大使，遍交泰西各国，变法之事，于是荜路开山矣。当时又议选翰林部曹，入同文馆学西文，而倭仁以理学重名为宰相，以死争之，败此大举。且举国守攘夷之说，郭嵩焘以通才奉使，深明时局，归而昌言，为朝士所攻，卒罢去。至于光绪甲申，又二十年，朝士皆耻言西学，有谈者诋为汉奸，不齿士类。盖西法萌芽，而俗尚深恶，是为第二界。马江败后，议者渐知新法之不能尽拒，谈洋务者亦不以为深耻,然大臣未解,恶者尚多,议开铁路犹多方摈斥。盖制造局译出之书,三十余年,销售仅一万三千本,京师尚无地球图,其讲求之寡可想矣。盖渐知西学而莫肯讲求,是为第三界。然尽此六十年中,朝士即有言西法者,不过称其船坚炮利制造精奇而已,所采用者,不过炮械军兵而已,无人知有学者,更无人知有政者。自甲午东事败后,朝野乃知旧法之不足恃,于是言变法者乃纷纷。……渐知学堂为变法之本,而皇上频催办铁路矿务学堂之事,未几西后复收大权,皇上几被废,新政遂止。然而强学会、《时务报》大呼于天下,天下人士咸知变法,风气大开矣,是为第四界。然明于下而未行于上,新旧相争,大臣多不以为然,以未定国是故也。标准未著,人心不一,趋向未定,虽云变法,仍是守旧而已。及经胶州之变,朝廷益震动,康有为于正月上书请变法宜先定国是,下总署议,上再催而未复。旅顺、大连之事继起,皇上圣明,益明中外之故,知不变法不能立国。而恭王屡谏,谓祖宗之法不可变。上曰:'今祖宗之地不保,何有于法乎?'因使庆王告西后曰:'朕不能为亡国之君,若不予我权,宁逊位而已。'西后虽愤甚,然因别有所图,始听皇上之所为,乃使庆王复于上曰:'皇上欲办事,太后不阻也。'至是恭王适薨,翁同龢辅政,锐志改革。御史杨深秀、侍读学士徐致靖相继上书,请定国是。上既决心,乃白西后,召军机全堂下此诏旨,宣示天下,斥墨守旧章之非,著托于老成之谬,定水火门户之争,明夏葛冬裘之尚,以变法为号令之宗旨,以西学为臣民之讲求,著为国是,以定众向,然后变法之事乃决。自是天下向风,上自朝廷,下至士庶,纷纷言变法,盖为四千年拨旧开新之大举,圣谟洋洋,一切维新,基于此诏,新政之行,基于此日。"可见百日维新,当以此为起点矣。有为所建议除定国是外,以设制度局为变法之原,选天下通才十余人入直其中,如南书房、军机处例,以为新法论思之寄。帝命总理衙门王大臣会议,至五月犹未复。载湉震怒,促其即复,至是复上,尽行驳斥。帝召张荫桓切责之,谓:"汝等尽驳康某之奏,汝等欲一事不办乎?"张叩头俯伏曰:"此事重大,非臣数人所能决,请再派枢臣会议。"帝乃命军机大臣会议,复驳斥,帝复亲书朱谕责之,发令再议。至六月始议上,然不过择其细端末节准行而已,余仍驳斥,帝无如之何。盖帝与荫桓因西后及旧党之恶康,欲借廷臣之议以行之,而廷臣亦知皇上之无权,故敢于屡次驳斥也。五月初五日,特谕废除八股,考试策论,于是海内有志之士,读诏书皆酌酒相庆,以为去千年愚民之弊,为维新第一大事也。数月以来,天下移风,数千万之士人,皆不得不舍其兔园册子帖括讲章,而争讲万国之故,及各种新学,争阅地图,争购译出之西书,昔之梦梦然不知有大地,以中国为世界上独一无二之国者,今则忽然开目,憬然知中国以外,尚有如许多国,而顽陋倨傲之意见,可以顿释矣。虽仅数月,而八股旋复,而耳目既开,民智骤进,自有不甘于谬陋者,旧藩顿决,泉涌涛奔,非复如昔日之可以掩闭抑遏矣。故百日维新中所能发生效力者仅此一事而已。十五日,上谕筹办京师大学堂,参用泰西学规,以隆观听而育人才,派孙家鼐为管学大臣,督率办理。中国之有新式大学,盖自此始。章程为梁启超所拟,略取日本学规,参以本国情形,其详已见前第四篇中。是日,光绪帝召见梁启超,命以六品衔办理译书局事务。十六日,下振兴农学之谕,取上海农学会章程颁行,亦启超所首创者也。十七日,谕悬赏励工,开物成务。二十一日,谕整军经武,参用西法,并神机营改用新式操演。二十二日,谕各省开办中小学。省会之大书院为高等学堂。新学制由此始,亦有为所建议也。二十三日,诏开经济特科。二十八日,谕裁空粮,节饷需。时有为以《时务报》日零落,恐其败也,乃草折交宋伯鲁上之,请饬启超专办报。奉旨交孙家鼐议。枢臣恶有为,欲借差挤其外出,然后陷之,乃托孙请康办官报。有为辞,启超以汪康年不肯交出《时务报》,劝有为领之。有为亦以朝局危疑,欲借此以观进退,许之。家鼐乃入奏。六月初八日,上谕改《时务报》为官报,派康有为督办其事。有为原拟派启超为总经理,汪不服,私改为《昌言报》。有为又派狄平接收,黄遵宪以出使日本大臣,过沪查办,而康年仍不交。康、黄皆无如之何也。

(四)六堂官之罢免与四京卿之擢用

百日间新政诏谕凡百余,最要者,为六月十一日,删改各衙门则例之谕,盖以为制度局之嚆矢耳。又设立矿务铁路总局,农工商总局,部院司员及士民皆准上书言事,废朝考,裁汰京内外冗官,詹事府、通政司、光禄寺、鸿胪寺、太常寺、太仆寺、大理寺，及湖北、广东、云南三省巡抚，东河总督、盐道等官皆裁撤。至七月十九日，乃有尽革礼部六堂官之事。先是礼部尚书许应骙以经济特科试时务策论，为非常之举，乃欲归并于八股，士论大哗。御史杨深秀、宋伯鲁合词劾之。帝深恶其阻挠新政，即欲黜之。刚毅为之代求，故谨使按照所参各节明白回奏。是为新旧两派正面冲突之始。至七月中，礼部主事王照（小航）请帝游历各国，又责诸臣之谬为持正，谤上不忠，拟立教部以扶翼圣教。应骙等不肯代递。有为弟广仁以为皇上达聪，广开言路，岂容大臣阻蔽不达，谓宜劾之。照性勇直，即具折劾堂官。时侍郎堃岫、溥颋令掌印者勿收，照怀之而出，谓当往都察院递之。两堂乃允其代奏。应骙遂劾王照咆哮署堂，借端挟制。又谓其折请皇上游历，日本多刺客，昔俄太子、李鸿章皆遭毒手，王照置皇上于险地，故不敢代递，然照居心叵测，请加惩治。帝以是非得失，朕心自有权衡，无烦该堂官等鳃鳃过虑。辄抑不上闻，即系狃于积习致成壅蔽之一端，岂于前奉谕旨毫无体会耶？着交部议处。此后条陈事件，各堂官将原封呈进，毋庸拆看。部议降级，帝怒其不遵旨，尽褫尚书怀塔布、许应骙，左侍郎堃岫、徐会澧，右侍郎溥颋、曾广汉职，赏王照三品顶戴，以四品京堂候补，用昭激励。特擢李端棻、裕禄署礼部尚书，耆寿、王锡蕃署左侍郎，萨廉、徐致靖署右侍郎，皆异数也。然旧党之御史潘庆澜、黄桂鋆、李盛铎等亦屡疏劾有为，兼及宋伯鲁、杨深秀，尤以文悌封保国会事有“令其将忠君爱国合为一事，幸勿徒欲保中国四万万人，而置我大清国于度外”等语，于是满人竟谓有为保中国不保大清，为政变之一借口焉。应骙亦谓有为“始行晋京，意图侥幸，终日联络台谏，夤缘要津，托词西学，以耸观听”。帝既黜应骙，复斥文悌回原衙门行走，而于有为仅命其嗣后遇事，务加勉励，与各堂官和衷商榷，毋负委任而已。自六堂官罢，举国鼓舞欢蹈，争求上书，民间疾苦，悉达天听，每日每署封奏皆数十，帝鸡鸣而起，日晡乃罢，览阅章奏，犹不能尽。乃于七月二十日谕：

内阁候补侍读杨锐，刑部候补主事刘光第，内阁候补中书林旭，江苏候补道谭嗣同，均着赏加四品卿衔，在军机大臣章京上行走，参预新政事宜,钦此。

康、梁为新政推动之主力,而帝仅命有为在总理衙门章京上行走,有为愿昼夜编书,并未赴任。启超办理译书局事务,请在上海设编译学堂,旨虽照准,亦未暇办。外人多疑康之出入宫禁,私与光绪帝密谋,其实帝以西后与大臣忌康甚,不敢多召见,惟借张荫桓、廖寿恒传旨,康则具折陈奏而已。康之启沃帝心,翊赞维新者,则尤在著书进呈之一事。康所陈改革,大纲节目,多详于著书之中。而每一新政出,皆由李端棻、徐致靖、宋伯鲁、杨深秀等上言之,其折皆康、梁所拟也。康虽得专折奏事,而折亦不常上,因八股废后,士子出身无途,恨康特甚,至有欲聚而殴之者,谣诼大兴,怨谤交腾。康广仁劝有为不如归而讲学,俟三年后再议变政,未为晚也。有为以圣眷既隆,生死由命,迟不肯行。及四京卿之命下,而新党始正式参与政事,有为与光绪帝之间,亦联络有人矣。杨锐、刘光第皆陈宝箴所荐,林旭为少詹事王锡蕃所荐,谭嗣同则徐致靖所荐。帝知谭、林为有为弟子,杨、刘为保国会会员,用四卿即所以代康、梁也。此仿日本维新置参与官于宫中之义,帝别授朱谕于四人,令其将新政条理开列,竭力辅佐,无有畏惮,所有新政奏折,皆令阅看,谕旨特令撰拟。盖恶枢臣耄老,不能辅佐维新,又无权去之,特选新进小臣参国政,位虽卑而实等宰辅焉。

(五)《改制考》与《劝学篇》

时奏折繁多,无义不有,《戊戌变法》及《戊戌变法档案史料》所辑录者,即不下五百通,而麦孟华所编《南海先生戊戌奏稿》钞存二十篇,存目十三篇,凡例云:“戊戌数月间先生手撰奏折都六十三首。”档案中存者甚少,盖皆“留中”矣。有为素主宋人官差并用之法,增新而不裁旧,军机大臣廖寿恒,亦谏止裁汰,容纳旧人,可少树敌也。然建议汰冗官、废卿寺者殊多,如张元济请废翰林院、都察院,岑春煊请废卿寺裁员局等,帝勇决非常,遂有裁诸寺之谕,有为亦希旨请全裁,而谤议乃纷起。旧人恶有为益甚焉。各省对新政诏旨,率置若罔闻,惟湖南巡抚陈宝箴在戊戌前,已以梁启超、谭嗣同之助,举行新政。光绪帝特谕:陈宝箴“锐意整顿,即不免指摘纷乘,此等悠悠之口,属在搢绅,即是有意阻挠,不顾大局,必当予以严惩”。“当此时事孔棘,朕毖后惩前,深维穷变通久之义,则创办一切,实具万不得已之苦衷,尔诸臣其各精白乃心,力除壅蔽,上下以一诚相感,庶国是以定,而治理蒸蒸日上,朕有厚望焉”。并谕江南总督刘坤一、两广总督谭锺麟:“于谕令筹办之事,并无一字复奏,泄沓如此,朕复何望!倘再借词延宕,必当予以严处。直隶近在咫尺,荣禄于奉旨交办各件,尤当上紧赶办,陆续陈奏。其余各省督抚,亦当振刷精神,一体从速筹办;毋得迟玩,致干咎戾!”刘谭荣及湖广总督张之洞,皆因光绪帝无权,对新政皆弁髦视之。惟宝箴上《厘正学术造就人才折》有云:“臣尝闻康有为之为人,博学多才,盛名几遍天下,誉之者有人,毁之者尤有人。誉之者无不俯首膺服,毁之者甚至痛心切齿,诚有非可以常理论者。及徐考其所以然,则皆由于康有为平日所著《孔子改制考》一书。……其失尚不过穿凿附会,而会当中弱西强,黔首坐困,意有所激,流为偏宕之辞,遂不觉其伤理而害道。……我皇上陶铸群伦,兼取博采,康有为可用之才,敢言之气,已邀圣明洞鉴。……可否特降谕旨,饬下康有为即将所著《孔子改制考》一书版本,自行销毁,即因以正误息争,亦借可知非进德。”此折陈氏虽攻《孔子改制考》,而于有为特寓保全之意。协办大学士孙家鼐初亦颇言变法,欲聘有为为大学堂总教习,及见梁启超所草章程,以大权不归管学大臣而归总教习,大怒。乃亦上折攻《孔子改制考》及有为所著《中西学门径书》,谓:“康有为之为人,学术不端,而才华尚富……愿皇上采择其言,而徐察其人品心术。”此与翁同龢以《改制考》而改变对有为之观念盖相若也。张之洞在湖广励行新政,赞助康、梁,亦因《时务报》倡民权,康有为言改制,而著《劝学篇》以攻之。是书成于戊戌三月,颇风行一时。六月初七日谕旨谓:“张之洞所著《劝学篇》,持论平正通达,于学术人心,大有裨益,着将备定之副本颁发各省督抚学政各一部,俾得广为刊布,实力劝导,以重名教,而杜卮言。”《劝学篇》序云:“内篇务本,以正人心;外篇务通,以开风气。”又云:“于是图救时者言新学,虑害道者守旧学,莫衷一是。旧者因噎而废食,新者歧多而亡羊;旧者不知通,新者不知本;不知通则无应敌制变之术,不知本则有非薄名教之心。……交相为愈,而恢诡倾危者乱名改作之流，虽杂出其说，以荡众心，学者摇摇，中无所主，邪说暴行，横流天下。"又论正权曰："辨上下，定民志，斥民权之乱政也。"其宗旨可见。之洞复归纳为"中学为体，西学为用"之说，在当时颇受一般人之欢迎。实则有为虽主张维新，而谓："《公羊》之学废，改制之义湮，三世之说微，太平之治，大同之乐，暗而不明，郁而不发，我华我夏，杂以魏、晋、隋、唐佛老词章之学，乱以氐、羌、突厥、契丹、蒙古之风，非惟不识太平，即求汉拨乱反正之义，亦乖剌而不可得。"（《孔子改制考序》）故以"吾所发明，孔子改制，君尝疑焉，力规吾蔽。吾言道微，夷狄交噬，而吾学士，汉宋两敝。至于民冥，教不下逮，外道邪杂，与吾迭帝。不定一尊，心目罔系，今学口说，三统大义，囊括四海，可扫霾曀，相契远虑，顿失宿滞"（《祭朱蓉生侍御文》）为解，仍是以孔孟之学为归宿，与之洞所倡者，固大同而小异也。有为以制度局不开，零星散杂之无益，更反复言之，皆为枢臣所阻。乃不复言事，且欲南下矣。及梁启超为李端棻草折言开懋勤殿议制度，改定六部则例，而有为又欲借外援以积极从事焉。

（六）宣示变法之决心与拟开懋勤殿

有为以六月二十六日为帝万寿，请颁御像，下爱民诏书，以结民心，刊新政诏书誊黄，遍贴穷乡僻壤，以广德意。并停止昭信股票，起农工商之业，以惠民困，皆蒙旨允行。又请禁天下妇女缠足，君民合治，满汉不分，尊孔圣为教主立国教，筹借六万万之巨款，用以改良军队，遍筑铁路，开设银行。主设新京于上海，以北京地势偏北，人民难于走集；气候凛冽，养生不宜；入冬冰冻，海运难通；物产不丰，文物不盛；不宜为都。更言："皇上身先断发易服，诏天下同时断发，与民更始。"帝虽未遽采行，而颇受感动，七月二十七日，乃下决心变法之上谕曰：

> 国家振兴庶政，兼采西法，诚以为民立政，中西所同，而西人考究较勤，故可以补我所未及。今士大夫昧于域外之观者，几若彼中全无条教，不知西国政治之学，千端万绪，主于为民开其智慧，裕其身家，其精者乃能美人性质，延人寿命，凡生人应得之利益，务令其推广无

遗。朕夙夜孜孜,改图百度,岂为崇向新奇?乃眷怀赤子,皆上天之所畀,祖宗之所遗,非悉使之康乐和亲,朕躬未为尽职。加以各国环交陵迫,非取人之所长,不能全我之所有。朕用心之苦,而黎庶犹有未知,职由不肖官吏,与守旧之士夫,不能广宣朕意,乃反胥动浮言,使小民摇惑惊恐,山谷扶杖之民,有不获闻新政者,朕实为叹恨!今将变法之意,布告天下,务使百姓咸喻朕心,共知其君之可恃,上下同心,以成新政,以强中国,朕不胜厚望!着察照四月二十三日以后所有关乎新政之谕旨,各省督抚均迅速照录,刊刻誊黄,切实开导。着各州县教官,详切宣讲,务令家喻户晓。各省藩臬道府,饬令上书言事,毋得隐默顾忌。其州县官应由督抚代递者,即由督抚将原封呈递,不得稍有阻格。总期民隐尽能上达,督抚无从营私作弊为要!此次谕旨,并着悬挂各省督抚衙门大堂,俾众共览,庶无壅隔。钦此。

梁任公谓:“上爱民之心,救中国之勇,施行新政之决,通达西人政学之深如此。其所务在开民智、裕民身、美性质、延寿命,试问士大夫闭关守旧者能知此乎?即言西人军兵炮械之精奇者,亦岂能知此乎?至于使百姓咸喻圣心,教诲爱养之意,古今诏书所未见……至是四万万人皆知国有圣主,人人翘首企足,复望自强矣。……先是藩臬官尊,例得上折言事,然遏于督抚,自嘉、道后无敢上折者,上乃命下及道府州县,皆准上折,所以旁求俊乂,博知四海,通下情而达民隐者,国朝未之有也。此诏为国朝第一诏书,怛恻爱民,饥溺自任,以变中国二千年之弊政。而旋下不保位之密诏,然则此诏亦为新政之殿矣,呜呼痛哉!”此非阿好之言,光绪帝之以改图百度为己责,其爱民达隐之怀,诚足哀怜,惜见制于一老妇人而不能自拔耳。于是不得已乃有开懋勤殿议制度之举,盖欲借助于外人也。《戊戌政变记》曰:“上既广采群议,图治之心益切,至七月二十八日决意欲开懋勤殿,选集通国英才数十人,并延聘东西各国政治专家,共议制度,将一切应兴应革之事,全盘筹算,定一详细规则,然后施行。犹恐西后不允兹议,乃命谭嗣同查考雍正、乾隆、嘉庆三朝开懋勤殿故事,拟一上谕,将持至颐和园禀命西后,即见施行。乃越日而变局已显,衣带密诏旋下矣。”《谭嗣同传》云：“及七月二十七日，皇上欲开懋勤殿，设顾问官，命君拟旨，先遣内侍持《历朝圣训》授君，传上言谓康熙、乾隆、咸丰三朝，有开懋勤殿故事，令查出引入上谕中，盖将以二十八日亲往颐和园请命西后云。君退朝乃告同人曰：‘今而知皇上之真无权矣。’至二十八日京朝人人咸知懋勤殿之事，以为今日谕旨将下，而卒不下，于是益知西后与帝之不相容矣。”帝之拟开懋勤殿，设顾问官，为戊戌维新中一大事，亦为政变之一大关键。此举系康、梁、李（端棻）、徐（致靖）、宋（伯鲁）全力所上奏，为代替制度局而作全盘设计之机关，亦可容纳新人，接引外援。伊藤博文之来华，名为游历，实系应邀，盖帝醉心于明治维新，欲延伊藤为懋勤殿首席顾问也。因帝与康、梁所采之外交路线，为联英、日以制俄、德，故英、日对维新事皆暗中资助，康、梁、张（荫桓）、黄（遵宪）于政变后得脱毒手，即由于此。帝所为新政，皆请命慈禧，慈禧亦漫应之，惟于开懋勤殿一事，则加拒绝，其内心以为伊藤如公开支持光绪帝，则傀儡即无法控制矣。光绪帝召见伊藤时，慈禧且回宫坐于幕后监视，故二人谈话，仅属泛论，未及其他，前于中日战后外交中已述之，兹不赘。八月五日，帝方与伊藤见面后，袁世凯已请训出京，是晚而政变即作矣。

一百五十二　戊戌政变纪略

（一）政变之原因

甲午以后，光绪帝愤外难日迫，国势阽危，锐欲革新庶政，致富强，环顾枢辅大臣，除翁同龢、张荫桓外，皆选耎玩愒，无动为大，无足谋天下大计者。康有为既一再上书，帝固心识之，益以同龢、荫桓之荐，特召见欲大用。时有为四十一岁，梁启超二十六岁，而帝二十八岁，皆壮年有为时也。顾以西后颐养颐和园，年已六十四，暮气虽深，而掌握政权之意念未尝稍减，凡二品以上大员黜陟，皆须向其取进止，帝不得自专。同龢罢后，不仅老成去国，无人为之作缓冲，即同、光以来所建汉人执政之局，亦渐变矣。故康有为仅以工部主事在总理衙门行走，梁启超仅领译书局，在政府中均无职位，其建议多借徐致靖、宋伯鲁、李端棻等上之。维新之诏累颁，而大臣疆吏鲜有奉行者。于是始有罢出六堂官,擢用李、徐、王之事,盖欲借此厉威而风众,以黜旧更新耳。怀塔布之妻素侍太后宴游,乃哭诉于慈禧,谓且尽除满人,后固不善帝之所为,久有废立意,会谭嗣同四京卿参赞军机,欲开懋勤殿专理新政,又邀伊藤博文来华,政权之争达于顶点,此贪狠老妇人焉能放手不问乎?政变之总原因,盖由于光绪帝之怯懦,无权无勇,积威所施,不克自拔,慈禧素以玩偶视之,一有异动,则随其喜怒而弃置焉。《戊戌政变记》云:"当穆宗之崩,西后欲专朝权,利立幼君,当时上犹在襁褓之中,故立之。及帝稍长,英明渐露,西后颇惮之,因欲以威钳制之,故虐待皇上无所不至。有义烈之宦官名寇连材者,尝有笔记记宫中轶事云:

中国四百兆人中境遇最苦者,莫如我皇上,盖凡人当孩童时无不有父母以亲爱之,顾复其出入,料理其饮食,体慰其寒暖,虽在孤儿,亦必有亲友以抚之也。独皇上五岁即登极,登极以后,无人敢亲爱之,虽醇邸之福晋(皇上之生母),亦不许亲近,盖限于名分也。名分上可以亲爱皇上者,惟西后一人。然西后骄侈淫泆,绝不以为念,故皇上伶仃异常,醇邸福晋每言及辄涕泣云。……西后待皇上无不疾声厉色,少年时每日诃斥之声不绝,稍不如意,常加鞭挞,或罚令长跪。故积威既久,皇上见西后如对狮虎,战战兢兢,因此胆为之破。至今每闻钟鼓之声,或闻吆喝之声,或闻雷辄变色云。

光绪十六年下归政之诏,布告天下,然皇上有亲裁大政之名,而无其实,一切用人行政皆仍出西后之手。……光绪二十年,祝西后六旬万寿,先期演习礼仪……皇上与百官鹄立三时之久,以待一奄竖。演礼既毕,皇上大怒,因廷杖李莲英四十。李大怒,诉于西后,西后恨皇上益甚。李莲英平日既恃西后之宠幸,陵蔑皇上,恐一旦西后晏驾,皇上执权,则己之首领必不保,因日进谗言于西后,言皇上有怨望之心。盖自是而西后废立之谋,日蓄于胸中矣。……御史安维峻抗疏言:太后既已归政皇上,则一切政权不宜干预,免掣皇上之肘。西后大怒,立将安维峻革职遣戍……同时将瑾妃、珍妃褫衣廷杖，刑罚之惨，本朝所未闻也。二妃之兄志锐因皇上所信用，谪之乌里雅苏台。……乙未六月间，皇上用翁同龢之言，将孙毓汶、徐用仪罢斥，西后大怒，乃将翁同龢革去毓庆宫差事，令其不得与皇上有密谈。……工部侍郎汪鸣銮者，翁同龢之党也；兵部侍郎长麟者，满洲人之忠于皇上者也。长麟云：太后虽穆宗之母，而实文宗之妾，皇上入继大统为文宗后，无以妾母为母之礼，本非母子，皇上宜收揽大权。其言为内监所闻，报知西后，即日逼皇上革汪、长职，永不叙用。（按黄秋岳《花随人圣庵摭忆》云："汪、长必为珍妃被黜进言，以为应复其位，以泯帝后之嫌隙。汪有借此求去之隐衷，长则年少敢言，自恃八旗子弟，其同遭沦谪不复起，则缘德宗始终抑郁，故帝党一蹶不振也。"《续孽海花》谓长罢出于李莲英之圈套，汪罢则以西后不满孙毓汶之被黜，帝召见鸣銮，颇有令其继孙之意，故莲英于后前砸之，仍是翁、孙两派之斗法也。）恭亲王问皇上：长、汪二人因何故获罪？皇上垂涕不答，王伏地痛哭不能起云。……文廷式自甲午年托病出京，乙未秋间复入京供职，西后因其为皇上所擢用之人，极为猜忌，故讽言官（杨崇伊）劾之，驱逐出京，使不得与皇上相见。……同时有宦官寇连材者，深明大义，窃忧时局，一日忽涕泣长跪于西后之前，极言皇上英明，请太后勿掣其肘；又言国帑空虚，请太后勿纵流连之乐。西后大怒，即行处斩，皇上闻之，为之掩泪。北京志士，莫不太息。凡此诸端，皆宣播于外，人人共知者，盖西后之谋，必不许皇上有一心腹之人，皇上有所信用之人，必加以罪，务令廷臣不敢效忠于皇上。……大臣之中，皆其私人，小臣之中，亦敢怒而不敢言。……载澍者，某亲王之子，宣宗之孙也。……今犹圈禁于内务府之诏狱中，每日只许进一饭，严冬不给寒衣……所谓抗世子法于伯禽，借澍贝勒以作皇上之影子也。……恭亲王之死，于改革及废立，皆有大关键，……自四月十日以后，皇上日与翁同龢谋改革之事，西后日与荣禄谋废立之事。四月二十三日，皇上下诏誓行改革，二十五日下诏命康有为等于二十八日觐见，而二十七日西后忽将出一朱谕，强令皇上将翁同龢开缺回籍。同龢一去，皇上之股肱顿失矣。及翁之出京也，荣禄贶之以千金，且执其手呜咽而泣，问其何故开罪于皇上云。呜呼！李林甫之口蜜腹剑，于今复见，小人之伎俩，诚可畏哉！……同日……命王文韶、裕禄来京，命张之洞毋庸来京，命荣禄为直隶总督、北洋大臣，而九月间皇上奉皇太后巡幸天津阅兵之举，亦以此日决议。盖废立之谋，全伏于是日矣。荣禄之不入军机而为北洋大臣何也？专为节制北洋三军也。北洋三军：曰董福祥之甘军，曰聂士成之武毅军，曰袁世凯之新建军。此三人皆荣禄所拔擢，三军皆近在畿辅，荣禄讽御史李盛铎奏请阅兵，因与西后定巡幸天津之议，盖欲胁皇上至天津因以兵力废立。此意满洲人多知之，汉人中亦多为皇上危者，而莫敢进言。……西后与荣禄既布此天罗地网，视皇上已如釜底游魂，任其跳跃，料不能逃脱。于是不复防闲，一听皇上之所为。故皇上数月以来，反因此得有一二分之主权，以行改革之事。当皇上之改革也，满洲大臣及内务府诸人，多跪请于西后，乞其禁止皇上，西后笑而不言。有涕泣固请者，西后笑且骂曰：'汝管此闲事何为乎？岂我之见犹不及汝耶？'自此无以为言者。或问于荣禄曰：'皇上变乱祖制如此妄为可奈何？'荣禄曰：'姑俟其乱闹数月，使天下共愤，罪恶贯盈，不亦可乎？'盖彼之计划早定，故不动声色也。自四月以来，北京谣言极多，皆言皇上病重……或言张荫桓进红丸，或言康有为进红丸……皆西后与荣禄等有意造此谣言，以为他日弑害皇上及坐康、张等罪名之地也。……然皇上日日办事，召见大小臣，且间数日必诣颐和园向西后前请安，常在瀛秀园门跪迎跪送，是岂有病之人所能如是耶？……至七月初间，皇上忽语庆亲王云：'朕誓死不往天津。'七月中旬，天津罢行之说，已宣传于道路，当时适值革礼部六堂官，擢军机四京卿之时，守旧党侧目相视。七月二十间，满大臣怀塔布、立山等七人，同往天津谒荣禄。越数日御史杨崇伊等数人又往天津谒荣禄，皆不知所商何事。而荣禄遽调聂士成之军五千人驻天津，又命董福祥之军移驻长辛店。七月二十九日，皇上召见杨锐，是日有旨命袁世凯入京。八月初一日，召见袁世凯，即日超擢为侍郎。初二日复召见袁世凯，又召见林旭。而御史杨崇伊、张仲炘等，亦于是日诣颐和园上封事于太后云。初三日荣禄忽有电报达北京，言英、俄在海参崴开战，现各国有兵船十数艘在塘沽，请即遣袁世凯回天津防堵。袁世凯即于初四日请训出京，而皇上命其初五乃行。于初五日复召见袁世凯，至初六日而遂有西后垂帘，志士逮捕之事。"任公所述政变之本末极详,又分析政变之原因十三种,总为二大端,其一由西后与皇上积不相能,久蓄废立之志也;其二由顽固大臣痛恨改革也。西后之事既述之,顽固党之事,则言:"全国大臣,其一瞢然不知有所谓五洲者,告以外国之名,犹不相信,语以外患之危急,则曰此汉奸之危言悚听耳。其二则亦知外患之可忧矣,然自顾已七八十之老翁矣,风烛残年,但求此一二年之无事,以后虽天翻地覆,而非吾身之所及见矣。其三以为即使吾及身而遇亡国之事,而小朝廷一日尚在,则吾之富贵一日尚在。今若改革之论一倡,则吾目前已失舞弊之凭借。且自顾老朽不能任新政,必见退黜,故出死力以争之,终不以他年之大害,易目前之小利也。呜呼全国握政柄之人,无一人能出三种之外者,而改革党人乃欲奋螳臂而与之争,譬犹孤身入重围之中,四面楚歌,所遇皆敌,而欲其无败衄也得乎?"观此可知帝后两党政权之争,由来已久,戊戌维新,特西后有意纵容之,以作废立之口实耳。即无康、梁之变法,而政变亦不能免也。

(二) 政变之发作

天津阅兵之谕,据《德宗实录》系于戊戌四月己酉,即翁同龢被黜之二十七日也。荣禄署直督亦在是日。经两月之秘密布署,废立之谋,渐传闻于外。帝以新政之诏,西后均未加阻止,而七月二十八日请开懋勤殿之事,西后态度大变,载湉始知慈禧之真意所在矣。二十九日乃召见杨锐,并予以朱笔密诏曰:

> 近日朕仰观圣母意旨,不欲退此老耄昏庸大臣而进英勇通达之人,亦不欲将法尽变。朕岂不知中国积弱不振,非力行新政不可?然此时不惟朕权力所不及,若强行之,朕位且不保。尔与刘光第、谭嗣同、林旭等详悉筹议,必如何而后能进用英达,使新政及时举行,又不致少拂圣意,即具奏,候朕审择,不胜焦虑之至!

此诏系宣统元年锐子庆昶交于都察院呈请代奏者。见《清史稿·杨锐传》,《梁任公年谱》引《戊戌朝变记·杨参政公事略》于"亦不欲将法尽变”下,有“虽由朕随时几谏,而慈意甚坚,即如七月二十八日之事,圣母已谓太过”诸句,其余文字,亦多不同,可见《清史稿》所收诏文,非原诏之本来面目。梁任公《戊戌政变记》云:后康有为将前两谕宣布……揭载于下:

> 朕惟时局艰难,非变法不能救中国,非去守旧衰谬之大臣而用通达英勇之士不能变法,而皇太后不以为然。朕屡次几谏,太后更怒。今朕位几不保,汝康有为、杨锐、林旭、谭嗣同、刘光第等,可妥速密筹,设法相救。朕十分焦灼,不胜企望之至,特谕。
>
> 右七月二十八日谕康有为、杨锐、林旭、谭嗣同、刘光第五人,由杨锐带出。(按康有为《年谱》为二十九日)

此即康有为所谓之衣带诏,维新始变而为保皇矣。先是有为以天津阅兵期近,与谭嗣同日夜忧之,虑何以收军权而保帝位,不牢笼将帅,则恐无济于事。乃呈请仿日本立参谋本部,选天下虎罴之士,不二心之臣于左右,上亲擐甲胄而统之。又请立新京于上海,断发易服改元者,皆为此也。盖借改元易服以新耳目,借行幸上海而避之,且可以建新都而控御天下也。又以将帅中惟袁世凯知外国事,讲变法,与董、聂武夫不同,因谋利用之以救帝。于是以徐致靖子仁镜(康有为《年谱》作仁禄)游说其幕中,以观其情。因袁氏与荣禄为密接也,又令其激以言词,谓尝荐之于帝,惜荣氏告帝以其跋扈不可用,事遂寝。由是袁氏倾向新党且怨荣禄矣,乃急荐之,并请召见,抚袁以备不测。帝即降旨,召见袁世凯于颐和园。时八月初一也。即日赏以侍郎候补,责成专办练兵事务。二日,袁谢恩,帝笑谓:“人人都说你练的兵、办的学堂甚好,此后可与荣禄各办各事。”盖隐示以不必受荣节制耳。世凯于甲午战前,离韩返津,特函禀李鸿章准于调职,盖恐战端一启,必身受其害也。鸿章以当时一般舆论,咸咎袁驻韩日久,因应失当,致演成不可收拾之局;而袁之获充总理朝鲜交涉通商事宜,乃出于李婿张佩纶之怂恿保奏(称袁胆识兼优能持大体),此举实不啻变相之临阵脱逃,深恶其佻巧,严令即回本任。世凯极感恐慌,乃夤缘翁同龢,翁为作札转求于李鸿藻,鸿藻庇之,始得无事。同龢日记云:"袁世勋为袁慰亭事来见,慰廷奉使高丽颇得人望,今来津不得入国门(李相仍令赴平壤),欲求高阳主持,因作一札与高阳,即令敏孙持去。"甲午七月十六日又云:"温处道袁世凯来见,此人开展而见诚实。"(乙未五月二十九日)世凯致李函有"结草衔环,永不忘恩"语。世凯之练新建陆军,即由荣禄所保荐,故世凯虽出身于淮军,而自握兵权之始,则受荣禄提携,已为荣禄之私人。帝与有为欲借以制荣,实等掩耳盗铃也。王照《方家园杂咏纪事》云:"在袁氏奉诏来京之十日前,南海托徐子静(致靖)及谭复生(嗣同)、徐莹甫(仁铸)分两项劝余往聂功亭(士成,原注云:乃余之兰弟,然其心极粗,幕中多小人)处,先征同意,然后召其入觐,且许聂以总督直隶。余始终坚辞,曾有王小航不许作范雎语。迨至召袁之诏下,霹雳一声,明是掩耳盗铃,败局已定矣。世人或议世凯负心,殊不知即召聂、召董,亦无不败。倘余往聂处,则泄漏愈速,余知之稔,故决不为也。"可见康、谭密谋召外援,即聂士成、董福祥处亦欲联络,惟以世凯为强学会发起人,与康有为有此渊源(民国五年,袁氏称帝,有为致书诮之曰:"慰亭总统老弟大鉴,……追昔强学之会,饮酒商谈,坐以齿序,公呼吾为大哥,吾与公兄弟交也。今同会寥落,死亡殆尽,海内同志,惟吾与公及沈子培、徐菊人尚存"),康特信之,而谭嗣同年少气盛,以为帝加不次之擢,当可得其死力。殊不知袁之加入强学会,正宦途不得意之时,其为人机诈反复,唯利是图,当时后党盈朝野,彼既攀附荣禄矣,焉有舍实际而骛虚名之理?其入京应召,盖早与荣禄有密计以侦察新党,固不待嗣同之进言,而帝语亦可以告变矣。八月初三日,荣禄三电总署,造英、俄开战之谣,立调世凯回津,足见荣禄于世凯亦未能十分信任,恐其受新党歆动耳。如世凯不告密,则荣禄必先杀之,又何能使其挟天子以令诸侯乎?康、谭急不暇择之举动,以与深沉老辣之慈禧较,殊有天渊之别。帝于其所处之危境,固亦深知之,始有赐杨锐之密诏。及事急,则于八月初二日,明诏促有为行。略谓:"前命其督办官报,此时闻尚未出京,实堪诧异!康有为迅速前往上海,勿得迁延观望。"同日,又召见林旭,令其持密诏示有为曰:"朕今命汝督办官报,实有不得已之苦衷,非楮墨所能罄也。汝可迅速出外,不可延迟,汝一片忠爱热肠,朕所深悉。其爱惜身体,善自调摄,将来更效驰驱,共建大业,朕有厚望焉!特谕。”是夕,有为接赐杨锐密诏,正在宋伯鲁宅,与李端棻、徐致靖等同宴。谈事变之急,相与忧叹。次日,林旭持密诏促行,有为痛哭激昂,草密折谢恩,并誓死救上。令林旭持缴,并奏报初四日起程出京。时杨锐、谭嗣同、梁启超、徐仁铸、徐仁镜、康广仁、徐世昌(袁世凯幕宾盟友)皆来,大众痛哭不成声。乃属谭嗣同去袁所,说之勤王杀荣禄去旧党焉。嗣同以深夜造法华寺直诘袁曰:“君谓皇上何如人也?”袁曰:“旷代之圣主也。”嗣同曰:“天津阅兵之阴谋,君知之乎?”袁曰:“然,固有所闻。”嗣同乃直出密诏示之曰:“今日可以救我圣主者,惟在足下,足下欲救则救之。”又以手自抚其颈曰:“苟不欲救,请至颐和园首仆而杀仆,可以得富贵也。”袁正色厉声曰:“君以袁某为何如人哉?圣主乃吾辈所共事之主,仆与足下,同受非常之遇,救护之责非独足下,若有所教,仆固愿闻也。”嗣同曰:“荣禄密谋,全在天津阅兵之举,足下及董、聂三军,皆受荣所节制,将挟兵力以行大事。虽然董、聂不足道也,天下健者惟有足下,若变起,足下以一军敌彼二军,保护圣主,复大权,清君侧,肃宫廷,指挥若定,不世之业也。”袁曰:“若皇上于阅兵时疾驰入仆营,传号令以诛奸贼,则仆必能从诸君子之后,竭死力以补救。”嗣同曰:“荣禄遇足下素厚,足下何以待之?”袁笑而不言。嗣同曰:“荣禄固操、莽之才,绝世之雄,待之恐不易易。”袁怒目视曰:“若皇上在仆营,则诛荣禄如杀一狗耳。”因相与言救上之条理甚详。袁曰:“今营中枪弹火药皆在荣贼之手,而营哨各官亦多属旧人,事急矣,既定策,则仆须急归营更选将官,而设法备贮弹药则可也。”乃丁宁而去。以上系《戊戌政变记》所述者,据袁世凯《戊戌日记》云:

谭以相法,谓予有大将格局……因出一草稿,如名片式,内开荣某谋废立弑君,大逆不道,若不速除,上位不能保,即性命亦不能保。袁世凯初五请训,请面付朱谕一道,令其带本部兵赴津,见荣某,出朱谕宣读,立即正法。即以袁某代为直督,传谕僚属,张挂告示,布告荣某大逆罪状,即封禁电局、铁路,迅速载袁某部兵入京,派一半围颐和园，一半守宫，大事可定。如不听臣策，即死在上前各等语。予闻之魂飞天外，因诘以围颐和园欲何为？谭云："不除此老朽，国不能保，此事在我，公不必问。"予谓："皇太后听政三十余年，迭平大难，深得人心，我之部下，常以忠义为训戒，如令以作乱，必不可行。"谭云："我雇有好汉数十人，并电湖南招集好将多人，不日可到。去此老朽，在我而已，无须用公。但要公以二事，诛荣某，围颐和园耳。如不许我，即死在公前，公之性命在我手；我之性命亦在公手，必须今晚定议，我即诣宫请旨办理。"予谓："此事关系太重，断非草率所能定，今晚即杀我，亦决不能定。且你今夜请旨，上亦未必允准也。"谭云："我有挟制之法，必不能不准，初五日定有朱谕一道面交公。"予见其气焰凶狠，类似疯狂，然伊为天子近臣，又未知有何来历，如显拒变脸，恐激生他变，所损必多，只好设词推宕。……谭再三催促，立即会议，以待入奏，几至声色俱厉，腰间衣襟高起，似有凶器，予知其必不空回，因告以九月即将巡幸天津，待至伊时军队咸集，皇上下一寸纸条，谁敢不遵？又何事不成?"谭云："等不到九月，即将废弑，势甚迫急。"予谓："既有上巡幸之命，必不至遽有意外，必须至下月方可万全。"……谭云："报君恩，救君难，立奇功大业，天下事入公掌握，在于公；如贪图富贵，告变封侯，害及天子，亦在公，惟公自裁！"予谓："你以为我何如人？我三世受国恩深重，断不至丧心病狂，贻误大局，但能有益于君国，必当生死以之。"谭似信，起为揖，称予为奇男子……予因其志在杀人作乱，无可再说，且已夜深，托为赶办奏折，请其去。反复筹思，如痴如病，遂亦未及递折请训。细想如任若辈所为，必至酿成大变，危及京社，惟有在上前稍露词意，冀可补救。初五日请训，因奏曰："古今各国，变法非易，非有内忧，即有外患，请忍耐待时，步步经理。如操之太急，必生流弊。且变法尤在得人，必须有真正明达时务老成持重如张之洞者，赞襄主持，方可仰答圣意。至新进诸臣，固不乏明达勇猛之士，但阅历太浅，办事不能慎密，倘有疏误，累及皇上，关系极重。总求十分留意，天下幸甚！臣受恩深重，不敢不冒死直陈"等语，上为动容，无答谕。退下，即赴车站……抵天津,日已落,即诣院谒荣相略述内情,并称皇上圣孝,实无他意,但有群小结党煽惑,谋危宗社,罪实在下,必须保全皇上以安天下。……次早荣相枉顾,以详细情形备述,荣相失色,大呼冤曰:“荣某若有丝毫犯上心,天必诛我!近来屡有人来津通告内情,但不及今谈之详。”予谓:“此事与皇上毫无干涉,如累及上位,我惟有仰药而死耳。”筹商良久,迄无善策。……(此日记发表于民国十五年《申报》,系从张一麐处抄出。)

《日记》所述谭说袁之情节,与《政变记》大致相同,惟围禁颐和园一事,为政变暴发之导火线,而康、梁均否认,袁记有之。据王照《方家园杂咏记事》原注云:“围禁慈禧之谋,蓄之已久,南海因言用兵力夺权之计,余再三面驳,故又令他人言之,以全颜面,然深信此诤友必不泄也。”王照为康党重要人物,其言似可信,故所谓为天津阅兵谋者,皆饰辞耳。盖谭说袁至津杀荣禄,然后派兵围颐和园,而袁则答以俟阅兵时再办。然袁至津即告荣禄,袁氏亦不讳言也。惟政变发于五日晚,正袁氏抵津密告荣禄之时,六日垂帘训政之谕即下。如以袁氏之告密而发难,则时间上大有问题也。据《续孽海花》云:袁氏于三日晚闻谭语,四日即化装回津告密,荣禄亦于是日专车赴京晋谒太后。恽毓鼎《崇陵传信录》云:

缅维先帝御宇,不为不久,幼而提携,长而禁制,终阏损其天年,无母子之亲,无夫妇昆季之爱,无臣下侍从燕游暇豫之乐,平世齐民之福,且有胜于一人之尊者。毓鼎侍左右近且久,天颜戚戚,常若不愉,未尝一日展容舒气也。弃臣民之后半月,冲主御法驾升正殿,行即位礼,毓鼎侍班御座前,默思先帝生平遭际困厄,心酸鼻辛,欲制泪不禁涔涔被面矣。后之人稽光绪一朝事,所见者懿旨耳,上谕耳,奏疏耳,先帝一多病柔懦之主而已。庸讵知天挺英明,豁达大度,奋发欲有所为,处万难之会,遵养时晦,以求自全,有大不得已之苦衷哉!监国醇亲王以河间、东平之亲,居明堂负扆之重,窃谓继志述事,为先帝吐气,此其时矣。荏苒二年,东海逋臣,交章荐之而不召;西市沉冤，遗孤言之而不雪。毓鼎知其无意于先帝矣。乃始反袂吮毫，举十九年所见所闻，纂为此录，无恩私，无党议，可以告先帝而质鬼神，扃之箧笥，传诸子孙，他日陵谷变迁，函开心史，三十四年之朝局，庶有大明之一日乎？……上愤外难日迫，国势阽危，锐欲革新庶政……于是蜚语浸闻西朝。御史杨崇伊、庞鸿书揣知太后意，潜谋之庆亲王奕劻，密疏告变，请太后再临朝，袖疏付奕劻转达颐和园。八月初四日黎明，上诣宫门请安(《实录》谓四日上诣瀛秀门外跪接皇太后还西苑驻跸。五日上诣仪鸾殿问皇太后安，至庚戌〔?〕皆如之。可知是录初四日为初五日之误。因初四日太后仍在颐和园，初五日始还大内也)，太后已由间道入西直门，车驾仓皇而返。太后直抵上寝宫，尽括章疏携之去。召上怒责曰："我抚养汝二十余年，乃听小人之言谋我乎?"上战栗不发一语，良久嗫嚅曰："我无此意。"太后唾之曰："痴儿！今日无我，明日安有汝乎?"遂传懿旨以上病不能理万几为辞，临朝训政，凡上所兴革悉反之。

毓鼎为词臣学士，侍德宗十九年，见闻较确，自比心史，当存朝局真相。谓密疏告变请后临朝，由于杨崇伊，皆事实也。崇伊以翰林考授御史，热中求进，尝劾文廷式落职，见恶于名流，乃希权要意言事。荣禄辟为武卫中军幕僚，已而授汉中知府擢道员，濒大用矣。鹿传霖告荣禄曰："是生最无行，彼方假公名招摇，奈何荐之?"禄悟，崇伊晋谒，拒焉。忧归，遂不复出。后以争娶妾，捶楚乡人，为端方劾罢，交地方官严管，然方实代廷式修旧怨也。《花随人圣庵摭忆》云："余前言杨莘伯(崇伊字)之劾文道希(廷式字)由于内廷授意者或疑未尽然。……然杨之党后，专劾附德宗者，传闻线索有自，实凿可征。叶缘督日记(按，指叶昌炽《缘督庐日记》)光绪二十四年八月初六日，政局全翻，发难者，乃杨侍御也。并云先商王、廖两枢臣，皆不敢发，急赴津与荣中堂定策，其折系由庆邸递入。据此，则杨又为戊戌政变之急先锋，与荣禄、奕劻勾结之状，历历如绘。"可知杨崇伊为戊戌政变中之主角，乃代表荣禄作公开活动者也。谭、袁密谭之事，不过为爆发之导火线耳。自八月一日召见袁世凯，繁锣密鼓，悲剧即渐登场。二日，杨崇伊递疏请太后训政。三日，谭嗣同往说袁世凯。四日，荣、袁皆秘密赴京，荣以袁言告太后。五日早(恽记四日误)太后即回宫。尽搜帝住所文件以去。因是日有召见伊藤博文事，后在幕后监视，故未即发作。袁世凯先已请训出京矣。晚间西后始召帝戟指顿足，申申而詈，令赐以鸩酒。帝战栗俯伏，惟有涕泣。军机大臣王文韶及近支王公等跪求，乃幽禁于瀛台。六日发垂帘听政之谕曰：

> 现在国事艰难，庶务待理。朕勤劳宵旰，日综万几，兢业之余，时虞丛脞。恭溯同治年间以来，慈禧……皇太后两次垂帘听政，办理朝政，宏济时艰，无不尽美尽善。因念宗社为重，再三吁恳慈恩训政，仰蒙俯如所请，此乃天下臣民之福。由今日始在便殿办事，本月初八日率王大臣在勤政殿行礼，一切应行礼节，着各该衙门敬谨预备。

此为荣禄、杨崇伊乃至怀塔布、立山等经月运动之结果，所谓戊戌政变者，即以是日为政权由光绪帝又转换为慈禧太后之牝朝矣。

(三) 政变之结果

政变之结果，新党既完全失败，康有为为旧党所欲得而甘心之人，故首即派人搜抄南海馆，而有为已于先一日出京矣。盖光绪帝促行之诏既颁，有为知事急，故派谭嗣同往说袁世凯。及深夜得嗣同消息，知袁不能举兵扶帝，清君侧，乃决行。天明甫睡，九时即起，往访李提摩太(Timothy Richard)欲得英公使之助，而英使避暑北戴河，不能救。容闳欲请助于美使，有为以其无兵无济于事。又访伊藤博文，仅请其说太后而已。先是，有为请开懋勤殿，延外人为顾问，即荐用李提摩太，李又转介伊藤博文，二人均于七月底到京。其时情势已大变，政变之发作于伊藤召见之日，实西后虑帝之引外援也。《戊戌朝变记》云："七月十五日日本侯相伊藤博文过津，八月之变，幽禁皇上，株连新党，翻改朝政，蓄此心固非一日，而借口发难，实由于伊藤之来也。自御史李岳瑞、洪汝仲等上书请用客卿，朝臣斥为汉奸，将引外人从中取事。及至伊藤到津，皆云系康有为勾引而来。

在津日，又值皇上电询可否在津多留数日？伊藤答以两礼拜。守旧者皆惶悚不安，荣相接待宴于北洋医院，神色惨沮不欢，未遑终席，借事辞去。盖将借此发难，以惑太后听耳。”八月初二日之《国闻报》记云：“初一日伊侯至总署拜谒王大臣，坐谈两点钟之久。闻初二日张樵野（荫桓）司农函伊侯夜宴，有初五日入觐皇上之说。近日京朝大小官奏请皇上留伊藤在北京，用为顾问官，优以礼貌，厚其饩廪，持此议者甚多，未悉朝廷之意何如也。”观此可知伊藤之来，实为促成政变之最大原因，袁世凯之告密仅属其次耳。而官方及新党所记述，均讳言其事，盖不欲牵动外人，且事属虚设，无佐证也。初四日，有为在南海馆与梁启超、林旭、黄仲弢（绍基）、康广仁商谈，黄劝有为微服出山东，勿经天津，或易僧服走蒙古。启超、广仁复跪请其行。初五日天未明出京，至暮抵塘沽，即登招商局新济轮。因船于六日下午启碇，有为乃改搭太古洋行之重庆轮，于六日十时行。既至烟台，仍登岸购五色石两筐。时荣禄派飞骑至塘沽搜捕未获，又派飞鹰兵舰往追，以贮煤不足而返。荣电烟台道李希杰截捕，适该道因急事往胶州，及阅电赶回，而重庆轮已开行矣。上海道蔡钧既奉密拿之电，连日乘小轮至吴淞搜北来船。而上海英国总领事卜瑞南（Brenan）亦已得李提摩太电请搭救有为，乃一面电告威海卫西门提督派 Bonaventure 巡洋舰来沪，一面派工部局翻译濮兰德乘小汽船在吴淞口外截住重庆轮，将有为安顿于英国赴港商船 Ballarat 号，时八月初九日也。及英巡洋舰到沪，始于十二日护送往香港。有为初闻拿获就地正法之上谕，系言其进红丸弑帝，以为光绪帝已死，愤欲投海。英人告以皇上大行之事不确，姑留此身以有待。有为即口占一绝句云：“忽洒龙漦翳太阴，紫薇移座帝星沉。孤臣辜负传衣带，碧海青天夜夜心。”又作诀弟子书，盖尚备死所也。及英领事来见，始知救援出英政府训令。日本志士宫崎寅藏又偕有为赴日本避难，自此流亡海外矣。梁启超于八月初六日方访谭嗣同于其寓，对坐榻上，有所擘划。而搜捕南海馆之报忽至，旋闻垂帘之谕。嗣同从容语启超曰：“昔欲救皇上，既无可救；今欲救先生（指康），亦无可救，我已无事可办，惟待死期耳。虽然天下事知其不可而为之，足下试入日本使馆谒伊藤氏，请致电上海领事而救先生焉。”于是启超往日本使馆，见林权助参赞（时日本公使矢野不在京),托营救光绪帝及有为,已欲就死。林权助切实苦劝,始于是晚与王照同住日本使馆。七日,嗣同待捕者不至,赴日使馆访启超,劝东游,且以所著书及诗文辞稿,并家书一箧托焉。日人劝嗣同留,嗣同告启超曰:“不有行者,无以图将来;不有死者,无以酬圣主。今南海之生死未可卜,程婴、杵臼,月照、西乡,吾与足下(指启超)分任之。”遂相与一抱而别。任公《大事记》云:“初十日,我即入东京谒总理大隈重信,请其营救新党。大隈云:此事可往见外交部大臣鸠山和夫磋商。我即往矣,据云:六君子甚难营救,惟卓如(启超字)已有营救之法,其情形一星期内总可发表,事关外交,不能不守秘密也。一星期后,卓如乘大岛舰到日,与王照一人,日本进步党出资赁屋招待。”是营救启超者,亦出日本政府之命也。其混出北京事,乃由日本志士平山周、山田良政、小村俊三郎、野口多内等挈之,扮作打猎之日本人模样,至塘沽换小艇,开往停泊大沽之日本军舰大岛号。荣禄得报,派候补道黄花农率兵往捕,花农已登小艇见启超,故作不识,而任其逃。启超至日本,即由华侨资助办《清议报》,开维新革命之风气焉。初六日,清兵搜抄南海馆,有为弟康广仁被捕。次日始正式有“康有为结党营私,莠言乱政,着革职拿交刑部治罪”之谕,并及广仁。初九日,又谕:

张荫桓、徐致靖、杨深秀、杨锐、林旭、谭嗣同、刘光第均着先行革职,交步军统领衙门,拿解刑部治罪。

张荫桓之被捕经过,据其《驿舍探幽录》云:

本月六日缇骑十人来我宅,封巷东西口,我以为查抄也,不敢出。有戚某奔避,被擒至官厅,群呼为康有为,戚遣人至我宅送信,始知缇骑为搜康而来,我复至户部办事。……初七日,仍随班朝见,太后在帘内,皇上在炕侧坐。太后令廖寿恒拟拿办康有为党羽谕旨,廖拟就呈诸上,皇上转呈太后,阅毕仍递交皇上,皇上持此旨目视军机诸臣踌躇久之始发下。是日并无他耗。初八日辰刻,提督崇礼遣翼尉率

> 缇骑至我宅，邀我至提督衙门候旨，我知有变，因尚未用饭，令其稍待。饭毕濒行，翼尉忽谓我曰：请赴内与夫人诀。我始悟获罪，将赴西市，负气行，竟不入内。抵提督署，各官均未至。坐数时，天已暝，仍无确耗，遂令人取行李，住一宿。次日（初九日）有旨拿交刑部审讯，入监住。……住二日，并未提讯。十三日，闻备车出决。我问卒曰：能留一二人否？卒答曰：留二人。问为谁？曰杨深秀、康广仁。及闻套六车，惧我亦不免矣。盖同拿者连我共八人，我因闭门静待。未一刻，监中提杨深秀、杨锐、林旭、谭嗣同、刘光第、康广仁六人出，……我始稍为放心。

荫桓所记八月初八日被传，次日有旨拿交刑部，是先捕而后降旨也。徐致靖、杨深秀、杨锐、林旭、谭嗣同、刘光第之被逮系初十日，是先有旨而后捉拿也。足见太后视荫桓过于六君子矣。而十一日谕派军机大臣、刑部、都察院严行审讯，忽云：张荫桓声名甚劣，惟尚非康有为之党，着暂行看管，听候谕旨。何也？据英使窦纳乐（Sir Claude MacDonald）云：

> 二十五日（即八月初十日）闻张（荫桓）将于是晚或翌晨处决之讯，余意不论张所蒙罪名为何，皆不妨为代求减议。时已黄昏，事机已迫，私意太后必曾以此事询李鸿章，因亟函李相，极言中国猝然处决诸臣，泰西各国皆将震骇。且以荫桓职位之高，又为欧人所熟知，若遽以莫须有之罪杀之，则将有极不良之影响。请李相尽力营救。……二十六日（十一日）谕下……命将新党诸人交刑部严讯，而将荫桓与康党分开，仅斥其劣迹昭著。

是则荫桓之得救，全出英人之力。十四日谕："已革户部侍郎张荫桓居心巧诈，行踪诡秘，趋炎附势，反复无常，着发往新疆，交该巡抚严加管束。已革翰林院侍读学士徐致靖着刑部永远监禁。翰林院编修湖南学政徐仁铸（致靖子）着革职永不叙用。"又宣布新党罪状曰：

近因时事多艰,朝廷孜孜图治,力求变法自强,凡所施行,无非为宗社生民之计。朕忧勤宵旰,每切兢兢。乃不意主事康有为首倡邪说,惑世诬民,而宵小之徒,群相附和,乘变法之际,隐行其乱法之谋,包藏祸心,潜图不轨。前日竟有纠约乱党谋围颐和园,劫制皇太后,陷害朕躬之事。幸经觉察,立破奸谋。又闻该乱党私立保国会,言保中国不保大清,其悖逆情形,实堪发指!朕恭奉慈闱,力崇孝治,此中外臣民之所共知。康有为学术乖僻,其平日著作,无非离经叛道、非圣无法之言。前因其素讲时务,令在总理各国事务衙门行走,旋令赴上海办官报局,乃竟逗遛辇下,构煽阴谋,若非仰赖祖宗默佑,洞烛几先,其事何堪设想!康有为实为叛逆之首,现已在逃,着各直省督抚一体严密查拿,极刑惩治。举人梁启超与康有为狼狈为奸,所著文字,语多狂谬,着一并严拿惩办。康有为之弟康广仁及御史杨深秀,军机章京谭嗣同、林旭、杨锐、刘光第等,实系与康有为结党,隐图煽惑。杨锐等每于召见时,欺蒙狂悖,密保匪人,实属同恶相济,罪大恶极。前经将各该犯革职拿交刑部讯究。旋有人奏:稽延日久,恐有中变。朕熟思审处,该犯等情节较重,难逃法网,傥语多牵涉,恐致株连,是以未俟复奏,于昨日谕令将该犯等即行正法。此事为非常之变,附和奸党,均已明正典刑,康有为首创逆谋,恶贯满盈,谅亦难逃显戮。现在罪案已定,允宜宣示天下,俾众咸知。我朝以礼教立国,如康有为之大逆不道,人神所共愤,即为覆载所不容,鹰鹯之逐,人有同心。至被其诱惑甘心附从者,党类尚繁,朝廷亦皆查悉,朕心存宽大,业经明降谕旨,概不深究株连。嗣后大小臣工,务当以康有为为炯戒,力扶名教,共济时艰。所有一切自强新政,胥关国计民生,不特已行者即应实力奉行,即尚未兴办者,亦当次第推广,于以挽回积习,渐臻上理,朕实有厚望焉。

政变中被杀者,为康广仁、杨深秀、谭嗣同、林旭、杨锐、刘光第六人,世称戊戌六君子。广仁名有溥,以字行,号幼博。尝为小吏于浙,挂冠归,气质大变,覃精名理。启超抱病北上,广仁以伯兄爱之,护视入京。其在京致何易一函云：

伯兄(指有为)规模太广，志气太锐，包揽太多，同志太孤，举行太大，当此排者、忌者、挤者、谤者盈衢塞巷，而上又无权，安能有成？弟私窃深忧之，故常谓但竭力废八股，俾民智能开，则危崖上转石，不患不能至地。今已如愿，八股已废，力劝伯兄宜速拂衣，虽多陈无益，且恐祸变生也。伯兄非不知之，惟常熟(指翁同龢)告以上眷至笃，万不可行。伯兄遂以感激知遇，不忍言去。但大变法一面为新国之基，一面令人民念圣主，以为后图。弟旦夕力言，新旧水火，大权在后，决无成功，何必冒祸？伯兄亦非不深知，以为死由命，非所能避。因举华德里落砖为证。弟无如何，乃与卓如谋令李宓老(李端棻)奏荐伯兄出使日本，以解此祸。乃皇上别放公度而留伯兄，真无如何也！伯兄思高而性执，拘文牵义，不能破绝藩篱，至今实无他法。不独伯兄身任其难不能行，即弟向日自谓大刀阔斧荡夷薮泽者，今已明知其危，不忍舍去，乃知古人所谓鞠躬尽瘁，死而后已，固有无可如何者。(《康幼博茂才遗文致易一书》，见《戊戌六君子遗集》)

据此可知康、梁变法之举，盖亦自知其身处危地，惟以感激光绪帝知遇之恩，遂抱“非破家不能救国，非杀身不能成仁”，“不论成败是非，尽力做去”之态度(见狄楚青《任公先生事略》)。谭嗣同能逃而不逃，即属此种舍生取义之精神表现。嗣同在狱中，意气自若，终日绕行室中，拾取地上煤屑就粉墙作诗，所成者绝不止“我自横刀向天笑”一首也。杨深秀，山西闻喜人，字仪村，光绪十五年进士，迁刑部郎中，转御史。尝言时势危迫，不革旧无以图新，不变法无以图存。累上书言事，同列文悌尝与语宫中隐事，欲求豪杰以发难救国，深秀虑其难，以告有为。有为诘文，文恐深秀之泄漏而败事也，日腾谤于朝以求自解，并腾章劾深秀、有为，以媚于众。政变后上谕发康党之罪名，皆文悌语也。八月六日垂帘之命既下，举朝惴惴惧大诛至，独深秀抗疏请太后归政，其子黻田苦口谏止，深秀厉声叱之退。俄被逮。林旭，字暾谷，福建侯官人，光绪十九年解元。乙未，应试北京,上书请拒和议。既而官内阁中书,谒有为大心折,遂受业焉。旭倡闽学会,又赞有为开保国会,才名籍甚。初荣禄尝为福州将军,雅好闽人,以旭为沈葆桢孙婿,颇欲罗致之,招入天津幕府。旭问有为可就否?有为曰:"就之何害?若能责以大义,怵以时变,从容开导其迷谬,暗中消遏其阴谋,亦大善事也。"乃决就荣聘。已而举应经济特科,少詹事王锡蕃荐于朝。七月召见,帝以其操土语不尽解,退缮折述师说甚详,帝因其为有为弟子,因信任之,入军机参新政,上谕多由旭所拟。谭嗣同往说袁世凯,旭不谓然,作小诗代简致之曰:"伏蒲泣血知何用!慷慨何曾报主恩?愿为公歌千里草,本初(袁绍字)健者莫轻言!"盖指东汉何进之事,而以董卓喻袁也。其在狱时作微笑,闻广仁哭,尤笑不可仰。杨锐,字叔峤,四川绵竹人。督学张之洞奇其才,召入幕。之洞督两广,从入粤。光绪十一年举顺天乡试,考取内阁中书。《戊戌政变记·杨锐传》云:"张出任封疆,将二十年,而京师事不托之子而托之君,张于京师消息一切藉君有所考察,皆托之于君。书电络绎,盖为张第一亲厚之弟子,而举其经济特科,而君之旅费亦张所供养也。"可见锐为张之洞之"坐京"(即驻京办事之人员)。黄绍基(仲弢)、吴敬修(菊农)为之洞侄婿,亦曾任之。《续孽海花》描写其与康党同床异梦,并在狱题壁有"食其禄而不尽其忠,罪当死。惟康有为显系诬叛,此锐之所以不能瞑目也"语,不知确否,但《梁任公先生年谱》有李宣龚致丁文江书云:"迨保国会发起,弟虽到过一两次,其实不过逐队观光,并不识有所谓政治思想。即如开会第一日,南海演说俄罗斯问题,容纯甫(闳)、沈子培(曾植)均在场,而杨叔峤偏独当众假寐。八月难作,叔峤且列于康党,是一可笑之事。"又云:"然当时辇毂之下,何施不可?康、梁诸公乃敢犯冒严谴,成此异举,实在不能不钦佩。"此虽指保国会而言,而杨锐之非康党,固与《续孽海花》所述无异也。故锐恃之洞之奥援,而之洞以避嫌不救,正与说部相符耳。先是锐致之洞书云:"公入对之举,前沮于常熟,昨日之电,则出刚意,何小人之必不能容君子耶?近日变法,都下大哗,人人欲得康有为而甘心之,然康固多谬妄,而诋之者至比之洪水猛兽,必杀之而后快,岂去一康而中国即足自存乎?公条陈科举一奏,立奉俞旨一切允行,天下仰望。上方锐意新政,凡关涉改革之事,但有论建,无不采纳,转较胜于身在政府也。京师大老,空疏无具,欲以空言去康,何能有济？近事数则,别纸录呈省览。”锐与之洞之关系,及其对康有为之态度,均可于此征之矣。刘光第字斐村,四川富顺人,光绪九年进士,授刑部主事。因谳狱忤长官,闭户读书,绝迹不与时流通,人鲜知者。及保国会开,光第翩然来为会员,以陈宝箴荐,加四品衔,充军机章京。既见谭嗣同,则大相契,京师所见高节笃行之士,罕其比也。变既作,四卿同被逮下狱(《清史稿》谓光第自投狱),未经鞠讯,十三日即传呼提犯人出。康广仁惧将受刑,大哭,光第曾在刑部,慰之曰:“此乃提审,非就刑,毋哭!”既而牵自西角门出,刘知故事,缚赴市曹处斩者,始出西角门,乃大愕,骂曰:“未提审,未定罪,即杀头耶？何昏聩乃尔!”协办大学士刑部尚书刚毅监斩,嗣同呼刚前曰:“吾有一言。”刚去不听,光第曰:“祖制虽盗贼临刑呼冤,当复讯,吾辈纵不足惜,如国体何!”刚默不应。再询之,曰:“吾奉命监刑耳。他何知?”狱卒强之跪,光第崛立自如,杨锐呼曰:“斐村跪跪,遵旨而已。”乃跪就戮。其嗣子赴市曹伏尸痛哭一日夜以死。深秀、林旭之夫人皆仰药殉。说者谓儒家伦常道德,可于六君子及其家人舍身殉难之精神而征之,中国文化固亦自有其价值矣。叶昌炽《缘督庐日记钞》云:“八月十三日午刻,归经菜市,知为行刑,急询之,知为决官犯六人。……六人者新政四章京及杨侍郎、康广仁也。以叔乔之学行,而竟遭大辟,即此数人者虽良莠不一,要之皆中国之隽也。天乎？一至此乎！外国新旧相争,无不流血者,中国流血至此始也。”六君子外,所谓维新志士之被株连者,尚有:

李端棻	礼部尚书,革职遣戍新疆。
陈宝箴	湖南巡抚,革职永不叙用。
陈三立	吏部主事,革职永不叙用,圈禁于家。
张百熙	内阁学士,兼礼部侍郎,广东学政,革职留任。至十二月始撤销革职处分。
王锡蕃	詹事府少詹事,擢礼部侍郎,革职永不叙用。
黄遵宪	三品卿出使日本大臣,免官逮捕,以伊藤博文及英、

	美人士力保而释放。
文廷式	前翰林院侍读学士,令拿办逮捕家属。
王　照	礼部主事,以四品京堂候补,革职拿办,逮捕家属,查抄家产。
江　标	前翰林院编修,湖南学政,以四品京卿候补,在总理衙门章京上行走,革职永不叙用,圈禁于家。
端　方	原任霸昌道,新授三品卿衔,督办农工商局新政,销衔撤差。后以进《劝善歌》,复升任陕西按察使。
徐建寅	福建船政局总办,授三品卿衔,督办农工商局新政,销衔撤查。
吴懋鼎	新授三品卿衔,督办农工商局新政,销衔撤差。
宋伯鲁	监察御史,革职永不叙用,并拿问。
李岳瑞	工部员外郎,总理衙门章京,兼办铁路矿务事,革职永不叙用。
张元济	刑部主事,总理衙门章京,兼办铁路矿务事,大学堂总办,革职永不叙用。
熊希龄	翰林院庶吉士,助陈宝箴力行新政,革职永不叙用,圈禁于家。

(四) 光绪帝之处分

戊戌政变表面上是新旧党思想之争,实际上则为帝后权力之争。新党以翁同龢、张荫桓为领袖,旧党以荣禄、刚毅为领袖,旧党多半满人,新党则全系汉人,故又形成满、汉阶级之争。最初赖同龢之德望,荫桓之干才,既受光绪帝之宠眷,颇能吸引群伦,稍占优势,文悌之加入保国会,依附康、梁,即可知满人亦有穷途末路之感,且欲趋炎附势矣。但自同龢态度转变以后,不欲急进,致为荫桓排牴以去,于是新党之势力骤减,而满人始渐得势。王照《方家园杂咏纪事》云:“戊戌之变,外人或误会为慈禧反对变法,其实慈禧但知权利,绝无政见,纯为家务之争。故以余个人之见,若奉之以主张变法之名,使得公然出头,则皇上之志可由屈而得伸,久而顽固大臣皆无能为也。此策曾于余第一奏折显揭之,亦屡向南海劝以此旨,而南海为张荫桓所蔽,坚执扶此抑彼之策,以那拉氏为万不可造之物。”又云:“庚子团匪弥漫之日,守西陵贝子奕谟告逃难至西陵之齐令辰曰:‘我有两语赅括十年之事,因夫妻反目(德宗后为慈禧内侄女,帝已有专宠珍妃,颇不属意于后,慈禧令移居己之别室。慈禧先谪瑾妃、珍妃,后又推珍妃坠井,皆缘此)而母子不和,因母子不和而载漪谋篡。’谟贝子,成皇之胞侄也。”此言政变乃家务之争,不关政见,固系当时事实,然太后权势之所寄托,皆在满洲王公大臣及阉宦,此辈与维新诸臣势不两立;而帝欲借革新以收回政权,旧臣中可寄以心腹者仅荫桓一人,以一人而与举朝争,其失败宜矣。所谓扶此抑彼者,亦时势使然,即令奉西后以主张变法之名,抑岂能尽去顽固之大臣哉?何况定国是之诏,乃西后所同意,而帝发新政诏书,亦多请命于西后,岂非使得公然出头乎?故王照之论扶帝抑后为荫桓过,似属成败论人,殊不知西后所争既为权利,即不在乎有无变法之名也。惟同龢之去,乃荫桓之失策。在彼以为少一阻挠之人,其实亦少一稳健支持之人,同龢纵有不嫌于康党之心,未尝有显加破坏之迹。翁罢免后,荣禄始督直布置军事,太后复朝见二品以上大臣,帝后之裂隙已兆于此;新党势成骑虎,不得不放手为之,冀徼幸于万一耳。而旧党则“布此天罗地网,视皇上如釜底游魂,任其跳跃,料其不能逃脱”(《戊戌政变记》)。梁任公先生谓:“翁同龢一去,皇上之股肱顿失,及出京,荣禄赆之以千金,且执手呜咽而泣,问其何故开罪于皇上云。”可见同龢虽巧妙太过,持论两歧,然为三朝元老,荣禄初“执礼若弟子”(见《近代名人小传》),旧党对之,似仍有顾忌,而不敢放手以谋废立也。《续孽海花》所述内幕较详,兹录如下:

小燕(张荫桓)道:“他(指翁同龢)的进退,与吾党的关系不可不研究一下。”常肃(康有为)道:“他近来对待我们渐渐儿疏远,将来一定不会帮忙的,他的进退跟我们没有关系。”超如(梁启超)道:“据我看:他于我们虽不肯帮忙,然人究竟明白一点,他的声望,后党那边总有点儿忌惮,他若不去,虽不能为福,亦不至为祸。”小燕道:“然而不然,他不去,将来皇上听了我们的话,有所举动,他总有点师傅的面子,欲拦挡一下,总有点力量。而且他也许借着吾们去恢复太后那边的感情,也是说不定的。常肃兄:你说没有关系,或者是我的过虑吧!"常肃道:"你的见解胜过我……照小翁的话看来,他肯帮忙,总是他在前头,决不能畅行吾党的政策,他不帮忙,那更讨厌了。"卓如道:"先生也太偏于主观了,我看我党的政策,乃是很冒险的,反对的人不在少数。太后是执政多年,中外有权的多数是服从她的。吾们这边,少年天子,实行的时候,把舵的真要有毅力才可以抵挡。吾党中握权的又是少数,虽然比较起来是得人心的多数……但人心也是难说的,往往为事势所迫,临时变更……万一彼党实行反对时,要决定一个主见,倘少了一个老成人说话,吾们的损失也很重大的。"常肃道:"你的话虽不差,但是老夫子的脾气,你也知道,他能够拿什么主见么?现在圣眷很集中于小翁身上,那时所有决定,不会向着小翁请教么?小翁所决定的,总比老夫子干脆一点,我说去了他倒是有利无害的。"超如跟常肃究竟是师生,也不好再向他辨驳了。小燕道:"我的意见与常肃兄相同,吾们的宗旨,就算决定了,以后相机行事便了。"

观此可知张、康主张去翁,而梁任公主张留翁以为老成把舵之人,其见解殊高超,惜张不悟,自陷孤立。荣禄之言,任公虽断为口蜜腹剑,实亦可反映翁去不尽由于旧党矣。而又谓皇上之股肱顿失,盖仍系《续孽海花》所述之意也。戊戌十月辛丑(十一日)上谕曰:

翁同龢授读以来,辅导无方,从未将经史大义,剀切敷陈,但以怡情适性之书画古玩等物,不时陈说。往往巧借事端,刺探朕意。至甲午中东之役,主战主和,甚至议及迁避,信口侈陈,任意怂恿,办理诸务,种种乖谬,以致不可收拾。今春力陈变法,密保康有为谓其才胜伊百倍,意在举国以听。朕以时局艰难,亟图自强,于变法一事,不惜屈己以从。乃康有为乘变法之际,阴行其悖逆之谋,是翁同龢滥保匪人,已属罪无可逭。其余陈奏重大事件,朕间有驳诘,翁同龢辄怫然不悦，恫喝要挟，无所不至，词色甚为狂悖。其任性跋扈情形，事后追维，殊堪痛恨！前令其开缺回籍，实不足以蔽辜，翁同龢着即行革职，永不叙用，交地方官严加管束，不准滋生事端，以为大臣居心险诈者戒。

翁氏日记虽辨称无荐康事，但煌煌谕旨，岂能无中生有？以后缉捕康、梁谕旨，又言翁荐康事。同龢罢后半年，仍不免加以罪名，足证旧党之重视同龢，欲将京朝汉人之势力，连根拔除耳。李鸿章、袁世凯最初皆同情变法者，然鸿章主亲俄，荫桓主亲英，一切新政，皆由总署复议，德宗虑鸿章掣肘，七月二十二日，谕令李鸿章、敬信均着毋庸在总署行走。于是鸿章始转采中立态度，杨崇伊虽为其子经方之姻亲，而崇伊之活动，固非由鸿章授意，且汉人任军机大臣者，如廖寿恒、王文韶均不直之，惟鸿章以元老重臣，不能与荫桓协调，其政见显已偏于保守矣。刚毅在政变后，权势大张，满人入军机者，荣禄、裕禄、启秀，益以居首席之礼王世铎，可见自翁同龢被黜，汉人政权，一蹶不振，而刚毅与端王载漪始得谋废立以图篡位，引拳民以酿大乱，荣禄虽不赞成，亦无如之何。当时天津《国闻报》有记载云：

清国八月初六日以后，一切反改守旧政策，在皇太后尚无成见，皆因各言官陈之于下，而军机大臣刚毅一人主持于上，虽以荣中堂之见信于太后，亦不能与刚毅争执。在荣中堂之意，以为乱党既已伏诛，而国中一切自强变法之事，亦当择其紧要者次第举行。刚毅则以为新法万不可用，必当扫除净尽，而新党之人，亦必须屏斥一空。荣中堂以中外情势与之反复辨论，伊终不以为然也。故自八月以后之事，皆刚毅之政策。清国官场云：自本年三四月以来，刚毅常以守旧之故见斥于皇帝，故此次借此以行其报复。夫用人、行政二者，乃国家安危所关系，而清国人往往以一己之私意，阴行其颠倒之权，其是非利害，则一切置之不顾，此亦支那人故伎如此，不独刚毅一人然也。

可见刚毅之权在政变后固超于荣禄矣。荣尚不忍尽变新法，而刚必扫除净尽，满大臣如徐桐、启秀等皆附刚，刚屡被斥于光绪帝，欲借此以行其报复，则帝所处之遇境，当较任何新党之人为恶劣也。《戊戌政变记》云："皇上自恐不免，因思脱虎口，为西后之党所发觉，乃将皇上幽闭于南海之瀛台。南海者，大内之离宫也，瀛台在海之中心，四面皆环水，一面设板桥以通出入。……名虽至尊，实则囚虏矣。"初十日，下征医之谕，每日造脉案药方，传示各衙门，人心恟惧，谓将有桐宫之举，于是候选知府（经元善）等在上海联合海外侨民，公电西朝，请保护圣躬。虽奉严旨名捕元善，而非常之谋竟寝。《方家园杂咏纪事》云："戊戌八月变后，即拟废立，宣言上病将不起，令太医捏造脉案，遍示内外各官署，并送东交民巷各国使馆，各使侦知其意，会议荐西医入诊，拒之不可。荣禄兼掌外务，自知弄巧成拙，又尝以私意阴示刘忠诚公（坤一），忠诚复书曰：'君臣之义已定，中外之口难防，坤一为国谋者以此，为公谋者亦以此。'荣禄悚然变计，于是密谏太后，得暂不动。"但《续孽海花》记荣禄与太后之言，仍以各国使臣不同意为虑也。荣禄托李鸿章探询外人意旨，鸿章即借此得外放两广总督，而以不着边际之言答复之。自是汉大臣之备位中枢者，皆不能与满人抗矣。梁任公云："南海之奏对，其政策之大宗旨，曰满、汉不分，君民同治。斯言为满洲全部人所不乐闻。"又云："满人之仇视皇上，谓皇上有私爱于汉人，有偏憎于满人。大学士刚毅尝语人曰：改革者汉人之利，而满人之害也。我有产业，吾宁赠之朋友，而必不使奴隶分其润也。"当杨深秀奏请宗人府保荐王公、贝勒等游历各国，蒙旨批准时，亲贵皆大哗，谓帝破坏中国礼法，使满洲之权势处于危险之地位，帝不得已，收回谕旨。及下令："八旗人丁如愿出京谋生计者，任其自由。"满人又大哗不已。故政变后满御史会章抗疏曰："外间浮言，颇有以诛戮悉属汉人，遂疑朝廷有内满外汉之意。"此足见由母子权利而及于新旧满、汉之争，民族革命之得以掀起狂澜，实皆由是变有以启之者也。叶昌炽日记云："康、梁之案，新、旧之争，旗、汉之争，英、俄相争；实则母、子相争，追溯履霜之渐，则又出于嫡、庶相争。"数语可以尽之矣。康、梁逃亡海外，虽悬重赏而不能缉获，且以保皇党大肆宣传活动。二十六年，梁启超因勤王事致李鸿章书曰：

去国以来，曾承伊藤侯及天津日本领事郑君，东亚同文会林深君三次面述我公慰问之言，并教以研精西学，历练才干，以待他日效力国事，不必因现时境遇，遽灰初心等语，私心感激，诚不可任。公以赫赫重臣，薄海俱仰，乃不避嫌疑，不忘故旧，于万里投荒一生九死之人，猥加存问，至再至三，非必有私爱于启超也，毋亦发于爱才之盛心以为孺子可教，而如此国运，如此人才，不欲其弃置于域外以没耶？

又鸿章之侄婿孙宝瑄（仲愚）《日益斋日记》云：

二十五年十二月十二日诣昌言报馆，枚叔（章炳麟）、浩吾（叶瀚）咸在，问傅相（李鸿章）作何语？傅相自云："奉懿旨捕康、梁。"且曰："如获此二人，功甚大，过于平发、捻矣，吾当进爵。"语毕大笑。傅相询余是否康党？余答曰："是康党。"相曰："不畏捕否？"曰："不畏，中堂擒康党，先捕余可也。"相曰："吾安能执汝？吾亦康党也。濒陛辞时，有人劾余为康党。"枚叔等闻皆大笑曰："奇事！康以六品官而宰相为之党，未之前闻。"余曰："合肥在都，逢人辄语云：'康有为吾不如也，废制义事，吾欲为数十年而不能，彼竟能之，吾深愧焉。'故都人多目为康党。比召对，太后以弹章示之曰：'有人谗尔为康党。'合肥曰：'臣实是康党，废立之事，臣不与闻，六部诚可废，若旧法能富强，中国之强久矣，何待今日？主张变法者即指为康党，臣无可逃，实是康党。'太后默然。"

以上皆可证鸿章对于维新变法之态度，惜因翁同龢为其政敌，不肯出力支持耳。张荫桓之干才智力均可嘉，其地位资望，较翁、李殊有天渊之别，举鼎绝膑，其志可哀。故慈禧最恨荫桓，庚子拳乱，即谕新疆巡抚饶应祺杀之。乱平，英、美公使照会清廷，请加昭雪，李鸿章据以入奏，乃追复荫桓原官。至翁则隐居虞山鹁鸽峰，绝口不言仕宦事。光绪三十年卒，年七十五，有绝笔诗云："六十年中事，凄凉到盖棺，不将两行泪，轻为汝曹弹！"其中怀郁结，可以想见。宣统元年，始追复原官，予谥文恭。此二人之结局，亦可象征清室之命运矣。

第三十六章　庚子义和团事变

一百五十三　事变发生之原因

（一）民族之自觉

八国联军统帅瓦德西《拳乱笔记》云："中国排外运动之所以发生，乃由于华人之渐渐自觉。外来新文化，实与中国国情不适之故。更加建造铁路之时，漠视坟墓，以致有伤居民信仰情感。重以近年以来，瓜分中国常为世界各国报纸最喜讨论之题目，复使中国上流阶级之自尊情感，深受刺激。最后更以欧洲商人，时常力谋损害华人，以图自利。此种阅历，又安能使华人永抱乐观？至于一二牧师，作事毫无忌惮，以及许多牧师，为人不知自爱。此则吾人不必加以否认怀疑者。"据对方之言，可知我国因受外人压迫，由畏生恨，由恨生仇，激而为此，以自求生存，盖亦民族自觉后爱国运动之横流者耳。吾民族之自觉，始于甲午，梁任公《军国民篇》云："甲午一役以后，中国人士不欲为亡国之民者，群起以呼啸叫号，声撼大地，或主变法自强之议，或吹煽开迪民智之说，或故立危词以警国民之心，或故自尊大以鼓舞国民之志。未几而薄海内外，皆惧为亡国之民，皆耻为丧家之狗。未几而有戊戌变法自强之举，此振兴之自上者也。未几而有长江一带之骚乱，此奋起之自下者也。未几而有北方诸省之乱，此受外族之凭陵，忍之无可复忍，乃轰然而一爆者也。"任公所举，戊戌变法为救国运动之发自上者，长江一带骚乱，为救国运动之发自下者。至北方之轰然一爆，乃上下一致皆忍无可忍者也。此即指庚子事变而言，而长江一带之骚乱，则指国民革命运动。其说最能代表甲午以后中国之局势，因是时懔于中国之衰亡无日,而孙中山先生组织兴中会以从事于革命;康有为则赴京伏阙上书,倡维新之论,遂有戊戌变法;二人所代表者,一为全国之民众,一为士大夫阶级,然皆由民族自觉而发生之救国运动也。至于庚子事变在本质上亦系救国运动,惟思想愚昧,方法笨拙,显然为反动之横流而已。维新革命之运动,乃吹煽开迪民智或故立危词警国民之心者;而义和团之变,则系故自尊大以鼓舞国民之志者。在康、梁倡维新之时,初试行于湖南,而反对派亦集中湖南。叶德辉之《翼教丛编》可作代表。其序曰:

自黄公度为湖南盐法道,言于大吏聘康之弟子梁启超主讲时务学堂,张其师说,一时衣冠之伦,罔顾名义,奉为教宗。其言以康有为之《新学伪经考》、《孔子改制考》为主,而平等民权、孔子纪年诸谬说辅之。伪六经,灭圣经也;托改制,乱成宪也;倡平等,堕纲常也;伸民权,无君上也;孔子纪年,欲人不知有本朝也。……许尚书(应骙)、文侍御(悌)既以参劾获罪,而其尚且以新旧相争为词,欲以阻挠新政之名,罗织异己,自朝逮野,默不敢言。惟张香涛尚书《劝学篇》、王干臣吏部《实学报》辞而辟之,未加显斥。我湘如王葵园祭酒、叶焕彬吏部数先生,洞烛其奸,摘发备至。……余惄焉忧之,以为匪发其覆,众醉不可醒也。……

王先谦、叶德辉、曾廉诸人所以反对康、梁变法之理由,一言以蔽之曰:中国向来重德治、人治,系崇王道;西洋则尚富强法治,纯为霸道。王道历久而常新,霸道则称盛于一时。“与其言变法,不如言变人;变法而不变人,不值外人一笑。”(叶德辉语)“当今之世,非无治法之患,实无人心之患。欲求变法,先宜变心。”(褚成博《变法宜先变心折》)其所谓德治人心者,即伦常纲纪之不能变,尤恶康、梁民权平等之说,以为无圣非法,“康、梁今日所以惑人,自为一教,并非西教。”“皇上奉慈宫行者治天下,臣民效之谓之顺,康、梁假托新政以乱天下,臣民和之谓之逆,如此则界限分明。”“彼等所为乃逆也,非新也;离间两宫何谓保皇?妄希民主何谓保国哉?”(王先谦语)故曾廉上书,请杀康、梁。此种见解,仍与二千年前《盐铁论》贤良文学与御史大夫之辨难相同;亦与三十年前倭仁之反对同文馆添天算,言根本之图,在人心不在技艺者,无二致也。其宗旨皆以“中国文物制度,迥异外洋,自有其致治之法,不必定学外洋,行之西洋而治者,未必行之中国而亦治”。“立国各有其政,而不可强同。”(叶德辉语)“自彼通之,谓用夏变夷!自我通之,则为开户揖盗,此中界限,不可逾越”。我国立国数千年,往时武力虽偶一被屈于匈奴、突厥、回纥、契丹、金元,及其终也,则皆为我同化耳,今之西洋,又何尝不然?新进之士,不能用夏变夷,而反自变于夷,可耻殊甚!兹录叶德辉致皮锡瑞书一节,以为代表。如云:

> 近世时务之士,必欲破夷夏之防,合中外之教,此则鄙见断断不能苟同者。……昨读世兄歌辞,(皮子作《醒世歌》,有“若把地球来参详,中国并不在中央。地球本是浑圆物,谁居中央谁四旁?”等句。)敢以管见所及,一明其是非。……地球圆物,不能指一地以为中,但合东西南北考之,南北极不相通,则论中外,当视东西矣。亚洲居地球之东南,中国居东南之中,无中外独有东西乎?四时之序先春夏,五行之位首东南,此中西人士所共明,非中国以人为外也。五色黄属土,土居中央,西人辨中人为黄种,是天地开辟之初,隐与中人以中位。西人笑中国自大,何不以此理晓之?若以国之强弱大小定中外夷夏之局,则春秋时周德衰矣,何以存天王之名?鲁之弱小远于吴、楚,何以孔子曰“我鲁”。此理易明,无烦剖辨。尧、舜、禹、汤、文、武之教,周公成之,孔子大之。三代而下,异教之为圣教澌灭者,不可殚述。即以文字论,佛法盛于六朝,而其梵夹之经典,反借中文而后传,辽、金、元人凭陵宋室,可谓至极,今三国之书不存一字,此第圣人糟粕中之糟粕而已。潜移默运,扫荡异教于不觉,何论旁行诘屈之书乎?

叶氏又与人书曰:“夫强邻逼处,势力之口亦乌足凭?甲申之役,法败而中胜，则中国进于文明；甲午之役，中溃而日兴，则中国沦于半教。驴鸣狗吠，讵曰知时？蚕食鲸吞，无非肉弱！非我族类，仇视宜然。独怪今之谈时务者，若祖若父，本中国之臣民；若子若孙，皆神明之嫡派；而亦幸灾乐祸，人云亦云，问之此心，天良胡在？”此种中国特优论在当时一般士大夫与人民心理中，固牢不可破者也。李秉衡为引用义和团以扶清灭洋之罪魁祸首，其言曰：

> 中国圣经贤传，大而纲常伦纪之重，小而名物象数之微，无不备具，推而百家九流之书，凡天文地舆之学，以至树艺畜牧，今人所谓泰西之法为神者，多衍中国之绪余以为绝诣，特中国不以此专长耳。

其奏疏又言：“有治法，无治人，虽得泰西之法而效之，亦徒使其辟利私营之计。试观近数十年，凡专办交涉之事，侈言洋务之利者，无不家赀千百万，昭昭在人耳目，究之其利在公乎？在私乎？臣赋性迂拙，洋务非所素习，而默察治乱之权，总以正人心、培国脉为本，补救偏弊可也，因噎废食不可也。”此与反对维新者之论调，宁非一辙乎？故拳乱为维新之反动，而出于民族之自觉者，即瓦德西所谓上流阶级之自尊情感也。民族之自尊，为民族立国之一种要件，然若《孟子》所言孝、悌、忠、信即可以挞坚甲利兵者，固不免迂阔耳。而张之洞“中体西用”之说，颇可代表清末人之思想，其谓：法所以适变，不必尽同，道所以立本，不可为一；夫不可变者，伦纪也，非法制也；圣道也，非器械也；心术也，非工艺也。与王仁俊所谓为一时计则变，为百世计变而不变，皆有西学源出中国，以中学包罗西学（孙家鼐语）之意味，此与康、梁所主张者，仅有程度与方法之不同而已。王先谦虽亦代表旧派，但其见解颇有超人处（西学源出中国说之结论已言之）。故不能与叶德辉一概而论。要之，或故自尊大以鼓舞国民之志者，实拳乱发生原因之一也。

（二）公众之积愤

积愤之造成，瓦德西所谓西报瓜分之说，洋商图利之谋，教士、牧师之毫无忌惮,皆可使神明华胄之民族,感受压迫,无可如何,上下郁勃,待机发泄,而尤以教案所予人民之积愤为最大。盖自十八世纪教皇禁令实施以后,中国礼教上“敬天”、“祭祖”、“祀孔”诸事,已为教中所不容,新旧文化之冲突,早不能免。故道光以前,中国政府禁止传教,视其为异端也。及鸦片战争后,英人以武力使中国开港,并取消禁教之令;英法联军后,法人更以教案为口实,借传教以发展其势力。教士遍入内地,并得置产,恃条约作护符,依炮舰为后盾,不受地方官吏之约束,反包庇教民,干涉诉讼,凌辱长官,欺压百姓,到处兴风作浪。如麻城教士梅宝善(Wikholm),献县教士徐博理(Laboneg),川东主教范若瑟(Desfleches),贵州主教胡缚理(Louis Faurie),浪穹教士张若望(Terrasse)等,其尤著者,似与明末清初耶稣会士苦心孤诣,迎合中国社会心理之态度完全相反。于是教案乃不断发生,政府处理教案,往往畏事而迁就外人,教民之势焰愈横,平民之愤郁愈甚,郁极必发,则聚众而思一逞。咸、同间此种教案之发于各省者,殆不下数百起,而天津一案法领事被戕,即可知人民愤恨之程度为何如矣。总理衙门早知“若再不筹善后之方,将使教中之气焰愈张,吾民之怨愤愈积,祸患正不知所止”。乃提出“传教节略”,拟订“传教章程”,于同治十年照会各国公使,“此时纵不能即行照办,而指日法国当议修约,或可借此得有钤制”。是年崇厚使法,并与法代表热福哩(M. Louis de Geofroy)交换意见,热氏认为章程多本无根之传说而成,由法使罗淑亚正式复文加以驳斥,且以此为挑衅行为。中国解决教案善后之诚意,不特拒绝接受,又加指责,说者谓法人既获得护教权,正利用教案以攫夺权利,故不愿教案之有善后也。德使海靖于《马关条约》订后数月,即向中国提出港口之要求,连续数年,总署皆以“恐他国援例效尤,不便允许”答之。德皇欲实行武力占领,首相荷亨诺(Hohenlohe)劝其忍耐,等待借口。谓:一二年后,如有教案问题,可予德国以进行之机会。盖其时德国进行收回护教权亘八年而未得法国允许,乃于一八九〇年声明:“德国认为护教权是德国想要进行远东政策所需要的东西,凡属德国人民皆宜屈从此项计划,无反对之可能。”法国不得已,只得割让一部分之护教权与德国,而德人竟贿使大刀会于巨野张家庄杀死二教士,德军以此为借口,始强占胶州矣。

俄、英、法继之,瓜分之祸,实由于此。此种狐埋狐搰之伎俩,中国人宁能不知?即令不知,而西人之压迫中国,割地赔款,迫使中国采用西学,固皆由教士为之牵引者也。中国人本视天主耶稣为邪教,与中国社会习俗格格不入,早深恶痛绝之,檄文、传单、揭帖、公启、救劫宝训之类,到处散发,愤恨已深;今又观教士引狼入室,为虎作伥,于是怨毒之气,由宗教而遍及外人,由一国而牵连他国,殆势所必然矣。罗惇曧《拳变余闻》云:

> 徐桐以汉军翰林至大学士,以理学自命,日诵《太上感应篇》,恶新学如仇。其宅在东交民巷,恶见洋楼,每出拜客,不欲经洋楼前,乃不出正阳门,绕地安门而去。庚子,年八十矣,孝钦以耆臣硕望,每见恒改容礼之,大政必询焉。故晚尤骄横。拳匪起京师,桐大喜,谓中国自此强矣。其赠大师兄(拳匪首领之称)联云:"创千古未有奇闻,非左非邪,攻异端而正人心,忠孝节廉,只此精诚未泯;为斯世少留佳话,一惊一喜,仗神威以寒敌胆,农工商贾,于今怨愤能消!"

又酬鸣《书庚子国变记后》云:

> 庚子祸,人皆知成于数乱臣,顾使团党充斥京畿,迫之以不得不乱者,实由直省数大吏,而臬司廷雍为罪魁。……时远近各团,均恃廷雍为主,奉之拒官残民。……廷雍时行市,驺从喧赫,颜面洋洋浮喜色,虽战胜四夷不啻也。联军既破京、津,八月来保府,雍方护督,遂见执,并及保绅。各军公讯其事,雍云:"保绅夙从令,可释。若焚杀汝人,皆我也。"叩以何为?雍曰:"道光以还,汝曹欺我甚,倘得势,孰不报汝?今至此,斧钺由汝,问何为?"遂见杀。今地方人尚多哀之。

廷雍之言曰:"道光以还,汝曹欺我甚,倘得势,孰不报汝?"徐桐则曰:"于今怨愤能消!"此二人之声口,均足表示人民公共积愤之心理。郎中左绍佐并请戮郭嵩焘之尸以谢天下,因嵩焘言西学也。主事万秉鉴谓曾国藩办天津教案所杀十六人,请予议恤。可见一般人之心理,由排外而兼及主持洋务之人,甚至用洋货之人皆有从夷之嫌,故大毛子、二毛子、三毛子皆可杀,多年积愤,尽量发泄。此殆天津教案之扩大者耳。惟外人死者不只一领事,中国死者不只十六人,然由于郁极必思一逞之原因,固无不同也。

(三) 生活之压迫

自五口通商以后,吾国之关税不能自主,外国之货品尽量输入,于是洋人之经济势力,逐渐控制市场,固有之旧式工业,遭受压迫,民族经济遂日趋于凋残。包世臣《齐民四术》云:"松太利在棉花梭布,近日洋布盛行,价才当梭布三之一,吾村专以纺织为业,近闻已无纱可纺。松太布市消灭大半。"洋货之排斥土货如此,欲求民生之安全、社会之康吉,得乎?太平天国战役以后,兵过如洗,贼过如篦,一般人之生活,更陷于万劫不复之境。曾国藩遵旨复陈疏云:"今(同治四年)凤、颍、徐、泗、归、陈等郡,几于千里废耕,而官兵又骚扰异常,几有贼过如篦、兵过如洗之惨。圩民仇视官兵,于贼匪反有恕词,即从贼亦无愧色。"又《复冯鲁川书》云:"昨日东来金陵,目睹万宝焚烧,白骨山积,益复惨不成欢。自五季以来,生灵涂炭,盖无逾于今日。"又《求阙斋日记》云:"近年从事戎行,每驻扎之处,周历城乡,所见无不毁之屋,无不伐之树,无不破之富家,无不欺之贫民,大抵受害于贼者十之七八,受害于兵者亦有二三。目击心伤,喟然私叹,行军之害,一至此乎?"陈康祺《燕下乡脞录》谓皖南到处食人,人肉始货三十文一斤,后增至百二十文一斤,当时人民生活之苦状,由于洪、杨之乱,而洪、杨固以基督教为号召者,则恨洪、杨即当恨外人矣。军兴以后,加征派捐,吏治荡然,风俗之坏,达于极点。如同治元年正月上谕曰:"皇帝虽在冲龄,亦当存民饥民溺之思,不可稍耽安逸。前以军需浩繁,度支不足,不得不议亩捐厘捐之举,地方有司,不知善为经理,暴敛横征,漫无限制,方希逆贼荡平,轻徭薄赋,何意贪吏朘削,民不聊生,殊堪痛恨!"又同治八年倭仁奏称:"河南省州县诛求无餍,钱漕浮收,杂派讹索,日增月盛。甚至零星小口,逼索无遗。胥役劣绅,从中私饱。"朝廷痛恨之语,虽见明文,而禁止之意,能否生效,则大有问题矣。如光绪二年《申报》所载按亩派捐,倍上加倍,小民不愿,而绅董耸成,贪官劣胥,狼狈为奸,其风自士大夫开之。沈守之《借巢笔记》云:“风俗之坏,其起甚微,皆视乡先生为转移。乾、嘉之间,阛阓之子,虽拥厚资,士大夫绝不与通庆吊。忆儿时闻先大母言,我大父中乾隆癸卯乡试第一,有袖二百金来贺,求一喜单不可得。道光中士人一登科第,择乡里之富厚者,广送朱卷,不问其出身奚若,喜单称谓,随意填写眷弟、眷侄字样,甚且结为婚姻,一派市井之气,令人不可向迩。军兴以来,以捐饷例得优保,干预公事,罔顾大局。讫于苏城失陷而后止。呜呼!是谁之过欤?”道、咸之际,国力新蹙,而政府以卖官鬻爵为挹注,仕途庞杂,以官为业,将本求利,吏治何从而肃清乎?王凯泰《应诏陈言疏》云:“捐纳之制,由来久矣,然必家有余财,而后输将献纳,固可抒报效之私,又可为进身之阶,此中非无人才也。乃自捐章折减以来,持银百余两,而得佐杂矣;持银千余两,而得正印矣;即道府例银巨万以上,今亦折算至三四千两矣。家非素封,人思躁进,或攒凑于亲友,或借贷于商贾,以本求利,其弊可胜言哉?”农民疾苦,纠众抗粮者,屡有所闻。官府辄以匪徒视之,制裁不遗余力,四海困穷,天禄永终,清室之命运,盖早系于民穷财尽之时。然而一般人不明其所以然,徒见“有洋商运货入中国,关税交纳之后,运入内地,无守候验货之繁,无逐卡停留之苦,行运既速,成本较轻,利之所在,显然易明。”(薛福成语)洋货既可压倒土货,则人民受穷之责任,自可归诸洋人。陈作霖《炳烛里谈》云:“道光年间,凡物之极贵重者,皆谓之洋。重楼曰洋楼,彩轿曰洋轿。衣有洋绉,帽有洋筒,挂灯名曰洋灯,火锅名曰洋锅,细而至于酱油之佳者,亦名洋秋油,颜料之鲜明者曰洋红洋绿。大江南北,莫不以洋为尚,洋乎洋乎?盖洋洋乎!”如此洋气充盈,而民众穷困特甚,经济命脉既操于洋人之手,社会病态亦由于洋人而来。加以设教堂绝祖先之祀,信邪教触神佛之怒,修铁路断龙脉之根,开矿产泄宝山之气,天灾人祸,无不由此而起。直隶永年教案,福州乌石山教案,重庆鹅项颈教案,居民皆以有碍风水为辞,而将教堂拆毁。农村破产,工商凋敝,失业之群众,愈聚愈众,其生活毫无依靠,感觉痛苦愈深而愈恨洋人。总之欲求中国太平,恢复家给人足生活,非将洋人驱逐出境不可。然而洋人之欺侮中国,由于船坚炮利,何从而驱逐之乎?有识者则欲"以敌之长技而制敌",倡为自强维新之论;无识者则借《封神榜》、《西游记》以及武侠小说之神通法力,倡为天意灭洋之论。始则谓鬼神有灵,枪炮无用,宿怀迷信之群众,能不如疯如狂而加意以渲染之乎?此种群众心理,与受生活压迫铤而走险之教匪相同,故自德占胶州湾后,山东一省之路矿教案,共达一千余件;而拳民之聚集数达十余万人。如地方官能善为引导,严加制止,则此乌合之众,未始不可作鸟兽散。无如李秉衡、豫贤先后抚鲁,不仅不加干涉,反从而附和之、奖掖之,星火燎原,遂一发而不可复遏矣。

(四) 废立之阴谋

戊戌政变,西后虽夺获政权,但名言之非正也。故日造光绪帝病重之谣,以为废立篡弑之借口。日本《时事新报》之通信有云:

> 太后欲九月八九日废立皇上,预约庆、端二亲王率神机营之兵入宫,发西太后之诏而举事,而卒不见诸实事者,亦有故也。废立之谋,自摄政时已定计划,非猝然而起也。自摄政以来,悉废皇上之新政,帝党或刑或放,或革帝之爱妃,亦剥夺其首饰,以今之天时,犹穿单衣,此皆禁制皇上之自由,而使毫无生趣者也。今传闻政变以来,宫人咸怀匕首,潜迹宫中,不幸发觉,竟被斩戮者甚多,故太后深忧之。满洲人之意,以为太后既老,皇上方壮,若太后一旦死,恐皇上复政,不利于己,故不如及太后在时,绝其根也。然彼辈之所恐者,一日废立,国人必有兴师问罪,而外国亦必责问之,故尚犹豫。虽然亦不足为皇上幸也。今托词皇上有疾,召集名医,而观九月三日之病论,则可为深虑焉。盖彼辈之意,以为废病危之帝,而招天下物议,不如俟其自死,今惟设法速其死而已。故皇上今有大病,而求米粥则不得,求鸡丝则不得,凡所求食,皆诡词拒之,故伤其意。而太后置若罔闻,惟数日一招优伶入宫,临观取乐而已,或曰已召濂贝勒之第三子于宫中将立之云。

废立之谋，本定于翁同龢罢职之时，命荣禄督直，节制北洋三军，即欲乘阅兵以借行废立也。及闻新党有围攻颐和园之事，而政变猝发，囚帝瀛台，阅兵之举，当然作罢。西后初欲鸩帝，为宗室大臣求免，其所以不即行废立者，盖恐外国使节不承认，则无以善其后耳。刘坤一"君臣之义已定，中外之口难防"一函，仍系侧重外人立言，故能将阴谋暂时打消。实则端王载漪谋立其子溥儁，已预定二十五年元旦登极，改元"保庆"矣。康、梁在海外，日日倡保皇，慈禧不能耐，遂有己亥建储之事。罗惇曧《拳变余闻》云：

拳匪之入京师，刚毅实导之。刚毅识字不多，以清正自诩，由部曹外任巡抚，内召为尚书，入枢府，后眷甚隆。奉命江南查案，旋之广东，敛浮赋，括四百万，历东南诸省，括千万归于京师。得梁启超所撰《清议报》，进于孝钦后，后大怒，愤外国之庇康、梁，必欲报此仇，益恨德宗，思废之，立端王载漪之子溥儁为大阿哥。将于庚子正月行废立，刚毅实主之。力引载漪居要职，宠眷在诸王上。后命荣禄告李鸿章，私以废立意询各国公使，皆不协，后益大恨。刚毅日言仇洋，见谈洋务者皆斥为汉奸。过金陵见刘坤一之储才学堂，立命闭之。……端郡王载漪，为惇亲王之子，惇王宣宗之子，文宗之兄也。孝钦谋废德宗，先择近支王公之子为皇嗣，其溥字辈最亲而最长者为溥伦（贝子）、溥侗（按此或系恭亲王溥伟之误）兄弟。溥伦为孚郡王之孙，孚郡王宣宗之第九子也。穆宗崩无嗣，溥伦以次当立。孝钦以为皇帝继穆宗后，则穆皇后当为皇太后，而己当为太皇太后，不足持大柄，乃不为穆宗立嗣，谓溥伦之父已出继远支，溥伦兄弟皆不当立，溥字辈无人，不得不选载字辈，于是选醇亲王奕譞之子，入嗣大统，是为德宗。德宗之母，孝钦后之妹也，以内亲故，冀其长而亲我，又利立少主，则揽权之日长，故载漪以至亲最长不得立。及德宗亲政，思变法自强，内压于孝钦，不得行其志，渐失爱于孝钦。戊戌八月之变，孝钦突自颐和园还宫，持帝手，哭詈曰："我自尔数岁，以帝位授汝，辛勤鞠育，至于长成，汝乃负心欲废我耶？"乃幽帝于瀛台，复出训政，日

> 言帝病重求医海内,谋废立,闻各国违言而止。己亥冬,刚毅等谋益亟,乃立载漪子溥儁为大阿哥。清世家法,不立太子,其立大阿哥,即已决行废立,谓德宗久病不能君天下,欲遂废之,而立溥儁为穆宗嗣也。崇绮者,穆皇后之父也。当穆宗崩,不为立嗣,穆后自以皇嫂寡居宫中,又失太后欢,不足自存,乃仰药以殉。及决立溥儁,乃召崇绮出为师傅,隐示大阿哥实继穆宗也。孝钦虑废德宗,各国有违言,先命荣禄私于李鸿章,使密询各国意。鸿章自甲午败后入总署,复被逐出,闲居京师贤良寺。谓:"我以闲废,与使署少所往还,若外任我总督,各国必来贺,当乘间询之。"盖虑废立京师生变,思避之也。荣禄诺之,数日而鸿章授粤督。其时康有为倡保皇会于海外,势甚大,虑粤或生变,故命鸿章镇之也。各国使臣来贺,鸿章乘间言:"我国现立大阿哥,行将为帝,君等入贺否?"皆言未洞内情,不知所贺,惟今帝以二十余年君主,历与我立约,将焉置之?隐示以不认废帝意,鸿章默然,走告荣禄曰:"各国拒我矣。"孝钦后乃大恨。载漪自以将为天子父,方大快意,闻各国阻之,乃极恨外人,思伺时报此仇。适义和团以灭洋为帜,载漪乃大喜。

此段所记废立内情皆属实,惟鸿章试探各国意,并未直言废立,故复荣之言,谓各使未必能代表政府,可令我驻外使节向各国探询云。盖鸿章督粤系光绪二十五年十一月十七日任命,己亥建储,则十二月二十四日,故不能言现立大阿哥也。恽毓鼎《崇陵传信录》记此颇详,兹录如下:

> 八月以后,内外籍籍,谓将有桐宫之举……人心恟惧。……次年己亥,上春秋二十有九矣。时承恩公崇绮久废在私第,大学士徐桐觊政地綦切,尚书启秀在枢廷与徐殊洽,咸思邀定策功。而大学士荣禄居次辅,虽在亲王下,最为孝钦所亲信,言无不从,大权实归之。三公者,日夕密谋,相约造荣第,说以伊、霍之事。崇、徐具疏草,要荣署名,同奏永宁宫。十一月二十八日,启朝退,先诣荣,达二公意。荣大惊,佯依违其词,速启去,戒阍者毋纳客,二公至,阍者辞焉。次日朝

> 罢，荣相请独对，问太后曰："传闻将有废立事，信乎？"太后曰："无有也，事果可行乎？"荣曰："太后行之，谁敢谓其不可者？顾上罪不明，外国公使将起而干涉，此不可不慎也。"太后曰："事且露，奈何？"荣曰："无妨也，上春秋已盛，无皇子，不如择宗室近支子，建为大阿哥，为上嗣，兼祧穆宗，育之宫中，徐篡大统，则此举为有名矣。"太后沉吟久之，曰："汝言是也。"遂于（十二月）二十四日召集近支王公、贝勒、御前大臣、内务府大臣、南上两书房翰林、部院尚书于仪鸾殿，上下惊传将废立，内廷苏拉且昌言曰："今日换皇上矣。"迨诏下，乃立溥儁为大阿哥也。……溥儁……年十五矣，入居阿哥所（在景运门外，即青宫也），辟弘德殿，命崇绮充师傅……徐桐照料弘德殿，大阿哥素不说学……识者早有以虑其不终。……义和拳之为邪教，顾朝廷所以信之者，意固别有所在。邵陵高贵之举，两年中未尝稍释，特忌东西邻责言，未敢仓猝行。载漪又急欲其子得天位，计非借兵力慑使臣，固难得志也。义和拳适起……载漪遂利用之，以发大难。故廷臣据理力争，谓邪术不足信，兵端未可开，皆隔靴搔痒之谈也。甲午之丧师、戊戌之变政、己亥之建储、庚子之义和团，名虽四事，实一贯相生，必知此而后可论十年之朝局。

据此可知义和团之所以能为慈禧及朝贵引用以排外者，因光绪帝之不得废，康、梁等之不获缉，积怒外人，遂以发难。惟此与前述三因不同，盖民众受压迫而怨恨自觉，虽愚鲁却可恕，其所表现之民族反抗的精神，据德国福兰克教授云："列强之不敢瓜分中国，此役颇有影响。"赫德亦言："拳匪是外人压迫而来。"皆与瓦德西所论相同。然清廷当局欲以国家为孤注，借便其私，则其罪固擢发难数矣。

一百五十四　义和团之源流

（一）义和团之由来

义和团之起源有两说。其一，即所谓白莲教之支流余孽，俱系离卦教之子孙徒党也。如嘉庆十三年七月上谕:“给事中周廷森请严惩聚众一折,据称近日之江南颍州府、亳州府、徐州府,河南之归德府,山东之曹州府、沂州府、兖州府一带地方,多有无赖棍徒拽刀聚众,设立顺刀会、虎尾鞭、义和拳、八卦教名目,横行乡曲,欺压良善。其起事之由,先由赌博而起。”嘉庆二十年十一月,直隶总督那彦成详叙教派及成案,据各犯口供,汇列如下:

一、震卦教 山东菏泽县人王中,首先传教,乾隆三十七年犯案正法。滑县李文成等属此派。

二、坎卦教 山东宁阳县人孔万森首先传教,亦于王中案内正法。大兴林清之天理教皆属此派。

三、离卦教 凡大乘教、金丹教、八卦教、义和门、如意门等,均属此派。首先传教者,为河南商邱县人部生文,乾隆三十六年犯案正法。其孙部坦炤等,嘉庆十八年拿获,并大会首李经、张九成、杨遇山、宿元谟、刘坤、刘功等拟以凌迟斩遣。

四、大乘教清茶门 系直隶滑县王正纪所传,乃滦州石佛口王姓分支。王姓一族,世传邪教,缉获王秉衡即王景曾(又名王书鲁、王大鼻子)及王殿魁、王三乐、王三畏、王凤吉、王来子等,为首者问绞决,为从者分别发遣流徒。所藏有九莲如意、《皇极宝卷真经》、《元亨利贞钥匙经》。

五、好话教 即离卦教,改名大乘教。大会首孙惟俭五名绞决。二会首宋连捷、吴二瓦罐等九十余名拟遣。其散会卢珍明等一千六百三十余名,具悔结存记。刘帼等三十余名散会首,少当家吴洛云(吴二瓦罐之子)及路运、杨俊等皆分别斩决发遣。

六、金丹八卦教 滦州李家套人董怀信等三十余名分别斩决发遣,入教男妇五千一百余名,具悔结存案。

七、一炷香离卦教 直隶交河县之齐闻章等传习,有《十王经卷》。沧州吴久治、路老等称佛门教。

八、义和门 青县季八叶幅明等传习,故城县葛立业传习。青县尤明等亦传习义和门离卦教。

九、白阳教、红阳教 青县边二、景州葛锡华传习白阳教，束鹿县马杨氏传习红阳教，搜获《飘高老祖经》。皆从严究办。

十、如意教 祁州刑士魁等传习，搜获妄造表名，挂号总册。

那氏奏疏云："教名虽别，俱系离卦教之子孙徒党。"盖谓余卦皆不昌，惟离卦教称盛耳。此言义和拳在庚子九十年前即有之，不始于光绪年间也。其二，即所谓乡民团练自卫，练习拳棒，以"义和"二字为标帜，而敦睦乡党者也。如光绪二十四年五月十二日山东巡抚张汝梅之奏折云：

四月初五日承准总理衙门电开，奉旨：据张汝梅电：山东直隶交界，有新立义民会名目，传单直豫苏，欲与洋教为难等语。直隶东明、山东冠县，其民多习拳勇，现既讹言繁多，出有传单宣播，难保匪徒不闻风滋事。着王文韶、张汝梅、刘树堂各派妥员严密往查，并饬地方官预为之防，毋任煽动等因，钦此。当即行司委派题补济宁州知州李恩祥驰赴冠县一带，会同地方官密查去后，旋据该委员暨东昌府知府洪用舟、署冠县知县曹倜先后查明禀复。据称：直隶、山东交界各州县，人民多习拳勇，创立乡团，名曰"义和"，继改称梅花拳，近年复沿用"义和"名目。远近讹传，以义和为义民，遂指为新立之会，实则立于咸、同年间未有教党以前，原为保卫身家防御盗贼起见，并非故与洋教为难。现在冠县境内民教相安，梨园屯教民眷属亦已回家安业，实无出具传单揭帖，约期闹教各情形。所云传单，系起自直隶之沧州，三四月间，大名府城闻亦出具揭帖，然皆愚民与洋教嫌怨日深，故造谣言，借以泄忿。其出传单出揭帖者，亦未能实指为此项拳民。惟直隶、山东交界之区，拳民年多一年，往往趁商贾墟市之场，约期聚会，比较拳勇，名曰"亮拳"。如与冠县北界毗连之南宫、曲周、清河、威县，凡有拳民之处，皆不免时有讹言。如任其自立私会，官不为理，不但外人有所借口，并恐日久别酿事端。查北方民俗刚强，好勇斗狠是其故习，此项拳民所习各种技勇，互有师承，以之捍卫乡闾，缉治盗贼，颇著成效。应请责成地方官饬谕绅众，化私会为公举，改拳勇为民团，既顺舆情，亦易钤束，似与民教两有裨益各等情，禀由藩司张国正，臬司毓贤会详前来。臣查直隶、山东及江苏、河南各邻近州县，凡有教堂之处，与民人多有积怨。始犹怵于法令，仅以讹言快其愤激之私；久则益起猜嫌，恐因细故而酿纷争之祸。臣上次查办曹属大刀会匪折内，曾经详晰具陈，总以惩治奸莠保全良善，使民教互相辑睦为第一要图。此次查办义民会即义和团，名目不同，而情事则一。臣现正檄行各属办理保甲团防，谨当饬地方官吏剀切劝谕，严密禁察，将拳民列诸乡团之内，听其自卫身家，守望相助，不准怀挟私忿稍滋事端，以杜流弊而消乱萌。除分咨直隶、江苏、河南各督抚臣派员不时弹压巡防外，所有查明义民会即义和团并未滋事及妥筹办法各缘由，理合恭折具陈，伏乞皇上圣鉴训示。谨奏。

此疏所奏，显有为拳民解脱之意，非当时实际情形也。张汝梅致总署函，亦据洪用舟禀称：“至新立义民会名目虽系传讹，亦属有因。盖梅花拳本名义和拳……民强好武，平居多习为拳技，各保身家，守望相助。传习既众，流播遂远，豫、晋、江苏等省亦即转相传授，声气广通。历年春二三月民间立有买卖会扬，习拳之辈，亦每趁会期传单聚会，比较技勇，名曰‘亮拳’。乡间遂目为梅花拳会。上年梨园屯民教构衅，牵涉梅拳。本年正二月间，传言来有洋兵，梅拳麇聚，以致远近惊惶，民教震恐，当经卑府传到拳首赵三多剀切开导，晓以利害，即将梅拳解散，并令勿再传单聚会，自罹法网。自是以后，各路拳民或聚会亮拳，仍旧立义和名目，道路传闻异词，即因义和之名，讹为义民会。”可知义和拳为原来名称，乡人以其春间比武亮拳，遂目为梅花拳会。教案发生，牵涉梅拳，政府禁止聚会，因仍旧立义和名目，又讹为义民会。汝梅主化私会为公举，改拳勇为民团，既顺舆情，亦易钤束，则以前皆私会而非民团，显而易见。所谓保卫身家，防御盗贼，守望相助，乃乡村自治中常有之事，非咸丰初年上谕叠命在籍大臣督办之团防也。咸丰三年清廷四次任命梁萼涵等十三人督办山东团练，无一人有成绩表现，盖太平军北伐，由津窜鲁，为僧格林沁、胜保等军追围,已成强弩之末,不足为患矣。鲁境被扰,在同治年间之捻匪。官军云集围剿,亦未见有团练助战者。义和拳本列为邪教,刑法定有罪名,自首亦有限期,凡符咒扶乩,照本律均应惩创,故拳民避用“义和”之名,改用“梅花拳”;及梅拳遭禁,则又恢复“义和”旧称,而附会曰义民。山东三任巡抚李秉衡、张汝梅、豫贤皆袒护鼓励此种“义民”仇教排外者,故上奏混称乡团,以掩朝廷耳目。所谓立于咸、同年间系指拳会,特以证在有教堂以前耳。因其先奏称有“欲与洋教为难”语,清廷令其查禁。现既言并非故与洋教为难,宁非前后矛盾?故以旧有此会为说,但又不欲朝廷视为三令五申之邪教,始影射其为乡团,而谓成立于咸、同年间。但清廷谕内阁有“义和拳会嘉庆年间亦曾例禁,近因其练艺保身,守护乡里,并未滋生事端”语。可知义和拳不始于咸、同时,其用“保甲义和团练”(见佐原笃介《拳乱纪闻》)旗帜,实在张汝梅奏疏以后矣。是年十月壬辰谕云:“近闻山东省保甲团练,经张汝梅暨总兵夏辛酉饬属兴办,绅民等亦踊跃从事,尚能不负委任。既经办有端倪,即着张汝梅责成各镇道督饬地方官绅,实力讲求,推之通省,一律认真举办,以期民尽知兵,足备缓急之用,毋得日久生懈,又成具文,是为至要。”张汝梅化私会为公举,改拳勇为民团之主张,在梨园屯教案年余以后始实行。总兵夏辛酉,即往剿梨园屯教案之人,其所办保甲团练,当系拳民。官方既承认为义民,始改为保甲团练,非义和拳之原为保甲团练也。其时豫贤为山东按察使,后转布政使巡抚,张汝梅之奏,系由毓贤会详前来,则大半皆豫贤之意见。故张疏不能认作义和拳来源之证明,只能认为地方官对义和拳观点改变之一重要文件。盖以前皆称之为“会匪”,自是始称之为拳民、义民矣。张汝梅奏疏前后矛盾者,不只此一事。《德宗实录》光绪二十四年四月己亥(十七日):“电寄张汝梅:即墨毁像一案,得自传闻,前经寄谕饬查,始据两次电报,均称并无其事。乃迟至数月,又称派员复查,竟有残毁情形,前后大相矛盾。张汝梅办事颟顸,着传旨申饬,并责令地方官一律赔修。”又二十五年十月谕:“毓贤奏平原民教忿争一案,遵旨查明复陈一折,情节殊属支离,其掩护情形,难逃洞鉴。”又谕:“近闻山东有大刀会、红拳会各种名目,多系不逞之徒,借闹教为名,结党横行,欺压良善。地方文武弹压缉捕,俱不得力。巡抚毓贤又固执成见,以为与教民为难者,即系良民,不免意存偏袒。似此因循日久,必至滋生事端。该抚身任封圻,遇事总须持平办理,消患未萌,岂得沽一己之名,竟置大局于不顾?着即查明各种会匪名目,严行禁止!”是鲁省官吏之掩护偏袒拳民,清廷固已知之。张汝梅隐为拳民解脱,亦如毓贤之固执成见。绝不能视为可靠之文献,只能聊备一说而已。

(二) 义和团之组织

拳民无固定之组织,犹八卦教然。如王中传震卦,至李文成则号统领八卦,兼理九宫。林清传坎卦教,亦称八卦教大教主。林、李合作后,林潜称“天皇”,冯克善称“地皇”,李则称“人皇”。至乾卦教首张廷举(山东定陶),坤卦教首邱玉(山西岳阳),巽卦教首程百岳(山东武城),艮卦教首郭泗湖(河南虞城),兑卦教首侯国龙(山西岳阳),离卦教首张景文(山东城武),俱分隶震卦。震为七卦之首,取帝出乎震之意。自林、李败后,八卦教仍横行直、鲁、豫、苏、皖一带边境,皆无赖棍徒,借以押宝聚赌而已。首领分散各地,名称随意变更,盖已不知有主名矣。至义和拳初传于青县故城,渐蔓延于山东东昌府一带,而冠县之十八魁始露头角,即由拆毁教堂而起。《冠县志》云:

> 光绪十三年,德国郎神父来冠,在河北梨园屯传教,宣传数年,信教者日众。拆毁是村玉皇庙,改建教堂,村人大哗,群起抗拒。文生王世昌、武生阎德胜纠合绅民联名控至县署,继而府道抚院。官府畏外人势力,皆为左袒,遂致所有庙基未能收回。村民愈愤,时有阎书琴、高小麻等十八人,绰号十八魁,积不能平,号召民众,联络党徒,拟诉之武力,拆毁教堂。事上闻,迭经上宪派兵弹压,防其暴动。军门夏辛酉、标统方致祥、东昌知府洪用舟率兵往剿,十八魁等前仆后起,迄与顽抗。其后改名为“义和团”。自诩得有神助,能避炮火,有红灯照、蓝灯照等法术,煽惑愚氓,举赵三多为统领,啸聚数千人,蔓延十余县,声势大振,风鹤频惊,教徒拆庙修堂,村民则拆堂修庙,更迭拆修,相持不下。……曹倜署冠篆,察知此案之连年纠纷失于何令之

优柔，下车伊始，即请兵于洪知府，再益以县勇躬亲督剿。时十八魁纠合党羽方严阵以待，麇集蜂拥，刀戟齐举。官兵攻以炮火百余发，毙团五六人，团不支溃走。官兵迫击之，擒获数十人，阎书琴亦被获，解至临清伏法，余作鸟兽散。渠魁田宅悉没入官，由此而告荡平。

梨园屯教案发生于光绪二十年左右，至二十三年始告平息。其时长江各省，及苏、鲁、豫、冀交界之处，均有教案发生。光绪十七年总署因教案迭出，请严饬各督抚加意保护，以期民教相安，并调查各省教堂数目，令按季册报。自此数年中，虽谕旨迭下，而教案仍迭出不穷。如二十三年七月朔，电寄刘坤一云："闻砀山县砦庄，有刀匪围攻教堂，烧毁民房之案。铜山、丰县亦别聚三千人，虽旋即解散，深虑遗孽未除。着刘坤一督饬镇道赶紧弹压搜捕，傥敢隐匿不报，致两省交界复有会匪出没，惟该地方官是问！"（光绪二十五年十月，刘坤一奏："徐属刀匪滋扰，派兵剿办，得旨，即着严饬该营官等认真防捕，毋稍松懈。"可见徐州大刀会至二年后而犹未平定也。）但不三月而曹州、巨野即有大刀会伤毙德国教士二名之事，为德占胶州之借口。清廷穷于应付，乃于二十四年五月丙子谕："从前未结之案，即着迅速了结，此后不准再有教案，倘仍防范不力，照总署奏定新章，从严惩办。"所以梨园屯教案在《实录》上无记载，而张汝梅奏称"民教相安，义和拳原为保卫身家，并非故与洋教为难"者，皆此由也。李秉衡因奖助大刀会仇西教，为德人要求革职，张汝梅既不敢开罪德人，又不敢制裁拳民（时豫贤为鲁臬、鲁藩，又代张为巡抚，固循李秉衡之旧，而以义和团第二魁首自居。后移抚山西，语其属曰："义和团魁首有二：其一鉴帅〔李秉衡〕，其一我也。"）遂为拳民极意开脱，谓其"捍卫乡间，缉治盗贼，颇著成效"，应请改为民团，以收辑抚之益。因此清廷之观念，为之转变。如二十五年谕曰：

近来各省盗风日炽，教案迭出，言者多指为会匪，请严拿惩办。惟会亦有别，彼不逞之徒，结党联盟，恃众滋事，固属法所难宥。若安分良民，或习技艺，以自卫身家，或联村众以互保闾里，乃守望相助之义。地方官若不加分别,误信谣言,概目为匪,株连滥杀,以致良莠不分,民心惶惑,是真添薪止沸为渊驱鱼,非民气之不靖,实办理之不善也。……各省督抚受恩深重,共济时艰,必能仰体朝廷子惠元元一视同仁至意,严饬地方官办理此等案件,只问其为匪与否,肇衅与否,不论其会不会教不教也。吾民亦当以保卫桑梓身家为务,勿事煽惑,以构祸端,勿挟权势以欺乡里,庶闾阎谧安,借纾宵旰忧勤,是所至要。

义和拳原为带有迷信之邪教,其在地方结合,表面上是一种武术赛会,以保卫身家为目的;实际则是不逞之徒,结党联盟,恃众滋事。因当时人民仇教之风甚炽,故假此以为号召耳。冠县之十八魁实为义和拳庚子闹事之先驱,盖鲁南、苏北一带之仇教团体曰大刀会,因用大刀名,谕旨称为会匪者也。鲁北、冀南之会匪,则曰拳匪,由于大吏奖掖,改称拳民,或曰义民,其名义和团,亦由鲁抚豫贤出示改称。若既明其由来,则知义和团较早之组织为十八魁矣。东昌知府洪用舟云:"十八魁之名,系因当日十八村习拳,故有十八魁之名,其实仅数人,并非有罪魁十八人。"而《冠县志》亦仅记阎书琴、高小麻等十八人,未将此十八人之名全部举出。故知十八魁虽系绰号,实代表十八村,或十八团。以一村为一团,团有其魁,或曰团首。原称大会首,二会首,即后之大师兄、二师兄也。所谓祖师,即远出其门之人,如部老爷门下,则以部生文为头真人祖师。其余则皆会众无所统属,凡自称会首者,皆可立香坛,召徒众,犹之天地会开山堂,立香案,而先生即为香主。庚子之乱,最先由十八魁扩大而来,殊无疑义。如蒋楷《平原拳匪纪事》云:

(光绪二十五年)三月十四日上事,闻恩县四境盛行义和拳,或云:自冠县十八团;或云:自东昌曹州,莫详其底细。

又柴萼《庚辛纪事》云:

拳匪起于山东……自冠县及于东昌各属,再自东昌、曹州、济宁、兖州、沂州、济南等处，潜滋暗长，至己亥夏秋间，其势大炽。

又劳乃宣《拳案杂存》云：

（光绪二十四年）二月间阜前署县王牧，接教士任德芬函送揭获匿名帖一纸，内有东昌府十八团来信，传知搜杀教民之语。

按吴宣所译《庚子义和团运动始末》，载有二十四年六月十五日直隶献县葛弗纳神父（Gouveneur）之通信，谓大名府卫特瓦神父（Wetterwald）曾派一信差，向北行至一百八十里之魏村时，晚间有匪众多人，攻击附近之基督教村舍。该匪众系旧日白莲教支部，今称十八酋（按此字应译为“魁”），或称大刀会。可知十八团或十八魁之名，遍传遐迩，一般称之为“山东老团”者也。所谓白莲教旧部，所谓大刀会，皆系事实。因大刀会在鲁南仇教，中外人均习闻之，拳民用刀，则无殊大刀会也。民国以后，冀南大名一带之“红缨枪会”，冯玉祥军队中之大刀队，亦犹以用具而得名耳。至于后来称“乾字拳”、“坎字拳”、“坤字拳”、“震字拳”等，则显系由乾卦教、坎卦教、坤卦教、震卦教演变而来，震、坎二教，即李文成、林清之遗众也。其组织皆散漫无纪，即以十八团举赵三多为首领言，其名亦不著于袁世凯捕杀之朱红灯。而张德成、曹福田皆于拳乱起时，自称为天津一带坎字拳领袖，余卦多不知姓名，其为乌合可知矣。

（三）义和团之法术

李文成、林清以八卦教起事之时，虽有持符念咒之事，但以所据之经卷，造为妖言惑众，非如义和团之谓神灵附身、枪炮不入者也。何以义和拳原为习练武艺之会，而忽言神灵附身？又忽言枪炮不入？盖当李、林时，外国之势力犹未入中国，枪炮之利，尚不为人所知。及鸦片之战、英法联军之役、越南之役，迄于甲午战争，中国累次失败，皆由于武器不如人，始大倡制造炮船之自强论。政府对处理教案，所以常曲循外人，亦由外国之兵力强盛而惧召外侮也。民众徒恃大刀拳勇，何足以敌外人之坚甲利兵乎?仇教事起,最初仅赖义愤对付少数教士,以十八魁之顽强抵抗,啸聚数千人,刀戟齐举,犹不能当官兵炮火百余发之一击,即作鸟兽散,后起者如不自诩得有神助,能避炮火,则谁肯信从之?故杂取小说戏剧之言,以蛊惑愚民。罗惇曧《拳变余闻》曰:

> 义和拳源于八卦教,起于山东堂邑县,旧名义和会。东抚捕之急,潜入直隶河间府景州献县,乾字拳先发,坎字继之。坎字拳蔓延于沧州、静海间,白沟河之张德成为之魁,设坛于静海属之独流镇,称天下第一坛。遂为天津之祸。乾字拳由景州蔓延于深州、冀州而涞水,而定兴、固安,以入京师。天津、北京,拳匪本分二系,皆出于义和会,其后皆称义和团。坎字拳为林清之余孽,乾字拳为离卦教郜生文之余孽,故皆尚红。其后有黄色一派,则乾字拳所创也。坎字、乾字授法各殊:坎字拳传习时,令焚香叩拜后植立,而仆,仆而起,跳跃持械而舞;乾字拳则令闭口伏地,少时白沫满口,则呼曰神降矣,亦起跃持械而舞。又有震字,则山东王中之遗孽,见诸永定河南岸,坤字拳见诸京西,从者盖鲜,惟坎字、乾字最势大矣,乃分扰京、津。京师从授法者,教师附其耳咒之曰:"请请志心归命礼,奉请龙王三太子,马朝师,马继朝师,天光老师、地光老师、日光老师、长棍老师、短棍老师。"要请神仙某,随意呼一古人,则孙悟空、猪八戒、杨香武、武松、黄天霸等也。又一咒云:"快马一鞭,西山老君,一指天门动,一指地门开,要学武艺请仙师来。"一咒云:"天灵灵,地灵灵,奉请祖师来显灵,一请唐僧、猪八戒,二请沙僧、孙悟空,三请二郎来显圣,四请马超、黄汉升,五请济颠我佛祖,六请江湖柳树精,七请飞镖黄三太,八请前朝冷于冰,九请华佗来治病,十请托塔天王、金吒、木吒、哪吒三太子,率领天上十万神兵。"诸坛所供之神不一,如姜太公、诸葛武侯、赵子龙、梨山老母、西楚霸王、梅山七弟兄、九天玄女,又有供纪小唐者,则小说之年羹尧。最奇者为山西祁相国,则祁文端(寯藻)也。大约祀神无规定,意中所欲奉,则祀之耳。自乾隆时高宗恒以小故杀人,诗词、戏剧,皆足杀身,供奉者乃杂取《封神传》、《西游记》诸小

说,点缀神权,以求绚烂而免祸也。浸淫百年,蒸为民俗,愚民受戏剧之教育,驯至庚子,乃酿此巨变,岂得曰非人为哉?

义和拳称神拳,以降神召众,号令皆神话……有《关帝降坛文》、《观音托梦词》、《济颠醉后示》,皆言灭洋人。忽传玉帝敕,命关帝为先锋,灌口二郎神为合后,增福财神督粮,赵子龙、马孟起、黄汉升、尉迟敬德、秦叔宝、杨继业、李存孝、常遇春、胡大海皆来会师。其所依据,则《西游记》、《封神传》、《三国演义》、《绿牡丹》、《七侠五义》诸小说,北中所常演之剧也。洋人教士、教民,分"大毛子"、"二毛子"、"三毛子",遇之杀无赦。礼神以顶着地,叩首三十六,练术有浑功、清功:浑功百日,清功四百日;浑功避枪炮,清功能飞升,然习者利速成,多浑功也。临阵佩小黄纸画像,有首无足,锐指,头四周有光,耳际、腰间作狗牙诘屈状,不名何神,心以下书一行,文曰:"云凉佛前心,玄火神后心。"诵咒曰:"左青龙,右白虎,云凉佛前心,玄火神后心,先请天王将,后请黑煞神。"诵此祝枪炮不然,诵声未绝,中弹毙。

义和团之所谓神术者不过如此,皆系社会流传之小说、戏剧上人物,作者既演其义而为神话,民间竟信以为真。拳民在不得已之时,即欲借神佛之权威,以抵御外人之精良器械,观其咒语有:"北方洞门开,洞中请出铁佛来,铁佛坐在铁莲台,铁盔铁甲铁壁寨,闭住炮火不能来。"即可知为妄希神助者,此即所谓"穷极则呼天"之理。盖人力既无术以制外国,惟有求神仙显灵矣。佐原笃介《拳事杂记·团匪莠言》云:

团匪之言曰:其初祖曰忧世先师,深忧西教之害国家,思其扑灭之法不置,窃诣江右张真人求助,真人谢不应,固请之,真人告以容某洞之地仙师。即往见地仙,诉其志,地仙感其尽心为国,且悯其志之切,使其弟子十人助之。且授以金丹之秘法与拳法:此金丹者,服之则入水不溺,入火不毁,刀枪不能伤;此拳法者,熟习之则身不带寸铁,惟挥手动指即能破坚,能仆人。师受此二法归乡里,渐纠同志成此义和团。

《庚子义和团运动始末》载北京义和团之告示云:

> 中夜突见一神明,由天空下降,初静默若干时,旋闻出巨声曰:我乃玉皇大帝下凡,知尔等之心甚诚,我适已决心告知尔等,此乃大祸将临之时,尔等惟有听天由命。祸患之来,实自洋鬼,伊等到处传教,设置电线,修筑铁道,不信神圣之教,而污渎神明。其罪恶之多,一如发须之不可细数。故我大为震怒,而发霹雳之声。我日夜皆思及此事,设我遣天兵下界,谅彼小丑,亦难逃此厄运。职是之故,我乃颁行谕命,谓我将率领群圣群神,亲自下凡,凡义和拳所在之区,必有神明暗助,我更将俾尔等知晓,凡三界正直之人,务须同心合力,共习义和拳之仪式,以期平定天怒。义和拳成熟之日,即洋鬼灭亡之时,天神之意,以为电线宜割断,铁路宜拆毁,洋鬼宜斩首,当彼之时,洋鬼之厄运临头,降霖之期尚远,一切皆对待洋鬼也。我此时命尔等正直之团民,宜万众一心歼灭洋鬼,以平天怒,此将为尔等有利之举。功成之日,需风需雨,均听尔便。
>
> 此为吾亲目所见,神明震怒之原因,系玉皇庙之被毁,并知义和拳民,均为虔诚之徒,而为彼祈祷也。信仰者必获福,不信者必获天谴。吾若诳语,天诛地灭。

义和拳之初起,由于冠县梨园屯教案,得此更可以证明,盖该案即由教士拆毁玉皇庙而引出者也。曹福田亦言:"吾奉玉帝敕,命率天兵天将,尽歼洋人,吾何敢悖敕命?"足见京、津之拳民,皆谓玉皇大帝遣天兵天将下凡,尽歼洋人,此与洪秀全之假借天父天兄者何异乎?忧世先师之求助于张天师及某地仙,虽系寓言,实有深意,盖忧西教害国家,始假以金丹拳法。此足证义和团之有刀枪不入符咒,乃后来之事。白莲教近于道家,道家以太上、真人、金仙、天仙、剑仙、神仙、地仙为七等。玉皇大帝即道教所谓之天主也。此与洪秀全所称上帝召之上天,付以剑玺相类。大抵假神权而起事者,无不有此种托词,白莲教谓弥勒降世,义和团谓玉皇下凡,基督教谓上帝降生耶稣,代人赎罪,太平军谓天父、天兄下凡,遣天兵天将诛妖。以及古帝王之自称天子,言符命图谶,虽修辞有雅俗深浅之不同,而涵义则一耳。因此吾人对义和团之法浅术陋,鄙俚可哂,固当原心略迹,以其为爱国保家运动,较白莲八卦之徒欲借邪教取代者,尚有民族自救之观念存焉。

(四) 义和团之发展

利用义和团以排外者,最初为李秉衡、毓贤,其次为裕禄、廷雍,复次为载漪、刚毅以达于西后。《拳变余闻》云:"拳祸始于毓贤,成于载漪、刚毅,人所习闻,然最初实为李秉衡。光绪乙未,秉衡抚山东,仇视西人,山东有大刀会,主仇西教,秉衡恒奖许之。丁酉,大刀会杀二教士,德人请褫秉衡职,不允,转秉衡川督,德人憾不已,乃命开缺,德人坚谓不足蔽辜,卒革职去。毓贤以曹州知府至藩司,秉衡所最亲善也。及为东抚,循秉衡之旧,护大刀会尤至。"又云:"山东大刀会仇视西教,毓贤奖借之,匪首朱红灯倡乱,以灭教为名,毓贤命济南府卢昌诒查办,匪击杀官兵数十人,自称义和拳,建'保清灭洋'旗,掠教民数十家,毓贤庇之,出示改为'义和团'。匪树毓字黄旗,掠教民,焚教堂,教士屡函乞申理,总署令保护,毓贤均置不问,匪势愈炽。法使屡责总署,乃召之来京,以今总统袁公代为巡抚。时拳匪出没于东昌、曹州、济宁、兖州、济南之间,势甚盛。袁公至,力剿拳匪,获朱红灯戮之。数月而匪势大衰,山东境不能容,乃窜入直隶境,庚子三四月间,蔓延各属矣。"《清史稿·李秉衡传》云:"德使海靖要褫秉衡职,编修王廷相力争之,徙督四川。海靖请益坚,乃罢免,于是秉衡隐安阳,居三年,刚毅入枢廷,荐之起入都。命秉衡诣奉天按事。"按《德宗实录》秉衡为川督,系光绪二十三年九月二日命。十月,德占胶澳,秉衡尚主募兵决战,谕旨谓:"敌情虽迫,朝廷决不动兵,东省往事,前车可鉴。各营稳慎防守,不准妄动。"十一月,海靖始到京,命翁同龢、张荫桓与之理论,而新任鲁抚张汝梅已接印任事矣。十八日,始有"四川总督李秉衡因事解职,调福州将军裕禄为四川总督"之文。十二月,因秉衡不能事先预防,酿成巨案,交部议处。二十四年正月,着降二级调用。五月,调裕禄在军机大臣上行走,改任奎俊(江苏巡抚)为川督。戊戌政变后,裕禄督直,刚毅用事,至二十五年正月,即着裕禄传知李秉衡预备召见。秉衡以病辞。二月张汝梅开缺听候查办,以署江宁将军毓贤为山东巡抚。距毓贤之调离山东,尚不及一年也。六月,有旨催促秉衡来京。八月派往奉天查办仁、育两军营务,仍称降调四川总督。可知李传所记居三年之说有误,实尚不及二年。而毓贤亦非直接由藩司代秉衡者,《拳变余闻》及《清史稿·毓贤传》皆误矣。惟鲁省拳民之得秉衡、毓贤奖掖始盛,确系事实。故二人均以义和团魁首自居也。《毓贤传》云:"既莅事,护大刀会尤力,匪首朱红灯构乱,倡言灭教,自称义和拳,毓贤为更名曰团。建旗帜皆署毓字。教士乞保护,置勿问,匪浸炽。法使诘总署,乃征还。至则谒端王(瑞亲王子奕志袭郡王,咸丰十年命惇亲王子载漪为奕志后,袭贝勒。光绪十五年加郡王衔。二十年进封端郡王。循故事宜仍旧号,更曰端者,述旨误,遂因之)载漪、庄王载勋、大学士刚毅,盛言拳民忠勇得神助,俄拜山西巡抚之命。毓贤至,卫军数十人皆拳党也,自称义和团统领。于是拳术渐被山西。平阳府县上书言匪事,毓贤痛斥之,匪益炽。更命制钢刀数百赐拳童,令演习。其酋出入抚署,款若上宾。"义和团之得闻于朝贵及入山西,由毓贤介之。《实录》光绪二十五年十月,命毓贤来京陛见,以工部右侍郎袁世凯署山东巡抚。十一月谕军机大臣等:"有人奏:山东民教不和,亟宜持平办理一折,所奏语多中肯。其推原民教情形,亦确切近日情事,着袁世凯严饬各属遇有民教之案,持平办理,不可徒恃兵力,转致民心惶惑,总之操纵之妙,在乎平时,地方官果为众情所服,遇事自不难化大为小,化有为无。"又谕:"拳民聚众滋事,万无宽纵酿祸之理,惟目前办法,总以弭患未然为第一要义。如已寻击官兵,始终抗拒,即须剿办,示以兵威,亦应详查案情,分别办理,不可一意剿击,致令铤而走险,激成大祸。着袁世凯相机设法,慎之又慎。随机因应,各了各案,毋轻听谣传,任令营员贪功喜事,稍涉操切,傥办理不善,以致腹地骚动,惟袁世凯是问。"十二月三日又谕:"有人奏东省民心未定,宜速筹开解镇抚之方,并虑及该署抚一意主剿,致滋事端等语,山东民教不和,总以弭患未然为第一要义,前两次寄谕，至为详尽，谅该署抚必能体察情形，分别办理，断不至一味操切，以致激成巨祸，有负委任。”次日，世凯即电奏：“山东平阴、肥城两县匪徒，聚众滋事，将教士架至毛家铺地方，世凯多方设法营救，并派马队兜拿，卒以防护不及，教士被匪徒杀害。”清廷又谕令赶将凶犯如限缉获，从严惩办。世凯因奏以调和公断为治本之计，以兵力剿办为治标之计。得旨：“所奏颇中肯綮，着即督饬印委各员，随时随地，分别认真办理，以戢人心而消隐患，勿徒作纸上空谈也。”可见清廷对拳民已受李秉衡、张汝梅、毓贤之影响，对世凯有不可一意剿击之旨，而世凯则认为以兵力为治标之谋，因世凯有自练之新军，故拳民在山东势难发展，乃相率趋于直隶。《书庚子国变记后》曰：“庚子祸，人皆知成于数乱臣，顾使团党充斥京畿，迫之以不得不乱者，实由直省数大吏，而臬司廷雍为罪魁。雍之得以恣其毒者，则由制军、藩司初起时轻视其事。己亥冬，团党在山左，为袁世凯所剿，纷纷入直境，吴桥令劳乃宣严禁传习，且为书上督院。正月，藩司廷杰及廷雍谒院，制军示劳书，议办法。二廷云：‘劳令能，吾侪何所赞？’事乃格。盖廷雍已与团通，廷杰亦恶劳之不先白司也。事急，廷杰惧，始议禁之，廷雍已隐掖各团起，势长声高，不复能遏，反据以轧杰取藩司，制军亦折而从团矣。时远近各团，均恃廷雍为主，奉之拒官残民，劳乃宣以计走免。丰润令卢靖、献县令吴焘均以不附团为所困，联军来乃解。乐亭令李映庚纠丁与团战，亦解。盖团技劣，遇枪弹即披靡，教民亦以拒之之故，多免。其遇无助之士，及孤弱教徒，则恣其焚杀。雍亦不问焚杀事，时旌异之，冀借以畅其志。雍最恶杰，既去之，尤恶莲池书院长吴先生挚甫，以其劝生徒研新学，且尝议时政，与西人洽也。六月，团悉杀在保之西人，而焚其居，遂鸣枪拥众，剿书院，吴先数日避去，则执生徒数人。提调恳廷雍，乃讪笑而释之曰：‘是殆保国会之误也。’……当是时有识者均诛窜韬匿，勇者或假练丁以自保，然举不敢公持时事可否，亦北方士民一浩劫也。”义和团之蘖于鲁而盛于直，观此可知矣。《拳变余闻》云：“津郡拳匪，始于静海属之独流镇，称天下第一坛。直督裕禄不之禁，渐延入郡城，张旗挟刃游于市，转相煽诱，旬日之间，坛林立。业冶铁者，家家铸刃，丁丁之声，日夜相续，若钤铎之互答，官不敢禁挟械，但禁冶铁。示甫下匪纷集县署,露刃逼官弛禁,不得已从之。冶炉遍衢巷矣。匪诵言灭洋,租界戒严,教堂尤汲汲。津、保之间,迭毁电线铁路。”清廷因刚毅、载漪故,对拳民之态度始终犹豫不定。如光绪二十六年正月谕云:

> 上年据山东巡抚电称:各属义和拳会,以仇教为名,到处滋扰,并及直隶南境一带,迭经谕令直隶、山东督抚,派兵弹压。此种私立会名,聚众生事,若不严行禁止,恐愚民被其煽惑,蔓延日广,迨酿成巨案,不得不用兵剿办,所伤实多。朝廷不忍不教而诛,着直隶、山东各督抚剀切出示晓谕,严行禁止,俾百姓咸知私立会名,皆属违禁犯法,务宜革除恶习勉为良民,傥仍执迷不悟,复蹈故辙,即行从严惩办,勿稍宽纵。至民教同属编氓,凡遇词讼案件,该地方官务当秉公审断,但分曲直,不分民教,不得稍有偏倚,用副朝廷一视同仁之至意!

三月庚申(十八日)又谕曰:

> 各省乡民设团自卫,保护身家,本古人守望相助之理,果能安分守法,原可听其自便。但恐其间良莠不齐,或借端与教民为难,不知朝廷一视同仁,本无畛域,该民人等所当仰体此意,无得怀私逞忿,致启衅端,自干咎戾。着随时剀切晓谕,务使各安本业,永久相安,庶无负谆谆告诫之意。

及四月初一日,又谕:“有人奏义和团蔓延日甚,请饬筹办团练一折,据称直隶、山东两省,拳民殆遍,将及近畿,数月以来,仍未解散,请饬派员办理团练,以弭隐患等语,所奏是否可行,着裕禄、袁世凯各就地方情形,通筹妥议。”寻袁世凯奏查明会匪实难改练乡团。得旨:即着随时察看情形,分别办理,以杜乱萌。其对世凯指示尚如此模棱,即足见矣。四月十一日又谕:“近闻畿辅一带义和团拳会尚未解散,渐及京师,深恐良民被其诱惑,以致勾结为患。京城内外地面辽阔,居民众多,着步军统领衙门严密稽查,设法除禁,毋任聚众滋事,致启衅端。”迄五月初对拳民所下之上谕,不下十余次,皆言亟应严加剿办,不容再事姑息,试问自来立国之道,果有纵容乱民借以自固者乎?然此皆表面文章,五月初七日谕裕禄谆切劝导,不可操切从事,带兵官弁亦当严行申诫,毋得轻伤民命。又谕荣禄派队保护铁路,总宜设法解散,不得孟浪从事,率行派队剿办,激成变端。以故"数月之间,京城蔓延已遍,其众不下十数万,自兵民以至王公府第,处处皆是,同声与洋教为仇,势不两立,剿之则即刻祸延肘腋,生灵涂炭。"又自称"剿抚两难"矣。总之,拳乱之蔓延京津,皆朝廷及疆吏有意纵容之也。

一百五十五　义和团之扰乱

(一) 义和团之入津

拳民之攘扰天津也,以张德成、曹福田为首。德成白沟河人,业操舟,往来玉河、西河间。时义和拳已传至静海县之独流镇,有童数辈,方习拳,德成睨之而笑,众诘之。德成曰:"此伪神拳也。"众叩其术,乃取一秸以黄纸掷地上,令众拾之,壮夫数人不能举,群大惊,罗拜曰:"真神师也。"拥之入巨宅,设坛焉。远近拳民争来附,遥受节制。德成居独流,声势甚雄。曹福田,天津静海县人,本游勇,嗜鸦片,无以自存。乘乱煽惑,初至津,登土城楼询租界何处?土人言东南方,即伏地向东南叩首,良久起曰:"洋楼毁矣。"以东方烟起,万众悚然,盖适河东民居被焚也。既入城,商民跪迎,福田坐马上指挥令起立,曰:"无须跪也。"闻拳坛令阖城持白斋,谕无须,言:"我亦饮酒食肉也。"闻洋货店多被毁,亦云:"无须,洋货入中国久,商民何罪?"津民以是尤信奉之。福田室中悬神像,关帝、赵子龙、二郎神、周仓也。另供木主,曰圣上杨老师。福田整队赴前敌,以洋铁造鼓吹,大螺,红旗大书"曹"字,侧书"扶清灭洋天神天将义和神团"。福田骑马,戴大墨晶眼镜,口衔洋烟卷,长衣系红带,缎靴,背负快枪,腰挟小洋枪,手持一秫秸,语路人往观战。至马家口,谓前有地雷不可进,绕道归。又令商民备蒲包麻绳各数千,麻绳备缚洋人,蒲包蒙其首也。教士教民皆逃租界,福田不敢与洋人战,日列队行周衢,遇武卫军则缚而戮之,报聂士成落垡一战之仇也。士成为直隶提督,率武卫军驻芦台,拳民焚黄村铁路,聂军一小队驰至,突被迎击,伤数十人。士成率军至落垡,拳民三千人方毁廊坊铁轨,士成谕禁不止,仍扑聂军,士成命击之,拳民多死,乃大恨士成。载漪、刚毅假朝旨责士成回芦台,过津为拳民所辱,不敢与抗。直督裕禄虚报福田战功,奏报头品顶戴、花翎、黄马褂。绅商虑与洋人开战,则全城糜烂,力请于裕禄议和。裕禄令请命于福田。福田不可,曰:“吾奉玉帝敕,命率天兵天将尽歼洋人,吾何敢悖敕命?”绅商哀之急,则怒,命杀之。群哀请乃免。和议既阻,乃请别择战地,福田不可,曰:“若别择战地,当先以租界归我。”张德成至,众复哀请,德成许之。福田不可,众以商民生命为请,福田曰:“死者皆劫数中人,吾扫荡洋人后,犹当痛戮不忠不孝不仁不义之人,完此劫数。”德成在独流,尝率众周行镇外,三匝,以杖画地,曰:“此一周土城,一周铁城,一周铜城,洋人即来,无能越者。”五月,直隶四道员结伴去津,舟过独流,遇拳民将手刃之,皆叩首乞命。牵赴神坛,德成审为大官,释之,延坐自衒其术,使达诸总督,请饷二十万,自任灭洋。皆受命,上书裕禄。裕禄乃驰檄召德成,不至,屡檄之,德成怒曰:“吾非官吏,何得以总督威严凌我耶?”裕禄谢过,命使以八人舆迎礼之。德成至,以敌体礼见,启中门迎之入。次日,宴于节署,德成忽若睡,呼之不应。俄欠伸起,袖出铁炮机管数事,云元神出,新从敌中窃来者,敌炮皆废矣。裕禄深敬之。德成恒出入节署,以耀其曹。裕禄表荐诸朝,称其年力正强,志趣向上,复屡报战功,赏头品顶戴、花翎、黄马褂。又有所谓“红灯照”者,皆十余龄幼女,红衣裤,挽双丫髻,稍长者盘高髻,左手持红灯,右手持红巾,及朱色折叠扇,扇股皆朱髹。始老孀设坛授法,集闺女数十辈,偎侍受法,四十九日术成。称大师姐,转教他女,术成,持扇自扇,渐起渐高,上蹑云际,掷灯下,其从姬拾缴坛内,女身植立空际,渐化为明星,较星差大,其光晶晶,或上或下,或近或远,或攒聚如联珠,或迤逦如贯鱼,津民狂走聚观,佥云目睹,有终夜升屋而瞭者。女子自言,能于空中掷火焚西人之居,呼风助火,焚无余,津民深信之。入夜家家悬红灯,迎红灯照仙姑也。城内列炬高悬,若万星之齐耀,争传拳队所至,红灯随之。每焚洋楼,皆言仙姑掷火也。又有“沙锅照”者,以飨神团,人挟一锅,遇拳民战时，析薪淅米，炊饮飧之，沙锅仅如巨钵，自言饭百人不尽。此团皆乞丐也。沿门索米济军，无敢拒者。五月中有黄莲圣母乘舟泊北门外，船四周皆裹红绉，有三仙姑、九仙姑同居舟中，自言能疗疾，拳民伤者舁舟傍，傅以香灰，数日而蛆出焉。裕禄迎入署，朝服礼拜，弗为动，乃制黄旗两杆，大书黄莲圣母，鼓吹一部，送侯家堠某神堂居焉。圣母坐神橱中，垂黄缦，香烛清供，万众礼拜。复有"花灯照"、"蓝灯照"、"黑灯照"者，皆少妇、老妪及孀妇饰为之，而红灯照则娼妓也。拳焰既炽，教士皆避居租界。拳民破狱出囚，凡洋货店及藏洋书器者皆焚毁之，禁民间着白衣，谓其近洋派也。以河东民居邻租界，谓藏奸细，焚殆尽。令民家焚香供清水一盂，馒首五枚，青铜钱数枚，家置一秫秸，粘红纸，供五日，持以挥敌，首自落。又赴督辕求枪炮，裕禄命赴军械所自择，尽攫以去。又令居民喊"大得胜"以助威。有闭火门神咒，遍张通衢，又令居民焚香叩首时，以拇指掐中指，男左女右，力掐不放，曰避火诀也，然皆不验。又扬言海口起沙，横亘百里外，阻夷船，团中海乾神师为之也。既而果有一僧来，自称海乾，众虔奉之，着黄缎衣，手念珠，持禅杖，受众供奉。及联军陷津，德成逃至王家口，索盐商供张，为村人所斫，成肉糜焉。余众至白沟河，推德成弟张三为首，挟至独流镇，仍立天下第一坛，村人共逐之，乃四散。福田潜逃归里，里人缚送之官，磔之于静海县。黄莲圣母与仙姑皆被劫于舟中，执而送诸官皆戮之。先是，津郡挖河，获残碑一，字漫漶，惟二十字可读，文曰："这苦不算苦，二四加一五，满街红灯照，那时才算苦。"此谶语已应验于拳变时，殆识者有意为之乎？

（二）义和团之入京

拳民之入京师，刚毅实导之。董福祥以杀洋人自任，刚毅力誉于后前，恩宠日渥。及拳民扰徕水，练军分统杨福同往剿，为拳民所杀。因据涿州，焚毁琉璃河、长辛店一带车站、局厂、铁路、电栈。卢保铁路公司洋人被戕者四人，受伤四人（法使毕盛、比使姚士登赴总署声明）。朝议剿抚不决。五月初九日，乃命管顺天府事尚书赵舒翘偕府尹何乃莹驰往解散，实隐察其情势也。次日，刚毅虑舒翘或戾己意，自请继往。舒翘至，召拳首谕朝廷德意,令解散,拳首坚请褫聂士成职,以士成谓拳匪害民,必贻祸国家,剿匪为其职责也。舒翘难之。刚毅至,许先退聂军。及复命,力言团民忠勇有神术,若倚以灭夷,夷必无幸。舒翘本以刚毅力贵显,虽见拳民皆市井无赖、乞丐穷民,殊不足用,回京揣太后意向之,不以实对。于是旬日间拳民入京者数万人(按赵舒翘日记往返涿州仅三日,只十一日晚间与拳首会晤,十二日折回窦店,始遇刚毅。店内少谈分手。十三日进京,十四日复命。《实录》"十九日催刚毅回京",则其往返盖旬日矣)。《实录》"十二日上谕"云:"乃近来京城地面,往往有无籍之徒,三五成群,执持刀械,游行街市,聚散无常,若不亟行严禁,实属不成事体!"此时尚只少数拳民作试探性之游行耳。至十七日又谕云:"闻炸子桥、沙土园、白纸坊等处奸徒聚众学习拳棒,并有为首之犯绰号应天禄及李七等,其余匪徒,尚不止此。"更言:"近日焚杀之案,仍复层见迭出,奸匪造作谣言,以仇教为名,扰及良善,于朝廷禁令,视若弁髦!"盖自十五日以后,日本书记生杉山彬为董福祥兵所杀,拳民已到处横行,肆意焚掠,京师已成混乱状态。十六日焚外城姚家井一带教民房屋,及彰仪门外西人跑马厅。十七日,崇文门内所有教堂皆被焚,又烧灯市口及勾栏胡同等处洋房,烟焰冲天。十八日,焚顺治门外教堂。二十日,焚大栅栏、老德记药房,适值西南风大作,延烧四处,东尽前门大街,西尽煤市街、南河沿,又逾河而至月墙、荷包巷,正阳门城楼亦被延及,火三日不灭。被焚店铺约四千余家,数百年之商业精华全成瓦砾矣。拳民持械寻仇,沿途喊杀,明目张胆,滋扰禁城,因令荣禄派武卫中军,实力保护东交民巷各国使馆。载漪于邸中设坛,晨夕虔拜,太后亦祠之禁中,城中焚劫,火光蔽天,日夜不息。车夫小工,弃业从之,近邑无赖,纷趋都下,数十万人,横行都市,夙所不快,指为教民,全家皆尽,死者十数万人。杀人刀矛并下,支体分裂,被害之家,婴儿未匝月亦毙之,惨无人理。京官纷纷携眷逃,道梗则走匿僻乡,往往遇劫,屡濒于险,或遇坛而拜求保护,则亦脱险也。太后召见其大师兄,慰劳有加,士大夫之谄谀干进者,争以拳匪为奇货。知府曾廉、编修王龙文献三策,乞载漪代奏:"攻东交民巷尽杀使臣,上策也;废旧约,令夷人就我范围,中策也;若始战终和,与衔璧舆榇何异?"载漪得书大喜曰:"此公论也。”御史徐道焜奏言:“洪钧老祖已命五龙守大沽,夷船当尽没。”御史陈嘉言自云得关壮缪帛书,言夷当自灭。编修萧荣爵言夷狄无君父二千余年,天假手义民尽灭之,时不可失。曾廉、王龙文、彭清藜、御史刘嘉谟先后上书,义民所至,秋毫无犯,宜诏令按户搜杀,以绝乱源。郎中左绍佐请戮郭嵩焘、丁日昌之尸以谢天下。主事万秉鉴谓曾国藩办天津教案所杀十六人,请议恤。主义民者,恒十九湘人也。当时上书言神怪者以百数,王公邸第,百司廨署,拳民皆设坛,谓之保护。士夫思避祸,或思媚载漪者,亦恒设坛于家,晨夕礼拜焉。义和团既纵横都下,因派载勋、刚毅为总统,比于官军。然拳民专杀自如,载勋、刚毅不敢问。都统恒庆一家十三口皆死,载漪素昵恒庆,不能庇也。尚书立山不附载漪,侍郎胡燏棻、学士黄思永、通永道沈能虎皆以谈洋务著称,拳民皆欲杀之,燏棻逃,沈能虎以贿免,立山、思永并下狱,指为通夷。编修杜本崇、检讨洪汝源、主事杨芾,皆指为教民,被伤几死。凡家藏洋书洋图皆号二毛子,捕得必杀之。城中为坛场殆遍,大寺观皆设坛,其神曰洪钧老祖、梨山圣母,谓神来皆以夜,每薄暮,什百成群,呼啸周衢,令居民皆烧香,无敢违者。香烟蔽城,结为黑雾,入夜则通城惨惨,有鬼气。神降时,距跃类巫觋,自谓能祝枪炮不然,又能入空中指画则火起,刀槊不能伤。出则命市人向东南拜,都人崇拜极虔,有非笑者,则戮辱及之。仆隶厮圉,皆入义和团,主人不敢慢,或更借其保护。稍有识者,皆结舌自全,无有敢讼言其谬者矣。义和团既遍京师,朝贵崇奉者十之七八,大学士徐桐、尚书崇绮等信仰尤笃,拳民既借仇教为名,指光绪帝为教主,盖指戊戌变法,效法外洋,为帝大罪也。扬言欲得一龙二虎头,一龙指帝,二虎指庆亲王奕劻及李鸿章也。奕劻时充总理衙门大臣,鸿章则时论所称通番者也。贝子溥伦、大学士孙家鼐、尚书陈学棻、副都御史曾广銮,太常张邦瑞皆被掠,仅以身免。溥伦等争告荣禄,荣禄不能制,民居市廛,数里焚掠一空。时外人及教民皆隐于东交民巷各使馆及西什库教堂,拳民累攻不能下,所杀皆官员及良民也。

(三) 御前四次之会议

慈禧在戊戌政变以后,久谋废立,既见阻于外人,心甚恨之,时欲借机以泄愤。如光绪二十五年癸巳谕曰:“现在时势日艰,各国虎视眈眈,争先入我堂奥。以中国目下财力、兵力而论,断无衅自我开之理!惟是事变之来,实逼处此,万一强敌凭陵,胁我以万不能允之事,亦惟有理直气壮,敌忾同仇,胜败情形非所逆料也。近来各省督抚,每遇中外交涉重大事件,往往豫梗一和字于胸中,遂至临时毫无准备。此等锢习,实为辜恩负国之尤。兹特严行申谕,嗣后傥遇万不得已之事,非战不能结局者,如业经宣战,万无即行议和之理。各省督抚,必须同心协力,不分畛域,督饬将士,克敌致果。和之一字,不但不可出诸口,并且不可存诸心,以中国地大物博,幅员数万里,人丁数万万,苟能矢忠君爱国之诚,又何强敌之可惧?正不必化干戈为玉帛,专恃折冲樽俎也。”明知财力、兵力不敌外人,尚敢作非战不可之谕,倘有人为言神力足以灭洋,岂有不侥幸万一者乎?西后已惑于载漪,决利用义和团以排外,但以其三次垂帘之经验,不愿贻人以一意孤行之讥,特于庚子五月二十日召王公大臣、六部九卿入见于仪鸾殿东室,约百余人,室中跪满,后至者跪于槛外。帝及太后背窗向北坐,枢臣礼亲王世铎、荣禄、王文韶、赵舒翘跪御案旁,自南而北,若雁行,诸臣皆面南。枢臣刚毅则出京察看拳民未归。既跪行一叩礼。帝首诘责诸臣,不能弹压乱民,色甚厉。翰林院侍读学士刘永亨跪在后,膝行而前,奏云:“臣顷见董福祥,欲请上旨令其驱逐乱民。”语甫毕,端王载漪伸大指厉声呼曰:“好!此即失人心第一法!”永亨慑,不能毕其词。太后默然。太常卿袁昶在槛外,高呼:“臣袁昶有话上奏。”帝谕之入,乃详言拳实乱民,万不可恃,就令有邪术,自古及今,断无仗此成事者。太后折之曰:“法术不足恃,岂人心亦不足恃乎?今日中国积弱已极,所仗者人心耳,若并人心而失之,何以立国?”太后又曰:“今日京城扰乱,洋人有调兵之说,将何以处之?尔等有何见识?各摅所见,从速奏来!”群臣纷纷奏对,或言宜剿,或言宜抚,或言宜速止洋兵,或言宜调兵保护。随面派侍郎那桐、许景澄出京劝阻洋兵,一面安抚乱民,设法解散,遂麾群臣出。光禄卿曾广汉、大理少卿张亨嘉、侍读学士朱祖谋及侍讲学士恽毓鼎见太后意仍右拳民,今日之议未得要领,乱且未已也,乃行稍后,留身复跪曰:“臣等尚有言。”亨嘉力言拳匪之当剿,但诛数人大事即定。张闽人,语多土音,又气急,不尽可辨。祖谋言皇太后信乱民，乱民敌西洋，不知欲倚何人办此大事？太后曰："我恃董福祥。"祖谋率然对曰："董福祥第一即不可恃。"太后大怒色变厉声曰："汝何姓名？"对曰："臣为翰林院侍读学士朱祖谋。"太后怒曰："汝言福祥不可恃，汝保人来！"祖谋猝不能对。毓鼎应声曰："山东巡抚袁世凯忠勇有胆识，可调入京弹压乱民。"曾广汉曰："两江总督刘坤一亦可。"军机大臣荣禄在旁应曰："刘坤一太远，袁世凯将往调矣。"（按《实录》：十九日调李鸿章及袁世凯带队迅速来京。二十二日又令袁世凯毋庸北上。）毓鼎复言："风闻銮舆有西幸之说，根本重地，一举足天下摇动矣。"太后力辨并无此说。四臣遂起，太后于祖谋之出，犹怒目送之。二十一日未刻，复传急诏入见。申刻召对仪鸾殿。（孝钦曰："皇帝意在和，不愿用兵，有言和便者，今日廷论，可尽言。"德宗曰："非不可战，顾我国积弱，用乱民以求一逞，宁有幸乎？"载漪曰："义民起田间，出万死以赴国难，今欲诛之，人心一解，谁与图存？"德宗曰："乱民皆乌合，洋兵利，能以骨肉相搏乎？奈何以民命为儿戏？"孝钦度载漪辩穷，而问户部尚书立山，山曰："拳民虽无他，然多不效。"载漪变色曰："用其心也，何论术乎？立山敢廷争，是且与洋人通，试遣立山退兵，洋人必听。"山曰："首言战者，载漪也，漪当行；臣主和，又夙不习夷，不足任。"载漪诋立山为汉奸抗辩，孝钦解之。以上系《清稗类钞》所记。）帝先诘问总理事务衙门大臣尚书徐用仪，用仪奏辨，语细不可闻，惟闻帝厉声拍案曰："汝如此搪塞，便可了事耶？"太后随宣谕："顷得洋人照会四条：一、指明一地，令中国皇帝居住；二、代收各省钱粮；三、代掌天下兵权。今日衅自彼开，国亡在目前，若竟拱手让之，我死无面目见列圣，等亡也，一战而亡，不犹愈乎？"群臣咸顿首曰："臣等愿效死力。"有泣下者，惟既云照会有四条，而所述只得其三，退班后，有人询之荣禄，其一勒令皇太后归政，慈禧讳言之也。其时载漪及侍郎溥良力主战，语尤激昂，太后复高声谕曰："今日之事，诸大臣均闻之矣。我为江山社稷，不得已而宣战，顾事未可知，有如战之后，江山社稷仍不保，诸公今日皆在此，当知我苦心，勿归咎予一人，谓皇太后送祖宗三百年天下。"群臣复叩首曰："臣等同心报国。"于是命徐用仪、立山、联元往使馆，谕以利害，若必欲开衅者，可即下旗归国。立山以非总理衙门辞。帝曰:“去岁各国使臣瞻仰颐和园,非汝为之接待乎?今日事亟,乃畏难乎?”太后怒曰:“汝敢往亦当往,不敢往,亦当往。”三臣先出。即谕荣禄以武卫军备战守,复谕曰:“徐用仪等身入险地,可派兵遥护之。”群臣既退,集瀛秀门外,以各国照会事质之译署诸公,皆相顾不知所自来。或疑北洋督臣裕禄实传之,亦无之。嗣乃知二十夜三鼓江苏粮道罗某遣其子叩荣禄门,云有机密事告急。既见以四条进,荣禄绕屋行,旁皇终夜,黎明遽进御,太后悲且愤,遂开战端。或谓此照会为载漪所伪造,欲以激太后怒也。二十二日申刻,复传入见,筹议和战,少顷即退。二十三日再召见于仪鸾殿,太后决定宣战。命许景澄等往告各国使臣,限二十四点钟内出京,派兵护行。帝雅不愿开衅,搴景澄手曰:“更妥商量。”太后斥曰:“皇帝放手,勿误事。”侍郎联元谏曰:“法兰西为传教国,衅亦启自法,即战,只能仇法,断无结怨十一国之理。果若是,国危矣。”言且泣。额汗如珠,闻有与辩论者。即派载润等加意捍卫宫墙,备不虞,赏内膳房饭食,不必下班,诸臣皆退。旋传谕二十四日辰刻更入见,次晨俱集瀛秀门外,使臣来照会,要庆、端二王往议。召二王及枢臣先入见,刚毅适还朝,亦告入。二王旋出,命译署复使臣:有言但以书来,二王不能往也。须臾枢臣下,传旨撤全起(内呼召见曰叫起)。盖战议成,无事咨谋矣。是为庚子御前四次大会议。方事之兴,庙谟盖已预定,特借盈廷集议,一以为左证,二以备分谤。始也端王主之,西后听之,厥后势浸炽,虽西朝亦无可如何,亲昵如立山,视其骈诛,莫能阻也。当宣战之日,固逆计异时之必归于和,使馆朝夷,皇位夕易矣。大事既成,盲风怪雨,不转瞬而月星明概,虽割地以赎前愆,亦所不恤。无如一胜之不可幸邀也。此恽毓鼎《崇陵传信录》所记,毓鼎亲与其事,其言当非虚矣。

(四) 宣战之诏与董军

是时八国联军已抵大沽,二十一日即有旨着各省督抚挑选马步队伍,星夜驰赴京师。惟于袁世凯则令其毋庸北上,并毋庸派将弁带队来京,盖召袁乃荣禄建议,欲借以剿义和团者也。东南各省,皆以宣战为乱命,与外人结互保条约,仅张之洞遵旨派湖南布政使锡良带兵北上而已。北洋自荣禄入枢廷,兼管兵部,奏设武卫军,以聂士成驻芦台为前军,董福祥驻蓟州为后军,宋庆驻山海关为左军,袁世凯驻小站为右军,而自募万人为中军,驻南苑。皆归荣禄节制,世凯抚鲁,其军多南移,宋庆、聂士成皆奉命防天津,故北京可用之兵,只荣禄之武卫中军,与董福祥之甘军耳。福祥,甘之固原人,原为回匪,左宗棠西征时,归降刘松山,积功至提督。二十三年率军入直,戊戌政变前,荣禄调驻长辛店。拳乱起,载漪、刚毅皆欲倚拳民及福祥军以灭洋人,谓:"夷兵所恃者火器,神拳复能制之,此天赞我也。"(见《驴背集》)又拊福祥背伸拇指而赞美之曰:"汝真好汉!各大帅能尽如尔胆量,洋人不足平矣!"福祥大喜,益骄横自夸(见《西巡回銮始末记》)。庚子五月,载漪、刚毅请调董军入都,初四日,慈禧召见奖之。福祥曰:"臣无他能,惟能杀洋人耳。"(见《清史稿·董福祥传》)十三日,董军入都,其先锋差弁,持令箭入城,宣言已奉太后命,剿灭洋人,命义和团为先锋,我军为接应,闻者骇然(见佐原笃介《拳乱纪闻》)。十五日,董军杀日本书记生杉山彬于永定门外。次日,太后召福祥询之,福祥抵赖。言即有此事,如杀奴才以偿之则可,欲杀甘军一人,必有他变。太后无如何,因即以御侮任之(见《拳事杂记》)。全军驻永定门,摩拳擦掌,预备与洋兵开仗,荣禄檄令调驻南苑,董云:"从前受中堂节制,此时我面奉谕旨,只能前进,不能后退。"荣请太后以朱谕示之,始允撤兵(见叶昌炽《缘督庐日记钞》)。二十日大叫起(即御前会议),载漪谓:须派员迎挡洋兵,商令勿入城,挡不住,则令董军挡之。荣禄私谓:明料挡不住,然令董军出手,则结了(用北音读,董骄蹇已极,不受节制,素持联拳灭洋之说,近端邸极袒右之)。袁昶言:我等自必竭力商挡,至董军一层,还请中堂(指荣)通筹。而荣禄以董不受节制,有苦难言(见袁昶《乱中日记残稿》)。董军半与拳民通,焚杀劫掠,狼狈相倚,侍郎陈学棻朝回,马惊而驰,甘军枪击之,弹穿车中过,舆夫立毙。荣禄遣材官持令箭弹压,兵以枪拟之,跳而免(见《西巡大事记》及《崇陵传信录》)。御前四次会议后,慈禧既决心启衅,五月二十五日乃下诏宣战曰:

我朝二百数十年,深仁厚泽,凡远人来中国者,列祖列宗罔不待以怀柔。迨道光、咸丰年间,俯准彼等互市,并乞在我国传教,朝廷以其劝人为善,勉允所请。初亦就我范围,讵三十年来,恃我国仁厚,一意拊循,乃益肆枭张,欺凌我国家,侵犯我土地,蹂躏我人民,勒索我财物,朝廷稍加迁就,彼等负其凶横,日甚一日,无所不至,小则欺压平民,大则侮慢神圣。我国赤子,仇怒郁结,人人欲得而甘心,此义勇焚烧教堂,屠杀教民所由来也。朝廷仍不开衅,如前保护者,恐伤我人民耳。故再降旨申禁,保卫使馆,加恤教民,故前日有"拳民教民皆我赤子"之谕,原为民教解释宿嫌,朝廷柔服远人,至矣尽矣。乃彼等不知感激,反肆要挟,昨日复公然有杜士立照会,令我退出大沽口炮台,归彼看管,否则以力袭取,危词恫喝,意在肆其猖獗,震动畿辅。平日交邻之道,我未尝失礼于彼,彼自称教化之国,乃无礼横行,专恃兵坚器利,自取决裂如此乎?朕临御将三十年,待百姓如子孙,百姓亦戴朕如天帝,况慈圣中兴宇宙,恩德所被,浃髓沦肌,祖宗凭依,神祇感格,人人忠愤,旷代所无。朕今涕泪以告先庙,慷慨以誓师徒,与其苟且图存,贻羞万古,孰若大张挞伐,一决雌雄?连日召见大小臣工,询谋佥同,近畿及山东等省,义兵同日不期而集者,不下数十万人,至于五尺童子,亦能执干戈以卫社稷。彼尚诈谋,我恃天理,彼凭悍力,我恃人心,无论我国忠信甲胄,礼义干橹,人人敢死;即土地广有二十余省,人民多至四百余兆,何难剪彼凶焰,张国之威?其有同仇敌忾,陷阵冲锋,抑或仗义捐资,助益饷项,朝廷不惜破格懋赏,奖励忠勋。苟其自外生成,临阵退缩,甘心从逆,竟作汉奸,即刻严诛,决无宽贷。尔普天臣庶,其各怀忠义之心,共泄神人之愤,朕有厚望焉。

此诏仍以联军索大沽口炮台为辞,实则炮台已于二十一日失守矣,清廷犹未得报,尚不知。《实录》仅有二十四日谕云:"拳匪仇教,连日焚杀,蔓延益甚,剿抚两难。洋兵麇集津、沽,中外衅端已成,将来如何收拾,殊难逆料。各省督抚应就本省情形,通盘筹划,如何保守疆土,不使外人侵占,如何接济京师,不使朝廷坐困。联络一气,共挽危局,事势紧迫,企望之至。"微示决裂意，于宣战诏固一字未载也。慈禧既宣战，载漪、刚毅统率拳民，董福祥率甘军合攻使馆。刚毅日坐城楼观战，曰："使馆破，夷人无噍类矣，天下自此当太平。"赵舒翘起为寿曰："自康有为倡乱，天下扰扰，公起而芟夷之，上病，失天下心，幸继统有人，定策之功，公当第一。"刚毅大喜。可见围攻使馆之谋，实欲为废立计，恽毓鼎所谓"大事既成，虽割地赔款亦所不恤"之言，皆事实也。

（五）东交民巷之攻击

《崇陵传信录》云："使馆皆在东交民巷，南迫城墙，北临长安街，武卫军、甘军环攻之，竟不能克。或云荣相实左右之，隆隆者皆空炮，且阴致粟米瓜果，为他日议和地也。法国天主教堂在西安门内西什库，刚相尝督兵攻之，亦不能破，拳实不敢前，哗噪而已。"《庚子国变记》云："太后谕各国使臣入总理衙门议，德使克林德先行，载漪令所部虎神营伺于道，杀之。（按廿三日第三次御前会议，太后决宣战，命许景澄等往告各国使臣，限二十四小时出京。廿四日，德使克林德〔Ketteler〕乘轿赴总理衙门有所要求，途经东单牌楼，载漪伺于道，令所部虎神营士兵安海狙击毙命。庆王闻之，神色惊慌。刚毅谓：'杀一两个洋鬼子算什么大事？不日即将各使馆扫除净尽，现杀一个公使什么要紧？'联军入京，安海为日军逮捕，安曰：'我因杀国仇而死，心中甚乐，汝等即杀予以偿命可也。'次日交与德人，在克林德被害处杀之。）后至者皆折回，徐桐、崇绮闻之大喜，谓夷酋诛，中国强矣。太后旋命董福祥及武卫中军攻东交民巷，炮声日夜不绝，拳匪助之，披发禹步，升屋而号者数万人，声动天地。洋兵仅四百，董福祥所部万人，攻月余不能下，武卫军死者千人。董军、武卫军与拳匪混合，恣意劫掠，民居市廛，数里焚掠一空。独东交民巷使馆以塞门德土为垣，严拒守，不能破也。尚书启秀奏言：'使臣不除，必为后患，五台僧普济，有神兵十万，请召之会歼逆夷。'曾廉、王龙文请用决水灌城之法，引玉泉山水灌使馆，必尽淹毙之。御史彭述谓义和拳咒炮不然，其术至神，无畏夷兵。太后亦欲用山东僧普法、余蛮子、周汉，三人者，王龙文上书所谓三贤也。普法本妖僧，余蛮子以攻剽为盗魁，至尽发蜀中兵，乃捕得之，周汉则狂夫也。朱祖谋请勿攻使馆,言甚痛切,不报。曾廉闻之曰:祖谋可斩也。载漪亦欲杀祖谋,未发,及城破而免。御史蒋式芬请戮李鸿章、张之洞、刘坤一,以其贰于夷,不奉朝命也。载漪为匪党论功,封武功爵者数十人,赏赉无虚日。载漪每出,扈从数百骑,拟于乘舆,出入大清门,呵斥公卿,无敢较者。……时有诏征兵,羽书络绎,海内骚然,以载漪、徐桐、崇绮、奕劻主兵事,军府专恣,所请无不从,奕劻心知其误,枝梧其间,不敢发一言。”据上所述,可知拳乱时清廷已为载漪、刚毅、徐桐、崇绮所把持,虽以奕劻、荣禄之亲贵,固莫可如何。奕劻老且庸无论矣,荣禄为太后私倿之大臣,且“拥兵数万,当无坐视群小把持慈圣之理”(李鸿章语)。何亦依违取宠,致令祸延肘腋?说者谓:其罪实万倍于刚、漪诸人,最不可恕(见李剑农《中国近百年政治史》)。但恽毓鼎谓使馆终不能克,荣实左右之,隆隆者皆空炮,且阴致粟米瓜果,为他日议和地也。荣果有此暗中调护之事乎?盖荣初奉命保护弹压,即有不得孟浪从事,率行派队剿办,激成事端之旨(见《德宗实录》二十六年五月初七日乙未下)及令保护使馆(五月二十日),则确系认真行之,使馆之未被攻破,即其力也。鹿完天《庚子北京事变纪略》云:

五月二十一日八点钟,望楼报到,东角楼泡子河一带,驻兵数千,旗帜鲜明,不知何故。总办传令,命本院派人打探。即派中哨哨长王诚培前往,临行嘱以小心谨慎。诚培忠勇性成,遇事果敢,至则旗牌官引见统领孙大人,据云:“本统领系武卫中军,奉荣中堂札饬,特此驻扎此地,保护贵堂者。”即时回报,人心稍安。

又王彦威《西巡大事记》云:

五月……十八日,予与甘郎中大璋值班,上堂为荣相国力陈之。谓:“此时拳势未盛,如调大兵入城,诛其渠魁,散其党羽,祸或可不至燎原。”荣相韪其说,奏请调武卫中军入城弹压,旨意一下,都人欢然,拳民咸闭户,瑟缩不敢逞。翌日,载澜上封事谓:“朝廷受洋人欺侮，送命四十余人，今拳民肯为国家报仇雪耻，不宜摧抑之，以长敌焰。”于是事机遂中变矣。

日本人所撰《拳事杂记》，亦言：“现在枢臣中，惟荣中堂尚立意主剿。”可见五月二十日以前，荣禄主剿之意见，尚为西后所重视，始有调武卫中军入城弹压之议，而拳民亦瑟缩不敢逞矣。但自二十日第一次御前会议后，形势即大变。《拳乱纪闻》载北京访事来电云：

> 昨晚皇太后在宫内召集各大臣，密议团匪乱事，为时极久。旋即议定，决计不将义和团剿除。因该团实皆忠心于国之人，如与上等军械，好为操演，即可成为有用劲旅；以抵御洋人，颇为有用。当定议时，只荣相、礼王不以为然，又因势力不及他人，故不能为功。余如庆王、端王、刚相、启（秀）、赵（舒翘）二尚书等，俱同声附和，谓断不可剿办团匪，王中堂（文韶）默然无语。皇太后胸中已早有成竹，故即照其本意办事。……故目前事势，已极危迫，如皇太后再不依照荣相所言，将团匪立行剿办，则国中将无太平之时矣。

荣禄主剿拳匪，其势不敌端、刚，及向后私陈，又被斥。《清史稿·荣禄传》云：“拳匪乱作，载漪等称其术，太后信之，欲倚以排外人，董福祥率甘军攻使馆，荣禄不能阻。载漪等益横，京师大乱，骈戮忠谏大臣，荣禄踉跄入言，太后厉色斥之。”《西巡大事记》云：“袁、许之被逮也，朝旨召刑部满、汉尚书入，受命即日正法，赵舒翘出，而军机大臣适入，遇于门，告之故。荣相与同事约，请力争之。比入对，助荣极谏者，惟王协揆（文韶）一人，余皆默然不发。太后不许，令退班。荣请独对，复力争之。太后曰：‘荣禄！汝敢违诏旨乎？’荣乃不敢复言。退曰：‘吾负两公矣。’徐尚书之被逮，荣相欲往约徐桐请入谏。徐曰：‘此等背国向外之人，杀一人少一汉奸，吾不惟不能偕同入谏，并劝公不必为请命也。’荣与王协揆力争之，亦不能得。”可见荣禄亦曾尽力谏阻，并非依违取宠者，及为西后所斥，则惟有暗中调护之耳。英人朴笛南姆威尔《庚子使馆被围记》云：

欧人皆谓观于一千九百年之事,中国以大军围攻区区之使馆,而不能克,可见兵力之弱。众口一辞,其意坚不可拔。不知此亦大误,观于此书,即可知之。盖中国人乃在能杀之时,而掣其刃,非其力之不能也。当时中国之政府,意见不一,其主持和平者,当事势决裂之后,犹暗中竭力挽回,以施拖延之政策,减轻其事之结果,而使凶暴者自败,此亦不可不知也。(原序)

中国军队所以来攻,不过受政府特别之命令。彼等似但欲围困、监禁予等,非定有杀戮之意。彼等以砖石建筑防线,环绕于四周,有时以九尊或十尊之炮来攻,但时断时续,未尝接连攻击。虽或有一炮攻击甚猛,而全体不相连络,似无决意攻破之志者。予等全防线之建筑,固不甚坚固,而防守之人,甚为勇敢,每遇紧急之时,均随机以应,未尝畏馁。但此等情形,可以长久乎?若有一事,使敌人忽起决心,但以千人齐力冲来,则扫去予等之防御,如扫落叶之易耳。(中卷第十一章)

然尚有人较予境遇更坏者,城中极北有樊国樑君之教堂,住有教民千余,所恃以为守者,只有水手四五十人。远闻隆隆之炮声,有时顺风,亦可闻其枪声。闻人言荣禄与法教士友谊甚好,暗中维持,命军队不必猛攻。实有一种延缓之政策,与其所施于使馆者同。(中卷第十四章)

英人所记荣禄之暗中维护使馆及西什库教堂,当非虚语。法国主教樊国樑日记亦云:“五月二十七日,拳攻猛烈,放炮五六百响,未伤一人,西兵毙匪甚多。”五六百响未伤一人,可见隆隆者皆空炮,恽《录》皆事实也。洪寿山撰《时事志略》注云:

各处洋楼教堂,俱已焚毁,惟西什库与交民巷各处未烧,其从教者皆隐于其内,约有数万人也。西什库之南,惜薪司口内,以杉木作架,设炮向北而击之;皇城外西北角,亦以杉木作架,设炮向南而击之;弘仁寺前亦以杉木作架,设炮向西而击之;西安门外北城根,亦以杉木为架，设抬枪向内而击之。然四面攻击，月余而未溃。余风闻之，乃药力未足数耳。余复询之，亦有用圆木而充炮丸者。可惜数万国帑，尽皆糜费，其奸臣之心，尚可问耶？

洪氏所谓“奸臣用计不实行”，系指荣禄，故以圆木充炮弹，实即荣暗中保护洋人，留作他日议和地耳。《西巡大事记》云：

一日旨令派武卫军攻使馆，荣召统兵官到军机处，命之曰：“奉旨攻东交民巷，诚不敢违旨，但攻破使馆之后，万万不可杀戮洋人，违我令者军法从事！”盖调护之心甚苦，各使臣亦略闻之。合肥复为之辟诬甚力，幸不在被议之列。否则武卫军为荣相所统，各国咸知之，岂能免于祸乎？

荣禄虽承太后旨攻击使馆，但阳奉阴违，明攻暗助，调护颇费苦心，各国公使皆知之，故于索祸首之时，经李鸿章说明，亦不在被议之列矣。否则宁能幸免乎？其时使馆之洋兵，仅英、俄各七十人，法、美各七十二人，德五十人，奥、意各四十人，日本二十六人，共四百四十人。西什库之守兵，仅法水兵三十人，意兵十人，共四十人。堂中有西人七十，男教友一千，妇孺二千二百（见陈捷《义和团运动史》）。被围几两月，以不足五百人之两据点，受数万乱民、士兵之攻击，卒能不破者，似皆荣禄维护之故，中、英人所记均可信。拳民欲攻击西什库教堂，本在十八日午刻，经弁兵阻止，至二十三日始进行。使馆被围，则在二十五日，二十七日有上谕云：“董福祥现在所办之事着赶紧办理，腾出兵力，前赴天津防堵，并迅饬姚旺先往天津援助。”此所谓现在所办之事，即指围攻使馆。因私命，不便明言耳。《庚子国变记》谓：“董福祥之攻使馆也，太后问几日可克，福祥曰：‘五日必歼之。’既而言不验。”又《拳事杂记》谓：“美人某当北京使馆被围时，远悬白旗，出界与董福祥将官某接谈，该兵官与某亦旧相识，告之云：‘吾等向使馆开炮，实非出于本心，只以太后有旨，不得不遵耳。’”可见初围使馆，董军系奉太后旨，亦未尝力战。故六月三日电寄出使各国大臣,仍言:“此次中外开衅,其间事机纷凑,处处不顺,均非意料所及。……先是直、东两省,有一种乱民,各就村落练习拳棒,杂以神怪,地方官失于觉察,遂至相煽成风,旬月之间,几于遍地皆是,甚至沿及京城,亦皆视若神奇,翕然附和,遂有桀黠之徒,倡为仇教之说。五月中旬,猝然发难,焚烧教堂,戕杀教民,阖城汹汹,势不可遏。当风声初起之时,各国请调洋兵到京保护使馆,朝廷以时势颇迫,慨然破格许之。各国通计到京洋兵不下五百人……有时上城放枪……或任意游行,几欲阑入东华门,被阻始止。于是兵民交愤,异口同声,匪徒乘隙横行,烧杀教民,益无忌惮。各国遂添调洋兵,中途为乱党截杀,迄不能前。盖此时直、东两省之乱党,已镕成一片,不可开交矣。朝廷非不欲将此种乱民,下令痛剿,而肘腋之间,操之太蹙,深恐各使馆保护不及,激成大祸,亦恐直、东两省,同时举事,将教士教民使无遗类,所以不能不躇踌审顾者以此。不得已,乃有令各使臣暂避至津之事,正在彼此商议间,突有德使克林德晨赴总署途中,被乱民伤害之案。……乱民益挟骑虎之势。……惟有饬保护使馆之兵,严益加严,以防仓猝。……该大臣等详细向各外部切实声明,达知中国本意,现仍严饬带兵官照前保护使馆,惟力是视,设法相机自行惩办。在各国遇有交涉事件,仍照常办理,不得稍存观望。”(见《实录》二十六年六月癸酉)围攻使馆既出太后私意,非政府明令发表,故荣禄之暗为调护,不得谓为“汉奸”,实仍本保护使馆之谕旨行事。且英国蓝皮书载英使窦纳乐六月二十二日收到总署致送蔬菜、水果各四车,有王大臣十三人名刺,函云昨奉懿旨。可见清廷之态度矣。《景善日记》有人认为赝品,但所记董福祥向荣借大炮,荣不听,隐几而卧。董不悦,荣哂笑之,云:君必用我炮,请向老佛恳求鄙人之头。又云:不给董军大炮、地雷。似皆事实。《庚子义和团运动始末》云:“端王等守旧派到总理衙门以后,稳健派的势力,并没有完全消灭。老臣庆亲王,和袁昶、联元、许景澄三人,此时仍然主和。就是荣禄、立山也主张维持和平。”濮兰德《清室外纪》云:“赵舒翘本已答应荣禄,助其主持和议,后窥知太后之意,乃以游移之辞对。”当大沽陷落,朝廷震动,慈禧召见荣禄,荣答曰:“若继续开战,恐有覆亡之祸。”观此可知荣禄于拳变时,并未依违取宠,实尽力劝太后勿开衅外人,并暗中保护使馆。以是为载漪等所恨。《庚子国变记》谓:“载濂请斩荣禄、王文韶,太后未许。……旬日之内,连杀五大臣,诏书皆曰通夷。又欲杀奕劻、荣禄、王文韶、廖寿恒、那桐,会城破而免。”当时载漪等已类疯狂,恽毓鼎谓:“西朝亦无可如何。”何况荣禄乎?乙丑回銮之时,懿旨叙奕劻、李鸿章、荣禄、王文韶及刘坤一、张之洞、袁世凯勋劳,谓“荣禄保护使馆力主剿拳,复能随时赞襄匡扶大局”,着加太子太保衔。是荣禄保护使馆力主剿拳,已得谕旨证明矣。其非依违可知耳。

〔附录〕　当御前会议讨论围攻使馆之时,两江总督刘坤一有电至京云:“苟御外侮,则臣当立即带兵北上,若屠戮使馆中孤立之数洋人,则不愿以堂堂中国之兵队作此用也。”太后朱批谓:“南北相倚,不可歧贰,该督当粤寇之乱,久历兵间,自必深明此义。”并引“唇亡齿寒”之义以为言。坤一又致电荣禄请其设法禁阻。荣禄复电云:“尊电敬悉,以一弱国而抵十数强国,危亡立见。两国相战,不罪使臣,自古皆然。祖宗创业艰难,一旦为邪匪所惑,轻于一掷,可乎?此均不待智者而后知也。上自九重,下至臣庶,均以受外欺凌,至于极处,今既出此义和团竟以天之所使为词,谅亦有所闻,不敢赘述也。且两宫诸邸左右,半系拳会中人,满、汉各营卒中,亦居大半,都中数万,来去如蝗,万难收拾。虽两宫圣明在上,亦难狃众,天实为之,谓之何哉!嗣再竭力设法转圜,以图万一之计。始定在总署会晤,冀可稍有转机,而是日又为虎神营兵将德国使臣击毙。从此时局又变,种种情形,千回万转,至难尽述。庆邸仁和,尚有同心,然亦无济于事。区区一死不足惜,是为万世罪人,此心惟天可表,恸之!本朝深恩厚泽,惟仰列圣在天之灵耳。时局至此,无可如何,沿江沿海,势必戒严,尚希密为布置,各尽全心,禄泣电复。”据此电可知北京为义和团把持之情形,奕劻、荣禄皆无可如何矣。惟荣电仅见《景善日记》,《日记》之真伪,尚成问题耳。

(六) 五大臣之被杀

拳乱中外人及教民死者殊少,惟毓贤在山西,杀教士特多。《拳变余闻》载:"五月朝旨令保护教民,毓贤承端、刚旨,仍置不问。六月,匪焚教堂,毓贤登高观之,曰天意也。营官将施救,毓贤不许。英教士逃出,号于众曰:'昔晋省大祲,吾输财五六万,活数千人,今独不能贷一死耶?'卒戕之。一英妇挟儿出,跪言吾施医岁活数百人,今请贷吾母子,语未绝,一兵以梃击之,仆,推置火中。复奋身出,仍推入,与其子同烬焉。毓贤以兵守城门,禁教士出入,复移教士老幼于铁路公所,以兵守之,他日复驱入抚署,毓贤坐堂皇,命行刑。杀英教士男女老幼三十余人,服役二十余人,枭首示城门,剖心弃尸,积如山丘。又驱法天主堂教女二百余人至桑棉局,迫令背教,皆不从,令斩为首二人,以盎承血,令诸女遍饮,有十六人争饮,尽之。毓贤令缚十六人悬高处,迫其余背教,皆不从,求死益坚,兵士择貌美者掠数十人去,皆不屈死焉。各属教民,富者皆为拳匪掠夺,其被逼背教抗而死者,先后数千人。被祸最惨者,为大同、朔州、五台、太原、徐沟、榆次、汾州、平定,匪势蔓全省矣。"京、津有使馆、租界可资避难,拳民及官军攻之皆不能下,故教民受害者甚稀。拳民恐无以塞后意,乃日于城外掠村民,谓之教民,以送载勋。载勋请旨交刑部斩于市,前后死者男女百余人,号呼就戮,皆不知何以至此也(按《实录》载勋奏获演习邪教匪犯八十余名。为首张廷锡一名,着凌迟处死,其余均正法。系六月十八日事。又杀刘福顺等男女共三十四名,系二十四日事)。恽毓鼎上疏力争不得,赵舒翘长刑部,未录囚遽附成其狱。当时冤死者,尚不只百余村民,而以谏阻信拳民攻使馆之五大臣,受祸最惨。五大臣者:许景澄、袁昶、徐用仪、联元、立山也。《崇陵传信录》云:"七月初三日,逮吏部左侍郎许景澄,太常寺卿袁昶。初四日诏数其办理洋务,各存私心,莠言乱政,语多离间,大不敬,斩西市。袁太常诋拳匪最力,致书庆亲王奕劻,请其劝载漪勿为祸首,中有云:'端郡王所居势位,与醇贤亲王相同,尤当善处嫌疑之地。'书为载漪所得,遽上闻,谕旨所谓离间,指此也。外传太常有谏止信拳开衅三疏,或云疏虽草为侪辈所阻,实未上。许侍郎则帝党也。十七日辰刻,逮兵部尚书徐用仪、内阁学士联元,申刻,并立山皆斩于市。徐以办理洋务贻患甚深，立、联皆以离间罪之。自十五日至是日，沉阴惨雾，微雨时作，正阳、崇文、宣武三门俱昼闭，气象萧条，士民愀然，知大祸将至矣。徐、许、袁皆浙人，立山内务府旗人，本姓杨，联阁学既廷阻战事，退与朝臣言，激昂不平，往往流涕，又为帝所信，故及于祸。先是载漪力主外攘，累攻战，不得逞，欲袭桓温枋头故智，多诛戮大臣，以示威而逼上，将以次及大学士王文韶、尚书廖寿恒、侍郎那桐等，诸大臣咸岌岌自危。未三日而联军陷京师，乃免。复矫诏杀已革侍郎张荫桓于新疆。……初荫桓常以西药进御，事颇闻于外，至是载漪颂言上奉天主教，宫阉多入教者，率大师兄大索，几及圣躬，卒无左证，追坐荫桓罪，赐死。"又云："六月二十日下户部尚书立山于狱。先是立山眷西城口袋底一妓，庄王载勋争之不能得。立山久长内务府，家豪于财，载勋贷巨资，亦不能得，积忿，遂诬奏立山家有地道通西什库，潜为接应，故教堂久不下。矫诏率拳匪至酒醋局第中，大索，无所获，乃囚之。诏文荒诞鄙俚，谓将该尚书拿至坛中，焚香拜表，神即下坛，斥以勾通洋人，行踪诡秘。孝钦顾立山厚，虽下狱犹谕赵舒翘曰：'立山素吸洋烟，汝其善视之。'故立山不自意遽死也。"按《清史稿》徐用仪字筱云，浙江海盐人，入赀官刑部主事。同治初，充军机章京，兼直总署。累迁至大理寺卿，直军机、总署，历兵部、吏部侍郎，授军机大臣。光绪二十年以中日战争，附孙毓汶主和，遂出枢廷。戊戌政变后，始复直总署。密疏荐袁昶，会许景澄奉使还，被命同入署。昶字爽秋，浙江桐庐人，光绪二年进士，授户部主事，充总署章京。十八年出为徽宁池太广道。二十四年迁陕西按察使，未到官，擢江宁布政使。调直隶，未几内召，以三品京堂在总理衙门行走。授光禄寺卿，转太常寺卿。景澄字竹筼，嘉兴人，同治七年进士，选庶吉士，授编修。大学士文祥以使才荐，光绪六年诏出使日本，遭父忧未行。十年，出使法、德、意、荷、奥五国大臣。十六年充出使俄、德、奥、荷四国大臣，累迁至内阁学士。二十三年调充德国使臣。俄索旅、大，与驻俄使臣杨儒定议俄都，事竣移疾归，召授总理各国事务大臣，兼礼部侍郎。二十六年拳祸起，用仪、景澄、昶及立山、联元并言奸民不可纵，外衅不可启。昶连上二疏，又与景澄合上第三疏，严劾酿乱大臣。未及奏，已被祸。浙人祀用仪、景澄、昶于西湖，号三忠。顺天府亦奏请立山、联元合祠,号二忠。世并称庚子五忠焉,与戊戌六君子同著。袁、许所上第三疏,罗惇曧《拳变余闻》曾载之,劾徐桐、刚毅、启秀、赵舒翘、毓贤、裕禄,词甚痛切。近人考据《景善日记》,兼及三疏,谓为他人作伪,且系有所为而作者。引清廷谕旨云:"徐用仪等五员亦并无力驳攻使馆之奏,何从钞发?近来各处报馆,往往捏造蜚语,耸人听闻。"又引章梫《一山文存》云:"遍查军机内阁奏事处各档,五月以后,七月初三日以前,实无袁忠节(昶谥)折件,许文肃(用仪谥)有二折,亦均言他事。"高枬《日记》十一月初七日云:"石生赶来,谓袁二三折,皆上海好事人伪作。窃好事人之笔墨,博览者零杂,清真者浅快,求所谓拗折绉透者,未尝多见。至于文法,更不讲求,况持论通达正大乎?石生又以为徐氏言,袁一日曾在伊门求见九次,既求见之,必不劾之。余以为一日晷刻无多,焉有一连九次之理?所闻徐氏言多矣,他言皆不可信,独一日九次之言,可据为典要乎?"是伪造之说,当时已有之,惟石生所言之事,高氏均不甚相信耳。据恽毓鼎《崇陵传信录》所记固明言外传三疏,为侪辈所阻,实未上。当时同朝之人既有此说,则绝非事后伪造可知矣。故《清史稿》亦言:"未及奏,已被祸。"《拳匪余闻》谓徐用仪无矫矫之节,拳匪之扰,心弗善也,亦未尝廷争。许、袁被戮,端、刚有余怒,家人不敢收尸。翌日用仪往视,涕下,收而殡焉。端、刚闻而深恶之,后数日,遽发拳匪捕之于家,乱刃戕焉。与立山、联元皆先杀毙,后请旨正法者也。又谓:李秉衡自南京奉命带兵入卫,载漪令其沿途搜捕奸谍,至清江浦北四十里,获二人,自京来者,一为景澄致江督刘坤一书,一为袁昶致铁路督办盛宣怀书,皆力诋端、刚,及太后受愚,语极愤痛。秉衡系之北上,以书送载漪,载漪大恨,请旨捕逮。谭献《袁公墓碑》云:"上陈后,告子侄以誓死,明日下诏狱,阅日市曹受斩决,又一日始见明发。人间以矫诏。"是知袁确有疏拟上陈,誓以死争,而李秉衡回京,在六月底,时间正相合。但七月二日被逮,三日即处斩,四日始见明发。故盛宣怀电张之洞云:"竹筼、爽秋初三午刻处斩,天下伤心,枢电竟不知何故。"袁、许传碑皆从此说。《拳匪余闻》谓徐、立、联三人皆先杀而后请旨,不知袁、许亦如是也。至联元、立山之死,《春冰室野乘》谓:联上封事停攻使馆,遇崇绮,崇勃然曰:"君自忘为吾满洲人乎?乃效彼汉奸所为!"联拂衣去。崇怒,未数日,学士(联)遂赴西市矣。是日将就刑,忽见一大师兄怒马骤驰,骑后尚拖一巨物,尘埃坌涌,观者皆莫辨。俄顷至刑所,始知为一人缚手足,系诸马蹄,面目已毁败,不可复辨。私问诸番役,乃知立尚书也。按《清史稿》联字仙蘅,满洲镶红旗人。同治七年进士,累官编修知府道员及按察使。光绪二十四年,改三品衔在总署行走,明年授内阁学士。立山字豫甫,蒙古人。以员外郎出任苏州织造,累迁奉宸苑总管及内务府大臣,汉军正白旗副都统。二十六年,擢户部尚书。《春冰室野乘》又言立之死,人皆知为拳匪涎其财富,而不知尚书与澜公(指载澜,载漪之弟也)别有交涉,其死也,澜实与有力焉。先是都下有名妓曰绿柔者,艳绝一时,澜与立皆昵之,争欲贮诸金屋。是时澜尚闲散无差事,颇窘于资,故不能与立争,绿柔卒归立。澜以是衔立刺骨。及是遂倾之以报。《近代名人小传》则谓己亥议为穆宗立嗣,山主恭亲王溥伟,载漪仇之。可见立山与载漪兄弟结怨之由来,恽《录》谓与载勋争妓,实误。妓名绿柔,而《续孽海花》谓为赛金花。亦自有因,因《赛金花本事》述其与立山交最契。陈恒庆《归里清谈》云:"立山字玉甫,汉军人,其先杨姓,美容仪,慷慨好施,交游至广,收藏綦富,邸内园林之胜,甲于京师诸府。演剧之厅,可坐四五百人,男伶如玉,女伶如花,迭相陪侍。"各书均言立为杨姓,又为汉军正白旗副都统,则《清史稿》蒙古人之说或有误。其致祸由多金而争色,亦非如史稿所云同列忌其宠眷也。然立本后党,戊戌与荣禄合倾新党。及庚子,二人皆与旧党意见不合,亦足见其为人矣。故死后伶人路三宝为之殓尸,与王九之送张荫桓遣戍,同为晚清伶界美谈云。

一百五十六　八国联军入京

(一) 大沽口及天津之陷

先是拳乱初起,驻北京之英、法、德、美、日、俄、奥、意八国公使聚议应付之方,法、意公使亟言保定之天主教徒六十一人为拳民所害,乱事行将扩大,请筹对策。俄国公使则不信此说,言为庸人自扰。盖西后素亲俄,俄亦特信之也。结果由英使窦纳乐往总署探询庆亲王奕劻,奕劻亦无肯定之答复。于是各国要求调兵入卫,清廷许之。五月初,拳乱蔓延京津,清廷虽迭下弹压之谕,而其势益炽,英公使电天津各国驻使增派援军,由提督西靡亚率英、美、奥、意、日五国联合军七百余人,进至杨村,为聂士成军所阻,不得前,退回租界。时五月十九日也。盖先二日曾谕裕禄调聂士成全军回驻天津附近铁路地方,设法拦阻故耳。裕禄命士成攻租界,血战十余次,租界几不支,西人谓自与中国战,无如聂军悍者。二十日,法国总领事杜士兰(Du Chaylard)照会裕禄,谓各国海军军舰齐集大沽,限至明早两点钟将大沽口各炮台交出,倘逾时不愿善交,则各国水师提督当以力占据。裕禄疏告,并言为今之计,如果洋兵来扑,惟有督饬现有各军,竭力抵御。并请旨迅饬董福祥等统带所部星夜来津接应,以维大局(按戴文达〔Jan Julius Lodewijk Duyvendak〕《景善日记》作六月二十一日接法总领事照会云云,实误。据《实录》五月二十九日上谕言正在剿抚两难之际,而二十日各国兵船已在津面见罗荣光,索大沽炮台,限二十一日两点钟交付。罗荣光未肯应允,次日彼即开炮轰击,罗荣光不能不开炮还击,相持竟日,遂至不守。《庚子国变记》谓大沽口已于二十一日失守,是矣)。提督罗荣光守炮台,赴津乞裕禄发战令,谍者已报台毁。荣光愤极,归拔刀杀眷属,曰:毋令辱外人手。遂出赴难,一仆随之,不知所终。他日得其尸台下,仆尸亦在焉。时会办武卫左军提督马玉崑奉命星驰赴津御之,连日激战,败退北仓。聂士成为拳民所恨,诋为通夷,朝旨又严责之,愤甚。谓上不谅于朝廷,下见逼于拳匪,非一死无以自明,每战必亲陷阵。一日战方酣,拳匪拥入其家,絷其妻女以去,士成闻报,分军追之。自守八里台,径攻紫竹林,喋血八昼夜,敌来益众,燃毒烟炮,聂军稍却。士成立桥上,手刃退卒,顾诸将曰:"此吾致命之所也,逾此一步非夫矣。"遂殒于阵,肠胃洞流,麾下夺尸归。朝议赐恤,载漪、刚毅力阻,遂下诏责其多年讲求洋操,原期杀敌致果,乃竟不堪一战,言之殊堪痛恨。姑念亲临前敌,为国捐躯,尚非畏葸者比,着开复处分,照例赐恤。士成死四日而天津陷,时六月十七日也。裕禄走北仓,从者皆失。联军方据天津,画地而守,兵久不出。七月九日攻北仓,玉崑力战三昼夜,大败至杨村,不复能军。裕禄自戕死。

清廷自天津失守，拳民久无功，法亦不效，慈禧浸厌之，始有讲和意。六月二十一日诏曰：

> 谕内阁：此次中外开衅，起于民教之相哄，嗣因大沽炮台被占，以致激起兵端。朝廷谊重邦交，仍不肯轻于决绝，叠经明降谕旨，保护使馆，并谕各直省保护教士。现在兵事未弭，各国商民在中国者甚多，均应一律认真保护，不得稍有疏虞。上月日本书记杉山彬被戕，正深骇异，乃未几复有德国公使被害之事，惋惜尤深！应仍严饬勒拿凶手，务获究办。所有此次天津开战后，除战毙不论外，其因乱无故被害之洋人教士等，及损失物产，着顺天府、直隶省分别查明，听候核办。至近日各处土匪乱民焚杀劫掠，扰害良民，尤属不成事体，着该督抚及各路统兵大臣查明实在情形，相机剿办，以靖乱源，特此通谕知之。

次日又以袁世凯、李鸿章等恳救护各国使馆折，谕："《春秋》之义，不戮行人，朝廷苦心保护，幸各无恙，着鸿章电知各国外部勿念。"并促其迅速兼程北上，盖天津未陷前，清廷已调鸿章任直隶总督，即为议和地也。此皆荣禄意，王文韶附和之，载漪大怒，不肯视事，太后强起之。会有言李秉衡自清江入援，待其至徐议和战者，太后意稍移。七月初一日，秉衡到京，朱祖谋及编修马吉樟先要诸途，述京乱象，宗社之危如累卵，当力为太后言拳匪恣谩状，苟议和，大祸纾矣。秉衡以为然。迨入朝，徐桐首迎之，大声曰："鉴翁（秉衡字鉴堂）万世瞻仰，在此一举。"复见刚毅，知太后旨所在，意遂变。太后召见宁寿宫，语移日，谓：必能战而后能和，臣请赴前敌决一战。且言义民可用，当以兵法部勒之。慈禧大喜，诘以与李鸿章公奏，何以主和？秉衡言：此张之洞入臣名耳，臣不与知也（按公奏署名者，为粤、江、鄂、川、闽各省督抚）。即派帮办武卫军务，所有张春发（湖北提督）、陈泽霖（江西臬司）、万本华（晋威新军总兵，原驻察哈尔）、夏辛酉（山东总兵）四军，均归节制。十三日，派李鸿章为全权大臣，与各国议结一切事宜。秉衡以十五日出师，请义和拳三千人以从，秉衡亲拜其大师兄,各持引魂幡、混天大旗、雷火扇、阴阳瓶、九连环、如意钩、火牌、飞剑,拥秉衡而行,谓之八宝。时联军由杨村分两路向北京推进:以日、英、美三国兵为左军;法、俄、德、奥、意五国兵为右军,计四万余人。与秉衡军战,张春发、万本华败于河西坞,死者十之五六,潞水为之不流。御史王廷相走渡河,溺死。廷相故与曾廉、王龙文、张秀煜从秉衡军,皆谄附拳匪者也。陈泽霖素不知兵,自武清移营,闻炮声,全军皆溃。秉衡走张家湾,吞金自尽。七月十七日联军陷通州,皆息焉。约十八日进向北京,而日、俄兵乘夜发,英、美继之。日军先至,壁东直门外五里,俄队壁东便门外三里,英、美兵屯通州河南岸,距城七里。法兵二十晚始至,去东城十里驻焉。

(二) 北京之破与帝后出奔

联军动员兵数,据法人所记,为德、法、英、日、俄各约两万余,美军五千余,意二千余,奥仅四五百人。然由天津攻至北京者,以日军为最多,约八千人,其余各国合共一万数千人。七月二十日,俄兵破东便门,日军攻东直、朝阳二门,均昧爽入城。法兵由城南,英兵由广渠门,皆陆续至使馆。慈禧先闻秉衡军败而哭,顾廷臣曰:"余母子无所赖,宁不能相救耶?"廷臣相顾皆莫对。议遣王文韶、赵舒翘至使馆,文韶以老辞,舒翘曰:"臣资望浅,不如文韶,且拙于口,不能力争。"荣禄曰:"不如与书观其意。"乃遣总署章京舒文持书往,书达使馆,约明日遣大臣来,以午相见,及期皆不敢出。时方攻使馆,舒文至,董福祥欲杀之,称有诏乃免。联军至京,福祥战于广渠门,大败,时日暮北风急,炮声震天,风雨暴至,乃休战。二十日城破,禁军皆溃,董福祥走出彰仪门,纵兵大掠而西,辎重相属于道。都人见印度兵屯于道,尚以为回部救兵来也。是日百官无入朝者,徐会沣授兵部尚书,谢恩至神武门,闻哭声,宫中人纷纷窜出,知城破,乃走还。二十一日,天未明,慈禧青衣徒步泣而出,帝及后皆单夹从,至西华门外,乘骡车,从者载漪、溥儁、载勋、载澜、刚毅等,妃主宫人,皆委之以去。濒行,命二总管崔玉桂自三所出珍妃,推堕井中。珍妃帝所最宠,而太后恶之。日本军护禁城,乃出妃尸浅葬于京西田村。(按珍妃于戊戌政变时，曾为光绪帝乞澧，因触太后怒，圈禁北三所，门加反锁，食自窦入，其苦酷状况，非所能堪。庚子拳变，据《景善日记》云：“廿一日，文年〔内务府大臣〕在门口略谈云：老佛终夜未寝，安歇不过一小时，寅刻，仓猝着以昨日叫进农妇之衣，以汉装梳头……后进轿车三辆，赶入大内，御夫亦未戴缨帽，于寅初二刻降旨，令宫眷诸位均到请安，并有暂时勿庸同行之旨。珍妃素不孝老佛，胆敢跪请于老佛之前，以皇上不必西幸，应请圣驾在京裁度议和各事等语，老佛大发雷霆，立命该班之太监将此忤逆之女推到井内。皇上跪求老佛施恩，贷其一死。太后颇滋不悦，云：我事甚迫，谁肯多废闲话？尔等仍遵前命，将珍妃致死，以免鸱鸮生翼欲啄母睛之戒。嗣由李、宋二太监推到宁寿宫之大井。皇上怨恨之极，至于战栗。太后曰：上你的车子，把帘子放下，免得有人认识。”此记珍妃之死，由于留帝办理和议之请，触及太后归政之忌，故必致之死地，以为鸱鸮之戒，实指桑骂槐也。近人《南楼随笔·珍妃沉井考证》，多以此说为近情。惟《日记》本身，尚有问题耳。《清史稿》仅有“太后出巡，沉于井”二语。又谓二十七年，上还京师，追进皇贵妃。移袝崇陵云云，其微意可知矣。）宫人自裁者无数，或走出安定门，道遇溃兵，被劫多散。王公、士民四出逃窜，城中火起，一夕数惊，满洲妇女惧夷兵见辱，自裁者相藉也。是日帝及太后出德胜门，暮至贯市，马玉崑以兵千余人从。不食已一日矣，民或献以麦豆，至以手掬食之，须臾而尽。时天渐寒，求卧具不得，村妇以布被进，濯犹未干也。岑春煊为甘肃布政使，率兵来勤王，奉命往察哈尔防俄。至于昌平，入谒，太后对之泣。贯市李氏者，富商也，以保镖为业，北道行旅，均借之，从取千金，帝及太后乃易骡轿而行。帝与贝子溥伦一乘，太后与皇后一乘。太后仓皇出走，惊悸殊甚，得春煊，心稍安。春煊勤护从，一夕宿破庙，春煊环刀立庙门外彻夜，太后梦中忽惊呼，春煊则朗声应曰：“臣春煊在此保驾。”春煊于危难之中，竭诚扈从，以达西安，太后深感之。泣谓春煊曰：“若得复国，必无敢忘德也。”次日行至岔道，延庆知州秦奎良进食，从者不能遍，奎良惧，太后慰遣之，易其轿行。二十三日，暮至怀来，县令吴永供张甚备，左右皆有馈遗，塞外已严寒，而太后方御夏衣，永进衣裘，太后大喜，擢以知府候补。王文韶与其子追驾及于怀来，乃入见，

太后垂涕劳之,赵舒翘亦至。帝及后至沙城,乃易轿行。二十六日,下诏罪己曰:

> 我朝以忠厚开基,二百数十年厚泽深仁,沦浃宇内。……迨道光、咸丰以后,渐滋外患,然庙谟默运,卒能转危为安。朕以冲龄,入承大统,仰禀圣母懿训,于祖宗家法,未敢稍有偭越。不谓近日衅起团教不和,变生仓猝,竟致震惊九庙,慈舆播迁,自顾藐躬,负罪实甚。然祸乱之萌,匪伊朝夕,果使大小臣工,有公忠体国之忱,无泄沓偷安之习,何至一旦败坏至此!知人不明,皆朕一人之罪,小民何辜,遭此涂炭!朕尚何所施其责备耶?朕为天下之主,不能为民捍患,即身殉社稷,亦复何所顾惜!敬念圣母春秋已高,岂敢有亏孝养?是以恭奉銮舆,暂行巡幸太原。自今以往,斡旋危局,我君臣责无旁贷。……不论大小京外文武,咸宜上念祖宗养士之恩,深维主辱臣死之义,卧薪尝胆,勿托空言……涤虑洗心,匡予不逮。朕虽不德,庶几不远而复,天心之悔祸可期矣。

七月二十七日驻跸宣化,下明目达聪之谕。二十九日,谕令端方(陕西布政使)审度情势,于西安省城酌备驻跸之所。八月初一日启行,二日驻怀安。得大学士崑冈奏报,与税务司赫德会晤,请饬庆亲王回京,早商和局。得旨着令奕劻即日驰回京城,便宜行事,与李鸿章会商办理。六日,抵大同府,驻四日。十三日,过雁门关。十五日驻忻州,换黄轿,十七日,抵太原。驻巡抚署,陈设周备,多高宗幸五台时旧物也。毓贤于天津陷后,自请勤王,朝旨命统军入京,毓贤实不欲行,阴使晋民吁留,朝旨再促,不得已就道,犹告拳民曰:“教民罪大,焚杀任汝为之,勿任地方官阻止也。”毓贤去晋,而联军已破京师,乃命守固关。二十二日,请陛见面陈事宜。得旨毋庸来见。护巡抚李廷箫遵旨解散拳民,奏已一律完竣矣。奕劻奏陈回京,查看城内外情形。谓庙社宫阙,尚未震动,焚掠渐止,民情稍定。盖联军入城后,法军由顺治门入,直攻西华门,乃解西什库教堂之围,时被围已二月矣。日军先入宫,法兵继之,过三桥,皆竖法旗。法总兵据煤山，俄、英两总兵据其旁二庙，宫中珍玩重器皆尽，崑冈、奕劻所报宫廷无恙者，乃指未被焚毁而言耳。联军协议分区管理，由朝阳门至宫城划一直线，俄、法占其东，英、美占其西，日本占其北，各设民政厅辖民事，联军搜杀拳民，尸山积焉。城内外居民市廛，已焚者十之三四，联军皆大掠，鲜得免者。其袒匪之家，受创更烈，器物皆掠尽，其不便匣藏者，皆贱值售之。妇女虑受辱，多自经，朝衣冠及凤冠补服之尸，触目皆是。如皖抚福润全家自尽，其母年九十余，以哀痛死。祭酒王懿荣夫妇、子妇共投井死。主事王铁珊、祭酒熙元及满人数千皆及难。庶吉士富寿有文学，尚气节，侍郎宝廷之子，联元之婿也，联元被戮，家属匿寿富家，联军入京，寿富及弟妹皆死焉。徐桐皇遽失措，其子承煜为刑部侍郎，许景澄、袁昶之死，任监斩官，至是请曰："父庇拳匪，夷人至，必不免，失大臣体，盍殉国？儿当从侍地下耳。"桐乃投缳死。承煜逃，为日本军拘获，与启秀同拘于顺天府署。次年正月，诏命戮之。日军官置酒饯，承煜色变，极呼冤，詈洋人不已。启秀曰："即此已邀圣恩矣，吾深悔从前之谬误，今已矣，尚望贵国助吾中华光复旧物也。"次日，由刑部斩于菜市，启秀气度犹从容，承煜已昏不知人。崇绮奔保定，居莲池书院，仰药死。时德军愤使臣之被害，德皇曾告当以野蛮国之法待之，故士兵淫掠殊甚。英、法、俄、意、奥亦略同，惟美、日较守纪律，不扰居民。德皇通电各国，请以瓦德西（Waldersee）为联军统帅。俄皇谓德使被戕为大辱，愿推德将，各国赞成之。闰八月瓦德西抵京，入居太后之仪鸾殿。世传名妓赛金花（即洪钧遗妾，名傅彩云）与相识，说以禁暴掠，因侍之殿中。樊增祥《后彩云曲》有句云："瓦酋入据仪銮座，凤城十家九家破，武夫好色胜贪财，桂殿秋清少眠卧。闻道平康有丽人，能操德语工德文，状元紫诰曾相假，英后殊施并写真。……徐娘虽老犹风致，巧换西装称人意，雅娘催下七香车，豹尾根枪两行侍。……将军携手瑶阶下，未上迷楼意已迷。……言和言战纷纭久，乱杀平人及鸡狗，彩云一点菩提心，操纵夷酋在纤手。……始信倾城哲妇言，强于辩士仪秦口。谁知九庙神灵怒，夜半瑶台生紫雾，……此时锦帐双鸳鸯……釜鱼笼鸟求生路。……"据赛自述本事，皆子虚乌有也。惟仪銮殿被火全烬，瓦德西《拳乱笔记》中亦详言之耳。

(三) 慈禧归政之交涉

当戊戌变法时,俄国支持慈禧,以与英、日两国之支持新党者作政治斗争,前已言之矣。庚子拳变时亦然,其结果又相同。盖联军入京,旧党瓦解,德宗颇有意留京,以与各国议和,恢复政权。孝钦虑帝留之不为已利也,挟之俱西。保皇党乃利用此机会以鼓吹归政。并由唐才常在汉口密谋起事,号召勤王运动。两江总督刘坤一前曾反对废立,又不满于慈禧之纵容拳匪,对外开衅,拟与各国领事结东南互保之约,维新党人陈三立、张謇乃于五月底密谒坤一,劝其迎銮南下,主持归政大计。坤一意颇动而不能决。会坤一遣幕僚施炳燮至沪与盛宣怀议商东南互保事,宣怀幕僚何嗣琨、沈瑜庆等固皆维新党人,力陈不去慈禧,中国决无望,炳燮深受感动。八月初,炳燮遂邀张謇再至南京,合力促坤一"退敌迎銮"。坤一竟允诺,因派人与鄂督张之洞密商,之洞力斥其非计。坤一复示意于李鸿章,鸿章反对更力,认为此举不仅慈禧所不肯,更非一般顽固守旧大臣所乐从也。坤一受此影响,态度再变,其后言行,竟为张之洞所左右。之洞虽不满于顽固诸臣之纵拳,但竭力主张保护慈禧之安全。其致电日本留学监督钱念劬曰:"欲存中国,总以慈圣安稳为第一义,不然中国断不能久存矣。"(五月二十九日,见《张文襄公全集》)盖之洞鉴于同情维新之故,于政变后几遭不测,恐此次归政不成,反被大祸,故反对至为积极也。六月中,上海《中外日报》刊常州士民上之洞书,力斥慈禧及顽固诸臣之无知,请求之洞能奋起主持大计,促成归政之实现;江宁电报局委员廖寿熙以此书分电各省,以为声援。之洞惊惧之余,认为"议论狂悖,直欲激成不测之祸。而廖寿熙胆敢推波助澜,何荒谬至此!"请坤一、宣怀查办。上海《同文沪报》及《字林西报》屡次刊登有关归政文字,并称为之洞所同意,之洞复致电宣怀,及上海道余联沅,谓系康党捏造诬罔之词,适足以激成奇祸。势必累及南方。请会商英、日领事,婉切劝阻。并以英人首倡归政之义,疑系保皇党人运动之结果,乃致上海英总领事照会,力为慈禧辩护,以证其实无纵拳之过。甚且以保护英人商业利益为条件,希望英政府放弃其政策,严禁上海、香港及南洋各埠报纸,不得再有语涉毁谤慈禧之举,之洞邀李鸿章、刘坤一署名,鸿章拒之,仅由坤一联名发出。鸿章固不直顽固诸臣之所为,曾于五月间联合东南各省督抚,奏言乱民不可用,邪术不可信,兵衅不可开。但以三朝元老,留恋权势,甲午之战,附和西后,维新之时,见摈德宗,颇以迎合现实为能,并无改造中国之魄力与勇气。大沽既陷,清廷既电召鸿章迅速来京,主持对外交涉。鸿章坐观风色,故迟其行,且默许港督卜拉克(Blake)愿与孙中山先生合作,举两广独立。及六月十二日,接奉直隶总督之命,二十一日,始离粤北上,于二十五日抵上海。过港晤卜氏,知英国政府有极盼归政德宗之意,故鸿章抵沪后,二十八日,接张之洞电邀其联名致上海总领事照会,次日,遂复电加以拒绝。其对慈禧之不满,溢于言表,至称"冒暑腹疾,须俟北信再行"。显系借口拖延,以待大局之澄清也。鸿章之任议和全权代表,极得俄国之欢迎,而遭英、德反对。此后归政之交涉,即英、俄两国之明争暗斗,日本附英,法国附俄,均以争取德国之同情为事。驻俄大臣杨儒曾致电鸿章,言:"俄财政大臣维特(Witte)甚矜念中国,伊夙佩吾师(指李)威望,喜闻入觐(时鸿章内召,尚未任直督及议和代表也),谓非师不胜此艰巨,……刻下已成联俄之局,舍此恐无良策。"英皇子威尔斯(Von Wales)及驻德公使拉色勒(Lascelles)曾与德皇在柏林威尔罕宫(Wilhelms Höhe)晤谈,彼此对俄人所表示欢迎李鸿章议和之态度加以拒绝,并欲拘鸿章作人质。英、日且拟于两广、长江另立一新政府,置于外人势力支配之下,以瓦解中国。日人白浪滔天《三十三年落花梦》云:"十九世纪之国际问题,当着眼于表里两面,挥阴阳之手腕,以与其上下相交,各国皆然,而于支那为尤甚。盖各国于支那,在北京则皆满清之保护者,而于他方则为民党秘密会社之机关也。例如甲国结拳匪而起事,则乙国必结政府而定其变;乙国结政府而谋事,则丙国又结秘密会社而败其成。总之,则利己心而已。今港督于拳匪事件,欲起孙(中山)、李(鸿章)而为虎啸一隅之独立,且加以助力者何哉?盖以势力范围,香港实为彼之药笼物。南清之事不足虑,所当先制者法国。而制法国之人,莫如李鸿章之傀儡。李既允,而试革命之运动者秘密社也。于是不得不需孙逸仙矣。故孙、李握手,直可兵不血刃,一旦而使两广独立,己乃自立于上而驾驭之,非其理想耶?而此理想与实际,相距仅一发间,然竟消沉于一发间也。"袁世凯亦致电荣禄曰:"各国又有另立政府之说，使中国自相残杀，无一寸净土，计甚凶狡。”（见《西巡大事记》）但此种理想，仅英、日有之，亦只昙花一现而已。而归政交涉，仍为议和之先决条件。八月二十八日，瓦德西在沪接德皇电云：“在中国未交出北京祸首，处以相当刑罚以前，决不与之开始谈判。俄国撤兵条陈，仅可得着法国方面赞成，但法国亦非出自心甘情愿。至于英国，则已拒绝俄国之请，正与余同，只是较余更为严厉一点。”既而，中国驻德大使吕海寰代递德皇致清廷书，仍亟亟以惩凶回銮相要胁（见吕海寰《庚子海外纪事》）。故瓦德西初抵天津时，曾接见记者云：

> 中国政府于此时，如欲保存现在之中国，则当急与各国联合以定和局，若能令光绪皇帝脱离其被困之臣，则时局又甚易布置矣。……若幸而光绪皇上竟能迎还北京，则尤宜选举新党中能识大体之臣，以助辅之，为第一要义。

其时各国驻北京公使与庆亲王奕劻之交涉，惟力促回銮，不欲与清廷达成和议，并声言请皇上复辟，亲裁大政，如中国不从，则将别有办法（见《八国联军志》及《拳乱纪闻》）。奕劻等合词吁恳回銮，并将英、俄等使来函照录呈览。闰八月初三日谕：“各使来函并无德、法两国，其为意见不协可知。且城门道街，此时仍由洋兵看管，该王大臣等遽请回銮，于事体未为妥协。现在李鸿章计已到京，着奕劻会同妥商，体察各国情形，究竟有无实在把握，慎之又慎，再行具奏。”可见回銮之意，即为归政，德宗在联军保护之下，即可恢复自由，行使政权。而奕劻等欲速开和议，亦不计此中利害矣。但慈禧虽尚在太原，宁肯回京受外人挟制？初五日，即下西幸西安，于初八日启銮之谕。九月三日，张之洞分电刘坤一、袁世凯、盛宣怀曰：

> 上此时决无回銮之意，且实不可回銮，恐各国强我以必不能行之事耳。德报议论，各国多有同者。第一难行之事，英、日似可设法婉商；第二难行之事，外意、内意皆难商矣。

所谓第一难行之事,系指惩办祸首而言。第二难行之事,则寓言归政也。惩办祸首之谕,在闰八月初二日已下,庄王载勋,怡王溥静,贝勒载濂、载滢,均革去爵职;端王载漪着从宽撤去一切差使,交宗人府严加议处。辅国公载澜、左都御史英年均严加议处,协办大学士吏部尚书刚毅、刑部尚书赵舒翘交都察院吏部议处,谓其谋国不臧,咎由自取。但尚非各国意也。《拳乱纪闻》载北京九月二十三日来函云:

又闻各国同声,必俟祸首十三人全数交出,皇上回銮归政,惩办满、汉纵庇拳匪大小官员数条,全数办到,方能议和。

又十月二十二日上海《字林西报》载:"近日谣传联军因两宫不愿回京,有欲立恭王孙某为新君之意。然今上为中西物望所归,联军之言,或即激令皇上俾决计早日回京,未可知也。如今上复辟,不为人所制,天下无不拥戴之者。"是联军在入京后三个月期间,始终不与中国代表开议,即在促成回銮归政之事矣。故李鸿章在上海两月余,闰八月十八日到京,已亦两月余,所与外人折冲者,皆此归政之交涉,终赖俄国积极活动,始打消联军此种要求于无形中也。

(四)归政交涉之取消

俄国因乘机攫夺东北,并进兵蒙古,对北京之交涉,故示让步,首先撤兵天津,以表媾和诚意。法以与俄同盟故,外交政策受其影响,法驻京公使毕盛(Pichon)亦欲撤兵,但为各国所反对,法军未能随同撤出。瓦德西抵津时,俄公使格尔斯(Giers)曾对攻取保定之计划提出警告,谓太后将愈向内地逃遁,和议将因此而迟钝也。瓦氏之《拳乱笔记》中有云:

中国皇室如一日不到北京,则该皇室一日立于各种排外党徒势力之下,为我们在此无从加以监督者。而且据余之意,可以令人信任几分之中国实际政府,因此亦复一日不能成立。

德外相毕鲁已通告联军各国,德将"助中国真正国家定乱保法"。我驻德公使吕海寰电鸿章谓:"毕鲁声明,乃欲使中国之人实有治国理民之能者,重整一切,并筹一善法,保不再乱。"鸿章认为"含蓄颇大"(李致张之洞电语)。盖德国欲使德宗重握政权之意图,至为明显也。英、日和之,更加积极,故瓦氏《日记》称:"当时除俄国外,其余各国,目的可与吾国一致者,则各国均不希望过于急速议和,恰与吾人主张先行平定乱事,恢复国内秩序,承认一个新组政府,要求保证将来一切者完全相同。"英国《蓝皮书》载有九月十七日英皇致清廷电云:"朕惟望大皇帝早日能回复实权,将不法者无论其官职大小,一律置之重典,并另设善后之法,以杜后患。"而汉口英领事福利士(Frith)策动张之洞主持归政,之洞告之曰:"洋兵一日在京,两宫一日不能回銮,缘皇太后深恐一经回銮,其权或为联军所削夺也。太后于一八六〇年之所为,以及屡次削平大难,华人莫不倾心,即洋人亦多有称之者。况听政三十年,从无仇视洋人及憎厌西法之意。故宫殿中所用之物,亦皆以洋式者为多,且颇欲与外国妇女为友。观于一八八九年归政于光绪皇上,出于心之所愿,是可知其非揽权之人矣。"此为闰八月十三日事,则知英国仍有要求归政之决心,故日外务部曾告驻日公使李盛铎曰:"中国须将旧政府大臣更换,另选大臣立一新政府,各国方能调和。"之洞素亲日,乃电李鸿章、刘坤一等谓:"欲图转机,惟盼俄极力排解,日乘机协助。俄、日究系从前多一番联络,故与他国稍有不同耳。杨使(儒)托俄劝德,俄主若允,当可有益。望傅相(指李)速电日李使(盛铎)、俄杨使,密询外部,并属人密叩小田(日驻沪总领事),询其最要最难大端,言明须告我,方好筹商了事之法。"李、刘皆同意张之主张,由俄、日两国入手,探询意指,自是善策。但必能先严惩肇祸诸大臣,始可减轻慈禧过失。八月十六日,李鸿章致电荣禄说明议和之困难情形曰:

德新使(按为穆然〔Freiherr Mumm Von Schwartzeustein〕)到沪,并不来拜,其翻译葛尔士晤杏荪(盛宣怀字)两次。……德王吩咐必欲办到之事,李中堂能请于朝,方能开议。……昨和(荷兰)使克罗伯(F. M. Kuobel)出京,密称:"各公使欲请归政,严办庇匪诸人,始肯开议。"答以:"太后训政两朝,削平大难,臣民爱戴,此次拳匪发难,只恐祸起肘腋,不得已徐图挽救,各督抚皆奉过密旨。现在京城失陷,乘舆播迁,其所以致此奇祸,中外发指,太后圣明决断,将来必有办法。"和使云:"我国小国,但听各大国心怀忿怒,必欲办到而后止。"

又复张之洞、刘坤一电云:"各国主意要我换政府不自今始,今更挟持有具,非一董(福祥)所能谢过也。"其时疆臣中最有实力者,张之洞、刘坤一外,即属袁世凯,盛宣怀曾电鸿章请世凯由山东提兵进京,以清君侧护两宫为要义。世凯复电曰:"凯擅率兵北上救各使,恐中途先败,实难照办。"盖世凯以戊戌告密,促成政变,结怨德宗,倘一旦归政德宗,则其地位首领不保,故于各国要求归政之举,反对最力,私心最重,闻李盛铎电告日外部之言,尤感惶惧不安,乃分电李鸿章、刘坤一、张之洞、盛宣怀等曰:"日主所劝亦各国共意,如再不理,危亡立见。但另立政府,困难甚多。且联军未退,更不能遽行回銮。目前要图,只有表过为最好。"其先已有电云:"如联合痛劾诸祸首,不但可谢各国臣民,尤可为两宫剖白,以昭圣德。"而宣怀复之曰:"和使密告傅相,各国皆以攻使馆系官兵,欲请归政,严办庇匪诸人,始肯议和。如第二节出于慈禧意,乃可删第一节云。会奏事,李、刘均请张主稿,恐未必成。"因张以祸首皆慈禧所亲信,自不肯贸然从事,乃请鸿章以议和大臣身份,谓系出自各国要求,"既合分际,亦有力量"。而世凯不能耐,连电刘、张、盛及荣禄诸人,欲以惩办祸首转移各国要求归政之目标。其后卒以此为鸿章所采用之外交手腕,实俄国为之转圜也。俄于联军欲攻保定之事,不仅于聚议时拒不出席,且先往警告瓦德西。及联军下保定,"所有一切行动,只须稍有强硬趋势,立即遇着俄国方面之困难"(见瓦德西《拳乱笔记》)。"大凡每次会议之中,俄使格尔斯与英使萨道义两人之意见,总是十分互相背驰。"可见俄人支持慈禧之态度甚明,故英、德归政交涉,辄遭受相当之顿挫。及俄人运动瓦德西成功,则德方首倡是议者亦大变矣。瓦德西被举为联军统帅东来时,俄政府为游说德国之目的,特派皇子 Engalitschew 上校随之,沿路怂恿德国占据山东以至运河。谓:“十年二十年后,满洲将如已熟之果,落在我们手中。俄、德以从前合作故,彼此已有以黄河为两国势力范围之天然界限。英在直隶建筑铁道,开办矿业,与俄冲突特甚,如至京见英前使窦纳乐(Sir Claude MacDonald),即可知彼为仇俄之人,其行动常使俄国受损。”又随时向瓦德西讲演英人之罪恶,并鼓励德军向长江流域发展。因此,德、英两国之间乃互生疑惑之心,未尝一日稍衰。瓦德西《拳乱笔记》十月十八日记云:

> 我们与英国之间,或可维持永久友谊一事,余始终未尝信及。现在更使余之此项意见愈益加强。余宁肯偏向与俄亲善之一途,在德、俄两国元首之间,尽管有所隔阂,而我们之政策,却不妨与俄国政策相辅而行。反之,我们与英国之间,因我们所抱世界政策之故,彼此常发生冲突机会。说得切实一点,我们与英国乃系天然之仇敌,而且势将永远如此下去。

又云:“假如余在昨日曾经发生一种感觉,似乎我们与英国方面,近来不甚相洽,现在愈趋愈显。穆默先生(德驻北京公使)亦正与余之观察相同。”又云:“英国政策之主要思想,无非专谋自己而已。余实毫无一刻疑惑,英国衷心欲在长江流域痛打我们嘴巴。”由于瓦德西对英印象之不良,其给德皇报告,竟主张步俄国后尘,早日撤兵,可以促进皇室回銮之举,对于中国局势之安定,当有极良影响。故德国官方屡次发表声明,不干涉中国之内政,以图见好清廷,为后日需索地也。德国对归政主张,既不坚持,而英亦因南非之布尔战争(Boer War)所派联军多印度兵及临时招募之华勇,势力有限。且以俄占东北之故,英、日尤感惴惴不安,皆欲联络中国以拒俄,故对内政之事,渐不热心。十一月三日(一九〇〇年十二月二十四日),英女王维多利亚逝世,张之洞、刘坤一皆亟言“修好释嫌,机不可失”。除用国书御宝吊贺外,并由慈禧另加专电,因此辛丑以来,英外相即表示:“俄约仍以缓允为要求。英国在中国保商外无他图,当始终以全力相助。”日外部亦谓：“中国能确意拒俄，可泯各国借口之端。”（见刘坤一《忠诚公遗集·致行在军机处电》）李盛铎电告张、刘谓：“昨询外部，条款内有无归政一款，彼答无此款。然各国深愿以后皇太后颐养深宫，皇上专政，庶办事划一，彼此无猜。铎谓即如此说，万勿列入款内，有碍中国颜面。外部唯唯。”盖至十月底，联军正式提出约稿时已放弃归政之要求矣。

（五）东南互保之约

东南互保之议，发之于盛宣怀。宣怀字杏荪，江苏武进人，以诸生纳资为主事，改官直隶州，累至道员。尝赞置轮船招商局，开采湖北煤铁矿，李鸿章颇信任之。英商首筑吴淞铁路，上海道数阻弗听，宣怀与英领梅辉立折辩，始偿银归我拆毁。光绪五年署天津道，鸿章督直，方向新政，以铁路、电报事属之。宣怀以英丹所设水陆线渐浸内地，乃集资设津、沪陆线，建电报学堂，并援例会订水线相接合同，于是与轮船招商同为商办两大局。八年英、法、德、美议立万国电报公司，增造自沪至香港水线，垄断利权，宣怀复劝集华商自设缘海各口陆线，以绝觊觎。十年署天津海关道。十二年授山东登莱青道。十八年，张之洞、王文韶交荐之，遂擢四品京堂，督办铁路总公司。补太仆寺少卿。二十四年诏趣造粤汉路。宣怀建议贷美款归自办，而言者毁其所为迟滞，宣怀自请解职，上慰勉之。二十六年拳民声势日大，五月初，清廷命赵舒翘、刚毅前往宣抚解散，宣怀致电李鸿章，谓：“恐阳奉阴违，匪势散漫，难定此事，师（指李）若回北洋，似可速了。”自以人微言轻，吁请张之洞、刘坤一上奏请调。谓：“傅相接赫德电，若局面无速转机，各国必定并力，大局危亡，即在旦夕。傅相督直二十五年，深得民心，目前惟有调傅相回北，内乱外衅，或可渐弭。公为封疆重臣，自应直抒忠悃，冀救万一。”刘、张不表同意，于五月十九日致电总署云：

拳匪势甚猖獗，各国纷纷征兵调舰，大局危急。宣布劝谕，该匪未必遽散，散亦难保不复聚；即或遵谕解散，外人以西人及教民伤亡甚多,我未办匪,遽行了结,群相诘问,我何辞以对?况就目下局势观之,断难就抚,如再迟疑不自速剿,各国兵队大至,越俎代谋,祸在眉睫,此实宗社安危所系,不敢不披沥上阵。拟恳明降谕旨,定计主剿,先剿后抚,兵威既加,胁从乃散,或可转危为安。即此了结,将来商办善后,已属不易,若一方宣抚,一面拳匪仍痛杀教民,各国断难忍耐。从来邪术不能御敌,乱民不能保国,外兵深入,横行各省,会匪四起,大局溃烂,悔不可追,机变甚急,间不容发,请代奏。

刘、张虽以大局危急,请明降谕旨,定计主剿,然尚不知李鸿章回直之重要性。时荣禄已向慈禧建议,令李鸿章迅速来京,毋稍延误矣。英政府令驻沪领事电告刘、张,欲派海军入长江,帮助弹压土匪。宣怀知英人名为协助,实则欲达出兵长江之诡计,实力占据,果尔则各国效尤,可立肇瓜分之祸。遂于二十四日致电刘坤一曰:

各领事并无占吴淞之意,英领事要我请其保护,是其伪术,若为所愚,各国必不服。……自吴淞以迄长江内地,公应饬沪道告知各国领事,自认保护,勿任干预。

坤一深以为然,立电上海道余联沅将力任保护意告各领。英代总领事华伦(Pelham Warren)亦致电英外相沙士伯里云:"英国政府如果与北京政府决裂,最好能与湖广、两江总督立刻取得谅解。"彼深信张之洞、刘坤一如能得到英政府之帮助,"必能尽力维持辖境内之良好秩序"。旋得复电,谓:"是维持长江秩序最可取之法。"并授权华伦,向刘坤一提出保证,并令汉口英领事向张之洞提出同样之承诺。于是宣怀于二十八日致电李鸿章、刘坤一、张之洞云:

沪各领事接津电:津租界炮毁,洋人死甚众,英提带兵千余殁于路,已各处催兵。看来俄、日陆军必先集,指顾必糜烂,如欲图补救,须趁未奉旨之先,岘帅(坤一字岘庄)、香帅(之洞字香涛)会同电饬上海道与各领事订约，上海租界准归各国保护，长江内地均归督抚保护，两不相扰，以保全商民人命产业为主。一面责成文武弹压地方，不准滋事，有犯必惩，以靖人心。北事不久必坏，留东南三大帅以救社稷苍生，似非从权不可。若一拘泥，不仅东南同毁，挽回全局亦难。

刘坤一接电后，意尚犹豫，张謇为陈说利害，始立电之洞征询意见，张立表同意，请即刻飞饬上海道与各领事订约，并派道员陶森甲赴沪与议。且称："杏翁（宣怀字杏荪）思虑周密，请其帮同与议，指授沪道，必更妥速尤感。"在宣怀策划倡导之下，三十日，即约上海各领事会议，就盛所拟之约稿签订保护东南章程九款：

一、上海租界归各国公同保护，长江及苏、杭内地均归各督抚保护，两不相扰。以保中外商民人命产业为主。

二、上海租界公同保护章程，已另立条款。

三、长江及苏、杭内地，各国商民教士产业，均归南洋大臣刘，两湖督宪张允认切实保护，并移知各省督抚及严饬各该文武官员一体认真保护，现已出示禁止谣言，严拿匪徒。

四、长江内地中国兵力已足使地方安静，各口岸已有各国兵轮者，仍照常停泊，惟须约束水手人等不可登岸。

五、各国以后如不待中国督抚商允，竟至多派兵轮驶入长江等处，以致百姓怀疑，借端启衅，毁坏洋商教士人命产业，事后中国不认赔偿。

六、吴淞及长江各炮台，各国兵轮切不可近台停泊，及紧对炮台之处，兵轮水手亦不可在炮台附近地方操练，彼此免致误犯。

七、上海制造局火药局一带，各国允兵轮勿往游弋驻泊，及派洋兵巡捕前往，以期各不相扰，此局军火专为防剿长江内地土匪，保护中外商民之用，设有督抚提用，各国毋庸惊疑。

八、内地如有各国洋教士及游历洋人遇偏僻未经设防地方，切勿冒险前往。

九、凡租界内一切设法防护之事,均须安静办理,切勿张皇,以摇人心。

会后领事团并致上海道余联沅公函一件,保证在中国督抚励行东南互保条约时,不在长江流域采取仇视行动,不派兵登陆。并将联军舰队司令官在塘沽的通告,转知其武力仅对义和团及阻止他们为援救危险中的北京及其他地区里之外国人而作战(见美国外交文件对外关系)。互保条约签订后二日,清廷对外宣战之诏传至上海,宣怀以与所议章程诸多窒碍,须以权宜应之,以定各国之心。因请刘、张即电沪道声明:“无论此事如何,仍照原议办理,一力担承,断不更易。”上海各领事亦照会沪道,谓:“倘两制府能于所管各省之内,按照中外和约实力保护外国人民产业,各国政府前时现今,均无意在长江一带进兵。”宣怀并电闽浙总督许应骙亦采一致行动。于是东南半壁乃联成一气,保持中立,成半独立状态矣。此举使糜烂仅限河北,东南未受影响,西巡以后,中枢供应全仰给于长江各省,尚可勉强应付,不致陷瓜分之危机,皆宣怀之目光锐敏、料事精确有以致之也。浙江藩司恽耘誉之曰:“此等通天彻地手段,无人能为,公(指盛)与新宁(刘湖南新宁人)、南皮(张直隶南皮人)同不朽矣。”坤一亦称其智珠在握,有潜移默化之功,大局赖以维持,同仁阴受庇荫。宏济时艰,匪异人任。故辛丑论功,加太子少保,除宗人府府丞云。或言最初建议东南互保者为赵凤昌(竹君,见所著《惜阴堂笔记》),又或言为沈曾植(字子培,一号寐叟,见王蘧常《沈寐叟年谱》)。至往来奔走其间者,则有汤寿潜(蛰仙)、张謇(季直)、何嗣琨(眉孙)、沈瑜庆(爱苍)、陈三立(伯严)、施炳燮(理卿)、汪康年(穰卿)等,固不止宣怀一人也。

一百五十七 议和与《辛丑条约》

(一) 李鸿章之北上议和

清廷于五月十九日谕令李鸿章、袁世凯迅速来京,系荣禄建议,盖欲世凯带兵北上以平乱,鸿章可与外人折冲而不至启衅耳。盛宣怀致电李、刘、张三督，亦言："自来不清内乱，难御外侮，不日宣战诏旨必遍中外，则东南必绝裂，大局无转机，倘三帅体会深宫被逼，变起肘腋，更当坚持定见，联络一气，即日电致各国，会商剿匪定乱。请傅相迅速起程，并电慰帅（袁世凯字慰亭），即由山东提兵，进京以清君侧、护两宫为要义。岘帅、香帅主持东南，以镇民心、保疆土为要义。……惟担当大事全在三帅定识定力，不避险而后能出险，亿万生命，皆系于此。否则保护长江之议，宣亦不敢失信中外也。"时东南互保已定约，宣怀欲鸿章电商世凯带兵勤王之意，似与荣禄意见相同。惜世凯不肯开罪旧党，拒绝之，而清廷亦旋有袁世凯毋庸北上之谕。时慈禧已决利用拳民排外，故不愿世凯北来矣。荣禄以局势日恶，事机紧迫，仍再三请旨促鸿章迅速赴京。李观大局浑沌，迟不就道。六月十二日，诏授鸿章为直督兼北洋大臣，但仍无授以全权与外人议和之意。鸿章经各方催促，始于二十一日离粤北上，二十五日抵沪，见京、津日趋糜烂，借口生病，留滞不前。清廷催促之旨屡下，而鸿章不为动。七月一日，刘坤一、张之洞联合两广、闽浙、陕甘、山东、安徽、浙江等省督抚联名奏请授李鸿章全权，与各国电商，以纾国难。慈禧不悟，得旨，留中。及联军下北仓杨村，裕禄败死，慈禧无奈，始于七月十三日授李鸿章为全权大臣，令电商各国外部，先行停战。鸿章十四日电军机处称："抵沪后，触暑腹泻，……元气大伤，夜不成寐，两腿软弱，竟难寸步，医药杂投，曾无少效。拟恳圣慈赏假二十日，俾息残喘。假内见愈，仍力疾躜程北上。"盖其深悉慈禧在京师失陷前决无媾和诚意，外人不攻破北京，救出使臣，亦决不肯息兵，纵遵旨北上，卑辞乞和，亦无济于事也。清廷虑联军借护使直逼京师，采鸿章议，遣桂春、陈夔龙保护各国公使赴津，各公使以无西兵不肯行。及联军入京，两宫出奔，鸿章遂于八月初一日上奏曰："仰恳圣明以社稷苍生为重，俯察青木所讽，赐添派庆亲王、荣禄、刘坤一、张之洞为全权大臣便宜行事，以期克日开议，早底于成。再庆亲王、荣禄尤为各国所重，如已随扈西巡，应请饬令星夜回京。"其所谓青木所讽者，即驻日公使李盛铎电告日本外部大臣青木之意也。慈禧于庆亲王已因留京大学士昆冈循赫德之请，饬其回京，奕劻遵旨于八月初十日回京，与各国公使商谈。而荣禄之命，久无明发。此盖慈禧有爱于荣，欲先征其同意耳。荣禄于五月二十二日第一次御前会议后,即知大祸将作,遣眷出京,变姓名避难于昌平(见唐宴《庚子西行记事》及叶昌炽《缘督庐日记钞》)。北京陷,即与崇绮走保定。慈禧命驻保整顿武卫军以固省防。八月初五日,荣具折推诿,并哀恳准赴行在。翌日,即乘火车走正定,致书袁世凯,谓:“拟赴行在,免夜长梦多。”弦外之音,亦自知或不为外人所谅也。初七日,鸿章又与坤一、之洞会衔电催,十四日在赴太原途中,始谕:“李鸿章叠次电请添派王大臣会办议款,除已命庆亲王奕劻星驰回京,并与刘坤一、张之洞函电互商外,即着添派荣禄会同办理,并准其便宜行事。该大学士如已赴获鹿,着即迅回保定,俟李鸿章到京后,妥为商办。大局所关,安危系之,存亡亦系之,该大学士为国重臣,受恩最深,当不忍一意借词诿卸也。”(《西巡大事记》有十三日授奕劻、李鸿章、荣禄为全权大臣,刘坤一、张之洞会办之命,而《实录》未载。)荣禄得旨,无已,乃自正定折回,并致函世凯请鸿章先与各国说明保护,方可入京。鸿章以围攻使馆有武卫中军在内,并有号衣旗帜为证,恐各国于荣禄有所不快,故谋诸日方,求为调人。并劝荣自认前非,日方首允保护照料。李鸿章于二十一日自上海乘船北上,二十五日抵大沽,俄军提督(Linievitch)派员礼迎。美提督沙飞(Chaffee)来谒,言奉政府命以使臣礼接。鸿章至塘沽赴俄营谈甚洽,俄以兵队护之至律,居海防公所。闰八月初派人员往接荣禄,欲俟一同赴京,而各国均以攻使馆一役,荣禄身居统帅,无可逃罪,何能事后反任折冲樽俎?拒绝接待。日使内田康哉劝其勿来,鸿章遂又派员往阻,并据实电奏。闰八月十六日荣禄奏各国以所部围攻使馆之嫌,不准接待,碍难入京会议,拟趋谒行在,稍申犬马恋主之忱。得旨:前已有旨(指十三日旨)令该大学士前赴行在入直办事矣。闰八月十八日鸿章抵京,寓贤良寺,翌日谒奕劻,并拜会各国使臣。二十一日照会各使定二十七日开议和局,并移送章程。旋得照复,以俄、德两使尚在津却之。意使臣资深,为使馆领袖,诣贤良寺答拜,谓鸿章曰:“此何时耶?既已一败涂地,至此尚欲议和乎?惟有凛遵各国所示而已。”鸿章默然。时各国因利害冲突,意见纷歧,尤以回銮归政之事,为俄、英两国斗争之焦点,经过两月余之磋商,始定出和议大纲十二条,以为会谈之基础,各国始允开议焉。

(二) 和议大纲之订立

先是八月底,李盛铎由日来电,谓得自伦敦消息,德廷商各国,欲中国交出主谋之人,方可开议。美廷甚不以为然,复称不能照办。美廷驳斥德人之意,以首祸人须请中国自惩,不宜令交出,有妨中国体面。盖美国仍本门户开放机会均等之原则,已由国务卿海约翰照会各国云:“现在北京情形,一切毫无纪律,其政权责任均在各疆臣及地方官掌握,如中国能竭力平定团匪,并设法保护西国人民产业,则吾美以中国为国,自可息兵争而结邦交矣。”(见一九〇〇年美国《外交关系文书》)美驻沪总领事亦电告刘坤一,谓但使中国永保承平安固,并保护中国土地朝政,美无他图也。其外部再告我驻使伍廷芳曰:“美廷仍愿会商停战,惟须北京各处安静,显明政府确有自能停战之权,美方派员与中国实在任事秉权之政府所派大员会同各国和商。”又张之洞电告盛宣怀,谓:“美公使柔克义(W. W. Rockhill)曾来武昌晤谈,礼和意厚,云:须令拳党远离圣上之侧,令人看管,不干预政事,不与朝廷通声气,如此当可开议。”之洞询以联军各国对于归政之态度,柔氏微露而不深说。临行并称:将来必为中国办成一事,谓可代表英人也。是美国虽参加联军而毫无政治野心,又深知在当时情况下,如不承认现政权,势必演成中国之混乱,促使联军在华之武装冲突,故亟欲从中调解,早日议和。俄国曾照会美政府谓:“中国皇太后已愿保护各国商务利益,并设法平定土匪,使地方永远安静。”(见《八国联军志》转载路透电)盖俄恐美与英、德、日采一致行动,故代慈禧剖辨,实多余事也。法虽与俄同盟,其外交政策多受俄影响,但其外部大臣发表声明曰:“联军之往中国,所以救各国使臣,留驻北京,所以求赔款,并使中国认保后来无土匪之患,此外实无他意。无论各国所怀之意如何,总不可向中国有所他求。”鸿章抵京后,经俄、法协议,由法使毕盛(Pichon)向联军各国发出通牒曰:

列强派遣军队来华,营救公使为首要任务。幸赖各国合作无间,将士忠勇用命,使此项目的顺利完成。目前问题在向任命奕劻、李鸿章为全权代表之中国政府,追索以往合理赔偿,取得未来切实保证。……如经各国认可,即可以此为基础,与中国政府立即开议。

法使不但表示其承认现政权之态度,并拟定六款:一、惩办罪魁,由各国指定;二、禁军械入中国;三、赔兵费及诸损失;四、西兵常驻北京卫使馆;五、毁大沽炮台;六、京、津要处,西兵屯守。已大致为各国所赞成。既而英、德亦协议四款:一、中国商埠,皆得通商,他处择要开埠;二、保全中国疆土,不取尺寸;三、如有援他故取中国土地者,英、德两国别商保两国之利权;四、通告各国,请赞议。各国并从之,经四十余日之磋商,至十月底始由北京公使会议,决定和议大纲十二条,其要点如下:

一、德国公使克林德被害,派亲王充专使谢罪,立碑于遇害地。

二、惩办罪魁,由各公使指出,被害城镇,五年内不得考试。

三、日本书记被戕,须向日本谢罪,并予优荣之典。

四、各国坟茔发掘之处,立碑雪耻。

五、军火不得运入,制造军火之器材,照议仍不开禁。

六、赔偿各国人民损失,容纳列国处理中国财政之意见。

七、驻兵保卫使馆,中国人不得居界内。

八、毁大沽炮台,留海面至京之往来通道。

九、京师至海道,择要酌定数处,留外兵驻守。

十、禁止人民排外,犯者处死。各省督抚不即镇压事变者罪之,不得借端开脱,二年内颁布全国。

十一、改订通商条约。

十二、改革总理各国事务衙门及外使觐见礼节。

是年十一月三日,由西班牙代表葛络干将大纲面交奕劻,时鸿章正卧病。遂电达西安行在,清廷以“宗庙社稷关系至重,不得不委曲求全,所有十二条大纲,应即照准”。又屡谕奕劻、鸿章勉为其难,设法婉商磋磨,尚冀稍资补救。鸿章谓枢臣不明敌情,徒乱意,阅竟旋毁之,幕僚不及见也。张之洞亦迭电干议。鸿章笑曰:“张某作官数十年,犹书生也。”之洞深恨之。(或谓鸿章言:"香涛作官数十年,仍是书生之见耳。"张闻之忿然曰:"少荃议和两三次,乃以前辈自居乎?"一时传为绝对云。)

(三) 惩办祸首之交涉

时约尚未议,德人挟杀使之恨,非先惩办祸首不可。而袁世凯尤力主"只有表过为最好"。其致刘坤一、张之洞、盛宣怀电曰:"诸谬误国殃民,罪有应得。欲存宗社,必惩诸谬;欲存诸谬,必危宗社。大厦将倾,同受覆压,诸谬又何能存? 利害相悬,较然易晓。"(见盛宣怀《愚斋存稿》)又复荣禄电云:"现今要计,惟在保存宗社安全,两宫当师勾践屈以求伸,何可以宗社两宫之重,下殉诸谬?""诸谬徒逞私忿,轻敌列邦,以宗社至尊为孤注,自古无此谬人! 弃之复何足惜?"其内心焦急,盖欲借惩办祸首以转移各国要求归政之目标也。闰八月初二日,清廷虽已有将载勋等革职议处之谕,但各国均谓惩罚太轻。德使复告奕劻,必严办首祸之王大臣,由各国公同议罪,然后方能开议。奕劻以闻,清于九月二十一日谕载漪、载勋、溥静、载滢均交宗人府圈禁,载澜、英年降二级调用,刚毅已故免议,赵舒翘革职留任。毓贤发往极边,永不释回。二十五日复命将启秀、徐承煜革职。联军对此仍不满意,尤以董福祥罪大恶极,必欲置之重典。而清廷以福祥仍带兵在陕,恐激而生变,不允治罪。鸿章屡与辩护,瓦德西云:"吾等所列罪魁,皆其从者,为全中国体面,其首罪名,尚未提出也,此而不允,则吾将索其为首者。"其意盖指慈禧也。十二月二十三日,鸿章乃以西班牙公使领衔之惩凶照会一件,电达行在。清廷初尚犹豫,及闻瓦德西有正月五日西攻之言,乃于光绪二十七年正月,悉允所请,谕称:载勋纵容拳匪,围攻堂馆,实属愚暴冥顽,着赐令自尽。载漪妄言主战,罪实难辞,载澜妄出告示,咎亦应得,惟念俱属懿亲,着发往新疆永远监禁。毓贤妄信邪术,以致诸王大臣受其煽惑,复戕教士教民多命,尤属昏谬凶残,罪魁祸首,着传旨即行正法。刚毅袒庇拳匪,酿成巨祸,应定为斩立决,惟业经病故,着追夺原官;董福祥率意卤莽围攻使馆,着即行革职,英年、赵舒翘均定为斩监候,即赐令自尽。徐桐轻信拳匪,贻误大局;李秉衡好为高论,固执酿祸,均定为斩监候,惟念临难自尽,业经革职,并将恤典撤销。

启秀、徐承煜照会各国交回,即行正法。载漪自以为祸首罪重,计当被戮,及奉发配极边之旨,大喜过望。又询左右曰:“阿哥有罪乎?”众曰:“未闻也。”载漪曰:“本无预渠事,当可免也。”乃兼程赴配所,虑西人之续请正法也。民国后,将家属移至兰州,贫极不能自存。刚毅原随扈至晋,忧惧不复有所言,及赴西安,中道病,折回侯马镇而死。毓贤遣发新疆,已行抵兰州,正月初六日,按察使何福堃监视行刑,武员举刀斫之。其自挽联曰:“臣罪当诛,臣志无他,念小子生死光明,不似终沉三字狱;君恩我负,君忧谁解,愿诸公转旋补救,切须早慰两宫心。”赵舒翘原革职留任,继取斩监候,囚西安狱。及赐令自尽,派陕抚岑春煊监视,舒翘犹以为必有后命,其妻谓之曰:“君无冀也,吾夫妇同死耳。”乃以金进,舒翘吞少许,逾三时不死,犹处分家事。又痛九十余老母,见此奇惨。既而自恨曰:“刚子良害我!”春煊迫于复命,乃更进鸦片烟,两时仍不死,再进砒霜,始偃卧而呻,夜半犹未绝,乃以厚纸蘸热酒,连蔽其七窍,乃绝,其妻仰药殉焉。联军除要求惩办祸首外,并请将因拳变被戮之五大臣开复原官。十二月二十九日谕曰:

本年五月间拳匪倡乱,势日鸱张,朝廷剿抚两难,叠次召见臣工,以期折衷一是。乃兵部尚书徐用仪、户部尚书立山、吏部左侍郎许景澄、内阁学士联元、太常寺卿袁昶,经朕一再垂询,词意均涉两可。而首祸诸臣,遂乘机诬陷,交章参劾,以致身罹重辟。惟念徐用仪等宣力有年,平日办理交涉事件,亦能和衷,尚著劳勚,应即加恩均着开复原官。

翌日除夕,痛定思痛,复降谕述拳乱原委云:

此次拳教之祸,不知者或疑国家纵庇匪徒,激成大变,殊不知五六月间,屡诏剿匪保教,而乱民悍卒,迫人于无可如何。既苦禁谕之俱穷,复愤存亡之莫保,迨至七月二十一日之变,朕与皇太后誓欲同殉社稷,上谢九庙之灵。乃当哀痛昏瞀之际,经王大臣等数人扶掖而出,于枪林弹雨中,仓皇西狩;是慈宫惊险,宗社阽危,阛阓成墟,衣冠填壑,莫非拳匪所致,朝廷其尚护庇耶?夫拳匪之乱,与信拳匪者之召乱,均非无因而起,各国在中国传教,由来已久,民教争讼,地方官时有所偏,畏事者袒教虐民,沽名者庇民伤教,官无持平办法,民教之怨,愈结愈深,拳匪乘机,浸成大衅,一朝骤发,不可遏抑,是则地方官之咎也。涞涿拳匪,既焚堂毁路,亟派直隶练军弹压,乃该军所至漫无纪律,戕虐良民,而拳匪专持仇教之说,不扰乡里,以致百姓皆畏兵而爱匪,匪势由此大炽,匪亦愈聚愈多,此将领之咎也。该匪妖言邪说,煽诱愚人,王公大臣中,或少年任性,或迂谬无知,平时嫉外洋之强而不知自量,惑于妖妄,诧为神奇,于是各邸习拳矣,各街市习拳矣。或资拳以粮,或赠拳以械,三数人倡之于上,千万人和之于下,朕与皇太后方力持严拿首要,解散胁从之议,特命刚毅前往谕禁。乃竟不能解散,而数万乱民,竟敢红巾露刃,充斥都城,焚掠教堂,围攻使馆。我皇太后垂帘四十年,夙昔睦邻保教,何等柔怀?而况天下断无杀人放火之义民,国家岂有倚匪败盟之政体?当此之时,首祸诸人,叫嚣隳突,匪党纷扰,患在肘腋,朕奉慈圣既有法不及众之忧,浸成尾大不掉之势,兴言及此,流涕何追!此则首祸王大臣之罪也。然当使馆被围之际,累次谕总理各国事务衙门大臣前往禁止攻击,并至各使馆会晤慰问,乃因枪炮互施,竟至无人敢往,纷纭扰攘,莫可究诘,设使火轰水灌,岂能一律保全?所以不致酿成巨祸者,实由朝廷竭力维持,是以酒果冰瓜,联翩致送,无非朕躬仰体慈怀,惟我与国,应识此衷。今兹议约,不侵我主权,不割我土地,念列邦之见谅,疾愚暴之无知,事后追思,惭愤交集!……当京师扰乱之时,曾谕令各疆臣固守封圻,不令同时开衅,东南之所以明订约章,极力保护者,悉由遵奉谕旨不欲失和之义,故列邦商务,得以保全,而东南疆臣,亦借以自固。惟各省平时无不以自强为词,究之临事张惶,一无可恃,又不悉朝廷事处万难,但执一偏之词,责难君父,试思乘舆出走,风鹤惊心,素衣将敝,豆粥难求,困苦饥寒,不如甿庶,不知为人臣者,亦尝念及忧辱之义否?总之臣民有罪,罪在朕躬,朕为此言,并非追既往之愆尤,实欲儆将来之玩泄……此则各大臣所当国而忘家、正己率属者也。

同时复谕令将五月二十四日以后,七月二十日以前谕旨,汇呈候查,提出消除,以重纶音而昭信史,谓皆首祸诸人,于事机纷扰之际,乘间矫擅,非出朝廷本意也。中外臣民,谅能默喻。此正如盛宣怀致李鸿章等电云:“初十以后朝政皆为拳党把持,文告恐有非两宫所自出者。”鸿章复称:“二十五日诏,粤断不奉,所谓矫诏也。”含义相同,盖慈禧事后文饰,欲泯其迹,以免作历史罪人耳。故《实录》所未载者,不仅一宣战诏,又何有于信史哉!

(四)《辛丑条约》之订立

祸首问题解决后,继为赔款问题,要求赔款者凡十余国,利害互异,赔款多寡、偿金担保、偿还期限,均须长时磋商。各国乃举德、奥、荷、比四公使为拟定偿金调查委员。四使先定偿金之基础,再定损害程度之标准,最后决定偿金总额为六千五百万镑,合中国海关银四万万五千万两。俄国最多,德次之,法、英、日、美、意、比、奥又次之,而以荷兰、西班牙、葡萄牙、瑞典、挪威为最少。奕劻、李鸿章以数目过巨,要求酌减,各使持不可。并照会定三十九年还清,加周息四厘,自光绪二十七年五月十六日(一九〇一年七月一日)起息,一九〇一年一月一日,为付还本息之起期,一九四〇年为付还本息之末期。总共本息为关平九万八千二百二十三万八千一百五十两。至担保财源,经各使数月之磋商,至二十七年七月上旬,始为一致之决议:一、海关税、内地税及盐税三项,充偿金之财源;二、海关税增订为五厘;三、海关税从前之从价税一律改为从量税。鸿章奏闻,奉旨批准,遂于七月二十五日与各国公使签订和约,即《辛丑条约》也。正文十二款,仍按和约大纲订定,惟附件有十九件之多。兹节录如下:

今日会同声明:大清国按光绪二十六年十一月初一日文内各款,当经大清国大皇帝于十一月初六日降旨全行照允,足适诸国之意妥办。

第一款　德国钦差克大臣被戕害一事,前于本年六月九日(即中历四月二十三日)奉旨派醇亲王载沣为头等专使赴德代表大清国大皇帝暨国家惋惜之意。醇亲王已遵旨于七月十二日(即五月二十七日)自北京起程。清国并声明在遇害处所,竖立铭志之碑。已于六月二十五日(五月初十日)兴工。

第二款　惩办首祸诸臣,将中历上年十二月二十五日及本年正月初三等日先后降旨所定罪名,定谳惩办。诸国人民遇害被虐之城镇,停止文武考试五年。

第三款　因日本国使馆书记生杉山彬被害,大清国从优荣之典,已降旨简派户部侍郎那桐为专使,赴日本代表国家及皇帝惋惜之意。

第四款　大清国允定在于诸国被污渎及挖掘各坟茔,建立涤垢雪侮之碑。京师每处一万两,外省每处五千两。由各该国使馆督建,银两业已付清。

第五款　大清国允定不准将军火暨专为制造军火各种器料运入中国境内,已于七月十二日降旨禁止进口二年,嗣后如诸国以为仍应续禁,亦可展限。

第六款　大清国允定付诸国偿款海关银四百五十兆两,按年息四厘,由中国分三十九年,按附表各章清还。于一九〇二年正月初一日起,一九四〇年终止。所定承担保票之财源,一、新关各进款,除已作担保之借款本利后余剩者;二、有所常关各进款,在通商口岸均归新关管;三、所有盐政各进项,除归还泰西借款一宗外,余剩一并归入。

第七款　大清国允定各使馆境界,以为专与住用之处,并由使馆管理,中国民人概不准在界内居住。亦可自行防守,常留兵队,分保使馆。

第八款　大清国允将大沽炮台及有碍京师至海通道之各炮台,一律削平,现已设法照办。

第九款　按照一九〇一年正月十六日(即上年十一月二十六日)文内后附之条款,中国应允由诸国于黄村、郎坊、杨村、天津、军粮城、塘沽、芦台、唐山、滦州、昌黎、秦皇岛、山海关留兵驻守,以保京师至海道无断绝之虞。

第十款 大清国家允定两年之久,在各府厅州县,将上年十二月十三日(西历一九〇一年二月一日)上谕永禁设立或与诸国仇敌之会,违者皆斩。各省督抚文武大吏,如复滋伤害诸国人民之事,或再有违约之行,即行革职,永不叙用。

第十一款 大清国允定将通商行船各条约内诸国视为应行商改之处,及有关通商其他事宜,均行议商,以期妥善。并襄办改善北河、黄浦两水路。

第十二款 西历本年七月二十四日即中历六月初九日降旨将总理各国事务衙门按照诸国酌定改为外务部,班列六部之前。且变通诸国钦差大臣觐见礼节,均已商定,由中国全权大臣屡次照会在案。以上所述及后附文牍均系以法文为凭。大清国既按以上所述之意妥办,则愿将一九〇〇年夏间变乱所生之局势完结,诸国亦照允随行,除第七款所述之防守使馆兵队外,诸国军队即于一九〇一年九月十七日即中历光绪二十七年八月初五日由京城撤退。

一千九百零一年九月初七日,光绪二十七年七月二十五日,在北京定立。

签订者为总理外务部事务庆亲王奕劻,及文华殿大学士、北洋大臣、直隶总督李鸿章,与德使穆默,奥使齐干,比使姚士登,西班牙使葛络干,美使柔克义,法使鲍渥,英使萨道义,意使萨尔瓦葛,日本使小村寿太郎,荷兰使克罗伯,俄使格尔思。

此约按照和议大纲,不容改易一字,虽经鸿章办送说帖,详细开陈,而各使置若罔闻,且时以派兵西行多方恫喝。笔秃唇焦,鲜能补救,赔款既竭泽而渔,拆台又国防全失,都城驻兵,受人控制。时鸿章已积劳病深不起,盖奕劻于议约事一以让鸿章,不敢置一词。而鸿章亦忍辱负重,受国大任,死而后已。不两月(九月二十七日),即以呕血卒,年七十九。谥文忠。遗疏附片荐袁世凯督直,谓:“环顾宇内人才,无出袁世凯右者。”实则世凯运动其幕僚于式枚为之也。(世凯有致于式枚函云:“节相骑箕,天下共恸,弟识陋望浅,何敢作此替人?乃承示以疏稿,竟过许环顾宇内人才,无出世凯右者,此虽出节相之口授,实亦由足下之玉成。弟当诏示子孙,永铭大德!兹随函奉上骨董八件,戋戋之物,聊表谢忱。")又力请回銮,保外人无他,电达行在(时方驻跸荥阳)。太后及帝哭失声,立授袁直督。(《堪隐轩随笔》云:"合肥告逝,天下震惊,慈禧泣谓帝曰:鸿章死,吾母子将不能归矣!今遗折力保袁世凯,然袁又何能及李之什一?"此说不甚可靠,因李逝电达行在,即命袁世凯署直督,时遗折尚未到也。)世凯之得袭湘、淮余荫,而为晚清中国之管枢人物,率由于此。鸿章虽不喜世凯为人,但在当时之环境中,惟彼有训练之新军,似亦无可如何耳。

(五)回銮与变政

先是两宫避难太原,闻洋兵将追至,甚皇惧。江苏巡抚鹿传霖以勤王兵六千至,言北京危地,长安去海远,僻在西陲,外兵不易至,力请入陕。乃下诏于闰八月初八日启行。江督刘坤一联东南督抚谏阻,谓:"陕西贫瘠,逼近强俄,甘肃尤为回教所萃,内讧外患,在在堪虞。如谓陕西地险,可阻联军,则我能往敌亦能往,不畏数万里之海,岂畏二千里之陆?盖山川之险,未可凭恃,即偏安之局,亦不可幸成也。前闻各国曾请退兵迎銮,不占土地,无论所请果否出于至诚,正可借回銮之说,以速其撤兵之议。倘西幸逾远,是折各国之请而阻就款之忱,万一激变宗旨,洋兵不撤,京畿从此沦胥矣。辽东不复,陵寝从此鼎革矣。夫以偏僻凋敝之秦陇,供万乘百官之资粮,久将不给;以屡次失挫之兵械,抗合从连衡之强国,势必难支;存亡关键,实在于此。臣等万死奚足以补救!"词甚切挚,而西后终虑联军之逼,仍决西行。初八日启跸,二十六日抵潼关,以锦舟渡河。太后欲登华山,以道险又亟西行而止,仅登万寿楼礼圣祖龙牌。九月初四日至西安,改巡抚署为行宫,仪制略备。帝时服布袍,王公皆衣布,太后胃痛时作,屡泣,夜不成寐,各省纷进方物,时赉群下。御膳日费二百金,太后谓岑春煊曰:"向在京师膳费数倍于此,今亦可谓省矣。"时春煊以护驾功,授为陕西巡抚。传霖初授粤督,又改尚书,入为军机大臣,弥执拗用事。荣禄旋至西安,与王文韶仍管枢要。京城破时,连日召王大臣五次,末次惟王文韶、刚毅、赵舒翘三人,太后言:"今只余尔等三人,余均自为计,不复恤吾母子矣,尔等当随行。”复谓文韶曰:“汝老矣,尚长途苦汝,吾心不安,汝以舆后来,彼二人骑以从,必同行也。”帝亦顾文韶必当行。帝以联军炮击宫城,冠服欲往使馆,西后亟止之,帝曰:“彼军法文明,朕往必无害,且可议款。”西后以为狂发,疾拥之行。文韶追及于怀来。西后出险,恒语侍臣云:“吾不意乃为帝笑。”至太原,帝稍发舒,一日召载漪、刚毅痛呵,欲正其罪。西后云:“我先发,敌将更要其重者。”帝曰:“论国法彼罪不赦,乌论敌如何!”漪等颡亟稽。时文韶同入,西后曰:“王文韶老臣,更事久,且帝所信,尔谓如何?”文韶知旨,婉解之。帝退,犹闻咨嗟声,漪等出,步犹栗栗也。未几刚毅恚而死。已定议再西,帝尤愤,抵潼关,帝云:“我能往,寇奚不能?即入蜀无益,太后老,宜避西安,朕拟独归,否则兵不解,祸终及之。”西后以下咸相顾有难色,顾无以折帝辞,会晚而罢。翌晨乃闻扈从嘈杂戒行,声炮,驾竟西矣,帝首途,泪犹溢目也。京师以两宫器服至,内侍兵卫,日扰民间,秦民苦之。又大修戏园,诸臣娱乐如太平时。大阿哥尤顽劣无状,日携数内监至剧院,其父戍边,亦无戚容。回銮时至开封,外人以为言,乃撤去大阿哥名号,命即日出宫。给银三千两,移居八旗会馆,后闲居京师。《抱冰堂弟子记》云:“外人来言:诸祸首虽已治罪,然某要事未办,名位如故,到京后各国必力要之,得请乃已。乃密电枢廷,劝其面奏,趁两宫未到京之先,出自慈断发之,以全国体。此议遂定,时乘舆尚在汴也。”可见斥退溥儁,乃张之洞所建议也。吴永《庚子西狩丛谈》记此事特详,谓之洞告永:“最好先将此意陈奏,但言张之洞所说,看君有此胆量否?”吴回西安,先以此意叩荣禄,荣考虑十余分钟,始徐徐点首曰:“也可以说得,尔之地位分际倒是恰好。像我辈就不便启口,但须格外慎重,勿卤莽!”永一日召对毕,因乘机上奏曰:“臣此次自两湖来,据外间舆论,似对于大阿哥不免有词。张之洞亦如此说,如能遣出宫外,和约必易就范。”太后稍凝思曰:“到汴梁即有办法。”帝见贡物至,必垂涕,各省解协款已五百余万,每解至,内监需索尤苛。诸臣渐趋行在,百物渐集西安,逾兴盛矣,而李莲英纳贿鬻爵如故。及和议成,内外臣工纷请回銮,二十七年四月二十一日谕言:“和局已定,经谕令内务府大臣扫除宫禁,本欲即日回銮,溽暑难于跋涉,俟秋凉再行。”既而定七月十九日由河南、直隶一带回京。巡抚升允（岑春煊已调山西巡抚）奏言关中炎热，大雨泥深，豫抚松寿奏河水骤发，跸路冲毁，请展期。乃改于八月二十四日启跸，蠲所过地方本年钱粮。十月初十日，太后万寿，祝于开封。十一月初四日，自开封启行，至顺德府，袁世凯迎驾扈跸。恭亲王溥伟等自京至正定接驾。二十四日，两宫乘火车回京。西人登城墙观者数百，官僚军队皆肃跪道旁，英、奥两国马队列左右，各国公使暨夫人皆出观，太后遥揖之，皆答礼。次日帝告谢太庙，改常服行事，乐设而不作。召见群臣于乾清宫，太后曰："我不意犹能见尔等。"失声哭，诸臣伏地痛哭。太后历数出都日途中艰苦状（见《清宫遗闻》），泪与声俱。又曰："予闻尔等在危城中，多有损失，不知尔等近状如何，家口均平安否？"诸臣对曰："皇太后、皇上垂询及此，真天地父母之恩！臣等托赖安福，得保余生，感激无可言报。"帝复温谕数语而退。后诸臣排日入见，辄先哭数声，若举哀焉，慈颜则稍霁矣。当逃难及在西安时，慈禧尚时询帝意，回銮后乃渐恶如前。公使夫人有欲见帝者，召帝至，但侍立不发一语。帝不得问朝政，例折则自批之，盖借庸暗以图自全也。然西后经此大创，凡戊戌帝所为之新政，无不一一行之，尤以刘坤一、张之洞等变法三折，对宪政运动，颇具影响之力。此为中国抵抗外洋势力之最后挣扎，既遭惨败，于是由畏外排外一变而为媚外，民族自信心完全丧失，殆即所谓国无与立矣。辜鸿铭云："厩焚，子退朝，曰：伤人乎？不问马。今日地方有一事故，内外衮衮诸公，莫不函电交驰，曰：伤羊乎？不问民。"（见《幕府纪闻》）又汪康年云："华人初见西人，人怀恶怒之心，至今日则恶怒之心，一变而为信畏矣。夫不问是非曲直而辄以恶怒之心待人，非公理也。至若不信畏已之人，而信畏他人，则尤异矣。夫中国商人虽未可尽信，然钱庄银号固不亚于西人也。而今则富贵人之金，多托汇丰矣；修造轮机，中国非不能也，而今则购办之人，必托耶松矣。同一器皿，而必凿洋行字者为贵，同一货物，而以来自西土者为佳。若夫乱兵肆横，非口舌所能喻也，乃亦见西人而敛迹；差役恣暴，非礼让所能禁也，乃亦见西人而戢威。无怪乎闻公使之骄横，而骇汗长流，遇西兵之严整，而闻风远避也。"（见《经世文三编》）此即庚子事变后，对于外人宁媚毋校之巨大影响也。

第三十七章　国民革命之酝酿

一百五十八　国民革命之背景

（一）民族革命之背景

满清入主中国以后，郑成功起义师于金厦，植根基于台海，保持明朝正朔者几达四十年。延平既殁，部众犹秘密组织天地会，以"反清复明"相号召，于是浸淫于禹域人心，而大盛于闽、粤、川、湘。其在台湾起事者，除朱一贵、林爽文已详上中卷外，尚有陈周全（乾隆六十年）、杨兆谋（嘉庆二年）、白启（嘉庆七年）、高夔（嘉庆十六年）、林永春（道光二年）、杨良斌（道光四年）、张丙、陈辨（道光十二年）、沈知（道光十七年）、林供（咸丰三年）、吴瑳（咸丰四年）、戴潮春（同治元年）、施九段（光绪十三年）等，皆旋起旋灭，惟陈周全、戴潮春为较著。《台湾通史》云："陈周全，台邑人，天地会之党也。林爽文败后，南北小康，守土官不以吏治为意，孳孳为利。乃与凤山陈光爱谋，招人入会，从者数百，遂议起事。乾隆六十年春，光爱劫石井汛未破，为同知朱慧昌所擒戮之，周全走彰化。彰固天地会部落，爽文之徒，尚有存者，与黄朝、陈容集余党，而自为会首，以洪栋为军师，祃旗纠旅，至者数千人。三月朔袭鹿港，杀朱慧昌，游击外委均战殁。周全破彰化，杀副将游击知县，据县署，大张文告。新署鹿港同知沈飏集乡壮，败之，周全走埔心庄，为庄人所执。总兵哈当阿令捕余党，黄朝、陈容、洪栋皆被擒，俱死之。时斗六王快、凤山郑贺皆起事，旋亦被杀。"又云："戴潮春字万生，彰化四张犁人，家素裕，世为北路协署稿识。兄万桂与阿罩雾人争田，不胜，集殷户为八卦会，约有事相援，潮春未与也。咸丰十一年,潮春执土棍献知县高廷镜,副将夏汝贤以其贰于己,索贿不从,革其职。时万桂已死,潮春家居,乃集旧党,立八卦会。办团练,自备乡勇三百,随官捕盗,廷镜大喜,给戳重用。彰属固不靖,杀人越货,时见于途,而潮春善约束,豪强敛手,行旅便安。至有捐巨款始得入会者,以是党势日盛。八卦会者,环竹为城,分四门,中设香案,谓之花亭,上供五祖,中置潮春禄位,冠以奉天承运大元帅之号,旁设一几,以一贵、爽文为先贤而配之。入会者为旧香,跣足散发,首缠红布,分执其事。凡入会者纳银四钱,以夜过香,十数人为一行,叩门入,问从何来？曰从东方来。问将何为？曰欲寻兄弟。执事者遵跪案前,宰鸡,誓曰:'会中一点诀,毋对妻子说。若对妻子说,七孔便流血。'宣示戒约,然后出城,张白布为长桥,众由桥下过,问何以不过桥？曰有兵守之。问何以能出？曰五祖导出。又授以八卦隐语。会众相逢,皆呼兄弟,自是转相招纳,多至数万人,而潮春遂借以起事矣。同治初,廷镜免,以雷、以镇接之,仍用潮春,而会众滋蔓,渐不能制。台湾兵备道孔昭慈至彰化,执总理洪某杀之,檄办会党。……党人入城,鼓吹以迎潮春。潮春冠黄巾,穿黄马褂,健卒数十人前后拥,骑马入城出示安民,令蓄发遵明制。自称大元帅。夏汝贤一家俱受辱死。林日成(绰号戆虎晟)入见潮春曰:'古之王者,以兵定国,南征北伐,而后有功。今鹿港近在肘腋,攻之未下,而嘉义守御日固,岂可坐镇城中,以贻后悔?'潮春遂归四张犁,而以彰化委之,日成自称元帅。……嘉义久攻未下,潮春议往取,自称东王,以庄天赐为丞相,赖阿矮为先锋,率所部而南。令庄民治道……择吉登坛,祭告天地,鼓吹喧天,远近观者数万人。潮春久围嘉义……绅民死守……皆败去。……诏以福建提督林文察视师台湾,文察阿罩雾人也。兵备道丁曰健会办军务,以兵三千,自北而南。二年十二月,总兵曾玉明破彰化……潮春见势蹙,欲窜内山,至七十二山张三显之家,三显说以归罪,许保其孥,妻许氏惧诛,劝之。二十一日,乘轿至北斗,曰健讯以作乱之故。对曰:'此皆本藩之事,毋与百姓。'曰健怒,命推出斩之。许氏自经。三年春,文察攻四块厝庄,林日成拒战……知不免,环火药桶于门,妻掷火桶中,俱死。日成飘至户外,气未绝,清军戮之。四年四月,余党渐平。"潮春起事,首尾亘四年,在台义旅,以斯役支持最久，其名虽号八卦会，而组织规模则仍天地会也。故与朱一贵、林爽文并称焉。天地会之在内地者，或曰三合会、三点会，或曰小刀会、匕首会，或曰胞哥、哥老、红帮。实皆民族革命之秘密集团，以推翻满清之统治为目的，太平天国之发难，即由于是。惟自天德王洪大全失败以后，洪秀全数典忘祖，但其制度作风，无一不沿袭天地会之旧，惟易五祖为天父、天兄耳。可知民族革命之一贯潮流，历三百年而未尝中断。孙中山先生之革命思想，发端于幼年所闻太平天国之故事（见《国父年谱初稿》）。在广州博济医学校初倡革命，即结识同学郑士良，士良曾投入会党，为三点会会员，而国父亦以“洪秀全第二”自许（见陈少白《兴中会革命史要》）。其在檀香山加入洪门，有党史会所保存之原册籍为证（亦见冯自由《革命逸史》）。二次游美，又手订致公堂新章，演说洪门宗旨，是则中山先生之继往开来，胥以天地会为先导耳。然中山先生所重者，非仅民族革命，而为政治社会革命；故曰：前代为英雄革命，今日为国民革命。所谓国民革命者，一国之人，皆有自由、平等、博爱之精神，即皆负革命之责任（见《军政府宣言》）。国民革命之内容，既已由天地会之民族革命，扩充光大而为三民主义之革命，而三民主义之民族革命，对象亦不在满清而在帝国主义。何能混为一谈乎？顾此乃始简毕巨之理，若就事迹而论，辛亥革命之成功，由于中山先生之领导者居其半，由于天地会势力之支持者亦居其半，所谓华侨之资助，新军之首义，皆会党力也。同盟会总部宣言曰：

> 故老遗民……严《春秋》夷夏之防，抱冠带沉沦之痛，孤军一旅，修戈矛于同仇，下笔千言，传楮墨于来世，或遭屠杀，或被焚毁，中心未遂，先后殂落。而义声激越，流播人间，父老遗传，尚在耳目。自延平（郑成功）以迄金田（太平天国），吾伯叔、昆季、诸姑姊妹奉先烈遗志，报九世之仇，为争自由、争人道而死者，实一千二百万人。吾等谨承先志，勿敢陨越，荜路蓝缕，于今八年，或刊报纸，以扬汉风，或遣偏师，以寒敌胆。而惠州之役、萍乡之役、镇南之役、广州之役，良材骏雄，前仆后继，断胫决肠，维系牢狱，辗转人间，漂沦异域者，何可指

> 数！诚欲拯同胞于沉溺，返大汉之山河，此物此志，宁有他哉？

此可见革命党之初步成功，溯源延平、金田，数典不忘其祖，固与洪秀全异矣。民国七年杪，北京大学校长蔡元培先生兼任国史编纂处，与总纂张相文致书中山先生曰：

> 民国成立以来，群言淆乱，是非不明，不有信史，曷以昭示来兹？且饮水思源，尤不容忘其本来，故元培与编纂诸君，公同斟酌，拟自南京政府取消之日止，上溯清世秘密诸党会，仿司马《通鉴外纪》之例，辑为一书，名曰《国史前编》，所以示民国开创如斯其难也。惟兹诸会党既属秘密组织，迄今事过情迁，往往不能言其始末，再阅数十年间，窃恐昔年事迹，不免日益湮没，滋可惧也。所幸先生以创始元勋，不吝教诲，征文考献，皆将于是赖之矣。

中山先生答书云："清世秘密诸党会，皆缘起于明末遗民，其主旨在覆清扶明，故民族之主义虽甚溥及，而内部组织，仍为专制。阶级甚严，于共和原理，民权主义，皆概乎未有所闻，故于共和革命，关系实浅。似宜另编为秘密会党史，而不以杂厕民国史中，庶界划井然不紊。"吴敬恒解释："国父恐涉笔者不能认清彼此所欲造之国，为何如之国，蔡、张则以自古寻常革命视同一例。"八年一月，蔡、张二先生又复书曰：

> 清世会党，来源最古，大要以天地会为鼻祖，确系明末遗老所创立，递衍而为三合、为哥老，蛛丝马迹，且有线索可寻。彼其初意，不过反清复明而已，至同盟会兴，乃与共和有直接关系，然固亦秘密党会也，且亦多吸收各会分子，此中离合之迹，诚未易分明，要非广事搜罗，不足以资考证。诚如尊谕所谓须经以岁月，几经审慎，乃可成为信史者也。

治史者之态度，与创造历史者之稍有同异，一以溯其源，一以重其流耳。而事实固无别也。观中山先生自言曰：

> 洪门者，创设于明朝遗老，起于康熙时代。盖康熙以前，明朝忠臣烈士，多欲力图恢复，誓不臣清，舍身赴义，屡起屡蹶，与虏拼命，然卒不救明朝之亡。迨至康熙之世，清势已盛，而明朝之忠烈亦死亡殆尽，二三遗老，见大势已去，无可挽回，乃欲以民族主义之根苗，流传后代，故以反清复明之宗旨，结为团体，以待后有起者，可借为资助也。此殆洪门创设之本意也。然其事必当极为秘密，乃可防政府之察觉也，夫政府之爪牙为官吏，而官吏之耳目为士绅，故凡所谓士大夫之类，皆所当忌而须严为杜绝者，然后其根枝乃能保存，而潜滋暗长于异族专制政府之下。以此条件而立会，将以何道而后可？必也以最合群众心理之事迹，而传民族国家之思想，故洪门之拜会则以演戏为之，盖此最易动群众之视听也。其传布思想，则以不平之心、复仇之事导之，此最易发常人之感情也。其口号暗语，则以鄙俚粗俗之言以表之，此最易使士大夫闻而生厌远而避之者也。其固结团体，则以博爱厚施，使彼此手足相顾，患难相扶，此最合乎江湖旅客无家游子之需要也。而最终仍传以民族主义，以期达其反清复明之目的焉。国内之会党，常有与官吏冲突，故犹不忘其与清政府居于反对之地位，而反清复明之口头语，尚多了解其义者。而海外之会党，多处于他国自由政府之下，政治之意味殆全失矣。……当予之在美洲鼓吹革命也，洪门之人，初亦不明吾旨，予乃反而叩之反清复明何为者？彼众多不能答也。后由在美之革命同志鼓吹数年，而洪门之众，乃始知彼等原为民族老革命党也。……时予乃命陈少白回香港，创办《中国报》，以鼓吹革命，命史坚如入长江，以联络会党，命郑士良在香港设立机关，招待会党。于是乃有长江会党及两广、福建会党并合于兴中会之事也。

中山先生所述洪门由来甚详确，自国内会党参加革命，兴中会乃以为基本干部。其在海外，则同盟会与致公堂之联合布告曰：

洪门为中国提倡排满革命之元祖，而致公总堂之改良新章，更与本会三民宗旨相合，原可互相提携，共图进取。惟洪门内容，含有秘密性质，而本会会员尚多未入洪门者，故不免窒碍。今得孙总理驾抵金山，主张联合，而致公总堂专开特会以招纳本会会员之未入洪门者……共图光复之大业。

孙文大哥痛祖国沉沦，抱革命真理，遍游五洲，驾抵金门，与众义兄聚集，倡议与同盟会联合，结大团体匡扶革命事业。同盟会员热心祖国，其未进洪门者，一律入围，联成一气，本总堂叔父大佬义兄等备极欢迎，开特别招待之礼，以示优遇，尽释从前门户之分别，翼赞将来光复之伟业，扫虏廷专制恶毒，复汉家自由幸福。

此为辛亥年间事，而海外洪门亦与同盟会合流矣。故《洪门筹饷局缘起》曰：“各省义师，连年继起，尚未能一战成功者何也？……实财力不足，布置未周之故也。内地同胞，久在苛政之下……民穷财尽，固无从厚集……输财助饷，以补内地同胞之所不逮，实我海外华侨之责任，义不能辞也。……本总堂兹承孙大哥指示，设立筹饷局。……革命军之宗旨，为废灭鞑虏清朝，创立中华民国，实行三民主义，使我同胞共享自由、平等、博爱之幸福。”在光绪三十年中山先生手订致公堂章程，第二条曰：“本堂以驱除鞑虏，恢复中华，创立民国，平均地权为宗旨。”第六条曰：“凡新进堂友，须遵守洪门香主陈近南遗训，行礼入闱。”可见国民革命之宗旨，早已灌注于洪门中，所谓华侨为革命之母或曰中华民国之母者，实即洪门、天地会为革命之母，如此方可赅国内会党之人力，与海外会党之财力而并举之。民国肇造之缘于民族革命背景者，固彰彰明甚。是以辛亥起义，谓为国民革命之初步成功也可，谓为反清运动之最后结束也，亦无不可。

（二）社会文化之背景

李剑农《中国近百年政治史》述中山及康有为二人之思想背景云：“中国在甲午战争以前，早已产生了两个新人物：一个是孙中山，一个是康有为。孙中山在光绪十一年已决志倾覆清廷，康有为在光绪十五年也就以诸生伏阙上书请变法。两人都是产生在广东——与西方文化接触最早的地方,又是鸦片战争爆发的地方——所受外来刺激都是相同。但是两人所处的家庭环境,幼年时所受的教育熏陶,却大有差别,所以两人维新的志愿方向及出发点,最初就不相同。……一、孙是出于先世业农的家庭。农业的家庭,在生活上是须奋斗的,在思想上是单纯素净的;虽然免不了几千年传统的习俗,但是所受名教思想的束缚比较甚浅。康是出身于'世以理学传家'的家庭,祖父作过教官,从祖官至巡抚,读书作官的家庭……就不免含着多少不健全的素质,不流于虚伪,便拘于网罗。所以中山在十一二岁时,便表现一种自然活泼的思想,不以作洪秀全第二为污辱;有为在成童时,便套入理学的圈子里去,口口声声要作圣人。二、中山幼年所受的教育,是西方的新式教育,以科学为基础;对于西方文化的观念,是直接的观感,所以他发出来的思想,不涉于玄想;初闻其议论的人仿佛觉得谬妄胆大,然实际很切于事情。康所受的教育,是东方的旧式教育,以玄学为基础,对于西方文化的感受,是间接的感受,所以他发出来的思想,总免不了玄杳空洞;初闻其议论的人,觉得很新颖,但是实际上终不能脱去旧圈套。总括一句话,两人少年所养成的精神,根本就不相同;一个是创造、奋斗,一个是倾于因时、修改;所以一个不惜为'四大寇'之一,一个勉力作'圣人为'。这是两个维新领导人物最初的差别。"自甲午以至清亡,凡十七年间,为中国受制列强、存亡莫保之时期,而国人之作救亡图存运动者,则惟有康、梁之维新,与孙、黄之革命,变法失败则转为宪政,革命成功则建立共和。晚清历史之演变,恒以此二者为中心,以求中国之自强与改造而已。此二人在表面上为对立之两派,其互相排牴论战之激烈,有时且超过所欲打倒之对象;然实而按之,则亦有相反相成之功。盖不有革命之酝酿,则清廷未必肯实施宪政;不有宪政之宣传,则人民未必能倾心共和也。故所谓因时修改者,亦历史渐变法则之所必然,康、梁固不啻为中山作驱除,犹胜、广之于汉高耳。尤以任公与中山有联合组党之计划,事虽未成,但唐才常之自立军,外号勤王保国,内实联络会党,与革命党人之吴禄贞、秦鼎彝等合作者也。任公于革命思想之宣传,颇著勋绩,康有为屡贻书诘责,梁不之顾,戊戌政变后有为思想转变,大开倒车,故不能对维新派发生领导作用，实际上此派已隐隐受任公指挥矣。任公之《新民丛报》，鼓吹破坏暗杀，对革命势力之澎涨，影响甚大，其力量殆或过于民党所办之报纸，吾人如曰信史，绝不应存一党派成见，以抹煞此种事实，此亦蔡先生"饮水思源，不容忘其本来"之意耳。冯自由《中国革命运动二十六年组织史》云："戊戌政变，孙总理以同属改革派关系，特派宫崎寅藏、平山周二人分途赴北京、香港营救康有为、梁启超至日本，以便同商救亡之策。康自恃曾得清帝宠遇，耻与革命党往还。梁与韩文举、区榘甲等渐与总理、杨衢云、陈少白等相往还，意气日盛，因而高唱平等自由学说，自号饮冰室主人，题其学说曰《饮冰室自由书》，颇为世人欢迎。梁有别号曰任厂，至是亦改称任公。以示脱离康氏羁绊之义。盖康门徒多以厂字相称，即为源出康门之标记。梁此举即所以表示其决心也。区榘甲亦有一文，阐扬汤武革命，语极动听。"又云："《新民丛报》初出版二年，阐扬民族主义，不遗余力，所著《破坏论》，尤痛快透彻，足以惊破顽固派之迷梦。韩文举别号扪虱谈虎客，所撰笔记谈丛，均令读者种族观念，油然以生。故出版未久，即风行国内外，言新学者，咸奉为典型。……后乃论调一变，双方文战殆及二载，革命党咸以虎伥视之。然平心而论，该丛报最初二年倡导破坏之力，殊不可没。"斯言最为公允。孙、康之崛起为救国运动也，均以观察香港之治理而产生，据中山先生自言曰：

前此屡有人向我提出一问题，即我于何时及如何而得革命思想及新思想是也。我之思想发源地，即为香港。至于如何得之，则三十年前，在香港读书，暇时辄暇步市街，见其秩序整齐，建筑闳美，工作进步不断，脑海中留有甚深之印象。我每年回故里香山二次，两地相较，情形迥异。香港整齐而安稳，香山反是。我在里中时，竟须作警察以自卫，恒默念香山、香港，相距五十英里，何以如此不同？外人能在七八十年间，在荒岛上成此伟绩，中国以四千年之文明，乃无一地如香港，其故安在？我曾一度劝乡中父老，为小规模之改良工作，如修桥、造路等等，父老韪之。但为无钱办事，我于放假时自告奋勇，并

> 得他人之助,冀以自己之劳力,贯彻主张。顾修路之事,涉及邻村土地,顿起纠葛,遂将此计划作罢。未几我又呈请于县令,县令深表同情,允于下次假期中助之进行。迨假期既届,县令适又更迭。新县官乃行贿五万元买得此缺者,我无复希望。只得回香港,由市政之研究,进而为政治之研究,研究结果,知香港政府官员皆洁己奉公,贪赃纳贿之事,绝无仅有,此与中国情形正相反。盖中国官员以贪赃纳贿为常事,而洁己奉公为变例也。我至是乃思向高级官员一试,迨试诸省政府,知其腐败尤甚。最后至北京,则见满清政治下之龌龊,更百倍于广州。于是觉悟乡村政治乃中国政治中之最清洁者,愈高则愈龌龊。又闻诸长老,英国及欧洲之良政治,并非固有者,乃人经营而改变之耳。从前英国政治,亦腐败恶劣,顾英人爱自由,佥曰吾人不复能忍耐此等事,必有以更张之,有志竟成,卒达目的。我因遂作一想曰:曷为吾人不能改革中国之恶政治耶?我因此于大学毕业之后,即决计抛弃其医人生涯,而从事于医国事业。由此可知,我之革命思想,完全得之香港也。(民国十二年在香港大学讲演《革命思想之产生》)

其所谓中西政治良恶之不同,即新旧社会文化之不同。西医书院之创办人何启,深受西洋文化熏陶,与香港大学之胡礼垣合著《新政真铨》,谓:"中国真忧之所在,乃政令之不修,而风俗之颓靡。上有平清之法度,下有平恕之民情,而富强之体已传。政者,民之事而君办之,非君之事而民办之,事既属乎民,则主亦属乎民。"中山先生就读于斯校,则必受何氏《新政真铨》之影响可知。况何于革命事业,亦颇热心赞助。既欲改良政治,而以欧、美为法,则其研究之结果,以为事属于民,主亦属于民之思想,自当油然而生。故最初从事革命,即以建立民国为标的,而超越乎何氏"君民共主,权得其平"之模仿英国宪政主张矣。顾中山先生虽采欧美之民主政治,但不欲"全盘西化",为东施效颦之举,其于东西文化之源流,颇能高瞻远瞩,折衷至当。观所上李鸿章书曰:"文之生二十有八年矣,自成童就傅,以至于今,未尝离学。虽未能为八股以博科名,工章句以邀时誉,然于圣贤六经之旨,国家治乱之源,生民根本之计,则无时不往复于胸中。于今之所谓西学者，既已有所涉猎，而所谓专门之学，亦已穷求其一矣。”又云：“泰西诸邦，崛起近世，深得三代之遗风。”可见其文化背景，仍由六经而来，非尽西学。国家治乱之源，生民根本之计，往复胸中，即是从历史事实上探讨有得，此与康有为之从理学、经学入手，而终不免于蹈空者，固有天渊之别矣。况康又“为八股以博科名，工章句以邀时誉”乎？故康为汉、宋学术之结束人物，而孙为中国文化之复兴人物，二人之社会背景有相同处，但对东西文化之观点则大异其趣。惜时人不能了解中山先生之文化思想，徒以开国元勋视为政治家，以致民国后犹有新文化运动之治丝益棼。三民主义之所以不克实现，皆由于国人不知文化在社会上占最高地位，能指导一切也。

（三）经济生活之背景

中山先生何以在革命初期即注重民生问题，而后订为三民主义之一种？在其《革命思想之产生》讲演中，业已流露关切故里香山人民生活而欲为小规模之改良工作矣。医国重于医人，救民先于救国，故于《上李鸿章书》所言者，皆固国本而裕民生之事也。如云：

> 窃尝深维欧洲富强之本，不尽在于船坚炮利、垒固兵强，而在于“人能尽其才，地能尽其利，物能尽其用，货能畅其流”，此四事者，富强之大经，治国之大本也。我国家欲恢扩宏图，勤求远略，仿行西法，以筹自强，而不急于此四者，徒惟坚船利炮之是务，是舍本而图末也。……夫地利者，生民之命脉，自后稷教民稼穑，我中国之农政，古有专官，乃后之为民牧者，以为三代以上，民间养生之事未备，故能生民能养民者为善政，三代以下，民间养生之事已备，故听民自生自养而不再扰之，便为善政，此今日中国农政之所以日就废弛也。农民只知恒守古法，不思变通，垦荒不力，水利不修，遂致劳多而获少，民食日艰，水道河渠，昔之所利农田者，今转而为农田之害矣。……年中失时伤稼，通国计之，其数不知几千亿兆，此其耗于水者，固如此其多矣，其他荒地之不辟，山泽之不治，每年遗利又不知凡几，所谓地有遗

利,民有余力,生谷之土未尽辟,山泽之利未尽出也,如此而欲致富,不亦难乎?泰西国家深明致富之大源,在无遗地利,无失农时,故特设专官,经略其事,凡有利于农田者无不兴,有害于农田者无不除,如印度之恒河,美国之密士,其昔泛滥之患,亦不亚于黄河,而卒能平治之者,人事未始不可以补天工也。有国家者可不急设农官,以劝其民哉?水患平矣,水利兴矣,荒土辟矣,而尤不能谓之地无遗利,而生民养民之事备也。盖人民则日有加多,而土地不能以日广也,倘不日求进益,日出新法,则荒土既垦之后,人民之溢于地者不将又有饥馑之患乎?是在急兴农学,讲求树畜,速其长植,倍其繁衍,以弥此憾也。夫天生人为万物之灵,故备万物为之用,而万物固无穷也。在人之灵能取之用之而已。夫人不能以土养,而土可生五谷百果以养人,人不能以草食,而草可长六畜以为人食,夫土也,草也,固取不尽用不竭者也,是在人能考土性之所宜,别土质之美劣而已。倘若明其理法,则能反硗土为沃壤,化瘠土为良田,此农家之地学、化学也。别种类之生机,分结实之厚薄,察草木之性质,明六畜之生理,则繁衍可期,而人事既操其权,此农家之植物学、动物学也。日光能助农物之生长,电力能速农物之成熟,此又农家之格致学也。蠹蚀宜防,疫疠宜避,此又农家之医学也。农学既明,则能使同等之田产数倍之物,是无异将一亩之田,变为数亩之用,即无异将一国之地广为数国之大也。如此则民虽增数倍,可无饥馑之忧矣。……自古深耕易耨,皆借牛马之劳,乃近世制器日精,多以器代牛马之用,以其费力少而成功多也。如犁田则一器能代数百牛马之工,起水则一器能灌千顷之稻,收获则一器能当数百人之刈。他如凿井浚河,非机无以济其事,垦荒植木,有器易以收其功。机器之于农,其用亦大矣哉!……此三者吾国所当仿效以收其地利也。……窃维今日之急务,固无逾于此四大端,然而条目工夫,不能造次,举措施布,各有缓急,虽首在陶冶人才,而举国并兴学校,非十年无以致其功,时势之危急,恐不能少须,何也?盖今日之中国,已大有人满之患矣,其势已岌岌不可终日。上则仕途壅塞,下则游手而嬉,嗷嗷之众,何以安此?明之闯贼,近之

> 发匪，皆乘饥馑之余，因人满之势，遂至溃裂四出，为毒天下。方今伏莽时闻，灾荒频见，完善之地，已形觅食之艰；凶祲之区，难免流离之祸，是丰年不免于冻馁，而荒岁必至于死亡，由斯而往，其势必至日甚一日，不急挽救，岂能无忧？夫国以民为本，民以食为天，不足食胡以养民？胡以立国？是在先养而后教，此农政之兴，尤为今日之急政也。

此为甲午北游时事，及中日战起，乃设兴中会于檀香山，以从事革命。次年，在香港成立革命机关，后设农学会于广州。其宣言曰："某也农家子也，生于畎亩，早知稼穑之艰难，弱冠负笈外洋，洞悉西欧政教，近世新学，靡不博览研求，至于耕植一门，更为致力，诚以中华自古养民之政，首重农桑，非如边外以游牧为生，西欧以商贾强国者可比。且国中户口，甲于五洲，倘不于农务大加整顿，举行新法，必至民食日艰，哀鸿遍野，其弊可预决者。"中山出身农家，目睹民生凋敝，欲兴农政以救民，无如帝国主义之经济侵略，日甚一日，已不容其有从容振兴之机会，故不得不纳民生问题于国民革命之中，而欲一举成功也。《中国国民党第一次全国代表大会宣言》云：

> 中国之革命发轫于甲午以后，盛于庚子，而成于辛亥，卒颠覆君政。夫革命非能突然发生也，自满洲入据中原以来，民族间不平之气，抑郁已久。海禁既开，列强之帝国主义，如怒潮骤至，武力的掠夺与经济的压迫，使中国丧失独立，陷于半殖民地之地位。满洲政府既无力以御外侮，而钳制家奴之政策，且行之益厉，适足以侧媚列强。吾党之士，追随本党总理孙先生之后，知非颠覆满清，无由改造中国，乃奋然而起，为国民前驱，激进不已，以至于辛亥，然后颠覆满清之举，始告厥成。故知革命之目的，非仅仅在颠覆满清而已，乃在于颠覆满清以后，得从事于改造中国。依当时之趋向，民族方面由一民族之专横宰制，过渡于诸民族之平等结合；政治方面，由专制制度过渡于民权制度；经济方面由手工业的生产过渡于资本制

> 度的生产。循是以进,必能使半殖民地的中国,变而为独立的中国,以屹然于世界。

又《中国国民党为九七国耻纪念宣言》曰:

> 什么叫做“九七国耻”纪念日?因为这一日是辛丑和约签字的一日。辛丑和约签字何以是国耻纪念日呢?试看他的内容,无一不是丧权辱国的条件……第一次使我中国人民负担屈辱的赔款,不但物质上此重大负担至今未能清偿,成为中国民穷财尽之原因……中国不得为军事防御之设备,各国可以随时进兵,直达北京,如入无人之境。……所以辛丑以后,北京便低头受制于各国,没有一些抵抗的力量。所有北京政府中人,宛如牛犊,听人穿鼻,媚外不知耻,卖国亦无所顾忌。唉!你说是国耻不是?……自鸦片战争以来,我们的藩属次第被他割去,我们的海口次第被他抢去,各省势力范围次第被他划定,光绪二十四年瓜分中国的论调,可谓到了极盛的时代了,怎怪得两年以后便发生义和团事件呢!以上还单指政治上、武力上的侵略,至于经济财政上的侵略,还要利害十倍,以至万倍。自鸦片战争以来,强迫中国订了种种不平等条约,已筑了经济上财政上侵略的基础,于是大发挥其对于殖民地之策略,将中国作成他的商场,源源不绝的销售商品,一方面又将中国的土地出产及人民劳力,来满足他掠夺原料榨取劳力的欲望。这样绝人生计灭人种族的政策,在美、非、澳诸洲都是百发百中的,不怕中国逃到那里去。那时候的中国人民,虽然没有明白透了他的灭种政策,只是生计的压迫一日紧似一日,不由得不害怕,不由得不着急,这也是义和团事件发生重要原因呵!

中国革命之所以发轫于甲午以后而盛于庚子,观以上所录宣言,即可知其由于帝国主义之政治经济的压迫而来。而革命之目的,在改造中国为一独立自由富强康乐之国家,其背景既如此复杂,而内容亦不能局限于民族主义一端矣。

一百五十九　国父之早年事略

（一）国父之家世及教育

国父孙氏名文，字载之，号逸仙，世人常称孙逸仙，因旅居日本时，曾署名中山樵，遂皆以中山称焉。广东香山县人，同治五年十月十六日生（民国十三年阴历十月十六日为阳历十一月十二日，政府颁定为国父诞辰纪念日）。先世为中原望族。唐僖宗时，以孙俐领兵闽、越江右之间，始南迁。明永乐中，友松再迁广东，是为入粤始祖。十二传至连昌，始移家香山，再传至殿朝，迁居翠亨村，即中山先生之高祖也。父达成，早业农，又赴澳门业缝工，家虽不丰，而豪爽喜施舍。母杨氏，生三子三女，长成者二男二女，即中山先生及长兄德彰（名眉号寿屏），二姐妙西，及妹秋绮也。翠亨地近都会，复沿海滨，接触颇繁，民智开发，故极富冒险精神。乡人以土质硗劣，不宜于耕，多游贾四方。德彰年十六，随母舅赴檀香山，在海外建立基业，其后翊赞革命皆由于此。中山年七岁，入塾读书。十岁受业于台山王氏，教读颇严，授以《四书》、《五经》凡二年，王氏卒，转入郑帝根垫中。先生读益勤，时闻太平天国老兵谈洪、杨故事，因深慕其为人，革命思想，油然而生。十三岁，读毕《四书》、《五经》，兄德彰自檀岛归里完婚，娓娓谈海外风土人情与社会习俗，谓凡辛劳事垦殖者，皆可致富。先生闻而乐之，欲随之行，父不许，心殊郁郁。十四岁随母赴檀香山（先生自传言十三岁，盖用西历算法），“始见轮舟之奇，沧海之阔，自是有慕西学之心，穷天地之想。”抵檀后，觉岛中民殷物阜，秩序井然，税制公平，盗贼敛迹，始悟法律为效之大。入意奥兰尼书院（Iolani College）读英文，三年毕业。再入阿湖书院（Oahu College）肄业，岛上最高之学校也。拟卒业即往美国入大学，德彰恐先生入教，为亲督责，令其归国习中学，时十八岁矣。居乡一年，时与陆皓东（原名中桂，字献香，香山人，与国父为总角交）相过从。十九岁，入香港拔萃书室（Diocesan Home）续治英文，皓东亦赴沪习电报术。二十岁转学香港皇仁书院（Queen’s College）受基督教洗礼。恒从道济会长老区凤墀习国学。是年娶卢夫人，应兄召再赴檀香山，数月而归。自是停习英文,复治中国经史之学。时中法之役战败,始决倾覆清廷,创建民国之志。光绪十二年,中山二十一岁,入广州博济医学校习医,兼读二十四史。同学中有郑士良(名安,号弼臣,归善县人)者,其为人豪侠尚义,广交游,所结皆江湖之士,中山一见奇之,稍与相习,则与之谈革命。士良闻而悦服,并告以彼曾投入会党,如他日有事,彼可罗致会党,以听指挥云。在广州甫一年,闻香港有医校开设,学课较优,而地较自由,可以鼓吹革命,乃转入香港西医书院(The College of Medicine for Chinese)即雅丽氏医院(Alice Memorial Hospital)附设者也。院为粤人何启纪念其亡妻英女雅丽氏而设,延英人康德黎博士(Dr. James Cantlie)为教务长,用英文直接教学,于科学之训练,甚为认真。数年之间,每于学课余暇,皆致力于革命之鼓吹,常往来香港、澳门之间,大放厥辞,无所忌讳。屡称洪秀全为民族英雄,未可以成败论人,时闻而附和者,仅陈少白(原名白,字夔石,新会人,与国父同学,因服膺乡贤陈白沙,改易名少白)、尢(《辞源》音汪)少纨(名列,又字令季,顺德人,时任香港华民政务司署书记,后业医,创中和堂于南洋)、杨鹤龄(中山人,自幼识中山,以父业杨耀记商号在香港,独辟一楼,备友朋聚谈之所)三人,少纨长国父一岁,鹤龄少三岁,少白则幼四岁。中山与少白同室居,亲若昆季。四人辄聚杨室,畅谈革命,因笑谓我侪四人,其亦清廷之"四大寇"乎?盖亦慨乎言之也,时人亦以此称之(见陈少白《兴中会革命史要》)。光绪十八年,中山已肄业五年,以第一名毕业,获医师执照,悬壶于澳门。翌年,迁于广州,改名东西药局,施药赠医。借医术为入世之媒,纳交官绅,争取同情,且谋掩护。而实则为革命运动之开始也。先是,中山先生与陈、尢、杨游广州观音山三元宫,遇一老道郑安,年八十矣,曾在林则徐幕中,告以如反满,必须联络会党,始克奏效。因详述会党之组织宗旨及各地分布状况。先生一一牢记之,至是始令郑士良广纳会党人士,联络防营,以树革命基础。时尢列为广雅书局广东舆图局测绘生,因得借用该局南园之抗风轩为秘密聚会所,陆皓东已回粤,参加者除陆、郑及所谓"四大寇"外,尚有周昭岳、魏友琴、程耀宸、程奎光等数人,中山率先提议创设革命团体,以驱除鞑虏、恢复华夏为宗旨,然以同志寥寥,尚无如何具体组织也(见冯自由

《中华民国开国前革命史》)。

(二) 兴中会之成立

中山先生革命之思想,蕴于乙酉,而革命之行动,则发于甲午。光绪二十年正月,由粤偕陆皓东赴沪,草《上李鸿章书》,条陈富强之术,欲北上一探清廷虚实。在上海遇同乡郑观应,介识王韬,为函介鸿章幕僚罗丰禄、徐秋畦。五月抵天津,先以书进,时鸿章方以朝鲜事急,军务倥偬,谢不见客。罗、徐为力言,始发给农商会筹款护照。中山偕皓东游北京,旋折回沪,溯江而至武汉,观察山川形势,预为他日革命发难之图。七月初,中日战起,以为时机可乘,乃赴檀香山,创立兴中会,欲纠合海外华侨,以收臂助。十月二十七日(西历一八九四年十一月二十四日)假座卑涉银行经理何宽寓所开会,入会者一律宣誓,矢信矢忠,有始有卒。旋公举刘祥、何宽为正副主席,黄华恢为管库,程蔚南、许直臣为正副文案,李昌、郑金、黄亮、李禄、李多马、郑荫南(名松盛)、林鉴泉等为值理,参加者除以上职员外,尚有锺木贤、刘寿、锺宇、曹彩、刘卓、宋居仁、陈南、夏百子、李祀、侯艾泉共二十余人。其宣言书与会章九条,与次年在香港所发表者大同小异,不具录。当时风气未开,人心锢塞,在檀鼓吹数月,应者寥寥,仅得邓荫南及其兄德彰愿倾家相助,及其他亲友数十人之赞同而已(据何宽发表之《兴中会会银进支表》,自一八九四年十一月至一八九五年六月,共进会底银二百八十八元,股份银一千一百元。《华侨革命开国史》谓:国父得其兄德彰及邓荫南变产捐助,所得仅六千余美元,合港币一万三千元。是即乙未广州第一次革命之资本也)。适清兵屡败,高丽既失,旅、威继陷,京、津亦岌岌可危,清廷之腐败尽露,人心愤激。上海同志宋耀如(名嘉树,广东文昌人。幼赴美留学,光绪十二年回国,在沪从事教会及实业,而隐则传革命之道。民国七年逝世,年五十五。子文之父也。女三人:长霭龄,适孔祥熙;次庆龄,适中山;三美龄,适蒋中正)乃函促回国。美洲之行,因而中止。遂与邓荫南、侯艾泉、宋居仁、李杞、夏百子、陈南等返国,以策进行。光绪二十一年正月二十七日,遂开"乾亨行"于香港,实即兴中会会所也。同志入会,须先宣誓曰:"驱除鞑虏,恢复中国,创立合众政府，倘有贰心，神明鉴察。”二月二十日开干部会议，议决精选会党三千人，袭取广州为根据地，陆皓东创制青天白日旗式，经会采用。嗣复发表宣言及章程曰：

中国积弱，至今极矣，上则因循苟且，粉饰虚张；下则蒙昧无知，鲜能远虑。堂堂华国，不齿于列强，济济衣寇，被轻于异族，有志之士，能不痛心！夫以四百兆人民之众，数万里土地之饶，本可发奋为雄，无敌于天下；乃以政治不修，纲纪败坏，朝廷则鬻爵卖官，公行贿赂，官府则剥民刮地，暴过虎狼，盗贼横行，饥馑交集，哀鸿遍野，民不聊生，呜呼惨哉！方今强邻环列，虎视鹰瞵，久垂涎我中华五金之富，物产之多，蚕食鲸吞，已见效于接踵，瓜分豆剖，实堪虑于目前。呜呼危哉！有心人不禁大声疾呼，亟拯斯民于水火，切扶大厦之将倾。庶我子子孙孙，或免奴隶于他族，用特集志士以兴中，协贤豪而共济，切仰诸同志，盍自勉旃！谨订章程，胪列如下：

一、会名宜正也 本会名曰兴中会，总会设在中国，分会散设各地。

二、本旨宜明也 本会之设，专为联络中外有志华人，讲求富强之学，以振兴中华，维持国体起见。盖中国今日政治日非，纲维日坏，强邻轻侮百姓，其原因皆由众心不一，只图目前之私，不顾长久大局。不思中国一旦为人分裂，则子子孙孙世为奴隶，身家性命且不保乎！急莫急于此，私莫私于此，而举国愦愦，无人悟之，无人挽之，此祸岂能幸免？倘不及早维持，乘时奋发，则数千年声名文物之邦，累世代冠裳礼义之族，从此沦亡，由兹泯灭，是谁之咎？识时贤者，能无责乎？故特联络四方贤才志士，切实讲求当今富国强兵之学，化民成俗之经，力为推广，晓谕愚蒙，务使举国之人，皆能通晓，联智愚为一心，合遐迩为一德，群策群力，投大遗艰，则中国虽危，无难挽救。所谓民为邦本，本固邦宁也。

三、志向宜定也 本会拟办之事务，须利国益民者方能行之，如设报馆以开风气，立学校以育人才，兴大利以厚民生，除积弊以培国脉等事,皆当惟力是视,逐渐举行,以期上匡国家,以臻隆治,下维黎庶,以绝苛残。必使吾中国四百兆生民各得其所,方为满志。倘有借端舞弊,结党行私,或畛域互分,彼此歧视,皆非本会志向,宜痛绝之,以昭大公,而杜流弊。

四、人员宜得也　本会按年公举办理人员一次,务择品学兼优才能通达者,推一人为总办,一人为帮办,一人为管库,一人为华文文案,一人为洋文文案,十人为董事,以司会中事务。凡举办一事,必齐集会员五人,董事十人,公议妥善,然后施行。

五、交友宜择也　本会接收会友,务要由旧会员二人荐引,经董事察其心地光明,确知大义,有心爱戴中国,肯为其父母邦竭力,维持中国以臻强盛之地,然后由董事带之入会,必要当众自承其甘愿入会,一心一德,矢信矢忠,共挽中国危局,亲填名册,并即缴会底银五元,由总会发给凭照收执,以昭信守,是为会友。若各处支会,则由该处会员暂发收据,俟将会底银缴报总会,取到凭照,然后换交。

六、支会宜广也　四方有志之士,皆可仿照章程,随处自行立会,惟不能在一处地方分立两会,无论会友多至几何,皆须合而为一。凡每处新立一会,至少须有会友十五人,方算成会。其成会之初,所有缴底领照各事,必须托附近老会代为转达总会,待总会给照认妥,然后该支会方能与总会互通消息。

七、人才宜集也　本会需才孔亟,会友散处四方,自当随时随地物色贤材,无论中外各国人士,倘有心益世,肯为中国尽力,皆得收入会中。待将来用人,各会可修书荐至总会,以资臂助。故今日广为搜集,乃为各会之职司也。

八、款项宜筹也　本会所办各事,事体重大,需款浩繁,故特设银会,以集巨资,用济公家之急,兼为股友生财捷径,一举两得,诚善举也。各会友好义急公,集腋成裘,以助一臂。……每股科银十元,认一股至万股,皆随各便。……开会之日,每股可收回本利百元……比之捐顶子,买翎枝,有去无还,洵隔天壤。且十可报百,万可图亿,利莫大焉。机不可失也。

九、公所宜设也 各处支会当设一公所为会员办公之处,及便各友时到叙谈,讲求兴中良法,讨论当今时事,考究各国政治,各抒己见,互勉进益,不得在此博弈游戏,暨行一切无益之事。其经费由会友按数捐支。

十、变通宜善也 以上各款,为本会开办之大纲,各处支会,自当仿照办理,至于详细节目,可随地变通,别立规条,务臻妥善。

宣言因避官吏之干涉,文中只言立会救亡,尚未明揭革命之主张也。时有福建海澄人杨衢云者(原名飞鸿,字肇春,《国父年谱初稿》作名兆春字合吉),初创辅仁文社于香港,称砚居俱乐部,与谢缵泰(广东开平人,字康如)、刘燕宾(炳记船务社供职)、何星俦、陈芬、黄国榆、罗文玉、胡干之、周昭岳、陆敬科等十六人过从甚密,以开通民智、改造中国为职志。尢列既识衢云,介见中山,彼此以志同道合,遂合并组党,仍曰兴中会,托名乾亨行,借避警探耳目。兴中会成立后,缵泰走访何启,允予暗助。继又获《德臣西报》主笔黎德(Thomas H. Reid)及《士蔑西报》主笔邓肯(Chesney Duncan)之暗助,在报上作坦直公开之革命鼓吹。何启因发表《改造》一文于《德臣西报》。中山常往来香港、广州之间,惨淡经营,已过半载,筹备甚周,声势颇众,遂有乙未广州之役,为第一次之革命,盖始由言论而见诸行动矣。

(三)广州第一次革命

时中日战争既息,广州所募之援军被解散,变为流民盗贼,即未解散者,亦多愤懑不平。又以巡防队劫掠肇事,民怨沸腾,相率加入兴中会,于是中山与衢云计划突举义旗,占据广州,必可生绝大之影响。因联络郑绍忠之安勇,三元里之团防,及北江、西江、汕头、香山、顺德之绿林,预定于九月九日,乘重阳节秋祭祖墓之时,由九龙运先锋队三百余人,由朱贵全、丘四率领晋省发难,更由陈清带炸弹就各要区施放炸弹,以壮声势,各以红带为号,口称"除暴安良",并张贴讨满檄文。檄文由朱淇撰,英文宣言则黎德、高文(J. Cowen)及何启草修之。衢云不愿赴广州,愿留港办理接济人械等事，中山以港中款械尽与之（黄咏商变祖产得八千元，悉充起义经费。檀香山所募公债，及侨商捐助者万余元）。衢云并要挟任总办。士良、少白等大愤，极力反对，中山以大事未成，首戒内讧，力表谦让，即以主席让之。留少白、荫南及黄咏商等为之助。而自偕皓东、士良、尢烈等赴广州部署，以双门底王家祠之云岗别墅，南门外之咸虾栏张公馆为机关。是日晨，干部同志齐集机关候命，忽接衢云电称人械须迟二日来省。佥以期届而事不举，风声自泄，改期发动，事殊无望，且又得警报，东西二军中途被阻，应援之势已孤。乃决定暂时解散，俟机再起。中山即电港令"止办"，据复："货已下船，请接。"先一日，朱淇之兄朱湘因恐被牵累，竟假淇名向缉捕委员李家焯告密，家焯以告粤督谭锺麟，锺麟笑曰："孙文一狂士耳，其创农学会，李少帅且赞助之，焉敢造反？"李废然而退。次日得香港密探韦某电告，始大惊，急调长洲营勇一千五百人回省防卫，令家焯搜查党人机关。捕去陆皓东、程耀臣、刘次、梁荣、程怀等五人。九月十日，港船抵埠，家焯及南海县已率兵在码头严密截缉，以枪械压置货底，仓卒无法取用，丘四、朱全贵等四十余人皆被捕，余众一哄而散。皓东原随中山避王煜初牧师家，因恐机关部党员名册未取出，如被搜获，则株连太多，将一网打尽，遂冒险往焚毁，致被逮。南海、番禺两县令迫供同党，皓东索纸笔自书供状曰：

吾姓陆，名中桂，号皓东，香山翠微乡人。年二十八岁，向居外处，今始返粤。与同乡孙文同愤异族政府之腐败专制，官吏之贪污庸懦，外人之阴谋窥伺，凭吊中原，荆榛满目，每一念及，真不知涕泪之何从也！居沪多年，碌碌无所成就，乃由沪赴粤，恰遇孙君，客寓过访，远别故人，风雨连床，畅谈竟夕。吾方以外患之日迫，欲治其标；孙则主满仇之必报，思治其本。连日辩驳，宗旨遂定。此为孙君与吾倡行排满之始。盖务求警醒黄魂，光复汉族。无奈贪官污吏，劣绅腐儒，靦颜鲜耻，甘心事仇。不曰本朝深仁厚泽，则曰我辈践土食毛。讵知满清以建州贼种，入主中国，夺我土地，杀我祖宗，掳我子女玉帛，试思谁食谁之毛？谁践谁之土？扬州十日、嘉定三屠，与夫两王入粤,残杀我汉人之历史,尤多闻而知之,而谓此为恩泽乎?要知今日非废灭满清,决不足以光复汉族;非诛除汉奸,又不足以废灭满清。故吾等尤欲诛一二狗官,以为我汉人当头一棒。今事虽不成,此心甚慰。但我可杀而继我而起者不可尽杀,公羊既殁,九世含冤;异人归楚,吾说自验。吾言尽矣,请速行刑。

其激昂慷慨之情,跃然纸上。二十一日,遂与朱贵全、丘四同被杀。此为中国有史以来为共和革命而牺牲者之第一人也。广东水师镇涛舰管带程奎光(字恒敦,又字星堂,香山人),亦兴中会会员,约为内应,被捕下狱。由四营军士力保,得免死刑。与程耀宸皆瘐死狱中(《国父年谱》谓奎光在营务处受军棍六百死,耀宸长禁大有仓,后瘐死。兹采《国父革命缘起详注》说)。其余或囚或释,革命之行动,当以是役为起点也。中山避广州三日,始雇轮绕道返港,康德黎令往就教于英律师达尼斯,达劝以离港。衢云赴南非洲,设兴中会分会。中山与少白东渡日本。二十六日抵神户,日报大书支那革命党孙文、陈少白过港。少白以示先生曰:"我等以起义为造反,日人名曰革命,何哉?"中山应声抚掌曰:"好好好,自今以后,但言革命,勿言造反。"少白《兴中会革命史要》云:"我们从前的心理,以为要做皇帝,才叫革命,我们的行动,只算造反而已。自从见了这张报纸以后,就有'革命党'三字的影象,印在脑中了。"十月初一日至横滨,侨商谭发、冯镜如(冯自由之父)、冯紫珊(镜如之弟)等欢迎之,乃立兴中会横滨分会,举镜如为会长,紫珊为司库,镜如子攀龙(自由)年虽幼,亦加入焉。中山令郑士良回国收拾余众,布置一切,以谋卷土重来。自则留须割辫,乘轮赴檀香山。少白独留日本,以考察东邦国情。中山为介绍日人菅原传。菅又介曾根俊虎,由俊虎而识宫崎弥藏、宫崎寅藏兄弟(皆熊本人,寅藏别署白浪滔天),此为革命党与日本人士相交之始也。

(四) 伦敦被难始末

中山到檀岛后,复集合同志,以推广兴中会,并组中西扩论会、练兵会。旧同志有因失败而灰心者,卒以风气未开,进行迟滞。以久留无大可为，遂决计赴美，以联络彼地华侨，盖其众比檀岛多数倍也。一日散步市外，忽遇有驰车迎面而来者，谛视之，乃康德黎夫妇也。遂一跃登车，康因其已改装易服，几疑为暴客，中山云："我孙逸仙也。"遂相笑握手。问以："何为而至此？"曰："回国道经此地，舟停而登岸流览风光。"乃趁车同游，为之指导，游毕登舟。逸仙告以不日将作环球之游，由此赴美，转而到英，相见不远矣。遂欢握而别。美洲华侨之风气蔽塞，较檀岛尤甚，故自三藩市至纽约，横过美国大陆，沿途所经，或留数日，或留十数日，所至皆说以祖国危亡，清政腐败，非从民族根本改革，无以救亡，而改革之任，人人有责。然而言者谆谆，听者藐藐，其欢迎革命主义者，每埠仅数人或十余人而已。华侨所设之洪门会馆，原以反清复明为职志者，至是亦失其政治意味，而仅视为患难相扶、手足相顾之结合。先生叩以反清复明之谓何？亦多不能答。后由在美之革命党人，反复解说，鼓吹数年，而洪门之众，始悟彼等原为民族老革命党也。光绪二十二年八月十八日，中山由纽约乘轮赴英，二十四日抵利物浦，二十五日（十月一日），抵伦敦。往访康德黎，康夫妇招待甚殷，并为觅葛兰旅店（Gray's inn）以居之。时驻英公使龚照瑗已得驻美公使杨儒电告，即派二等参赞英人马格里（Sir Halliday Mocartney）委托司赖特侦探社（Slaters Detective Association）密伺其行踪。并请英政府代为捕拿，英外部以无交犯约拒之。照瑗采馆员之议，以使馆有治外法权，欲施诱擒之计。九月初五日（十月十一日），中山自旅店往康德黎所居之覃文省街（Devonshire Street）欲随往教堂祈祷，途经中国使馆附近，龚使邓廷铿诱之入，幽禁于三楼小室中，重键严守。照瑗电告总署，欲以七千镑雇船载中山回国。总署复电云："庚电悉，购商船径解粤，系上策，即照行。七千镑不足惜，即在汇丰暂拨。"中山被囚数日，屡草片纸交英侍役代投康德黎求援，皆为所出首，未达，乃书纸裹以铜币投掷窗外，冀有人拾而发之，亦为监守者搜索以去。藐兹一身，真堕落于穷谷中而不克自拔矣。初十日（十六日），英仆柯尔来为添煤，中山哀求为助。次日，书一名片与之。柯尔之妻（或言非柯妻，乃一女管家霍太太〔Mrs. Howe〕）即于晚间投书康德黎。康氏闻讯，于深夜报告苏格兰场警署，侦探长谓此事关系重大，非渠所能主持。十二日（十八日），康德黎得柯尔面告，并阅中山所致名片二纸,因偕孟生(Dr. Manson)博士复往警署,请其出而干涉,以维人道。警署仍以无能为力答之。不得已,乃往外部见值日官,告以故,值日官以本日适值星期,允于翌晨转达上官。十三日(十九日),外部令康氏缮一禀牍,始正式接受此案。遣侦探密伺于中国使馆附近,以免使馆偷运他移。康德黎亦自与私雇侦探伺察馆外。《泰晤士报》早得康氏报告,不为揭载,而《地球报》(*Globe*)记者闻而访之,始于十六日(二十二日)以"可惊可怖之新闻"标题,首述革命家被拘囚于公使馆之事。伦敦朝野,为之大哗,康氏寓所,造访者络绎不绝。英外部次长山德森(T. H. Sanderson)函召马格里询之,外交大臣萨里斯倍(Lord Salisbary)遂照会中国公使,请即将拘留之人释放。十七日(二十三日),英外部派员偕苏格兰场之侦探长至中国公使馆,马格里始释国父出,告之云:"君已恢复自由矣。"康德黎偕二友迎之,记者包围询问,既毕,先至警署,述所遭遇,签字存案。而中山之被幽禁已十三日矣。其致书报界鸣谢云:

> 予此次被诱禁于中国公使馆,赖英政府之力,得蒙省释,并承报界共表同情,及时援助。予于英人之崇尚公德,力持正义,素所钦仰,身受其惠,益堪征信。且予从此益知立宪政体及文明国人之真价值,敢不益竭其愚,以谋吾祖国之进步,并谋所以开通吾横被压抑之亲爱同胞乎?爰驰寸简,敬鸣谢悃。

次年,遂以英文写《伦敦被难记》(*Kidnapped in London*)一书出版。自是孙逸仙之名,始遍闻于世界。世人确认中山先生为中国革命领袖,亦由于此。故当时驻英使馆武官《凤凌日记》谓"获孙文一案,反使该人成名"云。一八九六年十二月三日香港《支那邮报》论之曰:"孙逸仙者,即近日被逮于伦敦中国公使馆,拟置诸典刑,视同叛逆者也。但此人他日似未必不为历史中之重要人物,然未经正当之法庭,加以审讯,自不得谓为与会党有关,且不得谓该会党之举动,确在倾覆清廷也。彼以孙逸仙为叛逆者,仅出于伦敦中国使馆,与夫广东官场之拟议耳。然孙君固非寻常人物,以开通之智识,而目击中国数百兆人民之流离困苦,固当慨然动念,而奋然兴起矣。据中国官场宣告,此等华人曾于一八九五年十月间起而作乱,孙逸仙即其领袖也。……盖其新颖之组织,文明之基础,较金田军尤过数倍,领袖诸人以事机未熟,故暂图偃伏,非以偶然失败之故,而遂尽弃其革命计划也。至于革命派之缘起,虽无由追溯,而其大致要由不满意于清廷之行事。近中日一战,而此派遂崭然露其头角。孙逸仙博士之初意,原欲以和平手段,要求立宪政体之创行,迨至和平无效,始不得不出于强力。然历观中国历史中之崛起陇亩谋覆旧朝者,其精神意气,大都豪悍不驯,而孙氏则独不然。秉其坚毅之心志,不特欲调和中国各党派,且将使华人与西人,中国与外国,亦得于权利之间悉无冲突焉。然而事有至难解决者……中华全国,方无处不为排外之精神所贯彻,是则欲泯除而开导之,固不能不有需乎时日也。总之,此等事业,其性质至为宏大,而其举动又至艰难,惟孙氏则本其信心,谓他日欲救中国,势不能不出乎此,而目前则惟有黾勉以图,冀其终底于成功而已。”此报所谓中山革命之由来及宗旨,简明扼要,戊戌以前,外人即有是种认识,较之国人之视若江洋大盗者,其识见不啻有霄壤之别矣。

一百六十　革命之主义及行动

(一) 三民主义之形成

中山《革命缘起》云:“伦敦脱险后,则暂留欧洲,以实行考察其政治风俗并结交其朝野贤豪。两年之中,所见所闻,殊多心得。始知徒致国家富强,民权发达,如欧洲列强者,犹未能登斯民于极乐之乡也。是以欧洲志士犹有社会革命之运动也。予欲为一劳永逸之计,乃采取民生主义以与民族、民权问题,同时解决。此三民主义之主张所由完成也。”可见三民主义之形成,实在游欧之第二年,即光绪二十三年也。盖中山于居伦敦一年中,每日必往大英博物院潜心研究,对英、美之民主政治,接触既久,体验亦深,故于民族、民权二主义外,复加以民生主义,以期防患未然。及光绪三十一年,中国同盟会正式成立后,出版《民报》,乃撰《发刊词》以揭橥三民主义曰:

予维欧美之进化,凡以三大主义:曰民族,曰民权,曰民生。罗马之亡,民族主义兴,而欧美各国以独立;洎自帝其国,威行专制,在下者不堪其苦,则民权主义起;十八世纪之末,十九世纪之初,专制仆而立宪政体殖焉。世界开化,人智益蒸,物质发舒,百年锐于千载,经济问题继政治问题之后,则民生主义跃跃然动,二十世纪不得不为民生主义之擅场时代也。是三大主义皆基本于民,递嬗变易,而欧美之人种胥冶化焉。其他施维于小己大群之间,而成为故说者,皆此三者之充满发挥而旁及者耳。今者中国以千年专制之毒而不解,异种残之,外邦逼之,民族主义,民权主义,殆不可以须臾缓;而民生主义欧美所虑积重难返者,中国独受病未深而去之易。是故或于人为既往之陈迹,或于我为方来之大患,要为缮吾群所有事,则不可不并时而弛张之。……近时志士,舌敝唇枯,惟企强中国以比欧美,然而欧美强矣,其民实困。观大同罢工与无政府党、社会党之日炽,社会革命其将不远,吾国纵能媲迹欧、美,犹不免于第二次之革命,而况追逐于人已然之末轨者之终无成耶?夫欧、美社会之祸,伏之数十年,及今而后发见之,又不能使之遽去。吾国治民生主义者,发达最先,睹其祸害于未萌,诚可举政治革命、社会革命毕其功于一役,还视欧美,彼且瞠乎后也。翳我祖国,以最大之民族,聪明强力,超绝等伦,而沉梦不起,万事堕坏,幸为风潮所激,醒其渴睡。旦夕之间,奋发振强,励精不已,则事半功倍,良非夸嫚。惟夫一群之中,有少数最良之心理,能策其群而进之,使最宜之治法,适应于吾群,吾群之进步,适应于世界,此先知先觉之天职,而吾《民报》所为作也。

此为中山以三民主义表见于文字之始。所谓三民主义为欧、美三百年进化之阶级,二十世纪必属民生主义之擅场时代,吾国虽祸害未萌,不可不并时而弛张之,将一举而成民族、政治、社会三种革命之功也。民国十二年又著《中国革命史》云:

革命之名词,创于孔子,中国历史,汤、武以后,革命之事实,已数见不鲜矣。其在欧洲,则十七八世纪以后,革命风潮,遂磅礴于世界,不独民主国为然,即君主国之所以有立宪,亦革命之所赐也。余之谋中国革命,其所持主义,有因袭吾国固有之思想,有规模欧洲之学说事迹者,有吾所独见而创获者,分述于下:

一、民族主义　观中国历史之所示,则知中国之民族,有独立之性与能力,其与他民族相遇,或和平而相安,或狎习而与之同化。其在政治不修及军事废弛之时,虽不免受他民族之蹂躏与宰制,然卒能以力胜之。观于蒙古宰制中国,垂一百年,明太祖终能率天下豪杰以光复宗国,则知满洲宰制中国,则中国人必终能驱除之。盖民族思想,实吾先民所遗留,初无待于外铄者也。余之民族主义,特就先民所遗留者,发挥而光大之,且改良其缺点。对于满洲,不以复仇为事,而务与之平等共处于中国之内,此为以民族主义和国内诸民族也。对于世界诸民族,务保持吾民族之独立地位,发扬吾固有之文化,且吸收世界之文化而光大之,以期与诸民族并驱于世界,以驯致于大同。此为以民族主义对世界之诸民族也。

二、民权主义　中国古昔有唐虞之揖让,汤武之革命,其垂为学说者,有所谓"天视自我民视,天听自我民听";有所谓"闻诛一夫纣,未闻弑君";有所谓"民为贵,君为轻"。此不可谓无民权思想矣。然有其思想,而无其制度,故以民立国之制,不可不取资欧美。欧美诸国有行民主立宪者,有行君主立宪者,其在民主立宪无论矣,即在君主立宪,亦为民权涨进君权退缩之结果,不过君主遗迹犹未铲绝耳。余之从事革命,以中国非民主不可,其理有三:既知民为邦本,一国之内,人人平等,君主何复有存在之余地?此为自学理言之者也。满洲之入据中国,使中国民族处于被征服之地位,国民之痛,二百六十余年如一日,故君主立宪在他国君民无甚深之恶感者,犹或可暂安于一时,在中国则必不能行,此自历史事实而言之者也。中国历史上之革命,其混乱时间所以延长者,皆由人各欲帝制自为,遂相争相夺而不已,行民主之制,则争自绝。此自将来建设而言之者也。有此三者,故余之民权主义,第一决定者为民主,而第二之决定,则以为民主专制必不可行,必立宪而后可以图治。欧洲立宪之精义,发于孟德斯鸠,所谓立法、司法、行政三权分立而已。欧洲立宪之国,莫不行之。然余游欧美,深究其政治法律之得失,如选举之弊,决不可无以救之。而中国相传考试之制、纠察之制,实有其精义,足以济欧美政治法律之穷。故主张以考试、纠察二权与立法、司法、行政之权并立,合为五权宪法。更采民权之制,以现主权在民之实,如是余之民权主义,遂圆满而无憾。

三、民生主义 欧美自机器发明,而贫富不均之现象随之呈露,横流所激,经济革命之焰,乃较政治革命为尤烈,此在吾国三十年前国人鲜一顾及者。余游欧美,见其经济岌岌危殆之状,彼都人士方焦头烂额而莫知所救。因念吾国经济组织,持较欧美,虽贫富不均之现象无是剧烈,然特分量之差,初非性质之殊也。且他日欧美经济之影响及于我国,则此种现象必与日俱增。故不可不为未雨绸缪之计。由是参综社会诸家学说,比较其得失,觉国家产业主义,尤深稳而可行。且欧美行之而焦头烂额者,吾国行之实为曲突徙薪。故决定以民生主义与民族主义、民权主义同时并行,将一举而成政治之功,兼以塞经济革命之源也。

综上所说,则知余之革命主义内容,赅括言之,三民主义、五权宪法而已。苟明夫世界之趋势,与中国之情状者,则余之主张,实为必要而且可行也。

同时《中国国民党宣言》中复谓:“中国之所以革命,与革命之所以成功,原因虽繁,约而言之,不外历史之留遗,与时代之进化而已。盖以言民族,有史以来,其始以一民族成一国家,其继乃与他民族糅合抟聚以成一大民族。民族之种类愈多,国家之版图亦随之以愈广。以言民权,则民为邦本之义深入于人心,四千余年残贼之独夫,鲜能逃民众之斧钺。以言民生,则不患寡而患不均之说,由学理演为事实,求治者以摧抑豪强为能事,以杜绝兼并为顺德,贫富之隔,未甚悬殊。凡此三者,皆历史之留遗,所以浸渍而繁滋者,至丰且厚,此吾人所以能自立于世界者也。然民族无平等之结合，民权无确立之制度，民生无均衡之组织，故革命战争，循环不已，盛衰起伏，视为固然，而末由睹长治久安之效。近世以来，革命思潮，磅礴于欧，渐渍于美，波荡于东亚，所谓民族主义、民权主义、民生主义，乃由磨砻而愈进于光明，由增益而愈趋于完美，此世界所同，而非一隅所能外者。我国当此，亦不能不激励奋发，于革命史上辟一新纪元矣。”此所言三民主义之由来，原于历史之留遗与时代之进化者各居其半，是则因袭与规模而已，尚何独见创获之足云乎？民国八年，中山著《三民主义》一文，有曰：“中国革命何以必须行此三民主义？以在此二十世纪之时代，世界文明进化之潮流，已达于民生主义也。而中国则尚在异族专制之下，则民族之革命，以驱逐异族，民权之革命，以推覆专制，已为势所不能免者也。然我民族、民权之革命时机，适逢此世界民生革命之潮流，此民生革命又我所不能避也。以其既不能免，而又不能避之，三大革命已乘世界进化之潮流催迫而至，我不革命而甘于沦亡为天然之淘汰则已，如其不然，则曷不为一劳永逸之举，以一度之革命，而达此三进化之阶级也。此予之所以主张三民主义之革命也。”民国十年，又讲演《三民主义之具体办法》云：“我们抱三民主义的革命党，和各国的革命党都是大不相同的。各国的革命党，不是只抱一个主义，最多就是抱两个主义，向来没有抱三个主义去革命的。世界中明明白白抱三个主义来革命的，只有我们中国国民党是头一个！……兄弟所主张的三民主义，实在是集合古今中外底学说，顺应世界的潮流，在政治上所得的一个结晶品。这个结晶的意思，和美国大总统林肯所说底‘民有、民治、民享’的话是相通的。外国人不知道什么是三民主义，兄弟苦无适当的译语回答，只可援引林肯的主义告诉他们，他们才完全了解我的主义。”又在桂林演讲《三民主义为造成新世界之工具》云：“为什么本大总统在三十年前，研究建设新中国的道理，一定要在民族、民权两个主义之外，并主张民生主义呢？因为民生主义是建设二十世纪以后新国家的完全方法，这三种主义并行，真正共和的基础，才能够稳固。本大总统这种主张，可以说是取法乎上，不是因陋就简的。因为要把中国制成一个新局面，非用新组织不可，要用新组织，非实行极完全的三民主义不成功！”又云：“三民主义的道理，原来是一贯的。如果要考究他们发生的次序,世界各国都是先由民族主义进到民权主义,再由民权主义进到民生主义。……欧美各国二百余年来,只晓得解决民族、民权两件事,却忘记了最紧要的民生问题……所以现在经济革命、社会革命的事情,时常发生。我们如果把民生主义和民族主义、民权主义同时解决,用一个一劳永逸的方法,一定可以把现在的中国变成庄严灿烂的中华民国。"综观中山先生所自述,盖不仅以民生主义为先知灼见,而实以三民主义之一贯的道理,为集中外古今学说之大成,可以代表中国文化之精神,即孔子所谓中庸之道也。此种救国救民之新方案,不但对革命后建设之问题,面面俱到,而实际又能解决自鸦片战争以来中国对西洋文化究应持何种态度。当时康有为徒见香港、上海之治绩而即提倡维新变法,正如中山所云:"所陟卑者其所视不远,游五都之市,见美服而求之,忘其身之未称也。又但以当前者为至美……吾国纵能媲迹欧美,犹不免于第二次之革命,而况追逐于人已然之末轨者之终无成耶?"故其于民族文化之问题,以"恢复固有文明,迎头赶上科学"为二大口号,初非浅闻浮慕者之一意模仿与全盘西化而已。其在《民族主义》之讲演中有云:

近来欧洲盛行的新文化,和所讲的无政府主义与共产主义,都是我们中国几千年以前的旧东西。譬如黄老的政治学说,就是无政府主义,《列子》所说华胥氏之国,其人无君长、无法律自然而已,是不是无政府主义呢?从前俄国所行的,其实不是纯粹共产主义,是马克思主义。马克思主义不是真共产主义,蒲鲁东、巴古宁所主张的才是真共产主义。共产主义在外国只有言论,还没有完全实行,在中国洪秀全时代,便实行过了。洪秀全所行的经济制度,是共产的事实,不是言论。欧洲之所以驾乎我们中国之上的,不是政治哲学,完全是物质文明。(第四讲)

中国古时有很好的政治哲学,我们以为欧、美的国家,近来很进步,但是说到他们的新文化,还不如我们政治哲学的完全。中国有一段最有系统的政治哲学,在外国的大政治家还没有见到,还没有说到那样清楚的,就是《大学》中所说的"格物,致知,诚意,正心,修身,齐家,治国,平天下”那一段的话。把一个人从内发扬到外,由一个人的内部做起,推到平天下止,像这样精微开展的理论,就是我们政治哲学的智识中独有的宝贝。(第六讲)

恢复了我们固有的道德智识和能力……还要去学欧、美之所长……是要迎头赶上去,不要向后跟着他。譬如科学,迎头赶上去,便可以减少两百多年的光阴。……十年之后,虽然不能超过外国,一定可以和他们并驾齐驱。(第六讲)

观上可知中山之政治思想,仍本中国之政治哲学,而非采自西洋文化。其以三民主义为欧、美进化之三阶级,乃就世界潮流趋势言之耳,规模形式虽相同,而内容精神则有异。譬如民族主义非以民族自决为限,乃以世界大同为鹄的;民权主义非以三权鼎立为标准,而以五权宪法为圆满无憾也。民生主义则不以马克思主义为然,而以社会均平、人民乐利为旨归,是皆有超越西人之见解。尤其合三种主义而一以贯之,全出于中庸执两用中,并行不悖之道理,殆与今时所谓之对立一致的辩证律,实若合符节矣。故中山先生之所谓独见创获者,固未可以某种形迹论之,而当体会其兼综改造之精神。即如民生主义一端,中山尝自诩为防患未然者,乃又云:“民生主义即贫富均等,在前数十年,已有人行之者。其人为何?即洪秀全是。洪秀全建设太平天国,所有制度,当时工人为国家管理,货物为国家所有,即完全经济革命主义,亦即俄国之均产主义。”(见《欲改造新国家当实行三民主义》)是民生亦脱胎于洪秀全矣,然而平均地权之义蕴,以与太平天国之《天朝田亩制度》较,宁有相同者乎?总之,三民主义之由于历史留遗者,虽属彰明较著之事实,但先知先觉能本人类进化之原则,以磨砻而增益之,使逾进于光明,愈趋于完美,此国父于革命史上独辟一新纪元,殊非世界各国所能比拟也。

(二) 革命最艰苦之时代

中山居伦敦时,欧洲尚无留学生,又鲜华侨,虽欲为革命之鼓吹,其道无由。然其平生所志,以革命为唯一之天职,故不欲久处欧洲,旷废革命之时日,遂往日本,以其地与中国相近,消息易通,便于筹划也。光绪二十三年六月,由英起程赴加拿大,七月乘轮赴日本,抵横滨。日民党领袖犬养毅遣宫崎寅藏、平山周来欢迎,乃引至东京相会,一见如旧识,抵掌谈天下事,甚痛快也。时民党初握政权,大隈重信为外相,犬养为之运筹,能左右之。后由犬养介绍,曾一见大隈及大石正己、尾崎行雄等,随而识副岛种臣(时任日本枢密院副议长),此为革命领袖与日本政界人物交际之始。其在野志士如头山满、平冈浩太郎、秋山定辅、中野德次郎、铃木久五郎、安川敬一郎、犬塚信太郎、久原房之助、山田良政、山田纯三郎、菊池良一、萱野长知、副岛义一、寺尾亨等,咸与国父慷慨结纳,对革命事业,资助甚多。尤以久原犬塚为最。其始终为革命奔走而不懈者,则有山田兄弟、宫崎兄弟(寅藏、弥藏)、菊池、萱野、平山诸人。日本有华侨万余人,然其风气之锢塞,闻革命而生畏者,则与他处华侨无异也。陈少白居日二年,与横滨兴中会员努力宣传革命主义,信从者不过百数十人而已。向海外华侨传播之难固已如此,而欲向内地以传布,其难更可知矣。内地之人,闻革命排满之言而不以为怪者,只有会党中人耳。然彼众皆知识薄弱,团体散漫,凭借全无,只能望之为响应,而不能用为原动力也。由乙未初败,以至于庚子,此五年之间,实为革命进行最艰难困苦之时代。盖既遭失败,则国内之根据,个人之事业,活动之地位,与夫十余年来所建立之革命基础,皆完全消灭。而海外之鼓吹,又毫无效果。适于是时有保皇党发生,为虎作伥,其反对革命,反对共和,比之清廷为尤甚。当此之时,革命前途,黑暗无似,希望几绝,而同志尚不尽灰心者,盖正朝气初发时代也。以上皆中山于《孙文学说》中所自言者,谓为艰难困苦之时代,乃以海外侨胞之同情革命者转为保皇党争取故耳。先是,横滨侨商邝汝盘、冯镜如等欲组织一教育华侨子弟之学校,与陈少白商延聘教员事。少白以兴中会员从事教育者少,乃荐梁启超充任。并代定名为中西学校。旋书一函介绍邝汝盘往上海访康有为。康以梁正任《时务报》事,转荐徐勤、陈默庵、汤觉顿等任教务,并以"中西"二字不雅,易名"大同",亲书"大同学校"四字为赠。徐勤既抵日本,与陈少白时相过从,引为同志。顾徐既握教育权,与侨商朝夕酬酢,交际渐广,浸萌攘夺之意,竟反客为主矣。戊戌政变后，康、梁亡命日本，乃得宫崎、平山之力，时二人正衔中山命在中国南北联合各派举义也。大限重信既任内阁总理，犬养毅为文部大臣，皆力持中日亲善政策，视革命及康、梁皆为新党，一视同仁，始终欲调停两派联合救国。康、梁初抵日，进步党出资赁屋招待之。中山与陈少白以同属逋客，特亲往慰问，并商以后合作问题。然康得清帝之眷顾，以帝师自居，目革命党为大逆不道，深恐为所牵累，故托事不见。犬养雅不愿中国新党人士意存隔阂，遂约中山与康、梁同至寓所会谈，届期康又爽约，惟梁独至，各抒时局意见，讨论合作方法甚详。数日后，中山派陈少白偕平山访康，徐勤代谢客，适梁启超自外返寓，竟导陈入见。少白痛言满清政治腐败，非推翻改造，无以救中国，劝其改弦易辙，共襄革命。康正襟危坐，故示矜持，并大言曰："今上圣明，必有复辟之一日，余受恩深重，惟有鞠躬尽瘁，力谋起兵勤王，脱其禁锢瀛台之危，其他非余所知。"少白反复辩论，无法挫其骄气。时杨衢云亦来日与中山会晤，尽释前嫌。衢云以兴中会会长职让中山。谢缵泰先曾与康有为、康广仁兄弟在港商两党联合救国事，以告衢云，衢云乃以冯镜如之介，与梁启超会谈于文经书店，不协。衢云函告缵泰曰："梁不愿早事联合，只言各宜先向自党运动，以待时机。要之康党素来夜郎自大，常卑视留学生及吾党，且欲使吾党仰其鼻息。究其实学尚远不如胡礼垣之《新政安衡》，此种人非真爱国者，与之合作，实为有害无利。"缵泰于运动两党合作事，素极热心，及闻杨言，亦知难而退矣。光绪二十五年二月，日政府以王照揭有为所言衣带诏之伪，虑康党内讧，滋生事端，乃给康旅费，限其克日出境。有为遂赴加拿大，转往伦敦，以复辟事请助于英廷无效，闰四月再返加拿大，六月十三日，与华侨李福基等创立保皇会。未几，横滨保皇分会设立，徐勤以大同学校为机关，且贴有"不许孙文到校"之标语。因与兴中会派不惬，校董多怀退志，几致解礼。乃推犬养毅为名誉校长，以维系人心，犬养亦徇其请，亲至横滨作和事佬，无功而回。其时两派意见日深，兴中会员及三江帮又合组一华侨学校，隐然与大同各树一帜，两派乃势同水火矣。惟启超以有为离日后，与中山往还日密，而王照、韩文举、欧榘甲、张智若、梁子刚又皆赞成革命之主张，于是遂有两党合并之计划。拟推中山为会长，梁副之。梁诘中山曰："如此则将置康先生于何地?”中山答曰:“弟子为会长,为之师者,其地位岂不更尊?”梁悦服。乃推陈少白与徐勤起草联合章程,顾徐勤与麦孟华暗中反对甚力。函告康有为云:“卓如(梁字)渐入行者(指孙)圈套,非速设法解救不可。”康时已赴新加坡,得书大怒,立派叶觉迈携款赴日,勒令启超赴檀香山办理保皇会事务,不许稽延。于是两党联合之议遂寝,而横滨、檀岛、美洲原为革命党之策源地者,其地盘亦渐为保皇党所夺,中山先生数年苦心经营之结果,几丧失殆尽,遂不得不到处拼全力以与保皇党争,此即所谓最艰难困苦之真相也。

(三) 报纸之创刊与会党之联合

光绪二十五年秋,中山已注意文字鼓吹,命陈少白回香港,筹办《中国日报》,以为党务、军务之进行机关。少白莅港后,得何启、区凤墀之协助,至十二月底出版。由少白任总编辑,初以未审英人对华政策,立论谨慎含蓄,未昌言革命排满,半年后,措词渐激烈,力辟保皇党之谬说,始引起中外人士之注意。少白《兴中会革命史要》云:

> 《中国日报》者,唯一创始之公言革命报,亦革命过程中一继往开来之总枢纽也。自乙未广州事败,同志星散,团体几解,《中国日报》出,以悬一线未断之革命工作,唤醒多少国民昏睡未醒之迷梦,鼓吹“中国乃中国人之中国”之主义,战败康氏保皇之妖说,号召中外,蔚为大革命之风。不数年,国内商埠,海外华侨,闻风兴起,同主义之报林立。而惠州之役,固亦以中国日报馆为总机关之地也。该报由予创办,在己亥年十二月底出版,初出时大遭时忌,维持绝难,竭蹶经营,五六年后,竟得出入相抵。嗣与文裕堂合并营业,由香山人容某管理,予仍专理日报。继因不善经营,三年后,营业部因折阅,日报亦为所累。于是复离文裕堂重募资本,将六七千元交由冯自由举办,予监督之,越二年,又告亏折,不能支。冯自由赴加拿大,后以谢伯英等承其后,时风气日开,党员日多,颇有挹注之助,得以不倒。及光复时,卢信自檀香山回,以接办自任,迁诸广州,由政府津贴,规模

极大。迨龙继光入粤，卢等他去，《中国日报》之运命于以告终。《中国日报》创业艰难之时，其敢就主笔之席者，予而外，有杨少欧、陈春生、冯自由、郑贯一、廖平庵、卢信、陈诗颂、黄世仲、洪孝充、陆伯周等，社外撰述，则有章炳麟、胡展堂（汉民）等，英文翻译，则有郭云衢、冯扶等（年谱记为郭鸿达、周灵生等），皆难能可贵者也。

复命史坚如、毕永年偕日人平山周入长江以联络会党；命郑士良在香港设立机关，招待会党，于是乃有长江会党及两广、福建会党并合于兴中会之事，史坚如者，原名久纬，广东番禺人，天性纯笃，沉潜聪颖，工诗善画，尤嗜经世之学，时以国事为念。自甲午、戊戌以后，愤清廷误国，入广东格致书院。东亚同文会广东支部长日人高桥谦力劝东游，遂于香港晤陈少白，加入兴中会。过上海遇毕永年，永年湖南长沙人，曾与谭嗣同、唐才常等设南学会，创办《湘报》，往来汉口、岳州、新堤、长沙间，与哥老会诸魁杨鸿钧、李云彪、张尧卿、李堃山（华棠）、辜鸿恩、师襄诸人过从甚密，并投身会中，被封为龙头之职。思乘机谋匡复事业，亦欲东渡谒中山。二人意气相投，遂偕往汉口游览形势，遍交两湖豪俊。旋由粤赴日同谒中山，倾吐胸臆，谈论经旬，中山甚器重之，因命坚如返国，与郑士良提携进行。并命平山周随永年入两湖联络会党，发挥兴中会之宗旨及介绍中山之为人，欲使会党与兴中联合倒满。是年冬，毕偕哥老会首领七人抵香港，由郑士良、陈少白、杨衢云、史坚如及日人宫崎寅藏招待之。歃血为盟，公推中山为总会长，别名曰兴汉会、□□堂。定纲领三则，铸印章以昭信守。宫崎《三十三年落花梦》记云：

先是湖南同志哥老会头目毕永年书至，云将率数人至香港以议大事。陈君（指少白）乃止余行内地而待其来。既而毕君不来，惟介绍其同行者于陈君，书中附略传，简明痛快，如叙《三国志》、《水浒传》中人物。乃先面杨洪钧、李云彪两君，举止风貌，甚有古色。彼之言曰："世运大开，国情亦异，吾等今日对满虏，对欧族，八面受敌，安可复自相残？今之来，为乞诸君教也。"且曰："狐鸣篝火，可行于陈胜、吴广之时代，若今欲举事，而无国际之炯眼，与夫外交之敏腕，虽以埃及亚剌飞之才，犹且败于一旦。故吾徒欲革政治之命，不可不先革社会之命；而欲革社会之命，尤不可不革心理上之命。"呜呼！此余辈多年之大心宿愿，而今出于此人之口，英雄所见，大略相同，然此亦非偶然也。千里红丝，为南万里（平山周）之一行，而有此天作之合也。斯时导引之毕君，以囊涩而留海上，乃与陈君议助之。既而毕君来，而师某、刘某继至，然人皆疑师君为通康派，斫斥使去……乃托名管理同志，议给资使归。其后唐才常起勤王之师，义旗未竖，而有汉口之狱，师君果为之尽力，乃以同殉。……师君去而人皆有安色，乃开合并之议，与议者十二人：曰哥老会金龙山主杨洪钧，腾龙山主李云彪，某某山主辜鸿恩（年谱作天佑）、张尧卿，股肱李堃山，□□□，三合会头目□□□与□□□；兴中会领袖陈少白、郑士良、杨衢云。风云际会，楚、粤一家，即推孙君为统领，改会名而称□□堂，□□会，定纲领三则，歃血誓之，铸印章以捧于孙君，此实亚洲民党结集大会之新纪元，空前绝后之快事也。

光绪二十六年春，宫崎代表香港大会，携总会长印章呈中山。然是年唐才常谋起事于汉口，亦联络会党为之助。永年劝才常从事革命，应断绝康、梁之关系，才常以经费由康、梁接济，不忍与之立异，乃周旋两派之间，并以金钱接济会党领袖之困居香港者。永年劝李云彪、辜鸿恩等勿受康助，不见纳，永年受种种刺激，愤而削发为僧。改名悟玄，又改普航，初住浙江普陀山，于惠州之役失败后，遂入罗浮山化去。其后黄兴、马福益之同仇会，陶成章、徐伯荪之龙华会，仍以会党为基干，犹承永年之志也。

（四）惠州之役

光绪二十六年，义和团事变发生，联军之祸起，中山以为时机不可失，乃命郑士良入惠州，招集同志，以谋发动，而令史坚如入广州，以谋响应。五月二十一日，自率宫崎寅藏、平山周、福本诚、原口闻一、远藤隆夫、山下稻、伊东正基、大崎伊籐、岩崎等十余人，自日本抵香港，拟从此潜入内地，亲率健儿组织一有秩序之革命军,以救危亡也。不期中途为奸人告密,船一抵港,即被香港政府监视,不得登岸,遂致原定计划,不得施行。陈少白、谢缵泰等与中山会于轮旁小舟中,议起义加速进行,乃将惠州发动之责,委之郑士良,而命杨衢云、李纪堂(原名宝伦,新会人。是年在港入兴中会,司会计。屡出家财,输作党中经费)及少白等在香港为之接济。中山乘原船抵西贡,旋赴新加坡营救被康有为诬陷下狱之宫崎寅藏。宫崎先以代表赴广州,与李鸿章幕宾刘学询商独立事,鸿章谓北京未陷落,未便遽行独立,请转慰稍待云。宫崎乃赴新加坡,欲说康有为与革命党合作。康党疑其受清吏指使,欲刺有为,控之于当地政府,遽逮宫崎入狱。国父闻讯,即赴新为之营救,同返香港,仍未得登岸。六月二十一日,乃于香港舟中,召集第二次会议,以惠州军事全权授郑士良,以毕永年主民政,平山周办外交,原桢为参谋长,史坚如、邓荫南回广州响应。二十四日,中山离港赴日本神户,命宫崎赴东京交涉借提菲律宾独立军代表彭西(Ponce)所购军械。时台湾总督儿玉源太郎颇赞中国之革命,以北方已陷于无政府状态也,乃饬民政长官后藤新平与中山接洽,许以起事之后,可以相助。于是一面扩充原有计划,就地加聘军官;一面令士良即日发动,并改原定计划,不直逼省城,而占领沿海一带地点,多集党众,攻向厦门,以候中山由台湾设法内渡(八月初九日中山抵台北),亲自督师再行进取。士良得令,即日入内地,指挥已集合于三洲田(在新安县东南,大鹏湾附近,紧逼九龙新界)绿林之众,及嘉应州一带之三合会党,出攻新安、深圳之清兵,尽夺其械。随而转战于龙冈、淡水、永湖、梁化、白芒花、三多祝等处,所向皆捷,清兵无敢当其锋者。遂占领新安、大鹏至惠州、平海一带沿海之地,以待中山率干部来接应,而武器之供济,当亦不致缺乏矣。不图惠州义师发动旬日,而日本政府忽而更换,内阁总理山县有朋辞职,新总理伊藤博文对中国方针,与前内阁大异,乃禁制台湾总督不许与中国革命党接洽,又禁武器出口,及禁止日本军官投效革命军。宫崎复电告菲械为日商诳骗,全系废铁,因此国父由台内渡及接济武器之计划,尽遭破坏。遂遣山田良政与同志数人往郑营报告一切情形,并函士良谓:“政情忽变,外援难期,即至厦门,恐无接济,军中之事,仰该司令自决进止。”山田至黄沙洋乡见士良,士良转告全军,相顾惋叹。不得已,乃解散附从之同志,仅率步枪手千余人,返三洲田以谋再举。至横冈,为清军所乘,饷弹两乏,败绩。士良乃挥泪散众,与黄福、黄耀庭等先后避往香港。山田后以失路,为清兵所擒,遂遇害。此为外国义士为中国革命牺牲之第一人。民国后,中山先生在日为立碑纪念云:“山田良政君,弘前人也。庚子闰八月,革命军起惠州,君挺身赴义,遂战死。呜呼!其人道之牺牲,亚洲之先觉,身虽殒灭,而其志不朽矣。”当郑士良之在惠州苦战也,史坚如在广州屡谋响应,皆不得当。遂决意自行用炸药攻毁粤抚署、两广总督德寿之署而歼之,以为牵制。乃廉售祖产,得三千金,托邓荫南、黎礼密购炸药二百磅,暂存福音堂黄守南处。已则以宋少东夫妇名义,赁抚署侧后楼房街屋一座,连夜秘密掘地道,距德寿卧室仅十余丈。九月初五日,遂以铁筒贮炸药,置地道内,以药线为引,燃引扃户,约与谋者各分途出城,至港船相会。然久无声响,坚如乃独返,次早复安妥药线,燃引扃户,径诣西关毛文明寓。俄而轰然爆发,纷传抚署被炸,而德寿无恙。坚如大疑,竟乘舆往验,始知雷管过少,药未尽发。坚如仍拟再图,为同志劝阻。九月初七日乘轮赴港,中途为侦探所指捕,搜出德文炸药配制单。南海县欲兴大狱,以甘言诱饵,不稍动,惟嬉笑怒骂而已。十八日就义,年才二十二。是为共和殉难之第二健将也。坚如聪明好学,真挚诚恳,与陆皓东相若;其才貌英姿,亦与皓东相若;而二人皆能诗能画亦相若。皓东沉勇,坚如果毅,皆命世之英才,惜皆以事败而牺牲,元良沮丧,国士沦亡,诚革命前途之大不幸也。庚子之役,为国民革命第二次之失败,经此而后,回顾中国之人心,已觉与前有别矣。当初次之失败也,举国舆论,莫不目革命党为乱臣贼子,大逆不道,咒诅谩骂之声,不绝于耳。凡其足迹所到,几视为毒蛇猛兽,而莫敢与之交游。惟庚子失败之后,则鲜闻一般人之恶声相加,而有识之士,且多为扼腕叹息,恨其事之不成矣。前后相较,判若天渊。盖其时八国联军入京,议和赔款,清廷之威信已扫地无余,而人民之生计,亦从此日蹙,国势危急,已岌岌不可终日,有志之士,多起救国之思,而革命风潮,自此萌芽矣。杨衢云自惠州之役失败,韬光敛采,销声匿迹,不得已设帐授徒于香港,借以赡顾妻子。德寿疑抚署被炸,乃渠主使,购捕甚急,悬赏三万金。友朋劝以他避,衢云慨然曰:“男儿死则死矣,何避为?吾宁授徒以养家,不忍侵蚀公款,俾立一好模范为同人先。”是年十一月二十日,凶手陈林突入书馆刺衢云于教室中,以流血过多,翌晨逝世。中山在横滨为其开会追悼,并捐金一千二百元恤其家。士良避地香港,亦以次年七月十四日病死,或言清吏贿郑梦唐下毒食品中杀之也。杨、郑皆最早从事于革命者,其死事虽不如陆、史之烈,而浩气英风,亦足为后死者之模范矣。

一百六十一　革命风潮之初盛

(一) 日本留学界之革命热

戊戌变法后,各省提倡新学,多有选派学生赴日留学之举,以蕲速成。庚子事变后,此风尤炽,吾国留东学生,多至万人。此辈类多头脑新洁,志气不凡,对于革命理想,感受极速,转瞬成为风气。故其时东京留学界之思想言论,皆集中于革命问题。先是,横滨大同学校学生冯懋龙(自由)、冯斯栾(自强)、郑贯公(自立)、苏子榖(曼殊)、李自重等皆反对保皇倡导革命者,及入梁启超所办之东京高等大同学校(庚子冬,因经费困难,由日人柏原文太郎向日商界措资筑新校,改名东亚商业学校。一年后,由清公使蔡钧接办,易名清华学校,专授东文)仍各以卢骚、福禄特尔、华盛顿相期许。时我国留东学生全数不满百人,以主张排满革命之戢冀翚(字元丞,湖北枣阳人)、沈翔云(字虬斋,浙江吴兴人)等为最激烈,每至大同访友,恒流连达旦,高谈革命。此外尚有北洋官费生黎科、金邦平、蔡丞煜、郑葆丞、张煜全、傅良弼诸人,亦持革命论调,与中山及梁启超时相过从。郑贯公任《清议报》编辑时,曾与冯自由、冯斯栾合编《开智录》,专发挥自由、平等学说。次年停刊,于是翔云、冀翚及秦鼎彝(字力山,湖南长沙人)、王宠惠(字亮畴,广东东莞人)、张继(字溥泉,河北沧县人)、冯自由等又发起《国民报》,以光绪二十七年五月十日出版,大倡革命仇满学说,措辞激昂,开留学界革命新闻之先河,初虑清公使馆干涉,以自由父镜如之英文名 Kingsell 名义为发行人,报中文字,由秦及杨廷栋、杨荫抗、雷奋等执笔,篇末附英文论说,宠惠任之。出版四期,以中山所捐之千元印刷费告罄而停刊。此为留学界主张激烈言论最早之刊物。及光绪二十八九年,东京学生杂志风起,如刘成禺、李书城、程明超、吴柄枞、时功玖、尹拔一、王存一等出版之《湖北学生界》,至四期后易名《汉声》。杨守仁、陈天华、梁焕彝、黄轸(兴)、周家树、陈范等之《湖南游学译编》,后陈天华复有《新湖南》之作。秦毓鎏、张肇桐、汪荣宝、黄宗仰、陈梘等发行《江苏月刊》,孙翼中、蒋智由、蒋方震、王嘉榘等创办《浙江潮》。此外出版物如《猛回头》、《警世钟》、《国民必读》、《最近政见之评决》、《太平天国战史》、《二十世纪之支那》等缤纷并起,盛极一时。中山以各杂志皆高谈民族主义,倡言革命,而讳言排满。乃召刘成禺、马君武赴横滨,告之曰:"名不正则言不顺,匣剑帷灯之宣传,无益也。吾朋侪中有勇气、毅力莫如二子,余非依违两可,即临阵脱逃者。民族革命,要在排满,舍排满而言民族,其能唤起国内人民之清醒乎?今有一机会,元旦留学生团拜,欢迎振贝子,公使蔡钧、监督汪大燮皆在,开演说会,禺生与君武能提出排满之字,以救中国,大放其辞,自能震动清廷,风靡全国。禺生楚人,君武原籍湖北蒲圻(按马君武时为广西籍),彼亦楚人也,身家性命、功名富贵之徒,不足与言亡秦之事矣。"是年元旦,各省学生聚集骏河台留学生会馆,举行新年团拜礼,首由马君武登台演说排满,声泪俱下,成禺继之,指出推翻满清以救中国,慷慨激昂,清吏失色。清公使逐成禺出学校,当日全国通电,皆言成禺而不及君武,故仅一人获罪。成禺后著《先总理旧德录》以表彰之,用存信史。时俄于庚子拳乱时,侵占东三省,久不撤兵,留日学生钮永建、秦毓鎏等召集全体会于神田锦辉馆,到会者五百余人,决议组织拒俄义勇队,又名学生军,蓝天蔚为队长。驻日清公使密电清廷,谓学生名为拒俄,实则革命,并请日政府严行制止。义勇队被解散,队中一部分激烈会员叶澜、秦毓鎏(字效鲁,江苏无锡人)、程家柽、董鸿祎等乃另组军国民教育会,确定养成尚武精神,实行民族主义。最初署名者仅十五人,成立后,参加者渐多,且逾千人。决定进行方法三种:一曰鼓吹,二曰起义,三曰暗杀。黄兴、陈天华二人即被推举回湘之运动员也。是年冬,黄兴创立华兴会于长沙(冯自由《中国革命运动组织史》谓光绪三十年春,黄兴等在日本发起华兴会,恐误,因兴于是时正在长沙作起义之准备也),同时龚宝铨回上海,亦就暗杀小组改组为光复会,推蔡元培为会长。此二会为国内组织最有力之革命团体,后二年始与中山先生之兴中会合并改组为中国同盟会,自是革命党始合三而为一焉。

(二) 蔡元培与光复会

元培字鹤卿,后以二字庸俗,改字仲申,号隺庼。三十六岁后,又自号民友,旋取"周余黎民,靡有孑遗"二句中字,号孑民。浙江山阴人,同治六年生,光绪十六年进士,选入翰林院,散馆授编修。甲午以后,从事西学,尝开馆于李慈铭家。戊戌政变后,知清廷改革无望,请假回里,任绍兴中西学堂监督。好以《春秋》、《公羊》三世之义讲进化论,崇拜孔子甚笃。光绪二十七年,任南洋公学特班教习,胡仁源、邵力子、谢无量、黄炎培皆为其高足。次年,乘暇游日本,适吴敬恒(原名朓,字稚晖)、钮永建等受粤督陶模命,率学生数十人在日学习速成法政,胡汉民、詹宪慈等与焉。汉民入东京弘文书院,与黄兴同学。会清公使蔡钧奏请停派留学生,免为革命"邪说"所中。且照会日本政府,禁止中国学生入军校。留学生群集使馆,抗议反对。敬恒率先进入,与蔡钧大起冲突,钧呼警察自卫,日政府乃递解吴出境(或言吴慕良、蔡锷欲入成城军校,蔡钧不肯咨送,湖北留学生监督钱恂及吴汝纶往为关说,亦无效。吴敬恒、孙揆均率同二十余人强邀吴汝纶自往使馆要求,夜半不肯出署。钧唤警拉出。于是留学生连日结队往使馆争闹。钧便嗾使日政府以妨害治安罪名,押解吴敬恒、孙揆均回国)。吴愤极,纵身跃入城壕自杀,日警援救甚速,得不死。孑民伴送回国,而汉民亦单独退学归粤矣。章炳麟先为《时务报》撰述,戊戌政变后,亦被名捕,乃避祸至台湾,次年自台渡日,得于梁任公《清议报》馆识中山。相与谈论革命方略,极为相得。庚子回沪,列名唐才常所发起之国会,炳麟劝唐勿为康党利用,唐不能从,乃愤然剪除辫发。旋在苏州东吴大学任教授,时以大义训迪诸生。二十七年,因所出论文题目有《李秀成胡林翼论》,苏抚恩铭要求逮捕,章乃亡命日本。二十八年三月十九日,与秦力山、冯自由、马君武、沈犹龙、朱菱溪、周宏业、王嘉榘、王思诚、李群等发起中夏亡国二百四十二年纪念会,在上野精养轩举行纪念仪式。日政府循清公使之请,禁止开会。中山乃邀炳麟、力山、自由等至横滨永乐楼补行开会纪念式,炳麟宣读纪念辞,有云:

> 吾属孑遗,越在东海,念延平之所生长,瞻梨州之所乞师,颓然不怡,永怀畴昔。盖望神丛乔木者,则兴怀土之情;睹狐裘台笠者,亦隆思古之痛。于是无所发舒,则《春秋》思王父之义息矣。昔希腊陨宗,卒用光复;波兰分裂,民会未弛。以吾支那方幅之广,生齿之繁,文教之盛,曾不逮是偏国寡民乎?……愿吾滇人,无忘李定国;愿吾闽人,无忘郑成功;愿吾越人,无忘张煌言;愿吾桂人,无忘瞿式耜;愿吾楚人,无忘何腾蛟;愿吾辽人,无忘李成梁。别生类以箴大同,察种源以简蒙古,齐民德以哀同胤,鼓芳风以扇游尘,庶几陆沉之祸,不远而复。

炳麟旋亦回沪,与蔡元培、黄宗仰(江苏常熟人,号乌目山僧)、吴敬恒、蒋维乔、黄炎培等发起组织中国教育会,拟从新编订教科书,以改良教育。宗仰任会长,元培任副会长兼评议长。既而南洋公学因当局惩戒学生不公,全体学生激而退学,谋自立学校,向中国教育会求助。元培借款六千元设立爱国学社,自任总理,延章、吴等为教员。章、吴均喜倡言革命,校内师生,更高谈无忌,又在张园安恺第公开演说,讲排满,出版《学生世界》以事宣传。自是元培亦公言革命矣。时《苏报》馆每月助一百元为学社经费,由元培、炳麟、敬恒等七人每日任社论一篇,周而复始,以故《苏报》不啻为学社之机关报。国内之言革命者,遂隐然以学社为惟一之集团。或言:学社即为光复会之前身,又名复古会,成立于光绪二十九年春季,所据为汪德渊民国元年十月三日致中山先生书,汪自言为该会发起人之一,似属可信,惟冯自由《中国革命运动二十六年组织史》云:"癸卯(二十九年)秋,军国民教育会实行员龚宝铨自日归国,是冬与同志组织光复会为进行机关,群推蔡元培为会长,会址暂设爱国女学堂。徐锡麟、吕熊祥、赵卓、蔡元康、秋瑾、陈伯平、马宗汉、刘光汉、吴春阳等先后订盟。”尚秉和《辛壬春秋》云:“陶成章字焕卿,浙江山阴人,素有大志,谈革命,重实践。东渡入日本成城学校,习陆军,头角峥嵘。时汪大燮为驻日公使,谋去之,诱以爵禄,令归国,既去而削其学籍。成章自是谋革命志益坚,乃与同党徐锡麟组织光复会,以为机关,同志毕集。”是又以龚宝铨、徐锡麟、陶成章为最初发起人矣。然据《蔡孑民先生言行录》则元培自言光复会系就军国民教育会所组织之暗杀团扩大改组而成,暗杀团之组织,本止六人,有何海樵、杨笃生、苏凤初等,后加入锺宪鬯、王小徐、孙少候、王子余、俞庢英、王叔枚、裘吉生、徐伯荪及弟元康。《革命先烈传记·徐锡麟传》云:“军国民教育会有一部分会员还想组织暗杀团,来狙击一二大臣,张举事的声势。龚宝铨是其中一人,他返国后,正在沪招集同志,谋组中枢干部机关,恰巧蔡元培自青岛来,表示愿意合作,于是变从事暗杀初意,重新修订规章,组织正式革命团体,定名曰光复会。公推元培为会长。”又云:“锡麟东渡参观大阪博览会,闻留日学生为着章炳麟因鼓吹革命入狱事,在某地开会谋援救,他以同乡资格参加,慷慨捐金,赞助其事,在会场上打动了两位革命志士——陶成章、龚宝铨出来和他订交,又转介于钮永建。返籍后,更放言无忌,决心从事革命运动。……第二年冬,往沪见蔡元培于爱国女学校,闻光复会的宗旨,和自己不谋而合,就很高兴的加盟,协力谋会务发展。绍兴商学界因他召号而来入会的,陆续不绝。陶成章从东京返沪就被邀入会,成章又转介各地会党首领,前来加盟,一时光复会很有兴盛气象。不久有嘉兴人敖嘉熊创办温台处会馆罗致志士,隐和光复会对立,元培学者,稳炼有余,进取不足,光复会员,竟渐为所吸收。锡麟立志重振会势,并决易地以移其重心。”此于光复会成立之历史,所述较为确实,盖由龚宝铨就暗杀小组而改组者也。徐锡麟、陶成章皆于第二年始加入,但光复会之活动,后反以徐、陶为中心焉。敖嘉熊之温台处会馆,亦为革命机关,推魏兰为总理,陶成章、吕熊祥、丁锞祥、赵卓、陈乃新、冯豹、陈梦熊等均为干事,并设副会馆三处,规模颇大。后因所营商业失败,遂致瓦解。《中华民国开国前革命史》所述光复会成立之历史甚翔实;《革命逸史》谓龚宝铨、陶成章、徐锡麟等均为重要会员,章炳麟亦在狱中策动之,因宝铨为炳麟之婿,皆事实也。黄兴等谋起事于湖南,元培令陶成章等计划在浙响应,因介绍成章及徐伯荪二人联合浙江会党,并邀集闽、浙、两江五省哥老会头目沈英、张恭等会于杭州,号曰龙华会。《中国秘密社会史》载有檄文及章程。可见光复会之组织,大略与华兴会同时,皆由军国民教育会之运动员所发起,虽推元培为会长,而元培专心学术,不耐人事烦扰,乃由徐锡麟、陶成章将其大本营移往浙江,炳麟虽以《苏报》案入狱,而实为光复会最有力分子,邹容依附炳麟,亦加入焉。此为江浙唯一之革命集团,其创立似在《苏报》案发生后,当时爱国学社已因账目事与中国教育会脱离,吴阴祖学社,章反对,二人大龃龉。黄、蔡因主张学社独立,遂不复与闻学社事。故学社与光复会并非一体,汪德渊所言似不免有误会耳。《国父年谱》及冯自由《中国革命运动二十六年组织史》系光复会成立于光绪三十年,亦误。元培于光复会外,复与刘光汉、陈竞全、叶瀚、王季同、陈去病等组织对俄同志会,又刊行《俄事警闻》,专载俄兵侵满消息及掊击清廷外交之失败,以唤起国人注意。旋更扩大为《警钟日报》,光汉为主笔,汪德渊、孙寰镜、柳弃疾等同任撰述,言论益见精彩。惟以持论过激,光绪三十一年二月被查封。

(三)《革命军》与《苏报》案

光绪二十九年春,上海各绅商开反对王之春大会,痛责其借法款假法兵平匪乱之议。四月,又开拒俄大会,在张园演说,决议否认清廷签允对俄新约,发起人为陈范、吴敬恒、冯镜如、黄宗仰等,各界名流多列名。旋即组织四民公会以资号召,继复易名国民公会。至五月间康党龙泽厚私易名曰国民议政会,渐倾向请愿清廷立宪之主张,镜如、敬恒等乃宣布脱离,会亦无形解散,然清吏对预会诸人,仍一律目为革命党。邹容者,字蔚丹,四川巴县人。少慧敏,年十二,诵经史皆上口,父以科甲期之,容弗欲,时喜雕刻。父怒,辄榜笞至流血,终勿改。稍长,从成都吕翼文学,好议论,非尧、舜,薄周、孔,侃侃无所避忌。翼文惧,摈之,父令就学日本,初抵沪,入广方言馆。旋至东京,肄业同文学校,时年十七矣。尝与钮永建规设中国协会。陆军学生监督姚某有奸私事,容偕五人排闼入其邸中,榜颊数十,持剪刀断其辫发,悬诸留学生会馆正梁,闻者称快。姚吁日警缉凶,容乃偕张继返沪避之。时章炳麟方主讲爱国学社,日以文章气节相砥砺,与容相见,奇之,称之曰“小友”。凡有关问学请益,辄循循导之。时社生多习英语,容调之曰:“诸君堪为贾人耳。”社生怒,欲殴之。容既明习国史,复通晓说文部居,疾异族如仇雠,乃草《革命军》以摈满洲,凡七章,一绪论,二革命之原因,三革命之教育,四革命必剖清人种,五革命必先去奴隶之根性,六革命独立之大义,七结论。凡二万言,其自序曰:

> 不文以生居于蜀,十有六年,以辛丑出扬子江,旅上海。以壬寅游海外,留经年,录达人名家言,印于脑中者,及思想间所不平者,列为编次,以报我同胞,其亦附于文明国中言论自由、思想自由、出版自由者欤?虽然中国人奴隶也,奴隶无自由,无思想,然不文不嫌此区区微意,自以为以是报我四万万同胞之恩,我父母之恩,我朋友兄弟姊妹之爱我,其有责我为大逆不道者,其有信我为光明正大者,吾不计,吾但信卢骚、华盛顿、威曼诸大哲于地下有灵,必哂曰:孺子有知,吾道其东。吾但信郑成功、张煌言诸先生于地下有灵,必笑曰:后起有人,吾其瞑目。文字收功日,全球革命潮,吾言已,吾心不已。
>
> 皇汉民族亡国后之二百六十年,岁次癸卯三月日,革命军中马前卒蜀人邹容记。

《绪论》首谓:“扫除数千年种种之专制政体,脱去数千年种种之奴隶性质,诛绝五百万有奇披毛戴角之满洲种,洗尽二百六十年残惨虐酷之大耻辱,使中国大陆成干净土,黄帝子孙皆华盛顿,则有起死回生,还魂返魄,出十八层地狱,升三十三天堂,郁郁勃勃,莽莽苍苍,至尊极高,独一无二,伟大绝伦之一目的,曰革命。巍巍哉!革命也。皇皇哉!革命也。吾于是沿万里长城,登昆仑,游扬子江上下,溯黄河,竖独立之旗,撞自由之钟,呼天吁地,破颡裂喉,以鸣于我同胞前曰:呜呼!我中国今日不可不革命,我中国今日欲脱满洲人之羁缚,不可不革命;我中国欲独立,不可不革命,我中国欲与世界列强并雄,不可不革命;我中国欲长存于二十世纪新世界上,不可不革命;我中国欲为地球上名国,地球上主人翁,不可不革命。革命哉!革命哉!我同胞中老年,中年,壮年,少年,幼年,无量男女,其有言革命而实行革命者乎?我同胞欲其相存相养,相生活于革命也。吾今大声疾呼,以宣布革命之旨于天下。革命者,天演之公例也;革命者,世界之公理也;革命者,争存争亡过渡时代之要义也;革命者顺乎天而应乎人者也;革命者,去腐败而存良善者也;革命者,由野蛮而进文明者也;革命者,除奴隶而为主人者也。……”第二章“革命之原因”中有云:“吾今与同胞约曰:张九世复仇之义,作十年血战之期,磨吾刃,建吾旗,各出其九死一生之魄力,以驱逐凌辱我之贼满人,压制我之贼满人,屠杀我之贼满人,奸淫我之贼满人,以恢复我声名文物之祖国,以收回我天赋之权利,以挽回我有生以来之自由,以购取人人平等之幸福。……‘忍令上国衣冠,沦于夷狄;相率中原豪杰,还我河山!’我同胞其有是志也夫!”容书成,求炳麟修饰,炳麟曰:“语虽浅直,然感动普通社会,非如是不可!”遂为作序,以广其传,《苏报》既于五月一日登《革命军自序》,及章炳麟之《客帝篇》,皆公开倡革命排满之说,东南人士,大为注目。十四日复在新书介绍栏云:“《革命军》宗旨,专在驱除满族,光复中国,笔极犀利,文极沉痛,稍有种族思想者,读之当无不拔剑起舞,发冲肩竖,若能以此书普及四万万人之脑海,中国当兴也勃焉。是所望于读《革命军》者。”清廷谕令两江总督魏光焘查办,有“上海爱国党倡言革命,该督形同聋瞆”语。光焘乃派江苏候补道俞明震(字恪士,乙未割台时,曾署理藩司,著有《台湾八日记》)至沪检查,商由租界当局协助,指名拘捕蔡元培、章炳麟、邹容、吴敬恒、陈范、黄宗仰六人,时元培、宗仰方脱离爱国学社,吴、邹皆外出,仅捕去炳麟一人。警探又赴《苏报》馆,陈范先得讯,即挈眷走日本,二女撷芬、信芳从之行。《苏报》原于光绪二十二年由胡璋创办,以其妻生驹悦为日侨,在日本领事馆注册。越二年,由湖南衡山人陈范承办。范字梦坡,以江西知县因教案落职,移居上海,愤官场腐败,知非倡新学不足以救国,遂接办《苏报》,主持四载,主张日随潮流激进。其女撷芬亦擅长文学,倡办爱国女学校及《女苏报》,以提倡女权,与父齐名。是年,《苏报》聘章士钊为主笔,爱国学社以经费不足,与《苏报》约,每日由学社教员轮流撰论说一篇,而《苏报》月助学社百元。诸人撰述,辞气激昂,崇论宏议,震撼一时。复增辟“学界风潮”一栏,登载学界消息,报务日臻发达,大遭清吏嫉视。时清廷所派办理商约大臣吕海寰,受广西巡抚王之春之托,函苏抚恩寿,谓上海租界,有所谓热心少年者,在张园聚众议事,名为拒法、拒俄,实则希图作乱,请即将为首之人密拿严办。苏抚立令上海道向各国领事照会捕人,各领事已许可,而工部局不赞成。上海英文《泰晤士报》著论称赞工部局能主持公道。海寰第一次指名逮捕者为蔡元培、吴敬恒、钮永建、汤尔和(名櫆,钮、汤二人,系东京拒俄义勇队所推代表,回国说袁世凯出兵抗敌,学生愿担任前锋。清廷指为乱党,钮、汤已抵天津,见机脱走,在沪活动)四人。第二次又指名逮捕陈范、章炳麟、冯镜如、黄宗仰、邹容等人,《字林西报》对此事记载颇详。被指名逮捕诸人,多向工部局报告居址,工部局允予特别保护,不听华官捕人。然至闰五月初五日,炳麟被捕,初七日,邹容亦向上海巡捕房自首。(吴敬恒《中山先生年系》云:“章后在看守所函嘱邹容、龙积之到案,亦被系。”)清廷乃派知府孙建臣及上海县汪瑶庭,延外籍律师控章、邹污蔑今上,大逆不道。以炳麟所著《驳康有为政见书》,有“载湉小丑,未辨菽麦”一语,而邹容之《革命军》,更公言“驱逐住居中国之满洲人,或杀以报仇。诛杀满洲人所立之皇帝,以儆万世不复有专制之君王”。此案牵涉清帝个人,为朝廷与人民聚讼之始,有史以来所未有也。清廷初要求引渡,外交团不允,嗣在上海会审公廨,组额外公堂,由上海县会审,先后四次。邹容供称:“年十九岁,初来沪入广方言馆,后至日本东京留学,因愤满人专制,故有《革命军》之作,今年四五月间请假来沪,闻人言公堂出票拘我,故自到捕房报到。”炳麟供称:“今年二月在爱国学社任教习,因见康有为著书反对革命,袒护满人,故我作书驳之。……所指‘载湉小丑’四字触犯清帝圣讳一语,我只知清帝乃满人,不知所谓圣讳。‘小丑’两字,本作类字或作小孩子解。”上海县下谕,谓章、邹等照律治罪,当堂处决,今逢万寿开科,宣布皇仁,援照拟减,定为永远监禁。时民气激昂,上海领事团对此判决亦持异议,乃移北京交涉。清廷深恐此案持久无功,遂允采纳英使意见,从宽办结。光绪三十年四月初八日,始由会审公廨宣判章炳麟监禁三年,邹容二年,此震动一时之大讼案,遂告结束。炳麟及容在狱,皆罚作工,容少年性刚,往往不耐狱卒欺凌,时起争执。又以啖麦饭不饱,时不能平。炳麟乃为之日讲佛典,更授以因明人正理论,曰学此可以解三年之忧矣。容在狱年余,以愤激致疾,内热溲膏。光绪三十一年二月二十九日,以病温四十日而卒,年二十一。炳麟抚尸痛哭,目终不瞑。时距刑满仅七十日耳,世咸疑为清吏谋毙也。上海刘三(季平)收其骨葬沪西华泾乡黄叶楼旁。案发后,《苏报》即被查封,爱国学社亦解散,惟爱国女学校仍尽力维持,皆元培力也。吴敬恒赴伦敦,黄宗仰赴日本,元培早欲赴德留学,曾往青岛习德文,不一月而《苏报》案发,元培回沪后,尝往狱中探视章、邹,并未离沪,且与龚宝铨等发起光复会,从事革命。其后徐锡麟、秋瑾、陶成章等皆有所成就,与《苏报》、《革命军》之影响全国,同属革命运动中轰轰烈烈之事也。

(四) 黄兴与华兴会

黄兴原名轸,号廑午,别字克强,湖南善化人,同治十三年生。少年英俊,体貌魁伟,沉默寡言,富于胆智,幼学乌家拳术,只手能举百钧。戊戌维新时,兴年二十五,肄业两湖书院,文气豪放,为院长梁鼎芬所器重。光绪二十七年,鄂督张之洞派赴日本考察学务,乃锐意深造,充实学力,除于东京弘文书院习速成师范外,复聘日军官讲授兵略,并演习武术骑射。又与陈天华等创办《湖南游学译编》刊物,作革命宣传之利器。留日学生因反抗帝俄侵略东北,痛恨清廷懦弱无能,对于不抵抗主义,莫不义愤填膺。于是有拒俄义勇队与军国民教育会之组织,兴与蔡锷、陈天华皆加入。钮永建、汤槱(尔和)代表往说袁世凯出兵抗俄,袁不纳,且将不利于二代表。留学生闻之,愤慨益甚,前此希望维新变法者,至是亦多萌革命思想。兴与天华负回湘运动之责,以光绪二十九年五月回国。既抵湘,主讲长沙明德学堂,与张继、周震麟、秦毓鎏等常讨论进行革命方略。十一月,留日学生回国者益多,兴乃与陈天华、杨守仁(笃生)、刘揆一、谭人凤、陈其殷、柳聘农、柳继忠、秦毓鎏、赵幼梅、罗良铎、宋教仁等,创立华兴会于连升街,同志加入者五百余人。兴被举为会长,毓鎏副之,以实行革命相号召,联络会党为入手。兴首先提议云:

本会皆实行革命之同志，自当讨论发难之地点与方法，以何为适宜？一种为倾覆北京首都，建瓴以临海内，有如法国大革命发难于巴黎，英国大革命发难于伦敦。然英、法为市民革命，而非国民革命，市民生殖于本市，身受专制痛苦，奋臂可以集事，故能扼其吭而拊其背。若我辈革命，既不能借北京偷安无识之市民，扑灭虏廷；又非可与异族之禁卫军，同谋合作。是则吾人发难，只宜采取雄据一省，与各省纷起之法。今就湘省而论，军学界革命思想，日见发达，市民亦潜濡默化。且同一宗旨之洪会党人，久已蔓延团结，惟相顾而莫敢先发，正如炸药既实，待吾辈引火线而后燃。使能联络一体，审势度时，或由会党发难，或由军学界发难，互为声援，不难取湘省为根据地。然使湘省首义，他省无起而应之者，则是以一隅而敌天下，仍难直捣幽、燕，驱除鞑虏。故望诸同志对于本省外省各界与有机缘者，分途运动，俟有成效，再议发难与应援之策。

华兴会员多属知识分子，恐与洪门会党接洽，或多隔阂，乃别创同仇会以联络之，以刘揆一、马福益主其事。先是，哥老会首领有王四脚猪者，又号王四爵主，其势力由两湖达于镇江。以佐唐才常起义失败而死，马福益继其位。揆一于东渡前曾解马之厄，故相交甚笃。揆一返湘后，曾介绍福益于黄兴，三人订为昆弟之交。华兴会成立后，揆一任醴陵渌江学堂监督，专经理各路发难事宜，而以哥老会为主要干部。兴仿日本将佐尉军制，编列各项组织，自任大将，兼会长职权；揆一任中将，掌陆军事务，福益任少将，掌会党事务。浏阳普集市每年例开牛马大会，并乡村以牛马犬豕等兽类赴赛，莅会者凡数万人，泰半隶哥老会籍。故哥老会规定是日为拜盟宣誓之佳节。同仇会即于同日举行马福益之少将授与式，由揆一代表会长黄兴，亲给福益以长枪二十挺，手枪四十挺，马四十匹，并监督宣誓，仪式庄严，观者如堵。自是哥老会员相继入会者，不下十万人，声势甚壮。光绪三十年春，兴以一切布置，均已就绪，乃与揆一、福益商订趁十月十日西太后生辰，全省官吏在皇殿行礼时，预埋炸药以炸毙之，乘机占领长沙，以为革命根据地。省城方面，以武备学堂学生联络新旧各军为主动，会党健儿副之;省外方面,分浏阳、衡州、常德、岳州、宝庆五路,以作响应。推兴为主帅,刘揆一、马福益任正副总指挥。不料起义前二十余日,有会党何少卿、郭鹤卿二人以事机不密,在湘潭县城被县吏逮捕,而大体计划亦被探悉。湘潭县即飞报巡抚俞廉三告变。党人中有号飞毛腿者,知事已泄,急走告马福益(时驻湘潭属之茶园铺矿场)及驻省之黄兴、刘揆一,兴等正在东文讲习所计议大举,乃密电各机关预先防备。清吏捕索急,全城为之骚动,哥老会党萧桂生、游得胜被捕,兴乃与张继等走上海,揆一绕道赴汉口,福益逃桂。宋教仁原负责常德一路,因饷糈缺乏,九月二十九日抵省,往访兴寓所(在明德学堂对门),阍者云:已十日没回矣。踯躅街头,莫知所措,忽遇曹亚伯,始知谋泄事败,不久,亦悄然逃沪赴日本留学(原肄业武昌文普通学堂)。兴至沪,与揆一、陈天华、郭人漳、张继、徐佛苏等组织秘密机关于余庆里,号上海青年学社。旋以万福华(受吴春旸影响醉心革命)谋刺王之春事件,余庆里被搜捕,兴、天华、继、人漳、佛苏及章士钊、朱启陶等十余人同时被逮。人漳官职为道台,所交多政界权要,故被系未久,即有泰兴县令龙璋向会审公廨保释。上海道袁树勋亦亲访英总领事要求释放,数日即出。福华被判徒刑十年,慨然曰:“求仁得仁,我得其所矣。”光绪三十一年二月,福益又图起义于洪江,兴得讯由日归,助其枪械。舟抵沅陵,被厘卡泄露,又闻马福益被擒,知事不知为,乃乔装商贾走古丈石门,出湖北公安而至汉口。此时既悼死友,又恨迭举事不成,悲愤交集,而其志益坚。于焦灼苦闷中,忽得东京同志来函,称中山先生将自欧、美来东京,亟欲与兴会晤。兴遂于五月重复东渡。七月,中山至日本,由宫崎寅藏之介绍,始相会于东京凤乐园,畅论革命大计,而华兴会与兴中会合并改组之议成矣。

一百六十二　革命之宣传与檀岛之论战

(一)越泰党务之开基及东京私立之军事学校

中山于惠州之役失败后,由台湾回日本,居横滨,努力于宣传主义,筹募资金,以图再举。安南总督韬美氏(Doumer)托东京法公使屡次邀请中山往见,初以事未果行。光绪二十八年十二月初始由日抵港,借旅费于李纪堂,纪堂慨助万元,遂乘船赴西贡转往河内。河内为安南首府,正开博览会,会期三月。时韬美氏已离任回国,嘱其秘书长哈德安招待甚殷。中山得识华侨黄龙生(本名隆生,广东新宁人)、甄吉亭、甄璧(籍同上)、杨寿彭(广东南海人)、曾齐(字克齐,广东新安人)等于河内。又识李卓峰、曾锡周、马培生等于西贡;萧佛成、王杏洲、沈荇思、何少禧等于暹罗。安南、暹罗一带华侨约三百万,二地以前不特无革命之机关,即重要党员足资联络宣传者亦无一人,仅有三五同志,因惠州之役失败,至此避地而已。中山以二地华侨如此之众,实为培植革命势力最佳之所,因在二地宣传半年,并设立兴中会,日后南洋党务之发展自此始。光绪二十九年六月初,中山再作环球漫游,取道日本,经横滨,兴中会同志已零落,与之往还者,仅黎炳垣、温遇贵、冯自由、廖翼朋等十数人;惟东京留学界之革命思潮,一日千里,由于冯、廖诸人为之连系,来横滨访谒者甚多,座客常满。中山所自记者,有廖仲恺夫妇(仲恺原名恩煦,广东惠阳人。妻何香凝,南海人,时同在日本留学,后均入同盟会,为革命效力)、马君武(原名和,字责公,广西临桂人。时肄业日本西京帝国大学,后往德国,得柏林工科大学博士学位)、胡毅生(名衍鸾,又名毅。广东番禺人)、黎仲实(名勇锡,又字孝渊,广东高要人)等。《年谱》谓尚有程家柽、刘成禺、叶澜、李书城、李自重、李锡青、朱少穆、郭健霄、桂少伟等数十人,皆表示赞成革命,中山托以在东物色有志学士,结为团体,以任国事,后同盟会之成立,多有力焉。时《苏报》案发生不久,黄宗仰、陈范皆避居横滨,日访中山畅论时事,宗仰与廖翼朋且与之同寓焉。翼朋为中山博济医校同学,方在横滨经商;宗仰潇洒不群,能诗擅绘事。一面高谈革命,一面以诗画自遣。所画梅遍张卧室四壁,横斜纷披,蔚为奇观。当日留学生欲入振武学校习军事者,因受清使馆之禁阻,不能入学,咸怀觖望,因此李自重、黎勇锡等群请中山设法。乃请犬养毅介绍日军官二人,一名日野熊藏,一名小室健次郎(健或作友)。日野为现役军人,供职东京兵工厂,研究波亚战术,极有心得,为有名之军事学家。且精于兵器学,有日野式自动拳铳(手枪)之发明。中山亦研究波亚战术,特购置关于英、波战史及图策百数十卷,日夕观摩,孜孜不倦。与日野相谈,甚为契合。于是商定由参加学生,共赁一屋同居,日间自习普通学科及日语,夜间则授战术及兵器学。初赁屋于牛込区,后以离日野居过近,易为警探注目,乃迁至青山练兵场附近,俾每日得观近卫师团各项兵种之教练,夜间则轮派二人至日野家,听授讲义,归而述之,是为青山革命军事学校之由来。学生共十四人——李自重、黎勇锡、胡毅生、桂廷銮、区金钧、卢少岐、刘维焘、雍浩、郑宪成、饶景华、卢牟泰、伍嘉杰、郭健霄、李锡青等。除雍浩、郑宪成二人为闽籍,余皆粤人。开学之前,各生均须向中山前当天宣读誓词,词曰:“驱除鞑虏,恢复中华,创立民国,平均地权。”是为兴中会变更誓辞之第一次,亦即后二年同盟会成立时之誓辞也。学期规定八个月,学科有普通兵事学,及制造盒子炮、木炮、各种火药等门,尤注重波亚式散兵战法,及以寡敌众之夜袭法。校章规定,严守秘密,诸生均能孜孜向学,颇为日教员所嘉许。开课一月后,中山有檀香山之游,校外事务,概托冯自由管理。无何,校内各树派别,意见分歧,四阅月后,内讧愈甚,经日教员多方调解无效,不得已遂宣布解散。同学各散东西,自乙巳年加入同盟会者,仅毅生、仲实、刘立群、饶景华四人而已。是年八月,中山为宣传革命,筹措饷糈,以备大举发难,乃离日前赴檀香山,以短于资斧,由黄宗仰慨赠银二百元,始得成行。

(二) 对保皇党之论战

檀香山原为中山旧游及兴中会发源之地,德彰向居茂宜埠营畜牧业,亲朋故旧甚众。惟自二十五年梁启超获中山函介抵此,提倡保皇即革命之说,侨胞不察,多为所惑。所有各团体报馆势力,几为保皇党所尽握。因是兴中会受严重之打击,会员中能始终不渝者,仅李昌、郑金、何宽、程蔚南等十数人耳。然亦慑于保皇会之声势,缄口结舌,莫敢或抗。中山此次重临,已暌隔九载,大有今非昔比之叹!时保皇党机关报《新中国报》闻中山莅临,竟著文丑诋革命党,且涉及中山个人。郑金、李昌等异常愤激。会程蔚南主办《隆记报》,一名《檀山新报》,中山命改组为党报,以笔政乏人,即亲自撰文发抒意见,与《新中国报》大开论战。兹先录其《敬告同乡书》如下:

向者公等以为革命、保皇二事,名异而实同,谓保皇者,不过借名以行革命,此实误也。天下事名不正则言不顺,言不顺则事不成,夫常人置产立业,其约章契卷,犹不能假他人之名,况以康、梁之智,而谋军国大事,民族前途,岂有故为名实不符而犯先圣之遗训者乎?其创立保皇会者,所以报知己也。夫康、梁一以进士,一以举人,而蒙清帝载湉特达之知、非常之宠,千古君臣,知遇之隆,未有若此者也。百日维新,言听计从,事虽不成,而康、梁从此大名已雷动天下,此谁为之?孰令致之?非光绪之恩,曷克臻此!今二子之逋逃外国,而倡保皇会也,其感恩图报之未遑,岂尚有他哉?若果有如公等所信,彼名为保皇,实则革命,则康、梁者尚得齿于人类乎?直禽兽不若也!故保皇无毫厘之假借,可无疑义矣。如其不信,则请读康有为《最近政见书》,此书乃康有为劝南北美洲华商不可行革命,不可谈革命,不可思革命,只可死心塌地以图保皇立宪,而延长满洲人之国命,续长我汉人之身契,公等何不一察实情,而竟以己之心度人之心,以己之欲推人之欲,而诬妄康、梁一至于是耶!或曰言借名保皇而行革命者,实明明出诸于梁启超之口,是何谓诬?曰然,然而不然也。梁之言果真诚无伪耶?而何以梁之门人有革命思想者,皆视梁为汉仇耶?梁为保皇会中之运动领袖,阅历颇深,世情浸熟,目击近日人心之趋向,风潮之急激,毅力不足,不觉为革命之气所动荡,偶尔失其初心,背其宗旨,其在《新民丛报》之忽言革命,忽言破坏,忽言爱同种之过于恩人光绪,忽言爱真理之过于其师康有为者,是犹乎病人之偶发呓语耳。非真有反清归汉、去暗投明之实心也。何以知其然哉?夫康、梁同一鼻孔出气者也,康既刻心写腹,以表白其保皇之非伪,而梁未与之决绝,未与之分离,则所言革命,焉得有真乎?夫革命与保皇,理不相容,势不两立,今梁以一人而持二说,首鼠两端,其所言革命属实,则保皇之说必伪;而其所言保皇属实,则革命之说亦伪矣。又如本埠保皇报之副主笔陈某者,康趋亦趋,康步亦步,既当保皇报主笔,而又口谈革命,身入洪门,其混乱是非,颠倒黑白如此,无怪乎公等向以之为耳目者,混革命、保皇而为一也。此不可不辨也。今幸有一据,可以证明彼虽口谈革命,身入洪门,而实为保皇之中坚,汉族之奸细,彼口谈革命者,欲笼络革命志士也;彼身入洪门者,欲利用洪门之人也。自弟有革命演说之后,彼之诈伪,已无地可藏,图穷而匕首见矣。若彼果真有革命之心,必声应气求,两心相印,何致有攻击不留余地,始则于报上肆情诬谤,竭力訾毁,竟敢不顾报律,伤及名誉,若讼之公堂,彼必难逃国法,继则大露其满奴之本来面目,演说保皇立宪之旨,大张满人之毒焰,而痛骂汉人之无资格,不当享有民权。夫满洲以东北一游牧之野番贱种,亦可享有皇帝之权,吾汉人以四千年文明之种族,则民权尚不能享,此又何说?其尊外族抑同种之心有如此其甚者,可见彼辈所言保皇为真保皇,所言革命为假革命,已彰明较著矣。由此观之,革命、保皇二事,决分两途,如黑白之不能混淆,如东西之不能易位。革命者,志在扑满而兴汉;保皇者,志在扶满而臣清,事理相反,背道而驰,互相冲突,互相水火,非一日矣!如弟与任公私交虽密,一谈政治,则俨然敌国。然士各有志,不能相强,总之,划清界限,不使混淆。吾人革命,不说保皇,彼辈保皇,何必偏称革命?诚能如康有为之率直,明来反对,虽失身于异族,不愧为男子也。古今来忘本性,昧天良,去同族而事异种,舍忠义而为汉奸者,不可胜计,非独康、梁已也。汉、满之间,忠奸之判,公等天良未昧,取舍从违必能审定。如果以客帝为可保,甘为万劫不复之奴隶,则亦已矣。如知冰山之难恃,满、汉之不容,二百六十年亡国之可耻,四万万汉族之可兴,则宜大倡革命,毋惑保皇,庶汉族其有豸乎?书不尽意,余详演说笔记中,容出版,当另行呈正。

夏威夷群岛除檀香山正埠外,以希炉埠为最巨,其地有火山名胜,游客麇集,商业繁盛。中山以檀埠保皇党势力正盛,颇难着手,乃先往希炉进行。先是兴中会员毛文明受该埠基督教礼拜堂之聘,任宣教师,抵埠数月,传道之余,与黎协等组织一演说会,阐明革命大义,力辟保皇谬说,深得华侨信仰。闻中山至檀,即发起欢迎会,敬请莅临,并假日本戏院发表演说,华侨听众逾千人,座无虚席,咸大悦服。文明又介绍梨协、郑鎏、郑仲、黄根、郑成、刘安、杨告、李华根、唐安、黄义、卢球、胡锦等十余人入会，希炉之有革命团体自此始。中山尝云："吾民族在海外为革命事业公开演说，实自希炉始，即吾对侨胞第一次之演说也。"旋以该埠会务坚固，负责有人，爰于十二月重返檀埠，受当地华侨热烈欢迎，与初抵时之冷落情况，判若霄壤！牧师黄旭昇与文明有戚谊，中山颇得其协助。李昌、郑金、杨锐等复假西人戏院请中山讲演三日，听者辄达数千人。每次讲毕，必立台上良久，使听众问难。自是侨胞始了解革命与保皇二者实背道而驰，幡然知悟，弃保皇党而来归者，颇不乏人。中山于宣传主义外，并向华侨筹款，发行十元票额之债券。又为病者施医，不受谢金。保皇会以人心趋向革命，恐大势将去，为挽回颓势计，乃在《新中国报》制造诽语，大肆攻击，向革命党挑战。中山撰《驳保皇报》一文以驳斥之。指该报主笔陈仪侃《敬告保皇会同志书》，语无伦次，义相矛盾，于论理学、政治学皆一无所知。空言爱国，第不知所爱之国，为大清国抑中华国？尤力辟其革命足召瓜分之谬论。中山致书同志云："顷保皇会出大阻力，以搤弟之行事，彼所用之术，不言保皇，乃言欲革命，名实乖舛，可为僇笑！惟彼辈头领多施诈术以愚人，谓保皇不过借名，实亦革命，故深中康毒者多盲从之。弟今与彼辈在此作战……于檀香山四岛，已肃清二岛，其余二岛，不日亦当收服。"此可见中山先生复由保皇党手中夺回既失之地盘矣。

（三）欧美之环游

中山之兄德彰在茂宜岛经营牧场，已不若往年之丰裕，对环游旅费之供给，颇感无力，仅赠龙涎香一枝，以备困乏之用而已。其母舅杨文纳劝中山加入洪门，广结同志，可为革命之助。然洪门中之保皇会分子，提议阻挠。嗣洪门前辈锺水养云："洪门宗旨，在反清复明，孙先生虽未加入洪门，已实行洪门宗旨多年，此等人应竭力接纳之不暇，何可拒之门外，致贻违反宗旨之讥讽？"反对者遂语塞。致公堂择日为孙氏"入闱"，演特别开台戏。同时拜盟者六十余人，中山被封为"洪棍"（元帅曰"洪棍"）。光绪三十年正月，中山赴美，二月抵旧金山，以保皇会员之攻讦，海关查验时，称为中国乱党，应暂留船上候讯，不得登岸。次日，即移送安琪儿岛

(Angel Island)候审所,拘囚于木屋中。幸赖致公堂总理黄三德、《大同日报》经理唐琼昌及耶稣教友伍盘照努力营救,遂得登陆自由。洪门同志,大为欢迎,咸称为孙大哥。中山将邹容所著之《革命军》印刷一万一千册,分寄美洲及南洋各地,以广宣传。印费及邮费,由《大同日报》及致公堂任之。全美华侨得此有力宣传品之启导,不及半载,观念大变。中山先生自记云:"海外华侨亦渐受东京留学界及内地革命风潮之影响,故予此次漫游所到,凡有华侨之处,莫不表示欢迎。较之往昔,大不同矣。"又向各基督教友发售革命军需债券,谓:"此券规定实收美金十元,候革命成功之日,凭券即还本息一百元。凡购券者即属兴中会员,又享受国家各项优先权利。"各教友对购券事均甚赞成,惟闻凡购券即为兴中会员一节,多有戒心。中山解释,此举志在筹款,入会与否,绝不勉强,且此项债券票面并不写姓名,可勿过虑,众始无异言,结果约得二千七百余元。邝华汰复在卜技利埠募得一千三百余元。即以此为漫游旅费。时《大同日报》主笔政者为康有为弟子区榘甲(字云樵,惠州归善县人),时在报上著论排斥中山,并责洪门招待之不当。该报为致公堂之机关报,致为黄三德等所不满,乃令辞职,由中山介绍刘成禺承其乏。成禺于是夏由横滨抵旧金山,自是《大同日报》之旗帜一变,革命言论,鼓荡全美,华侨慕义者日众。洪门宗旨,亦经中山先生重订致公堂新章程,倡议洪门会员总注册,使与兴中会相合。其新章程序言称:

原夫致公堂之设,由来已久,本爱国保种之心,立兴汉复仇之志,联盟结义,声应气求,民族主义赖之而昌,秘密社会因之日盛,早已遍布于十八省与五洲各国,凡华人所到之地,莫不有之,而尤以美国为隆盛。盖居于平等自由之域,共和民政之邦,结会联盟,皆无所禁,此洪门之发达,固其宜矣。惟是向章太旧,每多不合时宜,维持乏人,间有未惬众意,故有散漫四方,未能联络一气,以成一极强大之团体,诚为憾事!近且有背盟负义,趋入歧途,倒戈相向者,则更为痛恨也!若不亟图振作,发奋有为,则洪门大义必将沦丧矣。有心人忧之,于是谋议改良,力图进步,重订新章,选举贤能,以整顿堂务,而维系人心。夫力分则弱，力合则强，众志可以成城，此合群团体之可贵也。……

本堂人数既为美洲华人社会之冠，则本堂之功业，亦当驾于群众，方足副本堂之名誉也。乃向皆泄泄沓沓，无大可为，此又何也？以徒有可为之资，而未有可为之法，故虽欲振作而无由也。今幸遇爱国志士孙逸仙先生来游美洲，本堂请同黄三德大佬往游各埠，演说洪门宗旨，发挥中国时事，各埠同人始如大梦初觉，因知中国前途，吾党实有其责。先生更代订立章程，指示办法，以为津导，我旅美同人可以乘时而兴矣。……当此清运已终之时，正汉人光复之候，近来各省风潮日涨，革命志士日多，则天意人心之所向，吾党以顺天行道为念，今当应时而作，不可失此千载一时之机也。……

中国之见灭于满清，二百六十余年而莫能恢复者，初非满人能灭之能有之也。因有汉奸以作虎伥，残同胞而媚异种……今又有所谓倡维新谈立宪之汉奸，以推波助澜，专尊满人而抑汉族，假公济私，骗财肥己……其丧心病狂，罪大恶极，可胜诛哉！凡吾汉族同胞，非食其肉，寝其皮，何以伸此公愤，而挫兹败类也！本堂虽疲驽，亦必当仁不让，不使此谬种流传，遗害于汉族也。

新章程以“驱逐鞑虏，恢复中华，创立民国，平均地权”为宗旨，已将中国同盟会之誓辞，先一年贯注于洪门中。并订其宗旨与本堂相同者，认作益友，互相提携，相反者，视为公敌，不得附和。严革命、保皇两党之区划，友敌分明，自是联络会党之议，始获全部实现，而有助于革命事业者岂浅鲜哉！中山偕黄三德遍游各埠宣传，每至一处，必开台演戏，由中山演说洪门反清复明乘时救国之宗旨。历时数月，赞成者虽多，而阳奉阴违，误入保皇歧途者亦不少。然终为他日重来合作辟一新途径，此行实不虚也。中山以民智闭塞，一时不易生效，乃以注册事委诸黄三德，而自向留学生及国际方面作宣传运动，王宠惠、陈锦涛诸人时相过从，以讨论革命政府之外交、财政各问题。中山并撰《中国问题之真解决》一文，外书《革命潮》三字，以分赠各国人士，此为革命领袖首次对外公布之宣言。谓外人对中国向有二种误解,其一谓:中国闭关成性,不愿与外人交通。不知仇洋群动,为清廷所酿成,乃满洲人之私见,非中国人之公愿也。其二谓:中国地大物博,一旦睡狮警醒,势将成为黄祸。不知中国人天性和平守法,决不致成为侵略者,如能革新进步,世界亦得共享和平之福。最后请各国对中国寄以同情,希望有众多之拉飞冶德(Lafayett,法人,助美独立者)来自美国。是年冬,留欧学生贺之才、史青、魏宸组、胡秉柯等以刘成禺之介,特邀中山赴欧共商国事。并汇八千佛朗为旅费,中山遂由美赴英。光绪三十一年春,先至比京布鲁塞尔与史青等谈论革命方略,乃揭示三民主义、五权宪法之原理,众皆钦服。时留欧学生,十九属鄂籍。邹鲁《中国国民党史稿》云:"湖北学生李书城、时功玖、贺之才、朱和中、曹亚伯、胡秉柯、孔庚、史青、魏宸组、耿觐文等在鄂鼓吹革命,当道惧之,乃择其尤派赴东西洋留学,借以减其势。如是贺之才、史青等被派赴比,魏宸组、胡秉柯等被派赴法,朱和中等被派赴德。"又邓慕韩《孙中山先生传记》云:"鄂当道以学生趋向革命,留之恐酿巨患,杀之又未有罪名,不如遣往外洋留学,以散其势,法为最善。因此遣朱和中、贺之才、史青、魏宸组、胡秉柯等出国。计湖北先后派赴德、法、比各国者百数十人,留欧学生,十九属鄂籍。"皆以运动新军为入手之方,中山则以改良会党为入手之方,经辩论多次,认有双管齐下之必要。于是开第一会于比京,加盟者三十余人,俱新书誓词,当众盟誓。中山并授以各种秘密手式口号。誓辞曰:"具愿书人○○○当天发誓:驱除鞑虏,恢复中华,建立民国,平均地权,矢信矢忠,有始有卒,倘有食言,任众处罚。天运乙巳年月日押。"时秉柯、和中等传观誓词,相视而笑,中山问之,曰:"康、梁说先生目不识丁,我见誓词简老,知康、梁所言之妄。"中山曰:"我亦读破万卷也。"旋复由英赴德,开第二会于柏林,加盟者二十余人。由德赴法,开第三会于巴黎,加盟者十余人。但在德加盟之王发科、王相楚二人,与在法加盟之汤芗铭、向国华二人阴谋盗回盟书,奔赴驻法使署,泣诉于法使孙宝琦,叩头请罪。宝琦不主深究,立责王等将誓书送还各同学,恐出而干涉,蹈伦敦使馆覆辙也。中山函责朱和中,谓:"若有悔心,曷不明言?纵欲收回盟据,亦应好说,何须用此卑劣手段?"和中急辩解,并慎选坚定不移之同志,补写誓约,以示决心。中山以叛者只此四人,全体未叛,怒始解。会东京函电敦促,盼中山返日甚切。则第四会即开于东京,而中国同盟会正式成立,革命运动又迈进一新阶段矣。

(四) 洪全福、李纪堂之义举

《国父革命缘起》云:"自惠州失败,以至同盟会成立之间,其受革命风潮所感兴起而图举义者,在粤则有李纪堂、洪全福之事,在湘则有黄克强、马福益之事,其事虽不成,人多壮之。"黄、马之事,前已述之,兹补叙李、洪之事。李纪堂者名柏,广东新会人,为香港富商李陞之第三子。庚子春,偶访谢缵泰谈时政,缵泰劝其入革命党,同任国事。遂由杨衢云主盟,加入兴中会。时惠州起义之筹备,将次成熟,中山于六月间至港,闻李已入会,大喜,乃给款二万元,令充驻港司库。中间款绌,纪堂纾私财不少。事败,走上海转赴日本,迨辛丑五月,始再返港,组织种植畜牧场,广纳同志。时其父已逝世,分得遗产百万,欲图再举。适谢缵泰与洪全福等,方有所谋,李欣然赞成,会商进行方针。全福提议筹饷五十万元,召集省港洪门兄弟克期发难。纪堂以独力担负全饷,议遂定。洪全福者,原名春魁,一字梅生,为洪秀全部下,幼随秀全起兵,以功封左天将瑛王三千岁。太平军败,逃香港,佣洋舶为庖丁,附籍东莞县洪屋围村,航行四十载,年老力衰,遂隐香港,悬壶自给。与缵泰父谢日昌为旧友,因得与缵泰识,成忘年交。缵泰自乙未、庚子两役失败后,又感于杨衢云被刺身死,蛰居郁郁。己亥冬,偶闻全福谈太平天国遗事,及其在洪门中之潜势力,大悦,遂商诸父,欲推全福为首领,并预定国号曰太平顺天国,春魁改名全福,示借洪秀全福荫之意。自称顺天国兴汉大将军,以梁慕光为司令官,李植生为总参谋,设总机关于香港德忌笠街二十号四楼和记栈。慕光等复在广州设立花埭信义公司、广州继业肥料公司、芳村继业肥料公司等分机关,以为贮积军械军需品之所。又遣宋居仁、苏子山(原名龚超)、冯通明等联络各地会党。克期于光绪二十八年十二月三十日晚举事,约俟全城官吏齐赴万寿宫行礼时,放火为号,各路并发。二十六日,全福偕缵泰弟子修往澳门入香山布置一切。讵二十八日晚香港为一周某告密,警察前往和记栈搜查,逮捕同志五人,而机事遂全局败露。粤督德寿借此破获各党人机关,全福等半载之经营,悉成泡影。梁慕义、梁慕信、李伟慈、李秋帆、苏居、何萌、刘玉岐、龚超、梁纶初、叶昌、叶木容、陈学灵等或被判死刑,或监禁二十年。惟在港被捕者,因西报主笔康银罕(Alfred Ceiuningham)之力,皆立予省释。全福、慕光、植生皆脱险回港,以清吏购捕急,全福易名浮萍,避地新加坡,旋以病返港就医,卒于国家医院,年七十六。(此据《国父年谱初稿》,又《革命缘起详注》云:“民元前八年逝世,年六十九。”)植生、慕光则先后避地横滨。谢日昌年迈,愤而成疾,翌年逝于香港,年七十二。缵泰自经此次失败,益觉灰心,遂隐退不复过问政治。斯役虽发动于兴中会会员,但干部概未与闻,即中山先生时在越南,亦仅由港友函告,略知大概,未尝参与其事也。此外尚有潮州人陈雪秋者,世居南洋,素有志革命,尝受尢列、黄乃裳之熏陶,于光绪三十年回粤起事,在潮经营数月,得同志吴金铭、萧竹荷、李子伟、吴金彪、刘龙苍、李杏坡等数十人,势力日盛。遂于三十一年正月在宏安乡自宅开会讨论起事方略,推定雪秋任革命军司令,金铭等分任各职,更设法向潮汕铁路局取得承办工程之权利,密派余丑、余通、陈涌坡等为筑路工头,使召集同志七百人充路工。复由金铭以绅士名义,禀请招募团练四百名,亦以同志充之。约定三月十五日同时起义。讵因李杏坡用人不慎,其部下在华美乡运动,事泄,被清总镇黄全福侦知,遂派队将杏坡拿获斩首,金铭同时被捕,刘龙苍约邑绅郭竹君等联名保释,旋复有人告发,谓吴、刘俱革命党,辞连许雪秋,道府派委员密查。雪秋闻之,乃身怀手枪,只身向潮州道署自投,侃侃抗辩。道员某以许曾捐纳道衔,又系地方大绅,且属旧识,遂不予深究。雪秋经此次蹉跌,乃自赴南洋,图再举。此皆革命运动酝酿时期之大略也。

第三十八章　宪政运动之成绩

一百六十三　保皇会之活动

（一）革命、保皇两党合作问题

戊戌政变后，康、梁亡命日本，因感于光绪帝时有废弑之虞，乃大倡保皇之说。光绪二十五年六月，康有为在加拿大与华侨李福基等创立保皇会，有为自记云："己亥六月十三日，与义士李福基、冯秀石及子俊卿，徐为经、骆月湖、刘康恒等创立保皇会。二十八日，至域多利中华会馆率邦人祝寿，龙旗摇飏，观者如云。湾高、华兴二埠，同日举行，海外祝嘏，自此始也。"时启超在日本，与中山过从渐密，喜谈革命；曾联合同门韩文举、区榘甲、罗普、罗伯雅、张智若、李敬通、陈侣笙、梁子刚、谭伯生、黄为之、唐才常、林锡圭等十三人，致函有为云："国事败坏至此，非庶政公开，改造共和政体，不能挽救危局。今上贤明，举国共悉，将来革命成功之日，倘民心爱戴，亦可举为总统。吾师春秋已高，大可息影林泉，自娱晚景，启超等自当继往开来，以报师恩。"此十三人，各地康徒呼之曰"十三太保"，指为叛逆也。有为旋至新加坡，住邱菽园（名炜萲）家，得徐勤书，立派叶觉迈携款赴日，勒令梁即赴檀岛办理保皇会事务，不许稽延。启超不得已，遵命前往，濒行约中山共商国事，矢言合作到底，至死不渝。以檀岛为兴中会发源地，托中山为介绍同志。中山坦然不疑，乃作书介绍于其兄德彰及诸友。启超至檀后，曾有信致中山云：

弟于十二月三十一日抵檀，今已十日，此间同志大约皆已会见，

> 李昌兄诚深沉,可以共大事者。黄亮、卓海、何宽、李禄、郑金皆热心人也。同人相见,皆问兄起居,备致殷勤。弟与李昌略述兄近日所布置各事,甚为欣慰。令兄在他埠,因此埠疫症,彼此不许通往来,故至今尚未得见,然已彼此通信问候矣。弟此来不无从权办理之事,但兄须谅弟所处之境遇,望勿怪之。要之,我辈既已订交,他日共天下事,必无分歧之理。弟日夜无时不焦念此事,兄但假以时日,弟必有调停之善法也。

启超向各侨商倡言名为保皇,实即革命,侨商多为所惑。兴中会员大半皆变为保皇会员。启超并加入洪门,以资运用。其于二十六年二月十三日致有为书云:“弟子近作一事,不敢畏罪而隐匿于先生之前,谨以实告。其事维何?则已在檀山入三合会事是也。檀山之人此会居十之六七,初时日日演说,听者虽多虽喜欢,然入我会者卒寥寥,后入彼会,被推为其魁,然后相继而入。今我会中副总理锺木贤、张福如,协理锺水养,皆彼中之要人也。弟子今日能调动檀山彼会之全体,使皆听号令,而锺木贤、张福如两人皆极诚心通识,为全埠所推仰。福如英语极佳,知兵法,有肝胆,咸愿相从归粤办事,然我辈现时寒酸已极,而弟子在彼等前又不无夸张之词,实愧见之也。”又云:“弟子既入彼会(彼会极可笑,有许多奇怪名目,弟子今被举为智多星之职),有权调集彼等,从此入手,或有所得。……且中山日日布置,我今不速图,广东一落其手,我辈更向何处发轫乎?此实不可不计及,不能徒以中山毫无势力之一空言,可以自欺也。”又于四月一日致有为书,言檀岛党事情形:“久已安贴,大约为我党者仍十人而七也。然保皇会得力之人,大半皆中山旧党(原注:此间人无论其入兴中会与否,亦皆与中山有交)。今虽热而来归,彼心以为吾党之人才势力远过于彼党耳。若一旦归来,吾党之人既已如此,而彼党在港颇众,檀山旧人归去从彼者,如刘祥,如邓从圣(原注:此人倾家数万以助中山,至今不名一钱,而心终不悔,日日死心为彼办事,阖埠皆推其才,勿谓他人无人也),此间人皆称之。彼辈一归,失意于吾党而不分,返檀必为中山用。吾赔了夫人又折兵,徒使山将军大笑,而回光镜一度返照到檀,全局可以瓦解。”此可见檀香山华侨之初入保皇会者，皆兴中会中人，启超虽借中山之介绍以吸收之，而终恐彼等窥破内幕，必仍归为中山用也。此时启超致中山书云：

> 足下近日所布置，弟得闻其六七，顾弟又有欲言者，自去年岁杪废立事起，全国人心悚动奋发，热心骤增数倍。望勤王之师，如大旱之望雨。今若乘此机会，用此名号，真乃事半功倍。此实我二人相别以来，事势一大变迁也。弟之意常觉得通国办事之人，只有咁多，必当合而不当分。既欲合则必多舍其私见，同折衷于公义，商度于时势，然后可以望合。夫倒满以兴民政，公义也；而借勤王以兴民政，则今日之时势最相宜者也。古人曰：“虽有智慧，不如乘势。”弟以为宜稍变通矣。草创既定，举皇上为总统，两者兼全，成事正易，岂不甚善？何必故划鸿沟，使彼此永远不相合哉？弟甚敬兄之心，爱兄之才，故不惜更进一言，幸垂采之！弟现时别有所图，若能成则可大助内地诸豪一举而成（原注：可得千万左右），今日谋事必当养我力量，使立于可胜之地，然后发手，斯能有功。不然，屡次卤莽，旋起旋蹶，徒罄财力，徒伤人才，弟所甚不取也。望兄采纳鄙言，更迟半年之期，我辈握手共入中原，是所厚望！未知尊意以为何如？

梁氏欲调和革命、保皇两党之关系，提出合作办法，将来举光绪帝为总统，可两者兼全。谓中山所布置，即指惠州之役，谓人心望勤王之师，即指唐才常之事也。但自日人宫崎寅藏热心劝两党合作不成，结果反为康党所诬陷下狱，自是以后，两党已无合作之望矣。冯自由《中华民国开国前革命史》云：“庚子某月，日人宫崎寅藏语中山，谓彼于康有为有恩，闻康近到新加坡，拟亲往游说，使其抛弃保皇之义，联合革命。中山以为不易，宫崎固请，乃许之。香港康徒闻宫崎曾赴粤谒李鸿章，遽电告康，谓宫崎奉李鸿章命，来南洋行刺，请慎防。康以告新加坡英官，故宫崎至新埠二日，即被警察逮之入狱。中山到越南，闻其事，乃亲往见英总督，说明底蕴，始获释放。自是日本所倡道孙、康合作之议，始废然抛弃，而两党更无合作之望矣。”又云：“先是宫崎主张孙、康两派合作之说甚力，得中山同意，乃偕清藤赴新加坡，访康有为，欲以词动之。讵香港康徒闻宫崎曾到广州访刘学询，疑与粤督李鸿章有所结托，遽以电康，谓宫崎奉李鸿章命来新行刺，康乃求当地英总督保护。宫崎、清藤甫入境，即被警察逮捕下狱。数日后中山自西贡驰至，遂向英官设法保释，联袂赴港。自是日本志士皆称康有为无情汉，无复有唱孙、康合作之说者。”宫崎致有为书，有云：“弟与先生订交于国难之际，肝胆如雪，实共岁寒。今者怀一片之私忧，与满腹之奇愿，来访知己于千里之外。何图昨日知交，今日仇敌！侍者不察，横冠以一大耻辱之名，世事之表里，人情之反复，如梦如幻，实足使人惊倒。……呜呼！不知腐鼠成滋味，猜意鹓雏竟未休。海天万里，去矣南海！仅裁一书，以至于善泣皇恩而不解友谊之人，以表决别之意，幸自爱！”两党合作之事，自此始告决裂。三年后，中山复莅檀岛，借笔战以收复其既失之势力，在美亦然。如致黄宗仰书云：“弟近在苦战之中，以图扫除在美国之保皇党，已到过五六处，俱称得手。今拟遍游美地有华人之处，次第扫之，大约三四个月后，当可成功。”可见海外保皇党之势力，极不稳固，启超致有为书，亦已言之，故中山能借游行、演说、著论之力而加以肃清也。其实康有为、徐勤、麦孟华等之保皇会，自唐才常失败后，并无任何实际行动，故一般人对康氏已渐忘怀。而梁启超在言论界所占之地位，虽足以促进国内之立宪运动，但已与保皇党无大关系矣。

（二）唐才常勤王之师

唐才常，字伯平，号佛尘，一作绂丞，湖南浏阳人。深沉好学，尤邃于佛学。少与谭嗣同善，嗣同尝曰：“二十年刎颈交，惟唐佛尘一人而已。”甲午之役，兵挫地削，国势益危，才常发愤讲学，倡变法图强。于长沙创《湘学报》、时务学堂、南学会，推谭嗣同、梁启超主之，海内靡然从风。一时英俊如林圭（原名锡圭，字述唐）、李炳寰、蔡锺浩、田邦璿、秦力山（名鼎彝）、蔡锷（原名艮寅，号松坡）、范源濂等皆出其门。戊戌政变后，嗣同被杀，才常思为亡友复仇，乃广结豪杰以自助。时毕永年偕平山周联络湘、鄂会党，与才常遇，为函介于中山。才常遂东渡，与中山、启超筹划长江各省与粤、闽合作举义之策。光绪二十五年冬，率林圭、秦鼎彝等十余人返国活动，启超与沈翔云、戢翼翚等特在红叶馆设筵祖饯，中山、少白、衢云及史坚如、平山周、宫崎寅藏等咸被邀作陪。林圭行前，并赴中山寓告别请示。中山为介绍汉口某俄国商行买办兴中会员容星桥，后颇得其助力。才常至沪，利用日人田野橘次名义，开设东文学社，外借教授日文为幌子，实为正气会及自立军之运动机关。田野橘次所办之《同文沪报》，则作为宣传机关。正气会旋改为自立会，刊布会章，号称新造自立之国，其规条有不认满洲为国家等语。而自立军又同时以勤王相号召，显有矛盾。盖才常与启超之关系密切，又赖康、梁向华侨筹饷，故不能不利用勤王之名；而自立军在联络长江各省会党，又须与革命党合作故也。《中华民国开国前革命史》云：

> 唐、林至上海，初以日人田野橘次名义组织东文学社，阴则发起正气会为运动机关。……唐旋易会名为自立会，称其军为自立军。继以会名近于激烈，未易普遍，乃于六月间以挽救时局为辞，邀请沪上维新志士，开国会于张园。到者有容闳、严复、章太炎、文廷式、吴葆初、叶浩吾、宋恕、沈荩、张通典、龙泽厚等数百人，公推香山人容闳为会长，侯官严复为副会长，唐为总干事，林圭、沈荩、狄葆元为干事。成立后声势日盛，大招清吏之忌。同时日人田野发刊《同文日报》，鼓吹革命，不遗余力，颇足为唐等之助。林圭在汉口，设军事机关，惨淡经营，成效渐著。复仿照会党颁布票据办法，散放富有票，分地段以设旅馆，为会友往来寄宿之所。其在汉口者，曰宾贤公；襄阳曰庆贤公；沙市曰制贤公；岳州曰益贤公；长沙曰招贤公。刊布会章，号称新造自立之国，其规条有不认满洲为国家等语。林并作一长函，托容星桥函约中山同时大举。

孙仲愚《日益斋日记》述国会开会之情形曰：

> 七月一日，上海同志八十余人大会于愚园之南新厅，群以次列坐

> 北向,浩吾权充主席,宣读今日联会之意,一、不认通匪矫诏之伪政府。二、联合外交。三、平内乱。四、保全中国自主。五、推广支那未来之文明进化,定名中国国会。今大众以为然者,举手,举手者过半,议遂定。乃投票公举正副会长,正会长以举容纯甫为最多,计四十二人;副会长以举严又陵为最多,计十五人。于是容、严二公入座,容公向大众宣讲宗旨,声如洪钟,在会人意气奋发,鼓掌雷动。……初四日,诸同志在愚园第二次开会,到者六十余人,题名者五十余人,容公命余及菊生掌会计,余及菊生皆辞,遂改命荫亭、佛尘权理其事。俄定掌书记者三人,叶浩吾、邱公恪、汪子健;掌干事者十人:郑陶斋、唐佛尘、沈小沂、汪穰卿、汪剑斋、丁叔雅、吴彦复、赵仲宣、胡仲巽、孙仲愚。议既定,始以次散。

时人以自立军宗旨已与康、梁不同,亦属革命运动,但毕永年(永年以正气会序文有非我种类其心必异之语,又有君臣之义,如何能废之语,自相矛盾,力劝唐舍保皇而从事革命,唐因全恃康、梁接济,有不能撇去之苦,二人辩论一昼夜,不得结果,毕大失望。又以会党为金钱所诱,叛而投唐,愤甚,因削发为僧)、章太炎仍以其接近保皇党,与革命宗旨不符,拂袖而去矣。自立军分五军:以湖北为中军,林圭统之;安徽为前军,秦鼎彝统之;湖南为后军,陈犹龙统之;江苏、江西各立一军。才常自为各军总司令,定于庚子年七月二十九日在汉口、武昌、汉阳同时起事,集湖北新堤、蒲圻之会党为援助,而湖南之岳州、长沙,安徽之大通,亦遥为声应。或言分兵五路:北路陈陶痴、龚超、朱菱溪驻黄柏山,出河南,结陕中张云山之众,入长安劫帝;东路秦力山,驻大通,略苏、常,取财富;沈荩领左路,才常弟才中副之,驻新堤、岳州;蔡锺浩领右路,何来保副之,驻常德;中路扼武昌,为各路根本,林圭主之,李炳寰、田邦璿、王天曙、蔡承煜、傅良弼等副之。才常则总其成。又或言:自立军以大通为前军,秦鼎彝统之;安庆为后军,田邦璿统之;常德为左军,陈犹龙统之;新堤为右军,沈荩统之;汉口为中军,林圭统之。另置总会亲军及先锋军,由才常自领,统率各军。五路主持之人及地区,记载均有不同,但汉口之林圭,大通之秦鼎彝,新堤之沈荩,为中前右三军,大致无异词也。鼎彝字力山,长沙人,性豪爽,好与会党中人游,光绪二十三年渡日本,初入大同学校,后识中山,醉心革命。既随唐、林回国,因与安徽抚署卫队管带孙道毅善,遂任自立军前军统领,驻大通。才常原定于七月十五日起事,因款械不济,延期至二十九日,鼎彝不知,十三日有其党七人被捕,见事迫急,遂于是日举义,布告安民,用中国自立会会长名义,谓以讨贼勤王为事。清水师参将张某闻变,率炮划来击,所部甫登岸,即与鼎彝联合,张某投水死。于是水师尽入鼎彝手,又以大炮轰击督销局,据之,军威颇震。皖抚王之春急派兵往攻,鼎彝挥师抵抗三次,终以众寡不敌,乃率余众向九龙山退却。鼎彝逃日本。时湖北各地会党发难者甚夥,皆被破获。七月二十七日,有某剃发匠向都司陈士恒告变,士恒拿获党人四名,始悉将有大举动。鄂督张之洞决先发制人,一网打尽,即照会租界各国领事,于二十八日晨,派兵围搜英租界自立军机关部与轮船码头等处,先后逮捕才常、林圭、李炳寰、田邦璿、瞿河清、向联升、王天曙、傅慈祥、黎科、黄自福、郑葆晟、蔡丞煜、李虎生十余人。又往捕容星桥,容乔装工人而逃。戢冀翚(元丞)避匿刘成禺家,赖姚锡光父子设法出险。唐等被擒后,司道府县会讯,才常供称:因中国时局日坏,故效日本覆幕举动,以保皇上复权,今既败露,有死而已。余人群呼速杀。二十八日晚,乃押至大朝街浏阳湖畔加害。一时延颈就戮者共十一人。之洞奏报曰:

> 康党谋逆,创设自立会、自立军,勾结长江、两湖会匪,同时作乱,散放富有票,暗寓富有四海之意。在上海开富有山,以康有为为正龙头,梁启超为副龙头,自称新造自立之国,不认满洲为国家。在汉口先期破获,渠魁唐才常等伏诛。现派营四路剿捕解散。(见《德宗实录》卷四百七十一,《中华民国开国前革命史》载张疏极详,可以参考。)

清廷上谕云:“康有为大逆不道,久稽显戮,其逆党唐才常等胆敢潜匿上海,创设自立会,散放富有票,勾结各处会匪,意图煽惑人心,扰乱大局,实堪发指!……该逆穷凶极恶,难保不遣其余党,于此五省地方,放票勾结,希图一逞。且折内所指该逆已派人纠合大刀会,并逆党孙汶(指中山,清廷向来对于所谓逆匪,辄于其名旁加三点水)已到山东……是该逆党与,实繁有徒……其祸曷可胜言!着李鸿章、袁世凯、锡良、裕长、端方通饬所属,严密稽查,认真拿办。"才常被杀后,沈荩仓卒起兵新堤,为清兵所败,走武昌,旋被执,亦死之。此役为保皇党以武力勤王之唯一大事,盖欲以才常为徐敬业也。观当时康、梁往来函札,知已全党动员,但以组织散漫,如澳门总会虽有何穗田、王镜如、区榘甲、韩文举四人,却无一人肯负责。故启超欲图粤以为根据之议;又屡函告澳门同志,速设法刺杀李鸿章及其僚幕刘学询(任公《年谱》函称肥贼刘豚),以免在粤掣肘,而始终皆未能实现也。康有为在新加坡,谓龙州有众,可由桂、湘窥鄂。但据启超书云:"西报屡传先生有电报入内地,云在外得金几何、拥兵几何云云,弟子在疑心之间,先生或故出此手段,亦未可知。然弟子甚不谓然,常作大言,与中山无异,徒使人见轻耳。弟子以为权术不可不用,然不可多用也,非开心见诚,不能得豪杰必矣。"此可见有为皆大言欺人耳。何得谓与中山无异乎?再如用款一项,有为致各埠保皇会书,谓邱菽园则捐十万,共二十万,毁家纾难,高谊可风。启超在檀岛亦捐款八九万。徐勤《与南海夫子书》云:"十余年所办各事,无一事不借海外之力。汉口之役所费三十万,政闻之开所费亦十二万,其余更不必论。……"张之洞奏疏谓康敛集六十万元,安排以二十万用之长江。但据《任公年谱稿》,任公汇日本仅三万,而用以托人往纽约募捐者二万。澳门已得十万,真能用之于汉口者,恐不及半。《清代七百名人传·唐才常传》云:"七月初,才常在沪,汉上电速之往。党人狄葆贤(字楚青)归自汉,阻其行。且曰:'汉上诸子,烈而不慎,事且旦暮破,往必不利。'才常曰:'脱己而陷人,非夫也,且余实倡之。'弗听,至汉,党众目聚海上,运饷不至,则大售富有票,事益泄。"才常屡改期举事,均因汇款未到,可见有为不仅拥兵系空言,即得金亦系空言也。此举失败,后之欲借保皇以救国者,已不能在青年智识界发生作用,于是革命之说乃大张。康本以帝师自居,不屑与孙中山为伍,而清廷及疆吏(如粤督德寿之告示及折奏,均有"康、梁、孙汶各逆从中煽惑”语）反以康、孙并称矣。当时联军入京，两宫西巡，保皇与革命两党，均欲利用此“千载一时，稍纵即逝”之机会，举兵汉、粤，不料事均无成。而对于清廷之罪恶与革命之需要始为大多数人民所公认矣。

〔附言〕　张之洞谓唐才常发富有票，以康有为为正龙头，梁启超为副龙头，故亦称为富有匪。据《梁任公先生年谱》云：“当日各会党中都有一种票据，用以识别某会某山，以便利通行各地者。因为他们都含有排外的意味，所以凡参加勤王运动的各会党，都一律改用富有票，所有原票内涉及排外灭洋一类的字句，都完全改变。”狄楚青《任公逸事》云：“任公与楚青书有云：我辈宗旨既专在救国，会名既已定，改为自立甚好，其票间宗旨下，原只‘灭洋’二字者，可易以‘自立’或‘救国’二字，至其四字八字者，则于‘救国’、‘自立’等字外，加用‘作新’、‘保种’等字均可。狄氏按长江一带，自蜀至苏数千里，其中只哥老会一种，已不下数十万人。会名不一，山名不一，每会有一票，票上有□□山，正龙头□□，副龙头□□，下方其宗旨下，或八字，或四字，或两字，语句多不通。有曰‘灭洋’者，有曰‘杀尽洋鬼’者，其宗旨实则排外与义和团等。于是我人以状告任公，任公深以其票旨为虑，谓如果杀戮外人者，将有亡国之祸。嘱专以改其宗旨为第一要图。于是不能不以票易票，票既多，票名亦多，固不止‘富有’一种也。且其票上形式亦不易改，一切仿其旧，但专改其宗旨，所以亦有□□山，亦有正龙头□□，副龙头□□也。然北方闹得如此，而南方不杀一外人者，实皆赖此宗旨之既改也。此事全属任公之力，当与加入英、法战团同一伟迹。”又李宣龚《与丁在君书》云：“昨晤楚卿，谈及庚子一役，所以改用富有票者，实因内地会党大半皆以排外为宗旨，倘借此为号召，则无异于拳匪，东南之局，亦将不保，故不得已用‘富有’二字，为‘扶清灭洋’之交换品，此外并无其他之新意义。”楚青即与才常共事之狄葆贤也。其所言如此，可知富有票不过为秘密会党之腰凭耳。张之洞奏疏谓据党首散票者告人云：持有此票，即可向该党首处领钱一千文，以后乘坐太古、怡和轮船，不索船价。并云中国即将大乱,以后持票即可保家,以故各省党首趋之若鹜。《中华民国开国前革命史》则云:“唐、林所发富有票,借哥老会之力,散放于湘、鄂、皖、赣各府州县,为数甚夥(张之洞疏云两湖查出供出者,已有两万余张。簿内存款一万五千余元,用去已将及万元。是所谓:“凭票发足典钱一串”之说,大略相符矣)。势力日渐澎涨,诸事粗定,惟军资尚虞不足,各路待款发动,均派代表驻汉、沪坐催。唐乃屡电海外,促康、梁汇款接济,仅由南洋邱菽园汇到若干,仍缺额甚巨。以是党人对康、梁感情日恶。哥老会龙头李云彪、杨鸿钧等先离异。辜洪恩则发‘贵为票’,李和生则发‘回天票’,各自为谋,唐因是滞留上海,待款而行。时值北方拳乱起,林圭认为机不可失,促唐赴汉口速谋发难,唐至汉,以北方无政府为辞,借日本人为通殷勤于鄂督张之洞,讽以自立军将拥之挈两湖宣布独立。张犹疑莫决,唐乃扬言于外人曰:倘张奉清廷命以排外,吾必先杀之,以自任保护外人。张闻而恨之。唐因经费不足,频催海外保皇会款不来,于是数数展期,由七月十五日两展至二十九日,至二十七日而事败。”是唐氏之失败,各书均言款绌未能早发也。时康有为致各埠公函,谓:大举在即,万事交迫,饷械二事,尤为浩繁,百函百电,日来催迫,徘徊终夕,首疾为加。所捐有得,务祁即时电汇,军务倥偬之时,弥东补西之苦,诸君谅之而勉助焉。所有近情,列于下幅:

一、伪政府始以庇拳匪为得计,内谋篡弑,外戕西人,声势汹汹,一朝而横行津、沽,及至今日,拳匪势日张,党日众,盘踞日固,伪府诸贼虽欲剿办,已养虎自为患矣。日来所出之伪谕,文句鄙俚,胆气震慑,不称团匪,而称团民,此自取覆亡之道,所谓天夺其魄也。

一、各省督抚不奉伪谕,截粮备饷,自固疆圉,伪政府无如之何。而粤督李鸿章、江督刘坤一,抗拒尤甚。伪政府之顷,不待言矣。

一、伪府既倒,新党已于上海设立国会,预开新政府,为南方立国基础。将来迎上南迁,先布告各国,保护西人、洋行、教堂等事,义军一起,即与各国订约通商,复我维新之治。

一、此次诸贼之结拳匪,此殆天亡之以兴我新党者,何以言之?

伪府诸贼,盘踞北京,根深蒂固,拥兵甚众,天下无事,金瓯未缺,我一旦起而与之相抗,虽有名义之正,闻者风从,彼贼获罪于天,必不久全,然耗力竭智,亦需时日,乃足破之。今则天夺其魄,鬼焚其穴,结匪自踣,激外自杀,始也彼以逸待我之劳,彼以整待我之乱;今也我以逸待彼之劳,我以整待彼之乱,即论兵法,已无可胜,外结万国之深仇,内生各督之抗拒,不成为政府,不足为朝廷。今幸外兵之未能大集,苟延残喘,再延一月,西兵既至,亡可翘足而待耳。我新党乘斯时以起义军,远在南方,固成割据,而彼无如何,即进捣贼巢,亦以疲弊而难自救,故曰天与之会,不可失也。

一、我南方勤王义勇已分布数路,不日将起,既成方面,可与外国订约,行西律西法。一面分兵北上勤王,助外人攻团匪以救上,英既相助,则我可立不败之地。彼伪匪已倒,诸贼仓皇,敛手待毙,既无可征之饷,又无可调之兵,不亡何待哉?圣主确闻无恙,所有电报谣言屡传凶信,不足信据。军事倥偬,日夕筹画,所有各情,未能详书,皆据电传,想皆知悉,故不赘焉。　　　　有为再上,六月二十日。

此函可见当时保皇会之计划,与康有为筹饷迫急之情形,但除其居停邱菽园捐助二十万元,仅梁启超在檀岛捐近十万元,而用于长江者,恐尚未及半,徐勤谓三十万,乃筹出之数目耳。经手人皆未曾以全数汇唐才常也。朱和中《欧洲同盟会纪实》云:“康有为以夺取政权为目的……其希望仍在光绪复辟推翻西太台,召康有为为首相。邱菽园之出资,亦等于捐官,为一大投机。惟哥老会人马召集后,须有犒赏,逐日应给伙食,当时邱斥资三十万两,在新加坡所经营之商业,因以破产。事后察知邱所斥之资,大半为康所吞没,康毕生之资产,全赖于此。据闻只与唐才常二万两。哥老会因其失信,遂大为不满。”此说虽不尽然,但亦非无因矣。

(三)言论界之骄子——梁启超

梁启超为清末言论界之骄子,尤以《新民丛报》时代为然。盖其于戊戌前以主《时务报》笔政而有名于时,人即以康、梁并称。戊戌以后,梁在日本所办之《清议报》、《新民丛报》及《国风报》,先后十余年,风行海内外,中国之智识阶级,无一人不读梁氏之文,即无一人不受梁氏之影响。而梁氏之思想议论,能与时代以俱进,已非戊戌以前受康有为学说之羁绊,专讲《公羊》、《孟子》与保教尊孔矣。梁氏所发挥者,多为西洋民权自由之说,如二十六年四月一日,《致南海夫子书》云:

> 来示于自由之义深恶而痛绝之,而弟子始终不欲弃此义。窃以为天地之公理,与中国之时势,皆非发明此义不为功也。弟子之言自由者,非对于压力而言之,对于奴隶性而言之,压力属于施者,奴隶性属于受者。中国数千年之腐败,其祸极于今日,推其大原,皆必自奴隶性来,不除此性,中国万不能立于世界万国之间。而自由云者,正使人自知其本性,而不受钳制于他人,今日非施此药,万不能愈此病。先生屡引法国大革命为鉴,法国革命之惨,弟子深知之,日本人忌之恶之尤甚,虽然此不足援以律中国也。中国与法国民情最相反,法国之民最好动,无一时而能静,中国之民最好静,经千年而不动,故路梭诸贤之论,施之于法国,诚为取乱之具,而施之于中国,适为兴治之机。如参桂之药,投诸病热者,则增其剧,而投诸体虚者,则正起其衰也。而先生日虑及此,弟子窃以为过矣。且法国之惨祸,由于革命诸人借自由以生祸,而非自由之为祸,法国学派不满于路梭者,亦未尝以此祸蔽累于路梭也。……要之,言自由者无他,不过使之得全其为人之资格而已。质而论之,即不受三纲之压制而已,不受古人之束缚而已。夫子谓今日但当言开民智,不当言兴民权,弟子见此二语,不禁讶其与张之洞之言相类也。夫不兴民权,则民智乌可得开哉?其脑质之思想,受数千年古学所束缚,曾不敢有一线之走开,虽尽授以外国学问,一切普通学皆充入其记性之中,终不过如机器切成之人形,毫无生发气象。试观现时世界之奉耶稣新教之国民,皆智而富,奉天主旧教之国民,皆愚而弱,无他,亦自由不自由之分而已。故今日而知民智之为急,则舍自由无他道矣。中国于教学则守一先生之言,不敢稍有异想;于政

治则服一王之制，不敢稍有异言，此实为滋愚滋弱之最大病源。此病不去，百药无效。必以万钧之力，激励奋迅，决破网罗，热其已凉之血管，而使增热至沸度；搅其久伏之脑筋，而使大动至发狂。经此一度之沸，一度之狂，庶几可以受新益而底中和矣。然弟子敢断中国之必不能沸，必不能狂也。虽使天下有如复生及弟子者数十百人，亦必不能使之沸使之狂也。弟子即尽全力以鼓吹之，而何至有法国之事乎？

此为《清议报》时代之议论，启超述《清议报》之特色有四端：一曰倡民权，二曰衍哲理，三曰明朝局，四曰厉国耻。至《新民丛报》时代，则又倡言革命排满及民族主义，以鼓吹破坏暗杀为救时良药，前于第一百三十二节中已略言之。任公在民国元年莅报界欢迎会演说辞云：

辛丑之冬，别办《新民丛报》稍从灌输常识入手，而受社会之欢迎，乃出意外。当时承团匪之后，政府创痍既复，故态复萌，耳目所接，皆增愤慨，故报中论调，日趋激烈。壬寅秋间，同时复办一《新小说报》，专欲鼓吹革命，鄙人感情之昂，以彼时为最矣。……其后见留学界及内地学校因革命思想传播之故，频闹风潮，窃计学生求学，将以为国家建设之用，雅不欲破坏之学说深入青年之脑中。又见乎无限制之自由平等说，流弊无穷，惴惴然惧。又默察人民程度，增进非易，恐秩序一破之后，青黄不接，暴民踵兴，虽提倡革命诸贤亦苦于收拾。加以比年国家财政国民生计，艰窘皆达极点，恐事机一发，为人劫持，或至亡国。而现在西藏、蒙古离叛分携之噩耗，又当时所日夜念及，而引以为戚。自此种思想来往于胸中，于是极端之破坏不敢主张矣。故自癸卯、甲辰以后之《新民丛报》，专言政治革命，不复言种族革命。质言之，则对于国体主维持现状，对于政体则悬一理想以求必达也。

至于启超之所以脱离保皇而言革命，甚至言革命为今日救中国独一

无二之法门者,乃取法乎上之一种策略作用耳。如《敬告我同业诸君》一文云:

著书者,规久远明全义者也;报馆者,救一时明一义者也。故某以为业报馆者,既认定一目的,则宜以极端之议论出之,虽稍偏激焉而不为病,何也?吾偏激于此端,则同时必有人焉偏激于彼端以矫我者,又必有人执两端之中以折衷我者,互相倚,互相纠,互相折衷,而真理必出焉。若相率为从容模棱之言,则举国之脑筋皆静,而群治必以沉滞矣。夫人之安于所习而骇于所罕闻,性也;故必变其所骇者而使之习焉,然后智力乃可以渐进。某说部尝言有宿逆旅者,夜见一妇人,摘其头置案上而梳掠之,则大惊,走至他所,见数人聚饮者,语其事,述其异。彼数人者则曰:是何足怪?吾侪皆能焉,乃各摘其头置案上以示之,而客遂不惊。此吾所谓变骇为习之说也。不宁唯是,彼始骇甲也,吾则示之以倍可骇之乙,则能移其骇甲之心以骇乙,而甲反为习矣;及其骇乙也,吾又示之以倍可骇之丙,则又移其骇乙之心以骇丙,而乙又为习矣。如是相引,以至无穷。所骇者进一级,则所习者亦进一级,驯至举天下非常异义可怪之论,无足以相骇,而人智之程度乃达于极点。……二十年前闻西学而骇者比比然也,及言变法者起,则不骇西学而骇变法矣。十年以前闻变法而骇者比比然也,及言民权者起,则不骇变法而骇民权矣。一二年前闻民权而骇者比比然也,及言革命之说起,则不骇民权而骇革命矣。今日我国学界之思潮,大抵不骇革命者千而得一焉,骇革命不骇民权者百而得一焉。若骇变法骇西学者殆绝矣。然则诸君之所以向导国民者可知矣。诸君如欲导民以变法也,则不可不骇之以民权;欲导民以民权也,则不可不骇之以革命。当革命论起,则并民权亦不暇骇,而变法无论矣。若更有可骇之论倍蓰于革命者出焉,则将并革命亦不暇骇,而民权更无论矣。大抵所骇过两级,然后所习者,乃适得其宜。某以为报馆之所以导国民者,不可不操此术。

此种策略，盖以目的在民权与君主立宪，固不妨越一级二级而言种族革命，言排满共和。其时正值拳乱以后，人民经过一度大苦难，有志之士，莫不恨满清政府之昏庸无知，皆欲打破现状，以改造为新国家。启超能以声情激越之文字而触发其潜意识，黄公度所谓："惊心动魄，一字千金，人人笔下所无，却为人人意中所有，虽铁石人亦应感动。从古至今，文字力之大，无过于此者矣。"绝非虚誉也。启超亦自言："为《新民丛报》、《新小说》等诸杂志畅其旨义，国人竞喜读之。清廷虽严禁，不能遏。每一册出，内地翻刻本辄十数，二十年来学子之思想，颇蒙其影响。启超夙不喜桐城派古文，幼年为文，学晚汉、魏晋，颇尚矜炼，至是自解放，务为平易畅达，时杂以俚语韵语及外国语法，纵笔所至不检束，学者竞效之，号新文体。老辈则痛恨，诋为野狐。然其文条理明晰，笔锋常带感情，对于读者，别有一种魔力焉。"此固当时事实，盖以笔锋常带感情之魔力，可以激动读者之心弦；而文人于八股废后，正苦于无揣摩之工具，乃竞以"饮冰室"文体为模楷矣。当时上海虽有《亚东时报》、《五洲时报》、《中外大事报》等，颇倡新说，与日本留学界所出之译报汇刊，殆无一能与《新民丛报》抗衡者，启超于此时期，实握言论界之牛耳。其后严复谓其："于道徒见一偏，而出言甚易。主暗杀，主破坏，笔端又有魔力，足以动人。主暗杀则人因之而侗然暗杀，主破坏则人又群然争为破坏，敢为非常可喜之论，而不知其种祸无穷。"因断言康、梁皆为亡清二百六十年社稷之人。此种讥评虽未免过当，但启超之唤起青年，打破现状，为革命运动无形之助力，其事诚不可掩也。

（四）维新势力之复活

梁启超《清议报一百册祝辞》云："《清议报》起于戊戌十月，其时正值政变之后……中国遂闭于沉沉妖雾之中，其反动力一起再起而未有已。……庚子八月，十国联兵，以群虎而搏一羊，未五旬而举万乘，乘舆播荡，神京陆沉……中国数千年来外侮之辱，未有甚于此时者也。反动之潮，至斯而极，过此以往，而反动力之反动力起焉。十九世纪与二十世纪之一刹那顷，实中国两异性之大动力相搏相射短兵紧接，而新陈嬗代之时也。今年以来,伪维新之诏书屡降,科举竟废,捐例竟停,动力微蠢于上;俄人密约,士民集议,日本游学,簦跻纷来,动力萌蘖于下,故二十世纪之中国,有断不能以长睡终者,此中消息,稍有识者所能参也。”任公以庚子为十九世纪最末一年,乃中国反动之旧势力发泄至极度之时,过此以往,二十世纪开始,则反动之反动起焉,乃为维新势力复活之时矣。动力微蠢于上,则变法之诏屡颁;动力萌蘖于下,则革命之潮高涨。此一刹那顷,实中国新旧嬗代之最大关键也。盖以前闻变法、闻民权而骇者至此均以情势之不同而不足骇矣。甲午以后,外力日逼,帝国主义者猖獗殊甚,吾国有志之士,竞言自强维新,所恨所恶者,乃在外人而不在朝廷,故康有为之变法运动,足以引起全国士大夫阶级之同情,而孙中山之革命运动,则只能在海外华侨中得少数同志而已。庚子以后情形大变,帝国主义者对于中国国民之排外运动,颇存戒心,其侵略方法亦稍稍有所变更,一面压迫清廷,以求得利权;一面又扶植清廷,以笼络民心。然而人民转以其恨恶外人之心理,全移于清廷,愈感外人之可怖,则愈觉清廷之无能,政府之信用,至此已扫地无余。因而变法自强之问题,在戊戌以前,人民相信政府能行之而有效者,却尚有少数反对之人;庚子以后,中国必须变法,业已不成问题,亦无人反对矣,但百日维新之方式,究能应付当时潮流,餍足人民企望否?则又不免令人怀疑矣。盖此时之维新派虽尚有立宪运动之酝酿,而人民对于满清政府已失信心,改造排满之声,有增无已。试以己亥建储之时,经元善、蔡元培所领导之爱国运动,尚以光绪帝之存废为中心;及《苏报》案起,则竟呼清帝为小丑,更昌言:“披毛戴角之满洲人,应予杀尽,可比登三十六天堂,升七十二地狱,巍巍哉革命,皇皇哉革命!”即可知思想变动之程度矣。《苏报》查封后,章士钊、何靡施(梅士)、张继、卢和生、谢晓石等又组织《国民日日报》,其声势与《苏报》相同(该报旋因内部发生问题,香港《中国日报》社长陈少白特赴沪调解,事定,以元气大伤,无法继续出版)。上海所出之鼓吹革命刊物,不下百数十种,而黄兴之华兴会,蔡元培之光复会,皆以实际行动为表现,又不仅宣传而已。东京革命军事学校学生闽人翁浩、郑宪成返沪后,即与林森、萨桐坡、郑秉璋、陈子范、林獬(白水)、王孝缜等组织福建学生会,列名者百余人,以实行革命为宗旨。时林森任职江海关,众举之为会长,即以江海关为通信所。上海之革命团体,类此者尚不一而足。而日本留学界因中山之鼓吹,更醉心于革命。其始由于辛丑春有法国要求广东不得割让他国之说,内外粤侨,为之骚然。粤籍学生冯斯栾、李自重、郑贯一、王宠惠、冯自由、梁仲猷等,发起广东独立协会,中山在横滨,极力赞助之。粤籍侨生之与兴中会合作自此始。于是《开智录》、《国民报》接踵而起,皆提倡革命排满者,戢元丞复创作新书社于上海,另发刊《大陆报》月刊,以继承《国民报》之统绪。一时东京、上海之间,革命空气弥漫,即梁启超所办之《新民丛报》亦不得不阐扬民族主义,而以革命为救国之不二法门。启超赴美游历,并延革命党之马君武代理编辑。及由新大陆东归,论调始一变。乃有"吾游美国而梦俄罗斯"及"自后膛枪出而革命之迹绝"之怪论。任公自言其所以出此者,因"不慊于当时革命家之所为,惩羹而吹虀,持论稍变矣"。又致蒋观云书(光绪二十九年六月二十七日),则明言由于《苏报》案起,外传乃吴敬恒所构陷,故云:"呜呼!不敢复相天下士矣。似此事而可为,则更何事不可为耶?似此人而可为此事,则又何人而可信耶?念之痛哭。中国之亡,不亡于顽固,而亡于新党,悲夫!悲夫!闻留学生会馆散尽,仅余七十人,然否?颇思得拯救之法否?然弟近数月来,惩新党棼乱腐败之状,乃益不敢复倡革义矣。"夫吴、章之事,后经二人叠复辨难,真相迄未能明。然此仅上海爱国学社一派之一二人耳,与兴中会何与焉?其时吴与中山尚不相识(光绪三十一年始在伦敦相晤。中国同盟会在东京成立后,吴于是冬始在欧加盟),章虽相识,亦非信徒,且其为人,始终有自辟乾坤之志,故因此而谓新党棼乱,遂以排斥革命,是任公流质之性使然,固不当因噎废食也。总而言之,庚子以后,为新旧交替之关键,政府既相习于变法,士大夫乃进而力倡民权立宪,而一般人民则更倾向于革命,此即任公所谓"增热至沸,大动发狂"及"大抵所骇过两级,然后所习者乃适得其宜"之义矣。清末十年间立宪与革命运动二者之交流互益,其影响至于民国以后而未已也。

一百六十四 清廷之变法与政局

(一) 西后遮羞之措施

西后自出险后,恒语侍臣云:“吾不意乃为帝笑。”其纵拳祸国之愚昧行动,自知无以见谅于国人,故于出走途中,即下诏罪己,下诏求直言,至西安后,则又下诏变法矣。光绪二十六年十二月初十日谕内阁:

> 世有万古不易之常经,无一成不变之治法,穷变通久,见于大《易》,损益可知,著于《论语》;盖不易者三纲五常,昭如日星之照世;而可变者令甲令乙,不妨如琴瑟之改弦。伊古以来,代有兴革,即我朝列祖列宗因时立制,屡有异同,入关以后,已殊沈阳之时;嘉庆、道光以来,岂尽雍正、乾隆之旧?大抵法积则敝,法敝则更,要归于强国利民而已。自播迁以来,皇太后宵旰焦劳,朕尤痛自刻责,深念近数十年积习相仍,因循粉饰,以致成此大衅。现在议和,一切政事,尤须切实整顿,以期渐图富强。懿训以为取外国之长,乃可补中国之短,惩前事之失,乃可作后事之师。自丁戊以还,伪辩纵横,妄分新旧,康逆之祸,殆更甚于红拳,迄今海外逋逃,尚以富有、贵为等票诱人谋逆,更借保皇保种之妖言,为离间宫廷之计。殊不知康逆之谈新法,乃乱法也,非变法也。该逆等乘朕躬不豫,潜谋不轨,朕吁恳皇太后训政,乃拯朕于濒危,而锄奸于一旦。实则剪除乱逆,皇太后何尝不许更新?损益科条,朕何尝概行除旧?执中以御,择善而从,母子一心,臣民共见。今者恭承慈命,壹意振兴,严禁新旧之名,浑融中外之迹。我中国之弱,在于习气太深,文法太密,庸俗之吏多,豪杰之士少,文法者庸人借为藏身之固,而胥吏倚为牟利之符;公事以文牍相往来,而毫无实际,人才以资格相限制,而日见消磨,误国家者,在一私字,困天下者,在一例字。至近之学西法者,语言文字制造机械而已,此西艺之皮毛,而非西政之本源也。居上宽,临下简,言必信,行必果,我往圣之遗训,即西人富强之始基。中国不此之务,徒学其一

言一技一能，而佐以瞻徇情面，自利己身之积习，舍其本源而不学，学其皮毛而不精，天下安得富强耶？总之，法令不更，锢习不破，欲求振作，当议更张。着军机大臣、大学士、六部九卿、出使各国大臣、各省督抚各就现在情形，参酌中西政要，举凡朝章国故、吏治民生、学校科举、军政财政，当因当革，当省当并，或取诸人，或求诸己，如何而国势始兴？如何而人才始出？如何而度支始裕？如何而武备始修？各举所知，各抒所见，通限两个月，详悉条议以闻。……自西幸太原，下诏求言，封章屡见，而今之言者率有两途：一则袭报馆之文章，一则拘书生之成见，更相笑亦更相非，两囿于偏私不化，睹其利未睹其害，一归于窒碍难行。新进讲富强，往往自迷本始，迂儒谈正学，又往往不达事情。尔中外臣工，当鉴斯二者，酌中发论，通变达权，务极精详，以备甄择。

此变法诏旨，在外人闻之，谓以巨额之代价，始增加一层见识，其实乃慈禧愧对国人之一种遮羞举措耳。《崇陵传信录》谓孝钦内惭，始特诏天下议改革是已。二十七年三月，又命设督办政务处，以为统筹变法之枢纽，督办大臣六人中，除奕劻、李鸿章在京议和外，荣禄、昆冈、王文韶及新进之鹿传霖皆无任何新政可言。此后五年间之所谓新政，皆由刘坤一、张之洞以及袁世凯等疆吏会奏建议而行者，似仍不出戊戌变法之范围也。是年八月懿旨云：

自经播越一载于兹，幸赖社稷之灵，还京有日，卧薪尝胆，无时可忘。推积弱所由来，叹振兴之不早。近者特设政务处，集思广益，博采群言，逐渐施行。择西法之善者，不难舍己从人；救中法之弊者，统归实事求是。数月以来，兴革各事，已降旨饬行，惟其中以条目繁重，须待考求，或事属创举，须加参酌，回銮以后，尤宜分别缓急，锐意图成。兹据政务处大臣荣禄等面奏：变法一事，关系甚重，请重申诫谕，示天下以朝廷立意坚定，志在必行，并饬政务处随时督催，务使中外同心合力，期于必成。用是特颁懿旨，严加责成，尔中外臣工，须知国

> 势至此,断非苟且补苴所能挽回厄运,惟有变法自强,为国家安危之命脉,亦即中国生民之转机,予与皇帝为宗庙计,为臣民计,舍此更无他策。尔诸臣受恩深重,务当将应行变通兴革诸事,力任其难,破除积习,以期补救时艰。昨据刘坤一、张之洞会奏整顿中法,仿行西法各条,事多可行,即当按照所陈,随时设法,择要举办。各省疆吏亦应一律通筹切实举行,大要不外言归于实,用得其人。予与皇帝宵旰焦劳,母子一心,力图兴复。大小臣工其各实力奉行,以称予意,将此通谕知之。

荣禄等必面请懿旨,表示立意坚定,而懿旨又以刘坤一、张之洞会奏整顿中法,仿行西法之纲领为言,可见清廷仅惩于拳乱之疮痛,不得不承认戊戌维新之得策耳,至于应变何法,与奚自而强之根本原理,彼等固懵然无知也。此种涂饰敷衍之行为,何足以起衰振兴?故虽言变法、言宪政,不过十年而清亡矣。

(二)刘坤一、张之洞所处之地位

《崇陵传信录》谓:"戊戌新政,各国盛称上英明刚断,拳匪之乱,皆知非出帝意,使联军入时,上独留,出而与西帅相见,治首祸诸臣罪,事当易了。孝钦虑帝留之不为己利也,挟之俱西。既达西安,惴惴然恐天下不直其所为,颇有意复辟。已而鄂督张之洞、在籍侍郎盛宣怀贡使首至,所以媚兹者甚备,太后乃大悦,知天下未予叛也,意潜辍。然上视在京日稍发舒矣。"所言帝出议和,事当易了,虽系推论之辞,实合诸国之愿。西后本有归政之意,乃以张之洞等表示拥护而作罢,此可见东南疆吏在庚子时之重要性矣。故张謇《啬翁自订年谱》云:"北京拳匪事起,议合刘(坤一)、张(之洞)二督保卫东南,余诣刘陈说后,其幕客有沮者,刘犹豫。复引余问:'两宫将幸西北,西北与东南孰重?'余曰:'无西北不足以存东南,为其名不足以存也;无东南不足以存西北,为其实不足以存也。'刘蹶然曰:'吾决矣。'告某客曰:'头是姓刘物。'即定议电约鄂张,张应。"东南互保之约,不仅使外人相安无事,尤在以东南之物力,接济西北之贫缺,清廷所以能维持而不至瓦解者,胥赖此耳。故鄂、沪贡使至陕,而西后之心乃大定。是刘、张二人所占之地位,确乎为当时之中流砥柱,盖以二人督江、楚均历十年,平时已有举足轻重之势,况属危疑震撼时乎?故议和代表与会议政务,无一不列刘、张之名,而变法革新之政令,更不能不假刘、张之建议矣。但张以戊戌同情维新,刘以己亥反对废立,均不免为慈禧所疑,二人于拳乱时,乃极力表示拥护慈禧,欲借此以求谅解。当联军之要求归政德宗也,之洞即电坤一曰:"闻忽有万难行之事,惟俄不愿云。"坤一复电云:"所谓万难行之事,当系讹传,果有此,则不能和矣。"坤一又电西安荣禄云:"接探电,各国闻何乃莹奏请幸蜀,有如不回銮,另立明裔之说,闻之惊怛。近来康党、票匪正以反清复明煽惑人心,若各国再有此议,天下骚然,不可收拾。"此事为盛宣怀所获得之消息,由李鸿章派杨来昭赴西安谏阻而传出者也。顾刘、张虽矢忠于牝朝,而鹿传霖方以勤王先至,新得宠眷,入为军机大臣。其思想极顽固,每语人曰:"端、刚为国忠臣,为洋人所逼以至如此,他日得志,必当起复昭雪。"又以任江苏巡抚时,与坤一不洽,颇有排牴之意,而日本政府亦向清驻使李盛铎面示希望刘、张入京主持大计,于是之洞电坤一曰:"要二人至京奇甚,断断不可!此举恐非各国意,或系乱党之谋,煽惑当道,欲令富有匪遂其扰乱长江之计耶?"富有匪即指唐才常勤王之师,其时才常虽已失败,而会党之势力仍不稍减,所谓反清复明者,即会党之口号也。各国公使闻江、楚易督之谣,多表不满,纷向李鸿章提出抗议。九月间,鸿章曾两电西安行在云:

> 顷各使来询,据沪领事电云:"闻中国欲将江、鄂督更换。有此事否?"鸿答以:"两督奉便宜行事之旨,现正会商要务,倚畀方深,此必讹传。"伊云:"如果易此二督,则和议难望有成。"(见《西巡大事记》)
>
> 前美康使(Conger)照称:刘坤一、张之洞有撤任之说,当复以并无此事。嗣英萨使(Ernest Satow)面询,又告以勿听谣言。顷德穆使(Freiherr Mumm von Schwartzenstein)来晤,谓各国将来意欲议和,则江督、楚督万不可动。(见《光绪朝中日交涉史料》)

十月五日,西安行在军机处电奕劻、李鸿章云:"刘、张两督前经奉旨会商款议,畀以便宜行事。现在东南大局正赖扶持,款议尤赖两督妥为参酌,朝廷倚畀方殷,岂有撤任之理?"各国因有互保之约,故不愿刘、张撤任,而清廷正赖其支持,亦决不至作此影响大局之事也。

(三) 江楚会奏变法三折

光绪二十七年五月,两江总督刘坤一、湖广总督张之洞会奏变法事宜第一疏云:

> 中国不贫于财而贫于人才,不弱于兵而弱于志气。人才之贫,由于见闻不广,学问不实;志气之弱,由于苟安者无履危救亡之远谋,自足者无发愤好学之果力。保邦致治,非人无由,谨先就育才兴学之大端,参考古今,会通文武,筹议四条:一曰设文武学堂,二曰酌改文科,三曰停罢武科,四曰奖励游学。敬为圣主陈之:一、设文武学堂。取士之法,自汉至隋为一类,自唐至明为一类,无论或用选举或凭考试,立法虽有短长,而大意实不相远也。要之,皆就已有之人才而甄拔之,未尝就未有之人才而教成之,故家塾则有课程,官学但凭考校,此皆与三代学校之制不合。现行科举章程,本是沿袭前明旧制,承平之世,其人才尚足以佐治安民,今日国蹙患深,才乏文敝,若非改弦易辙,何以拯此艰危?考《周官》司徒之职,《小戴礼·学记》之文,大率皆以德行道艺兼教并学,学成而后用之。此外见于经传者,乡国之学,皆兼六艺,大夫之职,必备九能,书礼干戈,司成并教,寄象鞮译,王制分官,海外图经,伯益所传,润色专对,《论语》所重。又按三代之制,庠序之称曰士,卒伍之称亦曰士,实为文武合一、文武并重之明征。若孔子兼通文武,学于四夷,尤圣人躬行垂教之彰彰者。今泰西各国学校之法,犹有三代遗意,礼失求野,或尚非诬。臣等谨参酌中外情形酌拟今日设学堂办法,拟令州县设小学校,童子八岁以上入蒙学,习识字,正语音,读蒙学歌诀诸书,除《四书》必读外,《五经》可择读一二部,家塾义塾,悉听其便,由绅董自办。官劝导而稽其数,每年

报闻上司可也。十二岁以上,入小学校,习普通学,兼习《五经》,先讲解,后记诵,但解经书浅显义理,兼看中外简略地图,学粗浅算法至开立方止,学粗浅绘图法,至划出地面平形止。习中国历代史事大略,本朝制度大略,习柔软体操,三年而毕业,绅董司之,官考察之。十五岁以上,入高等小学校,解经书较深之义理,学行文法,学策论、词章,看中外详细地图,学较深算法,至代数、几何止,学较深绘图法,至划出地上平剖面、立剖面、冰底平剖面止。习中国历史大事,外国政治学术大略,习器具体操,兼习外国一国语言文字之较浅者,此学必设兵队操场,三年而毕业,官司之,绅董佐之。府设中学校,十八岁高等小学毕业者入中学校,习普通学,此学温习经史、地理,仍兼习策论、词章,并习公牍、书记文字,学精深算法,至弧三角、航海驶船法止,学精深绘图法,至测算经纬度、行军图、目揣远近斜度止。习中国历史兵事,习外国历史、法律、格致等学,外国政治条约,即附于律法之内,并讲明农、工、商等学之大略。习兵式体操,兼习外国一国之语言文字之较深者。词章一门,亦设教习,学生愿习与否,均听其便。此学亦必设兵队操场,三年而毕业,学政考之,给予凭照,送入省城高等学校。省城应设高等学校一区,大省容二三百人,中小省容百余人,屋舍不便者,分设两三处亦可,但教法必须一律。非由中学校普通学校毕业者不能收入,拟参酌中西学制,分为七专门:一经学,中国经学、文学皆属焉。二史学,中外史学、中外地理学皆属焉。三格致学,中外天文学、外国物理学、化学、电学、力学、光学皆属焉。四政治学,中外政治学、外国律法学、财政学、交涉学皆属焉。五兵学,外国战法学、军械学、经理学、军医学皆属焉。六农学,七工学,凡测算学、绘图学、道路、河渠、营垒、制造、军械、火药等皆属焉。共七门,各认习一门,惟人人皆须兼习一国语言文字,此学亦必设兵队操场。至医学一门,以卫生为义,本为养民强国之一大端,然西医不习风土,中医又鲜真传,止可从缓,惟军医必不可缓,故附于兵学之内。并另设农、工、商、矿四专门学校各一区,专以考验实事为主,机器、药料试验所皆备,亦三年而毕业。其普通学成,愿入此四学者听。入此四学者,中国政学、文学皆令温习，无论何学，皆有兵队操场。其习武者，专设一武备学校，择普通学毕业之廪生愿习武者送入。《四书》义、中国历史策论，人人兼习，其余悉依外国教课之法，并专习一国语言文字。或仿日本，并设一炮工学校，专学制造枪炮之法，均三年而毕业。文学生高等学校毕业后，除农、工、商、矿专门四学，另为章程外，此七门学生，学法律者，派入交涉局，学习实事，名曰练习学生。其余六门学生，均随其所愿，派入农、工、商、矿等局，兼习实事，名曰兼习学生，均以实在局在营一年为度。农、工、商、矿四专门学生，三年毕业后，农学派赴本省、外县、山乡、水乡考验农业，工学派赴本省、外省华洋工厂考验制造，商学派赴南北繁盛口岸考验商务，矿学派赴本省、外省开矿之山、炼矿之厂考验采炼。均名曰练习学生，亦均以实在出外游历练习一年为度。其武学生武备学校毕业后，令入营学习操练一年，半年充兵，半年充弁，以实在营一年为度。合计在学肄业及出外练习，文武各门均四年学成，先由督抚、学政考之，再由主考考之，取中者，除送入京师大学校外，或即授以官职，令其效用。大学校学业又益加精，门目与省城所设高等专门学校同，三年学成，会试总裁考之。取中者授以官，此大中小学教法门目等级年限之大略也。一、酌改文科，拟即照光绪二十四年臣张之洞奏变通科举，奉旨允准之案酌办。大约系三场先后互易，分场发榜各有去取，以期场场核实。头场取博学，二场取通才，三场归纯正，以期由粗入精；头场试中国政治史书，二场试各国政治地理武备农工算法之类，三场试《四书》、《五经》经义即论说、考辨之类也。头场十倍中额，原奏经礼部通行，陕西有案可查。惟声、光、化、电等学，场内不能试验，拟请删去。此系原本朱子救弊须兼他科目取人之意，欧阳修随意去留鄙恶乖诞以次先去之法。而又略仿现行府县复试童生、学政会考优贡之章，似乎有益无弊，简要易行。一、停罢武科。武科硬弓刀石之拙，固无益于征战，弧矢之利，亦远逊于火器。至于默写武经，大率皆系代倩，文字且不知，何论韬略？以故军兴以来，以武科立功者，概乎其未有闻。凡武生、武举、武进士之流，不过恃符豪霸，健讼佐斗，抗官扰民，既于国家无益，实于治理有害。近年自故督臣沈葆桢以后，中外大臣，言武科改章者甚多，盖人已共知其弊。臣等揆之今日时势，武科无益有损，拟请宸断奋然将武科小考、乡会试等场一切停罢，此诚自强讲武之一关键也。一、奖励游学。查外国学堂法整肃而不苦，教知要而有序，为教师者类皆实有专长，其教人亦有专书定法，教法尤以日本为最善，文字较近，课程较速，其盼望学生成就之心，至为恳切。传习易，经费省，回华速，较之学于欧洲各国者，其经费可省三分之二，其学成及往返日期可速一倍。江、鄂等省学生在日本者多，故臣等知之甚确。此时宜令各省分遣学生出洋游学，文武两途，及农、工、商学专门之学均须分门认习，须择其志定文通者，乃可派往。学成后，得有凭照，回华加以复试，如学业与凭照相符，即按其等第，作为进士、举贡，以辅各省学堂之不足，最为善策。此时日本人才已多，然现在欧洲学堂附学者尚数百人，此举之有益可知。并宜专派若干人，入其师范学堂，专习师范，以备回华充小学、中学普通教习，尤为要着。再官筹学费，究属有限，拟请明谕各省士人，如有自备资斧出洋游学，得有优等凭照者，回华后复试相符，亦按其等第，作为进士、举贡，如此则游学者众，而经费不必尽由官筹。盖游学外国者，但筹给经费，而可省无数之心力，得无数之人才，可谓善策矣。若自备资斧游学者，准给凭照录用，则经费并不必多筹，尤善之善者矣。此四条为求才图治之首务，其间事理皆互相贯通补益，故先以此四条上陈。

此第一疏所建议者，全为废科举、设学校、派游学三事而已。第二、三疏则言整顿中法采用西法，中法之必应整顿变通者凡十二条，其第二疏曰：

立国之道，大要有三：一曰治，二曰富，三曰强。国既治则贫弱者可以立求富强，国不治则富强者亦必转为贫弱。整顿中法者，所以为治之具也；采用西法者，所以为富强之谋也。谨将中法之必应整顿变通者，酌拟十二条：一曰崇节俭，二曰破常格，三曰停捐纳，四曰课官重禄,五曰去书吏,六曰去差役,七曰恤刑狱,八曰改选法,九曰筹八旗生计,十曰裁屯卫,十一曰裁绿营,十二曰简文法。敬备朝廷采择,胪陈于下:

一、崇节俭 今京畿凋残,秦、晋饥馑,赔款浩大,民生困穷,以后更不知如何景象?此时若欲挽回天意,激励人心,非贬损寅畏,力行节俭不可。拟请明降谕旨,力行节俭,始自宫廷所有不急之务,一切停罢;无益之费,一切裁减。即不能不举之工,务从俭省核实,内务府诸臣,再有营私糜费者必重惩之。并请谕饬内外大小臣工务从节俭,力禁奢华,所有官廷舆服,力求朴素,应酬宴会,勿得浮靡,上官岁时之供亿,一概禁绝,督抚巡阅,学政按试,以及一切驰骋过境之贵官要差,所有舟车馆舍厨传供张,严禁华侈,不准需索骚扰,宽于商民,严于职官,有违旨者,上司立予纠参,此不惟爱惜物力之心,乃所以昭不忘忧患之意也。

一、破常格 窃谓朝廷此时一切举动,宜视为草昧缔造之时,视为与民同患之时,将一切承平安乐之繁文缛节,量为简省变通。中外大小臣工尤以除官气、达下情为主,应行破除常格之处甚多。兹先举最要者三事:一曰敷奏,奏对之际,天威咫尺,往往战栗矜持,不能尽言;至于上疏陈言,每以不尽能称旨为虑,导之使言,犹多顾忌,若以折槛批鳞为戒,则虽至于颠覆,而无人为朝廷言之矣。拟请明谕中外,又臣工奏疏召对,务以直言正谏、指陈利害为主,不必稍存忌讳,言事过于戆直者,体式稍有未合者,亦望朝廷曲予优容,以收从善纳规之益。一曰仪文,今日文武官员,官气最重,实为失人心、害政事之根。故大学士曾国藩、故巡抚胡林翼常切言之;文官贱视其民,罕与民接,炫之以仪从,威之以鞭扑,故罕通民隐;武将贱视其兵,罕与兵亲,驱为贱役,视为利薮,故罕识兵情。夫不得民心而能治,不得兵心而能胜,未之有也。应请切戒文武各官务须屏除官气,不尚虚文,必其诚意咸孚,然后兵民皆可用矣。一曰用人,承平时用人多计资格,所以抑躁进;时危用人必取英俊,所以济时艰。今之仕途,不必其皆下劣也,同一才具,而依流平进者多骑墙,精力渐衰者惮改作,资序已深者耻下问。平日论吏才者,患更事之不多,今当变政之际,则惟患更事之太多。盖其所谓更事者,不过痼习空文,于中外时局,素未讲求,安有阅历?而迂谈谬论,成见塞胸,不惟西法之长,不能采取学步,即中法之弊,亦必不肯锐意扫除。古人有言:老者谋之,壮者行之,施之今日,似为有当。

一、停捐纳　捐纳有害吏治,有妨正途,人人能言之,户部徒以每年能收捐二百万,遂致不肯停罢。查常捐若衔封翎枝贡监等项,本不可停,若将常捐量为推广,但系虚与荣名,无关实政者,皆可扩充。拟请敕下户部,博采众议,量为推广,必可抵补损失大半。即或不敷百数万,然今日须筹赔款数千万,断不宜惜此区区,以致牵缠,有妨自强要政。拟请俟此次秦、晋赈捐完竣后,即行永远停罢,以作士气而清治源。

一、课官重禄　方今事变日多,京外各衙门,断非仅通时文,翻查成例者所能胜任。欲济世用,非学无由。拟请京城设仕学院,外省设校吏馆,仕学院、校吏馆中,多备中外各种政治之书,凡中外舆图、公法、条约、学制、武备、天算、地理、农、工、商、矿各学之书,咸萃其中。选派端正博通之员为教习,令候备各员均入其中,分门讲习,严定课程,切实考核,进功者给予凭照,量材任用;昏惰者惩儆留学,不可教者,勒令回籍。其实缺各官,愿入馆讨论求益者,亦听其便,惟善教以培其材,尤须重禄以养其廉。查京职俸银俸米,为数无多,加以银贱物贵,实不足以自给,而科道为风宪之官,翰詹为储才之地,俸银尤宜从优。光绪八年户部奏定令各省关筹解京官津贴银二十六万两,乃行之一年,旋将此项拨充饷需。且原定数目较少,大小各官不能遍及,其分给者,为数亦不敷用度。今日亟宜另筹办理,至三品以上大员用度较繁,关系甚重,必应一并筹及。其名目即称为养廉,勿庸再称津贴,方为名正言顺。大约必须筹款百万,方足敷各衙门办公之需,杜乞贷苞苴之习。至外省各府县等官,甘苦亦不一致,州县有民社之寄,知府有表率之责,断不可令其苦累,州县瘠区则科派鬻狱而病民,冲繁则亏挪库款而病国,不得已而为调剂、调署之策,则传舍无常,而国与民交病。其号称优缺者,不过隐匿税契、杂税,减削驿站经费,甚至捏报例灾。盖州县官卑事繁,科场考棚之摊捐,解役缉捕之繁费,驿路大差之供亿,委员例差之应酬,其养廉万不足以给用,不得不迫而出此。故州县多一分之繁费,则国帑暗伤一分之进款,知府公费,无非取给州县,然公费多少不一,往往借端挑剔,格外诛求,故府州县皆须令其办公有资,然后能尽心于国事。应请饬下各省,体察本省情形,省州县之繁费,禁上司之需索,州县既无累可言,则可令其久任,责以实政,设遇地方有重要难办之事,只可因择人而量移,不准因恤累而更调,一切公款,责令切实报解,不得借口侵欺。知府办公竭蹶者,亦为筹增公费,至增加养廉公费以后,京外各官如再有贪墨败检者,除参革外,仍行追罚充公。果使贤才无北门贫窭之忧,当官有公而忘私之志,则为国家所省者多矣。

一、去书吏 蠹吏害政,相沿已二千年,臣等历年所见部文,不过查叙旧案、核算数目,从未论及事理,下等司官皆优为之。其准者不过曰与某案尚属相符,尚属实在情形,其驳者不过曰与旧案不合,室碍难行。间有援据古今,发为议论,指陈事理,语有断制者,则必系司官秉笔,或经堂官改定,一望而知决非经承稿书所能为。然则此辈一无所长,但工作弊索贿,至外省各衙门书吏,弊窦亦多。若督抚衙门之兵房,藩司之吏房、户房,州县之户粮房、税契房,皆所不免,而州县为尤甚。缘兵燹以后,鱼鳞册多已无存,催征底册,皆在书吏之手,缓欠飞洒,弊混极多,把持州县,盘剥乡民,税契一项,包揽隐匿,官无如何。其实无论大小衙门,书吏伎俩,皆极庸劣,凡紧要奏牍咨札详禀,或本官亲自属稿,或委员、幕友属稿,从无书吏能动笔者,所能为者,不过例行公事,依样葫芦而已。若各局文件,多非循例之事,则皆系委员办稿,至亲书则满纸俗别,谬说脱落,尤为恶劣,实于公事有妨。兹拟将各省书吏一律汰除,改用委员,其额设办稿经承,督抚、司道、知府、直隶州衙门,用本省候补佐贰杂职为之,称为稿委,缮写清书,用本省生员为之,称为写生。督抚、司道衙门书吏向有饭食津贴各项银两,即以拨充稿委、写生薪水之用。州县等衙门应就地筹款,惟各州县户房、粮房藏匿收征底册以为居奇，最为藐法可恶！拟请将各省州县户房、粮房应分为数年裁汰，由督抚体察情形，一年先办六七县或十余县，择其易于清理者办起。如该吏有敢抗匿销毁粮册者，即行奏请正法，俟办有规模，即可一律推行，永除要官朘民之弊矣。

一、去差役　差役之为民害，各省皆同，必乡里无赖，始充此业。传案之株连，过堂之勒索，看管之陵虐，并相验之科派，缉捕之淫掳，白役之助虐，其害不可殚述。民见差役，无有不疾首蹙额，视如虎狼蛇蝎者。差役扰民之事，其报官者不过什之一，其报官而惩办者不过什之五。师徒相承，专习为恶之事，良由换官不换差役，故根株蟠结，党羽繁滋，斥革旋复，虽有良吏，只能遇事惩儆，稍戢其暴而已，而终不能令种种扰民害民之弊一概杜绝。盖官署事事需差，州县不皆久于其任，势不能锄而去之，别筹良法。今钦奉明谕，令将差役白役分别裁汰，此诚恤民图治之要端也。此事自当转饬有司，钦遵实办。惟州县之听讯理刑、催科缉捕等事，不能不需人以供驱使，若繁剧州县，人少亦不敷用，例定役食无多，不足以资雇募。拟令州县自行募勇，以供驱遣。大县百余名，小县数十名，以供上项各种驱使，此勇既由官选募，必自择妥实可信之人，去留在官，自然不能把持，习气未深，作弊不能甚巧，但使本官约束严明，即可不为民害。各国清查保甲、巡街查夜、禁暴戢奸，皆系巡捕兵之责，其人并非下流猥贱之人，其头目即系武弁，日本名为警察，其头目名为警察长，而统之以警察部。其章程用意，大要以安民防患为主，与保甲局及营兵堆卡略同。然警察系出于学堂，故章程甚严而用意甚厚，凡一切查户口、清道路、防水患、别良莠、诘盗贼，皆此警察为之。闻京城现拟设立巡捕，将来自可仿办。兹拟州县用勇，即与用巡捕兵之意相近。当于繁盛城镇，采取外国成法，并参酌本地情形，先行试办，以次推行。警察若设，则差役之害可以永远革除，此尤为吏治之根基，除莠安良之良策矣。

一、恤刑狱　州县有司，政事过繁，文法过密，经费过绌，而实心爱民者不多，于是滥刑株累之酷，囹圄凌虐之弊，往往而有。虽有良吏，不过随时消息，终不能尽挽颓风。外国人来华者，往往亲入州县之监狱,旁观州县之问案,疾首蹙额,讥为贱视人类,驱民入教,职此之由。今酌拟九条:一曰禁讼累,每有诉讼,差役家丁必索讼费,视其家道以为多少,至少者制钱四千,薄有田产者任意诛求,不满其欲者,则诡曰案未传齐,致官不能过堂。即恤民之官,为之酌减定数,不准多索,然一官所禁,后任复然,差役不革,此弊不除。至传案株累,最为民害,其中有原告诬攀者,亦有吏役怂恿本官者,亦必须裁去吏役,方能杜绝。二曰省文字,承审之例限处分太严,而命、盗案之报少,必俟犯已认供而后详报,盗案之例限开参太严,且必获犯过半,兼获盗首,方予免议。而讳盗之事多,讳有为无,讳劫为窃,讳多为少,各省从无一实报人数者。命案罕报、罕结,则多私和人命及拖毙证人之事,民冤所以不伸也。盗案不早报不实报,则萑苻已起而上官不知,寇乱所以潜伏也。此事关系甚大,非宽减例处,断无禁绝拖延命案、讳盗案之法。至于上控之案,其官吏偏私,实有冤抑者,自应彻底严惩,乃近来上控者,往往有讼棍主持,意图攀累讹索,图准而不图审,以致被告羁系日久而原告不到案,虽有原告两月不到,将案注销之例,而两月之久,拖累已多。即由省押发,或已经逃匿,或中途潜逃,诬累害人,情尤可恶。应请明定例章,如上控案已经批发而两月后并不到案者,除照例注销外,并将上控之人通缉治罪,以后再将此案上控者,亦即驳斥治罪,究出架讼之人,一律严办。并请将上控承审迟延之处分,分别情节办理,此亦省拖累之一端也。三曰省刑责,敲扑呼号,血肉横飞,最为伤和害理,有悖民牧之义。地方官相沿已久,漠不动心,拟请以后除盗案、命案证据已确而不肯供认者,准其刑吓外,凡初次讯供时,及牵连人证,断不准轻加刑责。其笞杖等罪,应由地方官体察情形,酌量改为羁禁或数日或数旬,不得凌虐久系。四曰重众证,外国问案,专凭证人,众证既确,即无须本犯之供。查例载众证明白,即同狱成,不必对问。然照此断拟者,往往翻控,非诬问官受贿,即诋证人得赃,以故非有确供,不敢详办,于是反复刑求,则有拷虐之惨,多人拖累,则有瘐毙之冤。拟请以后断案,除死罪必须有输服供词外,其军流以下罪名,若本犯狡供,拖延至半年外者,果系众证确凿，其证人皆系公正可信，上司层递复讯皆无疑义者，即按律定拟，奏咨立案，如再京控上控，均不准理，此即省酷刑、拖累之大端也。五曰修监羁，州县监狱之外，又有羁所，又有交差押等名目，狭隘污秽，凌虐多端，暑疫传染，多致瘐毙，仁人不忍睹闻，等之于地狱；外人尤为痛诋，比之以番蛮。夫监狱不能无，而酷虐不可有，宜令各省设法筹款，将臬司府厅、州县各衙门内监、外监，大加修改，地面务须宽敞，屋宇务须整洁，优给口粮及冬夏调理各费，禁卒凌虐，随时严惩。至羁所一项，所以管押窃贼地痞，及案情干涉甚重，而供情未确，罪名未定，保人未到者，定例虽无名文，而各省州县无处无之。盖此等案犯若取保则什九潜逃，断不能行，若令还住客店，交差看守，则勒虐更甚，无从稽考。故羁所一项，其势不能不设，拟请明定章程，各处羁所，务须宽洁整净，不准虐待，亦不准多押。至传质者归入候审所，各省多已设立，其余差带官店等事，务须禁绝，此事之实办与否，有房屋可验，不能掩饰。六曰教工艺，近年各省多有设立迁善所、改过所者，亦间教以工艺等事，然行之不广，且教之亦不认真。应令天下各州县有狱地方，均于内监中，必留一宽大空院，修工艺房一区，令其学习。将来释放者可以谋生改行，禁系者亦可自给衣履。七曰恤相验，凡有命案应相验者，验尸棚厂官吏夫马之费甚多，均取之被告家，不足则派之族邻，小村单户，则派之一半里外之远邻。间有恤民之吏，自备夫马帐棚，严禁差役科派，然亦不过百之一二，终无禁绝之法。查四川有三费局，由绅民粮户捐出，一为招解费，一为相验费，一为夫马费，民甚便之。行已三十年，此事似宜令各州县就地筹款，务以办成为度，仍责令州县轻骑简从，不准纵扰，违者严参。八曰改罚锾，赎罚之刑，古经今律皆同有之，惟其途尚隘，查命案、盗案应按律治罪，窃贼地痞恶棍伤人，诈骗讼棍，宜量予扑责监察，借以儆其悍暴，晓示良民。此数项应不准罚赎。此外如户婚、田土、家务、钱债等类之案，其中多系绅衿，且两造必系亲族乡邻，不宜苦辱过甚，致本人有碍上进，并使两造子孙永远为仇隙。除按其曲直审断外，其曲者按其罪名轻重，酌令罚缴赎罪银若干，以为修理监狱经费。举贡生监职员封职犯事罪不致军遣者,除褫革外,并罚缴修理监狱经费。看管数月,免其刑责,似于化民善俗之义有合,罚缴之数,令其详报上司,私罪及入己者罪之。九曰派专官,监羁一事,固须屋宇广洁,尤须随时体恤,禁绝凌虐,必有专官司之,方有实济,吏目典吏,卑于州县,不能考察。查各府皆有同知、通判,所司清军盐捕水利等事,久成具文,一无事事。按今之通判,宋亦名通判,或名签判,明曰推官,皆兼管狱囚诉讼,故文人称为司李,俗人称为刑厅,拟请著为定章,每府即派实缺同知,专司稽查各属监狱之事。同知不同城者,派同城通判每两月遍赴所属外县稽察一次;同城兼有同、通者,两员分任,一月稽察一次,同城县监,十日稽察一次。监狱不善,凌虐未禁者,准其据实禀明督抚臬司,比照滥刑例参处,稽察府监,责成本道司监,由督抚随时委员稽察,要之,事事皆有确实办法,庶可以仰裨圣朝尚德缓刑之治,而驱民入教之患可渐除矣。

一、改选法 明季以来,部选之官,皆系按班依次选用,查册之外,辅以掣签,并无考核贤否之法,候选人员多系遣人投供,必托部吏查探选期已近,始行亲自入都,选缺到省,必令赴任,间有留省学习,不过一年数月,其中多有纨绔子弟、乡僻寒儒,罕能通晓吏事。至本省情形,则更茫然,每出一缺,或应外补,或应内选,或一咨一留,或两咨一留,班次纠纷,章程繁细,各官但算计得缺之迟早,班次之通塞,心思识解,日趋鄙俗。窃拟略为变通,以后州县同、通,统归外补,无论正途、保举、捐纳,皆令分发到省,补用试用,令其学习政治,上官亦得以考核其才识之短长,遇有缺出,按照部章,应补何班,即于本班内统加酌量拟补,不必拘定名次,惟到省未满一年者,除本班无人外,不得请补。

一、筹八旗生计 京外八旗生齿日繁,饷额有定,且银价渐低,物价日贵,国家虽费巨款,而旗兵、旗丁仍不免拮据之忧,殊鲜饱腾之乐。拟请将京外八旗饷项,仍照旧额开支,惟照旧略为变通,宽其约束,凡京城及驻防旗人,有愿至各省随宦游幕,投亲访友,以及农工商贾各业,悉听其便。侨寓地方,愿寄籍应小考乡试者,亦听其便。准附入所寄居地方之籍，一律取中，但注明寄居某旗人而已。有驻防省分，或即附入驻防之额，其自愿归入民卷者，必其自揣文艺可与众人争衡，即不为之区别，寄籍者即归地方官，与民人一体约束看待。惟出京寄籍自谋生理之人，其钱粮即行开除，不必另补，但将马步甲兵，预定一至少减至若干之额，省出饷银、饷米，即以专充八旗广设学堂之费，士、农、工、商、兵五门随所愿习。惟习武备须择年在二十岁以下者，如系当兵者，既入学堂，则寻常旧例操演勿庸再到，以免分其学堂之日力。其习武备者，留以供禁旅之用，习他项者，令其为谋生之资，所学未成，不能营生之时，饷项照旧给发。五年以后，省饷日巨，学堂日增，十年以后，充兵者可以御侮，则不患弱，改业者各有所长，则亦不患贫矣。

一、裁屯卫　漕运一事，种种有名无实，亟应设法变通。查有漕各省，屯田本为赡运军而设，各卫所守备千总，本为征屯饷、押漕运而设，今日无论折漕与否，运漕皆系轮船，民船运军，久无其人，卫官一无所事，而屯田、屯饷，弊窦尤多。一卫所属屯田，有隔在别府者，有跨在别省者，卫官并不知其田在何处、数有若干，其册皆在该卫数书吏之手。至于荒熟丰歉，更无影响可寻，卫官但向书吏索取年例陋规而已。此等积弊，各省皆同，臣等查之甚悉，计十年之中，江南、湖北各卫官，以争利谋缺、讦讼滋闹之案甚多，谬妄离奇，直不知官场为何事，不文不武，形同赘疣。若屯田、屯饷改归所隶州县征收，则每年丰歉完欠皆有可考矣。

一、裁绿营　绿营之无用，自嘉庆初年川、楚教匪之乱而已著，自发、捻之乱而大著，调派出征，则闻风推诿，其不能当大敌御外侮，固不待言。即土匪、盐枭亦且不能剿捕，三十年来，以裁汰绿营为言者，不止数十百人，自光绪十一年奉懿旨，令裁汰绿营，光绪二十二年又奉上谕，裁汰绿营，各省虽已分别裁汰，然现存者尚复不少。合计各省原营额饷、挑练加饷、岁费、饷银、饷米、马干，照光绪十一年八月二十二日懿旨绿营兵饷一千五百万两之数核算，此时尚需银一千万两以外。物力艰难，年年巨耗，真不知何所底止也？裁汰之要义有二:一则宜筹从容消散之方,一则宜筹抵补弹压地方之具。拟请将各省绿营不论挑练之兵、原营之兵,分马步战守,限每年裁二十分之一,计百人裁五,统限二十年裁竣。应裁者每名发给恩饷一年,责成各省督抚、藩司每年饷银、饷米就现在应发之数,于二十成中扣发一成。其何营应开除几名,令各该营自行按数开除。惟是此项省出之饷,只能改为养缉勇、设警察之费,不能指为充裕库储之计。盖精练备战之营,只可屯札省城及要隘、重镇两三处,断不宜各处分札,又蹈营汛之失。省外府县,亦未便听其空虚,可即以此项省出之饷,酌补缉捕勇营,派赴外府,择要分防,并设警察之勇,归州县调度。不过改募勇丁,则整顿去留,其权在地方官,勇可随时裁募,兵可随时更换,于弭乱安民既有实际,而经费可免另筹,此即与新增巨款无异矣。

一、简文法 约有三端:一曰省虚文,凡部院文移,外省公牍,多有陈陈相因,无益实政者,有册籍浩繁,无关利弊者;有末节细故,往返驳查,稽延时日者;有循旧具报出结,并无实事者,此类不可殚述。拟请敕下京外各衙门,通行彻查,酌量省罢。至于无谓仪节,徒致废务妨要者,亦请查核,酌改从简。一曰省题本,查题本乃前明旧制,既有副本,又有贴黄,兼须缮写宋字,繁复迟缓。我朝雍正年间,谕令臣工将要事改为折奏,简速易览,远胜题本。五十年来,各省已多改为题奏之件。上年冬间,曾经行在部臣,奏请将题本暂缓办理,此后拟请查核详议,永远省除,分别改为奏咨。一曰宽例处,范仲淹之言曰:"士大夫公罪不可无,私罪不可有。"洵为名论! 方今吏议繁密,京外各官殆无一人无一日不干吏议者,而州县尤甚。治民之本,全在州县,救过不暇,何暇论及教养乎? 牵缠既多,于是遇事诿卸,多方弥缝,上官亦知其情多为难,不肯苛求,姑从掩覆,既明知为无益劝惩之事,何必存此虚文? 应请饬下吏部、兵部、都察院查核处分旧例,分别公私轻重,量加宽减删除,如此则臣下之于朝廷,僚属之于上官,可以进实言办实事矣。

以上十二条,皆中国积弱不振之故,而尤为外国指摘诟病之端,臣等所拟办法,或养民力,或澄官方,或作士气,前人论及此者多矣,特以误于弊去太甚之言，怵于诸事更张之谤，律令文告，都成具文，小有设施，不规久远。今日外患日深，其乐因循务欺饰者，动以民心固结为言，不知近日民情，已非三十年前之旧，羡外国之富，而鄙中土之贫，见外兵之强，而疾官军之懦，乐海关之平允，而怨厘局之刁难，夸租界之整肃，而苦吏胥之骚扰，于是民众洋教，商挂洋旗，士入洋籍，始由否隔，浸成涣散，乱民渐起，邪说乘之，邦基所关，不胜忧惧！必先将以上诸弊一律划除，方可冀民心固结永远，然后亲上死长，御侮悍患，可得而言矣。

第二疏所言皆整顿积弊之事，第三疏则言："西法纲要，更仆难数，情形固自有异同，行之亦必有次第。臣等仅就切实易行者胪举十一条：一曰广派游历，二曰练外国操，三曰广军费，四曰修农政，五曰劝工艺，六曰定矿律路律商律交涉刑律，七曰用银圆，八曰行印花税，九曰推行邮政，十曰官收洋药，十一曰多译东西各国书，大要皆以变而不失其正为主。"诏下政务处议行，是为实行变法之始。

(四) 变法后之新政

光绪二十七年以后之五年间，为清廷锐意变法之时期，其所行除旧布新之政令，可述者约有三十事，兹条列如下：

一、裁汰各衙门胥吏差役。(辛丑四月)

二、停止捐纳实官。(辛丑七月)

三、归并詹事府于翰林院，复命裁撤河东河道总督缺。(壬寅正月)

四、裁撤云南、湖北两省巡抚缺。(甲辰十一月)

五、裁撤广东巡抚缺。(乙巳六月)

上列五项，为五年间除旧之新政。

六、设立督办政务处。(辛丑三月)

七、改总理各国事务衙门为外务部。(辛丑六月，此为联军诸国所要求,载辛丑和约第十二条。)

八、设立商部,将路矿总局裁并。(癸卯七月)

九、设立练兵处。(癸卯十一月)

十、设立巡警部。(乙巳九月)

十一、设立学部。(乙巳十一月)

上列六项,为五年间新设之机关。

十二、命各省绿营防勇,限于本年内裁去十分之二三。(辛丑七月)

十三、命各省筹设武备学堂。(辛丑七月)

十四、复命将各省原有各营严行裁汰,精选若干营,分为常备、巡警等军。(辛丑七月)

十五、命铁良会同袁世凯办理京旗练兵事宜。(癸卯五月)

十六、设立练兵处,命奕劻等管理。(癸卯十一月)

十七、在河南举行秋操,命袁世凯、铁良为阅兵大臣。(乙巳九月)

上列六项,为五年间关于军事之新政。

十八、复开经济特科。(辛丑四月,癸卯始策试各省所举人员于太和殿,取袁嘉谷等二十七人。)

十九、命整顿翰林院,课编检以上各官以政治之学。(辛丑四月)

二十、命出使大臣访察游学生咨送回华,听候录用。(辛丑五月)

二十一、命自明年为始,乡会试等均试策论,不准用八股文程式,并停止武生童及武科乡会试。(辛丑七月)

二十二、复命各省所有书院于省城改设大学堂,各府及直隶州改设中学堂,各县改设小学堂。(辛丑八月)

二十三、命各省选派学生出洋肄业。(辛丑八月)

二十四、定学堂选举鼓励章程,凡由学堂毕业考取合格者,给予贡生、举人、进士等名称。(辛丑十月)

二十五、复命各省选择学生派往西洋各国讲求专门学业。(壬寅九月)

二十六、命自明年会试为始,凡授职修撰、编修及改庶吉士用部

属中书者，皆令入京师大学堂分门肄业。（壬寅十一月）

二十七、颁布学堂章程。（癸卯十一月）

二十八、考试出洋归国学生，自是每岁考试留学以为常。（乙巳六月）

二十九、停止乡会试及各省岁科考试。（乙巳七月）

上列十二项为五年间关于学校选举之新政。

三十、诏许满汉通婚。（辛丑十二月诏曰："奉懿旨：我朝深仁厚泽，浃洽寰区，满汉臣民，从无歧视。惟旧例不通婚姻，原因入关之初，风俗语言，或多未喻。今则风同道一，历二百余年，自应俯顺人情，开除此禁。惟宫中遇选秀女，仍由旗民挑取，不得采及汉人，以示限制而恤下情。"）

以上三十事，似较戊戌百日维新时所举之条目为多，其实全未出光绪帝当时变法之范围，更未出刘坤一、张之洞所建议之范围，不过分一事为数诏，延百日为五年而已。戊戌变法时，最注意者为废科举、兴学校，此次变法之成就，亦以废科举、兴学校二事为最著。惟派游学一事，各省所行者，较之戊戌以前为积极，光绪二十八九年间，日本留学生骤增至数千人，虽官派者不过十之二三，而此种留学生对于立宪、革命二运动，皆发生极大影响。换言之，清末十年间之国事政局，固皆由于日本留学生之大量增加而隐隐以支配之者也。光绪三十一年谕曰："方今时局艰难，百端待理，朝廷屡下明诏，力图变法，锐意振兴。数年以来，规模虽具而实效未彰，总由承办人员向无讲求，未能洞达原委。似此因循敷衍，何由起衰弱而救颠危？"此可见当时变法之无效，盖变法之潮流已过，而立宪、革命之运动方张，对于清廷之支节改革，一般均视为无足轻重矣。

（五）当政人物之更嬗

庚子拳变以后，载漪充军，刚毅恚死，内臣中惟奕劻、荣禄权势最大。奕劻留京与李鸿章办理议和事宜，仅荣禄赴西安行在，又以为慈禧私人，宠眷最隆，巍然独执政柄。辛丑变法诏旨，及督办政务处之设，皆荣禄所主持者也。顾此举乃西后借以遮掩外人耳目,非出自本心,且诸臣亦无经国远图,其能实力奉行者绝鲜,故一切政治,泄沓如故。外臣中李鸿章系三朝元老,但以困于外交问题之难关重重,不久且积劳病故,因是刘坤一、张之洞在当时最居重要地位,不仅以东南自保之约,受外人之庇护而已。故江、楚会奏变法三折,乃清廷随时摘要举办之张本。换言之,即清廷变法之举,实循刘、张意见为之也。坤一以光绪二十八年九月卒,诏嘉其保障东南功,追封一等男,谥忠诚。之洞疏陈:坤一居官,廉静宽厚,不求赫赫之名,而身际艰危,维持大局,毅然担当,从不推诿。其忠定明决,能决断大事,有古名臣风。世以所言为允。坤一死后,则袁世凯以代李鸿章为直督而崛起,新政中有关废科举等事,皆之洞与世凯联衔奏请者也。然袁以小站练兵握有北方军队之实力,又以巡抚山东驱逐拳民于直境,声望渐隆,于庚子事变中,已随李鸿章、刘坤一、张之洞之后,隐持保疆政策,而参与归政交涉之大计。荣禄初请调袁军入京,借以剿除拳民;盛宣怀亦以"袁慰师即由山东提兵由保定进京,以清君侧、护两宫为要义"(《愚斋存稿·致李鸿章、刘坤一、张之洞电文》),请鸿章电世凯照办。世凯"恐中途先败"(复李电语)推托不行。盖恐开罪旧党,或蹈聂士成之覆辙耳。因此得以保存完整之实力,其武卫右军原有小站所练之万余人,又改编山东练勇为二十营,称武卫右军先锋队,由新军人员训练,实力逐渐扩充。及代鸿章督直,则俨然继淮军三十年坐镇京、津之余威,而造成北洋军阀之基础。其手腕又极灵活,初恃荣禄为靠山,荣禄卒后(光绪二十九年),亲贵中惟奕劻权势最重,世凯乃尽力结托之,以图西后之欢心,于是奕劻、袁世凯遂为清廷内外之两大柱石。张之洞虽以宿望重臣,反有逊色矣。世凯初以淮上子弟随吴长庆军往朝鲜,随机应变,颇有胆识,因此为李鸿章所赏识,荐充总理通商交涉事宜,即中国驻韩之代表也。中日战争将起,世凯避祸回国,颇为鸿章所不满,袁因改走翁同龢之门。同龢介之于大学士李鸿藻,受其庇护,遂夤缘荣禄而得督练定武军,此为袁氏一生事业之基础。盖彼既非科甲出身,亦无汗马之功,纯由权术机诈而使其地位日隆,如戊戌之告密,既承光绪帝不次之擢,又于荣禄入京时,作十日之护督兼北洋大臣。此为袁氏崭露头角之始。拳乱之时,世凯既以邻为壑,颇得中外人士之赞赏，直省之避难者，多逃至山东，即可安然无事。德州一带人至以白垩在壁上大书“山东境界”。李鸿章所谓幽蓟云扰，而齐鲁风澄者也。其实力之保全，表现之优良，是为要挟运动督直之资本，鸿章遗疏推荐，慈禧审势照准，即令世凯不贿买于式枚而欺骗鸿章，殆亦有匪异人任之趋势耳。因鸿章督直二十余年，国防操于其手，由甲午战败以后，淮军势力，仍足镇压北方。慈禧虽一度使荣禄督直，欲收回北洋军权，但武卫军多半为鸿章旧部，而荣禄之中军，与聂士成之前军，董福祥之后军，宋庆之左军，皆遭拳乱而覆没，北洋所余武力，仅有袁世凯之武卫右军而已。除此尚有何人可以镇抚畿疆？故世凯于接承鸿章之后，为建专祠于天津，题联有：“一生低首拜汾阳，敢诩临淮壁垒？”之句，其以淮军继承人自居，极为显然。督直七年所行之新政，亦大半效李之筹款练兵，与鸿章无异也。惟李继曾国藩之事业，而道德、操守不及曾，袁继李鸿章之事业，而人格、修养、学识更不及李，因此自郐而下，而派系倾轧之风以起。所谓北洋军阀者，皆小站练兵时之旧侣，群维世凯之马首是瞻，听其指挥，过于朝廷命令。较之在李鸿章“脚根下盘旋”之淮军更进而全属于私人军队矣。以故清廷虽颇忌北洋军权有外重之势，欲借整军练兵之名，收归中央，使奕劻、铁良主其事，并将袁世凯及张之洞皆调充军机大臣，致之枢廷，然革命军一起，对外用兵，又非假手袁世凯不可。此可见同、光以后之清廷命运，无形间已为中兴名臣之势力所掌握，袁世凯特以幸运而继鸿章之后耳。此地方权力消长之大略，最后乃以袁世凯之北洋系为结局矣。至于中央方面，拳乱后始入军机者，汉人则鹿传霖、瞿鸿禨，满、蒙人则荣庆、铁良、世续、那桐。传霖（字滋轩，直隶定兴人。同治元年进士，选庶吉士，散馆授知县。光绪九年授河南巡抚，二十一年擢四川总督。二十四年授江苏巡抚）以勤王护驾赴陕而得进，入值军机，擢左都御史，迁礼部尚书。三十年转吏部。三十二年新官制成，乃退位，专治部事。寻仍入直，解部务，以尚书协办大学士。宣统嗣立，与摄政同受遗诏，历拜体仁阁、东阁大学士，二年七月卒，年七十五。《史稿》称其知民疾苦，所至廉约率下，尤恶贪吏，虽贵势不稍贳。其在军机凡事不苟同，喜扶持善类。晚病重听，屡乞休不获，居恒郁郁云。又论曰：同、光以后世称军机权重，然特领班王大臣主其事耳,次者乃得参机务。光、宣之际,政既失驭,权乃益纷,虽当国无以为治焉。传霖等任封疆多有绩,而立朝不复有所建树。可见晚清政权之所寄,仅以贪庸著名之庆亲王奕劻为班首,余皆无所建树。瞿鸿禨(字子玖,湖南善化人。同治十年进士,授编修,光绪元年擢侍讲学士。甲午后迁礼部侍郎,出督江苏学政。差竣诣行在,授左都御史,晋工部尚书,令值军机兼充政务大臣。旋命为外务部尚书,三十二年,协办大学士)颇欲与之抗,而庆、袁相结之势已成,御史外官时加疏劾,曾不能动其丝毫,故奕劻与袁世凯实为清朝送终之人也。

一百六十五　日俄战争与立宪动机

(一) 俄兵之侵占东北

中国之立宪运动,实由日俄战争之刺激而起,盖维新与保皇运动,虽亦以立宪为宣传口号,但立宪之意义尚未为一般人所了解,至日俄战后,日以立宪之小国,而战胜庞大之帝俄,于是立宪之要求,乃风起云涌,不可遏止矣。日俄战争之原因,约有三端:一曰干涉还辽之旧恨,即《马关条约》原有割让辽东半岛一节,后为俄、德、法三国逼使日本放弃,而俄国竟租占旅、大,进图东北,夺取日本既得之利益也。二曰在韩利益之冲突,中日战后,日本视朝鲜为禁脔,韩人则欲借俄国之势力以图生存,于是亲俄派乃利用俄兵,挟持国王,解散亲日内阁,组织亲俄内阁,俄公使隐隐操纵之,日本势力,大见削弱。不得已,乃与俄结共同保护之约,然其心终不能甘也。三曰俄人之侵占东北。中俄密约订立后,俄筑东清铁路于北满,又以强租旅顺、大连湾,得造支路于南满,于是东北已成俄人之势力范围。光绪二十六年五月,清廷纵容拳民,对外宣战,电令奉天将军增祺速召民团,“厚我兵力,认真战守,以抗强邻”。又以盛京户部侍郎清锐、刑部侍郎宗室溥颋为团练大臣,鼓励拳民,到处焚杀。副都统晋昌力助之,破坏铁路,劫掠仓库(《帝俄侵略满洲史》谓:中国军队亦居然与拳匪一起攻击南满铁路,一时被破坏达二百俄里。威特请派兵至路区,如能有十万至十五万之军队,则当可把中国人打个粉碎。后来威特又责难库罗巴特金

〔Karoboking〕派兵十五万,以致把战争扩大。所以库罗巴特金也很埋怨威特)。俄以有机可乘,乃分兵五路,侵入东北。一由贝加尔经呼伦贝尔越西兴安岭南下;二由海兰泡渡江攻瑷珲,经墨尔根(嫩江)而趋齐齐哈尔;三由伯力附近溯松花江而上,经三姓而趋哈尔滨;四由海参崴攻珲春、宁古塔而趋吉林;五由旅顺北攻奉天,经营口、辽阳直趋沈阳。六月十九日,俄军第二路先攻我江东六十四屯,迫我居民弃其庐舍、产业,驱至江边,持枪追击,同遭溺毙。海兰泡之华商被杀者,亦六千人。老弱妇孺,哭声震天,此为帝俄侵华最大之惨剧。俄军长驱而下,副都统凤翔战死,黑龙江将军寿山自杀,齐齐哈尔遂陷。俄阿穆尔省总督宣布:江东六十四屯及黑龙江右岸,凡俄军占领之地,土地均归并俄国。第一路之俄兵亦攻陷呼伦贝尔,统领保全战死。复沿中东路南下,与第二路会师进攻齐齐哈尔。更南进占领长春、永吉、昌图、开原、铁岭等处。第三路俄军陷三姓,清兵四千溃散,直趋哈尔滨。第四路俄军于六月底陷珲春,围攻宁古塔,守军力抗,相持四十余日,始破。八月二十八日陷吉林省城。第五路俄军由旅顺北攻,先下盖平,继攻海城,为清军所阻,不得进。俟八月中旬援军至,始陷沙河、辽阳,至闰八月初八日沈阳亦不守。至此东北重要地区,全为俄军所占领。其司令官阿莱克塞夫(Admiral Alexcieff)乃胁迫被监视之将军增祺,派已革道员周冕前往旅顺会商东三省交还条约。九月二十日(西十一月十一日),与俄代表考洛斯托维次(Korostovetz)签订暂且章程九条,即所谓《旅顺密约》是也。其要略如下:

一、将军回任后,应任保卫地方安静,务使铁路兴修之工程,毫无拦阻损坏。

二、奉天将军及地方官应与俄官以礼相待,并随时帮助寻觅住所及采买粮料等事。

三、奉天将军应将所有军队一律撤散,收缴军械。所有库存军装枪炮,统交俄方经理。

四、奉天各处炮台营垒及火药库,未经俄军驻扎者,一并拆毁。

五、营口等处,由俄方管理,俟秩序安定,再交华员。

六、奉天各地应听将军设立巡捕马步各队,保护商民,人数多寡,携带枪械,另行酌定。

七、沈阳设俄总管一员,办理奉天将军与俄国关东总督往来交涉事件。凡将军所办要件,该总管应当明晰。

八、若奉天各处巡捕不足用时,可由将军就近知会俄总管转请俄带兵官尽力帮同办理。

九、前条有疑义时,以俄文为准。

在北京与联军议和之际,日本先将此约之消息传出,中外震骇,盖如此则东北名存而实亡矣。清廷当然不肯承认,乃将增祺革职。十一月十一日,命驻俄公使杨儒为全权大臣,与俄商谈东三省接收事宜。杨儒屡访俄外长拉拇斯道夫(Lamsdoff)及财长威特(Witte),二人故弄狡狯,多方刁难威吓。先抗议处分增祺事,清廷因照允将增祺留任。光绪二十七年正月,俄始将交收东三省担保条件十二款提出,内容大要如下:

一、俄国皇帝愿与中国结好,不念满洲有开衅之事,允将满洲还与中国,凡俄兵占据以前之行政制度,当一切复旧。

二、东清铁路公司照一八九六年八月二十七日所订合同第六条,有置兵保护之权,现因地方未靖,俄政府将派兵一队,暂留满洲,直至地方戡定及中国将本约第九、十、十一、十二、十三各条所载事项为止。

三、若遇急变,留驻之兵,当以全力助中国弹压之。

四、中国在东清铁路未竣工通车以前,不得在满洲设置军队,及输入军火。他日需派兵时,其数目亦应先与俄国商定。

五、凡将军大员办事有不协邦交者,一经俄国声明,即当调离。满洲内地所设马步巡警,当与俄国商定数目,军械不得用炮,供差不得用他国人。

六、中国北方海陆军不得聘用他国人训练。

七、租借旅、大条约第五款之中立地带内,两国当派员会商专章；一八九八年四月二十五日补充议定书第四条金州自治权亦应取消。

八、在与俄国交界之中国一切地方即满、蒙及新疆所属之塔城、伊犁、喀什噶尔、叶尔羌、和阗及于阗等处矿山及其他利益，非经俄国许可，不得让与他国。非俄允许，中国不得自行造路。除已辟为商埠之牛庄外，亦不得以任何地段让他国人享用。

九、此次俄国军费，当由各国赔款一并偿还，并会同办理。

十、毁损铁路公司财产及耽延工事之赔偿，当由中国与铁路公司协商照赔。

十一、上项赔款议定之后，当以别种利益为抵押或酌改旧约，或别让利益。

十二、中国允俄由东北铁路干线支线修造一路直向长城达北京。

此约较《旅顺密约》，尤为刻毒，当然不能接受。伦敦《泰晤士报》刊载此消息时，英政府即向俄国质问，俄国外交大臣否认之。杨儒亦电告李鸿章、奕劻，暗示可借列强压力拒绝，鸿章因以此约全稿交各国公使传阅，日、英、美、德、奥、意相继提出警告，不得批准此约，以免各国效尤，是自开瓜分之端。两江总督刘坤一电西安行在云："现闻俄定十二款，反客为主，权利尽失，各国既已声告，允则均必效尤。不分而分，虽存实亡。与其坐以待亡，孰若坚与相持？一国要挟与各国要挟轻重悬殊，矧此时中国能坚持到底，公论所在，俄亦有所顾忌。"湖广总督张之洞电云："增祺擅定暂约，荒谬万状，如此则东三省及直、晋、陕、甘北边一带皆非我有矣。兵权、利权、政权全失，所谓交还，有名无实。……今见杨使约稿十二款，虽略有删节，大致仍与相仿，各国效尤，仍是瓜分之局。……今幸英、日、德俱助我，惟有以众论公议拒之。"内外之舆论如此，俄虽以北京及早撤兵，并破坏英、日归政之议，以图见好于清廷，获取东北特权，而清廷终不敢遽许之也。

(二) 俄提草约之拒签

俄国提出十二条草约时,曾附提两星期之签字期限,并派人以东清铁路公司原许而延期交付之一百万卢布为饵,图贿买李鸿章。鸿章虽有"务求速电画押,以保危局,勿多顾虑"之电,军机处亦有"惟有请全权定计,朝廷实不能遥断"之语,奕劻、鸿章并电杨儒,谓:"内意已松,当立断画押。"但刘坤一、张之洞、盛宣怀却电告杨儒云:"俄约各国哗然,立待效尤,中国士大夫已多病公,此约果定,中外矢集,窃为公危。"因此杨儒卒不敢画押。时日本已向俄国警告:"该草约中之若干条,实在破坏了中国之主权及领土完整,并破坏了其他列强之条约的权利。"暗中准备对俄宣战,且在北京声明:"无论如何都预备帮助中国以达到满洲俄兵撤退的目的。"同时驻日公使李盛铎亦电告:"我若拒俄,则俄或与英、日开衅,亦未可知。即不然而举兵向我,英、日舰队麇集,俄亦受制不能畅所欲为。我允俄,则津、韩两事俄必退让,而英、日移兵向我,我实受其害矣。俄逼画押,各国不肯助我诘俄,各国举兵,俄又岂能助我阻各国?拒俄开衅,未必一战致亡,允俄召衅,大局必致瓦解。"清廷权衡利害,始决定拒签俄约。即于二月五日谕军机大臣电寄奕劻、李鸿章等云:"俄约关系太重……昨据各督抚及各驻使纷纷电奏,皆以坚持不画押为害较轻。……朝廷细思,不遽画押,仅只激怒于俄,画则群起效尤分据,其祸尤速。即着该王大臣等分告在京各使,中国不敢遽允俄约画押,请先议公约。并着杨儒婉告俄外部,中国为各国所迫情形,非展限改妥,无碍公约,不能遽行画押,请俄廷见谅!"二月六日,俄外长拉拇约见杨儒限翌晨画押,儒拒之。是日寒雪,儒回署下车滑跌坠地,从此一病不起。《清史稿·杨儒传》云:"儒数往谒,拒不见,则第趣画诺,语竟即起,不容儒致一词。儒愤出,及阶踣,伤右足,乞假赴德、奥疗治,俄留之。明年正月卒。"《新民丛报》卷十四《国闻短评》云:"驻俄公使杨儒暴卒,世人固稍已疑之。未几而其子复自缢,濒死有极痛心之语,世人乃益疑之。近者日本报乃详述杨儒之死,实被俄人从楼上踢下致命。盖满洲条约为各国所制,不得行其志,故以此泄忿云。"按杨儒患病不能办事,初见于《实录》二月十二日谕旨。二十三日,杨儒电奏病难速愈,请假调理,清廷拟调吕海寰前往接替,令李鸿章先向俄使问明允否接待。七月六日,杨儒电奏,病难速痊,请简员接替。着奕劻、李鸿章详慎遴选,秉公荐举,并先与俄使商允,奏请简放。十六日,命四品卿衔记名海关道罗丰禄以三品京堂候补调充出使俄国大臣。是年十二月初七日,尚有调工部左侍郎杨儒为户部左侍郎兼管三库事务,未到任前,以礼部右侍郎陆润庠兼署之旨。光绪二十八年正月十二日谕旨:"户部左侍郎杨儒才识宏通,由道员派充出使美国大臣,调充出使俄国大臣,办理交涉事务,不避艰难,力顾大局,一切悉臻妥协。兹闻溘逝,轸惜殊深,着照侍郎例赐恤。"是杨儒之死在既病一年以后,不得谓之暴卒,踢下致命之说,恐系日人故甚其辞耳。杨儒接清廷非展限改妥,不能画押之电,以病中曾将电旨译送俄外部。俄人声明:"现在各国既因此约与中国大相为难,俄廷虽欲撤退满洲俄兵,不克立即办理。故该处全行交还中国一节,应俟中国事定,保不致再有去岁之患,方可再提。"自是东北交还之事,遂告搁置。是年六月十四日,上谕调解李鸿章与刘坤一、张之洞之意见云:

> 二月初间,中外诸臣佥言俄约一成,即启瓜分之祸,朝廷熟思利害,不得不为停画,此事势之当然,本无所容其成见。乃自是之后,李鸿章误以画约为刘坤一、张之洞所阻,至有江、鄂为日人所愚之言。刘坤一、张之洞又以李鸿章为偏执己见,亦有全权为俄人所愚之言。彼此积疑,负气争论,究于国事何补?该大臣等受恩深重,上年共扶危局,各著勤劳,方深倚赖,国步至此,同心戮力,犹惧不济,何忍自相水火,贻忧君父,见笑外人?平心而论,李鸿章身处其难,原多委曲,然时有不受商量之失;刘坤一、张之洞虑事固深,而发言太易,亦未免责人无已。要之俄约自难全废,终当设法改订。俄人交还东三省,若仍夺我兵权、利权,名还而实不还,害岂可言?且各国起而效尤,则内地之祸,何堪设想!必须乘公约既成之际,向俄使商定前约,婉与磋磨。并即照会各国公使请为公议,便可询问关东撤兵日期,以观动静。若能将东三省许各国通商,得互相牵制之益,庶几根本之地可保,全局亦安。着责成奕劻、李鸿章赶紧筹商,务臻妥善,速行具奏。

> 刘坤一、张之洞有会办之责,亦不准置身事外,特此开诚申谕;该大臣等同一竭忠谋国,务各捐除意见,和衷经画,挽回气数,共济艰难,实有厚望!尔功尔过,不能逃朝廷洞鉴也。

(三) 东三省之交收条约

《辛丑条约》签订后,李鸿章始与俄使重开谈判,俄欲以蒙蔽手段,使中国与华俄道胜银行订约,巧取东北特权,而外交部则提出四条,规定俄军之撤退日期,在一九〇二年各处所留不得过千人,一九〇三年夏季之前全数撤退。鸿章已完全同意矣,但当鲍斯涅夫(Posdneiev)将银行协定草案提交时,鸿章则言:"这协定把整个满洲都交给银行了,无论如何,我没有胆量负这个协定的责任。且必然引起各国之抗议。"威特令鲍氏对李施以压力,李允俟庆亲王奕劻回京时签字,因奕劻已往河南迎驾并请示也。时鸿章已病重,于九月二十五日卒,威特电询鲍斯涅夫:"打算怎么办?能否再找到像李鸿章那样热心有力量的人?"鲍复云:"一切都完了,我们必须从头做起。"关于东北问题之解决,始终最关心者为日本,盖以日本正向朝鲜侵略,而俄人则视东北为禁脔,亦向朝鲜发展也。日欲阻止俄对朝鲜之野心,其元勋重臣中,有两派之主张,一即联络英、美抗俄,使不能插足于东北,一即与俄国妥协,使俄取满洲,日取朝鲜,各不相妨。伊藤博文主张后者,乃以私人资格,专程赴俄谈判,建议双方各自忍让,以解决满洲与朝鲜之问题。俄国对伊藤提议之原则,加以修正,为满洲不容日本干涉,朝鲜则互相负责。伊藤失望而回,而山县有朋及外务省之主张亲欧、美者,乃进行英、日同盟矣。光绪二十七年十一月军机大臣王文韶继鸿章后与俄谈判,俄以我国朝野一致反俄,国际形势,亦颇不利,乃对撤兵期限改为二年,并取消中国驻兵东北及所用军械之限制,银行协定亦修正为"除铁路建筑权概不得有外国资本参加外,中国人民可以经营工商业,以开发东三省;如需要财政上之补助,则华俄道胜银行有优先权,如该银行不愿投资,各国人民皆可投资。各国在已开通商口岸,皆有同等待遇之通商权利"。奕劻以挽回利权已多,主张签约。刘坤一、张之洞仍坚持反对。十二月二十一日(一九〇二年一月三十日)驻英日公使林董与英外务大臣兰斯顿缔结英日同盟,规定“同盟之一方与他国开战时,则他方应严守中立,并努力防止其他国家参加战事,攻击其同盟。另一国或数国参加对于该同盟战争时,则他一缔约国应予以援助,共同作战”。日本自怵为一小国,对俄作战,缺乏自信,自与英国建立同盟后,胆量顿壮,乃鼓起对俄作战之勇气。同时美国亦向中、俄两国提出备忘录,略云:

> 中国政府以筑路、开矿及其他开发东三省之工商业利权让予一公司,按此项特权之让予,显然破坏中国与各国间所订之条约。……且损害中国之主权,因此而减少中国政府负担国际责任之能力。此项权益之让予,必引起各国之援例与效尤。
>
> 且俄国政府一再宣言担保在中国维持门户开放政策,但此项权利之取得,与俄国之宣言互相矛盾。根据于机会均等及待遇一律之理由,美国政府希望中国与各国间之邦交平允公正,其利益及于世界。故提上列之备忘录与两国政府。

俄国因怵英、日、美有联合对俄作战之可能,除将俄、法协定之范围扩大至远东而外,并尽力拉拢德国,欲使三国干涉还辽时局面复活。德以在联军入京后,俄未能与之合作,颇怀幸灾乐祸之心理,以惩罚其向来对德之冷淡,不愿在远东作任何行动。俄国势孤,乃不得不对中国表示让步,因于二十八年三月一日(四月八日)签订《中俄交收东三省条约》,其略如下:

> 一、俄国允将东三省仍归中国版图及中国官治理。
>
> 二、中国保护中东铁路及在铁路职事各人,并保护东三省所有俄国公私所属事业。如果再无变乱,并他国之举动亦无牵制,俄国即东三省所驻各军撤退。自签字画押后,六个月撤退盛京西南至辽河各军;再六个月撤退盛京其余各地暨吉林各军;再六个月撤退黑龙江各军。
>
> 三、俄兵未退之际,由中国东三省各将军与俄国兵官商定中国

驻军兵额及驻地,除此兵额外,中国不另练兵。俄军全撤后,中国仍可增减驻军,随时知照俄国。

四、俄国依下列条件,将山海关、营口、新民厅各铁路交还中国。(一)铁路由中国保护,不准他国占据。(二)该路经营各节,须照一八九九年四月十六日(光绪二十五年三月十九日)俄、英所订和约,及一八九八年九月二十八日(光绪二十四年八月二十五日)中、英山海关牛庄铁路借款契约办理。该公司不得占据,或借端经营。(三)日后中国在东三省南段续修铁路或支路,并在营口建造桥梁迁移铁路尽头事,应彼此商办。(四)中国赔偿俄国山海关、营口、新民厅各铁路重修及养路各费。

此约之签订,俄人认为外交失败,故特发表宣言叙述拳变以来之行动"合理",并称中国及列强如不有意加以妨碍,俄必遵约撤兵。盖约内之撤兵条件,俄人著作,谓曾以二万两银子允给王文韶,一万两给其他小人物,乃预伏一不愿撤兵之诡计也。是年九月,俄迫于国际情势,辽南如期撤兵。至光绪二十九年三月,俄非但违约不撤,反提出无理要求,态度强硬,一意横行,终引起日俄之战。

(四) 日俄之战争

第二期撤兵之时已届,俄国忽提出在南部撤兵的结果未被明了以前,暂不预定以后撤兵的时间;以后吉、黑两省军队撤退时,亦必保留若干军队于铁路沿线及黑龙、松花两江沿岸。俄代办蓝博森乃向奕劻提出如下之要求:

一、不得以任何形式把俄国所退还之地方,转让给任何国家。

二、如中国政府聘请外国人来管理某一部分行政时,则应将华北事务划归特殊部门,并应聘俄人管理之。

三、在满洲如不先得俄人之同意,不得开辟新商埠。亦不得让各国增设领事。

四、俄国从旅顺口到沈阳及营口之电报线应行保留。

五、华俄银行在营口之分行,在营口交还后,依旧应为海关银行。

六、在军队撤退后,凡占领期间俄国所得各项利益皆应照旧保持。

七、营口之医生及海关委员皆应派俄人充当之。

于是日、英、美三国联合警告中国,拒绝俄国要求。美国劝中国开放牛庄、奉天、大东沟为通商口岸,俄已同意,廿九年五月,忽又提出四项要求:

一、扩张华俄道胜银行营业权,由该行管理营口税务。

二、由北京经张家口至库伦、恰克图之铁道,由华俄道胜银行修造。

三、奉、吉两府设交涉局,由中、俄两国委员组织。

四、西藏西北部实行中、俄协同行政制度。

此要求更囊括满、蒙与西藏北部,皆划为俄国之势力范围。当时威特不赞成俄国对中国之过分要求,只愿中国能保证俄人在铁路及别种工业之优先权,能控制关税势力,即可撤退驻军。但俄国陆军大臣克鲁巴金(Kuropatkin)东游日本,见日本反俄情绪激昂,即来旅顺召集军事会议,加强战备。驻华俄使雷萨尔(Lassal)向清廷表示:“俄国鉴于东三省现状,纵令列强干涉,断不能无条件撤兵,虽因此与日本开战亦不辞。”盖俄对军事无把握,克鲁巴金深知之,惟欲以威慑日本,反向朝鲜要求强租龙岩浦。六月,日本政府向俄国提出会商在远东之特殊利益问题。俄令驻日公使及远东总督亚列克谢夫与之谈判。日本所提方案,旨在互相尊重中、韩两国之独立及领土完整,俄国承认日本在韩有优越权益,日本承认俄国在东北有经营铁道之利益。十月,俄国提出对案,认日本对东北事无置喙之余地,反要求韩国三十九度以北设中立地带。日本民众愤激,举行示威,要求政府采取强硬态度。日政府之元老会议早已决定用兵,特以冬季行军不便,故拖延至十二月十九日(一九〇四年二月四日),御前会议始命驻俄公使栗野下旗归国。二十三日(一九〇四年二月八日)派军舰袭旅顺、仁川,光绪二十九年十二月二十五日(一九〇四年二月十日)日、俄两国同日宣战。各国先后宣告中立,清政府受各国挟持,亦宣告中立。实则两国作战战场均在中国领土,中国之受祸比任何一交战国为惨。民众则因受俄人数年之压迫多同情日本,暗中助之。日军三十万由韩北上,分四路进攻,并以海军封锁旅顺口,八次肉搏血战,俄力不支,以光绪三十年十二月降。光绪三十一年二月初四日各路日军占领奉天,陆战告一段落。俄死伤十一万六千五百人,日死伤四万二千二百人。四月,俄发波罗的海舰队绕好望角来援,日艘迎击之于对马海峡,俄舰大败,揭白旗乞降(二十六舰沉没二十二艘,总司令被俘)。时俄京已发生革命,无意再战,日本亦感财力不足,遂接受美国总统罗斯福之调停,各派代表在美和谈,八月初七日(一九〇五年九月五日)遂订《朴茨茅(Portsmouth)条约》,主要之点,为俄国承认日本对韩有卓越利益,任何处置,俄不阻碍干涉。旅顺、大连及南满铁路(旅顺、长春间)转让于日本,并割库页岛五十度以南之半部与之。自是日本不但吞并朝鲜,且迫使中国与之订《满洲善后条约》,势力进入东北南部,并另订附约扩大在满洲之权益,超于俄国之所得者。因日本于开战之初,即致通牒于各国,略谓:“日俄之纷争,关于日本之利害,然亦未尝不关于中国之利害,而本国政府对于无限人众、无限财富之中国,虽认为倘为我用,必收大利。然对于其他一方面中国若执交战之态度,当生如何之结果,则亦不能不为之深虑。盖如是而行,必使中国之财政,愈陷于紊乱,纵不至不能偿还其债务,然必起非常之困难,各国在中国之贸易,势将大蒙其弊害。且其弊更有更甚者,无他,中国国内排外之感情,因此而重行唤起,或致重演义和拳之惨剧,亦未可知。职是之故,不得不劝中国政府于日俄开战之际,守严正之中立。其中立态度,俄国如何尊重,日本亦如何尊重”云云。借各国之力以迫使中国宣告中立,中国虽明知此项中立之可羞,且于战后无发言权,但日本人既不肯收为盟友,只令我尽义务之帮助,作无谓之牺牲,而中国亦莫可如何也。

(五) 日俄战争之影响

此次战争,日本竟以东亚小国战胜欧洲庞大之俄罗斯帝国,国际地位,突然增高,俨然为东亚之领袖国家。野心勃勃,气焰万丈,军国主义之迷梦,陷泥至深,是为以后侵略中国掀起第二次世界大战之张本。在当时日本虽尚未有真正之民权自由,但宪政实施不久,即能以区区三岛,于十年间连胜两大帝国,于是一般人相信"立宪"二字,实有强国之效力。似乎一纸宪法,即可抵百万雄兵矣。在戊戌以前,一般人尚云:

> 今人动言日本变法,骤致富强,不知日本幸遇我惜兵爱民之中国耳,向使以区区三岛,抗行于穷兵黩武之俄、法间,吾知成败之数,且有不可逆睹者矣。又使中国虽败,而陆战持久终不言和,则战胜败兵家之常,亦不知鹿死谁手矣。(见《郎园书札》)

其意若曰:日本战胜中国,并非因变法之故,倘其能战胜俄国或法国,则可以相信变法之效力矣。今日本公然战胜强俄,反对变法立宪者,复有何辞乎?观梁任公《俄罗斯革命之影响》一文即可知,其最后言影响于中国者云:

> 以今日战局之趋势,俄人谅不能复得志于满洲,毒痡他发,且在蒙犁。使今后之俄,忽易为立宪政府,犹汲汲向此方面猛进否乎?实我辈切肤之一问题也。以斯拉夫人狠鸷忍耐之天性,野心断非易戢,谓政府易而我患遂已,此吃言也。……若数年或十数年后,其弸中肆外之力,或更倍蓰于今日,所不敢知。……此其影响于我外交问题者一也。又我国虽号称专制,而此痿痺之政府,其专制之根础,脆弱殊甚,昔有专制之强俄之相形,彼方以为何渠不若汉,岂必如其他多数国与民同治者始足以立于天地也。自此次战役为专制国与自由国优劣之试验场,其刺激于顽固之眼帘者,未始不有力也。顾犹未也,若此次之要求能成,见夫赫赫积威之政府,遂不能不屈于其民,则夫老朽且死之长官,虽或若无睹焉,若乃次焉,稍有人气者,其必瞠然反视

而有所鉴也。而人民之见有助我张目者,而神气加发扬焉,又无论矣。此其影响于我内治问题者又一也。故吾侪日祷于帝,以祈彼玉成,日引余领,以听彼奏凯,又岂直为表同情而已。

此时日俄和议尚未成立,俄京已发生革命,而梁任公已著论言其影响于中国者,必有立宪运动之发扬。凡稍有人气者,其必瞠然反视而有所鉴也。江苏名士张謇,原为提携袁世凯之人,因世凯初承李鸿章眷顾,即露才扬己,颇有令吴长庆难堪者,謇致书让之,遂与绝交,迄今二十年矣。袁既为直督,声势煊赫,又与奕劻相结纳,权倾一时,謇乃致书怂恿其主张立宪曰:

公今揽天下重兵,肩天下重任,宜与国家有生死休戚之谊。顾亦知国家之危,非夫甲午、庚子所得比方乎?不变政体,枝枝节节之补救无益也。不及此日俄全局未定之先,求变政体,而为揖让救焚之迂图,无及也。……日俄之胜负,立宪专制之胜负也,今全球完全专制之国谁乎?一专制当众立宪尚可幸乎?……日本伊藤、板垣诸人,共成宪法,巍然成尊主庇民之大绩,特命好耳。论公之才,岂必在彼诸人之下?即下走自问志气,亦必不在诸人下也。

梁启超复以立宪发挥开明专制之论,中国南部之维新党及名士受其影响者,此倡彼和,蔚成风气,二三疆吏如端方等亦皆极力言之,于是清廷有考察宪法之命。张謇《啬翁自订年谱》云:

八月政府遣五大臣考察欧洲各国宪法,临行炸弹发于车站,伤毙送行者十余人。是时革命之说甚盛,事变亦屡见,余以为革命有圣贤、权奸、盗贼之异,圣贤旷世不可得,权奸今亦无其人,盗贼为之,则六朝五代可鉴。而今世犹有外交之关系,与昔不同,不若立宪可以安上全下,国犹可国。然革命者仇视立宪甚,此殆种族之说为之也。……十一月宗室载泽、端方、戴鸿慈、尚其亨、李盛铎等出洋考察宪法。先是铁良、徐世昌辈于宪法亦粗有讨论,端方入朝召见时,又反复言之,载振又为之助,太后意颇觉悟,故有五大臣之命。既盛宣怀倡异议,袁世凯觇候风色不决,故延宕三月之久,重有是事也。

《清鉴纲目》云:"自日俄战争后,日本以区区三岛,战胜强俄,一时公论,多归功于立宪,而专制不如立宪之说,遂腾布于万国。甚者谓是役也,匪直日俄胜负所由分,实专制国与立宪国优劣之所由判。于是俄国国民有实行立宪之要求,俄皇不得已于一九〇六年,下宣布立宪之诏。其实关东一役,俄虽败挫,而损失之多,仍以中国为最巨。以国内之领土,供异国人之战斗,人民财产之被伤毁者,又无正当之赔偿,于是中国人民亦纷然并起,向政府要求立宪。时孝钦太后当国,以专制暴戾闻于世,对于立宪问题,本至凿枘,顾自庚子以来,信用载漪,纵容拳匪,开衅列强,既犯天下之大不韪,而辛丑回銮,大阿哥被黜,废立之谋未遂,恐帝他日亲政,攘夺君权,不得已思采用立宪制,一以粉饰臣民之要求,一以为他日限制帝攘夺君权之地步,至本年六月,因袁世凯等之奏请立宪,遂宣谕允之。"此言慈禧允予立宪之作用有二:一以敷衍国人之要求,一以预防德宗之攘权。而今人或有以"今兹未能,请轻之,月攘一鸡"喻之者,谓其以拖延之方法为搪塞,盖以慈禧于子侄之居帝位者,尚不肯给以实权,又何况人民乎?然此出于人民及疆吏之要求,固无疑也。张謇致袁世凯书云:"自朝廷宣布立宪之诏,流闻海内外,公之功烈,昭然如揭日月而行。……吴武壮有知,必为凌云一笑!而南坛、汉城之间,下走昔日之窥公,固不足尽公之量也。"可见袁世凯对清廷之决行宪政,颇有促成之功,而其原则亦由张謇之怂恿也。张謇虽以实业著名,但于清末之立宪运动关系甚大,其所谓革命之仇视立宪,皆事实也。吴樾之炸考察宪政五大臣,即为显明之例证耳。

一百六十六　预备立宪之筹议

(一) 宪政之考察与吴樾炸弹案

光绪三十一年六月十四日,清廷以变法实效未彰,总由向无讲求,特派载泽(镇国公)、戴鸿慈(户部侍郎)、徐世昌(兵部侍郎)、端方(湖南巡抚)等分赴东西洋各国,考求一切政治以期择善而从。二十五日,又加派商部右丞绍英随同出洋,考求各国政治。七月中,廷议由载、徐、绍三人赴日、英、法、比等国;戴、端二人赴美、德、意、奥等国。八月二十六日,五大臣出京,吴樾炸之于车站,载泽、绍英受微伤,遂不行。九月底,改派山东布政使尚其亨,顺天府丞李盛铎代徐世昌、绍英,以二人另有任用也。吴樾者,字孟侠,安徽桐城人,年二十始弃八股习古文辞。二十三以家贫亲老,出游吴,无所遇。遂北走幽、燕,尝怦然动功名之念焉。逾年以同县吴汝纶之劝,考入保定高等学堂。逾时,读《清议报》,深信康、梁之主张,可救中国,日日言立宪。人有非康、梁者,则斥之。又逾时,获读《中国白话报》、《孙逸仙》及《黄帝魂》、《革命军》等书刊,民族大义,忽然开朗,方知康、梁倡立宪,率国人为满奴,其欺世误国,自恨几为所误。乃与革命党人密相结,尤与江苏赵声、湖南杨笃生最相善。时声方在保定军中,樾与声及同学金猷澍以学堂公地不密,乃创办两江公学为机关,并刊行《直话报》以资宣传,樾自任教习与主笔,劳苦不辞。继声将以事去宁,杨笃生方在张百熙幕,声促笃生来,即夜主盟立誓,樾因之益激励奋发矣。声知樾素主暗杀,欲以身殉满酋,抱必死心。及行,樾送之保定车站,临歧执手相视,良久无言。盖知此别为永诀,虽易水萧萧之情,不是过也。至津,以诗寄樾曰:"大好头颅拼一掷,太空追逐国民魂。"又曰:"再见却知何处是?茫茫血海怒翻飞。"樾虽早置生死于度外,亦潸然泪下,乃复声书曰:"某为其易,君为其难。"犹以革命道义相责勉,而期声终能成复国大业也。乙巳,党人谋急进,密议行动,有主大举者,樾以大举事缓而难,先为其易者,力主暗杀。时铁良方用事,力排汉人。樾遂以暗杀铁良自任。七月入京,居桐城试馆,预草遗书告国人。计未发,会清廷伪为预备立宪,有派五大臣出洋考察宪政之命。笃生闻而忧之,以清廷是计获售,则革命将更难,中国永无复见天日之时候。樾仍慨然曰:"是可击而杀之也。"乃移炸铁良之谋以炸五大臣。笃生以所制炸弹缺电引,施者终不免于难,不忍樾为之,乃令金猷澍等赴奉天、上海搜求。金等尚未返,而五大臣行期已定。樾不可待,乃致妻书示永诀。八月二十六日,五大臣启行,樾怀炸弹,偕山东张榕伪为仆人装，奔车站，警卫森严，屡试不得入，乃急购无顶官帽，及布靴，作皂隶装，混入车站，登五大臣花车，时亲贵送行，人众拥挤，炸弹撞针，未及抛掷而猝发，轰然巨响，声震京市。樾身先被炸，载泽、绍英仅受微伤，从者死三人。榕遁去。载泽等改于十一月首途，由日本遍历欧美各国，悉心考察。光绪三十二年正月奏言："宪法所以安国内，御外侮，固邦基，保人民，滥觞英伦，踵行法、美，今则环球君主国无不次第举行，如俄罗斯最强，亦以辽东战败，遂从民众之请求，立布宪法。且立宪政体，利君利民独不便于庶官也。各国宪法，皆有君位尊严无对，君统万世不易，君权神圣不可侵犯诸语。而民间之利，则租税得平均，讼狱得控诉，下情得上达，身命财产得保护，地方政事得参预补救，独官吏听上下之监督，或特简或公推，有一定责成，设贪墨疲冗，非上罢斥，即下攻退，无少依违。宪法之可法如此，保邦致治，非此末由。惟开化之先，肃纲纪之始，有万不可不举行者三事：一曰宣示宗旨，二曰布地方自治之制，三曰定集会言论出版之律。伏愿特降谕旨，期以五年，改行立宪政体。"奏上未决行。三十二年六月，五大臣先后回国，复命召对，极言立宪规模，宜效法日本。并论官制改革之切要，谓："循此不变，则唐之藩镇，日本之藩阀，将复见于今日。"此种切于事实之言，乃使清廷对于立宪之问题，又别有会心矣。

（二）预备立宪之诏旨及其用意

清廷命醇亲王载沣，军机大臣、政务处大臣、大学士暨北洋大臣袁世凯公同阅看考查政治大臣回京条陈各折件，决定四大方针：一、十年或十年以后始施行立宪政治；二、大体效法日本；三、废现制之督抚，各省新设督抚之权限，仅与日本县知事相当，财政、军事权悉收回中央政府；四、中央组织略与日本现制相等。此四点均颇符合慈禧太后及满清亲贵之心理，故七月十三日即下预备仿行宪政，从官制改革人手之诏，略云：

> 朕奉慈禧皇太后懿旨：自开国以来，列圣相承，谟烈昭垂，无不因时损益，著为宪典。现在各国交通，政治法度，皆有彼此相因之势，而我国政令，积久相仍，日处阽危，受患迫切，非广求智识，更订法制，上

无以承祖宗缔造之心,下无以慰臣庶平治之望。是以前简派大臣,分赴各国考察政治,现载泽等回国陈奏,深以国势不振,由于上下相暌,内外隔阂;官不知所以保民,民不知所以卫国。而各国之所以富强者,实由于实行宪法,取决公论,军民一体,呼吸相通,博采众长,明定权限,以及筹备财政,经划政务,无不公之于黎庶。又兼各国相师,变通尽利,政通人和,有由来矣。时处今日,惟有及时详晰甄核,仿行宪政,大权统于朝廷,庶政公诸舆论,以立国家万年有道之基。但目前规制未备,民智未开,若操切从事,徒饰空文,何以对国民而昭大信?故廓清积弊,明定章程,必从官制入手。亟应先将官制分别议定,次第更张,并将各项法律,详慎厘订,而又广兴教育,清理财政,整顿武备,普设巡警,使绅民明晰国政,以预备立宪基础。着内外臣工切实振兴,力求成效,俟数年后规模粗具,查看情形,参用各国成法,妥议立宪实行限期,再行宣布天下。视进步迟速,定限期远近,着各省将军、督抚晓谕士庶人等发愤为学,各明忠君爱国之义,合群进化之理,勿以私见害公益,勿以小忿败大事,尊重秩序,保守和平,以预储立宪国民之资格,有厚望焉!

此诏虽言非仿行宪政不可,但人民智识不够,令先预储立宪国民之资格,俟数年后查看情形,再议实行限期。当考察宪政大臣经过法国时,法国报纸批评云:“清太后之欲立宪,实愚民之术也。”(见《留欧学生上袁世凯论革命书》)一语道破慈禧之内心,盖彼已逾七旬之年,晚景无多,十年之后,未必尚在人间,无论届时如何立宪,但求生前能保持政权,不致旁落足矣,故采用迁延政策。满清贵族明知立宪之潮流,已不可遏止,倘真立宪,则汉人之政治能力优于满人,满人将全为汉人所宰制。目前督抚势力太大,不如假立宪之名,行中央集权之实,先排去汉人之实权,则满人尚可操纵自如。当时之汉大臣又颇欲借立宪以打破满人之优越地位,免除统治阶级多年来之凌压。梁启超曾云:“国民政治上行自由竞争,其政治能力高度之民族,必能占政治上势力。汉人政治能力优于满人,故诚能得正当之立宪政治,则满、汉两族孰占优势,不成问题也。”此虽为立宪派欲消除种族革命之理由，而士大夫信之者颇众，故立宪之运动风起云涌，普遍全国。此三种人既各有不同精神，则决无实施真正宪政之可能。梁启超为宪政运动指导人，彼即有："流俗人之言立宪，见夫朝廷派大臣考察政治，则欣然色喜，谓中国立宪，将在此役。吾之言立宪，则认此等举动，与立宪前途，殆无关系。"盖已知所谓真正之立宪政治，万不能如日本之单纯的钦定之形式，而必使君主为受动者，如英国之"权利请愿"及"不出代议士不纳租税"之格言，以人民相率要求立宪，而达政治革命之目的也。然而革命党对于此种立宪运动，不论其真伪如何，同视为爱新氏保持皇位之一种手段而已，均非打倒不可。

（三）官制之厘订

颁示预备立宪之次日，又谕派载泽、世续、那桐、荣庆、载振、奎俊、铁良、张百熙、戴鸿慈、葛宝华、徐世昌、陆润庠、寿耆、袁世凯等公同编纂官制，并命端方、张之洞、升允、锡良、周馥、岑春煊选派司道大员来京参议，又着庆亲王奕劻、孙家鼐、瞿鸿禨总司核定。会议本既定之方针，满人欲削督抚之权，而世凯当然持不可。奕劻素昏庸，又为世凯所亲昵，乃先议中央而后再及地方。当时报纸新闻称："地方官制，朝廷之意欲裁抑督抚之权限，然会议大臣袁世凯以此事与己有切肤之利害，筹议至不易易。"日本报亦载："官制改革之结果，将与袁世凯权利冲突，袁或骤进以用权于中央，或蝉脱以自保。"皆实录也。即议及中央官制时，又发出各机关存废与互相轧轹之问题，于是有五不议之说：一、军机处事不议，二、内务府事不议，三、八旗事不议，四、翰林院事不议，五、太监事不议。此五不议即为避免有势力机关之掣肘。九月二十日，厘订官制之上谕始发布，其文如下：

> 前经降旨宣示立宪之预备，饬令先行厘订官制，特派载泽等公同编纂，悉心妥订，并派庆亲王奕劻等总司核定，候旨遵行。兹据该大臣等将所编原案详核定拟，一并缮单具奏。披览之余，权衡裁择，用特明白宣谕。仰维列圣成宪昭垂，良法美意，设官分职，莫不因时制

> 宜。今昔情形既有不同,自应变通尽利。其要旨惟在专责成,清积弊,求实事,去浮文,期于厘百工而熙庶绩。军机处为行政总汇,雍正年间,本由内阁分设,取其接近内廷,每日入值,承旨办事,较为密速。相承至今,尚无流弊,自毋庸改变。内阁与军机处,一切规制着照旧行,其各部尚书均着充参预政务大臣,轮班值日,听候召对。外务部、吏部均着照旧。巡警为民政之一端,着改为民政部。户部着改为度支部,以财政处并入。礼部着以太常、光禄、鸿胪三寺并入。学部仍旧。兵部着改为陆军部,以练兵处、太仆寺并入。应行设立之海军部及军谘府未设以前,均暂归陆军部办理。刑部着改为法部,责任司法。大理寺着改为大理院,专掌审判。工部着并入商部,改为农工商部。轮船、铁路、电信、邮政应设专司,着名邮传部。理藩院为改为理藩部,除外务部堂官缺照旧外,各部堂官均设尚书一员,侍郎二员,不分满、汉。都察院纠察行政缺失,伸理冤滞,着改为都御史一员,副都御史二员,六科给事中着改为给事中,与御史各缺均暂如旧。其应行增设者:资政院为博采群言,审计院为核查经费,均着以次设立。其余宗人府、内阁、翰林院、钦天监、銮仪卫、内务府、太医院、各旗营、侍卫处、步军统领衙门、顺天府、仓场衙门,均毋庸更改。原拟各部院等衙门职掌事宜及员司各缺,仍着各该堂官自行核议,悉心妥筹,会同军机大臣奏明办理。

如此新官制发布后,一般热心立宪运动者咸大失望。上海《时报》评论云:“此次之改革,不过换几个名目,淘汰几个无势力之大老而已,绝无他影响。”日本报纸,尤讥讽百出,东京《朝日新闻》云:“此等内阁组织,真各国所无有。军机处与各部自为别个之机关,以视各国内阁制,内阁大臣入则参划国家之机务,出则总辖各部之行政,不可并论也。固知各国之官制各有其历史,清国政府内部亦有外间所不可想象之情形,然此次新发表之官制,不免声大而实小矣!”诸如此类之批评,尚不胜枚举。其最可令人注意者,则为新授各官之人选。

一、军机处　奕劻、瞿鸿禨仍为军机大臣，世续补授军机大臣，林绍年在军机大臣上学习行走。

二、各部　外务部管部大臣奕劻，尚书瞿鸿禨。度支部尚书溥颋，礼部尚书溥良，陆军部尚书铁良，法部尚书戴鸿慈，邮传部尚书张百熙，理藩部尚书寿耆，民政部尚书徐世昌，农工商部尚书载振，学部尚书荣庆，吏部尚书鹿传霖。

军机大臣三人，满二汉一，各部尚书十一人，满、蒙六汉五。清人入关后，因分别满、汉，内阁大学士满、汉各二，每部六堂官满、汉各三，尚有平等共治之形式，今不分满、汉，而满人反多于汉人，因此汉人乃大抱不平。恽毓鼎《崇陵传信录》云："上雅不善八旗所为，颇思黜满人倚汉人，又欲革旧习，冠汉姓，融洽无间，为子孙久远计，满人多怨之，萋非之言日闻。……孝钦当同治时，倚汉大臣削平大难，故特重汉臣，敬礼有加，而满臣则儿子畜之，相亲也。恭忠亲王重汉人，醇贤亲王则反之。章皇帝初入关，朝廷大政事，皆范文肃（文程）、洪文襄（承畴）所定，惩奇渥温氏以蒙古色目人压汉人之害，制为满、汉双行之法，阁部卿寺分缺若鸿沟，不相侵越，惟将军都统专属焉，而王公不亲吏事，阳尊之，阴为汉人保登进之路。辛丑回銮，孝钦内惭，始特诏天下议改革，定新官制，少年新进不深维祖宗朝立宪本意，第觉满洲人士以八旗区区一部分，与我二十一行省汉人对掌邦政，其事太不平，欲力破此局以均势。满、汉之界既融，于是天潢贵胄，丰沛故家，联翩而长部务，汉人之势大绌，乃不得一席地以自暖。先是诸皇子读书之所曰上书房，选翰林官教之，其制较弘德、毓庆稍杀。光绪中叶，师傅缺不补，书房遂无人。近支王公年十五六，即令备拱卫扈从之役，轻裘翠羽，日趋跄于乾清、景运间，暇则臂鹰驰马以为乐。一旦加诸百僚上，与谋天下事，祖制尽亡，中外侧目，于是革命排满之说兴矣。二十年前嘉定徐侍郎致祥尝语毓鼎曰：'王室其遂微矣！'毓鼎请其故，侍郎曰：'吾立朝近四十年，识近属亲贵殆遍，异日御区宇握大权者皆出其中，察其器识，无一足当军国之重者，吾是以知皇灵之不永也。'其言至是而信。"又刘锦藻《皇朝续文献通考》于懿旨化除满、汉畛域后案语云："我朝车书一统,不应分满、汉之名,国初睿亲王人关,即命满、汉通姻,远谋卓识,惜未实行。驯至今时,适受人以口实,而昧者独怀疑忌,意见弥深,是膏将竭而扬其焰,火必灭矣。今虽明诏特颁,化除畛域,而积习既深,朝局水火,有同归于尽而已。"满、汉通婚,化除畛域,行之已晚,何能奏效?且名为不分满、汉,实则排汉重满,以毫无学术之亲贵握大权,不啻为革命排满说张目耳。膏将竭而扬其焰,火必灭矣,是为清廷立宪排汉最好之喻言。革命运动之所以能迅奏肤功者,皆立宪派与清廷之无形助力也。

(四) 议会与宪法之筹备

自光绪三十二年七月宣示预备立宪后,至三十四年八月,均为实行预备时期,其预备事项之大端,先为改订官制。中央方面前已述之,三十三年三月,又发布外官制,改各省按察使为提法使,增巡警、劝业二道,裁撤分巡、分守各道,分设审判厅,命由东三省先行开办,直隶、江苏亦择地先为试办,其余各省分年分地请旨办理,统限十五年一律通行。又改因出洋考察政治而设立之考察政治馆为宪政编查馆。再派达寿赴日、汪大燮赴英、于式枚赴德,考察宪政。以此三国皆君主立宪国,可资借镜也。《清朝续文献通考》谓:"达寿诸折,都属留学生为之捋扯敷饰,绝不知本国自有典章制度者。使臣如于式枚外,大率类是。张之洞著《劝学篇》有云:'民权不可僭,公议不可无,但收群策之益,而无沸羹之弊,何必袭议院之名?且外国筹饷重下议院,立法重上议院,故必家有中赀,得举议员,今华商既鲜巨资,又无远志,游谈呓语,将焉用之?'揣其意不以宪政为然也,乃亦噤若寒蝉,遑论其他哉?"观此可知考察之效果亦仅矣。又命溥伦、孙家鼐为资政院总裁,降旨先设立资政院,以立议会基础。编译东西洋各国宪法,以为借镜之资。又命各省筹备设立谘议局,并预备设立各府县议事会。三十四年,并颁行资政院、谘议局章程及议员选举章程,以为议院之先声。是年八月奕劻奏呈宪法大纲,暨议院选举各法,并逐年筹备事宜,拟自本年起至四十一年止,限定九年,将预备各事一律办齐。此皆全国各省人士请愿运动之结果,亦清廷对立宪所作最具体之表示也。兹先将宪法大纲条列如下:

君上大权

一、大清皇帝统治大清帝国万世一系永永尊戴。

一、君上神圣尊严不可侵犯。

一、钦定颁行法律及发交议案之权。

一、召集开闭停展及解散议院之权。

一、设官制禄及黜陟百司之权。

一、统率海陆军及编定军制之权。

一、宣战媾和订立条约及派遣使臣与认受使臣之权。

一、宣告戒严之权,当紧急时得以诏令限制人民之自由。

一、爵赏及恩赦之权。

一、总揽司法权,委任审判衙门遵钦定法律行之,不以诏令随时更改。

一、发命令及使发命令之权,惟已定之法律,非交议院协赞,奏经钦定时,不以命令更改废止。

一、在议院闭会时,遇有紧急之事,得发代法律之诏令,并得以诏令筹措必需之财用。惟至次年会期,须交议院协议。

一、皇室经费由君上制定常额,自国库提支,议院不得置议。

一、皇室大典,应由君上督率皇族及特派大臣议定,议院不得干涉。

附臣民权利义务:

一、臣民中有合于法律命令所定资格者,得为文武官吏及议员。

一、臣民于法律范围以内所有言论、著作、出版及集会、结社等事均准其自由。

一、臣民非按照法律所定,不加以逮捕、监禁处罚。

一、臣民可以请法官审判其呈诉之案件。

一、臣民应专受法律所定审判衙门之审判。

一、臣民之财产及居住无故不加侵扰。

一、臣民按照法律所定,有纳税、当兵之义务。

一、臣民见完之赋税,非经新定法律更改,悉仍照旧输纳。

一、臣民有遵守国家法律之义务。

此宪法大纲,纯由日本宪法抄袭而来,关于君主之大权,比日本天皇更有过之,对君权既漫无限制,则不啻保障君权之宪法,于国民之获益殊鲜焉。编查馆对于此法受满清皇族之宰制,尤以载泽为编纂之主要人员。当载泽考察日本时,伊藤博文为之讲演日本宪法,特重天皇之大权,而于天皇大权之限制,则略未说及。载泽又不通日文,全凭翻译人员之不确切的口述和笔述,以为日本宪法,果真如是矣。乃以伊藤所授者,取以助西后立此大纲。伊氏之讲演词,见《民报》第三号,并有汪精卫锐利之跋语。总之,此种宪法,殊无评论之价值。至议院法要领,所规定皆限制议院之事,而非对议院有何积极权利也。在议院未开以前逐年筹备事宜如下:

光绪三十四年戊申第一年

一筹办谘议局。一颁布清理财政章程。一颁布调查户口章程。一颁布清理财政章程。一请旨设立变通旗制处筹办八旗生计,融化满、汉事宜。一编辑简易识字课本。一编辑国民必读课本。一修改新刑律。一编订民律、商律、刑律、民事诉讼律等法典。

己酉第二年

一举行谘议局选举,各省一律开办。一颁布资政院章程,举行该院选举。一筹办城乡镇地方自治。一颁布厅州县地方自治章程。一调查各省人户总数。一调查各省岁出入总数。一厘订京师官制。一编订文官考试章程,任用章程,官俸章程。一颁布法院编制法。一筹办各省省城及商埠等处各级审判厅。一核订新刑律。一厅州县巡警限年内粗具规模。

庚戌第三年

一召集资政院议员举行开院。一续办城镇乡地方自治。一筹办厅州县地方自治。一汇报各省人户总数。一编订户籍法。一复查各省岁出入总数。一厘订地方税章程。一试办各省预算决算。一厘订直省官制。一颁文官考试章程,任用章程,官俸章程。一各省城及商埠等处各级审判厅限年内一律成立。一颁布新刑律。一推广学塾。一厅州县巡警限年内一律完备。

辛亥第四年

一续办城镇乡厅州县地方自治。一调查各省人口总数。一编订会计法。一汇查全国岁出入确数。一颁布地方税章程。一厘订国家税章程。一实行文官考试章程、任用章程、官俸章程。一筹办直省府厅州县城治各级审判厅。一创设乡镇简易识字学塾。一筹办乡镇巡警。一核订民律、商律、刑事民事讼律等法典。

壬子第五年

一城镇乡自治限年内粗具规模。一续办厅州县地方自治。一汇报各省人口总数。一颁布户籍法。一颁布国家税章法。二颁布新定内外官制。一直省府厅州县城治各级审判厅限年内粗具规模。一推广乡镇简易识字学塾。一推广乡镇巡警。

癸丑第六年

一实行户籍法。一试办全国预算。一设立行政审判院。一直省府厅州县城治各级审判厅一律成立。一筹办乡镇初级审判厅。一实行新刑律。一颁布新定民律、商律、刑事民事诉讼律等法典。一城镇乡自治一律成立。一厅州县地方自治限年内粗具规模。一乡镇巡警限年内粗具规模。

甲寅第七年

一试办全国决算。一颁布会计法。一试办新定内外官制。一厅州县地方自治一律成立。一镇乡初级审判厅限年内粗具规模。一人民识字义者须得一百分之一。

乙卯第八年

一确定皇室经费。一变通旗制,一律办定化除畛域。一设立审计院。一实行会计法。一乡镇初级审判厅一律成立。一实行民律、商律、民事诉讼律等法典。一乡镇巡警一律完备。一人民识字义者须得五十分之一。

丙辰第九年

一宣布宪法。一宣布皇室大典。一颁布议院法。一举行上下议院议员选举。一确立预算决算。一制定明年确当预算案预备向议院提议。一新定内外官制一律实行。一设弼德院顾问大臣。一人民识字义者须得二十分之一。一颁布上下议员选举法。

此九年预备立宪之期限,后以人民请愿之结果,于宣统年间,又缩短为五年,然而不及四年,而武昌革命军起,清室即告瓦解矣。

第三十九章　革命立宪两派之对峙

一百六十七　中国同盟会之成立

(一) 同盟会成立前之形势

自光绪三十一年六月中国同盟会成立于东京，翌二年立宪派之政闻社亦成立，两派对峙活动者，达七年之久，而清室即因此而亡。民国成立后，虽以革命成功，在表面上同盟会似占优势，然政闻社之宪政人物，仍获得一般士大夫阶级之拥护，而操纵政治，迄未少衰。两派皆有造于民国，故以后仍形成对立之两大政党焉。中山先生于光绪三十一年春重至欧洲，则其地之留学生已多数赞成革命，盖彼辈皆新从内地或日本来，近一二年已深受革命思潮之陶冶，已渐由言论而达至实行矣。中山乃揭示其平生所怀抱之三民主义、五权宪法以号召之，而组织革命团体。于是开第一会于比京，加盟者三十余人；开第二会于柏林，加盟者二十余人，开第三会于巴黎，加盟者亦十余人；开第四会于东京，加盟者数百人，中国十七省之人皆与焉。惟甘肃尚无留学生到日本，故阙之也。此为革命同盟会成立之始，因当时尚多讳言“革命”二字，故只以同盟会见称，后亦以此名著。自中国同盟会成立以后，革命党之运动始为之开一新纪元，中山于《革命缘起》自述曰：“前此虽身当百难之冲，为举世所非笑唾骂，一败再败，而犹冒险猛进者，仍未敢望革命排满之事业，能及吾身而成功也。其所以百折不回者，不过欲有以振起既死之人心，昭苏将尽之国魂，期有继我而起者成之耳。及乙巳之秋，集合全国之英俊，而成立革命同盟会于东京之日，吾始信革命大业，可及身而成矣。于是乃敢定立‘中华民国’之名称,而公布于党员,使之各回本省,鼓吹革命主义,而传布中华民国之思想焉(《中华民国之意义》谓此“民”字为仆研究十余年之结果而得之者。不当以共和代议政体为自足,而更进底于直接民权之域,以驾诸世界共和国之上矣)。不期年而加盟者已逾万人。支部则亦先后成立于各省,从此革命风潮,一日千丈,其进步之速有出人意表者矣。”此可知同盟会成立为革命运动最大之关键,亦新中国产生之母体也。盖自兴中会成立后,革命运动虽已有数次之举义,但基础浅弱,仅少数智识分子与下级会党之联合尝试而已。自庚子以后,革命思想在国内外均有酝酿成熟之现象,尤以东京、上海两地之活动为激烈。上海以光复会分子为中坚,而邹容之《革命军》既为最得力之宣传品,又以清帝与人民构讼腾诸人口,收极大之效果。故章、邹虽在狱拘禁,而蔡元培、龚宝铨、徐锡麟、秋瑾、陶成章等反更趋于积极。至东京方面,留学生会馆之团结,因拒俄义勇队,军国民教育会,分向国内活动而暂趋沉寂,但黄兴、宋教仁、陈天华、杨笃生等由湖南起事失败后重来,华兴会重要分子均特别崭露头角,所出版杂志曰《二十世纪之支那》,颇能笼罩在日之革命党人,而原有之兴中会分子,因中山漫游欧、美,仅赖日本同志宫崎寅藏等之联络进行,势力不显。其时日本留学界之言革命者皆隐隐受黄兴之领导,故兴中会员屡请中山来日,以谋革命团体之联合一致。然中山以旅资告乏,阻滞穷途,欲行不得(见其《致宫崎寅藏书》)。按中山以后致吴敬恒函云:“当日图广州之革命,以资财赞助者,固无几人也。所得助者,香港一二人,出资数千,檀香山人出资数千,合共不过万余耳。而数年之经营,数省之联络,及于羊城失事时所发现之实迹,已非万余金所能办者也。其余之财,何自来乎?皆我兄(指德彰)及我所出也。又庚子惠州起义及他方经营接济所费,不下十余万元,所得助者,只香港李君(指李纪堂)出二万余元,及一日本义侠出五千元,其余则我一人之筹获而来也。自此吾一人之财力已尽,而缓急皆赖家兄之接济,而妻子俯蓄亦家兄任之,是从事革命十余年来所费资财,多我兄弟二人任之。所得同国人及日本人之助者,前后统共不过四五万元耳。”此可见中山活动革命时之用款情形,以前屡窘于资,而赖人接济方得成行者,盖不只一次矣。五月初九日,始自马赛乘船东归,过新加坡与尢列及《图南日报》创办人陈楚楠晤谈，计划革命。六月十七日（七月十九日）抵日本横滨，东京同志来商进取者大不乏人。黄兴、陈天华、张继、冯自由、宫崎寅藏等更日夕往还，筹策国事，佥以非联合各省革命党员组织一大团体，决不足以推翻满清。于是中国同盟会遂因之告成矣。

（二）同盟会成立之经过

时留日学界风气日开，热心爱国志士亦多聚于东京，然无一总合机关；而尤非有全国人士所崇拜，国际列强所认识者，出而主持不可。是以多数学生皆希望中山先生能解决此问题，惟华兴会员有不欲者。兴初与中山相会于东京凤乐园，中山欲联络华兴会与兴中会合而为一，兴已许之。宋教仁尚未与中山相识，但闻诸宫崎云："孙逸仙不日将来日本，余当为介绍君等。君等生于支那，有好机会，有好舞台，君等须好为之！余日本不能望其肩背，余深恨余之为日本人也。孙逸仙志趣清洁，心地光明，现今东西洋殆无其匹。所以迟迟未敢起事者，以声名太大，凡一举足，皆为世界所注目，不敢轻于一试。君等将来作事，总以秘密实行为主，毋使虚声外扬也。"乃不胜心折。中山约教仁于二十六日在"二十世纪之支那社"晤面，由程家柽通知。教仁如约往，中山与宫崎已先在，垂询此间同志多少如何？时陈天华（星台）亦在座，教仁未及答，天华即将去岁湖南风潮事稍谈一二，并言及办事之方法讫。中山乃纵谈现今大势及革命方法，大概不外联络人才一义，最为重要。略谓："中国现在不必忧各国之瓜分，但忧自己之内讧。此一省欲起事，彼一省亦欲起事，不相联络，各自号召，终必成秦末二十余国之争，元末朱、陈、张、明（玉珍）之乱。此时各国乘而干涉之，则中国必亡无疑矣。故现今之主义，总以互相联络为要！方今两粤之间，民气强悍，会党充斥，与清政府为难者已十余年，而清兵不能平之，此其破坏之能力已有余矣；但其间人才太少，无一稍可有为之人以主持之。去岁柳州之役，彼等间关至香港召纳人才，时余在美国，无以应之也。若现在有数十百人者，出而联络之、主张之，一切破坏之前之建设，破坏之后之建设，种种方面，件件事情，皆有人以任之，一旦发难，立文明之政府，天下事从此定矣。"次日，华兴会员聚于黄兴寓所，商讨与中山合作问题，兴主张形式上与中山合作，精神上保存华兴会之特点；陈天华则主张完全联合；刘林生反对联合；教仁态度折衷，言：“既有入会不入会之别，则当研究将来入会者与不入会者关系如何。”余人亦各有意见。最后决定悉依个人自由。六月二十八日（七月三十日）下午二时，中山假东京赤坂区桧町三番黑龙会召集同盟会，到者七十余人。（田桐《同盟会成立记》谓：东京留学生开欢迎孙公会于富士见楼，到者甚众。旋开同盟会筹备会于饭田町程家柽寓宅，到八九人，商量各事及会名，孙公主张定名“中国革命党”，黄公以此名一出，党员行动不便，讨论后，定名为中国同盟会。次日开成立会于赤坂区桧町内田良平之宅，门首悬有黑龙会事务所，到会者四十余人，公众皆欢舞。……是日天气炎热，为旧历六月二十四日，新历七月下旬也。内田仆妇持凉糕进，同人饱啖之。欢笑之中，草席枕木折其一焉，杯盘为倾，同人有倒卧者。孙公曰：“此为倾覆满洲政府之朕兆也。”众顾乐。冯自由《记中国同盟会》谓第一次开会时日，确为六月下旬，惟是日为下旬何日，则已忘之。亡友田桐谓是六月廿六日，亦有谓廿九日者，以无文证，未敢武断。第一次集会，由黄兴、宋教仁、程家柽、冯自由、胡毅生通知到会者六十余人。而所著《中华民国开国前革命史》又言莅会者有总理及黄兴等五十余人。宋教仁日记则谓七月三十日未初，至赤坂区桧町黑龙会，赴孙逸仙会也。既至已开会，到者七十余人。按第一次开会日期，虽有二十四日、二十六日、二十九日诸说，但以二十八日为可信，因是日适为七月三十日，故宋所书当为阳历。党史会存有乙巳、丙午两年之会员名册，加盟年月，以六月二十八日为最早，惟黄兴、宋教仁等加盟期则为七月三十日，可知一为阴历，一为阳历，册中混书，未加注明耳。如以首日加盟人计之，约七十余人。此外尚有日本之宫崎寅藏、内田良平、末永节等。故田桐四十余人、冯自由六十余人之说，均误记矣。至地址为黑龙会会所，各家所载，均无异辞。）此七十余人中，与中山系旧识者，仅七人，即程家柽、马君武、张继、黎勇锡、胡毅生、朱少穆、冯自由等，其余皆新同志也。时甘肃尚未派学生游学，故是日到者有十七省人，独甘肃一省缺席耳。中山先演说革命之理由及革命之形势，与革命之方法，约一时许。黄兴乃宣告今日开会，原所以结会，即请各人签名。

时已确定用中国同盟会之名称，忽有湘人张明夷以定名不当，谓既抱倾覆满廷之志，当就对象立名，用“对满同盟会”。中山曰：“不必也，满洲政府腐败，我辈所以革命，即令满人同情于我，亦可许其入党。”曹亚伯起曰：“今日大家主张革命，始来此间，如有异议，何必来？兄弟凭良心首先签名。”众皆和之，各书誓约一纸。誓辞如下：

> 联盟人　　省　府　县人□□□当
> 天发誓：驱除鞑虏，恢复中华，创立民国，平均地权，矢信矢忠，有始有卒，如或渝此，任众处罚。
> 天运乙巳年　　月　　日　　中国同盟会会员

由中山领导各人执行举手宣誓礼，毕，传授手号，分别授会员以同志相见之握手暗号，及三种秘密口号：一曰汉人，二曰中国事物，三曰天下事。随与各会员一一行新握手礼，欣然道喜曰：“为君等庆贺，自今日起，君等已非清朝人矣。”语毕，室之后部木板忽坍倒，声如裂帛。中山曰：“此乃颠覆满清之预兆！”众大鼓掌欢呼。卒乃举黄兴、陈天华、宋教仁、汪兆铭、马君武等八人起草会章，乃散会。此中国同盟会正式成立之大略也。

（三）同盟会欢迎中山及选举

自同盟会成立后，留东各省学生逐日加盟者，络绎不绝。七月十三日（八月十三日）开欢迎孙逸仙先生大会于曲町区富士见楼，莅会者达千余人，由宋教仁先述欢迎辞，众皆拍掌大喝彩。继请中山演说，题为“中国应建设共和国”，发挥革命理论甚精。略称：“中国土地人口，为各国所不及，吾侪生在中国，实为幸福。各国贤豪欲得如中国之舞台者利用之而不可，吾侪既据此大舞台，而反谓无所藉手，蹉跎岁月，寸功不展，使此绝好山河，仍为异族所据，至今无有能光复之，而建一共和国，以表白于世界，岂非可羞之极者乎？”时会众争欲一瞻革命首领丰采，门外拥挤，后至者多不得入，此会遂为空前之盛举也。二十日（八月二十日），中国同盟会举行第二次成立会(第一次或曰筹备会,则第二次当为成立会,但田桐谓第一次正式成立前,尚有在程家柽住所所开之筹备会,参加者孙、黄等八九人,会名即定于此会。故此第二次会谓为干事选举会),于赤坂区灵南阪本金弥邸,到会者百余人。黄兴宣读章程三十条,会员有不然者,间有所增损(章程究有几条,宋教仁《渔父日记》未载,党史会亦无此资料。惟有何天炯所藏之八节十七条,见《革命缘起详注》,及邓慕韩抄送之次年四月十三日改订之总章共二十四条,见《革命文献》第二期)。乃公举总理及职员。黄兴提议:察同人之意,总理一席,属意孙公,可省手续,不必投票。众咸举手赞成。章程大旨取三权分立制:一、执行部:由总理统率,内分庶务、内务、外务、书记、经理、会计六部(后改为科)。二、评议部:由议员互举议长,由议长指定一人为书记。三、司法部:总长一人,判事二人,检事一人。四、各省分会置分会长一人。选举及指定之结果如下:

一、执行部:庶务黄兴(此部职权最重要,总理他适时,以庶务总干事代行一切。前后任之者凡五人:首任为黄兴,以次为张继、朱炳麟、孙毓筠、刘揆一,揆一任此最久,至辛亥革命为止。田桐谓朱代黄,蒋尊簋又代朱,尊簋以现为求学时代,荐张继代之。是朱在张前,较可信。宋教仁日记谓黄兴将离日,请教仁代理庶务。《国父年谱》系于光绪三十二年十一月二十日,而田、冯两文,均未载也)。内务朱炳麟(继匡一,其后事权渐集中于庶务部,此部形同虚设)。外务程家柽、廖仲恺(后以家柽赴北京活动,仲恺亦回国应试,考得七品小京官,此部遂无形取消)。书记马君武、陈天华(后以君武赴西京大学,天华蹈海死,改任田桐、胡衍鸿汉民。继又增派但焘、李肇甫。桐自谓为党中书记,衍鸿为总理书记)。此部为独立部门,以保持机密也。经理谷思慎(程克继之,后亦形同虚设。光绪三十二年改订总章,改为调查科)。会计刘维焘(维焘以入联队未就职,谢良牧延誉继之,良牧归国,何天炯继之)。章程草案有调查、讲演二科,似未设。

二、评议部:议长汪兆铭。议员田桐、曹亚伯、冯自由、梁慕光、胡衍鸿、董修武、范治焕、张树枏、熊克武、周来苏、但懋辛、朱大符(执信)、吴崐、胡瑛、康宝忠、吴鼎昌、于德坤、王琦。此部以议员先后归国,一年后渐同虚设。

三、司法部: 总长邓家彦,判事张继、何天瀚,检事宋教仁。此部以任事诸人先后归国,一年后渐同虚设。

末由黄兴提议谓:"《二十世纪之支那》杂志社同人半已入本会,愿将此杂志改为本会机关报何如?"众皆拍掌赞成。议定每会员捐助出版费五元,于是年十月二十一日出版,即《民报》是也。此外留东学生各就本省会员中,举出一人为本省分会长,专司入会主盟事务。直隶张继、杜羲。河南杜潜,继曾昭文、刘积学。山东徐镜心,继丁维汾。山西王荫藩,继荣福桐、荣炳。江苏高剑公,继章梓、陈剑虹、张鲁。安徽吴春旸,继高荫藩。湖北时功玖,继张昉、陈镇藩。湖南仇式匡,式匡入联队,因有争论,黄兴兼之,继刘揆一。广西刘崛,继卢汝翼、曾彦。江西张世膺,继锺震川(冯自由谓锺在张前)。云南吕志伊。贵州平刚。四川黄树中,继丁厚扶、张治祥(冯谓始丁厚扶,继张、黄)。陕西康宝忠,继赵世钰。福建林时塽。浙江秋瑾,继陶成章。吴春旸回沪后,主张于江苏之外,设上海分会,以蔡元培为分会长,本部允之。广东何天瀚,继何天炯,此为冯自由说,田桐则谓未设分会也。但八月十日中山即委派冯自由、李自重二人在香港、粤城、澳门等地,组同盟会分部,并令冯主持香港《中国日报》编辑事务,李方任香港光汉学校体操教员,冯即搭轮前往。各省分会于次年四月十三日改订之总章中,规定为国内分五支部。一、西部:重庆——包括四川、贵州、甘肃、新疆、西藏五地。二、东部:上海——包括江苏、浙江、安徽。三、中部:汉口——包括湖北、湖南、江西、河南。四、南部:香港——包括广东、广西、福建、云南。五、北部:烟台——包括山东、山西、直隶、陕西、蒙古、东三省。国外四部:一、南洋:新加坡。二、欧洲:比利时京城。三、美洲:金山大埠。四、檀岛:檀山大埠。同盟会成立之日,胡汉民、廖仲恺适以事回粤,未及参加,开会后,汉民偕妻陈淑子,妹灵媛,及仲恺等又同东来,遂由胡毅生介绍加盟,故前述职员中有汉民、仲恺云。

(四) 同盟会之主义及方略

同盟会之主义,当然是中山先生之三民主义。三民主义胚胎于光绪二十三四年,即中山游欧时也。故三十一年再度游欧结党于比京,即在誓词上揭"驱除鞑虏,恢复中华,创立民国,平均地权"四语,此即三民主义最初表现之雏形也。及东京同盟会成立,誓词与在欧所采用者,完全无异。当讨论会名时,有人主张用对满同盟会,中山云:"革命宗旨,不专在排满,当与废除专制,创造共和,并行不悖。"此可见一般人入会有专为狭义之民族主义而来者,而中山则不以民族主义为限,又特重在民权也。讨论誓词时,又有人对"平均地权"一节不赞成,要求取消。经中山加以详细辩难解释,始获大多数通过。此又可见一般人对民生主义之隔膜,而毫无信仰,遑论三民主义之一贯作用乎?《〈民报〉发刊词》为中山发表三民主义之最初文字。其后在《民报》周年纪念会中,又对三民主义作详明之演说,但会员仅注重民族、民权问题,而不注意民生问题,更不了解何以国民革命必需三民主义?三民主义之实行,又何以必需有革命方略?此即同盟会组织不健全之最大原因。且以兴中、华兴、光复三会联合之同盟,而非中山就三民主义所组织之政党,故同盟会虽以三民主义为标榜,实则光复会所重者为民族主义,华兴会则兼重民权主义,而于民生主义则皆漠然不知也。故清末只有种族革命与政治革命之争,绝不闻有与社会革命之争。且同盟会之组织,华兴会分子占多数,即光复会分子亦较兴中会之势力为大,其与中山终有不甚协调之处,以后许多问题之发生,皆由于此种不健全之组织所致也。中山于次年冬,又编定《革命方略》,以为各地起义之用。原有:一、军政府宣言。二、军政府与各国民军之关系条件。三、军队之编制。四、将官之等级。五、军饷。六、战士赏恤。七、军律。八、招军章程。九、招降清朝兵勇条件。十、略地规则。十一、因粮规则。十二、安民布告。十三、对外宣言。十四、招降满洲将士布告。十五、扫除满洲租税厘捐布告等十五种。同盟会成立时并无宣言,后人即以《革命方略》之《军政府宣言》代之,兹录如下:

天运岁次□年□月□日中华民国军□军都督,奉军政府令,以军政府之宗旨及条理，布告国民。今者国民军起立军政府，涤二百六十年之膻腥，复四千年之祖国，谋四万万人之福祉，此不独军政府责无旁贷，凡我国民，皆当引为己责者也。维我中国开国以来，以中国人治中国，虽间有异族篡据，我祖我宗，常能驱除光复，以贻后人。今汉人倡率义师，殄灭胡虏，此为上继先人遗烈，大义所在，凡我汉人，当无不晓然。惟前代革命，如有明及太平天国，只以驱除光复自任，此外无所转移。我等今日与前代殊，于驱除鞑虏、恢复中华之外，国体民生，尚当与民变革。虽经纬万端，要其一贯之精神，则为自由、平等、博爱，故前代为英雄革命，今日为国民革命，所谓国民革命者，一国之人，皆有自由、平等、博爱之精神，即皆负革命之责任，军政府特为其枢机而已。自今以往，国民之责任，即军政府之责任，军政府之功，即国民之功，军政府与国民同心戮力，以尽责任，用特披露腹心，以今日革命之经纶，暨将来治国之大本，布告天下。

一、驱除鞑虏　今之满洲，本塞外东胡，昔在明朝，屡为边患，后乘中国多事，长驱入关，灭我中国，据我政府，迫我汉人为其奴隶，有不从者，杀戮亿万，我汉人为亡国之民者，二百六十年于斯。满洲政府，穷凶极恶，今已贯盈，义师所指，覆彼政府，还我政权。其满洲、汉军人等如悔悟来降者，免其罪。敢有抵抗，杀无赦！汉人有作满奴以作汉奸者亦如之。

二、恢复中华　中国者，中国人之中国；中国之政治，中国人任之。驱除鞑虏之后，光复我民族的国家，敢有为石敬瑭、吴三桂之所为者，天下共击之！

三、建立民国　今者由平民革命以建国民政府，凡为国民，皆平等以有参政权。大总统由国民共举，议会以国民共举之议员构成之，制定中华民国宪法，人人共守。敢有帝制自为者，天下共击之！

四、平均地权　文明之福祉，国民平等以享之，当改良社会经济组织，核定天下地价，其现有之地值仍属原主所有，其革命后社会改良进步之增价，则归于国家，为国民所共享。肇造社会的国家，俾家给人足，四海之内，无一夫不获其所，敢有垄断以制国民之生命者，与

众弃之!右四纲,其措施之序则分三期:

第一期为军法之治 义师既起,各地反正,土地人民,新脱满洲之羁绊,临敌者宜同仇敌忾,内辑族人,外御寇仇,军队与人民同受治于军法之下。军队为人民戮力破敌,人民供军队之需要,及不妨其安宁。既破敌者,及未破敌者,地方行政,军政府总摄之,以次扫除积弊。政治之害,如政府之压制,官吏之贪婪,差役之勒索,刑罚之残酷,抽捐之横暴,辫发之屈辱,与满洲势力同时斩绝。风俗之害,如奴婢之蓄养、缠足之残忍、鸦片之流毒、风水之阻害,亦一切禁止。每一县以三年为限,其未及三年已有成效者,皆解军法,布约法。

第二期为约法之治 每一县既解军法之后,军政府以地方自治权归之其地之人民,地方议会议员及地方行政官,皆由人民选举。凡军政府对于人民之权利义务,及人民对于军政府之权利义务,悉规定于约法。军政府与地方议会及人民,各循守之。有违法者,负其责任。以天下平定后六年为限,始解约法,布宪法。

第三期为宪法之治 全国行约法六年后,制定宪法,军政府解兵权、行政权,国民公举大总统及公举议员,以组织国会。一国之政事,依于宪法以行之。

此三期:第一期为军政府督率国民扫除旧污之时代;第二期为军政府授地方自治权于人民,而自总揽国事之时代;第三期为军政府解除权柄,宪法上国家机关分掌国事之时代,俾我国民循序以进,养成自由、平等之资格,中华民国之根本,胥于是乎在焉。

以上为纲有四,其序有三,军政府为国戮力,矢信矢忠,始终不渝,尤深信我国民必须踔厉坚忍,共成大业。汉族神灵,久焜耀于四海,比遭邦家多难,困苦百折,今际光复时代,其人人各发扬其精神,我汉人同为轩辕之子孙,国人相视,皆伯叔弟兄,诸姑姊妹,一切平等,无有贵贱之差,贫富之别,休戚与共,患难相救,同心同德,以卫国保种自任,战士不爱其命,闾阎不惜其力,则革命可成,令政可立,愿我四万万人共勉之!

与此革命方略相辅而行者，尚有一会务进行之秩序表：

一、事前之务
- 1. 联络同志　2. 厚集资财　3. 考察民情
- 4. 调查物力　5. 窥测形势　6. 侦察清兵
- 7. 游说官吏　8. 离间朝野　9. 摇惑宫闱
- 10. 发露弊政　11. 结合外情

二、发难之务
- 1. 攻取　2. 因粮　3. 防守　4. 安民
- 5. 练兵　6. 制器　7. 测地　8. 交通
- 9. 医创　10. 外交

三、善后之务
- 一、军法之治——草创政府——1. 元帅府　2. 战务　3. 财政　4. 内务　5. 外务　6. 教育　7. 农务　8. 工务　9. 商务　10. 司法　11. 邮政　12. 矿务　13. 铁路
- 二、约法之治——1. 开县议会　2. 地方自治
- 三、宪法之治——1. 行政　2. 议政　3. 审判　4. 考试　5. 监察

以上所订之四纲，即三民主义，三序即以后改订革命方略之军政、训政、宪政三时期，宪法之治中之行政、议政、审判、考试、监察，即后之所谓五权宪法也。同盟会开始所规定者，至为简单，但以后中山不断发表其革命主义及革命方略之见解，多至数百万言，未便繁引，前已述其主义形成之由来，至于对方略之解释，当于修约法时再述之。

一百六十八　革命论与立宪论之激战

(一)《民报》之出版

革命党在兴中会时代，已由陈少白创办《中国报》于香港，尚有郑贯公之《世界公益报》及《广东日报》与保皇会之《岭海报》(广州主笔胡显鹤)、《商报》(香港主笔徐勤、伍宪子)对抗；檀香山程蔚南所办之《檀山

新报》(至光绪三十二年,由曾长福改组为《民生日报》),及卢信创办之《自由新报》,与保皇会之《新中国报》(主笔初为陈继俨仪侃,后为梁文卿秋水)对抗。旧金山致公堂发刊之《大同日报》(唐琼昌、刘成禺主办)与保皇会之《文兴报》(主笔梁朝杰、梁君可)相抗,早开革命、立宪两派笔战之端绪。但此种笔战,对华侨之影响多,对内地智识青年之影响少,因除广州外,内地均难阅读之也。当时惟梁启超在横滨所办之《新民丛报》为最著名。至中国同盟会成立后,此种形势即大变。《二十世纪之支那》既决定为党之机关报,八月二十七日已商妥移交,不料次日因该杂志揭载《日本政客之经营中国谈》一文,触怒日本政府,被日警禁止发行。所印就之杂志全行没收,并向该社追求办事之人。九月中,同盟会干部集会商讨,决不用"二十世纪之支那"名称,改办《民报》,报字曰"民",所以志革命党之三民主义也,故《发刊词》即揭露三民主义之由来,及将举政治革命、社会革命毕其功于一役,庶几二次之喋血,无由再见矣。自《民报》第一号于光绪三十一年十月二十一日(阳历十一月二十六日)在东京牛込区新小川町出版,先后出二十六期,张继共编六期(第一至第五期,又第十九期),章炳麟共编十五期(第六至第十八期,又第二十三、四期),陶成章共编二期(第二十及二十一期),汪季新(兆铭)于《民报》被封禁后,秘密刊行第二十五、六期,《民报》即截然止矣(庚戌二月)。《民报》最初之撰稿者,如陈天华、胡汉民、汪兆铭、朱执信、宋教仁等,为文立论,探奥掘微,莫不以阐发三民主义为任。汉民在第三期撰《民报之六大主义》一文,其纲目:一、倾覆满清之恶劣政府;二、建设共和政体;三、土地国有:之三者为对内之主张,概括民族、民权、民生三主义之要领。四、维持世界真正之和平,主张中国、日本两国国民的连合;五、要求世界列国赞成中国革新之事业:之三者为对外之主张。此足为《民报》详确之宣言。(张溥泉先生《回忆录》谓:"《民报》后页所附六大要点,乃余为应付倭警厅计而列,非本党决议如此。后汉民撰文解释六大主张,亦应付环境之说,并非真欲中日国民联合也。")而朱执信所撰社会革命与政治革命并行,亦革命理论之重要文献也。光绪三十二年,章炳麟出狱东渡,受同盟会之欢迎,主持《民报》最久,其文章风尚,为之稍变。论者以《民报》偏重民族革命之宣扬,殆眩于章氏师徒(如汪东、黄侃等)、同志(如陶成章、刘光汉等)等之文,"专以历史事实为根据,以发挥民族主义,期于激动感情,不入空漠"(陶成章主纂时语)。然太炎、光汉均以经学大家,怀民族思想,兼通内典,旁治训诂,因之文章别具一体。其博征经史,评骘政教,"依自不依它",以佛家法相,挹注革命,皆可与胡汉民、朱执信、宋教仁等之汲引新流,涤除陈旧,以法理之言胜者,并著其美焉。自《民报》发行后,革命党始有一正式言论机关,以与梁启超之《新民丛报》对抗,而革命、立宪两派之论战乃日趋激烈。启超曩执舆论牛耳之地位,渐为革命党所推翻,而汪兆铭、胡汉民、朱执信、宋教仁及章炳麟、刘光汉等声名渐著。《民报》第一期出版后不及一月,值日本文部省颁布取缔留学生规则,一时留学界颇为愤懑,罢课者八千余人,向日本政府抗议。《东京新闻报》竟诋留学生为放纵卑劣,尤足激怒。陈天华(星台)因是极愤,突于十一月十二日(阳历十二月十七日)自蹈大森海湾而死。天华,湖南新化人,少负才华,与黄兴、宋教仁交最笃。同盟会成立后,被任为书记,兼《民报》撰述员。所著《猛回头》、《警世钟》发扬种族思想感人至深,较之邹容《革命军》,有过之而无不及。年仅三十一岁。横流怒啸,赍志以殉,遗绝命书一,有劝留日同学"坚忍奉公,力学爱国"之语。时同盟会员对取缔规则显分两派,各执一端。一则主张全体留学生遄返祖国,创学沪滨,以洗日本取缔之耻辱,田桐、胡瑛、秋瑾等主之;一则反是,以求学异邦,宜忍辱负重,未可轻率回国,胡汉民、汪兆铭、朱执信等主之。两派互相驳论,卒以后者居胜。嗣秋瑾愤然归国,遂以徐锡麟约,往绍兴主持浙江革命军务矣。《民报》第二期以天华蹈海,延期至十二月二十五日(阳历一九〇六年一月廿二日)始出版。时中山赴南洋筹划革命经费,光绪三十二年三月始返日本。五月又赴南洋,八月返日。十月十七日(十二月二日)为《民报》举行周年纪念会于神田锦辉馆,与会者六七千人,黄兴主席,章炳麟读祝词,中山讲演"三民主义与中国民族之前途",始阐明民生主义及五权宪法之概要,条分缕析,反复陈论,极广大而尽精微,发前人所未发,听众大为动容。全文载《民报》第十期,是为揭橥五权宪法之始。但当时一般学生所最感兴趣者,仍为两方辩论之民族、民权问题,而尚未能明了三民主义与五权宪法全部一贯之精义也。

（二）《民报》与《新民丛报》之论战

革命、立宪两派之论战，以光绪三十一二年为最激烈，针锋相对，壁垒森严，当时好事者，且将双方之言论，合刊问世，名之曰《立宪论与革命论之激战》。两报全部论文，今尚不难窥见，兹择其最重要之篇目以示一例如下：

《民报》之篇目	《新民丛报》之篇目
民族的国民	开明专制论
驳《新民丛报》论革命之谬	申论种族革命与政治革命之得失
驳《新民丛报》最近之非革命论	暴动与外国干涉
正明夷（明夷即康有为化名）	中国不亡论
斥《新民丛报》之谬妄	驳某报之土地国有论
斥《新民丛报》土地国有之谬	杂答某报
杂驳《新民丛报》	答某报第四号对于本报之驳论
辩满人非中国之臣民	现政府与革命党
希望满清立宪者盍听诸	再驳某报之土地国有论
斥为满洲辩护者之无耻	驳某报之中国已亡论
驳革命可以召瓜分说	……
驳革命可以召内乱说	……
告非难民生主义者	……
《新民丛报》之怪状	……
有来书骂梁饮冰一件	……

两方辩论之结果，在日本留学界，《民报》显占胜利。因《民报》撰述人多，其智识、学术、文笔皆不亚于梁启超，而《新民丛报》只赖启超一人应战，大有声嘶力竭之苦。如《与徐佛苏书》云："弟顷有游学欧洲之意……惟今方与彼党争舆论之动力，故《丛报》不能不办（原注：本欲今年停报而出游）。行后非有一二人代担任报中一部分不可，不识公允相助否？切盼之至！（原注：观云大反对我最近政见，今存私交而已，言论则

自相矛盾)。今专有恳者:《民报》第四号想已见,强辩如彼,势亦不能不为应敌之师。欲一叩我公之意见,有以助我。其全篇似皆无甚根据,惟内第十五叶以下有就国民心理上论约法之可行一段,尚未得所以驳之之道。因欲在第七号发表之,请公必为我一下思索,并速见复为盼!"又书云:"本报对于《民报》,以现在第五六号论,仍不能不反驳之,盖不如是则第三者之观听愈荧也。第十第十一号已更有文,第十号之题为《暴动与外国干涉》,此实一死生问题,不得不讲也。公所谓作一来函登报,以停止论战者,此甚要,望早成之。"启超求助于徐佛苏,而又欲停止论战,可知其应付已感困难矣。时预备立宪之诏既颁,启超以为"从此政治革命问题,可告一段落,此后所当研究者,即在此过渡时代之条理何如"(见梁《致蒋观云书》)。及厘订官制,有名无实,立宪派咸大失望。徐佛苏致启超书云:"政界事反动复反动,竭数月之改革,迄今仍是本来面目(原注:改革官制之上谕,已见今日《东报》,军机之名亦尚不改动,礼部仍存留并立,可叹已!但荣铁已出军机,而以世续补之,果系何故?),政界之难望,今可决断!公一腔热血,空洒云天,诚伤心事也!他党近来势颇发达,不久恐有异动。排斥立宪之声,如蛙鸣之噪耳,弟近日最受唾骂,黄某已与我谈判是非,彼此虽百词难辩,终无最后之裁决,渠之直接间接运动我者,可谓极矣。……渠意纵不能强我入党,亦必欲使我归国,不为言论上之障害。吁!真理之不能发明,一至于此,彼辈亦可谓跋扈矣。"佛苏为当时唯一助梁之人,而叹革命党之跋扈,可见当时同盟会已占极大之势力矣。故启超致康有为书云:"革党现在东京占极大之势力,万余学生,从之者过半,前此预备立宪诏下,其机稍息,及改革官制有名无实,其势益张,近且举国若狂矣!东京各省人皆有,彼播种于此间,而蔓延于内地,真腹心之大患!万不能轻视者。近顷江西、湖南、山东、直隶到处乱机蜂起,皆彼党所为。今者我党与政府死战,犹是第二义,与革党死战,乃是第一义,有彼则无我,有我则无彼,然我苟非与政府死战,则亦不能收天下之望,而杀彼党之势,故战政府亦今日万不可缓之着也。今日有两大敌夹于前后,成立(指组党事)固甚难,然拼全力以赴之,亦终必能得最后之胜利,以此之故,非多蓄战将、广收人才不可以制胜。"又云:"革命党鸱张蔓延,殆遍全国,我今日必须竭全力与之争大举,以谋进取,不然将无吾党立足之地。”盖经一年间两方争论之后,启超已自知势力不敌,乃欲由言论而趋重于事实,进一步组织政党矣。

(三) 政治革命与种族革命之争

就两方争论之思想而言,《民报》固守三民主义,前后一贯;而中山先生之民族主义,绝不以排满复仇为事,但章炳麟等却仍用光复会之说,黄胄膻毳,畛域分明,以提倡国粹而保持汉族之历史,亦颇能掀动一般青年人之感情。当邹容之著《革命军》也,一则根于历史(如云:吾读《扬州十日记》、《嘉定屠城记》,吾几不知流涕之自出也。……想当日既纵焚掠之军,又严薙发之令,贼满人铁骑所至,屠杀虏掠,必有十倍于二地者也),二则动于译籍(如云:吾幸夫吾同胞之得卢梭《民约论》、孟德斯鸠《万法精理》、弥勒约翰《自由之理》、《法国革命史》、美国《独立檄文》等书译而读之也),三则憾权利之不平(如云:满洲人之在中国,不过十八行省中之一最小部分耳,而其官于朝野者,则以一最小部分敌十八行省而有余),四则憾战祸之独受(如云:祸至则汉人受之,福至则满人享之。太平天国之立也,以汉攻汉,山尸血海,所保者满人。甲午战争之起也,以汉攻倭,偿款二百兆,割地一行省,所保者满人。团匪之乱也,以汉攻洋,血流近京,所保者满人。故今日强也,亦满人强耳,于我汉人无与焉。今日富也,亦满人富耳,与我汉人无与焉)。故竭力提倡革命,以推翻满族为目的。然其所受革命之因,已不全为种族之争,而含有政体之异,故其主张之条件,实欲举旧民族旧国家,改造为一新民族新国家,如革命要义:一、当知中国者,中国人之中国也(民族)。一、人人当知平等自由之大义(民生)。一、当有政治法律之观念(民权)。乃更列二十五条之独立大义;总言之,悉照美国宪法,一切准美国办理。是邹容之《革命军》,固欲借种族之争,以引起政治之改革耳。章炳麟为之序曰:

> 抑吾闻之:同族相代,谓之革命,异族攘窃,谓之灭亡;改制同族,谓之革命,驱逐异族,谓之光复。今中国既灭亡于逆胡,所当谋者光

复也，非革命云尔，容之署斯名何哉？谅以其所规画，不仅驱除异族而已，虽政教学术，礼俗材性，独有当革者焉，故大言之曰革命也。

而陈天华之《绝命书》亦云：

近今革命之论，嚣嚣起矣。鄙人亦此中之一人也。而革命之中，有置重于民族主义者，有置重于政治问题者。鄙人所主张，固重政治而轻民族，观于鄙人所著各书自明。去岁以前，亦尝渴望满洲政府变法，融和种界，以御外侮，然至今主张民族者，以为满、汉终不并立，我排彼以言，彼排我以实；我之排彼自近年始，彼之排我二百年如一日；我退则彼进，岂能望消释嫌疑，而甘心与我共事乎？欲使中国不亡，惟有一刀两断，代满洲执政柄而卵育之。彼若审知天命，则待之以德川氏可也。

此可知革命党之着重在政治革命，而非着重在种族革命，所谓种族革命者，乃推翻当时满清之一种手段耳。梁启超于《申论种族革命与政治革命之得失》一文中，历述陈天华之言："鄙人以救国为前提，苟可以达其目的，其行事不必与鄙人合也。""鄙人之排满也，非如倡复仇论者所云云，仍为政治问题也。""中国今日而革命也，革命之范围必力求其小，革命之期日，必力促其短，否则亡中国者，革命之人也。"而加以发挥曰：悬揣将来革命之趋势……则必地方革命……设革命军之力足以蔓延数省，而现政府不能制之……则转而求外国之协助……外国或不俟其请求而先干涉焉……干涉之结果究奈何？曰：使革命军久未能覆旧政府，则彼与旧政府提携，以联军代勘定之，而于事后取机会均等主义，各获莫大之报酬于旧政府云尔。使革命军而遽覆旧政府……彼亦将以联军入而再覆此新建之政府……联军乃拥戴旧王统之亲支以作傀儡……自兹以往，一惟外国人之意，而中国遂永成埃及矣。信如是也，则革命军初意本欲革满洲之王统，而满洲卒未得革，不过以固有之王统，易为傀儡之王统而已，则试问于中国前途，果为利为害，而言革命者，亦何乐乎此也？综之，梁氏赞成陈天华政治革命之论,而固不以排满之暴动为然,谓可召长期之内乱以致亡国也。故不若由人民要求政府立宪,以达政治革命之目的。其于《开明专制论》第八章第一段之结论曰:“欲行种族革命者,宜主专制而勿主共和;欲行政治革命者,宜以要求而勿以暴动。”但启超又于《现政府与革命党》一文中,谓:

革命党何以生?生于政治腐败,政治腐败者,实制造革命党原料之主品也。政治不从人民之所欲恶,不能为人民捍患而开利,则人民于权利上得起而革之,且于义务上不可不起而革之,此吾中国圣贤之教,其微言大义存于经传者不知凡几,不俟觇述。先民之循此教义以行,其事实之现于史乘者,亦既屡见不一见,初无待泰西之学说始能为之鼓吹也。而今之革命论,其旗帜视昔若益鲜明,其壁垒视昔若益森严,其光芒视昔若益磅礴者何也?则以人民于政治上之认识,有以进于前也。……人民之不信任政府且怨毒政府也,其程度日积而日深,其范围则日煽而日广,既已习闻先圣昔贤诛民贼、仇独夫之大义,又熟睹欧美近世史奋斗决胜之成效,故革命思想不期而隐涌于多数人之脑际,有导之者,则横决而出焉,而其最大之起因,固无一不自政治腐败来也。次于政治现象而起者,曰种族问题,满、汉之同栖而分彼我,实制造革命党原料之从品也。……今既有两种之名词存于国内,而君位又为少数之家族所尸,以中国旧理想旧制度,则君主与政府,实一体而不可分,畴昔政治腐败之实况,不甚刿怵于人民之心目,故种族感情,亦阅久而渐忘,及怨毒政府者日深,缘政府与君主之关系,一联想间,而种族感情随之而起。政治上之利害,非尽人所易明,故就政治而言革命者,其受动之人也少,一旦因联想以及于种族,则于脑筋简单之人,不烦理解,小煽即动,于是怀不平于政治上者,利用此为一手段,而其焰益以滔天,此虽曰从因,而其力之所披靡,视主因犹或过之。……

夫革命党所持之主义,吾所极不表同情也。谓其主义之可以亡中国也。虽然,吾未尝不哀其志。彼其迷信革命之人,固一国中多血多泪之男子,先国家之忧乐而后其身者也。多血多泪先国家之忧乐而后其身之人,斯亦国家之元气,而国之所以立于天地也。其曷为迷信此可以亡国之主义?有激而逼之者也。激而逼之者谁?政府也。以如是之政府非底于亡国不止,等是亡也,不如自亡之而希冀万一于不亡,此彼等之理想也,其愚可悯,其遇可悲也!使彼等而诚有罪也,则现政府当科首罪,而彼等仅当科从罪。……乃政府全不自省,而惟以淫杀为事,甚且借此为贡媚宦达之捷径,舞文罗织,作瓜蔓钞,捉影捕风,缇骑四出,又极之于其所往,要求外国以破国际法上保护国事犯之公例,如最近长江一带叠次之党狱,与夫要求上海领事引渡其党员,要求日本政府驱逐其党首,类此之事,日有所闻。嘻!是亦不可以已乎?

此种文字,虽曰反对革命,而实则不啻为革命党张目也。既言"如是之政府非底于亡国不止,等是亡也,不如自亡之,而希冀万一不亡",是革命乃出于救国万不得已之行动矣,国中多血多泪先国家之忧乐而后其身之人为之,不犹愈于坐以待亡者乎?启超对于种族革命与政治革命之发生,固认系中国圣贤之教,旗帜视昔益鲜明,则尚有何反对之理由?观其所言:"要求必能达政治革命之目的,且非要求万不能达政治革命之目的,是要求者实政治革命惟一之手段也。然则中国之能救与否,惟视人民之能为要求肯为要求与否以为断。……夫鄙人之为此言,诚非有所爱于满洲人也,若就感情方面论之,鄙人虽无似,抑亦多血多泪之人也。每读《扬州十日记》、《嘉定屠城记略》未尝不热血溢涌。故数年前主张排满论,虽师友督责日至,曾不肯即自变其说,至今日而此种思想,蟠结胸中,每当酒酣耳热,犹时或间发而不能自制。苟使有道焉可以救国,而并可以复仇者,鄙人虽木石,宁能无歆焉?其奈此二者决不能相容,复仇则必出于暴动革命,暴动革命则必继以不完全之共和,不完全之共和则必至亡国,故两者比较,吾宁含垢忍痛,而必不愿为亡祖国之罪人也。……夫使诸君所执排满共和之手段,而果足以救国,则诸君坚持之宜矣,然于他人之以他手段而欲救国者,犹当以其目的之相同,而勿与为敌,然今者诸君之手段……不惟不舍于己，于人之执他手段而欲救国者，反从而排之，两相排而其力两相消，卒并归于无有而已。所耗者所消者非他，一国中有热血有智识之人之实力也。一国中有热血有智识者能得几人？其人之实力，即一国之元气，而国所赖以不亡者也，今徒以此而消焉耗焉，夫安得不为国家前途恸哭也！”可知启超虽劝人要求君主立宪，不必排满共和，谓此可达政治革命之目的，免致亡国之祸，殊不知共和必至亡国之说，未必能证实，而种族感情之不能自制，却于不知不觉流露出来。又自暴满清政府之罪恶：“号称预备立宪、改革官制，一若发愤以刷新前此之腐败。夷考其实，无一如其所言，而徒为权位之争夺，势力之倾轧，借权限之说以为排挤异己之具，借新缺之立以为位置私人之途，贿赂公行，朋党各树，而庶政不举，对外之不竞，视前此且更甚焉，前此之腐败，为天然固有之腐败，今兹之腐败，为人力增加之腐败。就种族感情论之，前此本不成问题也，今政府若特造此问题，以劳解决于国民。”此则等于宣布要求立宪之无用矣。并谓：“然则种族革命之暴动，绝无影响于政治革命乎？曰亦有之。君主惮种族革命之屡兴，而厉行政治革命以销其焰是也。信如是也，则种族革命适以助政治革命之成功也。质言之，则排满者适所以助立宪者之成功也。使排满者如有甘牺牲其功业名誉以助与己反对之立宪党使成功之心，而出于暴动，则其可敬孰甚焉！”综观启超反复所论之言，盖无一能为立宪党作坚固之壁垒，亦无一不为革命党作无形之宣传，彼此虽截然若两敌对立，而隐微中实有互相促进之功。黄遵宪于光绪三十年七月致启超书云：

公之归自美利坚而作俄罗斯之梦也，何其与仆相似也？当明治十三四年初见卢梭、孟德斯鸠之书，辄心醉其说，谓太平世必在民主国无疑也。既留美三载，乃知共和政体，万不可施于今日之吾国，自是以往，守渐进主义，以立宪为归宿，至于今未改。仆自愧无公之才之识之文笔耳，如有之，以当时政见宣布于人间，亦必如公今日之悔矣。仆前者于立宪之说，且缄阙而不敢妄言，然于他人之提倡革命，主持类族，闻之而不以为妄，谓必有此数说者，各持戈矛，互相簧鼓，而宪政乃得成立。公之所唱,未为不善,然往往逞口舌之锋,造极端之论,使一时风靡而不可收拾,此则公聪明太高,才名太盛之误也。东西诸国,距离太远,所造因不同,而分枝滋蔓,递相沿袭者,益因而歧异,乃欲以依样葫芦,收其效果,此必不可能之事。如见日本浪士之侠,遂欲以待井伊者,警告执政,见泰西景教之盛,亦欲奉孔子而尊为教主,此亦南海往日之误也。公自悔功利之说,破毁之说之足以误国也,乃一意反而守旧,欲以讲学为救中国不二法门。公见今日之新进小生,造孽流毒,现身说法,自陈己过,以匡救其失,维持其弊,可也;谓保国粹即能固国本,此非其时,仆未敢附和也。如近日《私德篇》之胪陈阳明学说,遂能感人,亦不过二三上等士大夫耳。言屡易端,难于见信,人苟不信,曷贵多言?仆为公熟思而审处之,诚不如编教科书之为愈也。

遵宪为启超生平知己,其所论任公之言屡易端,难于见信,诚一针见血,深中肯綮者也。启超亦尝自言:“不惜以今日之我与昨日之我挑战”;“吾今日良知所见在此,则依吾今日良知以行,明日良知又有开悟,则依吾明日良知以行,鄙人知服膺此义而已。”其思想议论既如“玻璃碎片积叠成堆”之不可捉摸,则不免贻人以反复无常,前后矛盾之讥,饮冰室宣传之效果,仅赖笔端“常带感情”之文字,以邀士大夫阶级之拥护;而于青年社会方面,则益助革命党之狂澜风靡而已。然革命党对于宪政之促进,亦颇有激宕之功。正如黄氏所谓“各持戈矛,互相簧鼓”,斯乃两派对立激战之真相也。

一百六十九　政闻社之成立与解散

(一) 两派之休战与梁启超组党之计划

立宪、革命两派之文字论战,至光绪三十三年七月《新民丛报》停刊而告一结束。《新民丛报》创办已七年,对晚清思想界之启发,颇具相当之魔力,至此因政闻社即将成立,预备办一党报曰《政闻》,梁启超一人之力不能兼顾,又因出报既屡愆期,则阅者生厌,销数亦窒,而经济不能支。启超欲请徐佛苏接办,终未成。次年,《民报》亦以揭载《革命之心理》一文,有激扬暗杀、破坏治安之嫌,被日政府封禁,不准发行。宋教仁、黄兴、宫崎寅藏等延请律师,控诉日政府之违法,结果败诉。时汤增璧(字公介,江西人,笔名揆郑、伯夔)佐太炎编《民报》,因黄兴于镇南河口之役,失败来日,抑郁苦闷,汤鉴于革命工作进行困难,又倾慕一九〇五年以来俄国革命党人之事业,撰《崇侠篇》(第二十三期)、《革命之心理》(第二十四期)二文,激励侠风,以暗杀为急务,其言曰:

> 吾所取鉴于印度,为其侠也,其虚无党人一尔。夫吾激扬侠风,何哉?欲以陈师鞠旅,化而为潜屠暗刺,并以组合莅盟,转而为径情孤往,旨同则曰党,行事则无群,盖亦创始之局也。……
>
> 与其阴柔操纵,固不如狙击特权,惩创富恶!……夫今之世,脂韦成习,狂狷为难,得一英雄,诚不如得一烈士。英雄罕能真,烈士不可以伪也。一以权谋胜,一以气骨胜。

凡此足见作者欲以吴樾炸击清五大臣之暗杀,砥砺同志,故以为与其陈师鞠旅,耗时费财而不能济,不若径情孤往,潜屠暗杀,更使敌虏怯心褫魄也。清政府方遣唐绍仪为中美联盟专使,道经日本,《民报》著《清美同盟之利病》短评,微露抨击意,唐某觉之,嗾清驻日公使与日政府交涉,求封禁《民报》。日政府惧中、美同盟,弗利于己,亦准清使请,欲以见好清廷,故借口封禁也。此后汪兆铭由南洋回,复于宣统二年一月一日,秘密刊行《民报》第二十五期,标称法国巴黎濮侣街四号出版,实则仍在日本印刷。至第二十六期则截然止矣。章炳麟闻之,意颇不怿,盖汪所假托之巴黎《新世纪报》印行者,该报乃无政府派张静江、吴敬恒等所办,炳麟夙反对之,因致函美洲南洋,斥为伪《民报》。自《新民丛报》与《民报》相继停刊,两派各以其主张而见诸行动。梁启超因联络蒋观云、徐佛苏、熊希龄、杨度(皙子,湖南湘潭人)进行组党事。保皇会已因预备立宪之诏改名为帝国立宪会(康拟改国民立宪会),启超因拟另立宪政会,暂不设会长，空其席以待康有为也。以杨度为干事长，设本部于上海。其纲领：一、尊崇皇室，伸张民权；二、巩固国防，奖励民业；三、要求善良之宪法，建设有责任之政府（又欲揭三大纲：一、上崇皇室，二、下扩民权，三、中摧不负责任之政府）。发起人除启超外，尚有蒋智由（观云，启超致有为函原注云：此人数月前犹沉醉革命，近则回头，日与革党战）、吴仲逸（铁樵之弟）、徐佛苏（原注：常有文见《丛报》中）、徐勤（君勉）、麦孟华（孺博）、狄葆贤（楚卿）、罗普（孝高）、汤叡（觉顿）。启超并拟赴沪与张謇、郑孝胥、汤寿潜三人接洽，欢迎加入。熊希龄亦说袁世凯、端方、赵某（或系赵秉钧）暗中赞助，拟戴醇王为总裁，载泽副之（原注：此事须极秘密，万不可报告，不然事败矣。袁、端、赵之赞助亦然，徒布告以博海外会员一时之欢心，而于实事生无限阻力，甚无谓也）。俟得有为同意，熊希龄即赴京运动。熊氏定计，革命党在南方一带，已骎骎占势力，必须在南方与彼殊死战，一面急其所不急者先下手，以取北方。由熊筹十五万，以五万在北京办报，以十万作会中基金，启超再筹五万。派人向各省州县演说开会，得一县即有一县之势力。其所以欲联络张、郑、汤三人者，因三人在上海创办预备立宪公会故也。（《啬翁自订年谱》云："郑孝胥同议设预备立宪公会，会成，主急主缓，议论极纷驳。余谓立宪大半在政府，人民则宜各任实业教育，为自治基础。与其多言，不如人人实行，得尺则尺，得寸则寸。公推孝胥为会长；寿潜与余副之。"）此种组党之计划，以杨度野心甚大，与观云、佛苏意见不合，度因自开宪政讲习会（宪政公会），刊行《中国新报》，主张君主立宪，为平和之改革。启超遂决定创办政闻社，将来就此基础结为政党。启超致有为书云："杨皙子初本极热心此事，至今犹然，但征诸舆论，且察其行动，颇有野心。殆欲利用吾党之金钱、名誉，而将来得间则拔戟自成一队，故不惟本党旧人不敢放心，即东京学界各省新进之士表同情于吾党者，亦不甚以彼为然。故现在政闻社之组织，杨氏不在其内，弟子数月来所经画徘徊，而久不定者，颇为此也。今则两面俱已布置停妥，令杨氏暂不入会，而彼亦不相反对也。"可知政闻社之组织，启超与杨度又分道扬镳矣。

(二) 政闻社之成立

政闻社成立于光绪三十三年七月间,系由蒋智由所筹备者,佛苏有《创办政闻社之主义及其源流》一文记之曰:

前清乙巳、丙午间,吾国留日学生达二千余人,对于祖国救亡之主义,分种族革命与政治革命两派。所谓种族革命者,欲以激烈手段推翻满清君主也;所谓政治革命者,欲以和平手段运动政府实行宪政也。梁先生者,久在横滨主办《新民丛报》,鼓吹革命者也。此时见留日学界主张立宪之人渐多,又恸心于国内历次革命牺牲爱国志士过多,而仍未能实行革命,乃亦偏重于政治革命之说,发挥立宪可以救国之理,于是于丙午年间,与马良(相伯)、徐佛苏、麦孟华、蒋智由、张嘉森(君劢)及留日学界三百余人创设政治团体于东京,名为政闻社。当时除吸收社员刊行《政论杂志》外,并派员归国,劝告清室速颁立宪之诏,迨社员增多,立宪主义倡明之时。曾在日京锦辉馆开大会发表主张,并柬邀日本维新元勋大限重信、板垣退助两伯爵及犬养毅、矢野文雄、尾崎行雄诸君与会演说。会事甫毕,突有激烈学生数十人入场狂呼,几至互殴,经日本警士劝阻无事。此为吾国立宪党成立团体之始期,亦即革命党与立宪党交哄之始期也。丁未冬间,政闻社迁居上海,会员更增,旋因联络各省志士,发起"国会期成会",警告政府,速颁宪法,并电劾亲贵权奸丧权辱国,致大触当时所谓南、北两洋大臣张之洞、袁世凯之愤怒,竟奏请清主下令,解散政闻社,于是社中同志,秘议分赴各省,劝导各省谘议局联合呈请政府限期召开国会,而民众参政之思想,由此勃兴。致有辛亥各省谘议局反抗铁路国有而酿成革命之结果,此政闻社之源流也。

政闻社开会遭激烈学生捣乱情形,徐氏在《梁任公先生逸事》中又记云:

政闻社于清光绪丁未秋成立于日本东京,会员约一千五百人,均系留学生,在锦辉馆开成立会,选推职员百余人。梁先生演说约二时余,畅论"世界各国政治革命不注重国内种族问题"之理由,及"政党政治"之先例。演说未毕,突遇同盟会人张继氏率领二十余人闯入会场,直扑讲台。梁先生神容镇静,口不辍演,旋经在场日警劝阻,反对党人出场。顷刻当地警长复率十余人到场查询敌派扰乱情形,并云政治集会结社是经警署特许者,警署即有保护开会人之责。如甲派人开会而乙派人闯入毁物殴人,是违反警律及刑律,本署故特派人来会场调查实情,以便决定是否以法律解决此事。当时梁先生深恐吾国人因政见不同之细故,致烦外国官厅之传讯,乃派会友向日警力白会中之稍稍纷扰,纯系本会中人偶起争论之故,既非他党来袭,亦未毁物殴人,请贵厅勿介意此事。日警唯唯而退。后来日本名流及报纸颇赞美梁先生之有政治德量云。

但章炳麟之记述,则大异于是,其言曰:

阳历七月十七日,政闻社员大会于锦辉馆,谋立宪也。社以蒋智由为魁,而拥树梁启超。启超往,徒党几二百人,他赴会者亦千余人,又召日本名士八辈为光宠,犬养毅者,其气类相同者也。革命党员张继、平刚、陶成章等亦往视之。梁启超登,力士在右(梁预知革命党将与为难,故招日本力士为护),与会者以次坐。政闻社员在前,革命党员在政闻社员后,他留学生在革命党员后。启超说国会议院等等,且曰:"今朝廷下诏,刻期立宪,诸君子宜欢喜踊跃。"语未卒,张继以日本语厉声叱之曰:"马鹿!马鹿!"又呼曰:"打。"四百余人奔而前。启超跳自楼曲,旋转而坠。或以草履掷之,中颊。张继驰诣坛上,政闻社员持椅格之,平刚自后搤其肩,格者僵。继得上,众鼓掌欢呼,声殷天地。政闻社员去赤带徽章以自明,稍稍引去。继遂言曰:"吾不应参与政闻社员事,然所以不能默者,将有所诘问于犬养毅。毅前在早稻田,语支那学生曰:'中国当速革命。'吾亲闻之,今何故附会立宪,猥鄙至是?"毅俯首谢,则登坛作酬应语,既卒,徐曰:"支那或革命,或立宪,任人为之,在速行耳!”当是时蒋智由先知有变,不至,会亦遂散。继本意欲痛驳立宪以塞莠言,会事急,至用武,亦未竟其说也。

政闻社成立会之日期,据上载为阳历七月十七日,《国父年谱》从之,系是年阴历六月初八日条。徐氏两记,均未明言月日,《梁任公先生年谱》记为九月十一日,注阳历十一月十七日,恐非是。因任公元年十月莅报界欢迎会演说云:“及丁未夏秋间,与同人发起政闻社。”所谓夏秋间,盖指六、七月间也。而以七月之成分为最大。如以七月十七日为阴历,则近之矣。张溥泉先生《墓志》、《墓表》,均谓保皇党徒倡君主立宪之说,《民报》辞辟之,既诎,乃组政闻社,大会徒众于锦辉馆,示欲与同盟抗。公厕众中,奋起大呼,跃而上,贵筑、平刚从之,击启超堕台下,众皆散走,自是保皇党之势瓦解。据冯自由《开国前革命史》云:东京政闻社之开幕,及徐勤在小吕宋与新加坡之演说会,均被革命党员捣乱破坏,两党机关报之大开笔战,尤无时无地无之。两方所记当时之情状迥不相同,但开会即为革命党捣乱而散,固系事实也。

(三) 政闻社之宣言

政闻社成立后,启超撰宣言书发表,文长数千言,前三段述政闻社发生之理由,略谓:夫既已知舍改造政府外,别无救国之图矣,又知政府之万不能自改造矣,又知改造之业,非可以责望于君主矣,然则负荷此艰巨者,非国民而谁?吾党同人既为国民一分子,责任所在,不敢不勉。……吾党同人诚有反对专制政体之意思,而必欲为正式的表示,而又信我国民中共同有此意思同欲为正式的表示者,大不乏人,彼此皆徒以无表示之机关,而形迹几等于默认。夫本反对而成为默认,本欲为立宪政治之忠仆,而反变为专制政治之后援,是自污也,夫自污则安可忍也?……夫所谓改造政府,所谓反对专制,申言之,则不外求立宪政治之成立而已。立宪政治非他,即国民政治之谓也。欲国民政治之现于实,且常保持之而勿失坠,善运用之而日向荣,则其原动力不可不还求诸国民之自身,……我中国国民久栖息于专制政治之下，倚赖政府，几成为第二之天性，故视政治之良否，以为非我所宜过问。其政治上之学识，以孤陋寡闻，而鲜能理解，其政治上之天才，以久置不用，而失其本能。故政府方言预备立宪，而多数之国民，或反不知立宪为何物，政府玩愒濡滞，既已万不能应世界之变，保国家之荣，而国民之玩愒濡滞，视政府犹若有加焉。丁此之时，苟非相与鞭策焉、提挈焉，急起直追，月将日就，则内之何以能对于政府而申民意，外之何以能对于世界而张国权也？则政治团体之责也！政闻社既以上述种种理由，应于今日时势之要求，而不得不发生，若夫所持之主义则有四纲焉：

一曰实行国会制度，建设责任政府。

二曰厘订法律，巩固司法权之独立。

三曰确立地方自治，正中央地方之权限。

四曰慎重外交，保持对等权利。

以上所举虽寥寥四纲，窃谓中国前途之安危存亡，盖系于是矣。问者曰：政闻社岂即立宪国之所谓政党乎？曰是固所愿望，而今未敢云也。……夫使政闻社在将来中国政党史上得与日本之东洋议政会嚶鸣社（日本改进党之先驱）有同一之位置，有同一之价值，则岂特政闻社之荣？抑亦中国之福也！问者曰：政闻社虽未足称政党，而固俨然为一政治团体，则亦政党之椎轮也。中国旧史之谬见，以结党为大戒。时主且悬为厉禁焉，以政闻社置诸国中，其安从生存？政府摧萌拉蘖，一举手之劳耳。且国中贤才，虽与政闻社有同一之政见者，其毋亦有所惮而不敢公然表同情也？应之曰：不然，政闻社所执之方法，常以秩序的行动，为正当之要求。其对于皇室绝无干犯尊严之心；其对于国家绝无扰紊治安之举。此今世立宪国国民所常履之迹，匪有异也。今立宪之明诏既屡降，而集会、结社之自由，则各国所咸认为国民公权，而规定之于宪法中者也。岂其倏忽反汗，对于政治团体而能仇之？若政府官吏不奉诏，悍然敢为此种反背立宪之行为，则非惟对于国民而不负责任，抑先已对于君主而不负责任，若兹之政府，更岂能一旦容其存在以殃国家？是则政闻社之发生，愈不容己,而吾党虽洞胸绝胫,而不敢息肩者也。取鉴岂在远?彼日本自由、进步两党,与藩阀政府相持之历史,盖示我以周行矣,彼其最后之胜利,毕竟谁属也!就政闻社之宣言而论,立宪本无所谓政党,乃有若一个人民请愿团耳。清廷方下预备立宪之诏,国内士大夫阶级之瞩望立宪者,莫不与梁、蒋为同志,进行上似无任何困难。但西后尚在,悬赏十万严拿康、梁之谕旨,并未撤消;有权势之大吏如张之洞、袁世凯皆屡受其言论攻击,亦与之不相容;满清贵族对于"保皇帝不保太后,保中国不保大清"之传说,始终相信。故宣言中虽矢忠矢信,拥护皇室,而朝廷方面对之,仍与革命党相等。启超虽与端方、戴鸿慈等有所联络,并为之草拟关于立宪问题文件,但政府仍怀敌视,尤以革命党之打击不遗余力,故政闻社初开,即处于两面夹攻之情势中,不易进展。启超特派汤叡往沪欢迎丹徒马良(相伯)为总务员,以社长一席暂虚,总务员即等于社长也。马氏抵日,政闻社员到处开会欢迎,马以七十高年,学识为当世所尊仰,颇足以资号召。但实际任事者,则为徐佛苏。(佛苏虽为政闻社发起人,而政闻社成立时却未加入。其跋注梁任公函云:"余于乙巳年间与梁先生订交时,尚未脱离革命团体,亦无改倡立宪之决心,故当先生主组党时,余曾迭函求退。徒以先生情笃,余难恝然。及先生邀余与杨皙子、蒋观云诸友,议组宪团,杨、蒋政见至迕,彼此坚愎虚憍意态,均不可当,余无术周旋其间,亦难左袒何方,惟怵心创议结社,即有此不祥之气,后患叵测,故余复函告先生以不愿入社之意,此先生有'骇然'、'痛哭'等语也。")启超致佛苏书云:

> 来书言绝望于政府,而欲明目张胆加入民党,勠力进行,此非弟一人之希望,而全社员五六百人举额首以迎者也。惟又言俟个人生计稍就绪,乃始来(时佛苏在沪)……盖以公之才,一面为党员责任,一面以余力随时自营,尚恢恢游刃有余,故望公委身社中,愈急愈妙,公有以慰此徯苏之望耶?现在党之发生,既应于时势之要求,刻不容缓,而本社亦既告天下以成立矣,而南海与弟之地位皆不能出现,故万不得已,以马先生领袖之。马先生肯对吾社负责任,既为社之前途莫大幸福;虽然,马先生则既老矣,虽其热心不让少年,而精力固有所

不逮，无佐之之人，则亦同于虚设此席。而社中各重要职员，虽热诚与学识有余，而资望阅历则苦不足，公若不出而主持之，则社务之进行，恐日形濡滞也。故今者同人皆欲我公担任此事，公若出，则同人兴致百倍，精神为之一振矣。

其时革命党对立宪派之活动，据蒋智由致启超函云："得东京信，知□□对本社之行动，风声日恶，日来为防护马先生，煞费苦心，以此等事弟早虑及，但以马先生一无障碍，或不致此，不谓且然，先生亦宜严备，盖以彼辈若穷寇故也。"又梁兆南《致任公宗兄书》云："七十老翁（指马氏）抱此热血，奔走国事，已足为吾人心折，而其学贯中西，求之吾国已属凤毛麟角。不谓反触反对者之忌，昨夜遍发传单，其目曰：倒政府改党，以保路矿。外交失败，政府罪居三，而吾党居七。更有七事期于实行：一倒政府，二罢市，三罢工，四占交通机关，五抗纳租税，六杀官吏，七杀立宪党。且谓现江浙铁路已筹得之款及千万，以之置军械，各省无出其右，可一举而倒政府，路矿乃得保全。幸勿为政法吗啡所误云。该党嫉视诋毁，习以为常，非因马先生到滨而起，其狂妄无理，本不足置辨，所恐者马先生若受一言之辱，各同志亦不能平。现方密查其发布传单之人，筹对付之策。"可见两派之宣传战，仍甚积极也。

（四）政闻社之移沪与解散

光绪三十四年正月，政闻社本部从东京迁往上海，由总务马相伯、常务员徐佛苏等主持其事。当时活动于国内者，除马、徐外，尚有麦孟华、雷奋（继兴）、范治焕（秉钧）、侯延爽（雪舫）、黄可权（与之）、邓孝可（木鲁）、熊崇照（和白）等。至负责东京社务者，有罗普（孝高）、陈介（蔗青）、向瑞琨、张嘉森（君劢）、彭渊恂（熙民）、陈高第、陈官桃等。是时嫉视该社之发展者，在政党方面为革命党和杨度主持之宪政讲习会，在政府方面则为张之洞、袁世凯。其中以袁氏为最甚。徐佛苏《记梁任公先生逸事》云："政闻社于丙子年秋成立，后即派员归国，分赴各省，各界签名预备向清廷请愿速颁宪法，开国会，声势颇振。清大吏窃恐人民要求立宪后,准驳两难,急欲事前中伤之。又值康先生有为自海外秘电某当道请劾奕劻植党揽权,及外间有康、梁秘联粤督岑春煊谋倒张之洞、袁世凯之谣。于是袁党力促张之洞奏请清后举发康、梁乱政秘谋,张氏甚恐留日学界鼓吹立宪,为康、梁所利用,乃毅然奏请解散政闻社,通缉首犯,而清廷谕令即下。按政闻社被封禁时,系丁未秋间,此时社址已从日本迁归上海,租宅于英租界大马路。"政闻社成立不过一年,即被清廷查禁,其原因有二:其一,康、梁以戊戌告密之雠,特恨袁世凯,其时庆、袁相结,把持朝政,立宪党颇欲利用岑春煊以推倒袁氏。如康有为致梁启超书云:"今凤山不西,盛怀内召,或有转移耶?彼虽谋探宏多,若从宗室满人下手攻之,亦不难,彼实在嫌疑之地,老妪(指西后)阅事多矣,极少信心,中之至易,是在所布置之人才耳。鲁难未已,则以聂政行之,亦不得已也。楚甚恐之,力主勿大办,惟今之资政院已开,各省会政党争出,迟则各有所主,以是为忧。彼等当国断无开禁之理,是以进退维谷也。今先其大者,自以倒劭(指袁世凯)为先。然乘此各省哗争路权之时,若合为一体,一以争外交为名,由各省举代表一二人常驻北京,为外部议员,公举一人为议长,即请简为尚书,否亦为会办大臣。其有决裂之事,由民间任兵筹饷,如此为题,合十八省要请之,如此既可隐开国会(原注:今日必不能速开议院,如此已偷来),明拒外侵,既大得民心,必能大集人望,于国事必有益。但此权(党魁)必在王文韶手耳(原注:马相伯名位恐未能领袖也)。否则岑春煊乎?此事可行否?可酌之,勿失时!若岑可深结,或以岑领之乎?"康、梁以袁依庆王当国,必不能速筹立宪,故以倒袁为先,欲从宗室满人下手攻之,此正梁启超所进行之事也。在东京之满人如长福(绶卿)、蒙人如土尔扈特亲王均入会,肃亲王善耆(时任民政部尚书)且派贵胄学堂监督李步青(湖南人)赴日与启超联络,启超亦派汤叡往京。叡致书有为云:"肃邸纯为帝党,自戊戌以至今日,宗旨坚定,经千曲百折,曾不少变。于贵胄中诚为仅见,徒以平日不修边幅,好下交处士,往往受人指谪。去年项城(指袁)入军机后,其地位颇危,仅乃能保。自经此番阅历,甚能改从前之态度,接人发言,都极慎重,于吾党最为亲信。其接见弟子,极能以诚相待,非重弟子,实重吾函丈也。据言上实不病,即宫中事渠亦布置妥帖,一旦那拉死去,必不致因他变而累及圣躬。且言前接函丈所赐书,属彼以此事,渠极佩服函丈远在海外,而虑事之周,至于如此,诚感叹无地云云。此人他日纵不能得政权(原注:有醇在,肃或不能不稍逊一筹,然亦难言)。亦必占一重要之位置,可勿庸疑,吾党今日得此人而联络之,天所赐也。”此可见立宪派联满攻袁之计划,然以“敌势方日张,胜败正未可知”(梁启超语)。彭渊恂致启超书云:“现在党势脆弱,地不过一隅,人不过数百(原注:严格言之,实只数十人耳),曷堪摧压!惟有极力避之,决不可骋一时理想,以招人忌克,而自取败也。此间近有以排斥袁为辞,而非难本社者(原注:多举《时报》及马先生之言论以为证),其所主张,皆谓一旦袁倒,现政府中无能继起负责者,政闻社排之,是惟计己党之活动,而不顾大局也云云。足见国民于袁之希望心尚未能纯然断绝,吾党于此时决不宜稍露形迹,不然他党将居为奇货以排我也。”此可见排袁之事颇为舆论所不许,而杨度反借此欲博权贵之赏识,到处宣传政闻社目的专在排袁(民国后杨度为筹安会主脑人物,其与袁之关系当始于此)。康、梁既欲攻倒袁氏,则袁亦必借机以报复无疑也。其二,政闻社请开国会,为当时社务进行唯一之大事。社员在国内运动签名请愿速开国会,据张嘉森致启超函云:“国会期成会事所运动之省分,以吾社为独多,而总共人数尚不满万(原注:安徽六七百,山东口百,湖南二千余,江苏现所签者不过四五百)。此间社员党办事人于此方面并未注意,故此次甚望多得一二万人,为一极大之请愿,以雪吾社不能活动之耻。”光绪三十四年六月初,政闻社以全体名义致宪政编查馆一电,请限三年召集国会。电文云:“国会一事,天下观瞻所系,即中国存亡所关,非宣布最近年限,无以消弭祸乱,维系人心。且事必实行,则改良易,空言预备,则成功难,凡事如斯,岂惟国会?近闻有主张十年二十年者,灰爱国者之心,长揭竿者之气,需将贼事,时不我留。乞速宣布年限,期以三年召集国会,宗社幸甚,生灵幸甚。”电中闻有主张十年、二十年者,即指于式枚奉命出使德国考察宪政,频行疏言:“考日本维新之初,即宣言立宪之意,后十四年始发布开设国会之敕谕,二十年乃颁行宪法。盖预备详密迟慎如此。今横议者自谓国民,聚众者辄云团体,数年之中,内治外交,用人行政,皆有干预之想,动以立宪为词,纷驰电函,上廑宸虑。盖以立宪为新奇可喜……不审东洋之近事,关于政术者,尤有害治安,惟在朝廷本一定之指归,齐众之心志,循序渐进,先设京师议院,以定从违,举办地方自治以植根本,尤要在广兴教育,储备人才,凡与宪政相辅而行者,均当先事绸缪者也。”值新党要求实行立宪,召集国会日亟,式枚又上言:“臣遍考东西历史,参校同异,大抵中法皆定自上,而下奉行;西法则定自下,而上遵守。惟日本宪法则纂自伊藤博文,虽西国之名辞,仍东洋之性质,其采取普鲁士为多,其本原则德君臣所定名,为钦定宪法。夫国所以立曰政,所以行曰权,权所归即利所在,定于一则无非分之想,散于众则有竞进之心。行之而善,则为日本之维新;行之不善,则为法国之革命。法国当屡世苛虐之后,民困已深,欲以立宪救亡,而适促其乱;日本当尊王倾幕之时,本由民力,故以立宪为报,而犹缓其期。中国名义最重,政治最宽,国体尊严,人民安习,既无法国之怨毒,又非日本之改造。皇上俯顺舆情,迭降谕旨,分定年期,自宜互相奋勉,静待推行,岂容欲速等于取偿,求治同于论价?至敢言监督朝廷,推倒政府,胥动浮言,几同乱党,欲图补救之策,惟在朝廷举措,一秉至公,不稍予以指摘之端,自无从为煽惑之计。至东南各省疆吏,当慎择有风力知大体者震慑之,当十年预备之期,为大局安危所系。日皇所谓:组织权限,为朕亲裁;德相所谓:法定于君,非民可解,故必正名定分,然后措正施行。臣滥膺考察,断不敢附会时趋,贻误国家,得罪名教。”于是政闻社员法部主事陈景仁等奏请定三年内开国会,罢于式枚以谢天下。庆王奕劻颇滋不悦,随分电各省调查该社内容,知康、梁在内主动,乃由袁世凯面告慈禧,下谕严禁。启超致蒋观云函云:“此事之来,颇出意外,庆处本早已通气,允不干涉吾社,不解何忽中变?想是庆太无魄力,为袁所压,不能争之。昨日雪舫又有一书来,言慈宫见陈电初不甚怒,袁面奏政闻社系康、梁等所发起,因有此谕云。然则主动所在可见矣。”光绪二十四年六月二十七日上谕云:

政闻社法部主事陈景仁等电奏:请定三年内开国会,革于式枚谢天下等语,朝廷预备立宪,将来开设议院,自为必办之事,但应行讨论预备各务，头绪纷繁，需时若干，朝廷自须详慎斟酌，权衡至当，应定年限，非该主事等擅行请革。闻政闻社内诸人良莠不齐，且多曾犯重案之人，陈景仁身为职官，竟敢称附比暱，倡率生事，殊属谬妄！若不量予重处，恐诪张为幻，必致扰乱大局，妨害治安。法部主事陈景仁着即行革职，由所在地方官查传管束，以示薄惩。钦此。

又光绪三十四年七月十七日上谕云：

> 近闻沿江、沿海暨南北各省设有政闻社名目，内多悖逆要犯，广敛资财，纠结党羽，托名研究时务，阴图煽乱扰害治安，若不严行查禁，恐复败坏大局，着民政部各省督抚步军统领顺天府严密查访，认真禁止，遇有此项社伙，即行严拿惩办，勿稍疏纵，致酿巨患，钦此。

上海《申报》志政闻社被查禁之原因云："十七日降谕，严治政闻社原因，已录昨报（即谓某邸不悦，电各省调查内容，已得某省电复，有立社处所甚多，社伙甚众，且有要犯混迹其中，或当日召见时面奏情形，随下严行禁止之谕），近闻此事之主动者，系南洋二百埠华侨请愿书所致。上月中旧金山中华帝国宪政会总长康有为、副长梁启超联合海外二百埠侨民上请愿书，主张十二大请愿，内有撤帘归政，尽裁阉宦，迁都江南，及改大清国号为中华国数款，最为政府所骇怪。某日退值后，各枢堂即会同党政馆政务处会议，某邸谓：朝廷锐意宪政，即拟开设国会，使人民参与国政，亦断不容有此荒谬请求，致扰大局。某中堂谓中华帝国宪政会远在海外，难于解散，惟沿海各省分设政闻社与梁启超有关系，不如先查政闻社为下手之地，各堂多以为然。越数日，即拟严拿社伙之旨。"又《字林西报》云："按政闻社为各省绅商所组织，去年成立，社中目的，为协助政府调查各国立宪制度，俾中央得以创立国会，实行宪政。近者赴德考察宪政大臣于式枚二次电请缓立宪，政闻社员陈景仁电奏请革，不意遂触政府之忌。盖满洲守旧党皆谓立宪政体利于汉人，而满人历朝所得之权利皆将因此尽失，故竭力反对之。近日《江汉日报》复因登外洋华侨请愿书为鄂督所封。以上两事,皆中国革新之举,目下政学绅商已无敢再述及立宪二字,即江苏、江西、安徽、广东、浙江各省公派入京之代表,亦均拟束装回省。据此以观,满洲政府之政策,实欲钳制国民之口舌,使之不言,而严办政闻社社员,不过借端而已。"此更可知政闻社查禁之原因,仍以袁世凯与康、梁之私怨成分居多也。

(五) 速开国会之请愿运动

政闻社解散后,启超专心从事著作,养晦待时,立宪派之活动,乃由郑孝胥、张謇、汤寿潜等之预备立宪公会任之。此会多江、浙、闽三省之著名人士,当时颇有声势,其与康、梁在表面上并无关系,故清政府亦不便压迫。光绪三十四年六月,孝胥领衔向政府请愿,速开国会;又以预备立宪公会之名义,移书湖南立宪公会,湖北立宪筹备会,广东自治会,及豫、皖、直、鲁、川、黔等省同志,约于七月各派代表齐集北京,向都察院呈递请愿速开国会书,要求代奏。八旗士民,亦有加入者。清政府虽正查禁政闻社,但对各省之请愿运动,并未过事压迫。宪政编查馆恰于此时将宪法大纲、议院法及选举法要领编就进呈,因于八月二十七日发布,并颁行九年预备立宪之定期。此即第一次请愿运动之结果也。时康有为在槟榔屿,派人所营商业,均濒绝境,乃欲往埃及避地。上海《时报》欠钱庄万余,狄葆贤欲以出顶。启超由横滨迁居兵库县须磨村,专力著述。且以负责上海广智书局,委黄慧之管银,致亏蚀三万余金,梁氏以用人失当,自任填还,故"拼命著书",欲以赚回数万金,是以年余以来,为饥所驱,不得不卖文以求自活,精力耗于其中,余事坐是搁置。虽慈禧、光绪同时逝世,载沣摄政,袁世凯被黜,而于康、梁党禁之开,则终未顾及。启超慨叹于政局既无以异于前,而人心风俗之弊,又一落千丈,瞠乎穷于下手之方,不免陷于悲观。宣统元年五月二十五日致其弟仲策书云:"开禁之议,近复大炽,闻将由常熟(翁)、义宁(陈)以及六君子,最后乃逮生者云。大约此事终办到,然痛快之举,恐不可见。周公(指醇王)固贤,然英断似非先帝比,其视我当亦寻常一时髦耳。兄年来于政治问题研究愈多,益信中国前途非我归而执政,莫能拯救。然使更迟五年,则虽举我听政,亦无能为矣。

何也？中国将亡于半桶水之立宪党也。顾此事自关四万万人之福命，乌可强耶？我亦求其在我而已。兹非有聘莘顾隆之诚，决高卧不漫起也。近为《财政学》一书，可得百万言，洵疗国之秘方，恐未必见用耳。以作稻粱谋，或可以淩饥于一时耶！”可知自政闻社解散以后，康、梁均已灰心于政治矣。此后在国内外活动者，皆政闻社员，国内以徐佛苏正式参加各省谘议局代表之团体，仍从事于国会请愿运动。徐氏《梁任公先生逸事》云：

自政闻社被封禁后，清大员如奕劻、张之洞、袁世凯诸人，深恐民气激昂，流为革命，乃请清主颁布预备九年立宪之上谕，并创宪政编查馆，专司预备立宪各事。当时清大吏不解宪政为何物，其馆中重大文牍，大率秘密请求梁先生代筹代庖。尤可笑者，例如当年之法部与大理院，常争论权限，又皆无精当之主张，而两署皆分途秘求梁先生代为确定主张及解释权限。甚至双方辩释之奏议公函，均出于先生一人之手，而双方各自翊主张之精辟，故先生当年代宪政馆及各衙署各王公大臣所秘撰之宪政文字约计有廿余万言。惟此种著作，均系机械的，不能由先生有自动的主张，故清廷筹备宪政一事，毫无系统及彩色也。及预备立宪分期之程序已定，而中央之资政院及各省之谘议局，乃于宣统元、二年依次成立（按各省谘议局系宣统元年九月同时开成立会，资政院系二年九月开会），当时梁先生常寄函上海，嘱余注意联络资政院、谘议局之各议员，使其一面努力建议发言，一面运动缩短立宪年限。余遵先生之计议，当时向京外素有交谊之议员，条议促进宪政之函牍，日夕发邮，不下数十百通。各省议员对于鄙议，辗转传观，至为信仰。并有多友力劝余赴京主持言论，齐一同志之思想步骤，余即于宣统元年冬间赴京，启发朝野，共谋立宪救亡（按十月各省谘议局代表开联合会于上海，组织国会请愿同志会，十二月该会代表入京请愿）。梁先生闻余北上，欣慰无极，指导余进行之手札，约计三日必有一通。而当时彼此生计之窘，及亡国之悲观，不堪言喻。且先生在神户迭因不能履行债务契约，日夕难眠，尤无钱购纸出报。迭嘱余在京筹凑小款接济,余虽系至贫之人,然以平日安贫仗义之血忱,当能见信于朋友。故余旋京仅数月,幸能迭次借款汇东,此可见昔年彼此订交,纯粹道义的互助。且余之奋斗救国,不谋生计,纯系为先生之精诚及道学所激励者也。

余来京二三月,各省谘议员多数北上,集议如何促进立宪之法,于是议决:一、联合全国谘议局及各界民众,呈请政府废除立宪年限,立即召集国会后,再由国会协订宪法。一、由各省谘议局议员筹款创办一日报于首都,并推余为请愿国会及日报之主撰人。于是梁先生精神大振,深信今后大可接洽全国议士及优秀人士,灌注其政见学说,而常由余向各议员汤化龙、林长民、孙洪伊、黄远生诸先生通简论政,联络公义私交。嗣后《国民公报》发刊,先生于开办数月之内,每三四日平均寄文一篇,畅论国民应急谋政治革命之理由,言论精透,胜于《新民丛报》。盖出版伊始,余即预求先生赐文提倡,并约定报中论文并贯彻《国民公报》之名实,专对国民发言,而痛除并时报纸上两种积习:甲、不对政府及私人上条陈;乙、不对革命党及他派下攻击。梁先生非常奖许鄙意,故其赐稿均能开导国民宪政上之智识及兴趣,而《国民公报》遂为立宪运动之大本营矣。梁先生自就立宪政治发表数文之后,各省优秀人士,群谋与先生订交论政,信仰倍增于平昔,先生尤乐对人平等博爱,往返通简无虚日,新交渐多,先生并常募款补助报业,在此庚戌、辛亥年余之间,系先生与国内人士通函论政最多之时,亦即先生于戊戌变法后,最为欣慰之时。亦即余爱戴先生最笃之时。《国民公报》于己酉(?)年发刊之后,一面利用排满革命之暗潮,痛诋清政而鼓吹立宪(原注:查此报之言论,不仅无一语诋及革命党人,且余之报中文字,常有左袒革命之意义,致招公私两面人士之质责),一面即以报社作各省议员及请愿国会团体之会场。当时团体之坚,民气舆论之发扬,足以揭破清廷之昏暴,引导民众革命之激潮。故孙洪伊等代表首次呈请速开国会时,清廷即下谕旨,承认对于筹备立宪之期限缩短三年,此为吾国历史上以平民姓名呈请君主颁行大法之创举,亦即清廷发布明谕承认平民干涉朝政之创举也。虽然，梁先生仍不满意清廷缩短立宪期限之举，曾函勉余与孙洪伊诸君，谓吾辈同志为预防全国革命流血惨祸起见，劝告各省法团向政府和平请愿，此原系至缓进之法，不料吾辈要求声嘶气绝，而政府毫无容纳之诚意，然吾辈何颜以对国民及各省请愿代表？并何颜以对激烈党人乎？故今后仍当作第二次、第三次之激进请愿，不达到即开国会之目的不止。余等闻先生之主张，至愧至悚，孙洪伊先生更有血忱义愤，百折不挠，乃复领袖法团继续请愿。及第二次请愿书留中，孙君更愤，其第三次请愿书中，措词则甚激昂。略谓："政府如再不恤国民痛苦，不防革命祸乱，立开国会，则代表等惟有各归故乡，述诉父老以政府失望之事，且代表等今后不便要求国会矣"等语。窃谓末次请愿书如此愤激者，其言外之意，系谓政府如再不允所请，则吾辈将倡革命矣。更不料清廷因此震怒，立下明谕，勒令代表等出京还里。各代表闻此乱命，亦极愤怒，即夕约集报馆中，秘议："同人各返本省，向谘议局报告清廷政治绝望，吾辈公决秘谋革命，并即以各谘议局中之同志为革命之干部人员，若日后遇有可以发难之问题，则各省同志应即竭力响应援助起义独立"云云。此种秘议决定之后，翌日各省代表即分途出京，返省报告此事。然清毫无所闻，方幸各省请愿代表已经出京，则中央政府仍可苟安无事矣。

徐氏所记国会请愿之事极详，可见请愿之结果未能圆满，而立宪派反秘谋革命，此即武昌起义后，各省立刻响应独立之最大原因也。由于各省代表赴京请愿之联络，徐佛苏、孙洪伊、雷奋等乃组织宪友会，以为国会成立后之政党。直隶之籍忠寅，河南之方贞，山西之梁善继，奉天之袁金铠，湖北之汤化龙，湖南之谭延闿，四川之蒲殿俊，江西之谢远涵等，皆为各省分会会长。宪政派所以能在民国后仍占相当势力，以与国民党抗衡者，即由梁启超所指导之政团，借请愿运动而弥漫于各省故耳。启超以时局危急，哀哀请愿，至再至三，欲以国会缓和革命，活邦国于九死。乃不期清廷迫于各方要求之迫切，谕令宣统五年召集国会（宣统二年十月三日谕）。启超于上海《国风报》著论言，如不即开国会，则将来世界字典上决无宣统五年一名辞,可知当时风云紧急之情状,不意竟为启超预言所中矣。

一百七十　满汉权力之争

(一) 满汉大员之暗斗

由于立宪运动潮流之不可遏止,清政府一方面作敷衍拖延之计,一方面作最后挣扎之图。借预备立宪改革官制之机会,在名义上破除满汉畛域,在实际上则重用较多满人。满人得势,则援引姻亲,布满朝列,致使新官制改革之结果,满人尽据要津,社会上因有排汉政策之新名词出现。各部员司候补者,每部多至千余人,满、汉司员,见面不交语,对于政务,满人专断处置,一无顾忌,汉人敢怒而不敢言。出则"排满排汉之声,叹息盈耳"。盖自刚毅造"汉人强,满洲亡;汉人疲,满洲肥"(见梁启超《中国积弱溯源论》)十二字口诀以来,排汉之精神,已深藏于满洲亲贵之心中而牢不可拔。及立宪说起,满人更处处戴一有色眼镜,以处理满、汉间之问题。于是大员之暗斗风潮以起。其中最显著者,莫如奕劻与瞿鸿禨,铁良与袁世凯。鸿禨于庚子西狩时,始至行在,命直军机,兼充政务大臣。请以策论试士,开经济特科,汰书吏,悉允行。改总理各国事务衙门为外务部,以鸿禨为尚书,时方与各国议和,鸿禨治事明敏,谙究外交,承旨拟谕,语中窍要,颇当上之意焉。自新政议起,兴学、通商、劝工诸政,有司多借端巧取。鸿禨请降旨禁革苛派,任民间自办。又请旨以户部正杂诸款,供地方正用,宫中岁费,遵先朝定例,量入为出,不便自户部增拨。裁汰内务府冗员,用节糜费。时中外咸以立宪为请,朝廷下诏预备宪政始基,勖天下以忠君、尊孔、尚公、尚武、尚实,用鸿禨言也。三十二年为协办大学士,特旨派议改官制大臣,鸿禨以枢廷事冗辞,旋命与大学士孙家鼐复核,颇有裁正焉。鸿禨持躬清刻,以儒臣骤登政地,锐于任事。奕劻为军机领袖,每有争持。粤督岑春煊,以扈从西安为慈禧所眷,与康、梁有密交,颇不直奕劻、袁世凯所为,及入朝,鸿禨留长邮传部(原为张百熙,三十三年二月,百熙卒,因与唐绍仪互相揭参,受申饬归,恚愤成病也)。未到任,即劾罢侍郎朱宝奎,宝奎汇缘奕劻、世凯以进者也。又于召对时,面劾奕劻贪黩误国,请予罢斥。慈禧欲为调解,问以到京后曾否往谒。对曰:“未曾。”慈禧谓:“尔等同受倚任,为朝廷办事,宜和衷共济,何不往谒一谈!”曰:“彼处例索门包,臣无钱备此,纵有钱,亦不能作如此用也。”慈禧乱以他语而罢。奕劻闻之大惧,因广东钦廉革命军起,命复为两广总督,将借此以出之。春煊奏辞不许,既至沪,将赴任,适有小疾,特旨命开缺,以张人骏为两广总督。时鸿禨亦遭罢斥矣。《清史稿》谓其因直言忤太后旨,侍讲学士恽毓鼎劾以揽权恣纵。所谓忤太后旨者,殆指鸿禨有密请赦还戊戌党人事,实则奕劻借此以媒孽之,谓欲翻旧案,图谋归政,适中慈禧之忌耳。此二人争权暗斗之情形,袁世凯致端方书(见《汪穰卿先生传记》)中,所言内幕极详。盖瞿、岑皆为袁世凯、徐世昌、世续等阴谋所中伤。奕劻自当政后,屡为言官所劾,如光绪三十年御史蒋式瑆奏:“奕劻自任军机,门庭如市,细大不捐。其父子起居饮食,车马衣服,异常挥霍。风闻上年将私产一百二十万送往东交民巷英商汇丰银行存储,请命查提。”特命左都御史清锐,户部尚书鹿传霖按其事,不得实,式瑆斥回原衙门。三十二年其子载振为农工商部尚书,命往奉天、吉林按事。次年三月,诏改奉天、吉林、黑龙江为东三省,以徐世昌为总督,唐绍仪为奉天巡抚,朱家宝为吉林巡抚,段芝贵为黑龙江巡抚。舆论大哗。因芝贵资浅(道员)忽膺不次之擢,御史赵启霖具疏纠参。称:载振至东三省查事,还过天津,芝贵以一万二千金购歌妓杨翠喜献之。复从天津商会王竹林措十万金为庆亲王寿礼等语。奉旨派载沣、孙家鼐确查。据查杨翠喜实为商人王益孙买作使女,王竹林系河南候补道,充当天津商务局总办,实无措金给芝贵之事。此袁世凯巧为弥缝,而载沣亦不欲得罪奕劻也。复上,启霖以污蔑亲贵重臣名节夺职。芝贵命毋庸署理巡抚,载振旋亦具疏辞职。疏云:“臣系出天潢,夙叨门荫,诵诗不达,乃专对而使四方,恩宠有加,遂破格而跻九列。倏因时事艰难之会,本无资劳才望可言,卒因更事之无多,遂至人言之交集。虽水落石出,圣明无不烛之私;而地厚天高,跼蹐有难安之隐。所虑因循恋栈,贻衰亲后顾之忧,岂惟庸懦无能,负两圣知人之哲,不可为子,不可为人,再四思惟,惟有仰恳天恩,开去一切差缺,愿从此闭门思过,得长享光天化日之优容,倘他时晚盖前愆,或尚有坠露轻尘之报称”云云。可见当时舆论之力,尚足以威慑朝廷也。启霖以全台哗然,不久又复职。时汪康年(维新党人,在上海与梁启超共办《时务报》,其事已见前)于丙午创办《京报》于北京,对奕劻父子,时常讥讽,尤以杨翠喜一案,极意渲染。汪为瞿鸿禨门生,奕劻遂疑瞿之指使也。清议以奕劻贪庸,世凯跋扈,二人深相结纳,势倾全国,均右袒鸿禨。奕、袁知非去之不能自全。三十三年五月某日,适瞿入值军机,偶叫起,西后语及奕劻,表示不满,有拟令其退出军机之言。瞿归告其夫人,其夫人又告汪之夫人,汪又告之曾敬诒。曾告之伦敦《泰晤士报》驻北京记者马利逊。马利逊遂以重要新闻电告《泰晤士报》发表。西后因此责瞿漏言,奕劻遂嗾恽毓鼎劾瞿暗通报馆(指《京报》),授意言官(指赵启霖),阴结外援(指《泰晤士报》),分布党羽(指汪康年等)。于是谕令孙家鼐、铁良查复。孙、铁尚未查复,即诏姑免深究,着开缺回籍。此所谓丁未政潮。世凯原以鸿禨当政,侧诮以结之,均为鸿禨所拒。至是乃致书言:“宦海波深,石尤风起,以傅严之霖雨,为秦岱之闲云。在朝廷援责备贤者之条,放归田里,在执事本富贵浮云之素,养望江湖……虽鹏路以暂纡,终鹤书之再召。弟投身政界,蒿目时艰,读芝焚蕙叹之篇,欷歔不绝,感覆雨翻云之局,攻错谁资?敢问起居,借鸣结辖。”此以“猫儿哭鼠”之姿态,借掩其狡诈之行也。

(二) 铁良与袁世凯之轧轹

袁世凯自补授直督兼北洋大臣以来,在天津陆续奏设军政司(甲辰年改称督练公所)、学校司、农务司等机关,而军政司之下,仿效日本参谋本部训练总监及陆军部之组织,区为参谋、教练、兵备三处,俨然一小朝廷也。梁启超尝在《申论种族革命与政治革命之得失》一文中言:“以今日论之,号称第二政府之天津,坐镇其间者汉人耶?满人耶?而北京政府诸人,不几于皆为其傀儡耶?两江、两湖、两广之重镇,主之者,汉人耶?满人耶?乃至满洲本土东三省,今抚而治之者汉人耶?满人耶?(汉军固不得谓之满人)。平心论之,谓今之政权,在满人掌握,而汉人不得与闻,决非忠于事实者也。夫所谓彼汉人者,不过媚满洲之一人,乃得有此,斯忠于事实矣，然即此可证权力之渊源，实在一人之君主，而非在多数之贵族矣。”启超以主张立宪故，劝人不必排满，谓政权仍在汉人手中，满人皆其傀儡，特举袁世凯以为例。但革命党则视此握政权之督抚，皆满人奴隶也。满人对于此种督抚正疑忌交集，得此启示，益感非将彼辈所握之权柄设法削去不可，更不愿将政权公诸汉人矣。排满之效力，不因此而减少，排汉之心理，反因是而加强；以故鼓吹立宪之结果，革命之思潮，愈涨愈高，满人之排汉，亦愈进愈显。袁世凯所据者，正是第二政府之天津，在满人心目中，为首欲排去之人，其次则为湖广之张之洞。而袁氏逼近畿辅，更非先去其兵权不可。先是，袁于光绪二十九年春，曾奏请统一军政云：“各省兵制不一，军律不齐，饷械不同，操法互异。平居声息不相通，临敌胜负不相顾，故成效难期。规定统一之法，实为扼要之图。”于是在北京设立练兵处，特命奕劻为管理大臣，袁世凯、铁良副之。徐世昌充提调，刘永庆充军政司正使，段祺瑞充军令司正使，王士珍充军学司正使，徐、刘、段、王，皆世凯练兵小站时部属也，故实权仍操北洋系军人之手，奕劻挂名而已。当时护理江西巡抚柯逢时奏称：“今练兵之事，旨派庆亲王为总理，袁世凯为会办，兼有铁良襄办矣。顾庆亲王分尊事冗，素不典兵，何从识武将一人？何能议军政一事？铁良之才素无表见，愈益可想，然则大权在握者，固惟独袁世凯耳。观旨派提调三司，如徐世昌等皆该督荐举，素日为其心腹，将来济济师旅，感挟纩之恩，而指挥唯命者，岂复知有他人？又况督责天下之饷需，欲户部不得过问，举劾天下之将弁，欲兵部不得持权，既历史所未有，亦五洲所不闻。枝重有拔本之嫌，尾大成不掉之势，此其立召祸乱者也。”铁良以侍郎于五月间，被派会同袁世凯办理京旗练兵事宜，至是又同任练兵处会办，盖满人欲假统一军政之名，收回兵权，而以铁良渐取代世凯也。时由北洋派送日本留学之士官学生陆续归国，皆派往各镇充将校，其中有良弼者，大学士伊里布之孙也。入练兵处，袁世凯欲笼络之，特委为第六镇第二十三标标统，标统已为显职，以初回国之学生任之，殊为异数，而良弼终未到差，乃拥护铁良为首脑，阴作排袁运动。良弼为满人中之佼佼者，又与革命党员吴禄贞同学交好，乃利用士官生之团体，以与北洋系相排牴，实则其目的在排汉，欲造成满人军权也。光绪三十二年,宣示预备立宪后,官制厘订,亲贵皆欲借机减削督抚之实权,袁世凯遂成满人之眼中钉。都中之排袁运动,一时大盛。如御史江春霖(字杏村,福建莆田人)疏云:“《洪范》有言:臣之有作威作福,其害于尔家,凶于尔国。《左氏传》云:受君之禄,是以聚党,有党而争命,罪孰大焉?今世凯所为,其心即使无他,其迹要难共谅,历考史册所载,权臣大者贻忧君国,小者祸及身家。窥窃神器之徒,姑置勿论,即功在社稷,如霍光、张居正,亦以权宠太盛,倾覆相寻。今不独为国家计,宜加裁抑,即欲使世凯子孙长守富贵,亦不可无善处之法。”嗣是纠弹世凯及庆王奕劻父子,连上八疏,皆不报。又梁鼎芬(字星海,番禺人)光绪六年进士,佐张之洞行新政,言学事惟鼎芬是任(后署湖北布政使)。入觐,面劾庆亲王奕劻通赇贿,请月给银三万两以养其廉。又劾世凯曰:“权谋迈众,城府阻深,能陷人又能用人,自得奕劻之助,其权威遂为我朝二百年满、汉疆臣所未有。引用私党,布满要津,我皇太后、皇上或未尽知,臣但有一日之官,即尽一日之心,言尽有泪,泪尽有血,奕劻、世凯若仍不悛,臣当随时奏劾,以报天恩。”诏诃责,引疾乞退。袁亦自知其握权太重,遭忌太深,乃于是年十月,奏请开去各项兼差,并称:“陆军第一镇系臣会同铁良督率训练,第二、三、四、五、六各镇,系专由臣督练,现铁良已补授陆军部尚书,各该镇均请归陆军部直接管辖,毋须臣再督练。惟第二镇驻扎永平、山海关一带,第四镇驻扎天津附近,现在外军尚未尽撤,大局尚未全定,直境幅员辽阔,控制须赖重兵,所有第二、第四两镇,请仍归臣督练,以资策应。”奏入报可。诏以凤山总统新军四镇训练,于是北洋六镇,袁世凯仅留其二矣。此为排袁第一步之成功。但镇以下之将校,多属袁氏部属,铁良殊无法易之。非根本推翻其直督之地位,不足以消除所有军权,但奕劻已受袁之牢笼,又贿结李莲英以为奥援,故虽屡受言官参劾,亦不易动摇。光绪三十三年七月,以瞿鸿禨罢免后,特召张之洞、袁世凯入值军机,以之洞为体仁阁大学士兼管学部事,世凯为外务部尚书。明示优崇,实阴夺汉人之权。各省督抚,又多以满人任之,亲贵派之排汉运动,至是乃大告成功矣。当时军机共六人,奕劻、世续、载沣、鹿传霖、张之洞、袁世凯,满、汉各三,表面上尚属平等,但传霖、之洞皆老迈不复有所作为,世凯狡黠,惟奕劻是从耳。满人权力之扩张,自中兴以来,殆以光、宣之际为极致也。

(三) 袁世凯与张之洞之关系

张、袁均以地方最具权势之大吏,入主枢府,又同为汉人政权所寄,二人似应合作无间矣,实则不然。张一麐《古红梅阁笔记》云:

> 光绪季年,朝政杌陧,满、汉之见亘于中,革命之声腾于外,预备立宪之招牌既挂,实行无期,请愿者踵至。枢府旧人不足以应付危局,乃有命北洋大臣袁世凯、两湖总督张之洞同入军机之举。袁、张初入京,深相结纳,南皮与同僚为诗钟,得蛟断二字,有"射虎斩蛟三害去,房谋杜断两心同"句,即引为两人同心之庆。但南皮主张缓进,项城主张急进,微有不同。

一麐为袁氏之幕僚,所记当可信。但不知张、袁之不协,初非对立宪有主张缓急之分,实以袁氏之为人,专以欺诈做作,权奇自肆,玩弄此"老书生"(李鸿章谓之洞做官数十年,犹书生也)于股掌间也。《张文襄公年谱》云:"光绪丁未八月初五日至京,寓畿辅先哲祠,冬寒入值不便。袁宫保方寓东安门外北洋公所。言公所有别院在锡腊胡同,地近可居。乃移寓锡腊胡同。一日,袁见客自外省来者,问谒张中堂否? 曰:未见公,不敢往。曰:信然,昨见门簿,犹无汝名也。"此可见世凯对之洞阳示尊崇,阴实猜忌,常以特务侦察之洞行动也。张以名翰林出为疆吏,时世凯仍为一游手寄食之落拓青年。及世凯夤缘腾达,代鸿章督直,之洞入觐,过保定,世凯例张宴以待,饬仪肃对,万态竦约,满厅屏息,始终不懈。而张小坐数语,即攲案垂首,若寐若寤。座客均以张偃蹇过甚,为袁难看。其中有杨士骧为翰林后辈,之洞特故意与谈词曹掌故,而视世凯若无睹,盖轻其非科甲出身也。谈次之洞以杨渊雅,颇为嘉许。嗣出语人曰:"不意袁慰廷一旦做总督,藩司乃有杨莲府(士骧字)!"世凯以之洞轻己,早示不满,及闻此语,即忿然谓杨曰:"足下既受香帅(之洞字香涛)青睐,何不请其奏调湖北?"杨知袁含醋意,笑应曰:"纵香帅有此意,司里亦决不愿伺候此种偃蹇上司也。我看香帅正同左季高西征返旆，骄而蹈虚，伴食东阁，苟延一时而已，不足畏也。”又曰：“今窃观香帅，一睹节帅(指袁)军容之盛，极有嫉视之意。我看香帅本为观察新军建置情形而来，乃竟避而不与节帅一谈军事，而特与区区一翰林言欢，以示重文轻武，其真意却在彼而不在此，故吾独以为香帅此种行径，决非轻视公，乃嫉视公，实即重视公，深畏公也。”世凯闻言得意曰：“张孝达亦知有袁某哉！”杨见搔着世凯痒处，因乘势为袁谋曰：“曾文正首创湘军，其后能发扬光大之者有两人：一为左湘阴(宗棠)，一为李合肥(鸿章)，湘阴言大而不务实，故新回平定后，迁徙调革，即不能掌握兵柄，致纵横十八行省之湘军，几成告朔饩羊，仅剩有一名词矣。合肥较能掌握淮军，频年多故，遂尚能维持因应于一时。今公继起，如能竭其全力，扩训新军，以掌握新军到底，则朝局重心，隐隐‘望岱’矣。他时应与曾、李二公争一日之长，南皮云乎哉！”杨氏此谋，对野心勃勃之袁氏，岂止正合孤意，寻且引为同调。故世凯入阁后，继之督直者，即士骧也。世凯对张，阳示尊崇，且引为同气，实则袁早与奕劻辈结为一党，声势煊赫，之洞已瞠乎其后，袁视如供张木偶而已。袁尝谓：“天下多不通之翰林，翰林而真能通者，我眼中只有三个半人：张幼樵(佩纶，即李鸿章女婿，袁曾夤缘以结李氏)、徐菊人(世昌，袁之私人幕僚)及杨莲府，算三个全人，张季直算半个而已。”此皆与袁最有关系者，虽不通亦曰通，季直不与合流，故虽通亦只算半个。之洞知其对己而发，常思有以折辱之。会同值枢廷，对某项军机，即须行稿，之洞乃面许世凯知兵，请其即席操觚。世凯不便诿卸，但一时灵感茫然，良久未能脱稿。之洞当众作不耐状曰：“大作何时杀青？”盖讥其迟顿也。及稿成，世凯已急汗涔涔下，而之洞一阅，即举笔且芟且语曰：“如今竟连半个通人都不见。”语毕，掷笔而起。袁稿且被涂抹殆尽，深恨之，欲伺机一雪此耻。奈之洞倚老卖老，即奕劻辈亦常退让几分，况枢廷乃庙堂而非疆场，之洞有弄笔之时，世凯无用武之地。忽一日，之洞出片纸，书“烟惹御炉许久香”句征对，“许久香”暗切人名，必难为对，同列均敬谢不敏。世凯亦引领而观，之洞笑谓曰：“君亦有此雅兴乎？”世凯见张又讽已，亟思报复之，退朝先与杨士骧商。士骧为介一名士曰曾毓瑜(东溪老人)者，以万金易一联语。次日，派人送至枢廷，交之洞亲启，其对联曰：

烟惹御炉许久香，
图陈秘戏张之洞！

之洞阅毕，气急欲待掩饰，则同列已尽看清，乃掷向炉火，且掷且骂曰："混蛋。"世凯复故作不平色曰："我看此应征对简直不通，'图陈秘戏'四字，怎能接得上相国尊讳？此人混蛋而外，还嫌不通。"众人不知世凯笑里藏刀，遂亦附和一骂，替之洞解嘲，然而之洞苦矣。世凯出而加意渲染，一时传遍九城。之洞向以清流骂人起家，而世凯一生以骗人起家，遇此敌手，殊无可奈何。及摄政监国，有诛锄世凯，为光绪报仇之意。据传世凯已知身处险境，一发千钧。乃夤夜密造之洞，告以清室诸权贵，如何排挤南皮，吾人必合力以图存，分则势孤，将遭各个击破。之洞昏耄，信以为真，且允彼此合力，以替汉人争气。适摄政王向之洞微露去世凯意，之洞云："冲主方立，人心未定，乃杀重臣，吾不知其可也。"之洞寥寥数语，而世凯已冉冉超生。《张文襄公年谱》云："先是监国摄政王承皇太后命，饬军机拟旨，祸且不测。公反复开陈，始命回籍养疴。公退，语人曰：主上冲龄践祚，而皇太后启生杀黜陟之渐，此端一开，为患不细，吾非为袁也，为朝局计也。"但世凯于之洞之卒，尚曰："郑五入相，时事可知。今五百罗汉，少了一个供奉，倒觉自在。"又尝评之洞曰："中朝无人，疆圻无人，怪不得张孝达以中下之材，能盗虚声数十年！此等人物，遇我交手，不劳一击，即齑粉矣。"盖世凯一生无事不取巧，无人不叛负，而之洞亦为功利巧宦一流，二人不能同心相处，真替汉人争气，殆亦势所必至者耳。张一麐谓：张送袁行，太息曰"行将及我"，亦自危其势之孤也，盖亲贵用事，不可挽回矣。

〔附言〕　清季满、汉之争，不仅枢府及军事大吏，即学务亦然。京师大学堂于庚子乱后，生徒星散，长沙张百熙被命管学，苦心孤诣，网罗一时名流，开师范、仕学、译学、医学四馆，继又开进士馆预备科，自是五方秀士鳞集横塾,文学彬彬振朝野矣。百熙重维新,满人忌之,媒孽其短,清廷乃以太后之亲信荣庆同管学务。荣庆本为排汉政策最力之人,专注重八旗学堂之扩张,对张动辄掣肘。荣尚不足,乃建议设学部,命己为学部尚书,揽管学之全权。张既不得展其抱负,乃辞学务一切差使,改任邮传部尚书,本非素愿,遂因用人事与唐绍仪不相能,郁郁一病不起,士林争悼惜之。冒广生挽以联云:"爱好似王阮亭,微闻遗疏陈情,动天上九重颜色;怜才若龚芝麓,为数揽衣雪涕,有阶前八百孤寒。"盖纪实也。其时满人排汉,已知重视人才,故荣庆于八旗学堂外,铁良复创贵胄学堂,其程度与外国之陆军大学相等。拟将来上级将官皆由此校派出,各省武备学堂出身者,仅能充下级佐尉。此意原欲以满人为将领,以汉人为士兵,如牧人之驱群羊,即可高枕无忧矣。无如贵胄皆骄奢淫逸之纨绔子弟,全不成才,且时间无多,未发生丝毫效果,而清室即亡矣。

一百七十一　屡蹶屡起之革命军

(一) 法武官之调查革命党

革命党自成立同盟会以来,有《民报》之鼓吹三民主义,并与立宪派作文字论战,遂使革命思潮,弥漫全国。各处支部亦多发行杂志、日报、小册书籍以传播于内地,于是慕义之士,闻风兴起,当仁不让,独树一帜以建义者踵相接也。革命党实已由宣传,而进入实行之时代。虽一般人对满清政府之厌恶,有加无已,然革命之活动究比立宪之运动为难。第一,因其只能秘密进行,不能如立宪派之公开请愿也,故无法建设一强固之根据地;第二,因革命非用武力不可,而武力所需之物质,相当庞大,颇不容易取得。是以在立宪党人之观察,革命固无从着手,且绝不能成功也。但中山先生最初即以联络会党与运动新军为入手之方,革命党人之与会党及新军发生关系者,在同盟会成立前,即有郑士良、史坚如、毕永年等,而华兴、光复二会所组织之同仇会、龙华会,亦皆以联络会党为对象。由会党以渗透新军,且同盟会留日士官学生回国后,多为新军军官,更易入手。

中山在巴黎时，曾与前安南总督韬美有所接洽，及由日本赴西贡筹款，船泊吴淞，忽有法国武官布加卑者，登轮求见。传达彼政府有赞助中国革命事业之好意。叩以“革命之势力如何?”中山略告以实情。又叩以“各省军队之联络如何? 若已成熟，则吾国政府可立相助”。乃答以未有把握，请布派员相助，以办调查联络之事。布由驻扎天津之参谋部，派定武官七人(据邓慕韩《孙中山先生自述拾遗》谓布加卑在船上见中山，有二次，一次在乙巳秋，系乘法邮船由日本抵吴淞，第二次在丙午春，系由南洋抵香港。二次邓均在座，故年谱记派武官事系民前六年，即第二次见面时也。胡毅生《记布加卑与吾党之关系》，谓布为天津驻屯军之参谋长，奉政府命，与吾党联络，彼欲派员赴各省调查吾党势力，如确有实力，则法国将愿助吾党独立建国。惟天津法军营中，须得娴英文者一人，长驻翻译文件。毅生因介绍廖仲恺往)，赴各省调查。中山派廖仲恺往天津设立机关，命黎仲实(勇锡又字孝渊，广东高要人)偕法武官调查两广，命胡毅生(名衍鸾，又名毅，广东番禺人)偕法武官调查川滇，命乔宜斋(义生，山西人)偕法武官欧极乐(Ozil)往南京、武汉。毅生经南京、武昌、长沙、南昌、桂林、贵阳、重庆，仅于桂林晤黄兴与郭人漳，法人晤谈，极为满意，余仅觅负责通讯人而已。时南京、武昌两处，新军皆大欢迎，在南京有赵声(字伯先，江苏丹徒人。时任三十三标二营管带。毅生衔命在沪晤蔡元培，元培介绍孙毓筠少侯。少侯又介绍赵伯先)接洽，约同军中同志相见，秘密会议，策划进行。法人大悦，归谓胡毅生曰:“吾居北京久，真不信贵国有此种军人，吾祝君等不久必成功也。余留下天津通讯地址，嘱赵有可为贵党标榜之处，随时寄津，如津有函来调查之事，亦请作答。”而武昌则有刘贞一接洽(原名大雄，字静庵，湖北潜江人。任职武昌日知会，鼓吹革命。丙午入同盟会。时有会党刘家运者，哥老会渠魁也，久扬溢长江上下游，清吏误以贞一为家运，故《国父革命缘起》亦误为家运)，约同志之军人，在教会之日知会开会，到会者甚众，闻新军镇统张彪(第八镇统制)亦改装潜入。开会时各人演说，大倡革命，法国武官亦演说赞成，事遂不能保密。湖广总督张之洞乃派洋关员英人尾法武官之行踪，途上与之订交，亦伪为表同情于中国革命者也。法武官以彼西人，不之疑，故内容多为所探悉。英人又贿欧极乐所携之厨役，将一切通信偷去（胡记言被窃者为布加卑处译成之英文稿件）。张之洞遂奏报其事于清廷，其中所言革命党之计划，或确或否。清廷得报，乃大与法使交涉。法使本不知情也，乃请命于政府，何以处分布加卑等。政府饬彼勿问。清廷亦无如之何。未几法国政府变更，而新内阁不赞成是举，遂将布加卑等撤退回国。此革命运动之起国际交涉者也。

（二）丙午萍浏之役

湖南之醴陵、浏阳，江西之萍乡、万载等县，向为湘、赣两省会党聚合之处。自会党马福益首领被端方捕杀后，同志哀之，曾在日本东京开会追悼，并刊布《革命军纪》。由是湘、赣会党领袖李金奇（或作经其）、龚春台、萧克昌、姜守旦、王胜等益为愤慨，久欲为福益复仇。光绪三十二年九月间，同盟会员刘道一、蔡绍南等，由日本回国，在长沙水麓洲舟中，会合同志密议，约于十二月举事。适长江荒旱，灾民遍地，人心浮动，萍、浏、醴一带之工人，因受米贵减工之影响，生活感受痛苦，对地方官大为愤恨。明德学堂学生萍乡人魏宗铨乃乘机联络，组织洪江会，推春台为大哥称奉中山之命。春台既与水麓洲密会，乃商由宗铨、绍南往东京总部接洽，魏、蔡抵沪后，忽接春台急信，告以麻石事变，并属即返萍料理善后。时李金奇被追捕溺毙于醴陵属之白鹭潭，萧克昌亦被设阱诱杀。于是龚春台、姜守旦等乃于十月十九、二十日举义于浏阳县之麻石、文家市、金刚头，江西萍乡之高家台、上栗市、相木等处，嗣占宜春县之慈化。湘、赣交界各地，纷纷响应，声势甚大，众至数万人。在萍乡者，以矿工为中坚，在醴陵者，以防营为中坚，在浏阳者，以会党为中坚，悉称革命军。浏阳多洪江会党，而姜守旦则原称洪福齐天党。龚春台自称中华国民军南军革命先锋队都督，发布檄文云：

黄帝纪元四千六百零四年，岁次丙午十月吉日，中华国民军南军革命先锋队都督龚，奉中华民国政府命。照得鞑虏原系东胡异族，游牧贱种，自汉、隋、唐、宋以来，久为我中华汉族之寇仇。有明末造，鞑虏逞其凶残悍恶之性，屠杀我汉族二百余万，据我中华，窃我神器，奴沦我同胞。我黄帝神明之胄，四百兆之众，隶于奴界，已二百六十年于兹。汉族为亡国之民，中华隶犬羊之宇。凡我叔伯昆仲诸姑姊妹，曷任伤心！……今者划清种界，特兴讨罪之师，率三湘子弟为天下先，冀雪前耻，用效先驱。

凡本督师所到之处，即汉族恢复之处，农工商贾，各安其业，不稍有犯；外国人之生命财产，竭力保护，不稍有犯；当知本督师只为同胞谋幸福起见，毫无帝王思想存于其间，非中国历朝来之草昧英雄，以国家为一己之私产者可比。本督师于将来之建设，不但驱逐鞑虏，不使少数之异族专其权利，且必破除数千年之专制政体，不使君主一人独享特权于上。必建立共和民国，与四万万同胞享平等之利益，获自由之幸福。而社会问题，尤当研究新法，使地权与民平均，不致富者愈富，成不平等之社会。此等幸福，不但在鞑虏宇下所未梦见，即欧美现在人民，亦未曾完全享受。凡我同胞，急宜竭力，以扫除腥膻，建立乐国。

此役为同盟会会员所发动之义师，而非发于同盟会本身。然龚春台之布告，已将同盟会之宗旨——三民主义，简单发挥，亦可见当时革命党人宣传之普遍矣。惟姜守旦部别称"新中华大帝国南部起义恢复军"，檄文则为单纯之排满主义。时东京之会员，莫不激昂慷慨，怒发冲冠，亟思飞渡内地，身临前敌，与虏拼命。每日到机关部请命投军者甚众，稍有缓却，则多痛哭流泪，以为求死所不可得，苦莫甚焉。其雄心义愤，良足嘉尚，会员之纷纷回国从军者，已相望于道矣。先后有宁调元、杨卓林、胡瑛、孙毓筠、廖德璠、段云书、李根发、权道涵、黎兆梅、刘震滕、元寿等多人，谋运动长江各处新军响应。而沿江各督抚已严加戒备，无从下手。湘、赣及江南军队之被征调者不下五万人，分向浏、萍围攻。清廷又令江西按察使秦炳直节制三省军队，联合进逼。革命军队伍凌乱，军械不一，有马刀、梭标、鸟枪、抬枪，均极杂劣。人自为战，殊非清军之敌。自起事以后，株守萍、醴、浏地区，毫无进展，遂为清军所败，龚春台被擒杀，余众四散。清军大举清乡,滥杀平民万余人,党人之牺牲者更多,而刘贞一、刘道一、禹之谟等皆殉焉。贞一先与曹亚伯(湖北兴国人,著有《武昌革命真史》)、张难先(号义痴,湖北沔阳人)、胡瑛、田桐等(字子琴,湖北蕲春人)创武昌科学补习社,因吕大森(字槐庭,湖北建始人)联络鄂西会党,事泄被封。贞一素善圣公会牧师胡兰亭,乃假其日知会书报社另起炉灶。每星期演讲,贞一登坛痛述大局危亡状,以输其革命意义,不数月,军学界大感动,相率入会者达数百人。更设东游预备科及江汉公学,广事号召,于是教会之阅报室,遂变为革命党之根据地。同盟会成立后,本部派余诚回鄂组织湖北分会。贞一偕日知会全体会员加盟,即以日知会为会所,仍推贞一为总干事,党务日形发达。萍、醴事起,中山派胡瑛(原名宗琬,字经武,浙江绍兴人。后以依兄居桃源,人多谓桃源人)、朱元成(子龙,原名家梃,字松坪,湖北江陵人)、梁钟汉还鄂,议策动。适张之洞接直督袁世凯电云:据日本谍告,湖北全省会首为刘家运。又以萍、醴之役失败,据报党羽潜来鄂境,爰悬赏通缉者十五人,其中惟朱子龙一人为日知会员。有沔阳人郭尧阶为所素识,即指贞一为家运,密揭于巡警道冯启钧,郭导役捕获,兼逮胡瑛、朱元成、梁钟汉、李亚东、季雨霖、张难先、吴贡三、殷子衡等。按察使梁鼎芬会审,必欲渠自认为家运,刑讯惨酷,遍体鳞伤。贞一惟曰:“吾革命党也。他俱不悉。”堂上叱之急,堂下骂之厉,劲挺不稍回曲,群称为铁汉。狱枉成,将行刑。圣公会主教吴德施,会长孟良佐、黄吉亭不平,为具谍于领事公使,达宫廷,由外部谕之洞,贷其死,永远监禁。数月后家运亦被获,与殷子衡同监,可证明与贞一确为两人也。在狱五年余,与元成并瘐死。距武昌首义才三月耳。胡瑛等被释出。道一字炳生,号锄非,衡山人。是年回湘联络会党,运动防营,因行动可疑,被清吏逮捕。清吏以为其兄揆一也,侦察后始知其非。后因其身怀“锄非”两字印章,引《汉书·朱虚侯传》“非其种者,锄而去之”语,含糊定罪。十一月十六日,就义于长沙浏阳门外。年二十二。中山先生挽之曰:“半壁东南三楚雄,刘郎死去霸图空。尚余遗孽艰难甚,谁与斯人慷慨同?塞上秋风悲战马,神洲落日泣哀鸿。几时痛饮黄龙酒?横揽江流一吊公!”之谟字稽亭,湖南湘乡人,在日入同盟会,返湘后,倡议葬陈天华、姚宏业二烈士于岳麓山，为清吏所忌。是年六月因争学款事，为清吏所捕，移禁常德，转解至靖州，严刑逼供，气绝者再。萍、浏之役起，清吏借此杀之，年四十一。至宁调元返湘被捕，囚三年始释。杨卓林以运动吴淞标统周维藩，被诱至扬州，遇害。李根发、廖德璠、孙毓筠均在南京被捕判监禁五年。权道涵、段云书则永远监禁。此为革命同盟会会员第一次之流血也。

（三）潮惠革命之失败

同盟会成立后，黄兴于是年冬由日潜回国内，视察南北各地情形，并变名为张守正，亲赴桂林，说巡防营统领郭人漳（字葆生，湖南湘潭人）举兵反正。郭以随营学堂总办蔡锷（字松坡，湖南人）不睦难之。兴与锷本旧交，乃居间调停，并联络官佐、教员、学生多人加入同盟会。次年二月，往新加坡协助中山在南洋筹款。寻转香港，散布同志往各省活动，革命势力，日益增长。光绪三十三年正月，兴方自香港返东京，而日本早稻田大学因清公使杨枢之请，开除与革命党有关之留学生三十九人。清廷以革命风声震撼中外，甚为悚惧，又以萍、浏之变及长江方累次破获党人，已知革命策源地在日本东京。乃命杨枢向日本政府交涉，要求驱逐中山出境。日政府为取悦清廷，以便索取权利计，竟徇其请。惟讳驱逐之名，以盛筵款待，劝其出境。并赆程仪五千元，东京股票商铃木久五郎，亦馈赠一万元，借示好感。中山不得已，乃偕黄兴、胡汉民、汪兆铭暨日人萱野长知、池亨吉等离日南游。二月初一日，抵香港，兴与萱野等留住，中山与汪、胡前往新加坡，转赴安南，设机关部于河内，以筹划进行。于是革命活动区域，乃偏重于滇、粤、桂三省边隅，而孙、黄皆直接指挥者也。有许雪秋者，潮州宏安乡人也。父为星洲侨商，雄于资，雪秋抱大志，在故里约合同志，谋起义，不幸事泄，再走南洋。去年中山至新加坡，雪秋乞张永福介绍往谒，即加入同盟会，中山委为中华国民军东军都督，使主持粤东革命运动。雪秋返潮，与吴金铭、刘龙苍计划进行，运动各属会党，散布鹰球票，以资信守。中山派乔义生、方瑞麟、郭守义、张煊、方次石、方汉城、梁鸣九及日人萱野长知、池亨吉等助之。雪秋邀集会议，决分两路起事：以浮山为一路，进取潮州；黄冈为一路，进取汕头。罗飞雁赴揭阳，黄得胜赴惠来，预备分头响应。定正月初七日大举发难。届期雪秋偕谢良牧、方瑞麟、李次温等策马驰往潮城,在湘子桥下小舟守候,专候各地同志来会,以便率领进攻。讵是夜春雨淋漓,黄伟斋先引同志数百人自浮山至澄福铺,忽风雨大作,不利行军,各乡同志来会者,亦以集合不便,旋聚旋散。黄伟斋恐首尾隔阂,往来传达消息者数次,至东方发白,尚无动作,许知事中变,始嘱黄伟斋通知各地同志暂行分散。自赴香港访冯自由等谋再举,并电告中山。旋得复电,嘱起事须与惠州、钦廉同时并举,万勿孟浪,致伤元气。雪秋乃命潮州饶平县黄冈镇党首余丑(既成)、陈涌波、余通等准备,俟惠州邓子瑜布置就绪后,即由香港返汕起事。讵黄冈同志二人被清兵拘捕,余丑等即集合同志于城外商营救之策,佥谓非速攻击清吏,二人必不能生还。于是不候雪秋消息,聚众千余,于四月十一日发难。黄冈为革命军所占,遂依革命方略所规定,用孙文名义布告安民,推陈宏生为临时司令长,以陈为许之助手也。兵备道沈传义数电粤督告急,周馥乃令水师提督李准率兵迅速往救。而潮州镇总兵黄金福,亦率部扼汫州要道,距黄冈仅二十里耳。陈涌波进击不胜,命蔡德赴黄冈求援,余丑披发誓师,众皆感动。然以军械窳劣,射击力远逊清军,仍难奏捷。乃群负湿水棉胎借以避弹,易枪为刀,与敌扑战。清军阵乱,将次溃退,忽游击赵祖泽率兵由水路至,势复振。革命军前后受敌,遂下令退却。许雪秋在港于十三日始知黄冈事已发动,即偕方次石谒冯自由、胡汉民报告,次日率同志十余人赴汕。催促各属响应,卒无应者。遂于十六日会议宣告解散。一部退入乌山岭徐图再举。中山之经营粤东革命也,原拟惠、潮两府同时并举,使清军不能兼顾。先后命邓子瑜(广东博罗人,向营旅馆业,曾参与庚子惠州之役)、黄耀廷及著名绿林余绍卿各回本处发动,耀廷、绍卿领款后,杳无消息,于是命子瑜负全责。子瑜约惠州会党首领陈纯、林旺、孙稳等分三路起事。嗣因博罗、龙门两处会党不易集合,乃号召一百数十人集中于归善属之七女湖,距惠州城仅二十里。四月二十二日起事,一举劫夺清军防营枪械,毙水军巡船哨弁多人。二十五日进攻泰尾,守兵闻风而逃。于是连克杨村、三达等墟。二十七日至桐塘,清营勇拒战,杀其哨弁一,尽缴其械。各乡会党纷纷来会,声势大振。惠州府县纷电省城告急。粤督檄调东路巡防各营管带洪兆麟、李声振、吴鳌等率部会剿，复调新会右营守备锺子才往援。时革命军仅二百余人，洪、李、吴、锺各部均战败，省城为之震动。乃令李准移攻黄冈之师，从汕头往惠州，由澳头登陆，与革命军混战十余日，未分胜负。会子瑜由香港派人来报，黄冈事败，他处亦未响应，且弹药缺乏，势难持久。遂拔队至梁化墟附近，将枪械埋藏，宣布解散。是秋中山命萱野长知在日购运军械来粤，以海丰县之汕尾为接转地，届时许雪秋事前毫无准备，以致日舰不能久待，复运返日。此为第三、四次之革命失败也。

（四）钦州、防城之举义

粤吏施行苛捐，以钦、廉两府尤甚。钦州之那黎、那彭、那思三墟人民，种蔗为业，因糖捐过重，举绅耆数十人乞免于府吏，府吏悉囚之，乡民大愤。乃聚众抗捐，并组织乡团，以士人刘思裕为之魁，冲入城内，径释囚归家，当地官吏不能制，以匪乱暴动闻于省。两广总督周馥派广东新军统领郭人漳及第二标标统赵声二人，各带新军一二千人，会同总兵何长清进剿。中山在河内闻讯，一面派黄兴入郭人漳营，胡毅生入赵声营，说以赞成革命，一面派邝敬川入廉州，说团绅刘思裕、黄世钦宜与革命党一致行动，不特免清军之攻击，且可图河山之恢复，刘等欣然赞同。并命两府属会党乘机大举。乃派萱野长知携款回日购械，并在安南招集同志，延聘法国退伍军官多人，拟占防城至东兴一带沿海之地。东兴与法属芒街，仅隔一河（化仑河），有桥可达，交通甚便利也。满拟武器一到，可组正式军队二千余人，然后集合钦州各乡团勇六七千人，要约郭、赵二人所带之新军，便成一声势甚大之革命军，两广即可收入掌握中，而后出长江以合南京、武昌之新军，则破竹之势成，革命可收完全之效果矣。乃不期东京本部之会员，忽起风潮。盖以中山受日政府馈金，章炳麟、张继、宋教仁、谭人凤、田桐、白逾桓及日人平山周均大起非议，而炳麟尤急烈，竟将民报社所悬中山像除下。及潮、惠军事相继失利，反对者日众。炳麟提议免去中山总理职，以黄兴继任。独庶务干事刘揆一力排众议，因与张继互殴。其后刘光汉复提议改组本部，日人北辉次郎等和之，亦以揆一反对而止。揆一以党内纠纷日甚，乃移书冯自由、胡汉民，请就近劝中山向东京本部引咎罪己，以平众愤。中山谓诸同志皆热心青年，在无事时，自不免易生事端，此种党内纠纷，惟事实可以解决，决无引咎之理由可言。黄兴亦致书东京，谓宜倾心拥护中山，万勿举己为总理，而陷于不义。未几，镇南关河口相继发难，东京党员纷纷归国，反对之声，始告沉寂。但因此挫折，武器购买运输之计划，为之破坏（陈春生《丁未防城起义记》谓：萱野所购者皆不可用之废物，东京以明码电文致《中国日报》，事机遂败露，船械不能如期至）。中山命王和顺入钦州腹地，联络民团，预备大举。和顺先随胡毅生至廉州赵声军中，声嘱和顺改名张德兴，予以军事委员名义，派弁送往钦州，沿途防军，皆不知其为革命党人。居府城一日，即往三那，三那父老远迎。时刘恩裕已以何长清、郭人漳部进剿，死于乱军中，三那被洗劫，怨怼益深。其侄显明率数百人来会，声势颇大。本拟照声所约，先取南宁，由声部从后尾随，相机暗助。旋以南宁清军，不受关说，乃改计取防城。光绪三十三年七月二十四日，和顺率三百人举义于钦州之王光山，一举大破清军，法兰西新闻论之曰：革命军不知用何战术，获此奇捷。乘胜进攻防城，衡军左营哨官刘辉廷、李耀堂立即反正，乃一鼓破城。生擒知县宋鼎元等诛之。安抚居民，秋毫无犯，民心大悦。醵金备烧猪爆竹，欢迎义军。防城虽破，武器不来，不特失信于接收军火之同志，并失信于团绅，和顺不得已，乃率大队向钦州进发，适因大雨滂沱，道途泥泞，行一日夜，始抵城外。时已黎明，不便动作，乃退扎于离城四十里之涌口。郭人漳部在城内，黄兴闻讯，欲假名出巡，往与和顺商。人漳托兴转告和顺：宜先取南宁，此间有钦廉道王瑚为梗，不易取也。盖人漳先虽以兴故，与革命党通声气，但刻已变节，欲立功进官矣。兴与和顺约，夜间开城延纳革命军，时党人谭人凤等皆在郭军林虎营中，亦相机谋内应。而人漳见革命军势弱，遣人告和顺勿来。王瑚疑有变，亲于夜间督兵巡城，计划因此失败。和顺前进遇阻，又知南宁不易得手，乃于八月三日率军直趋灵山，以该地守卫空虚，大可乘隙而取，间道入桂。及抵环秀桥，则六峰山炮台已为清军所据，和顺军因弹药缺乏，退至廉属之伯通、花会厂、五王山等处，冀赵声军之响应。声见人漳已变，其势孤，不敢动。和顺退至狮子山，与清军宋安枢部相遇,激战一昼夜,再退罗蒙小洞,已露疲态。和顺以请示中山为词,带兵二十余人入安南。余众遂退回三那,宣布解散。惟梁建葵率精锐数百人退入十万大山,便于掩护,以俟徐图再举。此为革命第五次之失败。赵声因为粤督所疑(郭人漳曾向张人骏告密,声以其负约,曾面斥之,宣布绝交。人漳益进谗,非去之不可也),降任督练公所提调,声即弃职回江南。江督端方早知其同情革命,即令文武协捕。声辗转逃粤,乃正式加入革命党矣。

(五) 镇南关与河口之役

中山以钦、廉举义失败,精锐尚在十万大山,命王和顺改从镇南关进行。和顺以队伍不集,不能动。乃改委那模村游勇头目黄明堂(广东钦州人)主其事。明堂于安南太原府左州设立机关,向当地会党首领梁正礼(俗号疤头梁)借械,并联络凭祥土司李裕卿,纠合义勇乡团,待时发动。光绪三十三年十月二十六日晚,明堂率那模村乡勇八十人,披蒙茸,拔钩藤,以绳缒于断涧危崖间,绕镇南关之背而潜袭之,直进第三炮台,呐喊逾垣而入。守备兵不知所来,狼狈而逃。遂占领右辅山之镇南、镇中、镇北三要塞,树立青天白日旗。二十七日,中山亲率黄兴、胡汉民、胡毅生、卢仲琳、张翼枢及日人池亨吉、法炮兵上尉男爵狄氏,乘越西火车前赴战地,在同登下车,直向那模村进发,下午到达。关上已预派人来接,即于是夜染火炬登山。兴因体胖量重,由数人挟扶而上,约九时抵关(镇北炮台)。明堂等奏乐欢迎,全军鼓舞。中山《支那革命实见记序》云:“余自乙未广州失败以后,历十有四年,至是始履故国之土地,与将士宣力行阵间。”二十九日,清援兵已到,提督龙济光与防营统领陆荣廷率三千余人向山上环攻。中山调度一切,督战终日,自谓:“反对清政府二十余年,此日始得亲发炮击清军耳。”关上大炮虽多,皆外向安南,不能运用,又全无弹药,实难坚守。明堂劝中山回安南,筹饷接济。薄暮,乃偕兴等间道下山,冲过前线,幸均无伤。明堂固守五日,迭创清军,卒以枪弹告罄,食粮断绝,不得已于十一月初四日夜,弃炮台,退入安南燕子大山。台上所悬青天白日旗未下,一小童虑为清军所得,只身冒险,重跻山巅,取旗以归。

此为第六次之革命。中山于路过文渊时,为清侦探所悉,广西官吏遂托龙州法领事往安南查实,清廷向法政府交涉,逼中山退出安南。中山于离河内之际,一面令黄兴筹备再入钦、廉,以图集合该地同志,一面令黄明堂窥取河口(云南屏边县东南),以图进取云南,以为革命根据地。兴乃率黎仲实、刘梅卿、梁建葵等二百余人于光绪三十四年二月二十五日绕道越南,进攻钦州,高举青天白日旗,列队过东兴附近之大路村,四处张贴中华国民军南军总司令黄告示,乡民纷燃爆竹欢迎。兴累破清防军于小峰、马笃山等处,转战四十余日,所向无敌,清军疲于奔命。兴之威名,震动滇、粤。后以弹尽援绝,又与郭人漳部下发生误会,遂引返安南。此为第七次之革命。明堂之图河口也,先潜师于边界者百余人,皆镇南关退越之众也。王和顺(化名张德兴)、关仁甫转之以部众二百余人,伪装苦工,散布铁路附近。又联络河口巡防队及警察等。河口为滇、越边界要地,扼红河上游,对岸即越南之老街,清设边防督办于此,驻防军三营,一营受革命党运动。时胡汉民主持河内党务,派黎仲实等八人驻老街,拟于得地后实施因粮办法。清吏侦知之,竟诬以劫案,请法吏拘留之。汉民闻讯,急促明堂、和顺等速发。遂于是年(光绪三十四年)三月二十九日夜二时,率百数十人举兵。警察闻号即响应,黄元贞之防营亦降。乃会攻督办王镇邦(玉藩)之亲军,王力战不却。守备熊通素通款于革命军,忽举枪击镇邦毙之,所部悉降。明堂乃以南军都督之名义,布告安民,市廛不惊,法报赞扬备至。明堂率部占新街,和顺、仁甫皆领大队会攻蒙自。中山自新加坡电奖汉民指挥之成功。汉民复谓:此次以河口变军为主力,此辈未受革命党主义之熏陶,尤难立变其素质,使之勇猛进行。今为补救之法,惟有速令黄兴统之,庶可进战。中山因委兴为云南国民军总司令。兴自钦州返,行至先安,得电即赴前敌督师。四月初八日至河口,促明堂增兵进攻昆明,明堂恐粮食发生问题,犹豫不决。兴守候终日,意极焦灼,欲亲率全军前进,以此意商诸明堂。明堂乃拨兵士百人随之。于是兴纵马前行,未及一里,士兵群向天空开枪一排,齐声呼疲倦不已。兴再三抚慰无效,更行半里,则士兵如鸟兽散。不得已折回河口,派人至前方约王和顺来会,王以兵少弹缺为虑。兴乃欲亲率各军袭取蒙自,而将士多不听号令,乃知本身非有基本军队,不能指挥他军,遂决计回河内,拟征集前在钦州共事之同志一二百人,佐以驳壳枪,组织基本部伍,然后再赴前敌。兴至老街,法警疑为日人,遂加逮捕,送往河内。汉民急使越侨与法人交涉,始获释。然以清吏之交涉,法政府借口国际法例,乃遣送出境。而河口之众,以指挥无人,渐有衰落之势。云贵总督锡良向清廷奏称:

> 窃思孙文蓄志已久,窥犯滇、桂,逆党众多,械精饷足,非小丑跳梁仅据偏隅者可比。奴才到任后,迭经布置防维,奏明有案。今果率众来犯,蒙、河等处,经官军对垒两昼夜,究以兵单,竟致失利。蒙、河为滇省之门户,蒙、河危则滇危,滇危则大局危,奴才一身不足惜,如大局何?终夜彷徨,莫知所措,刻已遣省防军,拔队驰往,会同增厚(临安道),妥速布置,相机进攻。惟滇中兵力太单,恳恩俯念边圉关系大局,速简大军来滇,相助为理。

当时清吏之仓皇失措可知。锡良除饬开广镇总兵白金桂南下增援外,清廷并调广西左江道龙济光率南宁防军七营往助。河口降卒散漫无纪,黄明堂守候二十余日,失机进取,四月二十七日,清军攻入河口,明堂、和顺率六百余人退入安南。由保胜老街至太原之左州欲假道入桂,为法兵勒令缴械,遂起冲突。经土豪梁正礼调停,由法官送给旅费,保护出境,送往星洲。到埠之日,英官阻难,不准登岸。法领事与星督交涉云:"此六百余众,乃在河口战败而退入法境之革命军,法属政府以彼等自愿来星,故送之至此。"星督答以:"中国人民而与其本国政府作战,未得他国承认为交战团体者,本政府不能视为国事犯,而只视为乱民。乱民入境,有违本政府之禁例,故不准登岸。"法国邮船停泊岸边两日,后由法属政府声明:"当河口战争之际,法政府对于两方,曾取中立态度,在事实上直等于承认革命党之交战团体也。故送来新加坡之党人,不能作乱民看待。"新政府乃准登岸。由中山约当地同志,创中兴石山厂于蔡厝港,俾资安插。复为介绍各埠矿山工厂等,众心始安。此为革命第八次之失败。由黄冈至河口等役,乃同盟会干部由中山直接发动,年余以来,先后六次失败,前仆后继,意气弥厉,革命党之志节与能力,遂渐为国人所重。盖经一次失败,即多一次进步,失败而隳然气尽,其不摇落者几希矣。惟失败之后,谨慎戒惧,集思补过,折而愈劲,道阻且长,期以必达,则党力应有充实之时。观辛亥革命以极少数之新军,一举而竟成大业,可知前事之失败,皆为后来进步之阶梯也。

(六) 徐锡麟、秋瑾之壮烈

当潮、惠之役失败而钦、廉之役未起之时,光复会之中坚分子徐锡麟及秋瑾起义于安庆、绍兴,事虽不成,而牺牲之壮烈,影响及于人心者颇大。较之同盟会所直接发动之六役,其革命价值殆有过之而无不及也。锡麟字伯荪,别号光汉子,浙江绍兴人,清同治十二年生。二十一岁为诸生,特别擅长数学,尤好天官。光绪二十七年任教绍兴府学堂,声誉鹊起,知府熊起蟠闻其才名,收为门下,并擢为副监督。不久又应乡试,中副榜,时国人已厌清政,草野言革命者甚多,锡麟慨然曰:"大丈夫当创大业,岂能局促辕下以终其身?"遂决意出游,赴日参观博览会。返籍后,更放言无忌,创热诚蒙学于东浦,以军国民教育学生,又规建越群公学及特别书局,提倡维新,为人所挤,被免副监督职。蔡元培、龚宝铨等在上海组织光复会,锡麟于次年冬往见之于爱国女学校,欣然加盟。适陶成章由东京回,亦被邀入会,二人协力谋会务发展,一时颇有兴盛气象。及敖嘉熊创办温台处会馆,光复会分子渐为所吸收,锡麟决移其重心于浙江。乃由沪回绍兴,与弟子出游诸县,一意结交奇士,至嵊县,识平阳党首领竺绍康,即天地会之分支也。因会党组织散漫,智识浅陋,欲设法训练,乃以体育会名义,月聚数百人,学习射击。借许仲卿五千元购九响枪五十枝、子弹二十万颗,以作实习之用。元培族弟元康告以劫钱庄助军需之计划,乃组织大通师范学校,以作匿伏藏储之所。欲在绍起事,陶成章谓浙江地势,不利于守,劝其息谋。遂与成章积极规划校务,内设体育专修科,广招三府会党头目入学,入学者即为光复会会员,须受节制。革命志士,逐渐集中。适成章有捐官学军之议,欲握取军权,以实行中央革命。乃偕陈伯平、马宗汉东渡,因目患近视,为振武学校所拒,又拟学警政,亦不成,乃于光绪三十二年春回国,谋独树革命旗帜于一方。其时光复会员皆随蔡元培加入同盟会,成章因不赞成锡麟立刻回国革命之计划,又主张停办大通学校,二人意见相左,遂未约锡麟入同盟会。锡麟有表妹曰秋瑾,字璿卿,又字竞雄,号鉴湖女侠。光绪元年生,明慧豪侠,原游学日本,加入同盟会,及冯自由在横滨所组织之三合分会。因反对日本文部省颁布取缔中国留学生规则事,偕同志返国。锡麟又介绍入光复会。瑾在沪与同志创办中国公学,并刊行《中国女报》,亲撰发刊词云:

> 吾今欲结二万万大团体于一致,通全国女界声息于朝夕,为女界之总机关,使我女子生机活泼,精神奋飞,绝尘而奔,以速进于大光明世界,为醒狮之前驱,为文明之先导,为迷津筏,为暗室灯,使我中国女界中放一光明灿烂之异彩,使全球人种惊心夺目,拍手而欢呼!无量愿力,请以此报创,吾愿与同胞共勉之!

瑾为从事革命及妇女解放运动之第一人。刘道一回湖南运动会党,瑾愿担任浙江方面以为响应,盖道一、瑾皆在日本时所立十人会之分子也。瑾回绍兴,即代锡麟主持大通学校。大通原为会党聚集之所,瑾先到各地与会党首领吴琳谦(义乌)、徐买儿(金华)周华昌等接洽,严密组织,以"黄河源溯浙江潮,为我中华汉族豪,莫使满胡留片甲,轩辕神胄是天骄"一诗作为标志,从"黄"字到"使"字,凡分十六级。黄字为首领,凡五人,推徐锡麟等担任。河字为协领,员额不定,瑾自居其一。源字为分统,由洪门首领担任,溯字为参谋,由洪门红旗担任。浙字以下为部长、副部长等职。另有金指环镌各人职衔,暗为表记。又将洪门部队,编为八军,用"光复汉族,大振国权"八字为号,统称曰"光复军"。每军设大将、副将、行军正副参谋、中左右军、中左右佐尉等职。旗帜用白布写一"汉"字,三角旗写"复汉"二字。议定先由金华发难,处州立即响应,待杭州兵开金处,即由绍兴党军袭据省城。万一不克,则转攻金华,取道处州出江西,以通安徽,与徐锡麟相呼应。其时锡麟已捐纳道员,分发安徽,得皖抚恩铭激赏,先任武备学堂副办,旋升巡警处会办,兼巡警学堂堂长。锡麟与秋瑾同时起事之约,由陈伯平往来其间。光绪三十三年五月,伯平偕马宗汉到安庆,言秋瑾定二十六日起事,请践约同举。锡麟以标兵未发枪械,巡防队兵单人少,机会可用,遂决意发难。二十六日,值巡警学堂学生毕业考试,例由巡抚亲临主持,锡麟预埋炸药于花厅,欲于宴会时一举聚歼文武各官,而后起义。是日晨八时,恩铭先到堂,各司道陆续至,依次入礼堂,锡麟戎装佩刀立阶下,伯平、宗汉立堂侧。先由官生行谒督办礼,恩铭答谢毕,锡麟忽急步上前举手礼,随呈学生名单于案上,大声云:"今日革命军起事。"恩铭惊问:"汝何由得知?"语未毕,即有轰炸声,宗汉出短铳击恩铭,仅中右手。锡麟左右手持两枪连续发射,恩铭共中七枪,文巡捕以身护翼中枪死,武巡捕受重伤,道员首府均伤。锡麟子弹用罄,入室装弹,藩司冯煦急命左右负恩铭入轿中,急抬回署即死,诸官均作鸟兽散。锡麟出室入堂,对学生拍案大呼曰:"抚台已被刺,快去捉奸细! 从我革命!"学生惊惶不知所措。锡麟率伯平、宗汉横目视学生,喝令整队出校,因知抚署有备,改趋城西大朱巷军械局,冀夺械大举。学生有中途逸去者,至军械局者仅三十余人。锡麟入据后,命伯平守前门,宗汉守后门,自率学生杀尽局中护勇,欲开仓取枪械子弹,觅匙不得,而冯煦已命巡防缉捕各营严密包围,并悬赏万金获锡麟。相持六小时,伯平战死。锡麟、宗汉及学生夫役二十一人被捕。解至督练所,由藩司冯煦、臬司毓朗审讯,冯煦曰:"恩抚待汝厚,何无心肝乃尔?"锡麟曰:"恩抚待我,私惠也;我之刺彼,乃天下之公愤也。"毓朗曰:"恩抚未死,明日将亲讯尔!"锡麟闻言失色,垂首不语。毓朗继曰:"尔知罪否? 明日将剖尔心肝!"锡麟忽大笑,改称恩铭字曰:"然则新甫死了,新甫死,我志偿,即碎身万段,亦所甘心,区区心肝,何屑顾及?"复指毓朗曰:"尔幸不死!"毓朗大震几踣。锡麟又曰:"杀尔固无济,我本拟先杀恩铭,次端方,次铁良、良弼也。"嗣作供词云:

> 我本革命党大首领,捐道员到安庆,其意专为排满,作官者伪也,使人无所备也。满人虐我汉族,近三百年矣。观其表面日言立宪,不过笼络天下人心,实则主中央集权,以膨胀专制势力。满人之妄想,以为一立宪,便不能革命,殊不知目今中国人程度不够立宪,以我理

想,立宪乃万万做不到。若以中央集权为立宪,是则越立宪,我汉人将越速死。我只拿定革命宗旨,一旦乘时而起,杀尽满人,其时汉人自然强盛,再图立宪不迟。我蓄志排满,已十余年矣,今日始达目的。本拟杀恩铭后,再杀端方、铁良、良弼,为汉人复仇,乃竟被拿获,实难满意。我今日仅仅欲杀恩铭及毓钟山(朗字)耳,恩铭已击毙,可惜便宜毓钟山了。……尔等言抚台是好官,待我甚厚,诚然;但我既以排满为宗旨,即不能问满人作官之好坏。至抚台厚我,系属个人私恩,我杀抚台,乃是排满公理。此举本拟缓图,因抚台近日稽查革命党人甚严,又尝嘱我拿革命党首领,恐遭其害,故先发以刺之。且欲当众将他杀死,庶其文武官吏,不能不服从,那时我直下南京,可以势如破竹,我从此可享大名,此实我最得意之事。尔等再三言我密友二人,现已一并拿获,均不肯供出姓名,将来不能与我大名并垂不朽,未免可惜。所论亦是,但此二人实有学问,日人皆知其名,在军械局所击死者为光复子陈伯平,此实我之好友。被获者或系我友宗汉子,向以别号,并无真姓名。至尔等所说已获之黄复,虽系浙人,我不相识。众学生程度太低,无一可用之人,均不知情。尔等杀我剐我两手两足,将我全身粉碎均可,不要冤杀学生。彼等皆是为我诱迫使然。至革命党虽多,但在安庆者,实我一人。因排满事欲创光复军,助我者仅光复子、宗汉子两人,不可拖累无辜。我与孙文宗旨不合,他也未尝使我行刺。我自知即死,将我宗旨大要,亲书数语,使天下后世皆知我名,不胜荣幸之至!

是晚锡麟即被解赴东辕门外刑场,对人云:“功名富贵,非所乐意,今日得此,死亦无憾。”遂就义。年三十五岁。斩后即被挖心祭恩铭。宗汉先供姓名为黄复,及被查出,拷掠毒楚,七月十六日亦被杀。锡麟弟徐伟被捕于九江,供锡麟妻王氏(改名徐振汉,时留学日本)与秋瑾、陶成章、龚宝铨等皆同谋革命。绍兴士绅胡道南复密告秋瑾、竺绍康等私藏军火,请严加预防。知府贵福遂微服赴省请兵,往大通学堂掩捕。秋瑾原约五月二十六日与锡麟同举义,旋因时间仓卒,改期为六月初十日。但各县会党已跃跃欲试矣,于是风声渐泄,清军大索党人,武义、金华各方面相继败露,而锡麟亦仓卒起事被杀。瑾拟待嵊县党军到后再袭绍城,已派大通体育会学生二十余人赴杭埋伏。六月初四日,清兵至,不敢遽进,学生劝其速逃,瑾不肯,但命学生将枪械匿藏。令办事人员先走。清兵开枪横击,学生死二人,瑾在内舍被执,同时就捕者,尚有教员程毅、来宾蒋纪,及学生徐颂扬、钱应仁、吕松植、王植槐等六人。皆转押山阴县署,被审讯时,瑾态度安详,默不一语。施之酷刑,仍忍痛不言。强迫作供状,始写一"秋"字。再三逼迫,勉成"秋雨秋风愁煞人"七字。贵福与瑾平日颇有往还,虑其攀连,乃就其文稿中摭取数则,断章取义,加以罪名,狱遂成。初六日晨四时,就义于轩亭口下。其友徐寄尘、吴芝瑛收其遗骸,葬于杭州西湖西泠桥畔。锡麟骸骨,亦于民国后由浙人移葬于西湖孤山之麓,皆共湖山永垂不朽矣。当锡麟事发后,清廷拟恢复族刑,以戒将来。肃亲王善耆竭力反对,其言曰:"革命党人,早已甘心鼎镬,不畏一死,酷刑重罚,决难禁止其谋。为今之计,只宜刷新政治,以去党人口实,宽容党人,开其自新之路。因势利导,祸患自可消灭,倘株连九族,则起咫尺之水,搏之可使过颡;一泓之波,积之或至滔天;岂是善计?"族刑遂未复,但查抄徐、王(岳家)两姓家产而已。惟秋瑾之夫王廷钧(湖南人)因与瑾早在留日前已分居,竟未受祸。此举因锡麟捐官入仕,溅血五步,使清吏有防不胜防之感,皆大起恐慌。端方即电告铁良曰:"自是而后,我辈将无安枕日。朝廷不如放开手段,力图改良,期有益于天下。"至浙抚张曾敭、绍兴知府贵福,均以办理秋瑾案罗织成狱,株连甚众,激动公愤。曾敭、贵福均求调他省,为他省人所拒。(贵福刑幕陈某、山阴县知县李某均以争此案不平被撤。及省委道员陈翼栋至,查阅案卷,亦有责言。浙人因此大哗。张曾敭不安于浙,求他调,乃移抚江苏,苏人拒之,更调山西,晋人又拒之。张知不见容于人,乃乞病。贵福亦以此不自安求调,乃移守安徽之宁国,宁国人亦拒之,遂不知所终。告密之胡绅,后亦为人所杀。)可见此案激动人心之广,对于革命运动之影响,实较同时中山在两粤、云南所发动之六次革命为大也。

第四十章　晚清之政局

一百七十二　光宣之际

(一) 光绪、慈禧之崩逝

《德宗实录》光绪三十四年十月壬申(二十日)上不豫。谕内阁:"朕奉慈禧皇太后懿旨:醇亲王载沣之子溥仪着在宫内教养,并在上书房读书。"又谕:"朕钦奉皇太后懿旨:醇亲王载沣授为摄政王。"癸酉(二十一日)上疾增剧,谕各省将军、督抚保荐良医。上疾大渐,酉刻,崩于瀛台之涵元殿。钦奉慈禧皇太后懿旨:摄政王载沣之子溥仪着入承大统为嗣皇帝。又钦奉皇太后懿旨:"前因穆宗毅皇帝未有储贰,曾于同治十三年十月初五日降旨:大行皇帝生有皇子,即承祧穆宗毅皇帝为嗣,现在大行皇帝龙驭上宾,亦未有储贰,不得已以摄政王载沣之子溥仪承继穆宗毅皇帝为嗣,并兼承大行皇帝之祧。"又钦奉皇太后懿旨:"现值时事多艰,嗣皇帝尚在冲龄,正宜专心典学,着摄政王载沣为监国,所有军国政事,悉秉承予之训示,裁度施行,俟嗣皇帝年岁渐长,学业有成,再由嗣皇帝亲裁政事。"按溥仪生于光绪三十二年正月十四日,年方三岁耳。先是,慈禧自夏秋以来,时有不适,及疾甚,以帝无子,乃召军机大臣世续、那桐、张之洞入,庆王奕劻适谒东陵,太后询诸臣择近支王子入宫读书事,诸臣莫敢言。世续曰:"太后拟选储,为社稷万世计,此周文武之用心,甚盛甚盛。惟今内忧外患,交乘洊至,窃以为宜选择年长者。"太后拍床怒骂曰:"此何等重事?而若敢妄言!"张之洞曰:"世续承太后垂询,据所愚虑,约略言之,立储自宜承宸断。"太后默然良久,徐言载沣子溥仪尚可,但年稚耳,须教之,尔等议所可者。那桐曰:“载沣懿亲贤智,使摄政,当无误。”因引顺治初睿亲王辅导事证之。太后曰:“得之矣。”趣拟诏。之洞、那桐曰:“奕劻东陵即旋,请翌晨进呈。”太后趣即下诏。次晨,奕劻轻舆抵宫门,诸人达太后意,奕劻攒眉曰:“方今国家多难,选储似宜年长者。”诸人邀奕劻入对自陈之。既见太后,索阅草诏,卒屏息未敢言,诏遂布。溥仪因入宫,醇王太福晋大哭曰:“既杀我子,复杀我孙,虽拥皇帝虚名,实等终身圈禁耳。”抱持溥仪不释手。经诸臣婉劝,谓不可抗旨,始由侍卫及诸王公大臣拥之去。翌日,德宗崩,奉遗诏以溥仪入承大统,太后复令继承穆宗皇帝为嗣,兼承大行皇帝之祧。此奕劻力争之结果,故隆裕后极得之。旋以载沣为摄政王,尊皇太后为太皇太后,兼祧母后为皇太后,即隆裕也。《实录》十月甲戌(二十二日),大殓毕,奉安梓宫于乾清宫,是日太皇太后疾大渐,未刻,崩于仪鸾殿。年七十四岁。是慈禧之卒,盖在光绪帝后尚未及一日耳。何其巧耶?恽毓鼎《崇陵传信录》云:“上大婚后,迄无皇嗣,或谓有隐疾,宫掖事秘,莫知其详也。体气健实,三十四年无疾病,未尝一日辍朝,郊庙大祀必亲临,大风雪,无几微怠容。步稳而速,扈从诸臣常疾趋追随。性宽厚,侍臣或偶失仪,不究也。……两宫之垂帘也,帝中坐,后蔽以纱幕,孝贞、孝钦左右对面坐,孝贞既崩,孝钦独坐于后。至戊戌训政,则太后与上并坐,若二君焉。臣工奏对,上默不发言,有时太后肘上使言,不过一二语止矣。迁上于南海瀛台,三面皆水,隆冬冰坚结,传闻上常携小奄踏冰出,为门者所阻,于是有传匠凿冰之举。上常至一太监屋,几有书,取视之,《三国演义》也,阅数行,掷去,长叹曰:‘朕并不如汉献帝也。’……上天表静穆,广额丰下,于法当寿,颖悟好学,有以圣学叩翁师傅者,则以鲁钝对,盖知太后忌之,不敢质言也。上素俭,衣皆经浣濯缝纫,声色狗马之好,泊如也。孝钦嗜梨园曲,上不能不预,或传上善挝鼓,事亦无征。畏太后甚,上本口吃,遇责问,益战栗不能发语。归自西安,尤养晦不问事,寄位而已。左右侍奄,俱易以长信心腹,上枯坐无聊,日盘辟一室中。戊申秋,突传圣躬不豫,征京外名医杂治之,请脉时,上以双手仰置御案,默不出一言,别纸书病状,陈案间,或有所问,辄大怒,或指为虚损,则尤怒。入诊者佥云:六脉平和无病也。七月二十一日,日初夕,有大星从西北来，掠屋檐过，其声如雷，尾长数十丈，光烁烁照庭宇，至东南而陨。都市喧传紫微星堕，群讶其不祥。十月初十日，上率百僚晨贺太后万寿，起居注官应侍班，先集于来薰风门外。上步行自南海来，入德昌门，门罅未阖，侍班官窥见上正扶奄肩，以两足起落作势，舒筋骨，为拜跪计。须臾忽奉懿旨：皇帝卧病在床，免率百官行礼，辍侍班，上闻之大恸，时太后病泄泻数日矣。有谮上者，谓帝闻太后病，有喜色，太后怒曰：'我不能先尔死！'十六日，尚书溥良自东陵复命，直隶提学使傅增湘陛辞，太后就上于瀛台，犹召见二臣入见，数语而退，太后神殊惫，上天颜黯澹。十八日，庆亲王奕劻奉太后命往普陀峪视寿宫（慈禧预备陵地也）。二十一日始返命，或曰：有意出之。十九日禁门增兵卫，讥出入，伺察非常，诸奄出东华门净发，昌言驾崩矣。次日寂无闻，午后传宫中教养醇王监国之谕。二十一日，皇后始省上于寝宫，不知何时气绝矣。哭而出，奔告太后，长叹而已。以吉祥轿舁帝尸，出西苑门，入西华门。吉祥轿者，似御辇而长，专备载大行，若古辒辌车也。皇后被发，群奄执香，哭随之。甫至乾清宫，有侍奄驰告太后病危，皇后率诸奄踉跄回西苑，李莲英睹帝尸委殿中，意良不忍，语小奄曰：'盍先殓乎？'乃草草举而纳诸梓宫。时礼臣持殓祭仪注入东华门，门者拒不纳，迨回部具文书来，乃入乾清门，则殓事久毕矣。（按《实录》甲戌卯刻大殓毕，奉安梓宫于乾清宫，未刻太皇太后崩，申刻，奉安梓宫于皇极殿。即此可知恽《录》之确凿耳。）故事：皇帝即位数年，即营寿兆，上御宇三十四年，竟无敢议及者。鼎湖既升，始命溥沦卜地，西陵附近旧有绝龙峪，孝钦曾指以赐醇贤亲王为园寝，嗣乃置之。至是仓卒择吉壤不得，欲用之，改名九龙。有谓自世祖至德宗，恰九世，疑于数终，似不祥，遂定名金龙。上尊号曰'崇陵'。逾年三月十二日奉移梓宫于去陵六里之梁格庄暂安殿以时致祭焉。帝崩之明日，太后乃崩。"毓鼎为近侍之臣，自言《传信录》所作之原因云："缅维先帝御宇，不为不久，幼而提携，长而禁制，终阏损其天年，无母子之亲，无夫妇昆季之爱，无臣下侍从宴游暇豫之乐，平世齐民之福，且有胜于一人之尊者。毓鼎侍左右近且久，天颜戚戚，常若不愉，未尝一日展容舒气也。弃臣民之后半月，冲主御法驾升近殿，行即位礼，毓鼎侍班御座前，默思先帝生平遭际困厄，心酸鼻辛,欲制泪不禁涔涔被面矣。后之人稽光绪一朝事,所见者懿旨耳,上谕耳,奏疏耳,先帝一多病柔懦之主而已。庸讵知天挺英明,豁达大度,奋发欲有所为,处万难之会,遵养时晦,以求自全,有大不得已之苦衷哉?……举十九年所见所闻,纂为此录,无恩私无党议,可以告先帝而质鬼神。扃之箧笥,传诸子孙,他日陵谷变迁,函开《心史》,三十四年之朝局,庶有大明之一日乎?"可见毓鼎以史职存朝局真相,所记皆事实也。虽未明言帝死于太后之手,而情节极为显然。帝之死,盖在十九日,至二十一日始为皇后发现耳。以慈禧与光绪帝之关系历史而言,其防帝报复之念,固无时不往来于胸中,即无谮者之言,恐帝亦不能幸免。盖其于亲生之子,尚无丝毫顾惜之情,何况对此久欲贬为"昏德公"之螟蛉哉!

(二)袁世凯之罢黜

载湉之崩,或谓袁世凯亦参加密谋,其事无佐证。但袁有死帝之心,帝亦有杀袁之意,皆由戊戌旧案而起。倘使慈禧死而帝能收回政权,则世凯必为帝所首欲诛除之人。相传帝尝手书十年困辱,由二人所致,其一为袁世凯,其一则字体不清,无从辨识。吴永《庚子西狩丛谈》谓:帝出奔西安,暇中每与诸监竖坐地作嬉戏,尤好于纸上画成大头长身各式鬼形无数,仍拉杂扯碎之;有时画成一龟,于背上填写世凯姓名,黏之壁间,以小竹弓向之射击,既复取下剪碎之,令片片作蝴蝶舞。盖其蓄恨于世凯至深,几以此为常课。至世凯之畏帝复起,亦可于联军交涉归政时见之。袁于溥仪入嗣,载沣摄政,极力主张拥护,亦希借拥戴之功,以掩饰戊戌之夙嫌也。《容庵弟子记》云:"德宗病势日剧,孝钦后预议继统事,公(指袁氏)在枢垣,最为孝钦后所倚任,青蒲陈说,情同一家。醇亲王载沣长子,常常入内廷,孝钦后密以询公,公一力赞成。……德宗晏驾,遂以宣统帝入承大统。公虑孝钦后年高,且皇族中亦颇有争竞继统者,主幼国危,无所统率,必生变乱,倡议以醇亲王载沣监国。二十二日孝钦后遽崩,于是公与二三老臣,从容定策,匕鬯无惊……"此袁氏私记,未必衷于事实。盖预议继统事,史有征询世续、那桐、张之洞之说,未及世凯,又何能密询之乎?溥仪仅三岁小儿,焉能常常入内廷?谓皇族中亦颇有争竞继统者,主幼国危,无所统率,必生变乱,倡议以载沣监国云云,《实录》所载谕旨,着溥仪在宫内教养及授载沣为摄政王系同时(壬申),而以溥仪承继为嗣,又着摄政王载沣为监国,亦在同时(癸酉)。足证二事乃相连为一,中间并无袁氏考虑之余地,何以一则言密询,一则言倡议耶?然袁之所以为此记载者,正以见其拉笼载沣之用心耳。载沣为光绪帝之弟(德宗行二,载沣行四),其时不过三十余岁,早与铁良、良弼等少年亲贵沆瀣一气,对世凯为其兄修戊戌旧怨之心,固非绝无,而排斥汉人政权之意,却为主因。因世凯前此虽由直督调入内阁,表面上兵权已被夺,实际统率北洋军队者,仍多小站旧属,与其保持亲密之关系。庆亲王奕劻与兵部侍郎荫昌皆维护世凯,故袁在枢府时,其势力乃不稍减。少年亲贵之所最忌者即为世凯,而立宪派之康、梁又时欲假亲贵之手以除之。十二月,始命其开缺回籍养疴,谕旨云:

> 军机大臣外务部尚书袁世凯,夙承先朝屡加擢用,朕御极复予懋赏,正以其才可用,俾效驰驱。不意世凯现患足疾,步履维艰,难胜职任。袁世凯着即开缺,回籍养疴,以示体恤之至意。

据《张文襄公年谱》云:“先是监国摄政王承皇太后命,饬军机拟旨,祸且不测,公反复开陈,始命回籍养疴。”是摄政王原欲杀世凯,赖张之洞救之也。《容庵弟子记》谓世凯被逐,实因派大使一案。因袁在外务部时,主张联美政策,商议中美互派大使,与奕劻商定后,乘间独对,得慈禧允许。枢府同列,以不获预闻其事为恨,有议其轻举者,因亦乘间排挤。实则此非真因也。据传说当时确有杀袁之意,但恐北洋军队不服而反叛,遂被阻止。且有曾密电征各镇意旨之事,据云第四镇吴凤陵,第六镇赵国贤皆请先免本人职,以免士卒有变,致负天恩。亲贵因此有所顾忌,遂不敢发。第一镇马龙标答语模棱,故终袁之世,马不甚显耀。世凯被黜,惟学部侍郎严修奏请收回成命,不宜轻加斥弃。不报,寻修亦乞骸骨归田里。盖修为天津学务处总办时,为世凯所礼敬,修以进退大臣,并未明示功罪,特抗疏言之也。世凯亦自知在北洋权重,为清流亲贵所嫉,且戊戌一案,海外文电攻讦,不安于位,乃先向张之洞求援。赖之洞力持,始得保全首领,即仓皇出都,惟严修、杨度(以四品京堂在宪政编查馆行走)至车站送别。袁曰:“二君厚爱,良感!顾流言方兴,我且被祸,盍去休!”严曰:“聚久别速,岂忍无言?”杨曰:“别自有说,祸不足惧。”(见陈灨青《新语林》)其后袁再起为内阁总理大臣时,即任严为度支部大臣,杨为学部次官,严辞谢不就,故有“本为衰朝惜异才,几番铸错事同哀,拾遗供奉吾何敢?幸未人呼褚彦回!”之诗。而杨于民国后且倡设筹安会,为帝制派之首领焉。此二人品格之高下,观乎送别时之问答可知矣。先是,监国酝酿铲除世凯之际,袁内心紧张恐惧,绕室徬徨,遂召其最亲信之干部徐世昌(时为东三省总督)、段祺瑞(时任第六镇统制)二人密计曰:“我等自小站建军之日,即曾密约,誓同甘苦,永共忧乐,自问对朝廷不无微劳。今幼主承统,旨非上出,怨结权门,刀锯之加,固不敢辞,倘幸而得保首领,以归洹上,实所大愿。惟余挂冠后,甚望汝二人为我注意中朝举措。如再逼人不已,势必先行剪除吾辈羽翼,则小站练兵诸人,实首当其冲,万难幸免!有主张与其将来坐以待毙,不如目前先为之所!惟兹事体大,余不能独决,汝二人以为何如?”世昌以“从容早归洹上,暂卸仔肩,示天下以恬淡,则怨毒自消,再起可期”为劝勉。袁以其多遁辞,愠色外盈,乃指段询之曰:“芝泉(祺瑞字)有何切当实际办法?不妨相告一谈!”祺瑞曰:“举朝愦愦,乱不旋踵,危邦不入,辟地以观,或较得计。”二人意见相同,惟词气之间,一则道来泛泛,一则言下谆谆,袁始点头称是。但又顾世昌而言曰:“菊人(世昌字)兄!汝尚忆及吾二人在寒家结契时盟誓语耶?”世昌色变,徐言:“昔游珂里,公为府主,我忝宾朋;今在王城,公终腰玉,我获弹冠。报公之日方长,期公之心独大,殊不欲水到而渠不成,蒂落而瓜不熟,以偾公事。皎皎此心,可盟息壤。”世凯倾听后,颜为一霁。盖世昌尝在袁家作客,世凯年少好事,不喜读书,逼世昌效桃园结义故事,朗宣盟誓云:“如我袁某将来能做皇帝,则必以徐某为宰相,富贵与共,生死同归,有渝此盟,天雷相殛!”世昌以所谓“皇帝”二字,不能外露丝毫,否则族矣。世凯曰:“言在盟府,声闻天地,天地鬼神,实式凭之。对老兄说了再做,对外面做了再说,诛则同诛,族则同族,有何可怕?怕便不做,君如畏怯,枉以示弱,驷不及舌,悔亦徒然。惟冀勿忘此盟,他年留作佳话。”可知世凯本有铤而走险之意,不过无形中为徐、段所消弭耳。又张謇言:“当光绪九、十年之交,我与海门周彦昇嘉禄、闽侯林怡庵葵、泰兴朱曼君铭盘及项城(指袁世凯)等,同客吴武壮筱轩(长庆)幕,一日共叙,林怡庵召一日者,为在坐诸人相命,相至项城,惊叫曰:‘特奇,特奇! 此君位极人臣,已可断定,然时会之来,恐尚不能限其所至!’项城喜形于色曰:‘君真有眼,曩吾居乡时,遇一游僧,亦谓吾有九五之份,他时言验,当取厚赏。顾余如王粲依刘,何时始得出头?’彦昇戏谓曰:‘刘裕一田舍翁,元璋一落拓僧,今君处境,何止较胜一筹? 敢谓大有希望。’项城闻言,色逊而内自满。继相至余曰:‘君当名满天下,或者其大魁乎?’于是诸人有戏呼我为状元者,此事寻且忘之。及甲午,余以第一人登第,闻项城得讯比我更喜,曰:‘张季直状元之言已验,区区又宁敢后人乎?’项城皇帝之想,即种因于此。”(见《天文台扪虱谈》)一般人迷信星相,世凯固未能免,然此系不经之谭,而光绪二十九年,护理江西巡抚柯逢时竟于奏疏中明言之云:“臣闻袁世凯之请派饷练兵也,所谓司马氏之心,路人皆知,岂果奋忠谋以维国势哉? ……志满意溢,复无厌足,非握举国之兵柄利权,则不足以慑天下之心,而唯其恣肆也。……今该督年甫四十,曾无勋绩足录,而宠任之隆,已为曾国藩、李鸿章所未有。满溢之戒,该督既不自知;逾分之嫌,朝廷独不加虑乎? ……从前大学士荣禄当国,该督所谄事而固结者,知有荣禄一人而已。今春荣禄薨逝,闻该督皇皇失势,不可终日。……何意数月之久,而庆亲王之倚信,反有十倍于荣禄者。此次该督练兵筹饷之奏……欲举吏、户、兵、工四部之权,一人总摄。群情骇异,谓疑于帝制自为,倚信至斯,可谓古无今有。”是时世凯方任直督不过二年,而南方疆吏已有“元恶大憝”、“帝制自为”之言,可见世凯早露跋扈不臣之心,所谓:“怕便不做”者,卒赖奕劻、李莲英为之弥缝,故帘眷未衰。载沣摄政,必欲除而去之,殆防恩竭位极,权宠逾溢之汉人,未必设想为其兄载湉报仇也。

(三) 光绪一朝之综论

光绪三十四年十一月初九日,溥仪登极大典,其父载沣抱持上殿,具朝衣朝冠,若傀儡焉。溥仪以三岁小儿,见百官匍伏,禁卫森严之情形,嗷然欲啼,载沣轻慰之曰:“不要哭,快完了!”一语成谶,果不出三年,而清社屋矣。此三年中,实际执政者乃载沣耳。溥仪即位后,以明年为宣统元年,上光绪帝尊谥曰“同天崇运,大中至正,经文纬武,仁孝睿知,端俭宽勤景皇帝”,庙号“德宗”。越日上皇太后徽号曰“隆裕皇太后”。颁行监国摄政王礼节,命奕劻以亲王世袭罔替,并加恩王公大臣等有差。《崇陵传信录》论帝之生平曰:“光绪初年,承穆庙中兴之后,西北以次戡定,海宇无事,想望太平。两宫励精图治,弥重视言路,会俄人渝盟,盈廷论和战;惠陵大礼议起,一时棱棱具风骨者,咸有以自见。吴县潘祖荫、宗室宝廷、南皮张之洞、丰润张佩纶、瑞安黄体芳、闽县陈宝琛、吴桥刘恩溥、镇平邓承修尤激昂喜言事,号曰‘清流’。而高阳李文正公(鸿藻)当国,实为之魁。疏入多报可,弹击不避权贵,白简朝入,鞶带夕褫,举朝为之震悚。松筠庵谏草堂,明杨椒山先生故宅也,言官欲有所论列,辄集于此。赤棒盈门,见者惊相传,次日必有文字。南皮畏见客,惟同志四五得入门,丰润喜着竹布衫,士大夫争效之,侍郎长叙、布政使葆亨以国忌日嫁娶,镇平素服往贺,座客疑且诧,俄而弹章上,两亲家罢官矣。尚书贺寿慈演皇杠过玻璃厂、宝名堂茗话,诸公合数人之力倾之,至摭拾暧昧为罪案,率罢去。二张蒙眷注特厚,南皮以阁学抚晋,丰润以庶子摄都堂,知癸未科贡举,骎骎大用矣。当是时,法兰西窥安南,中朝怀柔藩服,锐用兵,丰润以钦差大臣视师福建,闽县会办南洋,镇平使桂定边界。丰润过上海,中外人士仰望丰采。既而海疆不竞,丰润主持重,为敌所乘,闻炮声先遁,狼狈走乡村,赖海军学生炮击敌始退。丰润犹疏辨,朝廷震怒,削职戍新疆。闽县镇平相继谢病去,宝侍郎典闽试,归途纳江山船女为妾,上疏自劾,罢官。言路名望锐减,孝钦知诸臣大言实不足用,自此遂轻言路矣。甲申以后,群臣务为慎重,以奉公守职为贤,论事更张者多报罢。自圣祖提倡理学,持宋、明诸儒学说范围天下,名臣多出其中。士重廉耻知自爱,女子保名节,风俗盖蒸蒸焉。常熟(翁同龢)辅政,绍明汉学,号复古,吴县潘文勤(祖荫)、钱塘汪侍郎(鸣銮)治之尤勤,场屋士不明小学,不能中程式,鄙夷程朱之学,斥为迂陋,屏不谈,道德之防渐弛。岁甲午,日本攘我朝鲜,当是时国家练海军二十年矣，岁縻金钱无算。孝钦修复圆明故事，营颐和园，水衡钱不供，醇贤亲王乃移海军费奉之，戎实大虚。辽事起，常熟用游客言，力主战；合肥李文忠（鸿章）久镇北洋，知海军军容虽盛，实窳弱不可恃，力主和，顾无如枢府何！不得已而战，群帅渡鸭绿江，莫相统一，又不戢士卒，韩人离心。日本窥朝鲜久，地理军谋皆夙备，大军屡挫，总兵左宝贵死之。湘抚吴大澂早官词林，有才名，负大志，心慕李合肥，欲以边功邀封拜，上疏请缨，常熟力荐之，命领一军出关助战。吴携书画、古玩自随，日与掾属雅歌投壶示整暇。提督宋庆兵败田庄台，吴军望风溃，军资辎重尽弃之，枪械有未启封者。吴遁入关，诏仍回湘任，军法不举盖如此。恭王起当国，授两江总督刘坤一督师，尽护诸军。刘耄而怯，久之始出关。时海艘皆熸，沿海城岛戒严，道员龚照屿守旅顺，旅顺夙称天险，水雷炮台严备，照玙悉毁之而遁，日人不自意得之。旅顺为北洋门户，京师大震。时十月初十日，正值孝钦后六旬万寿也。辽沈尽失，王师不能军，烽火迫三辅，乃弃朝鲜，割台湾，以银二百兆两议和，度支大困。中国无海军，处列强间，贫弱几不国。于是有心者视为奇辱，知闭关自封，不足以自立也，稍稍讲救亡之策，而公卿大臣犹姝姝守敝法，视日影朝暮，假息图存。上乃毅然伸乾断，更新庶政矣。上雅不善八旗所为，颇思黜满人倚汉人，又欲革旧习，冠汉姓，融洽无间，为子孙久远计，满人多怨之，萋菲之言日闻，改制才数月，遽遘仲秋之变，上几蹈不测祸，新政悉废阁，钩稽党人，朝野讳言西学，时局为之一变。当丁戊之际，士大夫讲改革者，类学具根柢，有士君子之行，一二激烈者流，愤沦胥之日深，亦志在救亡而已。诛锄之后，或逋伏海外，或戢影荒江，俊彦宿儒，摧折殆无生气，厥后步趋东瀛，以新政之名揭橥天下，而党锢诸贤，终帝世不复召，论者不能不为人才悲也。……综计光绪三十四年，朝局凡四变，而甲午、庚子，尤为变局所从出。夫垂裳万里，束手于三岛；楼橹十重，不能以一战，临朝发愤，乌能已乎？南宫坐锢，骨肉之情益乖，相激相乘，遂构滔天之祸。蒙尘之耻中于上，岁币之繁穷于下，大势所趋，立宪之名以立。孝钦自顾倦勤，畏后世之议已，姑以涂饰耳目，幸免及身，岂直为子孙苞桑计哉？语曰：‘殷忧启圣，多难兴邦。’德宗之世，固殷忧多难矣，圣非不启，若或尼之；邦不足兴,适以蔽之。且虚名实祸,孝钦大渐时亦悔之矣,神器至重,遂遗大投艰于我冲主。”此综论光绪一朝事极扼要,其微意盖以那拉氏之亡清,由于天命,非人力所能挽也。实则那拉氏固为促使满清覆亡之重要关键,而太平乱后能维持满清之残局者,亦颇赖其阅历手腕,以操纵应付当时之大小臣工。吴永《庚子西狩丛谈》记慈禧因永言为徐用仪、许景澄、袁昶昭雪事:“突见太后脸色一沉,目光直注,两腮迸突,额间筋脉悉偾起,露齿作噤龂状,厉声曰:‘吴永,连你也这样说耶? ……当日叫大起,他数人叨叨切切,不知说些什么,至赚得皇帝牵着许景澄衣袖,叫许景澄你救我,彼此居然结着一团,放声纵哭,你想还有一毫体统么?’予只得叩头,谓:臣实不明白当日情形。太后复霁颜曰:‘这难怪你,我们宫廷里的事,外间哪里知道?’予见太后意解,始逡巡起立,盖遇此劈天雷电,忽而云消雨霁,依然无迹,可谓绝大幸事,然余已汗流浃背矣。不意太后盛怒时,威棱乃至如此!昔人谓曾、李两公,当时权威盖世,一见太后,皆不免震慑失次,所传固当不虚也。”此可见慈禧驾驭群臣,固自有威棱,而光绪帝则孱懦萎靡,毫无仪表。吴永又记之曰:“前清宫廷体制,外观似甚严重,乃内容并不十分祗肃,宫监对于皇上殊不甚为意,虽称之为万岁爷,实际不啻为彼辈播弄傀儡。德宗亦萎靡无仪表,……见臣下,尤不能发言,每次宴见,必与太后同坐一炕。炕多靠南窗下,太后在左,皇上在右,即向中间跪起,先相对数分钟,均不发一言。太后徐徐开口曰:‘皇帝你可问话?’乃始问:‘外间安静否? 年岁丰熟否?’凡历数百次只此两语,即一日数见亦如此。二语以外更不加一字。其声极细,几如蝇蚊,非久习殆不可闻。皇上问罢,太后乃滔滔不绝,大放厥词,尤好拈用四字、两字名词,古文成语脱口而出。然人情世故,颇甚明彻,数语后即洞悉来意,故诸大臣颇畏惮之。太后如此聪强,而德宗如此巽懦,宜其帖耳受制,不能有所舒展也。或言德宗养晦为之,则非小臣之所敢知矣。”恽毓鼎谓帝畏太后甚,遇责问,益战栗不能发语,归自西安,尤养晦不问事,寄位而已。盖事实也。以一懦夫而对此阴狠毒辣之老妇人,(恽《录》谓孝钦年七十余,望之如四十许人。发无一茎白者。闻同治年间,李阉莲英曾得大何首乌,献于孝钦,蒸制不如法,融化类粥糜,并汁啜之。相传千年何首乌,九蒸九晒,服之能延年。)尚何有于改制自强之望耶？被囚被弑，均不能稍加抵抗，则其人之巽懦可知矣。焉能为干蛊之君哉？

一百七十三　载沣监国

(一)一般人对载沣监国之观感

当载沣监国、袁世凯被逐之消息传布国内时，一般人对于载沣之观察，与满清政局之推测，可分两方面述之：

甲、立宪派之心理　立宪派人士以为载沣系光绪帝之同胞兄弟，必能继其先兄之志愿，切实进行革新事业。既毅然放逐袁世凯，必为一果断而有毅力之人，对戊戌政变后获罪之维新人物，必能一体开复起用，此对宪政之施行，将有莫大希望也。康、梁窜身海外，希望尤切，二人均有上摄政王书，康托张之洞转交，梁托载泽转交，但达到与否，未见记载。仅启超致肃王善耆书云："昨由东报见京电，知元恶(指袁世凯)已去，人心大快，监国英断，使人感泣，从此天地昭苏，国家前途希望似海矣。惟此事既发表以后，善后方略亦不可不留意者，谨述鄙见一二，乞设法以达于监国，备采择焉：第一宜速以明诏宣其罪状也。两宫升遐，未及百日，而骤去一大臣，在国中稍谙朝局之人，固莫不称快，而此人既久当外交之冲，与外人交通颇广，各国或不无骇异。若颟顸了事，反使彼有所借口，或怂恿外国之抗议，以为将来反噬之计。此人罪状之多，实擢发难数，以弟所知之最重要者，举其数事如下：一、甲午战祸，全由彼所酿成。……一、戊戌之事无端造出谋围颐和园一语，以致两宫之间，常有介介，德宗皇帝十年来未尝有一日开颜，谗人罔极，交乱四国，莫此为甚。……一、团匪之变时，彼正为山东巡抚……乃为两面讨好之计，将团匪驱逐出境，以畿辅为其邻壑……而不思此滔天之祸，谁实酿之？其余近来植党营私，招权纳贿，虚耗公帑等罪状，则弟在海外所知，反不及内地之详，不必缕举。……第二宜勿株连多人也。……第三宜广拔贤才，申明政纲，以息浮言，而系天下之望也。……当于明年元旦，颁发大诏，一方面通饬臣僚整顿内治与友邦之交谊，务使益加敦睦，一方面示人民以朝廷励精图治与民更始之意，更晓以兹事体大,非卤莽所能有成,人民务宜随同政府协力以求立宪政治次第之进行,不可轻举妄动,为宪政前途更生障碍云云。其语须极沉痛,务使足以感人。但此诏布后,须确为综核名实之政,不可更托空言辜天下之望耳。”康、梁虽极力运动倒袁,并有“应再鼓各埠迫请杀之乎?抑听其作何办理乎?”(有为致启超书语)但载沣除对翁同龢开复予谥外,六君子之抚恤,康、梁之赦免等一概未提。《崇陵传信录序》云:“监国醇亲王以河间、东平之亲,居明堂负扆之重,窃谓继志述事,为先帝吐气,此其时矣。荏苒二年,东海逋臣(指康梁),交章荐之而不召,西市沉冤(指六君子等),遗孤言之而不雪,毓鼎知其无意于先帝矣。”此可代表立宪派由希望而失望之心情。但当时反对开放党禁者,不仅袁世凯一派以金钱运动宫闱,即郑孝胥、张謇、汤寿潜乃至载泽等亦暗中反对甚力。仅杨度有请赦用梁启超折云:

启超自戊戌去国,至今十余年矣,流转于欧、亚之间,究心于政学之事,困心衡虑增益所能,周知四国之情,折衷人我之际,著书立论数十万言,审论国情,开通民智,为力之大,莫与伦比,此士夫所能谈,中外所共睹者也。惟臣所欲言者:则以启超爱国之心,久而愈挚,忠君之念,在远不渝。数年以前,海内乱党孙文之流,倡民生之说,持满、汉之词,煽动浮言,期成大乱,有识之士,从风而靡。启超独持君主立宪主义,以日本宪政为规,力辟其非,垂涕而道,冒白刃之危,矢靡他之志,卒使邪说渐息,正义以昌。近年海内海外谈革命者改言立宪,固由先皇帝预备立宪,与民更始,有以安反侧而靖人心,然天地不以覆载为功,圣人不以成功为烈,则启超言论微劳,不无足录。且启超之获罪,以戊戌倡言仿行各国宪政故耳,十余年中,宗旨如一,不为异说所摇,复以负咎之身,忍死须臾,悲号奔走,致皇上为立宪之神圣,国人为立宪之臣民,孤孽之心,亦云苦矣。今朝廷立宪之期已定,海内延颈以望太平,而当日违众建议负罪效命之人,独使窜伏海隅,鹪鹩枯槁,睹故国之旌旗,恸生还之无日,抱孤忠而莫白,将槁死于殊乡,是则庶女之怨,不达于彼苍;文王之仁,不及于枯骨,此臣所为欷

> 歔而不能自已者也。……臣自戊戌以来,即与启超相识,因学术各分门户,故政见亦有参差。其后游学日本,相处数年,文字往还,于焉日密,亲见其身屡濒危,矢志不变,每与谈往事,皆忠爱悱恻,无几微怨诽之词,是以深识其人性行忠纯,始终无贰,倘蒙朝廷赦用,必能肝脑涂地,以报再生之恩。

杨度但以梁氏为言而不及康有为者,因一般人对康之思想作风反对者多,而启超以文字之宣传,已为立宪派实际之领导人物矣。宣统二年十一月伍宪子致启超书云:"今日第一重要问题,在于解禁,此问题不解决,则在北京办事难着手,即向海外筹款,亦难号召。今北京士大夫对于此事亦多协力,似极可乘之机,无奈事势瞬息又变,资政院虽提议,而久不上奏,言官之封事又留中,恐尚有阻力,此真国之兴亡有天命在,诚莫可如何者矣。"可见立宪派虽多方运动开放党禁,事终无成。必待武汉之革命军起,则康、梁不能被赦归国也。当载沣向隆裕太后请示时,隆裕云:"非此二人,先帝何至十年受苦?"盖载沣之两弟载涛、载洵皆与立宪派共事,争解禁事不下十次,而梗之者载泽也。泽与庆王结,泽之妻为太后妹,日日出入宫禁,其势大张,又遍布私人,如郑孝胥、张謇等皆其党也。故徐勤致启超书云:"泽公阻之,诚出意料之外,至今内外交困,亦由此也。弟观政府之腐败,亟欲为暗杀之举动,以一死了之,尊意以为然否?"维新人物如康、梁辈自戊戌后日日言暗杀而迄无一成,光绪三十二年七月,专为康经营暗杀西后之梁铁君且暴死于狱。其真能以暗杀促清廷崩溃者,乃革命党成功之一大原因也。

乙、革命党之心理　光绪三十三年正月,中山由日本政府迫令出境后,同盟会之内部,旋即发生风潮,革命党之势力,一时告衰。梁启超致有为书曰:"革命党之势力,在东京既已销声匿迹,《民报》社各人互相噬啮,团体全散,至于并报而不能出,全学界人亦无复为彼所蛊惑者。盖自去年《新民丛报》与彼血战,前后殆将百万言,复有哲子所办《中国新报》、旗人所办《大同报》助我张目,故其势力全熄。孙文亦被逐出境,今巢穴已破,吾党全收肃清克复之功,自今以往,决不复能为患矣。吾党今后但以全力对待政府,不必复有后顾之忧,武侯所谓欲为北征而先入南也。现在旗人之留学东京者,皆已入会(指政闻社),其中颇有有势力之人,至为可喜。”此书发出不久,政闻社开成立会,即被革命党之张继等所捣毁,可见启超所谓肃清光复之功,实未尽然,然革命党以伪立宪之摇惑人心,一时陷于苦境,确系事实。且革命党之重要人物,均分往南洋及内地作实际行动,在东京之同盟会,显呈不景气现象耳。顾革命排满之心理,仍潜滋暗长。党人对于载沣摄政,袁世凯被逐之消息,亦以为或能“继志述事”,起用康、梁,则革命之前途,未免发生障碍。此种观察之错误,盖与立宪派心理相同也。但有另一部人从前希望督抚大吏革命者,如留欧学生之革命党曾劝袁世凯实行革命;现袁既被逐,乃具一种捉摸不定忧喜无端之心理。忧者,以为袁氏或果有不利于满清之图谋,被满人看破;袁去而革命势力不免大受损失矣。喜者,以为袁被逐,北洋军队对清廷必生一种强烈之反感,此为促起军队革命之佳音。此种心理,虽不能谓全属正确,但观辛亥年北洋军队之行动,却不无相似之影响。梁启超致肃亲王书云:“此贼(指袁)与革命党素有交通,以弟所闻,确有证据。此事一出,而此间革党机关报即扬言,谓此乃满人合谋以倾汉人,而日本各报亦多附和之,此等不经之论,原不值识者一笑,然当此人心浮动之时,得一题目,即造端生事,而一犬吠影,百犬吠声,就令不能为害,然已伤太和之气。窃谓今日政府之举措,莫急毋授逆党以口实,而导举国人以欣欣向往之心,则逆谋不弭而自戢。今革命党中可分二派:其一、则凶暴成性,专以煽乱为事者也,若此者不过少数而已。其二、则发愤于政治之腐败,以为国家前途无可希望,铤而走险者也。此派定居大多数,而彼少数之派非借此多数派之附和,则万不能以有为,此多数派者但使朝廷于政治改革事业着着进行,示以国家前途有确实之希望,则彼辈皆戢戢回首面内,而彼少数之凶暴者更何所得行煽动乎?”革命党与袁世凯并无显著之联络,但彼此却有互相利用之心理,启超以反对派之立场,观察不同如此,则当时载沣监国与袁氏被逐之事,已构成一般人希望想像之大问题,且与满清政府之存亡有莫大关系焉。

(二) 载沣之皇族集权政策

载沣当国,对于立宪之筹备,表面上似极热心,在光绪三十四年十一月即定谕旨由军机大臣署名之制,此仿立宪国由国务总理副署负责之意也。宣统元年二月,又特降谕旨,宣示决行立宪,十月各省谘议局一律成立;已为省议会之雏形。十二月,又颁布厅州县自治章程及法院编制法。二年九月,资政院正式开院,则中央之民意机关亦建立。十月,又派溥伦、载泽为纂拟宪法大臣。在此期内,陕甘总督升允因奏阻宪政而开缺,甘肃布政使毛庆蕃因玩误宪政之筹备而革职,足见其对于宪政筹备之态度,非常认真。但彼之热心宪政,与立宪派人士之热心宪政,根本精神全不相同。立宪派人士希望迅速成立国会,与责任内阁,以和缓革命潮流,为救国之唯一途径(杨度谓:其所以必以国会号召而不可以他者,因社会上人明者甚少,一切法理论政治论之复杂,终非人所能尽知,必其操术简单,而后人人能喻。此排满革命四字,所以应于社会程度,而几成为无理由之宗教也。……我辈主张国会之理由,但有一语曰:国民举代表人以议国事,则政府必负责任而已。以此为宗教,与敌党竞争势力,彼虽欲攻我,亦但能曰办不到,而不能曰不应办也);载沣只感觉皇室与满人地位之危险,深恐大权旁落,满人将受汉人之宰制,无以自存;希望一纸宪法,可以遮蔽汉人之耳目,保障皇室之大权。彼以此种精神而筹备宪政,则所谓宪政者,乃谋皇族集权之一种手段而已。其集权皇族之计划,第一即为揽握兵权。载沣于辛丑年曾被派为头等专使往德国谢罪(因德公使被拳民所戕),见德皇室威势甚盛,因请教于威廉·亨利。亨利告以掌握兵权、整顿武备为第一要着。西太后在世时,载沣因避嫌不克行其志,现在以监国摄政王之地位,乃记取亨利之教训而立刻付诸实施。其举措大致如下:

戊申十二月　另编禁卫军,由摄政王亲统,派载涛(即载沣之弟)、毓朗、铁良为专司训练大臣。

己酉正月　派肃亲王善耆、振国公载泽、铁良、萨镇冰筹备海军,铁良开去禁卫军大臣差使。

己酉五月　监国摄政王暂行代理大元帅,并先行专设军谘处,以毓朗管理,寻又添派载涛管理。命载洵(载沣之弟)、萨镇冰充筹办海军大臣。

己酉七月　遣载洵、萨镇冰巡视沿江沿海各省武备,旋又往欧洲各国考察海军。

庚戌六月　命筹办海军大臣载洵充参预政务大臣,又往日本考察海军。

庚戌八月　命近畿陆军均归陆军部管辖,裁撤近畿督练公所。

庚戌十一月　改筹办海军处为海军部,以载洵为海军大臣。

辛亥四月　设立军谘府,以载涛、毓朗为军谘大臣(军谘府比于日本之参谋部)。

辛亥闰六月　永平秋操,派载涛代临,总监两军。

此皆三年中皇族揽握兵权之事实也。载沣兄弟三人:一为监国摄政王,代行大元帅,亲统禁卫军;一为海军大臣;一为军谘大臣,总揽一切军务,犹今日之参谋总长也。皇族掌握基本大权,则势力巩固,在表面上系依照钦定宪法大纲"君上有统帅海陆军及编定军制之权"而行之者,日、德之立宪国君主亦复如是,夫谁敢议其非?可惜载沣兄弟辈均非有作为之人,志大才疏,无所成就。且欲以禁卫军一举逐奕劻、载泽之计划,未得实行,而奕劻、载泽皆为隆裕太后所支持,是皇族中仍显分两派,何能收总揽统一之作用乎?

(三)立宪运动之失望

在宣统元、二年间,各省谘议局与北京资政院成立之后,国内立宪派已有法定之集合机关。己酉十一月,江苏谘议局议长张謇,即以"外侮益剧,部臣失策,国势日危,民不聊生,救亡要举,惟在速开国会,组织责任内阁"等语,通电各省谘议局,复派人游说各省。于是苏、浙、皖、赣、湘、鄂、闽、粤、桂、豫、鲁、直、晋、奉、吉、黑十六省谘议局各派代表三人集于上海,组织"国会请愿同志会",约定须俟国会正式成立始行解散。十二月,各代表相约同往北京，于宣统二年正月齐集，一面由孙洪伊领衔，以请愿书托由都察院代奏；一面历访各王公大臣，请求赞助。旋奉谕旨拒绝，此为第一次之请愿。四月，各省谘议局代表，又联合各省政团商会及海外侨商，各举代表，组织“国会请愿代表团”，与孙洪伊等十人为职员，一面留代表驻京办理请愿事务，一面派员向各处演说鼓吹；同时向都察院递请愿书托代奏者共十起，旋复奉旨不准。此为第二次之大请愿。九月，北京资政院开院，代表又向资政院上书请提议设立责任内阁，即开国会。又上书摄政王，遍求各当道大员援助。（汤觉顿书云：“连日代表团奔走王侯之门，皆深闭固拒，无一见者。”）资政院议员原与各省谘议局意见一致，当提此案时，全体赞成，高呼万岁。即日上请。此时各省督抚中，或受谘议局之要求，或为中央集权政策所苦（以前各督抚独揽一省之大权，贤能者尚可有为。现因清廷集权中央，减削地方大吏之实权，处处加以牵制。如是年四月，督办盐政大臣载泽因与督抚争权，旋皆奉旨申饬），皆希望中央有一正式之责任内阁，因此亦联电军机处，主张内阁、国会同时设立。于是十月初下诏将立宪筹备期限缩短，于宣统五年召集国会，谕旨略言：分年筹备立宪，期限定自先朝，朕仰承付托之重，夙夜竞惕，无时不以继志述事为心，既不敢少事迟回，亦不敢过形急切。前经都察院两次代奏，呈请速开国会，均即明白剀切宣谕，彼时为郑重要政起见，诚有不得不一再审慎者。乃揆度时势，瞬息不同，危迫情形，日甚一日，朝廷宵旰焦思，亟图挽救，惟有促行宪政，俾日起而有功，不待臣庶请求，亦已计及于此。第恐民智尚未尽开通，财力又不敷分布，操之过蹙，或有欲速不达之虞，故不能不验向背于舆情，决是非于廷议。今者人民代表吁恳既出于至诚，内外臣工强半皆主张急进，民气奋发，众议佥同，自必于人民应担之义务，确有把握，应即俯顺臣民之请，用协好恶之公。惟是召集议院以前，应行筹备各大端，事体重要，头绪纷繁，计非一二年所能蒇事。着缩改于宣统五年，实行开设议院云云。在国会未开以前，先将官制厘订，设立内阁。此为第三次之请愿（前录徐佛苏记事谓为首次请愿，盖以前两次请愿均无结果，徐未计及也）。由于资政院与各督抚之普遍要求，始获对于筹备立宪之期限，缩短三年。江、浙之预备立宪公会派以请愿已有相当结果，不再参加进行。其他各派如湖北之汤化龙、湖南之谭延闿、四川之蒲殿俊等,依旧与孙洪伊、徐佛苏、雷奋等之政闻社派合作,在北京活动,谋为第四次之请愿。其在暗中主持鼓励者,则梁启超也。启超在上海《国风报》上尽力作宪政实施之指导文字,对于国会,内阁,官制,财政各方面之问题,切实发挥,最重要者,如:

《论政府阻挠国会之非》《为国会期限问题敬告同人》
《国会与义务》《论请愿国会当与请愿政府并行》
《谘议局权限职务十论》《立宪政体与政治道德》
《官制与官规》《军机大臣署名与立宪国之国务大臣副署》
《资政院章程质疑》《责任内阁与政治家》《责任内阁释义》
《立宪国诏旨之种类及其在国法上地位》《论资政院之天职》
《外官制私议》《国会开会期与会计年度开始期》
《评新官制之副大臣》《朱谕与立宪政体》《说政策》
《论币制颁定之迟速系国家之存亡》《论地方税与国税之关系》
《论国民宜亟求财政常识》《币制条议》《公债政策之先决问题》
《读度支部奏报各省财政折书后》《读度支部奏定试办》
《预算大概情形折及册式书后》《公债政策之先决问题》
《外债平议》《亘古未闻之预算案》《论中国国民生计之危机》
《偿还国债意见书》《米禁危言》《中国最近市面恐慌之原因》

此皆宣统二年启超在《国风报》所发表者,尚不止此,在《国民公报》上每三四日平均有文一篇,畅论国民应急谋政治革命之理由,言论精透,对于立宪派之活动,影响殊大。是年十一月,东三省请愿代表莅京者甚多,清廷命民政部步军统领衙门将代表解回原籍,并命各督抚开导弹压,如有违抗查拿严办。十二月,将天津温世霖发戍新疆,因其在津发动第四次请愿也。各省代表出京,虽有"秘谋革命"之决定,但请愿国会之风浪,就此而平息。惟北京之资政院与各省之谘议局,已为正式之民意机关,无法解散,仍不断向政府督促。且由谘议局请愿同志会改组为宪友会,黄为基、雷奋、张国淦、徐佛苏为起草员，宣统三年五月初三日假松筠庵开发起会。初八日在湖广馆开成立大会。公推袁金铠、康士铎、梁善济、陈登山、孙洪伊为临时干事。其宗旨：甲、尊重君主立宪政体，乙、督促联责内阁，丙、厘理行省政务，丁、开发社会经济，戊、讲求国民外交，己、提倡尚武教育。最后选举雷奋、徐佛苏、孙洪伊为常务干事。候补者：籍忠寅、李文熙、谢远涵，各省分会会长，大约皆谘议局长。第一步一面对政府呼吁速开国会，一面对民众培养运用宪政及自治之智识，第二步系拟俟国会成立之后，即以此会充任政党。资政院开院后，屡有书质问军机大臣之责任。军机处公然以不负责任复之。于是资政院具奏弹劾军机大臣，时张之洞、鹿传霖、戴鸿慈皆已卒，仅奕劻、世续、那桐、毓明任职，皆满人也。徐世昌新补授鹿传霖之缺，军机处仍以奕劻为首班，资政院谓责任不明，难资辅弼，请别组责任内阁。奉谕旨："朕维设官制禄，及黜陟百司之权，为朝廷大权；载在先朝钦定宪法大纲。军机大臣负责任，与不负责任，暨设立责任内阁事宜，朝廷自有权衡，非该院总裁等所得擅预，所请着毋庸议。"此谕旨仍由军机大臣署名，梁启超在《国风报》发表《立宪国诏旨之种类》及《军机大臣署名与立宪国务大臣副署》等文，皆为此类谕旨而作。可见清廷对立宪政治之原则尚未尽明了，所谓筹备立宪之措施，皆不过敷衍搪塞而已。启超谓："晚清政令日非，若惟恐国之不亡而速之，刿心怵目，不复能忍受。自宣统二年十月以后殆无日不与政府宣战，视《清议报》时代殆有过之矣。"此可见立宪派对于政府之失望，无形间已为革命党增加不少助力也。

（四）皇族内阁之组织

先是宣统二年十二月，诏将立宪年限既缩九年为五年，于是宪政编查馆奏定修正筹备事宜，准于宣统三年颁布内阁官制，设立内阁。宣统三年四月，由宪政编查馆奏定内阁官制及办事暂行章程，随诏设立内阁。内阁之组织及人选如下：

一、内阁总理大臣——军机大臣庆亲王奕劻

二、内阁协理大臣——大学士那桐、徐世昌

三、外务大臣——原外务部尚书梁敦彦

四、民政大臣——民政部尚书肃亲王善耆

五、度支大臣——度支部尚书镇国公载泽

六、学务大臣——原学部尚书唐景崇

七、陆军大臣——陆军部尚书荫昌

八、海军大臣——郡王衔贝勒载洵

九、司法大臣——法部尚书绍昌

十、农工商大臣——农工商部尚书溥伦

十一、邮传大臣——邮传部尚书盛宣怀

十二、理藩大臣——理藩部尚书寿耆

上十二员均为国务大臣,组织新内阁。是为中国第一期之新内阁,新内阁既成立,遂下诏裁撤旧有之内阁及军机处、会议政务处,旧设内阁大学士协办大学士仍序次于翰林院。此十三人中,满人八,汉人四,蒙人一,而满洲八人中,皇族又占五人,于是舆论称为“皇族内阁”。载沣集权皇族之政策,自是暴露无遗,国人始知清廷之所谓立宪者,不过借此以为集权之招牌耳。而宗室子弟之无能,奕劻父子之贪墨,时皆比之严嵩父子。御史赵启霖、江春霖曾先后劾之,春霖谓:“方今国会未开,谕旨又禁言官毛举细故,臣虑言路诸臣,小者谓不必言,大者又不敢言,习为容默。……颁布宪政,期以八年,恐未至八年而天下事已败坏不可收拾。”又言:“奕劻老奸窃位,多引匪人,非特简忠良,不足以赞大猷,挽危局。”辞连尚书徐世昌,侍郎杨士琦、沈云沛,总督陈夔龙、张人骏,巡抚宝棻、恩寿等十数人。先是春霖以载沣弟载涛、载洵分掌军谘海军,颇用事,谓:“古者郑宠共叔,失教旋讥,汉骄厉王,不容终病,载在史册,为万世戒。二王性成英敏,休戚相关,料不至蹈覆辙,而慎终于始,要宜杜渐防微。”又谓:“景皇帝以神器付之皇上,冲龄践阼,军国重事,监国摄政王主之,治同其乐,乱同其忧,国之不保,家于何寄?”末又言:“监国岁未周,物议沸腾,至于此极,臣不禁为祖宗三百年国祚效贾生痛哭流涕长太息矣。”载沣以其议己，不便处置，至是，乃责称："亲贵重臣不应任意诋诬，江春霖着回原衙门行走。"春霖遂称疾归。御史赵炳麟等奏请收回成命，不允。于是全台愤激，由给事中忠廉领衔，公上《言路无所遵循请明降谕旨》一疏，亦不省。时赵启霖方在四川提学使任，闻之，再抗疏严劾奕劻，亦不省，启霖遂乞骸骨告归，许之。是为清末御史团体最有声响之举动，世谓"三霖"。奕劻内阁成立后，一切措施，不满舆论，以厉行铁路国有政策，向各国抵押债款，当时有"庆记地皮公司"之目。于是各省谘议局联合会以内阁宜负责任，总理宜不任懿亲，请实行内阁官制章程，另简大员组织，由都察院代奏，略云：

> 内阁为代表君主负责任之机关，总理大臣为内阁全体责任之总汇，故君主立宪国内阁大臣有组织内阁之权，能负完全无缺之责任，责任之所集，功罪之所归，即家国安危之所系。立宪国家重内阁之组织，尤重总理大臣之任命，其最要之公例，在不令组织内阁之总理，归于亲贵尊严之皇族，此非薄待皇族，谓其无组织内阁之能力，实以皇族内阁与君主立宪政体，有不能相容之性质，势不得不然也。谈君主立宪政体者，类无不知君主神圣不可侵犯之语，君主立于神圣不可侵犯之地位，则隶于君主之皇族，亦可立于特别不可动摇之地位，内阁之地位，则可动摇而更新者也。立于君主之下，以受议会之监督，有政策之冲突，即发生推倒之事实，组织内阁之总理大臣，于君主无亲戚之关系，倒一内阁，不过倒一某总理内阁，君主毫不受其影响。组织内阁之总理大臣，为密隶于君主之皇族，则倒一内阁，即为倒一皇族内阁，皇族缘内阁而推倒，使臣民之心理，忘皇族之尊严，君主之神圣，必有不能永保之虑。恭读钦定宪法大纲，君主神圣不可侵犯列为专条，新内阁官制十九条，绝无组织内阁必以皇族总理之规定，盖以守君主立宪国之公例，而第一次内阁总理，适为亲贵之庆王，庆王内阁既成，对于皇上担负责之任，使不可以推倒，如设立内阁之制真意何！使其可以推倒，如我皇上神圣之体统何！……伏愿皇上为国计久远……于皇族外另简大臣，充当组织内阁之总理，责任明而政本以

立,皇室固而国祚益昌。

奏上留中,无何谘议局联合会再呈都察院代奏云:

前呈未奉明旨,惴惴待罪,罔知所措,何敢再行渎请!惟议员等爱我国家,爱我皇上,惧愚忱之未至,使人民对政府,生希望断绝之感,实非国家前途之福。不避斧踬,谨再为我皇上缕陈之!君主不担负责任,皇族不组织内阁,为君主立宪国唯一之原则,世界各国,苟号称立宪者,即无一不求与此原则相吻合。今中国之改设内阁,为实行宪政之机关,固天下臣民所共见,而第一次组织内阁之总理,适与立宪国之原则相违反,国外报纸,屡肆讥评,以全国政治之中枢,而受外论之抨击,已有妨于国体,犹以外人不知内情,可以置之不论也。自先朝颁布立宪之诏,天下喁喁,望宪政久矣。请国会之早开,以求实行宪政也,责军机之不负责任,亦以求实行宪政也。求实行宪政之心日高,希望政府之心即日炽,一睹新发布之内阁之总理,乃于东西各立宪国外,开一未有之创例,方疑朝廷于立宪之旨,有根本取消之意,希望之隐,变为疑阻,政府之信用一失,宪政之进行益难,未识朝廷何以处之?内阁之责任,显于弹劾,终于惩戒,各国内阁大臣惩戒之例,若英内阁曾受弹劾而宣死刑,意内阁之曾受弹劾而致流放,惟其绝非皇族,故于国家大本,无所动摇,今以皇族当其冲,惩之则于亲亲之仁,不能无所顾惜,不惩则全国民之攻诘,交集于君主之身,国家动摇,实为大变之所伏,此虽杞人过虑,然既为历史之所有,不能保事实之必无,万一此种事实发生,不识朝廷何以处之?内阁总理大臣任命于君主以组织内阁,故责任联带,实以总理为中心,其能联带负责之原因,必在总理与组织之国务大臣,为同一政治方针之党派,君主无偏无阿,操黜陟之权以临之,故元首超然,而大权益固。若以皇族组织内阁,大权之行使,欲为懿亲留余地,必生进退为难之现象,即乾纲长振,不至生此现象,而皇族悬内阁之希冀,国中党派将有附和皇族以为政党之中权者,皇族既涉政治,不能禁政党之附和,政党各为附和，不能不生党派之竞争，及至酿成竞争，为患何堪设想！机虽不必骤动，弊实中于隐微，万一此种事实发生，未识朝廷何以处之。……仍请皇上明降谕旨，于皇族外另简大臣，组织责任内阁以符君主立宪之公例，以餍臣民之希望！

奏上，旋降旨："黜陟百司，系君上大权，载在先朝钦定宪法大纲，并注明议员不得干预，值兹预备立宪之时，凡我君臣上下，何得稍出乎大纲之外？乃该议员等一再陈请，议论渐近嚣张，若不亟为申明，日久恐滋流弊！朝廷用人，审时度势，一秉大公，尔臣民等均当懔遵钦定宪法大纲，不得率行干请，以符君主立宪之本旨。"自此旨一下，人民对于清室立宪之信用，为之锐减，即立宪党人，亦大失所望，浸成土崩瓦解之现况矣。

一百七十四　革命运动之苦境

（一）熊成基之发难

宣统改元以后，革命党之活动，似乎比较光绪年间为稀少，因其所处之境遇，更加困难故也。困难之原因，固由于清廷防范渐密，实则预备立宪之诏，颇足以抚慰一部分愚昧薄弱之国民心理，以故立宪派之表现颇为积极，如三次请愿而得缩短年限之结果，即一般士大夫阶级与立宪党人活动之成绩。自皇族内阁出现，国人始知清廷之所谓立宪，与国人所期望之宪政，根本不同，梁启超在《为国会期限问题敬告政府诸公》一文中云："数年前革命之说遍天下，自预备立宪之诏既颁，乃如汤沃雪。夫一诏则安能有此奇效？希望心有所寄，则民气不期靖而自靖也。及乎以诸公当预备立宪之冲，而前此一线之希望，复永断绝于诸公之手，故前此约以九年开国会而民安之，今兹以六年而民哗之者，非民之靖于昔而嚣于今也，希望既绝于彼，乃不得不转而向于此也。"可见伪立宪之对于国民心理之影响。革命党人亦知此种伪立宪足以阻碍革命之进行，除在《民报》著《论支那立宪必先以革命》及《满洲立宪与国民革命》等文，以阐述革命宗旨，在于民主立宪外，并在处境极困难之时，拼命奋斗，以图唤起愚昧薄弱之国民精神。熊成基安庆之义举，特其显著者耳。是役并非由同盟会主之，乃中山所谓："慕义之士，闻风兴起，当仁不让，独树一帜以建义者。"成基字味根，江苏扬州人。曾为赵声部下，受其陶铸，抱革命大志。从军安庆，与合肥人倪映典同志，映典原与声同学，任江南炮队第九标三营队长，旋调皖任骑兵营管带。尝集同志于薛哲营，欲乘时大举，为江督端方所觉，立命皖抚撤映典职，映典遂走广东。众推成基主持团体事务，成基时任炮营队长，因与范传甲等计议，决于太湖秋操时在安庆发动，拟以马炮两营先取皖城，皖城既得，以一军塞集贤关险隘，宁军中同志多，可作内应，则江南传檄可定。计划既成，会光绪、慈禧相继逝世，人心惶惶，成基以为良机难得，乃于十月二十六日下午约各营同志聚议于十祖寺后杨氏试馆，下令动员。夜九时，城西马营，城东炮营，同时举火为号，开始发难，各营得千余人，声势大振，驰夺北城菱湖嘴弹药库，并击毁北门外测绘学堂桂仙峰营部，合各路并力攻安庆城。成基初不欲伤害城中居民，先遣多人入城内应，以队官薛哲预谋其事，意大兵一到，薛必开城接应。讵料薛为巡抚朱家宝所胁，不敢发。翌晨，革命军攻城，炮弹因无火线，无一爆发。江面兵舰奉家宝命发炮轰击，炮营根据地全毁。相持至下午十时，革命军弹尽粮绝，兵卒稍稍散去。成基知事败，率余众走集贤关，欲取合肥为根据地，再号召会党，进窥中原。至合肥城下，余众止八九十人。又为清提督姜桂题穷追，颠沛困顿，众渐解体。成基乃脱身避匿，化名龙潜，间关走日本。同志范传甲、张劲夫等十余人，皆先后被逮就义，薛哲亦被杀。成基旋回国，化名张建勋复走长春，馆于臧冠三家，冠三投机居奇，屡事敲诈。会载洵由欧归国，经西伯利亚铁道至哈尔滨，成基伺之于车站，欲乘机暗杀。冠三先向吉抚陈昭常告密，宣统元年十二月二十日，遂被捕，翌日，解赴长春，成基直认不讳，索笔书供，洋洋数千言，陈说革命大义。略云："我之宗旨，事成则已，否则牺牲其身，社会上亦不无小受影响也。况各国之历史，皆流血多次而后成功，我此次失败者，普通社会中人不知附和也，推其不知附和之原因，盖因自由之血尚未足耳！譬如草木未得雨露，必不能发达，我们之自由树，不得多血灌溉之，又焉能期其茂盛？我今早死一日,我们之自由树早得一日鲜血,则早茂盛一日,花亦早放一日,故我现望速死也。呜呼政府,尔等决不能诛尽我党,亦只有愈死愈多而已。”越二日解至吉林,以二年正月十八日就义,年二十四岁。

(二) 倪映典新军之役

自熊成基失败后,革命党在一年中毫无动作,梁启超所谓:“销声匿迹”、“其势全熄”者,盖即指此时期而言也。中山以连遭失败,安南、日本、香港等地与中国密迩者,皆不能自由居处,对于中国之活动地盘,已完全失却矣。又以革命军之枪械饷糈,多赖南洋侨胞资助,其由河口败退者,前后达六百余人,又需救济谋生,实难乎为继。因拟向英、法诸国资本家活动借款,以应革命经济之需。遂决作第四次全球之漫游,专任筹款,并与各国政府联络外交。宣统元年四月初一日,由新加坡赴欧洲。将国内一切计划,委托黄兴、胡汉民二人。兴赴日,汉民困守南洋,物质缺乏,惩前此之失,不欲轻举,拟培养稳固之基础,然后再发。而汪兆铭则激于义愤,欲以己为薪,促成革命之效果,乃毅然渡海北上,谋暗杀摄政王。是年九月,汉民回香港,设南方统筹机关于黄泥涌道,名同盟会南方支部,分军事、民事、宣传、筹饷四组。中山委汉民为支部长,支部费用,由港同志负担,林直勉、李海云倾家相助,汉民更使同志分赴南洋荷属筹款,而嘱邓泽如在英属综募军资。时赵声因遭清吏所忌,已弃督练公所提调职,回里省亲。声长于军事,天资豪迈,能诗文,尝于学校军营中,辄以民族大义鼓励学生士兵,江南、广东军界革命种籽,大半为其散播。倪映典(原名炳章)由皖来粤,经声介绍,任炮营排长,炮营大半为皖人,故部勒甚易。声去后,映典借声威望,继续经营,发展甚速,新军士兵加盟者达三千余人。乃由支部派员设机关于广州城内天官里,由方楚囚主持之。又派胡毅生、朱执信运动各属民军,姚雨平运动附近之巡防营,香港分会派同志分头接洽各处会党。筹备稍就绪,映典请支部电声南来主持,声旋返粤,军中同志闻之,欢声如雷。于是协议于明年(宣统二年)元旦发难,胡毅生率会党攻城,映典率新军夹击。师期将近,毅生因民军弹药尚缺,汉民亦因筹款未集,商主展期至元宵后。黄兴、谭人凤已由东京至港,兴谓:“期已定,不应轻易!”毅生方卧床上,笑云:“你想马到成功么?时局还宁静呢!急甚么?”兴默不作声。及二十六日,支部尚无发动消息,而省中新军目兵入会证,已有泄呈粤督者。赵声、映典情急,相继至港请决定,谓军心已蠢动,延期太多,恐坏大事。众以元旦决来不及,最早亦须初六日,讵知后命尚未至,而省城方面已发动矣。新军与警察素不和,除夕日,有二标兵士因购图章论价小事与警察冲突,遂被逮捕。三标管带戴庆有往领保,不许。新军乃于宣统二年元旦集众入城,打毁局所,殴死警兵。粤督袁树勋闻变,立饬水师提督李准等前往弹压,新军不听令,仍寻殴不已。清吏惧,令闭城戒备。新军共三标,第一、二标驻燕塘,第三标驻北校场。初二日,协统张哲培及一标标统刘雨沛鉴于军警滋事,乃改初二、三日假期为运动会,兵士闻之,哗然鼓噪,谓闹事者只二标,于一标何与?同声和者数百人,忽有人呼警队来攻营,全体严装取军械出,雨沛喝止无效,受伤倒地,张哲培由后门遁出,扬言兵变。李准闻讯,驰往弹压,路遇斥堠队云:“我辈革命党,若不降,即请决战!”准大惊,急入城,与总督袁树勋、将军增祺议调兵登城守御。映典在港得事变消息,急驰返军中,时已初三日晨,见众方扰攘,长叹曰:“半生心血,败于一朝,若守师期,君等必无噍类!”乃杀管带齐某,吹号集军士,为演陈大义及所处情势,计惟宣布起义,否则俱死。众乃推映典为司令,搜各部子弹,得万余发,进攻省城。李准派巡防营统领吴宗禹、管带李景濂等率所部二千余人由大东门、大北门、小南门三路进兵,满布于牛王庙、猫儿冈、三望冈一带,与起义新军遭遇于茶亭附近。清军劝降,映典曰:“今为我革命军起义之日,君当助我以光汉业,则吾党亦必推重,建功立业,此其时矣。甚望君等即告李准克日赞成革命,宣布独立,以拯我汉族于沉沦,否则我新军决不退。”双方猛烈接仗,映典着蓝袍,手持青天白日革命军旗,驰马指挥,目标太显,不幸竟被清军炮中。映典死,新军无主,遂告崩溃,计阵亡者有黄洪昆等百余人,是为第九次革命之失败。当事变时,赵声居城内,不得出,后赖同志何侣侠之助,始脱险至南海上淇村,遇胡毅生,二人抱头痛哭。声尤痛映典之死,曾挥书禀老父云:“大事去,良友死,无面目见人矣,乞恕不终养之罪!”清吏探此举系声主谋,悬赏购捕,声赴港,变更姓名,躬耕沙港乡,朝荷锄,夜执笔,自食其力。然自此遂患郁气病，时痛时隐，久成痼疾。闻中山由美抵日，乃与胡毅生、林文专诚赴东京谒见，深为中山所器重，声参加革命已数年，至是始与革命领袖相识云。

（三）黄花岗之役（上）

中山于元年赴欧筹款，在巴黎、伦敦等地居五月，毫无所得，即离英赴美，冀往一观机局。是时章炳麟、陶成章对中山大肆攻击，恣意谩骂，诬其借革命以骗财。闻者因保皇党于汉口之役后，尝谓康有为对华侨义捐用途不明，唐才常诸友如秦力山、陈犹龙（桃痴）、朱濂溪等曾向康、梁算账，知康拐骗，乃绝交去。以此不免疑惑，中山乃述前后筹资之举，致函吴敬恒，在巴黎《新世纪报》代为刊布。略称："乙未广州一役，除在檀香山、香港所筹万余元外，皆我兄德彰及我所出也。庚子惠州之役，所费十余万元，除李纪堂所捐二万元及日人捐助五千元外，余皆自筹集。即丁未、戊申潮州、黄冈、七女湖、防城、汕尾、镇南关、钦廉、河口诸役共费将近二十万，皆有数目可查，有经手人可据（据另函荷属捐三万余元，英属捐万余元，安南、暹罗所筹五六万元。张静江捐五万元，得于日本人万四千元，河内欠债万余元。所开各处入款，是大约之数，收款皆由精卫，支款则我与汉民也。此事弄清，则可破疑矣）。当乙未未举义前，卖药行医，每年所得亦不止万余元，若为图利计，我亦何乐于革命，而致失我谋生地位，去我固有之资财，析我兄已立之恒产耶？且我兄本大实业家，因输财革命，已报穷破产，浮钱已尽，则以恒产作抵，借贷到期无偿，为债主拍卖其业，今迁居香港，寄人篱下，以耕种为活。牺牲原有之巨资，而骗取四五万元之款项，智者固若此乎？至指九龙建筑洋楼，尤为捏造。"群疑始释。可见革命党之筹款，数极有限，被骗者亦不少（如日人购械，用去数万，梁秀春骗去五千，又一人骗去千余），绝未如保皇会所筹数目之巨（或言勤王之役，向海外华侨募款数逾百万，仅电报一项耗费逾十万元，而唐才常所得仅数万元，以经费不足，迁延失事。邱菽园所出二十万，因用途不明，大起非议），而康有为率投资商业经营失败也（见《梁任公年谱》）。中山于《革命缘起》，述出资最勇而多者，张静江也（名人杰，浙江吴兴人。民前十年,随孙宝琦赴法,任使署商务随员。在巴黎创通运公司,民前六年入同盟会,与中山约助革命经费,以ABCDE为暗号,胡汉民致电A字,果得一万元,又致电E字,果汇来五万元)。最难能可贵者,安南堤岸之黄景南(原名启祥,广东新会人)以卖豆芽为业,倾其一生之蓄积数千元,尽献于党。西贡巨商李卓峰(原名宜登,广东南海人)、曾锡周(广东中山人)、马培生(广东台山人)各出资数万,亦当时未易多见者。中山由美宣传革命主义,所过诸城,均设立同盟分会,而以旧金山为美洲总会。闻广州新军之败,始决取道檀岛、日本而返。其《革命缘起》述之云:"时予适从美行至三藩市,闻败而后,则取道檀岛(四月)、日本而回东方。过日本时(五月四日),曾潜行登陆,驻有两礼拜,为警察探悉,不准留居,遂由横滨渡星州(六月五日),再至槟榔屿(一名庇能Penang,又名卑南)约克强(黄兴)、伯先(赵声)、汉民来会,以商卷土重来之计划。时各同志以新败之余,破坏最精锐之机关,失却最利便之地盘,加之新军同志亡命南来者,实繁有徒,招待安插,为力已穷。而吾人住食行动之资,将虞不继,举目前途,众有忧色。询及将来计划,莫不唏嘘太息,相视无言。予乃慰以一败何足馁!吾曩之失败,几为举世所弃,比之今日,其困难实百倍。今日吾辈虽穷,而革命之风潮已盛,华侨之思想已开,从今而后,只虑吾人之无计划无勇气耳。如果众志不衰,则财用一层,予当力任设法。时各人亲见槟城同志之穷,吾等亡命境地之困,日常之费,每有不给,顾安得余资,以为活动?予再三言必可设法。伯先乃言如果欲再举,必当立速遣人携资数千金回国,以接济某处之同志,免彼散去(广东新军失败,多数同志无所归宿,特在九龙辟一地,使之暂事耕种,以维生活)。然后图集合,而再设机关以谋进行。吾等亦当继续回香港,与各方接洽。如是日内即需川资五千元,如事有可为,则又非数十万大款不可。予乃招集当地华侨同志会议,(邹鲁《广州三月二十九革命史》云:"十月十二日,遂开秘密会议,与议者,黄兴、赵声、胡汉民、孙眉及庇能,党员黄金庆、吴世荣、熊玉珊、林世安,怡保代表李孝章,芙蓉代表邓泽如等,总理乃谓现在时机既迫,吾人当为破釜沉舟之谋,款项多一分,则筹备足一分,吾党不乏热心之士,前此力分而薄,且未先事为备,每有临渴掘井之患。今举全力以经营,鉴于前车,故为充分款项之筹集，事济与否，实全系之。拟发捐册以中国教育义捐为名，免居留政府之干涉。众皆赞成，并决定在广州举义。先定款项十万元，英属、荷属各筹五万元，暹罗、安南三万元，美洲未计。”）勖以大义，一夕之间，则醵资八千有奇。再令各同志担任到各埠分头劝募，数日之内，已达五六万元，而远地更所不计。既有头批的款，已可分头进行。”黄兴、胡汉民《致加拿大同志书》云：“当时以广东为主动，而云南、广西、湖北、湖南、江南、安徽、四川、福建、直隶数省为响应，各处皆有党人，在新军中预备反正，拟广东省城一得手，则以次续起，因广东财政充足，交通便利，各种形势，为天下最，抑且宜于建立军政府之地也。”又黄兴于民国元年南京黄花岗先烈追悼会讲演云：“广东新军之役失败后，海外各同志更加愤激，即各军队中之同志，亦非常热烈，无间于南北，众论多欲利用此时机，克日起义，可收全功。……乃议决由孙中山先生赴美，继续筹饷，赵君与兴来内地运动，本拟正月起义，后因种种事件均未办理完善，故迟迟未发。又广西军队中亦有预备援应，至于内地之布置，长江一带，谭人凤先生任之，谭先生身体多病，此时亦冒险，力疾至鄂。其时鄂有居正、孙武及系狱之胡瑛诸先生，暗中筹画。湘省则有焦达峰先生，力谋进行，异常敏捷。上海则陈其美极力运动。当时交通部公举赵伯先先生主持，盖赵与兴皆驻香港者也。又议定赵由闽出江浙，兴出湖南，谭人凤出江西。此时北方军队亦有暗为援助者。东京同志则归国援助者极多。”至于此次大举，以新军为主干，但鉴于从前运动军队或民军难于择一发难，乃抉择同志五百人为先锋，任发难之责，以领导军队及民军，盖将倾全党人力财力以赴之也。广州一得，然后以黄兴统一军出湖南趋湖北，赵声统一军出江西趋南京，以黄于湖南曾组华兴会起义，党羽甚多，赵曾任南京新军统领，与新军感情甚洽也。此皆槟榔屿预拟之方案，于是乃有辛亥三月二十九日广州之举。

（四）黄花岗之役（下）

中山以南洋英、荷各属皆不准其逗留，已无一寸立足之地，遂不得不远赴欧、美。到美之日，遍游各地，劝华侨捐资，以助革命，则多有乐从者矣。赵声先回香港,保存广州新军团体。黄兴以筹款事定,十二月回香港,汉民则于宣统三年正月由暹罗、星洲转西贡至。国内及日本同志多到,乃设统筹部于香港跑马地,兴为部长,声副之,分调度、储备、交通、秘书、编制、出纳、调查、总务八处课,以姚雨平、胡毅生、赵声、胡汉民、陈炯明、李海云、罗炽扬、洪承点分任之。三月十日,召集会议,决定选锋加至八百人,举赵声为总指挥,黄兴副之,分十路进攻,计划如次:

一、黄兴率南洋及闽省同志百人,攻两广总督署。

二、赵声率苏、皖同志百人,攻水师行台。

三、莫纪彭、徐维扬率北江同志百人,攻督练公所。

四、胡毅生、陈炯明率民军及东江同志百人,防截旗满界,及占领归德大北两城楼。

五、黄侠毅、梁起率东莞同志百人,攻警察署,中广协署,兼守大南门。

六、姚雨平率所部百人,占领飞来庙,攻小北门,延新军入。

七、李文甫率五十人攻旗界石马槽军械局。

八、张六村率五十人占龙王庙高地。

九、洪承点率五十人破西槐二巷炮营。

十、罗仲霍率五十人破坏电信局。

此外加设放火委员,入旗界租屋九处,以便临时放火,用壮军心而寒敌胆。城厢内外共设机关三十八处,开设二米店以为租屋之用,除有姊妹妻女者外,多由女同志伪饰家属以掩人耳目,佣妇亦由女同志充之。运械赴省,则饰作头发米包,或纳诸家私花盆罐头,免被搜查。及李准所派侦探陈镜波混入,侦破头发船运进之枪百余杆,子弹一批,军警检查更严。乃多扮作婚嫁,将军械藏在花轿礼物中瞒过。

原议三月十五日为发难期,旋以款械未到,加以温生才刺死孚琦事件发生(三月十日),省会戒严,欲俟其稍懈,俾易着手,然新军有四月初旬二标退伍确讯，则至迟不能过三月杪，故决定二十八日发难。黄兴以二十五日抵广州，布署一切，誓身先士卒，努力杀贼，有绝笔书致南洋同志。因预计日本、安南之械须迟一日方能运到，乃又改定二十九日。至二十七日，总督张鸣岐调巡防营入城，驻观音山，居高临下，极占形势。风声渐紧，防备更严。同志中又有议改期者，黄兴坚持不可，谓改期无异解散，即决以一人死拼，以谢海外同志。乃令各部选锋速退，以为后图，前后退去者达三百余人，赵声部下多外乡人，易为清吏侦知，令先退港待命。二十八日，林文、喻培伦往兴处慷慨陈词曰："革命军知有前进不知有后退！事已至此，非我杀敌，即敌杀我，惟有同心合力，准备杀敌流血耳。"兴以为然，遂电赵声，邀其来省共举。（电云："母病稍痊，须购通草来。"）时以同志退出省城者颇多，乃将进攻计划，临时改定为四路：

一、黄兴率众攻两广总督署。

二、姚雨平率众攻小北门，占飞来庙，并延防营及新军入城。

三、陈炯明率众攻巡警教练所。

四、胡毅生以二十余人守大南门。

二十九日下午，黄兴聚众于小东营机关，激昂演说，众益鼓舞。乃令以白布缠臂为号，分配枪械、短刀、炸弹，束装待发。适谭人凤（字石屏，湖南新化人，在日入同盟会）由港至，谓港众不及进省，请缓一日。兴顿足曰："毋乱我军心！"谭请加入，兴曰："先生年老，此是决死队，愿毋往！"谭怒曰："君等敢死，凤独怕死耶？"黄不得已授以枪，乃误触枪机，砰然弹发，黄将枪夺去，谭无奈乃止。朱执信（名大符，广东番禺人。在《民报》署名蛰绅县解）亦适至，剪其长衫下截加入。五时二十五分，兴率林文、李文甫、喻培伦等百余人出发，全队行动迅速，至督署门首，林文率二三人前进，用炸弹猛击，死卫兵数人，余皆逃入室内，匿不敢出。兴率林文、朱执信等十余人由侧门入署，余大部分由喻培伦率之，驻门外防御。兴至大堂，卫兵即招手愿降，求为引导，于是直入内进花厅各处，搜张鸣岐不获，盖已由署后逃往李准之水师行台矣。乃置火种于床上,放火焚屋。兴出至大堂,后有卫兵向之射击,兴依柱双手各持手枪还击毙数人,余皆鼠窜。出署后见喻培伦已不在,盖已往攻督练公所矣。兴等行至东辕门外,遇李准之大队亲兵,相距约五十米,林文遂突前高呼:“我等皆汉人,当同心戮力,恢复汉土。”言未毕,李兵即射击,文方欲还击,弹已中脑,立仆地死。兴手指及足,亦受弹伤,乃率残部十余人转行,欲往助喻培伦,至双门底,又遇防营一大队,其中有哨官温带雄、陈辅臣皆革命同志,拟达督署时即行反正,故未先配白布肩章。温见兴等由北来,口呼兄弟。方声洞认为敌军,遂发枪击之,温立仆地死,防营还击,声洞亦殉。尔时硝烟漫空,弹如雨注,存者仅数人,乃避至一民房中,由内放枪,毙其前进者十数人,巡防营退去。兴军复行,途遇喻培伦,喻以为欲攻督练公所,必先攻观音山,乃携弹直上,至半山,与巡兵激战。部下多无经验,不善掷放炸弹,见敌军势盛,遂一面抵御,一面徐徐引却。巷战至十二时,遇大队防营逼来,乃退入源盛米店,用米袋筑墙以守,遂以十余人力御巡防营四百余人,毙彼近百数。巡防营畏死不敢前,放火烧店,党人不得已,始逾后垣而走(据米店为守者,黄兴初疑为喻培伦所率诸人,报载尽被击毙。后又言战之翌日,海防同志数人入米店,据米为垒,抛掷炸弹,营勇不敢近。张鸣岐下令焚烧,惟罗稳走出)。兴易衣改避河南,遇女同志徐宗汉为之裹伤,得脱。赵声、胡汉民得起义讯,尽率留港同志李恢、郑烈等二百余人来省,三十日早到,分头上岸,始知事败,以城门严扃,不得入,乃分别回港。声欲驰往顺德,促民军谭义等践约攻省,至河南,得见黄兴,二人相抱恸哭。黄晕倒,及醒,欲裹创渡河与清吏拼,声与宗汉力劝乃止,返港割治指伤,宗汉用其妻身份签字,黄、徐姻缘,遂由是结。声受刺激过甚,纵酒狂歌哭笑无常。四月八日病肠痈,入院割治,二十日卒,年仅三十一岁。临危犹诵“出师未捷身先死,长使英雄泪满襟”之句,泪出不已也。清吏对革命党恨之彻骨,四月初三日,始函知善堂收拾遗骸,初拟葬之狗头山或臭岗,党人潘达微闻而伤之,乃挺身出,与诸善堂商,移葬遗骸七十二具于红花岗,后改名为黄花岗。中山先生云:“是役也,碧血横飞,浩气四塞,草木为之含悲,风云因而变色,全国久蛰之人心,乃大兴奋,怨愤所积,如怒涛排壑,不可遏止，不半载而武昌之大革命以成，则斯役之价值，直可惊天地，泣鬼神，与武昌革命之役并寿。”（《黄花岗烈士事略序》）又云：“是役集各省革命党之精英，与彼虏为最后之一搏，事虽不成，而黄花岗七十二烈士轰轰烈烈之概，已震动全球，而国内革命之时势，实以之造成矣。此为吾党第十次之失败也。”（《革命缘起》）

（五）革命党人之精神（附辛亥广州之役烈士表）

冯自由《革命逸史》云：“查辛亥三月二十九日失败之后，革命军统筹局出纳课报告收支总数，收到海外各地义捐共十五万七千二百十三元，而加拿大实居各地之冠。”黄兴、胡汉民《致加拿大同志书》云：“此次失败，其大端有二：一则仍蹈往年一面办事，一面筹款之辙，军事部组织于去年冬月，而南洋、美洲之款，大半到三月中，对外未免日露风声；而内部且有极多障碍。二则待械以应用，待款以购械，械未至而人众已集，疏虞既所不免，伸缩更难自由。”是役为革命党集各省精华，作破釜沉舟之举，事先之准备，虽不充分，而大致亦尚可观，乃以防止泄露，过度严密，各部分之事彼此不相闻问，各路之选锋，亦未能全部集中，师期屡改，心志不齐。陈炯明派人来问是日究竟发动与否，及见携弹荷枪，不言而去。事后始知陈因畏事之棘手，始终无意出动也。胡毅生因误会改期，姚雨平因往始平书院领械，事发城闭，均不能入。新军因屡次变乱，枪械被收去，只凭党人接济少数枪械，而亦不至，以致束手坐观，不敢发动。可见原定十路临时改为四路，结果只黄兴之一路百余人出攻督署，黄兴入督署，喻培伦所率之七十余人，皆不待命而往攻观音山，后有出小北门拟与新军接应者，乃徐维扬等四十余人，此百余人竟分三队，而兴所率者，不过十余人，转战各处，最后仅剩一人。在军事上言之，此殆无一定之目标，亦无一定之战略，已属兵家所忌。设使赵声当指挥之任，或不如是也。因赵为江南陆师学堂出身，又东渡考察军事，在新军中任管带标统多年，又曾任督练公所提调。其经验与军事学识皆较兴为优矣。其时巡警教练所之所长夏寿华为湖南同志，学生中如黄一欧即黄兴之子，先与胡国樑、柳聘农人所联络，陈炯明负责攻之者，乃欲接应其枪械子弹耳。倘陈出动，则所增之力量,不仅其所率之八十余人,又可增加教练所学生,陈既不肯发,又不明言,致兴不知其不来接应,仍孤军冒险前进,此皆失败最大之原因也。至南洋保皇党预告张鸣岐,加以温生才刺杀孚琦事,使当局严密警戒搜查,以促使党人预定之计划,不能按步进行,此亦重要之因由也。温带雄之防营,本可与革命军协力以破水师行台,如此则张鸣岐与李准皆束手待毙,而大事或可成,乃竟以一场误会之攻击,自身主力军互相抵消,殊可惜耳。然而此役损失虽极惨重,而影响于全国人心者殊大,尤以革命党人之爱国牺牲精神,令人可泣可歌。观林觉民之《与妻书》,即可知矣。

> 意映卿卿如晤,吾今以此书与汝别矣!吾作此书时,尚是世中一人;汝看此书时,吾已成阴间一鬼。吾作此书,泪珠和笔墨齐下,不能竟书而欲搁笔,又恐汝不察吾衷,谓吾忍舍汝而死,谓吾不知汝之不欲吾死也。故遂忍悲为汝言之。吾至爱汝,即此爱汝一念使吾勇于就死也。吾自遇汝以来,常愿天下有情人都成眷属,然遍地腥云,满街狼犬,称心快意,几家能够?司马春衫,吾不能学太上之忘情也。语云:仁者老吾老以及人之老,幼吾幼以及人之幼。吾充吾爱汝之心,助天下人爱其所爱,所以敢先汝而死不顾汝也。汝体吾此心于啼泣之余,亦以天下人为念,当亦乐牺牲吾身与汝身之福利,为天下人谋永福也,汝其勿悲!
>
> 汝忆否四五年前,某夕,吾尝语曰:与其使吾先死也,无宁汝先吾而死?汝初闻言而怒,后经吾婉解,虽不谓吾言为是,而亦无辞相答。吾之意盖谓以汝之弱,必不能禁失吾之悲,吾先死,留苦与汝,吾心不忍;故宁请汝先死,吾担悲也。嗟夫,谁知吾卒先汝而死乎?吾真真不能忘汝也。回忆后街之屋,入门穿廊,过前后厅又三四折有小厅,厅旁一室,为吾与汝双栖之所,初婚三四个月,适冬之望日前后,窗外疏梅筛月影,依稀掩映,吾与汝并肩携手,低低切切,何事不语,何情不诉!及今思之,空余泪痕。又回忆六七年前,吾之逃家复归也,汝泣告我,望今后有远行必以告妾,妾愿随君行,吾亦既许汝矣。前十

余日回家,即欲乘便以此行之事语汝,及与汝相对,又不能启口;且以汝已有身也,更恐不胜悲,故惟日日呼酒买醉。嗟夫!当时余心之悲,盖不能以寸管形容之。吾诚愿与汝相守以死,以今日事势观之,天灾可以死,盗贼可以死,瓜分之日可以死,奸官污吏虐民可以死,吾辈处今日之中国,国中无地无时不可以死,到那时眼睁睁使吾看汝死,或使汝眼睁睁看我死,吾能之乎?抑汝之能乎?即可不死,而离散不相见,徒使两地眼成穿而骨化石,试问古来几曾见破镜能重圆?则较死为苦也!将奈之何?今日吾与汝幸双健,天下人人不当死而死,与不愿离而离者,不可数计。钟情如我辈者能忍之乎?此吾所以敢率性就死不顾汝也。吾今死无余恨,国事成不成,自有同志者在。依新已五岁,转眼成人,汝其善抚之,使之肖我。汝腹中之物,吾疑其女也,女必像汝,吾心甚慰。又或是男,则亦教其以父志为志,则我死后,尚有二意洞在也。甚幸甚幸!吾家后日当甚贫,贫无所苦,清静过日而已。吾今与汝无言矣!吾居九泉之下,遥闻汝哭声,当哭相和也。吾平日不信有鬼,今则又望其真有,今人又言心电感应有道,吾亦望其言是实,则吾之死,吾灵尚依旁汝也。汝不必以无侣悲!

吾平生未尝以吾所志语汝,是吾不是处,然语之又恐汝日日为吾担忧,吾牺牲百死而不辞,而使汝担忧,的的非吾所思。吾爱汝至,所以为汝体者惟恐不尽。汝幸而偶我,又何不幸而生于今日之中国;吾幸而得汝,又何不幸而生于今日之中国!卒不忍独善其身。嗟夫!巾短情长,所未尽者尚有万千,汝可以摸拟得之。吾今不能见汝矣,汝不能舍吾,其时时于梦中得我乎!一恸!辛亥三月二十六夜四鼓,意洞手书。家中诸母皆通文,有不解处,望请其指教,当尽吾意为幸。

此书代表高尚纯洁之精神,宁牺牲一己之生命、夫妇之恩爱,为国家争生存,为同胞造幸福,慷慨成仁,从容赴义,古今忠臣烈士之德,至黄花岗而叹观止矣。

附　　辛亥广州之役烈士表

姓名	原名或字	籍贯	年　岁	经　　历	殉难情形	备考
杜凤书	钰兴	广东南海	二十八岁	新加坡机器工人	攻督署入二门战死	
黄鹤鸣	觚	广东南海		新加坡机器工人	攻督署入二门战死	
徐进炱	德熙	广东花县	三十四岁	农民	攻督署在署内战死	
徐广滔		广东花县	三十五岁	农民	攻督署在署内战死	
徐临端		广东花县	三十七岁	工人	攻督署在署内战死	
徐礼明		广东花县	二十三岁	西贡工人	攻督署在署内战死	
刘元栋	钟群	福建闽县	二十七岁	南台哨防会会长	攻督署出太阳穴中弹死于东辕门	
林　文	时塽 广尘	福建闽县	二十五岁	日本大学学生民报社经理《中兴日报》编辑	攻督署出时招抚防营被弹中脑死	
林尹民	靖庵 无我	福建闽县	二十五岁	日本第一高等学校毕业	攻督署出弹中脑死	
方声洞	子明	福建侯官	二十六岁	日本千叶医学学生同盟会福建支部长	攻督署出在双门底遇防营击之反被击死	
余东雄		广东南海	十八岁	南洋华侨	攻督署出辕门战死	
冯超骧	郁庄 雨苍 敬	福建南平	三十二岁	南洋水师学堂学生任职南口炮台	攻督署出东辕门战死	
曾日全		广东花县	四十五岁	工人	攻督署战死署外	
李炳辉	祖奎	广东封川	二十八岁	南洋教士	攻督署出中弹至高第街死	
华金元	逐电	江苏江宁		第九镇三十三标一营正目	转战至双门底而亡	列第二碑
阮德三		江苏丹徒		第九镇三十三标一营左队代理司务长	转战至双门底而亡	列第二碑
马　侣		广东番禺		海防河内商人	攻督署后转战至小石街而亡	
江继复		广东花县	四十九岁	农民	攻督署出转战至莲塘街而亡	
陈　福		广东南海	三十六岁	安南机器工人	攻督署后转战至司后街而亡	列第二碑
陈　才		广东南海	三十岁	海防商人	攻督署后转战至司后街而亡	列第二碑

续　表

姓名	原名或字	籍贯	年　岁	经　　历	殉难情形	备考
卓秋元		福建连江	三十岁	国术教师	攻督署后复攻军械局脑中弹死	
郭继枚	寄梅	广东增城	十九岁	坝罗育才学堂学生	攻督署后退至大南门战死	
林修明	德昭	广东蕉岭	二十六岁	蕉岭中学松口公学教员	攻督署战死	
周　华	铁梅	广东南海	二十九岁	安南商人《中兴日报》职员	攻督署战死	
劳　培	泮光 肇明	广东开平	二十六岁	《星洲晨报》记者	攻督署与周华同战死	
魏金龙		福建连江	三十二岁	国术教师	攻督署战死	
林西惠		福建连江	二十七岁	南校场正兵国术教师	攻督署后巷战死	
罗乃琳	万霖	福建连江	三十二岁	学界	攻督署后巷战死	
陈发炎		福建连江	三十一岁	国术教师业农	攻督署后巷战死	
陈清畴		福建连江	三十岁	技击家	攻督署后巷战死	
李文楷	芬	广东清远	二十五岁	《星洲晨报》印刷工人	与清军巷战死	
李　晚	晚发 晚君	广东云浮	三十八岁	吉隆坡洋服工人	与清军战死	
陈文褒		广东大埔	三十余岁	南洋大吡叻商人	与清军战死	
游　寿	寿昌	广东南海	十八岁	海防洋服工人	与清军战死	
张学龄		广东兴宁	二十四岁	本乡小学肄业	与清军战死	
秦　炳	遂生	四川广安	二十九岁	成都弁目队毕业	攻水师行台战死	
石德宽	经武	安徽寿县	二十六岁	日本明治大学政治经济科学生	守马鞍街机关与清军搏战而死	
陈　潮		广东海丰	二十余岁	农民	清军围搜始平书院掷弹击敌已亦死之	
徐茂燎		广东花县	二十六岁	农民	攻督署后转战至二牌楼华庆里中弹死	
徐熠成		广东花县	三十岁	农民	攻督署后转战至源盛米店拒敌阵亡	
徐培添		广东花县	三十九岁	安南工人番花同盟分会干事	攻督署后转战至源盛米店拒敌阵亡	
韦统淮	义廷	广西平南		教士	转战至源盛米店拒敌一昼夜阵亡	

续 表

姓名	原名或字	籍贯	年 岁	经 历	殉难情形	备考
韦统铃	香泉	广西平南		教士	(同上)	
韦荣初		广西平南	二十八岁	教士	(同上)	
韦树模	焕初	广西平南		教士	(同上)	
徐日培		广东花县	二十九岁	农民	(同上)	
张 朝		广东顺德	十八岁	机器工人	乐从起义至佛山通济桥阵亡	列第二碑
罗 坤		广东南海	二十八岁	安南芙蓉吉隆坡商人	攻督署被执就义	
罗仲霍	坚 则军 节筠	广东惠阳	三十岁	庇能师范学堂毕业任教职	攻督署被执就义	
刘六符	肩 宇锋	福建连江	二十五岁	福建讲武堂学生闽新军炮营士兵	攻督署被执就义	
陈可钧	希吾 少若	福建侯官	二十四岁	日本弘文学院毕业	攻督署后受伤被执就义	
林觉民	意洞 抖飞	福建闽县	二十五岁	日本庆应大学学生	攻督署后受伤被执就义	
陈与燊	痛心	福建闽县	二十四岁	日本早稻田大学学生	攻督署后弹中目身受创被执就义	
李文甫	炽	广东东莞	二十余岁	香港《中国日报》社经理并主《时事报》笔政	攻督署伤足战至北校场被执就义	
徐国泰	滕西 哂西 少卿	江苏邳县	二十二岁	第九镇炮标二营正目	攻督署后转战至双门底受伤被执就义	列第二碑
程 良	学櫟 元亮	安徽怀远	二十八岁	陆军小学毕业任广东宪兵排长	攻督署后转战至华宁里力尽被执死	
徐满凌		广东花县	五十岁	农民	攻督署后转战至高阳里中弹被执死	
宋豫琳	建侯	安徽怀远	三十二岁	皖军一标书记官	攻督署后转战至华宁里力尽被执就义	
罗遇坤	裕坤	广东南海	二十六岁	安南机器工人	攻督署后转战各处被执就义	列第二碑
林盛初		广西平南			攻督署后转战小北门弹尽被执就义	
罗 联		广东南海	五十二岁	河内商人	攻督署后转战小北门被执就义	列第二碑

续　表

姓名	原名或字	籍贯	年　岁	经　　历	殉难情形	备考
罗　进		广东南海	二十七岁	安南海防机器工人	攻督署后转战小北门被执就义	列第二碑
罗　干		广东南海	四十二岁	新加坡洋服工人	攻督署后转战小北门被执就义	列第二碑
李祖恩		广东翁源		军人	攻督署后退至龙川口被执就义	未列碑
饶国樑	绍峰 少峰 作霖	四川大足	二十三岁	四川陆军速成学堂毕业上海中国公学舍监	在莲塘街堵截清军转战至大北门被执就义	
喻培伦	云纪	四川内江	二十六岁	日本千叶医学学生擅造炸弹术	与敌抗战被执就义	
饶辅廷	可权 竞夫	广东梅县	三十一岁	上海中国公学毕业任教员	二十九日机关破被执就义	
周　增	能益	广东梅县	二十岁	暹罗营木厂	二十九日三眼井机关部破抗敌被执就义	
陈甫仁	辅仁 文友	广东兴宁		随季父作客南洋	运械至澳头被执解省起事后就义	列第二碑
严确廷		广东惠州			因澳头运械事在惠州被执解省后就义	列第二碑
徐佩旒		广东花县	三十岁	农民	攻督署后转战二牌楼等处扶伤至高塘车站被执就义	
徐保生		广东花县	二十二岁	农民	攻督署后转战各处行至高塘车站被执就义	
徐应安		广东花县	二十九岁	农民	（同上）	
徐廉辉		广东花县	三十一岁	西贡工人	（同上）	
徐松根		广东花县	二十八岁	西贡工人	（同上）	
徐昭良		广东花县	二十四岁	西贡工人	（同上）	
黄忠炳	赤中	福建连江	四十五岁	技击家业农	攻督署后翌晨被执就义	
胡应昇		福建连江	四十岁	马江兵勇	（同上）	
王灿登		福建连江	四十岁	技击家	（同上）	

续 表

姓名	原名或字	籍贯	年 岁	经 历	殉难情形	备考
庞 雄	甦汉	广东吴川	二十一岁	新军炮兵参与庚戌广州之役	攻督署后翌日复往督署前察看被执就义	
李德山	泽山	广西罗城	四十二岁	龙岸民团管带	攻督署后转战至源盛米店受伤被执就义	
韦云卿		广西永淳	三十八岁	军官	(同上)	
李雁南	群	广东开平		南洋华侨	攻督署后至四月初一在观音山麓六十四号机关部被执就义	
陈更新	铸三 耿星	福建侯官	二十二岁	长门炮术学校毕业任协军校	攻督署后与敌抗三日就义	
陈 春		广东南海	三十四岁	安南华侨	攻督署后至四月五日在观音山麓工人馆被执死	
徐容九		广东花县	三十九岁	农民	攻督署后转战至高阳里等处受重伤及家而殁	

〔附注〕一、本表系依阵亡被执就义及受伤返家死者之次序排列。

二、本表共八十六人,民国八年参议院议长林森约集当日参与是役之同志,开会审查,得五十六人。十一年续开审查会,得十六人,合七十二人,即今日黄花岗七十二烈士之碑所记者。二十一年后经广东革命纪念会审查得十三人,补立一碑。又有未列碑者一人,见邹鲁所撰《烈士就义表》,今于备考栏内注明之。

三、列第二碑之张朝,在乐从起义,至佛山阵亡。系顺德民军,原为接应广州之役者,三月三十日,聚乐从圩者数百人,竖旗起义,尚不知广州之败也。四月二日击退清兵舰江巩、江固二号,进攻佛山,向码头猛扑。嗣因兵舰驶回炮轰,退出镇外,至通济桥,与驻守之湘军战,毙其管带马惠中及兵士二十七人,张朝亦阵亡。适大雨,民军不能进。翌日,李准大军至,又知广州已败,前进无望,乃退回乐从解散。

(六) 暗杀之进行

暗杀之事,在清末革命运动中,辄发生不可思议之效力,故党人以短兵突击之计划,视为侠风烈德,每在陈师鞠旅而于事无济时,人心之愤激则更易出此也。吴樾之轰击五大臣,首开其端,其次为刘思复之谋炸李准。准为广东水师提督,日以捕拿党人为能事,刘思复、张谷山谋刺之,同寓凤翔书院(广州城内旧仓巷),组织长乐留学公所,为运动学生与军队之枢纽。刘既探悉李准于每月朔望清晨往总督衙门参谒,计可要之于途。光绪三十三年五月一日,黄冈之役失败后,思复遗书致冯自由、李纪堂、胡汉民、汪兆铭等,置席下,取弹出,配置炸药。先装成一枚,及配第二枚时,弹忽自爆,伤面及手。谷山闻声驰至,禁勿声,急赴邻近之图强医院,求医生伍汉特速往诊视。寻警察至,发现铁弹,渐启疑窦,谷山知事严重,遂托词往警局请验,密怀革命文件逸去。巡警道龚心湛令舁思复入韬美医院疗治,愈后再讯办。汉特亦被牵连逮捕。嗣以有人缓颊,汉特获释,思复经施手术割去左手,寻解回香山原籍监禁。越二年,以陈景华营救得释。同月,徐锡麟即于安庆刺杀恩铭。又二年,而熊成基谋刺载涛于哈尔滨。然皆不如汪兆铭、黄复生之谋刺摄政王载沣为最著。兆铭原名锜,字季新,番禺人。在日学法政,参加同盟会,时著文于《民报》,署名精卫或守约。中山赴安南起义,先后六次失败,兆铭与黄兴、胡汉民皆在左右如臂指。既奉命赴荷属筹款,以陶成章、李燮和等大倡光复会,对同盟会干部,颇事排击,无功而返。又赴仰光设同盟会分会,及返新加坡,不告而行。密赴香港,潜萌暗杀之志,中山所谓"与虏酋拼命"者也。中山对暗杀事向极反对,尝谓:"暗杀须顾当时革命之情形,与敌我两者损害孰甚。若以暗杀而阻我他种运动之进行,则虽歼敌之渠,亦为不值。敌之势未破,其造恶不过个人甲乙之更替,而我以党人之良搏之,其代价实不相当。惟与革命进行事机相应,及不至摇动我根本计划者,乃可行耳。"而兆铭则于《民报》著《革命之决心》一文曰:

> 卓荦之士,其义理之勇,可见者有二:一曰不畏死,二曰不惮烦。……是故不畏死之勇,德之烈者也;不惮烦之勇,德之贞者也。

> 二者之用,各有所宜,譬之炊米为饭,盛之以釜,爇之以薪,薪之始燃,其光熊熊,转瞬之间,即成煨烬。然体质虽灭,而热力涨发,成饭之要素也。釜之为用,水不能蚀,火不能镕,水火交逼,曾不少变其质,以至于成饭,其熬煎之苦至矣,斯亦成饭之要素也。呜呼!革命党人将以身为薪乎?抑以身为釜乎?亦各就其性之所近者,以各尽所能而已。革命之效果,譬则饭也,待革命以苏困之四万万人,譬则啼饥而待哺者也。革命党人以身为薪,或以身为釜,合而炊饭,俟饭之熟,请四万万人共飧之。

因与黄复生、黎仲实、喻培伦、曾醒、方君瑛、陈璧君(后即汪妻)等七人组一暗杀团。胡汉民函劝勿行暗杀,谓:“此后非特暗杀之事不可行,即零星散碎不足制彼虏死命之革命军,亦断不可起,盖此使吾敌之魔力反涨,国民愈生迷梦。”汪氏以为:“伪立宪之剧,日演于舞台,炫人观听,而革命行动寂然无闻。……国人将愈信立宪足以弭革命之风潮……愈坚其信仰立宪之志。……吾党若无直接激烈行动,其结果必出于此。……若谓零星散碎之革命军,足伤吾党元气……至于暗杀,不过牺牲三数同志之性命,何伤元气之有?”其复汉民书则谓:“生平察事,自信不如兄,惟此事则如旋螺,弟已计到最末之点,更无疑义。兄主张军事行动,无大款何以能举?海外奔走,为效甚微,不有剧烈举动,何以振起人心?弟又不长于军事,既决志牺牲,只有惟所自择。”既而偕仲实、璧君、复生、君瑛等来港试验炸药。宣统元年九月,黄复生(原名树中,字理君,四川隆昌人)偕但懋辛先赴北京,经营暗杀机关。十二月,喻培伦携照相器具来京,乃伪设守真照像馆于宣武门外琉璃厂火神庙西夹道。时兆铭、仲实、璧君亦悄然北上,濒行致书中山谓:此时团体溃裂已甚,维持之法,非口舌所能弥缝,非手段所能挽回,要在吾辈努力为事实之进行,则灰心者复归于热,怀疑者复归于信,此非臆测之言,前事可征也。丁未春夏之间,太炎辈在东京所以排击破坏,无所不至矣,洎闻滇、粤军起,东京同志跃然奔赴,未尝以太炎等之言而有所介介于中,即太炎等亦息其喙,惟太炎等最后之手段,无过于发布诋毁之函……其排击破坏之能力,当无有更甚于此者矣。然则吾辈复有事实之进行著于天下,则彼等愧怍之不暇,更有何法以惑人?弟等之为此事,目的在于破敌,而非在于靖内变也,所以靖内变之道,亦不外于此。又与南洋同志告别,并致血书与汉民曰:"我今为薪,兄当为釜。"宣统三年二月二十三日,复生、培伦因埋炸药被发现,决议推仲实、璧君赴南洋筹款,喻培伦赴东京重购炸药。盖复生、培伦先置放炸药于什刹海旁之甘水桥,其地三面环水,甚僻静,距摄政王府最近,为其出入所必经。是夜,因有车夫寻妻者,见甘水桥下所埋炸药,遂奔告警察,请日本人起出,一时京中大震。清廷缇骑四出,卒于三月七日将兆铭、复生逮捕,严加审讯。兆铭直书供词数千言,历述立宪之过失,与革命之理由,上下古今,纵横欧美。民政部尚书肃王善耆爱读《民报》,早服其论,请于载沣免其死罪。载沣鉴于党祸之深,恐益重其怒,乃作释怨之举,博宽大之名,遂饬法司以扰害治安拟判,处以无期徒刑,永远监禁。兆铭在狱,有"慷慨歌燕市,从容作楚囚。引刀成一快,不负少年头!"诗句,尤传诵一时。兆铭被囚后三日,温生才竟刺杀广州将军孚琦。生才为南洋霹雳华侨,元月甫回国,恨满人专横,预购手枪,伺机狙击。时清副都统孚琦,方代增祺为广州将军,往燕塘参观试演飞机,归途行至谘议局前,生才突出击之,孚琦立毙。生才乘机逃逸,为一巡警尾追就捕。张鸣岐亲鞫之曰:"一将军死,一将军来,于事何济?"答曰:"杀一儆百,我愿已偿。"遂于十七日就义。又十二日而黄花岗起义失败,即向不赞成暗杀之黄兴、胡汉民亦改变意见矣。兴告汉民曰:"此时党人惟有行个人暗杀之事,否则无以对诸烈士!"汉民曰:"此不止为复仇计,亦以寒敌之胆,而张吾军!"乃密谕党人,积极进行。于是陈敬岳、林冠慈以闰六月十九日,谋炸李准,不成遇害。敬岳南洋霹雳华侨,追踪李准,伪为流丐,十余日无机可乘。会刘师复在香港所组之暗杀团,由林冠慈负实行责,得施正父介绍,二人乃通力合作。城以外敬岳任之,城以内冠慈任之。是日准将由城外水师公所至城内水师行台,敬岳闻讯往,至天字码头,则准乘轿已过。尾之,至大南门,而冠慈早伺于双门底怡兴制衣店,伪为制衣者,拦准之轿遽掷弹轰之,准伤腰,其卫队死伤约二十人。冠慈当场炸死。敬岳乘人纷乱潜行至育贤坊,岗警因其剪发西装,手持吕宋衣箱甚重,向前盘诘,敬岳正欲掷弹,而巡警纷至，遂被捕遇害。在此前一年，旧金山华侨邝佐治，与同志朱卓文，谋刺载洵于屋伦码头，Oakland 被捕下狱。判以监禁十四年，民国元年，由内阁总理唐绍仪照会美国政府，始获释。凡此皆所谋无成者也。至武昌起义后，李沛基之炸凤山，黄大鹏之炸袁世凯，彭家珍之炸良弼，诚如国父所云："奋不顾身以褫执政之魄，其事或成或不成，然意气所激发，不特敌人为之胆落，亦足使天下顽夫廉懦夫有立志矣。"

一百七十五　铁路国有政策之风潮

（一）列强联合投资与铁路国有政策

清末革命与立宪之运动，本由于帝国主义者之压迫而促成，故二者之口号，皆为救国。自日俄战争以后，日本国威膨胀，于是东方之帝国主义与西方之帝国主义并驾争驰，皆欲执中国问题之牛耳。西方帝国主义者目睹日本之来势凶猛，对于中国侵略之方针，颇生变动。如日、英同盟之改订（一九〇五年八月即光绪三十一年），日、法协约（一九〇七年六月），日、俄协约（一九〇七年七月）之成立，日、美照会之宣布（一九〇八年十一月）等，皆日本与列强间步调整理之举动也。及日、俄进行囊括满、蒙之计划，过于积极，美国乃于一九〇五年由哈里曼（E. H. Harriman）提出"满洲铁路中立案"收买东清、南满铁路，以便实现环球铁路计划。日、俄焉能接受？反促起日、俄两国之结合，于是有日、俄第二次协约（一九一〇年并有密约）之成立，国人怵目惊心，咸以两国霸占东北，将促成列强瓜分中国，于是革命、立宪两派皆加紧运动，积极猛进，期挽救国运之危亡。美国自满铁中立案失败后，亦转变方针，另采一种联合投资政策，借经济之势力以操纵政治。满清政府正以粉饰新政，力谋建设，在在需款，而财政在庚子赔款后，已日陷于山穷水尽之境，于是一般猎官之新人物，乃建议"利用外资，开发实业，改革币制"。少年亲贵因借款有回扣可饱私囊，皆乐于附和，而当政之载沣、奕劻又以货殖为事，因此内外凑合，在辛亥三四月间，不过四十日，外债骤增约二万万元。其最著之借款有三：

一、币制实业借款　美国摩根公司、昆勒贝公司、第一国立银行、国立城市银行、英国汇丰银行、德国法华银行、法国汇理银行，借款一千万镑（即一万余万元），年息九厘，九五交付，以东三省烟酒、出产、销场各税及各省盐斤新加价共计库平足银五百万两为担保。宣统三年三月十七日订约签字。

二、整顿铁路债款　日本横滨正金银行，借款日金一千万元。年利五厘，九五扣，以江苏漕折每年一百万两作抵，并以京汉铁路借款进项为偿还本息之用。宣统三年三月二十四日订约。

三、汉粤川铁路借款　宣统三年四月二十三日，与英、德、法、美四国银行团订借款合同，债额英金六百万镑，年利五厘，九五扣，以湖北百货厘金，川、淮盐局，川、淮盐新加二文捐，两湖赈粜捐鄂款及湖南百货厘金，盐道库正厘，以上共计五百二十万作为担保。工程经费有不敷时，银行团以同一之条件，应四百万镑之第二次借款。

主持此类借款者，皆载泽与盛宣怀二人。载泽之妻，与隆裕太后为姊妹，在亲贵中势力颇大，任度支大臣，为涛、洵所不及。宣怀于光绪十二年授山东登莱青道。法领事林椿诣烟台，与订越南北圻线约，朝旨既报可矣，而粤督张之洞执言不可。后张督湖广，因办汉阳铁政局（即汉冶萍公司之前身）亏空数百万，受户部切责。乃告宣怀接办弥补。盛云铁政局既有亏空，铁又无销路，本身负担太难，若能保我督办铁路，则此事易任也。之洞因与直督王之韶交荐之，遂擢四品京堂，督办铁路总公司。从此宣怀垄断交通事业，屡蹶屡起。拳变时，建东南互保之约，所言动关大计，事宁，清廷论功加太子少保，除宗人府府丞。明年，充办理商税事务大臣，奏设勘矿总公司。越二年，而有争粤汉废约事，沪、宁、苏、杭、甬踵之。粤汉铁路之修筑，初由宣怀与美国合兴公司订约，第二次借款美金四千万元，已成广州至三水一段。光绪三十年，该公司私将股票转售比人，实系法国托名，欲攘此路权也。张之洞以平汉由法、比合办，若粤汉再入其手，则南北干线联成一气，为患必大，提倡废约。鄂、湘、粤三省绅士群起附和，三十一年，遂借英款一百十万镑，议定赎价六百七十五万元，另给利息。沪、杭、甬等路,原皆借外款兴筑者,自是各省官商,纷纷成立铁路公司,收回自办。光绪三十三年,外务部又与中英公司商议,划分借款办路为两事,路由中国自造,除原有股款尽数备用外,不足向银公司筹借,银公司不能借口干预路务,挽回权利甚多。先是,清先以舆论攻击宣怀,诏禁干预路事,宣怀遂奏罢铁路总公司。后以路事久缠不休,宣怀言既借款,不应令商造;既商造,不应再借款。民情可用不顺用之,恐激变。宣统二年,复拜为邮传部左侍郎。苏、浙人民一致反对,群情抗激。浙路总理汤寿潜因电军机处,力诋宣怀,谓为罪魁祸首,不应令其回任。请收回成命,或调离路事,以谢天下。清廷大怒,严旨斥其荒谬狂悖,着即革去浙路总理职,群情益加愤激。不久,唐绍仪因病乞休,诏以盛宣怀为邮传部尚书,宣怀以粤汉路收回自办后,特派员查勘各商路已筹集之资本,及已建之工程,并严令其限期完工。而各商路大多办理不善,受人指摘,且其中集款最多者,舞弊亦最甚。如粤汉之侵蚀浮糜,账目紊乱,川汉之股款亏蚀,阅七八年仅筑宜境数十里。此外如南浔、同蒲等或弊窦丛积,或办理失宜,大抵一丘之貉。宣怀乃提出各省干路均归国有,而自粤汉之粤境及川汉之川境入手,并即与英、美、法、德四国商订借款。四月十一日,清廷宣布铁路国有政策之上谕曰:

> 中国幅员广阔,边疆辽远,袤延万余里,程途动辄阅数月之久,朝廷每念边防,辄劳宵旰。欲资控制,惟有速造铁路之一策。况宪政之咨谋,军务之征调,土产之运输,胥赖交通便利,大局始有转机。熟筹再四,国家必有纵横四境诸大干路,方足以资行政,而握中央之枢纽。从前规划未善,并无一定办法,以致全国路政,错乱纷歧,不分枝干,不顾民力,一纸呈请,概行批准商办。乃数年以来,粤则收股及半,造路无多,川则倒账甚巨,参追无着,湘、鄂已开局多年,徒资坐耗,竭万民之脂膏,或以虚糜,或以侵蚀,恐旷时逾久,民累愈深,上下交受其困,贻误何堪设想!用特明白晓谕,昭示天下,铁路均归国有,定为政策,所有宣统三年以前各省分设公司,集股商办之干路,延误已久,应即由国家收回,赶紧兴筑。除枝路仍准商民量力酌行外,其从前批准

干路各案,一律取消。至应如何收回之详细办法,着度支部邮传部懔遵此旨,悉心筹画,迅速请旨办理。该管大臣勿得依违瞻顾,一误再误,如有不顾大局,故意扰乱路政,煽惑抵抗,即照违制论。

先是御史石长信以商办铁路,缓不济急,弊窦滋多,请定干路均归国有,枝路准商民自办之法。宣怀即奏请施行,于是攫所有民办路线,一律改归官办,而贷借外债以修筑之。于时为筹备宪政之第四年,一切政策,应交资政院协议,由内阁议决执行。然政府惧资政院反对,竟不交议而辄行之,因此激起人民之反对,遂为武昌革命之导火线矣。

(二) 争路风潮之初起

清廷以铁路国有政策宣布后,恐川、湘人民反对,特起端方为督办粤汉、川汉铁路大臣,因端曾官湖北、两江,为清末卓著声望之大臣也。先是,宣统元年十月,端方为直隶总督,孝钦梓宫奉安时,舆从横冲神路;或言,令人在隆裕太后行宫外摄影,为农工商部左丞李国杰所劾。下部议,以恣意任性,不知大体,着即革职。调湖广陈夔龙代之,派瑞澂为湖广总督。御史胡思敬又劾其贪横凡十罪,事下张人骏,复奏入,以不治崖检被诃斥,因已罢官,贷勿问。至是乃起用之。时朝廷派员收路,各省绅商士民联合抗争,大旨谓粤汉始由盛宣怀借美款兴造,与美公司订立合同。光绪二十八年,鄂、湘、粤三省士人不惜竭血汗之资,惨淡经营,仅得收回,集股商办,程功方亟,而与民争利之国有政策,乃于是时发见,不啻夺我民生命财产,付诸外人云云。铁路国有政策为奕劻之皇族内阁成立后第一件大事,清廷方倚重宣怀,凡所主张,非借严旨以钳众口,即假兵威以示压制。群议俟谘议局开常年会,一律不赴召集,各省工商,亦相继罢业,以为后援。而政府悍然不顾,力主贷款筑路之策,与英、美、德、法四国银行团订立借款之约,湘省人民闻之,首先发起保路同志会,群起抗争,舆论激昂,咸谓力能自办,不愿借款,请暂缓收路。湖南巡抚杨文鼎据以入奏,复密电政府,描写开会情形,谓有匪徒从中煽惑,非挟雷霆万钧之势,不足示威。盛宣怀嘉其有识,力赞其说,于是有"格杀勿论"之谕。广东同乡京官联署奏劾盛宣怀蒙蔽朝廷,侵权违法;湖北京官胡汉章等联名抗争,历数宣怀罪状。鄂谘议局亦刊布传单,召集会议,至者数千人,竞筹对付之策。御史赵熙、欧家廉因抗疏入告,历陈宣怀借债卖路二十余款,政府不为动,仅将原折发交宣怀阅看而已。川路公司得湘、鄂保路函电,全体赞成,旅京川人,集议再三,坚持反对国有及收回股本之说。留东学界且斥言盛宣怀蔽上罔下,为虎作伥,力主路存与存,路亡与亡之议,川人闻之,大为感动。旅美粤侨,亦开会集议,势尤愤激,谓粤路股银,皆人民血汗,当执定成案,有劫夺商路者,格杀勿论。政府对于反抗之人民,有"格杀勿论"之上谕,人民对于政府,亦以"格杀勿论"四字璧回之,可谓针锋相对矣。布政使护理四川总督王人文以政府显拂舆情,慨允代奏,并请体恤商民,希冀朝廷悔悟。而盛宣怀以诸国借债,势成骑虎,与度支大臣载泽勾结,迎合皇族内阁集权之心理,奉旨申斥王人文,谓铁路改归国有,势无反汗,并有上年川路公司人员亏耗巨款,剥削脂膏,徒归中饱,殃民误国,人所共知等语,由是川中舆情,益形愤激,风潮愈趋愈烈也。夫利用外资,建筑铁路,以及铁路国有政策,虽由于外国之经济侵略而来,然苟行之得当,未始不可获致富强之效。清廷初借外债,以改革币制,振兴实业为名,人民颇有非议,但未发生风潮也。日本之借款,即为收回铁路国有之用,因未指明川、粤汉两路先办,仍未发生风潮也。及四国银行团借款专为收回此两路而设,与商民发生直接利害冲突,而风潮遂一发不可遏止。湖北议长汤化龙见各省京官所上争路公呈无效,遂提出一种调停办法。拟定商民股款不向政府索回,作为路股,要求发给股票,并要求邮传部许各省商民立查账会,有稽查铁路度支之权。但盛宣怀意在把持,不容商民有干涉之权,因此调停办法亦无效。惟时争路者有湘、鄂、粤、川四省,湘、鄂、粤虽争而不甚激烈,四川则酿成流血惨案,复且与革命运动合而为一矣。在此次争路风潮中,革命党人之参加者,表面上似尚不如立宪派人物之多,但一般商民不知立宪、革命之差别何在,而立宪派之请愿运动,既失望于政府,又同抱偕亡之痛,于是不知不觉中皆倾向于革命,是故辛亥革命成功之速,不得谓此非一重要原因也。杨开甲《川路风潮之演变》云:"辛亥革命之起,由乎川变,川变由铁路收归国有。"然铁路国有之风潮,何以不著于湘、鄂、粤而独著于四川？则赵尔丰、端方二人逼成之耳。宋教仁《论川人争路事》云："自政府定借债修路政策……蔑视四省之民意，断送四省之主权，于是湘、鄂人争之不得，粤人又争之，亦不得，最终乃有川人奋起力持……坚忍不懈，以与政府相抗者已二阅月，其意志之强固，毅力之宏大，迥非湘、鄂、粤人所能及（羞死湘、鄂、粤人）。"《川路风潮之演变》又言："清廷诏起岑春煊入川，办理剿抚事宜。春煊前督川，有恩信，得民心，既被命，即奏言川事当分治标、治本二策：治本之策，在申明铁路国有系朝廷政策，本以利民，许以附股，特以办法稍涉操切，又与湘、鄂等省显分厚薄，致激而生变，似应对川人宣布德意，并将股款一律发还；治标之策，则宜先撤李稷勋，使无所借口。折交邮传部议奏，仍不从。"盖清廷对于干路收回办法，湘、鄂皆照本发还，粤发还六成，四成股票，惟川路仅宜昌实用工料款四百数十万发股票，余七百余万仍听其便，实则此七百余万，已侵蚀无存（董事施典章即亏股款二百余万两，追交无着）。此办法湘、鄂最优，粤次之，四川最下，其后湘、鄂与粤之风潮均息，独四川之变大作焉。

（三）四川争路之激烈

川人争路风潮之起，最初并非反对国有政策，实系维护宪政，不承认借款筑路耳。四川提法司周善培《上端方禀》云："川人初闻国有之命，群情不惟无怨，且极欢幸。现在被逮之邓主事孝可，曾于蜀报著文，以论川路之宜归国有，此固可证川人并无反对国有之意，即后此提倡保路之诸绅，前此亦皆赞成国有之人也。然则何因而有五月二十一日保路同志会之成立乎？是则川人意主保存现有之款，求还已用之款。而节下（指端方）五月初五日会同盛大臣致王护督宪歌电，则欲举现存已用之款，一律填给股票，已非川人之意，尤以筹还必复借外债，必以川省财产作抵，恫吓川人，于是大起川人恐怖之念。……节下又知七月初一日何故而罢市乎？是又川人求换李总理（稷勋），而节下与盛大臣必主用李总理。六月二十九日仍用李总理之电到，七月初一遂罢市矣。……至于七月十五日之事，赵督宪始亦力主平和者，何以一变而遂严重激烈至此？赵督宪一念所发，虽无从证明其所因,而川绅官京师者,即有电来谓节下疏劾王护督宪、赵督宪,已派节下查办。道路皆传七月十五日之事实,节下疏劾所激而成。节下会同瑞莘帅电奏,有'此次川绅集会倡议之人,类皆少年喜事,闻留东学生纷纷回川,显有学人煽惑情事,尤恐名为争持路事,实则别有阴谋,非请严重对付,殊不足以遏乱萌而靖地方'等语。然则今日被逮诸绅之罪名,固为节下所前定,而赵督宪严重之办法,亦听节下之指挥。……使节下能如川人之请,不用李总理,安有七月初一之事?使无五月二十一日保路同志会之事,安有七月初一之事?使节下不迫王护督宪宣布歌电,安有五月二十一之事?川人实视川路存亡为生命存亡,历时三越月,文电数万言,凡民之情,何隐不达?节下与盛大臣岂直不许通融,且节节愈逼愈紧,川人进不能自保其路,良民以为生命将绝,遂一切不复顾忌,匪徒从而利用之,坐使数百年忠戴本朝之人心,一旦土崩瓦解。"此言川路风潮之起,实由端方步步逼成,然后党人乘之以煽惑,非纯由铁路国有政策也。《保路同志会宣言》云:"成都自朔日罢市罢课,南自邛雅,西迄绵州,北近顺庆,东抵荣隆,千里内外,府县乡镇,一律闭户,持奉景皇帝神牌,朝夕哭临,全川愤激悲壮,天地易色。川人所争者,新内阁第一政策,不依法律而举债,不依法律而收路,种种蛮横,直从根本上破坏宪政,故愿签名决誓,先海内死争之,区区股东权利,犹其末节。今自初九日起,实行不纳租税,已纳者不解,既解者不交,万众誓死,事在必行,特此布告全国之热心宪政前途者。全川股东保路同志会启。"此种文件,可以证明蒲殿俊、罗纶等之保路会,乃由谘议局之宪政促成会所发起者,故仍以立宪运动之前途为言也。蒲为谘议局代表,一向从事于国会请愿运动,又加入宪友会,为立宪派之重要人物,其开保路会以肆力抗争,仍不免有为宪政奋斗之义。故最初在成都铁路局开保路大会,议员程某演说,谓今日开会,某不敢以议员资格来,不敢以国民资格来,直以亡国资格来。因力陈借款亡路,路亡国亡,声泪俱下。人心大为震动,不及一月,各府州县皆立分会,以为响应。重庆为川路中心点,人民争之尤力,集会江西会馆,与会者万五千人,公举代表,宣言借债修路,川人誓死不承认。王人文隐觇民意,激且愈甚,因以众情不顺,据实代奏。盛宣怀疑人文有意反对,致川民肆意要挟,怂愿清廷，严旨申斥。人文愤甚，誓以去就争，而戒川民勿得暴动。清廷旋褫人文职。促川督赵尔丰速接任。七月一日，川人开全体股东大会，决定对付之策，并议嗣后全蜀股东，不完捐税，不纳丁粮，无论政府如何滥借外债，川民概不担负，商民停止贸迁，学堂一律停办，议未定，阖城已停课罢市。保路会踵至者，众逾数万，号泣之声，达于远迩。咸谓停课罢市，既已实行，惟有遵守先朝谕旨，所谓大权统于朝廷，庶政公诸舆论，各自散归，恭奉光绪帝灵位，举哀号哭，静待后命而已。尔丰睹事急，与将军玉崑联名电致政府，略谓川路风潮，日益剧烈，罢市者已十余州县，此外虽未罢市，亦皆有蠢动之象。若不亟定办法，明白宣示，必有意外之变。且虑民心摇动，匪徒从中煽惑，大局何堪设想？尔丰兄尔巽久任川督，深悉川省民情，亦电达政府，请仍归商办，以息纷争。是时重庆商民亦相继停止营业，该地为通商口岸，外商云集，各国领事默察民情，恐祸机猝发，蹈昔年拳匪故辙，照会政府，请设法保护。清廷始有悔意，朝议多归咎宣怀，奕劻亦不负责任，宣怀颇思让步，顾已无及矣。当保路会之成立也，川人派代表萧湘（副议长）、刘声元等先后赴北京请愿，上书摄政王，请严治盛宣怀罪以谢天下。两次往谒，皆为门役所阻，乃跪地安门外，等候拦舆呈递。载沣令逮交步军统领衙门讯究，步军统领衙门旋释之。又上书内阁总理奕劻，请代奏。奉旨严斥，令步军统领衙门递解回籍，交地方官严加管束。旅京川人纷纷集合哭送，川人大愤。时端方奏劾尔丰庸懦无能，败坏路事，乃命端方自湖北带新军入川查办。七月十五日，川人闻端方将至，举代表往督署求阻之，赵尔丰因前此容纳商民意见，被端方借口奏劾，负气不问。代表泣陈，群众附和，语稍激。尔丰大怒，叱令亲兵将蒲殿俊（谘议局议长法部主事）、罗纶（副议长、举人）、邓孝可（度支部主事）、颜楷（股东会会长、翰林院编修）、张澜（股东会副会长、贡生）、胡嵘（民政部主事）、江三乘、叶秉诚、王铭新（举人）等九人拘禁署中（辛亥八月上谕释放四川被捕绅士，罢斥激变官吏，只列以上九人，及主事萧湘。而杨开甲《川路风潮之演变》尚有董事会会长彭芬）。成都市民闻警，谓罗纶等将诛死，鸣锣聚众，家出一人，扶老携幼，仍焚香顶礼先皇牌，集督署，环跪痛哭，并有女同志会及小学生黄学典（民国后改名黄季陆，时年十二岁）等数十人,为纶等请命。营务处田徵葵开枪击之,毙数十人,众仍不散,而巡防军因驰逐路民践踏伤夷者,不可胜计。自是川乱遂大,难以制止。各路电线,皆被割断,沿途设卡,断绝往来官文书。同时以木牌书警耗:"请看请看,官逼民变,制台造反,百姓遭难。"浮江顺流而下者,百数十也。外州县闻耗,更迭起民团,赴省营救,防军御之,迭战于犀浦、龙和场及龙泉驿等处,杀伤亦数十百人,成都四门不启者数日。曹叔实《四川保路同志会与四川保路同志军之真象》云:"四川保路同志会与四川保路同志军,实为吾党辛亥革命军兴之始,促亡满虏,不可谓无功。然不知者以为同志保路与同盟会之革命无关,而其实该会为同盟会所酝酿而开,该军亦为同盟会所组织而成,而为辛亥之起点也。"据此可知同志会虽以立宪派出面为领导,而实则由同盟会会员之暗中操纵;如朱叔痴等在周善培幕中,曹叔实为茶务学校校长,皆革命党人。保路同志会之发起,由彼等促成者也。何以黄学典以十二龄之童子而参加请愿运动?因学典兄黄方为同盟会员,乙未谋起义成都,事泄被捕入狱。学典受方指示,曾率小学生自往谒尔丰请代奏,尔丰以其幼童特示优待,故请愿群众常以学典为先锋也。七月十五日以后,官方始知学典为方之弟,遂被逮,因年幼以其长兄代之。学典逃亡,民国成立后,由黄复生介见中山先生,始派往美国游学。至于同志军,即所谓民团者,皆革命党人直接组织者也。荣县以辛亥八月十二日宣布独立,在武昌起义前七日。旋井研、仁寿、威远亦相继反正,皆兵不血刃,始将保路之面具揭去,树同盟革命军之旗帜。川督始知川局之变,皆为同盟会所主动。然其初奏言:"川人借争路为名,希图独立,并发布《自保商榷书》,拥罗纶为首领,意在叛乱,与争路无涉。"实皆诬罔之词。盖《自保商榷书》乃阎一士个人所作,并非同志会出品,及尔丰屡搜叛变证据,欲以加害"九君子",而同志会革命之方针始定。时有向礼南与同盟会中同志数人往川西南各县运动哥老会首领,极力组织对付官兵,于是有孙泽培、吴庆熙、侯保齐等起义,在成都附近,与巡防营激战。至陆军因由征募而集,均有家室之念,用各县同乡会名招集演说,大致谓如有杀同志会者,则在本乡杀其家属,掘其祖坟,故陆军将士交绥之际,以鸣枪十三响为号,两相退让。尔丰乃张大其辞,谓省外到处蜂起,如自流井等处,并聚众数十万。希端方多带得力兵队，迅速起程。于是诏起岑春煊督川，办理剿抚事宜。春煊为书告戒川人曰：

> 春煊与蜀父老子弟别九年矣，乃者丁此不幸之事，使春煊再与吾父老子弟相见，引领西望，不知泪之何从！春煊衰病侵寻，久无志用世，然念及蜀事糜烂，吾父老子弟正在颠连困苦之中，不能不投袂而起，是以朝奉命，无暇再计，匍匐奔赴。第蜀沪相去六千里而遥，断非旦夕可至，邮电梗塞，传闻异辞，苟不为耳目之闻见，何能遽加断决？今与父老约，自得此电之日始，士农工贾各归本业，其一切未决事，春煊一至，即进吾父老子弟于庭，开诚布公。父老子弟苟有不能自白于朝廷之苦衷，但属事理可行，无论若何艰巨，皆当委曲上陈，必得当而后已。倘有已往冤抑，亦必力任伸雪，无所瞻徇。父老子弟其敬听吾言！（按此函系周善培代撰）

川人自得此电，日延颈企踵，待其来伸诉冤抑，乱势略定。春煊行自武昌，与鄂督瑞澂议不合，奕劻复尼之，称病乞归。尔丰恐春煊一至，将劾其激变之罪，遂铺张战功，称川乱敉平，冀以阻春煊之行。复私电奕劻，谓川边紧要，才难胜任，欲求他调，以觇朝旨。同时川人以尔丰惨毙多命，冤愤难平，重庆商民公电各省谘议局，略谓赵尔丰蒙蔽入奏，竟谓乱党猛扑督署，肆行焚掠，捕风捉影，重诬川人，希图自掩，甘与盛宣怀联为一气，稍有人心，必不残忍至此！倘蒙各省谘议局同伸公论，维持大局，同人幸甚！清廷亦疑尔丰所奏不实，电谕成都将军玉崑详查川乱原因，及当时起事情状。玉崑复奏与尔丰不甚悬殊。政府以二人同官，难免不受笼络，寻奉摄政王面谕，由军谘府派参谋官二员彻查川事真相及尔丰对待情形。尔丰知为政府所疑，益不自安，急铺张战绩，分电各疆臣，冀以淆惑众听。端方与瑞澂正合奏川汉、粤汉已实行收归国有，朝廷方传旨嘉奖，而霹雳一声，武昌之革命军起矣。

第四十一章　辛亥革命之成功

一百七十六　武昌之首义

（一）同盟会中部总会之成立

宣统元二年间，同盟会对革命进行之方略，有主张首都革命者，拟联络北方军队，一举而占北京，然后号令全国；有主张长江革命者，择武汉为发难地点，设立政府，然后北伐；有主张珠江革命者，设秘密机关于外国领地，进据边隅，以为根据，然后徐图进取。三说互有短长，相持不下。卒以广州密迩香港，出入较易，赵声力能号召广东新军，赞成珠江革命者占多数，遂决定发难于广州。谭人凤主张长江革命最力，争之而不得；宋教仁主张首都革命最力，争之而不得，乃议以长江为响应之师。（此从曾伯兴杰《黄花岗与中部同盟会》说。《知之录》徐天复《宋教仁传略》谓："教仁鉴于前此革命之失败，以为非切实准备不可，乃建三策，以取决于众议。上策为中央革命，中策在长江流域各省，下策在边隅之地。佥谓上策运动稍难，下策已行之而败，且足引起干涉，酿分裂之祸，故决采用中策。而党史会所编之《宋教仁传》云：广东新军举事又失败，同盟会的精神，更松懈下来，教仁深为太息，日日和谭人凤、居正〔字觉生，湖北广济人〕等商筹整顿办法。适国内邹代藩到日京，和谭人凤、邹永成同居神保町，对同盟会建议三策：一、在北方举事为上策，二、在长江流域举事为中策，三、在边疆举事为下策。经教仁与人凤约集林文、何天炯、吕志伊、萧翼鲲、张镇衡、邹永成、周来苏等数十人讨论，决议以中策为上策，实行组织长江机关。三月二十九日一役，党中精锐全丧，党人都悲怆满怀，无限消极。教仁鉴于此次失败，认为以后再举，必须审慎周详，严密筹备。当时即以在日京所议之三策，加以衍述，一、效法葡土之中央革命，更结东三省马贼为后援，一举而占北京，然后统一全国为上策。二、在长江流域各树潜势力，一声令发，同时并举，创立政府，然后北伐为中策。三、在边疆要冲，密组机关，一朝大举，进据各塞，徐图攻取为下策。众认为上策行之较难，下策行之已败，决行中策，亦如日京同志之意。"据上可知建议三策者，非出于教仁。教仁在东京时主张中央革命，因其曾在东北活动，与马贼首领李逢春等合作，同志白逾桓被捕后，始回日，故终不能忘情于北方也。至参加黄花岗之役失败后始回沪，与谭人凤等均赞成中部革命矣。）辛亥正月，方黄兴、胡汉民、赵声设立统筹部预备再举时，人凤告以两湖居全国中枢，地势险要，得之足以制清廷死命。并谓居正、孙武日夕为武昌谋，惟缺于资，不能设立机关，以张大其势力。湖南同志甚多，亦以缺资不能为进行之布署。诚能予以经济资助，则两湖机关一立，势力集中，广东一动，彼即响应，中原计日可定也。兴等然之，即交人凤五千元，使向各方进行。人凤奉命赴武昌，以三千元交郑赞丞办苏、皖、浙、赣事，以八百元交居正办鄂事，以七百元交曾杰（伯兴）办湘事。此时居正、孙武以共进会（所标宗旨为驱逐鞑虏，恢复中华，建立民国，平均人权。将同盟会誓词之地权改为人权，盖恐会党中人不易明瞭民生主义之意义耳。故冯自由称之为二民主义）为同盟会外府，用以联络各地会党，两湖之革命团体，均有此会分子之力，潜于其间。然湖北之新军同志，另有由日知会递演而组织之文学社，则由在狱之胡瑛领导之。此二团体虽皆为革命党之机关，然各不相谋。（曾伯兴谓："在武汉运动军界者，胡瑛与孙武各为一部，而又各不相下。"）于是谭人凤等乃在上海组织中部同盟会，两湖间之革命团体，始有统一指挥之系统，不三月，而武昌之革命遂作。曾伯兴云："三月二十九至八月十九，相差不过一百七十日，而全国人心，因七十二烈士之死于纯粹的爱国而表同情于革命者，不第全国民众，即亡清官僚如张鸣岐辈，亦皆为七十二烈士的义勇所慑服。益以两湖与四川的铁路风潮，及湖北的退伍风潮，在当时皆甚嚣尘上，而又逢庸懦嗜杀的瑞澂，当鄂督之重任，此满清之亡，亡于中部同盟会，亦即亡于黄花岗之七十二烈士也。"又云：

“一时风声所播，全国震动，虽夙不赞成革命者，得知林时爽、方声洞、喻培伦等七十二人死义之勇，与海防诸同志据米店为守，以数十人抗巡防营千余人，相持至二日夜之久，卒能脱险而出之事，无不奔走相告，眉飞色舞。”可见黄花岗之役虽失败，其影响于人民革命心理者至巨，故谭人凤、宋教仁由香港回沪及巡察两湖后，即邀集同志在湖州公学开会，组织中国同盟会中部总会，时宣统三年闰六月初六日也。公举庶务陈英士（名其美，浙江归安人），财务潘祖彝（福建南屏人），文事宋教仁，交通谭人凤（通信名用雪髯），会计杨谱笙（名兆鋆，浙江乌程人）。候补人则史家麟（福建闽县人）、吕天民（名志伊，云南思茅人）、范鸿仙（名光启，安徽合肥人）、谭毅君（湖南邵阳人）。皆称总务干事，并推谭人凤为总务会议长。人凤自撰宣言曰：

现政府之不足以救中国，除丧心病狂之宪政党外，贩夫牧竖，皆能洞知，何况忧时之志士？故自同盟会提倡种族主义以来，革命之思潮，统政界、学界、军界以及工商各界，皆大有人在。顾思想如是之发达，人才如是之众多，而势力犹然孱弱，不能战胜政府者，其故何哉？有共同之宗旨，无共同之计划；有切实之人才，无切实之组织也。何以言之？如章太炎、陶成章、刘光汉辈，已入党者也，或主分离，或事攻击，或如客犬，非无共同计划有以致之乎？而外此之出主入奴，与夫分援树党，各抱野心者，更不知凡几耳！如徐锡麟、温生才、熊承基辈，未入党者也，一死安庆，一死广州，一死东三省，非无切实之组织有以致之乎？而外此之朝秦暮楚与夫轻举妄动，枉抛生命者，更不知凡几耳！前之缺点病不合，推其弊必将酿旧史之纷争；后之缺点病不通，推其弊必致叹党员之寥落。前一缺点伏而未发，后一缺点则不自今日摧伤过半人才始。前精卫陷北京，南洋《中兴报》曾载有曰：“跳来跳去，只此数人。”呜呼，有此二病，不从根本上解决，惟挟金钱主义，临时招募乌合之众，搀杂党中，冀侥幸以成事，岂可必之数哉？此吾党义师所以屡起屡蹶，而至演最后之惨剧也。同人等激发于死者之义烈，各有奋心，留港月余，冀与主事诸公婉商善后补救策，乃一以气郁身死(此指赵声),一以事败灰心(似指胡汉民),一则宴处深居,不能谋一面(不知指谁,惟以香港统筹部主事诸人论,则当系黄兴。据《黄克强书翰墨迹》谓自念惟有躬自狙击此次最为敌之虏贼,以酬死事诸君,庶于心始安。故自四月初二出港,即专意于复仇之计划……未尝与一友通只字。可知其断绝交通之意矣),于是群鸟兽散,满腔热血,悉付诸汪洋泡影中矣。虽然,党事者,党人之公责任也,有倚赖性,无责任心,何以对死友于地下?返沪诸同志迫于情之不能自已,于是乎有同盟会中部总会之组织。定名同盟会中部总会者,奉东京本会为主体,认南部分会为友邦,而以中部别之,名义上自可无冲突也。总机关设于上海,取交通便利,可以联络各省,统筹办法也。各省设分部,收揽人才,分担责任,庶无顾此失彼之虑也。机关制取合议,救偏毗,防专制也。总理暂虚不设,留以待贤豪,收物望,有大人物出,当喜适如其分,不至鄙夷不屑就也。举义必由总部召集各分会决议,不得怀抱野心,轻于发难,培元气,养实力也。总部对于各团体相系相维,一秉信义,而牢笼诱骗之手段,不得施也。各团体对于总部,同心同德,共造时机,而省界情感之故见不可有也。组织之内容,大概如是。海内外同志,其以为不谬肯表同情赞助欤?党人幸甚!中国幸甚!

在《牌词》中人凤自记其经过云:“嘱钝初(宋教仁)草定中部同盟会简章,分总务、党务、财务、文务、评议五部,假北四川路湖北小学开成立会,到会者二十余人,公推宋钝初、吕天民任文务,杨谱笙、潘祖彝任财务,余任党务,兼司联络军界事。总务部则虚其位,以待贤能,部务取合议制,凡事须经评议后始执行。陈英士、范鸿仙、谭价人、谈宅赐等皆被举为评议员,入会参议,推余为议长,此辛亥六月间事也。旋南京支部亦相继成立,定宣统五年为大举时期,盖恐各处过于急躁,故有此宣告也。”此段所记组织章程,与宋教仁所拟总会章程不符,盖宋手订之稿,会长暂时虚位,总务、干事互选一人为议长,总务会除议长外,暂分庶务、会计、财务、交通、文事五部也。开会地址,谭记为湖北小学,曾伯兴记为湖州公学,时陈英士、杨谱笙、姚志强均住此处，恐人凤误记耳。曾记于右任为重要发起人之一，而会议签名册无之者，因恐连累《民立报》故于不具名也。中部总会成立后，派居正立湖北分会，焦达峰立湖南分会，范鸿仙、郑赞丞立安徽分会，吴永珊、张懋隆立四川分会。大约南京分会之设，亦郑赞丞事，因总会会议记录，有"郑赞丞应如何对待？乞公酌"。议决："髯自赴宁对付之。"可见郑赞丞得人凤所交之三千元，并无活动，同志皆疑之。其时因经济困难，赴宜昌筹款助公者，仅给川资二十六元，赴香港活动者，仅给川资五元。人凤付居正之八百元，据《革命逸史》云："居正、孙武初使邓玉麟（字品三，湖北巴东人）在武昌黄土坡设一酒店，效梁山泊朱贵方法，借此运动军队，一时兵士趋之若鹜，八百金之运动费，仅维持四个月而罄。酒店因此闭歇。"而人凤自记五月初过汉口，适遇焦达峰、谢价僧、邹永成、曾伯兴等，达峰慰劳而力阻之……"余不得已乃嘱取消暴动观念，规划后事。是夜晤孙武，得悉曾派邓玉林在黄土岗开一同兴酒楼，从事联络，以经费不接停止，颇怪居正无所事事，谓余不应意存轩轾，予以多金也。"居以八百元付邓玉麟开设同兴酒楼，招待军人，多不取值，而维持达四个月，孙武尚谓其无所事事，怪人凤予以多金，则郑赞丞之三千元如何报销，殊成问题矣。据黄兴《致诸同志书》云："交通课本算定五千元；伯兄所任为交通委员郑赞臣者，既去尽所指定三千之款，更攫伯选锋款千数百元，用之，尤以为未足，三月初储备课使林直勉往沪购械余款二千，郑竟伪造电报，将该款骗去。人固不易知，知人不明，弟等当共负其责也。"可见郑骗去之款又不只人凤所付之三千元耳。谭记南京支部相继成立，又议事录有："鄙人决拟明日往湘、鄂走一遭，征求公众意见。"决定八月十七日谭君（人凤）先行，宋君（指教仁）允即继往。可见人凤赴鄂经过南京时，必与郑赞丞有一番交涉，或者南京分会之成立，即系郑氏欺骗之手段欤？

（二）共进会与文学社之由来

谭人凤记中部同盟会云："时湖北先有共进会、文学社两派：共进会孙武、邓玉林等组织之，江湖士占多数；文学社蒋翊武、刘复基、蔡大辅组织之,军学界占多数。余劝其和衷共济,相辅而行,卒得按照同盟会章程,从新组织,而湖北中部同盟分会,遂得成立矣。”是知武昌革命之进行,由于中部同盟会为主动,而原有之文学社与共进会两派,乃辛亥起义时所凭借之力量。其由来当溯之于湖北最初留日学生戢翼翚(元成)、刘成禺(禺生)、程家柽(韵生,安徽人,自湖北官费派遣)等,皆早与中山先生通往来,以从事于革命。抗俄义勇队之组织,推举蓝天蔚为队长,天蔚即湖北官派陆军学生也。黄兴、宋教仁亦皆由湖北书院学堂出身,吴禄贞(字绶卿,湖北云梦人)初佐唐才常起义失败后,亦倾心革命运动,由日毕业回国后,在鄂兼任数要职,多介绍革命志士入营。黄兴组织华兴会,禄贞亦参与其事。长沙起义失败,鄂军渐警戒党人活动,禄贞遂北上。同盟会成立后,会员张伯祥、余晋城以川帮孝义会首领,约同长江流域哥老会首领或与哥老会通声气者,如湖南焦达峰(初名大鹏,字鞠孙,湖南浏阳人)、江西邓文辉等,在日本组织共进会。丁未(光绪三十三年)秋间成立,其所揭宗旨与方略,略同同盟会,惟入会手续较简,亦不宣誓。会员相见,另有隐语暗号,有时亦用同盟会握手礼。辛亥首义所用之星旗(十八锥角交错形,取各省铁血联合之意。实为同盟会讨论国旗方式之一种),高扬黄鹤楼钟塔尖顶,民元国会定为陆军旗(后废),即是会所制定者也。当是时总部设南部同盟会,专力广东,同志颇有不谓然者,于是先后加入共进会者数十人,湖北孙武(原名葆仁,字尧卿,湖北武昌人)、刘公(原名耀宾,又名湘,字仲文,湖北襄阳人)、杨时杰(字舒武,湖北沔阳人)、宋镇华(湖北京山)均与焉。黄兴由安南至日京,曾与焦达峰诘难,因其意主张长江流域急进,并非立异,遂亦置之。其次年戊申,各同志分途回国组织,武在汉口秘密活动,一秉共进会原来方略,以号召会党为主。旋焦达峰回湘,过鄂时,与武策划进行,湘、鄂地势毗连,武汉当要冲,宜为主动。又明年己酉(宣统元年)乃设武汉办事机关,以绌于经费,由达峰挽其乡人布商刘肯堂、周海文加盟,捐所贩卖布钱,两机关赖以维持。先是,长江上下游各会党各守码头,各名山堂,至是改订名称,厘定章则,统一于共进会内。刘英(字聃述,湖北京山人)亦偕宋镇华回京山永漋河召收会党,响应革命。达峰回湘,集浏阳、醴陵、萍乡诸豪,势力颇盛,仍不时往来湘、汉间。所以武昌首义,甫旬日而湖南最先响应者,达峰之力也。武于己酉冬到香港晤冯自由于中国报社,具以鄂事告,自由介绍其正式加入同盟会。宣统二年,刘公、杨时杰、彭汉遗(字述先,湖北广济人)回鄂,与孙武、刘英商共进会加紧进行革命事。宣统三年正月,居正、谭人凤先后来,正即倚共进会主持中部同盟会湖北分会。人凤给以八百金之运动费,仅维持四个月而罄,诸同志以坐食山崩,束手无策。乃由居正献计,谓广济县洗马坂达城庙,有真金菩萨一尊,盗之可溶解其金以为用,众大赞成。群推居正、焦达峰、查光佛(字竞生,湖北蕲春人)、刘文锦等任此职务,居等遂两次入山,均以庙僧戒备严密而止。第三次得达峰偕湘省壮士之助,盗得金像而出,途中骤遇官差,不得已,弃之田中而逃。数月经营,竟成泡影。适刘公以父命挟五千金北上捐官,诸同志咸劝其改作起义经费,刘初犹疑不决,杨玉如(湖北沔阳人)、彭楚藩(原名潭藩,字青云,湖北鄂城人)乃以计挟之,刘为所动,尽举所有,捐之会中。因在武昌设机关五处,汉口三处,力谋与文学社结合,共图大举。盖文学社为日知会演变而来之革命机关,其势力较共进会为大也。日知会自刘贞一、胡瑛、李亚东等被捕后即封闭,然诸人在狱,狱官颇加庇护,管狱官谈国华且字胡瑛以女。亲友不时前来问候者甚多,亚东(名斌,河南信阳人)因与军中同志议设湖北军队同盟会,表同情者四百余人,因鉴于日知会失败,不立章则,四五月后,会务遂无形停顿。光绪三十四年十月,湖北、江西陆军会操于安徽太湖,杨王鹏(字子鬯,湖南湘乡人)常与同志商改组事,十一月遂开成立会于武昌小东门外沙子岭金台茶馆,定名群治学社。孙武在汉口之共进会,由群治社员黄申芗(原名绍香,湖北大冶人)与之接纳。詹大悲(原名瀚,字质存,湖北蕲春人)因宛思演(湖北黄梅人)毁家接办《商务报》,刘尧澂(名复基,当兵化名汝夔,湖南常德人)为会计,何海鸣(原名时俊,湖南衡阳人)、查光佛等司笔政,作革命宣传,遂为群治学社之言论机关。宣统二年三月,湖南米荒,长沙饥民暴动,拥至抚署,要求平粜。巡抚岑春蓂劝绅富先办义粜,王先谦、叶德辉难之,遂致激变。民众聚至数千,纵火焚毁巡抚衙,及教堂学堂。清廷调鄂军前往弹压。黄申芗、刘尧澂、查光佛等力主急进,谋由四十一标起事,会湘事平,未及发难而罢。然风声微泄，省垣戒严，宪警掩捕黄申芗（时在三十二标），申芗逾垣逃，走沪。《商务报》因嫌疑停刊，群治为官府注意，不得不暂停活动。其后三阅月，始由杨王鹏、李抱良（字六如，湖南平江人）及队官潘康时（字翼如，湖北黄陂人）等扩充组织，定名为振武学社。宗旨标明为联络军界同袍，举王鹏为社长，抱良为文书兼庶务，增设标营队代表，其时社员不过二百四十余人。协统黎元洪责康时队内有结社谋为不轨者，康时极力辩护。元洪怒，将其撤职，并开革杨王鹏、李抱良等。于是社务由蒋翊武（从军化名伯夔，湖南澧县人）主持，庶务文书由邹毓琳（字秉初）接管。会詹大悲创办《大江报》，抗言时政，同志精神为之一振。清廷方以立宪罔天下人，然而亲贵用事，宵小竞进，上下交征利，惟图中央集权，冀百姓奉为不可侵犯之神圣，得以永保其家天下，若辈亦得稳固其权位。蒋翊武见时机已至，不可不加紧运动，乃约大悲及刘尧澂、王守愚、蔡大辅等，商改组振武事，大悲提议改名文学社，为掩蔽官府耳目也。组织于正副社长下分文书、评议二部。宣统三年元旦借新军团拜为名，开成立会于黄鹤楼之风度楼，决议举蒋翊武为社长，詹大悲为文书部长，刘尧澂为评议部长。文书蔡大辅（字云舫湖北京山人）、王守愚（字玄一，湖北京山人）等，计新旧社员八百余人。百分之九十以上皆士兵，官佐不及百之三也。原有各标营代表仍旧，一月间入社者极多。胡瑛在武昌狱，翊武、尧澂常往商之。二月，在黄土坡开代表会，翊武提议社务日繁，非一人力所能胜，于是推王宪章（贵州新义人）为副社长。时社员增至三千余人，湖北新军各营士兵属于同志者已多，运动已届成熟期矣。乃于小朝街张廷辅（字清臣，直隶人。二十九标排长）二楼设总机关，增总务部，推廷辅为部长，尧澂及守愚均住社办事。共进会在武昌分设机关，联络军队，其时军队多已入文学社，不欲再行加盟，不免稍有摩擦；于是共进会干部颇有合并文学社之意，文学社亦感离则两伤，合则双美，经多人从中斡旋，至七月乃开联合会议于武昌山后李宅（孙武岳家），拟组最高机关，统一指挥。军事由文学社负责，公推蒋翊武为湖北革命军总指挥，王宪章副指挥，孙武为参谋长。张廷辅、蔡济民（原名国桢，字幼襄，湖北黄陂人）、刘复基（即尧澂）、祝制六（原名梦熊，湖北荆门人）、彭楚藩、蔡大辅、徐达明（马队）、罗良骏（三十标)、杜武库(字廉卿,湖北黄冈人)、黄驾白(字平分,湖南平江人)、陈孝芬(字铁侯,湖北黄安人)、杨载雄、王华国等为军事筹备员,总指挥部设小朝街八十五号。刘公为政治筹备处总理,孙武、潘善柏(字公复,湖北襄阳人)、李春萱(名作栋)为常驻政治筹备员,居正、胡瑛、李亚东、李长龄(字筱香,湖北天门人,廪生。廉方族叔)、刑伯谦(两湖师范学堂代表)、牟鸿勋(字猷宣,湖北利川人)、张节、汤铭三、梅宝玑(湖北黄梅)、查光佛、龚霞初、蔡大辅、刘复基、陈洪诰、杨时杰、杨玉如、詹大悲、何海鸣为政治筹备员,筹备处设汉口俄租界宝善里十四号。又推居正、杨玉如赴沪迎黄兴、宋教仁、谭人凤来鄂主持大计。孙武居武昌,以其名曰"武",误传为同盟会总理孙文之介弟,故加盟者日众。盖自文学社与共进会联合后,关于起义事宜之一切筹备工作,均克期积极进行,因其时铁路风潮日大,党人均欲乘机发动也。

(三) 黄兴论武昌革命形势

黄兴自广州三月二十九日之役失败后,与胡汉民致海外诸同志书云:"此次以党之全力举事,中外周知,而事机贻误,不能有成,虽虏以党人之敢死勇战,至今犹草木皆兵,然费如许力量,得此结果,岂初念所能及耶?又况死我仁勇俱备之同志之多耶?谋之不臧,负党负友,弟等之罪,实无可辞!惟此心益伤益愤,一息尚存,此仇必复,断不使张、李等贼安枕而卧也。"因此兴欲"躬自狙击此次最为敌之虏贼,以酬死事诸君"。与诸友断绝交通,冀有以解脱一切纠缠,以促其进行之速。及中部同盟会成立,吕志伊赴港敦促兴筹集巨款,克日北行,共图大举。兴已灰之心复燃,乃致同盟会中部总会书曰:

奉读手札,欣悉列公热心毅力,竟能于横流之日,组织干部,力图进取,钦佩何极!迩者,蜀中风云激发,人心益愤,得公等规划一切,长江上下自可联贯一气,更能力争武汉。老谋深算,虽诸葛复生,不能易也。光复之基,即肇于此,何庆如之!弟自三月广州败后,自维才德薄弱,不足以激发众人,以致临事多畏惧退缩,徒伤英锐之同志,负国负友,弟百死不赎!自念惟有躬自狙击此次最为敌之虏贼,以酬死事诸君,庶于心始安。故自四月初二至港,即专意于复仇之计划,虽石公(谭人凤)极力阻止,弟未稍动。即至七月终未尝与一友通只字,其所断绝交通如此之孤行者,冀有以解脱一切纠缠,以促其进行之速。弟虽明知背驰,负罪公等,亦所不计。想匹夫之谅,君子当能见原也。自蜀事起,回念蜀同志死事之烈,已灰之心复燃,是以有电公等,求商响应之举。初念云南方面稍有把握,且能速发,于川蜀亦有犄角之势,及天民(吕志伊)、芷芬(刘芷芬)两兄来,始悉鄂中情形更好,且事在必行,弟敢不从公等以谋进取耶?惟念鄂中款虽有着,恐亦不敷,宁、皖、湘各处,需用亦巨,非先向海外筹集多款,势难联络办去,今日与朱君执信等商议,电告中山先生(汉民现赴西贡,亦电知)及南洋各埠,请先筹款救济。但各埠皆在元气大伤之后,不知能否协助多寡。惟闻人心尚在奋发,益以公等之血诚,想不至空无所得。弟之行止尚不能预定,以南洋之款,或须弟一行,亦未可知。数日后接其复电,方能决策也。鄂事请觉生兄(居正)取急进的办法,如可分身,能先来港一商尤盼!他处事公等已有布置,照公等计划办去,余俟续述。

此函可知中部同盟会与黄兴联络之情形,兴向中山先生报告,具见致冯自由书,时自由已离去香港支部及《中国日报》之事,在加拿大温哥华办《大汉报》。宣统元年正月,中山第三次游美时,始首次赴加拿大,自由发动洪门热烈欢迎。黄花岗之役,加拿大募款最多者,即以此也。中山旋赴美继续活动,以筹饷责委之于自由,故《致自由书》云:

广州之役,弟实才德薄弱,不足以激发众人,以致临事多畏惧退缩,遭此大败,而闽、蜀两省英锐之同志,因此亦损失殆尽。弟之负国负友,虽万死无以蔽其辜。自念惟有躬自狙击此次最为害之虏贼,以酬死事诸人,庶于心始安,亦以作励吾党之气。故自四月二日返港专意养伤,一面团集少数实行之士,以为复仇之计。除与展堂(胡汉民)兄同署布告书之外,未尝与一友通只字,其所以如是之孤行者,冀有以排脱一切纠缠,促其进行之速。不意蹉跎岁月,为同事人所阻止,不得径行其志,悲愤交集,无可发泄。适杨君笃生在伦敦自沉消息(笃生原名毓麟,字叔士,尝为时务学堂教席。壬寅春东渡,入早稻田大学,与黄兴、陈天华最相得。著《新湖南》一书,与欧矩甲之《新广东》均风行一世。兴在长沙谋起义,笃生与蔡元培在沪密谋接济。湘事败,黄兴走沪谋再举,设机关于余庆里,以笃生为会长。及刺王案发,机关被破,笃生改名守仁,走京师。五大臣出洋,笃生力谋为随员,实则与吴樾通声气也。抵东京,又辞随员,返上海,与于右任等筹办《神州日报》。光绪三十四年,随留欧学生监督蒯光典为秘书,至英乃留学于苏格兰,辛亥春,闻广州三月二十九日之役,黄兴凶耗,忧伤愈恒。后得冯自由自加拿大移书,知黄未死,稍慰。又传列强有实行瓜分中国之说,于六月十三日忽投利物浦之大西洋自尽。年四十),感情所触,几欲自裁。呜呼!人生至斯,生不得自由,并死亦不得自由,诚可哀矣!嗣得兄及中山先生并《少年报》致公堂各同志书,责备甚重。如以弟为系华侨之望,则弟实不敢当,以弟在吾党,亦不过徒负有虚名,自问于党事初未尝有如何之实益。若以弟一死为妖党所借口,致阻碍将来筹款之路,或所不免,此则弟日来所踌躇于心而未决者也。七月以来,蜀以全体争路,风云甚急,私电均以成都为吾党所得,然未得其确实消息。前已与执信酌电尊处,转致中山先生,请设法急筹大款,以谋响应,尚未得复。今湘鄂均有代表来沪,欲商定急进办法,因未接晤,不知其实在情形,故不能妄断。至滇之一方面,若欲急办,尽可办到,以去年已着手运动,军界会党皆有把握,有二三万之款,即可发动。然此方面,难望其成功,以武器甚少,不足与外军敌也。滇为蜀应则有余,为自立计则不足,倘蜀败亦归于消灭而已。是以弟等尚未能决其如何办法,专待蜀事得有确信,方敢为之也。粤事弟已组织实行队,先去其阻碍吾党之最甚者,得成功时,再为电告。

又启者:鄂代表居正由沪派人来云:新军自广州之役,预备起事,其运动之进步甚速(广州之役,本请居君在鄂部经理其事,以备响应)。办法以二十人为一排,以五排为一队,中设有排长、队长以管领之。平时以感情团结,互相救助,其爱若兄弟,非他人所得间隔,成为一最有集合力之机体。现人数已得二千左右。此种人数,多系官长下士,而兵卒审其程度高者始收之。以长官下士能发起,兵卒未有不从者。不必于平时使其习知,况其中又有最好之兵卒为之操纵,似较粤为善。近以蜀路风潮激烈,各主动人主张急进办法,现殆有弦满欲发之势。又胡经武(瑛)亦派有人来,胡虽在狱,以军界关系未断,其部下亦约千余人。去岁弟曾通函胡君,请其组织预备,以谋响应。胡已扩张其范围,闻进步亦速。胡君之人在居君之部下者亦有之,拟于最近发动,期两部合而为一,据此则人数已多。际此路潮鼓涌之时,尤易推广。盖鄂省军界久受压制,以表面观之,似无主动之资格,然其中实有反抗之潜力,而各同志尤愤外界之讥评,必欲一申素志,以洗其久不名誉之耻。似此人心愤发,倚为主动,实为确有把握,诚为不可多得之机会。若强为遏抑,或听其内部自发,吾人不为之指挥,恐有鱼烂之势,事诚可惜。即以武汉形势论,虽为四战之地,不足言守,然亦视其治兵之人何如。贼吏胡林翼于破败之秋,收合余烬,犹能卓然自立者,亦有道以处之。今汉阳之兵器厂既归我有,则弹药之不忧缺乏,武力自足与北部之兵力敌。长江下游亦驰檄可定,沿京汉铁路以北伐,势极利便。以言地利,亦足优为。前吾人之纯然注重两粤,而不注重于此者,以长江一带吾人不易飞入,后来输运亦不便,且无确有可靠之军队,故不欲令为主动耳。今既有如此之实力,则以武昌为中枢,湘、粤为后劲,宁、皖、陕(前有陕西人井勿幕君在此运动,今已得多数,势亦足自动。熊克武君已驰赴该处,为之协助)、蜀亦同时响应以牵制之,大事不难一举而定也。急宜趁此机会,猛勇精进,较之徒在粤谋发起者,事半功倍,且于经济问题,尤易解决。兹约计各处,大略有二十万左右,即足为完全之预备,至少四五万,亦足发起鄂事。总之,此次据居君所云,事在必行,即无外款接济,鄂部同志不论如何竭绌,亦必担任筹措,是势成骑虎,欲罢不得。

吾人当体念内地同志经营之艰苦,急为设法筹集巨款以助之,使得有以宽裕筹备,不致艰困从事,归于失败,徒伤元气,不胜切祷之至!弟本欲以躬行荆、聂之事,不愿再为多死同志之举,其结果等于自杀而已。今以鄂部又为破釜之计,是同一死也,故许与效驰驱,不日将赴长江上游,期与会合,故特由尊处转电中山,想我兄接阅,必为竭力援助。前加属于广州之役,最为出力,此纯系吾兄血诚所感,故能有此。今更望有以救我,拟得兄等复电后即行。前函书好未发,适鄂派人来,故特补叙,又及。

此函为八月十四日发,即武昌首义前五日也。势成骑虎,欲罢不得,殆有弦满欲发之势,是黄兴已据居正派人报告而知之矣。斯役虽由共进会与文学社之联合为主动,殆亦可谓中部同盟会组成后之工作表现。盖谭人凤为湖南革命同志之老人物,须髯皆白,奔走不息,素为两湖青年所敬仰;宋教仁本由湖北文普通学堂出身,曾参加日知会前身之科学补习所为文书,及随黄兴长沙起义而失败,被鄂当局开除学籍,但其与两湖之党人,关系异常密切。自中部总会成立后,谭、宋二人常秘密往来于沪、汉间,与居正、孙武、胡瑛等筹商进行,于是共进会与文学社已不啻中部总会之分支,不三月而遂以集事。此时在上海尚有一言论机关,为同盟会中部总会及各方面作连系工作者,即于右任(初名伯循)先生之《民立报》是也。在国内为革命党作宣传之报纸,自《苏报》、《国民日日报》、《警钟日报》相继被封以后,仅有香港之《中国日报》,而销行限于广东。右任既创中国公学,乃东游谒中山,加入同盟会,立志办一革命报纸。光绪三十三年二月,初创《神州日报》,杨笃生、王旡生、李梦符、汪德渊、叶仲裕等皆与合作,未及一年,社毁于火。宣统元年三月,右任又发刊《民呼日报》。戴天仇、范光启、景耀月、陈飞卿、谈善吾、杨千里、吴宗慈、王旡生皆为主笔。不三月,右任以甘肃赈灾事被冤诬,租界当局强迫《民呼报》停刊。于是《民吁报》又以朱葆康(少屏)、范光启(鸿仙)之名义继续出版。不过四十余日,因揭发日本浪人之罪恶,表彰韩人安重根刺杀伊藤博文之英勇,为日本驻沪领事所控遭封禁。宣统二年九月九日,右任得上海商会会长沈缦云之助,又创规模宏伟之《民立报》于三茅阁桥。先后主笔政者,除《民呼》、《民吁》旧人外,尚有宋教仁、吕志伊、徐血儿、张季鸾、叶楚伧、马君武、康宝忠、周锡三、王月波、李浩然等,谭人凤、陈其美皆以该报访员名义,往来各地。武昌革命所受同盟会中部总会之影响,固均以《民立报》为枢纽也。曾杰记中部同盟会之发起人有右任,惟成立大会之签名单无之,或当时因事未到耳。

(四) 秘密机关之破坏

铁路风潮之起也,武汉人心汹汹,四川大骚乱,诚天亡清之时。《大江报》为文鼓动,詹大悲题曰《大乱者救中国之药石也》,何海鸣题曰《亡中国者和平也》。鄂督瑞澂阅之大怒,逮捕大悲、海鸣入狱,封闭《大江报》,舆情更愤激。清廷命端方带兵入川查办,端方即调鄂军三十一、二标之五营往,同志颇有密谋军队开至荆、宜时杀端方起事,居正以武汉准备未充,如荆、宜先发,反受影响,力持不可,遂寝。及八月三日南湖炮营同志孟发成等为同袍退伍者祖饯,群英聚会,酒酣耳热,兴致淋漓,笑声达于户外。其队官出而干涉,众不服,大起冲突。霍殿臣乘醉发动,率众夺炮出,然撞针卸下,子弹库又扃闭,仓卒不得入内。而管带姜明经闻变,急调附近马队来弹压。孟、霍等度势不行,遂逃。至城内晤邓玉麟(同兴酒楼歇后,又立同兴学舍,以为联络机关)、胡祖舜(字玉斋,湖北嘉鱼人,主持胭脂巷十一号分机关,民国后为国会议员,著有《六十谈往》)、李翊东(字西屏,湖北黄冈,测绘学堂代表)等,具以事告。翊东曰:“吾闻先发制人,后为人所制,今事已泄,若不急发,将为清吏所乘也。”乃相与决计即晚发动。玉麟即通知刘尧澂集祖舜寓所,急为之备。尧澂主缓发,盖以黄、宋、谭尚未来鄂,居正赴沪购手枪,亦未运到;且瑞澂昏庸胆怯,今日之事,必不敢究,如深究则举犹未晚也。众然之。瑞澂得报,果以兵士酗酒滋事,开除一二人寝事。自是之后,鄂当局颇虑军队不稳,严加防范。而孙武、尧澂等亦于是日集合各标营代表会商起义日期,及代表所负任务,乃预定八月十五日举事。利用民间有“中秋杀鞑子”之史话,但须俟临时命令而定,以塘角辎重营举火为号,白布绾臂为记。旋焦达峰专函称十五日不及赶办,请改期。讵风声外露,瑞澂令第八镇统制张彪,第二十一混成协协统黎元洪各率所部,日夜巡视城内外,以电船游弋江面,楚同、楚威兵舰升火架炮,戒备甚严。总指挥部因是深为踌躇,决定中秋前后数日力持镇定,俟防范稍弛,猝然大举。十八日晨,蒋翊武由岳州回省,尧澂即召集各标营代表会议,移时而散。不意是日汉口宝善里机关部,孙武配制炸药,预备携至武昌,作炸毁督署之用(此炸药系黄复生、喻培伦留存之物,以备炸端方者)。因刘公之弟刘同偶遗烟灰于配药盆内,一时火星迸裂,烟气弥漫,声震四邻,武重伤头面,同志急从后门扶出,送医院救治。俄警闻声来查,知为革命机关。刘公之寓在紧邻,公逃避他处,其弟同返寓,形色仓皇,俄捕遂将同及公之亲友五人一并捕去。所遗文书、名册、符号、旗帜,悉解捕房,立移江汉关道转督署讯办。被捕者一经严讯,有人畏刑吐实,于是武汉革命机关及主要人物,多被泄露矣。翊武、尧澂与张廷辅在小朝街闻邢伯谦、邓玉麟仓皇来告,皆相惊失色。尧澂曰:“事已至此,与其坐而被捕,不如及时举义,成败利钝,非所计也。”众意皆主急发,玉麟持之尤急。尧澂取箧内地图及方略示之,翊武遂以总指挥名义,起草命令,派人送各标营,定于是晚发动。兹录命令原文如下:

命令 八月十八日下午五时发于小朝街八十五号机关部

(一)本军于今夜十二时举义兴复汉族,驱逐满奴。

(二)本军勿论战守,均宜依守纪律,不得扰害同胞及外人。

(三)凡马、步、炮、工、辎等军闻中和门外炮声,即由原驻地依下列命令进攻:

甲、工程第八营以占领楚望台军械库为目的。

乙、二十九标二营,由保安门向伪督署分前后进攻,一营前队出中和门迎接炮队,左队防守中和门,右队防守通湘门,后队助工程营占领楚望台。

丙、三十标扑灭旗兵后,即向各要地分兵驻守。

丁、三十一标留守分驻各城门防守。

戊、四十一标三营进攻伪藩署及保安、官钱、善后、电报各局。

己、三十二标留守兵，由保安门进城援助二十九标二营进攻伪督署。

庚、马队八标一营进城后，分配各处搜索。二营向各城门外搜索，以四十里为止。

辛、塘角辎重第十一营，于本夜十二时在驻地放火助威，借寒敌胆。

壬、塘角工程第十一营，掩护炮队十一营，由武胜门进城，占领凤凰山。

癸、卫生队于天明时往各处收拾阵亡尸首，汽车队于十二句钟时在谘议局听遣。（辎重第八营任伪督署守卫不可靠）

（四）炮队八标于十一句半钟即拔队由中和门进城，以一营占领楚望台，向伪督署及八镇司令部猛烈射击，以二营左右队占蛇山，向伪藩署猛烈射击，中队留守原驻地，三营占领黄鹤楼及青山一带，防守江中兵舰。（我军占领时均即射）

（五）四十二标一营左队进攻汉阳城，前、右、后三队占领大别山及兵工厂，以中队为援队。

（六）四十二标二营占领汉口大智门桥口一带。

（七）四十二标三营右后两队堵塞武胜关，前左两队防守花园，祁家湾一带。

（八）武昌弹药枪支暂由楚望台军械库接济，阳夏暂由兵工厂接济。

（九）凡各军于十九日上午七句钟，皆至谘议局前集合，但须留少数步队防守已占领地点。（阳夏驻军不在此例）

（十）予十二时前在机关部，十二时后在谘议局。

临时总司令　蒋翊武

此命令外另有一道命令："南湖炮队于是晚十二时鸣炮为号，城内外各军闻炮声一齐动作。"惜当日警戒甚严，传令者被阻，炮队未接到鸣炮命令，故是晚不及发动。翊武、尧澂及龚霞初、彭楚藩、邢伯谦、陈宏诰、牟鸿勋等,集小朝街机关部,候至将十二时,外间寂然,正惶惑间,忽闻敲门声甚厉,同志知有变,尧澂即持炸弹下楼,甫及梯,军警已破门入。尧澂掷弹,中梯身碎片反射,负伤扑下,遂被缚。其余诸人,越后墙,登邻屋顶,人多顶塌,皆被捕。张廷辅妻住楼下,亦与焉。次晨,廷辅在三十标操场被捕。翊武垂长辫,衣酱色旧布衫,外套领褂,如乡学究,军警不甚注意,乘间逸去。宏诰与来捕之警官识,亦中途纵之去。先是,杨宏胜由胭脂巷搬运炸弹,分送小朝街等处,过工程营(熊秉坤言系送往该营),守卫疑而诘之,宏胜反走。追者急(或言及抵寓,以邻人告发被搜),宏胜掷弹受伤,遂被捕。一日之间,武昌各机关全被破获,被捕者数十人。瑞澂当命铁忠、双寿及武昌府陈树屏在督署会审,庭讯已四鼓,以彭楚藩为宪兵,首先提讯,楚藩慷慨自陈,铁忠即命明正典刑。次讯刘尧澂,尧澂厉声云:“要杀便杀,何必多问?”推出时大呼:“少数满人,压迫四万万汉人,同胞呀!大家起来革命!”又讯杨宏胜,见其面被炸伤,焦如黄炭,未讯一语,即写就旗牌。宏胜曰:“好,只管杀,你们的末日就要到了!”至是彭、刘、杨三烈士皆在督署前斩决,天已黎明,遂退庭。后人赞曰:

> 龟山苍苍,江水泱泱,烈士一死满清亡,掷好头颅报先皇,精神栩栩下大荒,功名赫赫披武昌。呜呼!三烈士兮汉族之光,永享俎豆于千秋兮,与江山而俱长。(赞一)
>
> 貌清而洁,骨侠而烈。促革命之成功,贡牺牲于祖国。湘汉钟灵,孕兹三杰。共和成立兮千秋万岁,永纪念夫鄂州血。(赞二)

(五) 武昌革命之爆发

宣统三年八月十九日(即一九一一年十月十日),彭、刘、杨三烈士既死,随之被逮者共三十二人,皆押模范监狱。是日城门紧闭,满街军警,各营停止操课,不准官兵外出。革命党机关破坏者多,干部人员均逃避,领导之中心已失。其时谣言蜂起,各标营之同志,目睹张廷辅在操场就捕,又闻名册搜去,将按名大索,于是人人自危,咸思发难以自救,不谋而同。工程营总代表熊秉坤(原名炳昆,字载乾,江夏人),早为日知会会员,既入共进会,深佩居正为人。乃谎谓同志曰:“今早奉总机关命令,责我工程营首先发难,其原因即军械所为我营所有,如各标营响应,亦必先到军械所领子弹,然后方可从事别方工作。如我营不即先动手,别营当然怀疑,决不敢举动。”各代表闻之,皆惊惧失措。秉坤叱之曰:“吾辈平时革命,为的是牺牲,今到时矣,怕死徒然。吾辈名册已搜去,按名捕拿,将及吾辈也。吾辈应以广州三月二十九日为模范,洪山之阳,未必不有吾辈之黄花岗也。今一言为汝等决之,如其坐而待其捕杀,不如奋起一击,即所谓反也死,不反亦死,吾辈要死,死于太山得矣。况死中得以求生,亦未必不能一举而成功,遂吾辈平素革命之大愿矣。”众闻言心稍定。前队代表徐少斌起言曰:“熊代表所言,斌极赞成。革命事业,原属冒险牺牲,不牺牲不成功,不冒险不失败,时至今日,无论何如,我辈要一干,纵不成,也未见个个杀头。安庆熊成基之事,诸君所知,斌昔同熊成基在一处发难,今得又与诸君相见,以斌即可证明矣。”秉坤复曰:“湖北占天下形胜之地,西南各省革命之风气弥漫已早,多耻其湖北人不革命。不宁惟是,安徽两次起义,湖南之萍醴之变,均为湖北新军所摧破。今湖北新军革命,天下无敌,且西南必风起云涌而应之矣。”如是众韪其言,约定晚七时发动。因昨发子弹已弃置,由吕功超取其兄家所藏子弹两盒分给同志,于郁文、章盛恺又窃排长方定国子弹五排益之。秉坤笑曰:“有此足矣!”乃往三十标三营前队,告同志方维、谢涌泉,及二十九标二营排长蔡济民等布置响应。济民原已与三十标一营吴醒汉、二营徐达明等相约死里求生,今晚非干不可。遂各整戈以待。是晚工程营后队二排排长陶启胜闻知革命党有起事消息,欲先发制人,捕以献功,乃带护兵二人,往捕金兆龙(黄冈人)、熊秉坤,先见兆龙持枪卧,呼出棚门,执其双腕,大喝曰:“汝胆特大,竟欲革命造反乎?左右为我缚之!”护兵不敢应,二人互纽不解,兆龙情急,呼同志曰:“此时尚不动手,等待何时?”同志程定国即取枪倒转,以枪托猛击陶头,陶释金捧头逃,秉坤闻声来视,对陶开枪一击,不中,代理营长阮荣发错认陶带兵发难,又发三枪,陶逸至家,遂死。于是全营之吆吼声,弹压声,玻璃碎片声,与夫枪弹串放如联珠声,哄然杂作,声震天地,而武昌之革命爆发矣。阮荣发及队长黄坤荣、司务长张文涛等大呼:“此等事作不得的,要抄家灭族咧！赶快觉悟,各回本棚,决不究既往。不要胡闹乱为,受革命党之骗,革命党人昨日老早跑远,教尔等今天送死也。”吕中秋、徐少斌、程定国发枪击毙阮、黄、张三人,其余官佐均逸去。秉坤即鸣笛集合,率队出营,至楚望台军械所,该所已为罗炳顺、马荣等所占领矣。此时驻塘角之辎重队,由总代表李鹏昇(字选皋,黄陂人)率领同志百余人纵火为号,径向武胜门进发。瑞澂电奏所谓“革匪余党,勾结工程、辎重营突于十九夜八钟响应,工程营则猛扑楚望台,辎重营则就营纵火,斩关而入”者也(李鹏昇带队由武胜门绕城至通湘门而入。一言至南湖合炮队由中和门而入也)。未几,二十九标、三十标相继而起,又有测绘学堂学生李翊东、陈磊等全班到楚望台。适汪长林巡查遇吴兆麟(字畏三,湖北鄂城人。曾与日知会,时为参谋讲习班学员),强邀至楚望台与秉坤晤,兆麟深沉有谋略,军学颇有声誉,士兵多信仰之,遂被推为临时总指挥。兆麟乃巡视各军,申言须服从命令,如有违抗者,当以军法从事,众呼应之。兆麟遂于十时半下令排长伍正林、邝名功分二队向督署前进攻击。蔡济民率同志百余名继之。金兆龙、马明熙、方维等先后带兵出城迎接炮队。炮队同志蔡汉卿(字希圣,沔阳人)赤膊呼啸而出,其队官阻止,蔡飞腿蹴之。乃与孟发成、徐万年、程国桢等率炮八门向中和门进,邓玉麟、李作栋来传达起义命令者,亦易装同行。李廉方《十九之夕》云:“当由塘角启行,沿途炮车转动,轧轧有声。乡民惊问何事,答曰:这是我们的事,驱满兴汉,老百姓不要惊惶!”而熊秉坤《辛亥湖北武昌首义事前运动之经过暨临时发难之著述》云:“金兆龙带兵经中和门,守者逃无踪,无匙门不得启。金无法,双手扣锁两端,用力向怀中拔,而尺余长将及两三斤重之新锁,碎为数断,神力乎？天助乎？此吾人不能不认为奇事也。然后启门出时,第八镇统制张彪派队官楚瑛率兵一连阻击数分钟,幸楚兵无斗志,遂退回营。金方能进至南湖阅兵亭,达炮标后营门,力冲而入,与炮队同志程国桢、孟发承晤,若辈始知城内各同志盼炮队进城之迫也。惟夜间不便驾驮,由双方同志与士兵拖炮三门向城内进发。”李氏谓炮队同志见塘角火光,群起准备,乃由蔡汉卿先发难,金兆龙等率队在中和门内外沿途掩护。与熊记由迎接炮队之金兆龙促起者,稍有不同;且李言率炮十三尊，炮车转动，轧轧有声；熊言夜间不便驾驮，由同志士兵拖炮三门。据蔡汉卿《记事》云："共有山炮八门，本人与徐万年率四门；孟发臣、陈国桢率四门。"邓玉麟《起义经过》云："八时闻知城内发动，即放枪集合炮队。"可知秉坤所记必事后闻诸兆龙者，或有误也。瑞澂、张彪一闻工程营兵变，一面制止内部，免于响应，一面调派可靠兵队会剿。惟各标营管带以上官深恐祸及，纷纷离营。自炮队进城开炮后，不独士气为之一振，即各标营尚未反正者，亦多由同志举队来合。进攻督署之伍正林部因前进过猛，张彪亲督武装消防队两次冲锋，死伤颇大。正林以任务未达，愤欲自刎，为左右救护，退守津水闸。署后邝名功与蔡济民一路，为敌之机关枪所扼，众不能进，蔡即往守官钱局、造币厂、善后局诸财政机关。邝退工程营操场，架枪休息，吴兆麟闻之，责邝违令，欲以法置之，为同志缓颊以免，队伍复返军械所。兆麟于二十日午前二时（原命令署十九日者，从俗也），再下令熊秉坤带工程营全队向督署前攻击，由伍正林及三十标之马明熙、徐达明、吴醒汉等协助。黄楚楠带左队攻督署后，以姚金镛带二十九标三营右队为预备队。陈国桢在保安门，城上布置山炮两门，向督署射击。初以天黑目标不显，有误中民房者。乃在接近督署后面商店放火，火既烈，督署为炮队灼见，发炮渐准。王世龙又跃至钟鼓楼前，以木柴浇油纵火焚之。秉坤选敢死队四十名，直冲东辕门，敌反兵包围，正激战间，纪鸿钧随带石油跃进门房放火，俄而燎及大堂，敌人见大势已去，纷纷逃遁，亦有弃枪投诚者。其时瑞澂已由后墙逃登楚豫兵舰，行时责成张彪固守。张彪及见大都司巷镇司令部一带防线既破，遂亦出走汉口刘家庙，以其地与江中军舰及铁路南下清兵便于接洽也。时将天明，而武昌完全光复，省城大小官员，走避一空，巡警亦皆逃散。惟革命军胥由新军第八镇及二十一混成协之下级军官及士兵所组成，尚无一适当之首领，以发号施令耳。

（六）黎元洪出任鄂军都督

先是，共进会预拟起义后推刘公为都督，以其为共进会第三任总理也（第一任张伯祥，第二任邓文辉）。刘英为副都督，孙武为总参谋，宋镇华为第一镇统制,黄申芗为第二镇统制,凭借会党发动。既而在武昌分设机关,联络军队,军队多已入文学社,乃由中部同盟会策动两团体联合共举。文学社保留军事指挥权,政务由共进会负责处理,故将前拟都督统制之议作罢,公推蒋翊武为总指挥,孙武为参谋长。十八日机关被破,刘公、蒋翊武皆走避,孙武受伤,刘尧澂就义,居正赴沪未回,因是主持无人。熊秉坤虽为发难第一人,而地位阶级,与众无殊,其势不能指挥,不得已始改推吴兆麟,吴亦为下级军官,只能作临时指挥,未足以资号召也。二十日黎明,各标营队伍除以少数巡城外,皆回营休息,由领率者加以调整,听候改编。另由同志多人往谘议局筹商,仍从十八日总指挥部未破前所下命令也。及到谘议局,先探询议长汤化龙,首要在推选都督。化龙虽言请就在省军人为诸君平素最信仰者,选任一人。然未有绝对拒绝意,议员胡瑞霖则力持不可。其意以汤为宪政派,与革命党素无关系,又其时成败尚未可知也。乃决改举第二十一混成协协统黎元洪。元洪(字宋卿,黄陂人,北洋水师学堂毕业)初闻工程营兵变,即将四十一标官佐集会议厅,借此镇压。及为蛇山(孟发成所率炮队置此)及楚望台排炮所击,士兵亦有哄动之象。黎即吩咐官佐曰:“汝等各自回营,带兵出去,如能维持,须维持弹压下去,将来定有重赏。否则听其自择,余亦不能为汝等负责。”言毕,即带执事官王安澜至黄土坡参谋刘文吉家躲避。因令火夫回家取箱笼,遇汤启发、程定国、马荣等巡查瞥见,疑为乘火抢劫,喝止之。火夫以实告,乃同往刘宅。元洪出叱曰:“余带兵并不刻薄,汝等为何与余为难?”众曰:“我等来此,原非恶意,特请公出为我辈主持大计耳。”黎曰:“革命党人才济济,要余何为?”众曰:“公平时带兵,颇得士心,今革命党均属军人,如无众望所孚如公者,谁人领导一切?”黎曰:“到何处,向何人接洽?”众曰:“到楚望台,与吴兆麟接洽。”黎曰:“吴畏三乃余之学生,且富有军事学识,有伊一人足矣。”众知黎毫无诚意,程定国乃大呼曰:“时急矣,将从而生乎?抑不从而死乎?统领自择之!”黎知不可抗,遂从众而来。马荣先往送信,兆麟派兵一排,站队鸣号,以示欢迎之意。黎服长袍马褂,款步至,安澜随之,兆麟出招待。黎笑谓众曰:“各位辛苦!”黎偕军官至中和门城楼观战,小语责吴,不该为此也。吴答以为众所挟持。及督署攻下，各代表相聚会议，黎询众曰："现督署虽克，而瑞澂、张彪未获，汝等将有何法以善其后？"众云："请统领作主。"黎复问："汝等革命党所恃有援者何处？钱粮多少？"邓玉麟曰："京山刘英已集十万众，三日可到汉。"熊秉坤则以"官钱局、铜币银币各局及藩库所存银币不下三千万"对。后又问："倘瑞澂、张彪调水陆兵并进，将若何？且海军尤利害，吾在海军多年，故知不须十弹，此城将粉碎矣。汝等将退往何处？"邓玉麟以退湖南对。黎曰："湖南省有何把握？"邓曰："焦达峰已约上月初间举事。"黎曰："吾看此殊无把握，依吾见，汝等不若暂且回营，吾去说瑞、张使免追究何如？"何竹山抗议曰："吾人革命，死生利害皆所不计，尽吾人心愿而行之，虽肝脑涂地亦分内事也。统领意见绝对不可行。"黎嗟叹，不得已，乃从。黎遂下令各标营回营休息，然听者少数。少间汤化龙派胡瑞霖来请开会，组织政府。黎乘马行，熊秉坤、邓玉麟、徐万年等随行，并派士兵百余名护送。十二时许，黎至谘议局，仍执前说，蔡济民力与争辩，俱失色。化龙乃延黎至议长室，密谈有顷，旋出。黎表示不画一策，不出一谋。李翊东时以缮就之安民布告一纸，请黎署名，黎执不可。畏缩颤声曰："勿害我！勿害我！"陈磊先举枪指黎詈曰："生成满清奴隶，不受抬举。"翊东继威之以枪，蔡济民、吴醒汉等出而劝阻，翊东愤而代书一黎字而罢。于是同志等进商都督府部署事宜，以甘绩熙为警卫司令，卫士多陆军中小学堂学生，后二日，绩熙改参谋官，改高尚志担任。李翊东被推为都督府铨叙长，司赏罚。又以往来人杂，特设军法稽查间谍等各司其事，并推人暂任文书庶务。时都督初定，除守卫外，府内办事人员多外出，惟李翊东、陈磊等常在府，蔡济民、胡瑛、张振武、吴兆麟、徐达明、杨玺章、吴醒汉等亦时来商洽耳。当元洪未到谘议局前，群龙无首，其时阳、夏未定，瑞、张退汉口，收拾溃军，四出请援，省垣残余旗兵，尚未肃清。同志集谘议局者，经半日之久，一筹莫展，各标营纷纷探问，消息沉闷，躁急者失望，胆怯者恐惶，至有忿忿作归计者，其情事紧张，较十八、十九两日更为难堪。午后武昌城内外，遍贴布告，往观者途为之塞，欢声雷动。旅汉之外国人士，闻之亦为震动，皆曰：想不到黎协统也是革命党。元洪初本胁从，驻府时色颇不豫，不发一言。同志以兵守护之，防其逸也。二十日，天方黑，管带部翔宸率所部旗兵百余人来犯,李翊东、甘绩熙急指挥测绘学堂同学及陆军学生奋勇还击,部兵败走四散。黎暂避蛇山,旋回府而意仍不决。二十一日,蔡济民劝黎剪去发辫,黎思索再三始允。蔡抚其头戏曰:“都督好像个罗汉。”黎笑曰:“有点似弥勒佛。”至二十二日下午,开军事会议,黎当众宣布曰:“我前天未决心,昨天也未决心,今日上半天还未决心,这时是已决心了,无论如何,我总算是军政府的人了,成败利钝,生死以之。”众鼓掌欢迎。兹录其致萨镇冰书,足见事实之经过云:

> 洪当武昌变起之时,所统各军均已出防,空营独守,束手无策。党军驱逐瑞督出城后,即率队来洪营,合围搜索。洪换便衣避匿室后,当被索执,责以大义。其时枪炮环列,万一不从,立即身首异处,洪只得权为应允。吾师(元洪在北洋水师学堂肄业时,萨为监督)素知洪最谨厚,何敢仓猝出此?虽视事数日,未敢轻动,盖不知究竟同志若何?团体若何?事机若何?如轻易着手,恐至不可收拾,不能为汉族雪耻,转增危害。今已视师八日,万众一心,同仇敌忾,昔武王云:“纣有臣亿万,惟亿万心;予有臣三千惟一心。”今则一心之人何止三万!而连日各省纷纷之士,大多留学东西各国各种专门学校,及世代簪缨,各有专长,阅历极富,并本省官绅人等,故外交着手,各国已认为交战团体,确守中立,党军亦并无侵外人及一私人财产之事,不但在中国历史上视为创见,即各国革命史亦难有文明若此。可知满清气运既衰,不能任用贤俊,致使聪明才智之士,四方毕集,此又岂洪一人之力所能致哉?即就昨日陆战而论,兵丁各自为战,虽无指挥,亦各奋力突进。汉族同胞,徒手助战,毁损铁轨者指不胜屈。甚有妇孺送面包茶水入阵,此情此景,言之令人奋武。谁无肝胆?谁无热诚?谁非黄帝子孙?岂甘作满族奴隶,而残害同胞耶?洪有鉴于此,识事机之大有可为,乃誓师宣言,矢志恢复汉土……

此为黎元洪出任鄂军都督之实录,大约在誓师后始下决心耳。元洪既非革命党员,而谘议局又为民意代表机关,乃由议长汤化龙与黎联名通电各省,请求响应。时各省交通尚为清吏控制,文电不能达,乃假用瑞澂名义,以张大武汉革命军势力。并由谘议局组织政事部,推化龙为部长,下设内务、外交、财政、交通、教育、司法、编制七局,依军政府组织条例,军事与政事并立也。顾都督府忽筹设政务机关,亦有内务、外交、军务、理财等部,后又加交通、司法、教育、实业四部,旋改部为司。因此化龙所设七局,徒有其名,并未行使职权。九月初旬,蒋作宾(字雨岩,应城人,时任陆军部军制司步兵科长,兼代司长,同盟会员)自北京来,或有疑其来意者,化龙独往迎之,并及化龙,化龙益感不安,卒解散其政事部,旋即走沪,黄兴、宋教仁深为湖北惋惜,以化龙虽立宪派,对于地方,颇有建白也。当时军事初兴,众议纷纭:一制度也,时兴时废;一职任也,或甲或乙。即军队建制,亦复破坏。元洪及首义诸人皆无法操纵,而奔竞者反可捷足先登矣。二十三日,居正、蒋翊武由上海、岳州回,居正提议商订组织条例,始改谋略处为参谋处,以张景良为参谋长,杨开甲、杨玺章副之,吴兆麟、蔡济民等俱为参谋。杨玉如为秘书长,杨去,饶汉祥代之。冯濬、杨时杰等先后为内务部长,胡瑛为外交部长,孙武为军政部长,李作栋为理财部长。武伤未愈,以张振武副之,代理部务。振武,罗田师范讲习所毕业,为省垣小学教员,不娴军事,参加共进会,不过二三月,与军队及秘密团体,素无关系,又好逞意气,其骤任副部长,实呈易爻鼎折足之象,其后军事发生种种骚扰,多与振武有关。又耸动孙武同组民社,与同盟会对立,后成为共和党(此从李廉方说。《革命缘起》谓其为同盟会员,与蔡济民迫黎元洪出任都督。《详注》云:张字春山,湖北罗田人,寄籍竹山。民元前五年入同盟会。民二在北京为黎元洪电袁世凯拘捕杀害,年三十)。惟居正、刘公、刘英、杨时杰等仍隶国民党。居正、刘公、蒋翊武皆为高等顾问。军队编练,初为步队五协,炮队三标,马队一标,工程队一营,辎重队一营,敢死队三队。军政府自都督以下职员及各军官,一律月支二十元,兵士十元,头目十二元。行之数月,未有异议。武昌首义之精神,诚足以争光日月,然自军政府成立,各同志忽视人事,卒为投机取巧者所乘,尤以黎之左右如王安澜、唐克明辈呼朋引类,阻碍民党最甚。此革命成功,而湖北之军政二大事,皆不克有所建树,则以名器易流于滥之故也。惟当时风气,未有上下交征利者,亦未有军人敢于扰民者,此亦可以觇世变矣。

(七)阳夏之光复

湖北革命团体,在营内组织,最早者为工程营。而力量较厚者为混成协,文学社自群治振武以来,相沿集中于此。协即元洪所统也,辖有两标,四十一标分调外防,留守城内者不及一营。四十二标第一营驻汉阳,第二营驻汉口居仁门,第三营驻信阳武胜关一带。文学社在阳、夏分设支部,正副部长胡玉珍、邱文彬皆一营士兵,故汉阳亦为军队策源地之一,共进会分子不知也。一营分防兵工、钢药两厂,营部在两厂中间,左队驻兵工厂,前队驻钢药厂,秘密负责代表以胡玉珍为主,营部书记王缵承、左队邱文彬、张步瀛等,前队戈承元、张大鹏、梁炎昌等,当武昌总指挥部破坏,汉阳未接消息。十九日晨,管带汪炳山下令各队采办员限上午十时归营,他种禁令亦森严。玉珍适为采办员,自往汉口交通处范明山寓问讯,遇副社长王宪章逃至,告以破坏详情,谆嘱准备速动。下午六时回营,值日长责以违令,罚禁足一月。其夜十二时,玉珍私至王缵承棚据实密告,尚不知武昌是时已起义也。二十日星期,奉令士兵在操场休息,采办则以司务长代之,即分驻各队消息亦不易通。忽有李金山同志奉派督送帐篷至大校场,据回报云:辎重营无枪官兵露宿其处,询其由来,皆不答,同志颇以为疑,然亦无由探其真相也。其日正午袁金声送公文至标本部,急渡江至武昌探之,下午四时半回报,汉阳门紧闭,城上荷枪士兵,左臂皆缠白布,城外遍贴布告,署都督黎。于是玉珍、缵承等商定是晚举义。适同志黄家麟值日守卫,玉珍乃便衣逾垣往汉口与二营同志赵承武等商洽,并约王宪章来议事。缵承则通知左前两队同志于八时半举义,各占领其防守之厂及厂外山隘。及宪章、玉珍先后至,议事有顷,玉珍鸣枪为号,右后两队齐至操场集合,即进子弹库取子弹分发。管带汪炳山逃。时队官宋锡全在大营门与黄家麟谈话,欲起而制止,家麟即将预置之白布一副,系于锡全左臂,笑语曰:“你不要糊涂。”锡全素机警,即抽佩刀作指挥状。玉珍正向队伍演说,即曰:“宋队官日知会党员也,才学为本营冠,平日待士兵尤和平，吾辈此后皆听其指挥。"众皆欢呼。旋左队前队先后报告，左队由邱文彬鸣枪集合，率队搜查枪厂炮厂子弹库，随即布哨龟山（大别山）周围。并运大炮安置山顶，时夜深天黑，宿大校场之辎重营残队闻声来探问，文彬漫应曰：放哨。一面派人至营部催速派队来合剿，一面分队包抄其左翼，辎重营未抵抗而逃。前队戈承元、张大鹏等则驱散钢药厂厂警，代以士兵，并分队往黑山布哨，两队长官相率逃走。兵工厂总办王寿昌遁往上海，于是设司令部于公务厅，设指挥部于龟山上。二十一日晨，见有敌舰一艘满载士兵，由刘家庙上驶至黄鹤楼前转舵，直向龟山方面而进，炮手王子卿、左福斋、雷声燮发炮击之，敌舰亦回炮，及击中其船尾，始向青山下游逃去。此舰为瑞澂派来进据兵工厂之兵，兵工厂所储枪械、子弹为革命军所取资，关系武、汉安危，故邱文彬有"龟山数炮重于武昌一枪"之愤言也。其时汉口方面，得汉阳派队施放空枪，赵承武即集合同志起义，队官林翼支、排长吴胜元亦出而指挥，管带陈钟林走避。三十标二营旗兵见大势已去，相率逃遁。二十一日上午十一时许，一二两营各派代表集议于兵工厂，胡玉珍、邱文彬、赵承武、王缵承等公举宋锡全为统制，驻守汉阳，林翼支为协统驻守汉口。王宪章等为标统，赵承武等为管带，邱文彬、梁炎昌为正副参谋长，王缵承、黄家麟等为参谋。胡玉珍以参谋名义司联络。郑兆兰为兵工厂长。其后呈报都督核定，委宋为协统，林为标统。汉口五方杂处，当二十、二十一两日，治安无人负责，匪类乘机抢劫纵火，由商会代表向都督府请愿，当派二百名来汉维持。及各标营部署已定，出而弹压，秩序遂逐渐恢复矣。詹大悲、何海鸣由同志欢迎出狱，渡江晤军政府各同志，遂被推为主任。适蒋翊武自仙桃镇归，共商一切事宜，乃组汉口军政分府。分军事、政务、秘书、参谋四处，大悲兼军事，温楚珩任政务，吴昆任秘书，何海鸣任参谋。商会会长蔡辅卿、副会长李紫云召集各行帮代表组织商团，协助军队，保卫治安。何海鸣没收《公论报》改办《新汉报》，与天门胡石庵所办之《大汉报》，皆为革命军宣传。而军政府所刊之《中华民国公报》，则于二十五日即发行。牟鸿勋为社长，张越为主笔。次日党人设坛请元洪祭告天地及黄帝誓师，以促其决心也。

一百七十七　各省之响应(上)

(一) 湖南之光复

湖南革命运动,自甲辰长沙之役事泄失败,黄兴走日本,马福益就义,是为革命进行之第一挫折;后丙午萍浏之役,虽军声甚壮,然以众寡不敌,指挥无人,终于失败,是为革命进行之第二挫折。从此以后,湖南之革命进行,由谭人凤、焦达峰之领导,与湖北联为一气,因湘、鄂接壤,唇齿相依,两省拟同时大举,以制清军。达峰返湘,先在萍、浏一带,组织民军,联络会党,又由陈作新(字振民,原籍安徽,先世游幕浏阳,遂家焉。少为诸生,精金石学,尤喜谈兵。任四十九标排长,兼随营特别班教官,常持民族大义,被迫离营。辛亥春,晤谢介僧于刘文锦家,遂分任联络军队责)、刘文锦联络新军及巡防营,嗣因集代表开会于天心阁,事被泄漏,刘文锦走汉口,新军被开除者,达数百人之多。广州三月二十九之役失败,两湖革命党互相商决,由长江发动,分湖南为三路:以焦达峰、陈作新、曾杰负中路责任;谢介僧、邹永成、谭二式负南路责任;杨任、王炎负西路责任,分途进行。武昌起义,湘中新军同志,均欲亟谋响应。湘抚余诚格恐新军有变,乃与巡防统领黄忠浩谋防范之策,一面将子弹缴存,一面调新军分驻各地,同时并调巡防队回省,欲以监视新军,进攻武汉。达峰、作新乃运动新军要求增发子弹,诚格不听。新军愤怒异常,约定八月二十六日起事,因巡防六营开到,防范更严,不能发动。二十七日,焦达峰、陈作新并新军防营代表,会议贾太傅祠,决于三十日晚起事,由炮营马厂放火为号,是晚各营待火未见,均皆骇异,因该营防范綦严,无隙发火故也。九月一日拂晓,炮队代表李金山得到本日开赴醴陵之讯,遂奔告步队四十九标代表安定超,安以事迫不可缓,因曰:"汝速回营准备,听枪声轰动,当齐集发难也。"安即跃出操坪,发紧急集合哨,目兵应声麇集,朝天鸣枪三响。各营纷纷响应,于是分四十九标、五十标及辎重马炮工程各队为二:一由焦达峰指挥进攻小吴门,一由陈作新、易堂龄率领向北门湘春门进攻,占领荷花池军械局,局长已将弹药转运抚署,作新等乃直趋抚署。小东门守兵开城迎革命军(《清史·达峰传》谓遇巡防军,即出白布绾其臂,皆笑受之),于是达峰亦趋抚署与作新合。巡抚余诚格已逃,黄忠浩尚欲作忠于清廷状,向北谢恩而后死,乃杀之。各官署皆相继占领,有谋抵抗者皆杀之。翌日,各界集议于谘议局,推焦达峰为都督,陈作新为副都督,达峰力辞,且荐谘议局议长谭延闿以自代,谭坚辞,遂视事。以阎鸿飞、袁剑非、吴作霖、杨世杰等分任军政府下军务参谋四部事,延闿为参议院长,文斐、曾杰等二十九人为参议员,事无大小,必参议院同意始行。议员多旧绅,又多君宪派,达峰以寒微为帅,参佐椎鲁少文,人多嫉之。谭人凤自武昌送械款至长沙,以都督权旁落,碍军事进行,力主解散旧绅所设议事机关,达峰恐激内变,婉言谢之。人凤慨叹而去。时鄂中乞援电日数至,达峰急谋出兵援鄂,扩充新军一协为二,令王隆中率一标先发,一标驻岳州为后继。原驻宁乡、益阳之梅馨、蒋国经两营补省防。君宪派陈树藩、向瑞琮、黄诚斋诸人,方谋倾覆革命政府,遂播散蜚语,扬言武昌济饷数十万,为达峰克扣。又黜旧伍而代以会党,以激众怒。标统梅馨乃挟兵为变,扬言为黄忠浩报仇。九月十日,煽起城外商民挤兑风潮,诱请达峰前往弹压而杀之。达峰命作新往,单骑行视,甫出城,伏兵四起,枪弹横飞,遂遇害。叛兵断作新头,诬之为匪。梅馨引兵攻督署,或劝达峰避匿者,达峰曰:"吾为种族革命,凡我族附义者,而为官僚为绅士,我皆容之。今若辈竟煽黄忠浩残部以叛,悔不用谭石屏之言除之。今副都督已死,我岂独生?何避为?"遂为变兵所执,请拜军旗而死,时年二十五。乃拥谭延闿为都督,众始定。延闿任向瑞琼为军务部长,升梅馨为师长。又恐援鄂革命军归而问罪,乃以杀焦、陈二督之罪加诸乱兵,主谋者皆逍遥法外,并向革命党权要曲意交欢,借消公愤。后葬达峰于岳麓山。民国五年,刘人熙督湘,始立石冢上,题曰"浏阳坠泪之碑"。湖南首先响应武、汉,既使党军无后顾之忧,又隔绝粤、桂,使江南各省得以纷纷光复,其对辛亥革命之成功,贡献大矣。

(二) 山、陕、甘之光复

与湖南同日光复者,为陕西。先是蒲城人井勿幕流落四川,结识熊克武、但懋辛等,常以恢复祖国自命。光绪三十一年赴日本,加入同盟会。三十四年二次回陕,始与谘议局副议长郭希仁及高等学堂教习景定成(梅九)、郭瑞浦等密谋革命运动。瑞浦为同盟会陕分会长,新军排长钱鼎(字定三,白河人)、党仲昭等皆同志也。并又加入西安哥老会,联合其首领张云山、马玉贵、陈德贵诸人。乃一面运动新军,一面联络刀客。新军为皖人王毓江所编练,多熊成基余党,咸倾向革命。刀客则渭北之民性强悍,喜甲兵,每杀贪污济贫困,号称刀客。此为陕西革命唯一之武力,故革命机关多设渭北。新军闻武昌事起,跃跃欲动,护理巡抚钱能训探知密谋,大事戒备。传言将搜寻党人,人心惶恐。钱鼎、张光奎(司务长)等以事机迫切,密议于九月初一日起事,推协参谋兼三标一营管带张凤翙(字翔初,咸宁人,留日士官学生)为首领。时凤翙方带兵赴临潼旅行,八月三十日始归,鼎密以其谋告,凤翙慨然应允,并谓既已举事,当先发制人,不宜晚至天黑也。遂于夜半时密约各同志在操场会议。初一早九钟,凤翙等又会议于营盘西南数里之林家坟,公推凤翙为临时统领,鼎为参赞,议决回营,立时出发。先使人改换便装,散布城内要地。党仲昭等各带马步兵十余人托领子药为名,由南门入,分两路直趋军装局。钱鼎等由西门入,直至陆军中学堂,收其枪械。凤翙整队入城,由西大街穿过,为夺军装局各部之应援。各部队于入城后秋毫无犯,商市不惊。甫到军装局,守兵即逃散,随将军装局占领。市民狱囚以所取得之枪支,任意演放,声彻市街,人民咸知革命之事起矣。新军入城之初,除夺取军装局外,仅占领东西南三门,满城及北门,尚为满清之旗兵抗守。是日午后,城东南隅忽发现旗骑兵数百,来夺军装局,凤翙等击却之,使钱鼎带兵驻鼓楼,严防满兵西出。连夜布置防务,分派队伍,于五鼓进攻满城,凤翙督众由南面进,张云山自西向北门进攻,至二日午敌楼起火,满兵越城逃窜,满城始克。西安将军文瑞失踪,布政使护理巡抚钱能训,按察使锡桐,提学使余堃等,仓皇窜匿,于初六日搜获囚禁。三日,组织总司令部及民政府。四日,始推张凤翙为秦陇复汉军大统领,钱鼎、万炳南为副大统领。张云山为兵马大都督,马玉贵为粮饷大都督,刘世杰为军令大都督,张昉(伯英)为东路征讨大都督,张仲仁为南路宣慰安抚招讨使,井勿幕为北路宣慰安抚招讨使。出示告谕民众,仓卒之际,窘于设词,郭希仁援笔立书十六字曰:“各省起义,驱逐满人,上应天命,下顺人心。”众皆服其敏捷简当。钱鼎因省垣诸人争夺名位,自愿率兵东守潼关,及渭南,为土匪所杀,时年二十六岁。凶问至省,莫不哀之。张钫代钱克潼关,达陕州,与清军、豫军叠战,不能胜,向南京乞援,后以和议成,始罢兵。甘肃政权,操于满人长庚,及陕西独立,甘军受陕甘总督升允之指挥,分路东攻,西宁总镇马福祥反对攻陕,遂留省城,暗与巡警道赵维熙乘虚独立。九月十九日,黄钺、向荣等起义秦州,称秦州都督。十一月二十五日,全省宣告独立,推赵维熙为都督,捕长庚,长庚、升允先后逃匿。马安良率师返甘,联合袁美甲等反抗民军,旋失败。时山西已早独立矣。先是东京同盟会豫、晋、秦、陇之同志,为北方革命势力之联系起见,组有四省协会,名为联络乡谊,实则从事运动,此与香港之南方统筹部,上海之中部总会,可分据珠江、长江、黄河三流域也。王用宾、景定成、刘绵训、景耀月等办《晋话报》、《晋阳公报》以灌输革命思想,旋以言论激烈,为当局所封禁。革命同志之在新军者不少,第有枪无弹,不能起事。陕西独立后,山西巡抚陆钟琪恐新军不稳,乃调一标二标分别开往临汾、代州,借名防守,实分散其力也。又将德国新枪五千支借三千给河南,以作攻陕之用。一标标统黄国樑已出发抵祁县,催军甚急。二营管带姚以价要求发给子弹四万粒,队官王嗣昌、张煌与头目杨彭龄等皆同盟会员,准备于开拔日发难。一营由自陕新返之同志张树帜(阎锡山《山西起义之经过》言为彼所派)运动之,后队队官应瑞九、见习官高丽江逼使营副苗文华赞成(管带白鹤庵不在营)。于是一、二两营会议决定,推姚以价为司令官,分兵三支,齐伏新南门外。九月八日拂晓夺门入城。姚命苗文华率一营攻满城,于凤山率炮队辅之,不移时,旗兵溃逃,满城遂克。崔正春率两队占军装局。以价等直攻抚院,协统谭振德在门前厉声曰:“你们造反啦!你们赶紧回去不究!”一同志杨潜甫(山东曲阜人)忽曰:“协统也知革命大义么?如知,指挥我们向前,否则,请退。”谭云:“什么叫革命,你们是造反!”杨遂一枪将谭击死。入抚署,卫兵溃散,钟琪偕子亮臣(士官学校毕业,与阎锡山同学,特召之来缓和革命者)立三堂前,亮臣云:“你们不要动枪,咱们可以商量。”钟琪云:“不要，你们照我打罢！”于是炮火一发，而钟琪、亮臣皆殉焉。二标标统阎锡山本同盟会员，管带张瑜、乔煦皆同志，仅瑞墉为旗人，锡山于八日拂晓将其囚禁，即令张乔以保护为名，分兵攻军械库、藩库、官钱局，及抚署后门，并在九仙桥防堵驻城之巡防队。同时督练公所会办温寿泉亦带陆军小学之学生队，杨芳浦带警局消防队齐集谘议局策善后。议长梁善济主选举，各同志力主推举，以阎锡山军职较高，推为都督，温寿泉为副都督，姚以价以首功推为全省总司令，即日率步炮全军防守娘子关。是夜一标三营管带熊国斌密布队兵于都督府旁，谋为巡抚报仇，锡山毙之，其队伍少数溃而劫掠。清廷闻山西独立，命第六镇统制吴禄贞为山西巡抚，带兵往攻。贞禄为同盟会员，因与阎锡山会于娘子关（九月十四日），商组燕、晋联军，吴为大都督，阎与驻滦州之二十镇统制张绍曾副之。乃吴雄才大略，不事戒备，竟为袁世凯贿使其骑兵管带马蕙田刺死。时十月三日也。清廷派第三镇统制曹锟率军攻晋，十月二十三日娘子关破，锡山与赵戴文以挂白旗为官兵不满，仓皇入省，改装北走，太原遂致失守。前线溃退之兵，为温寿泉、杨彭龄、李岐山陆续收集，统率而南。王用宾因联络陕军并勿幕部下运城，组织河东军政府，自以兵马节度使兼民政长，遣人赴晋北迎阎。及温寿泉由陕至运城，用宾以民政交张士秀，军政交李鸣凤，均受成温副都督。自往太原组织山西临时省议会，仍选阎锡山为都督，推周渤为民政长。清帝退位后，巡抚张锡銮离并赴京，锡山始得回太原，行使都督职权。后竟为保持地位而附袁，失革命党之立场矣。王用宾云：“忆辛亥武、汉一发，而各省响应，陕西九月一日，与湖南同。山西九月八日虽后于湘、秦，犹先于各省。癸丑二次革命，发难于江西湖口，是二年七月十二日，十五日南京，越日而上海、安庆，十八日广东，二十日福建，二十五日湖南，八月四日四川，不一月而纷纷独立者七省，步骤之整齐，声势之浩大，视辛亥犹过之，何以不旋踵而败散？盖清、袁政府皆在北平，革命发动于东南，必策应于西北，始足拊其背而搤其吭，辛亥正得此力也。自元年晋阎、陕张以次软化，癸丑之役，黄河流域乃至无敢应者，使袁无北顾之忧，得倾其全力以图南，而阎为残害同志，致堕革命之大计，应负其责也。”此可见西北首起响应，对清廷造成直接之威胁，其有助于共和之告成大矣。

（三）云、贵之光复

在山西光复之时，而云南亦独立，盖迤西起义早于山西二日，而省城则迟于山西一日也。范石生《云南革命史》云："云南革命，始于吕志伊在日本东京加入同盟会，成立云南同盟支部，成于杨振鸿、黄毓英、杜韩甫、马幼伯。清光绪三十二年，杨振鸿（字秋帆，昆明人）自日本回滇，创办体操专修科，作革命宣传机关，青年加入者极众。是冬赴腾越，为巡防营管带，嗣因不满腾越镇关道之贪污，去之日本。三十四年三月，河口革命军起，振鸿与毓英（字子和，云南会泽人。留学日本东斌学校）、韩甫（名钟琦，以字行，云南嶍峨人）回国参加，甫至香港，河口事败。乃相约绕南洋，至仰光，组织《光华日报》，居正、志伊主持其事。杨等潜入滇西，运动十八土司革命，经三年余，屡举不成。振鸿以己酉十一月二十四日永昌之役，事败后忧愤死。毓英、韩甫运动迤西哥老会头目马幼伯、张文光（字绍三，云南腾越人）、黄安和入党，并邀同广东同志何克夫同入昆明，时前清宣统二年冬也。先是马幼伯以革命事业，须借助于哥老会，乃投身其中，及毓英、韩甫至，遂鼓吹张文光、黄安和等加入，故迤西革命之成功，得力于哥老会之赞助不小。黄等抵昆明后，知范石生留学讲武堂，并由石生介绍矢志革命之杨蓁田、钟穀两同志，又由杨介绍机关枪营管带李凤楼、炮二营管带刘云峰、督练处科长刘之元、辎重营队官陈少华，于是云南革命从此乃有系统之组织，同时邓泰中、黄毓英考入七十四标充当排长，对士兵运动，下层工作始有基础。宣统三年正月，开同盟会滇支部干部会议于铜牛寺，促进全滇革命工作，克夫旋即回港，本党大举图粤，由会决定派秦柄参加，三月二十九日殉焉。"又陈春生《辛亥云南光复记》云："辛亥三月二十九日，广州举义，风声所播，及于滇池，张文光跃跃欲动，谋举事于腾中，事未成而机先泄，腾越关道及总兵将捕文光，幸同知与之善，力为解脱，文光逃而免。迄八月十九日武昌起义，文光乃潜返腾越，密会于宝峰寺，纠同戍腾陆军第七十六标第三营及西防防军第四、五两营，定期九月六日起事。是日午后七时，文光入南校场巡防第四营部，杀其管带曹福祥，而陆军第三营排长陈云龙则枪杀该营管带张桐，合兵入城，围攻镇署及军械局，总兵张嘉钰指挥士兵与党人战，败绩自杀。文光转攻道厅署，护西道降,厅丞逃,城中遂定。初八日,文光始称滇西军都督,以九星为旗徽,以黄帝纪元,与武昌同。分兵三路东出。九月九日,蔡锷、李根源举兵省会……乃推军政部总长李根源为陆军第二师师长兼迤西国民军总司令,节制文武官吏,专任西事。根源首电文光,激以大义,亟弭兵争。文光及诸路军队地方绅民复电,极表欢迎之意。根源,腾越人,夙有声于乡里,文光亦敬佩之。……电请根源到腾,一切受约束维谨,根源电致省垣,请授文光协都督,腾、永、顺各军归其统辖。……时南京政府已组织成立,临时大总统孙文已就职,宣布行用阳历,腾军举行庆祝,大有咸与维新之象焉。民国元年二月一日根源至腾越……西事既定,文光以协都统调任云南提督,移驻大理,后中央录光复功,授中将衔陆军少将,以为酬庸之典云。”又云:“自武、汉首义,滇督李经羲恐军队有变,(九月)初七日黎明,常备新军方早操,李突下令将枪械收缴,军士惊惧不安。初十日,新军协统(原作标统,误)蔡锷(字松坡,湖南邵阳人,日本士官毕业,历充广西步队标统,讲武堂总办,云南陆军第三十七协统领)乃发难。且云南之变,不仅军队,盖滇省士绅以片马界约不能早行解决,颇不满于清政府,武汉起义,消息传入滇中后,士绅颇持独立之说,滇督不能止也。先是辛亥六七月之交,蜀路风潮起,滇中军界跃跃欲动。殆武汉既起义,陆军各高级干部,或在罗佩金(字镕先,云南河阳人,日本士官毕业,第七十四标统带)家,或在唐继尧(字蓂赓,云南会泽人,士官毕业,第七十四标第一营管带,讲武堂监督)处,群聚密议,风声日紧。消息稍传于外,经羲密商于总参议靳云鹏,统制(十九镇)钟麟同等,欲调罗佩金、李根源(字印泉,云南腾越人,士官毕业,历充讲武堂监督总办及督练处参议官)于外……未及实行,而独立之旗已于九月九日高竖于五华山之颠矣。”又张大义《辛亥年同盟会云南分部之成立及其活动》云:“陆军协统蔡锷,标统罗佩金,参谋长殷承瓛,管带唐继尧,及中下级干部黄毓英、邓泰中、杨蓁田、钟毅等每夜在唐继尧宅秘密会议,定九月九日举义。是日午后九时,蔡锷、罗佩金、李根源分任指挥,镇统钟麟同抵抗甚力,兵败伏诛。总督李经羲闻变,匿避谘议局,李根源护送出境。昆明全城遂于是日克复,省外各属先后反正,举蔡锷为云南军政府都督,李根源为军政部长,殷承瓛为参谋部长，韩建铎（字幼泉，河南人。士官毕业，炮队十九标统带）为军务部长，罗佩金为政务部长。……同年蔡锷以比邻之川、黔两省，尚在混乱，乃编两师团援川，以谢汝翼、李鸿祥为梯团长率邓泰中各团入川，以唐继尧为梯团长，率黄毓英各团入黔。派吕志伊为代表，赴南京参加各省代表会议。”按范石生《云南革命史》云在唐继尧宅会议，公推蔡锷为首领，决定重九夜二时集合，四时占领阵地，拂晓攻击督署及军械局，罗佩金、李根源均未参与此会也。七十三标因发子弹而士兵与前队队官唐元良冲突，击毙元良，枪声一起，丁锦（标统）即在标本部指挥卫兵向三营射击，秩序因之大乱。时李根源闻知，遂入李鸿祥营（七十三标三营）帮助各官兵焚烧标本部，并随队入城。盖谓起义虽有预谋，而发难则出偶然，其时间提前数小时也。而蔡锷之《滇省光复始末记》（在《云南光复史》中）亦云：九月初九日下午蔡发令：命李根源率七十三标由北校场向省城北门及东门一带进攻，罗佩金率七十四标由巫家坝向南门及东门一带进攻，命炮队分三部联络部队，俟进城放列于西南东三门。命张教官子贞率陆军讲武堂全部由城内动作，为开城之准备。均于夜半开始运动。同时攻城，拂晓前将全城四周占领。但午后九时（按系八时）七十三标事机泄漏，该标统带丁锦出而弹压，两方遂起冲突，官兵死伤二十余名，李根源遂率第二、三营李鸿祥、刘祖武等向城垣急进，九时三十分攻入北门，以其主力逼攻军械局及五华山，钟统制已早有准备，率兵占领五华山，为顽强之抵抗……肉搏数次，均未奏效……乃举火为号，冀巫家坝军队之来援。蔡统领在巫家坝集步炮两标重要将校规定攻击计划后，十时卅分集合，述明今夕举义宗旨……欢声雷动，誓出死力。午后十二时陆续出发，时城内火起，枪声隆隆，上道后即命用炮步分道急进。因道路不良……初十日午前……二时抵大东门……三时七十四标第一营已占领西城垣，第二营已占领南城垣，第三营已占领江南会馆。炮队则于三城门附近占领阵地。三时许，第一营唐管带继尧率所部向制台衙门突击二次，第三营管带雷飙（字时若，湖南宝庆人。武备学堂毕业）拨一队增援七十三标攻军械局，猛扑数次，均未得手。午前六时，各炮队向五华山及督署开始射击，敌人顽强抵抗，互有死伤。午前九时，各军同时并攻入军械局，五华山之全部，几为我所得，敌军之缴械降服者,络绎不绝。钟统制尚抵死不退,因以负伤,经医兵抬出南门,为士兵所见,处以死刑。……军械局既为我军所得,各队弹药得以补充,士气百倍,遂占领五华山全部及督署,军司令部乃出示安民。此可见起义发动为九月九日下午九时,经过一夜之激烈战斗,双方死伤一百五十余人,而十日午前九时始完全光复也。孙仲瑛《重九战记》谓首先发难击死反对队官唐元良者,即排长黄毓英,亦犹武昌之熊秉坤也。贵州介居滇、桂、湘、鄂间,闻各省独立,九月十四日,新军及政学界齐集谘议局,宣告独立。是日,新军整队入城,守护藩库及火药局,改谘议局为军政府。巡抚沈瑜庆闻变遁走,公推新军教练官杨荩诚为都督,队官赵德全为副都督,军民人等,均悬挂汉字旗,欢声雷动,兵不血刃,而全黔安定矣。凌霄《贵阳革命记》云:"清末创办各项学校,多数设在贵阳,各县优秀青年负笈偕来,济济一时,外省人士之来游者,亦以贵阳为集结,人才荟萃,革命思想于以萌动。未几创办陆军小学及新军,其师生将佐均思想新颖,军人学生互相联络,互相淬励,革命种子潜伏于兹矣。嗣张铭、彭述文诸人又积极鼓吹,于是各校学生醉心革命,互结小组,研究运动,其势力虽未增强固,然已弥漫充塞不可轻视。自治学社成立,各县自治应运敷设,人民遂得参与地方政治之机。虽以号召者仍为君主立宪,然革命主义者以同志不多之故,对此较近民主主义之政团,固有不期而互表同情者。又以运用新闻机关为利器,于土豪劣绅之凭借地方播毒民间者,时有遏抑,土豪辈遂群以革命党目而陷之,于是在贵阳之自治党与革命党不可复辨。庚戌冬间,张铭欲乘清廷两宫继殂之变,劫械夺城起义贵阳,以交通及种种关系,最小限度之械弹及经济无法取得,迫而出于孤注一掷之图谋,未几而事先泄,张铭逃亡入滇。革命党受此一挫,激烈派党人咸改善方法,从事于社会教育等事业为积极之准备。辛亥广州三月二十九日之役,贵州党人兴奋不少;川路风潮起,事机愈迫,益努力于秘密会党之运动。武昌举义,风潮益激,而劣绅权豪为仇视自治党,故遂欲乘机兴大狱,以消灭政敌,指自治党为革命与鄂乱有关,向官厅告密。调刘显世防营集省剿捕,自治党人张百麟(石麒)等外审势机,内逼刑戮,遂决然弃去君宪主张,与革命党共同谋划。贵阳之各校学生,及会党、营军各有怀抱,声气早通,一见事机已熟，不崇朝而大联合，热情奋发，咸愿以发纵指示之权奉之自治党。清廷官吏见革命党结集日众，而湖南、云南相继告警，仓皇失措，革命党遂以疾雷不及掩耳之手段，挟少数之武力，于少数时间内据贵阳而宣布独立。清官僚俯首退避，权绅、土豪、君宪党亦莫不靦颜向革命党纳款，自承革面洗心，共同赞助。于是不戮一人，不发一弹，而贵州省会公然隶属革命旗帜之下，博得不流血革命之虚誉。而不知革命党在贵州根本失败之机已伏于此矣。”又云：“初革命风潮既甚嚣尘上，而官吏与民党间尚相持不决，君宪党任可澄等操纵其间，拟俟刘显世部一到，即捕戮革命党与自治党一扫而廓清之。巡抚沈瑜庆则日日阅操，以消费陆军子弹，张百麟等尚不敢轻动。诸青年则日益愤激，于是九月十四日夜陆军小学生首先举事，沈瑜庆闻报，急令常备军袁义保（第一标标统，镇江人）及胡锦堂（城防营管带）围剿，胡即任可澄等所挟持以抗民党者也。袁义保奉令，转令赵德全（队官）往，德全与党人早有契约，（军中代表）驻兵中途与学生相结，反拒胡锦堂，而陆军某营中士杨树青以运动革命为袁义保窥知，正欲革除，而未发，杨亦知不免，急图暴动，陆军小学举事之消息至，时已午夜，树青任袁守卫，故作怨叹声，袁叱之，树青反抗，向袁发枪，弹掠袁鬓而过（或曰以枪拟之，弹实未发）。袁返身遁，全营大哗。树青即乘机宣布独立，袁义保既亡，军中阶级最高者为教练官杨荩诚，即推杨为首领，率队将入城。沈瑜庆闻变，急呼卫队长彭尔堃，而彭已佩民党臂章至，沈窘极，遂手书承认贵州独立。陆军及陆军小学生乃相率入城，揭示露布，并推杨荩诚为临时都督，旋改谘议局为立法院。”按此段所云日期有误，陆军小学生发动举义，为九月十三日昏后，十四日黎明，杨荩诚即率部入城，就谘议局召开紧急会议，即公推杨荩诚为都督，赵德全为副都督，翌日，又推定枢密员七人，张百麟代表自治学社，任可澄代表宪政预备会，杨昌铭代表宪友会支部，陈元栋代表宪政实进会支部，雷述代表政学崇实会。具联立内阁之雏形，周培艺以始创报界，平刚以先入同盟会资格参加之。军政府内部组织，由枢密员全权处理。并推张百麟为枢密院长，任可澄副院长。定名大汉贵州军政府。杨荩诚者，四川之秀山县人，以占籍松桃得考列贵州官费生，留学日本士官学校，卒业骑兵科。辛亥四月，充第一标教练官,兼代陆军小学校总办,性木强,不谙交际,在东京曾加入同盟会,为平刚旧识,但不甚活动。受任仓卒,用人漫无标准,弁目厮养,悉擢官长,陆军骤扩至四标,自治党先事募集之众,编为五路新巡防,一举而增兵七千人,财政有竭蹶之实。会北军猛攻汉阳、武昌危殆,黎元洪连电各省乞援。荩诚通电曰:“武昌首难,竭一省之力与虏相支拄,今虏负恃徒众,凭陵江、汉,义师寡弱,天下寒心,黔虽不武,万不忍兴义区域,横见蹂躏,用简精锐三千,即由荩诚躬自统率,兼程赴急,肃清鄂渚,迅扫燕云,请从诸公之后。”十月二十四日荩诚振旅东下,职务由副都督代理。先是革命运动以自治党为枢纽,各方之接洽,任务之分配,金钱之活动,子弹之补给,皆掌命于张百麟,百麟实公认之首脑,即陆军官佐,亦泰半倾心拥戴,其后事机中变,荩诚以意外得都督,愚而自用,无在不暴露弱点,军人蔑视其上,小小问题辄列队质问,民间习于所谓承平之后,骤睹轶轨动作,奔走骇汗,若大乱之将至,而与自治党积年对立之宪政预备会,益以野心家刘显世、戴戡等遂抵瑕伺隙,阴谋颠覆军政府。立法院毅然请荩诚督师,盖悔择帅不慎,冀补救于事后。赵德全在革命过程中,已加入自治党接受三民主义,虽肆应才短,意其能容纳人言,广集众思,或尚可以有为。无如军人私结团体,常以小组利益干德全,德全不能制,军政丛脞,仍无以大异于荩诚时。荩诚赴鄂,百麟亦巡视上游,安辑夷苗,协和军民,甚得名誉。而显世令戴勘向云南乞师,民国元年二月,唐继尧游奕黔边,幕府建议,请遣炮营扼守盘江天险,德全不可。曰:“国家方危,兄弟急难,彼兵以义动,吾何为挠之?”卒允其假道。三月一日继尧至贵阳,德全犒劳其众。二日拂晓,滇军突徙螺蛳山,与刘显世合屯。尽据城外形胜,架设大炮,以都督府为目标。诸将请备战,德全曰:“贵州革命不流血之荣誉,我辈始终护持,且吾为都督,自知才不胜任,让贤避位,息肩为幸,何备之云?”然是时形势,陆军一标援川,二、三标北伐,四标标统即刘显世,城内仅卫队炮营,城守待援,事绝艰巨,德全之慨然放弃,盖亦审量彼己,不欲糜烂地方,庶几仁者之用心欤？四日午夜,滇军进攻都督府,保安营胡锦棠开门纳之。德全逾墙遁。军政府既覆,唐继尧自称都督,大杀自治党人。荩诚驻军常德,曾至南京,展觐孙大总统,当是时,黔军不远数千里,急国家之难,荩诚又俭素朴讷，一洗疆吏侈汰之习，中山悦之，正式任命为贵州都督，令即率师凯旋。还道经武昌，元洪出示贵州来电，始知根本之地，已生重大变化。元洪叩方略，荩诚曰："吾奉中央威灵，客军焉敢抗命？如其顽梗，仗大顺以讨逆，何忧不济？"初，黔军北伐由元洪，洎滇军乘虚攘夺，元洪念被发撄冠，有赴救之必要，而荩诚不悟其旨，漫为大言，元洪遂静默以观其所为。荩诚莅常德，以电抵唐继尧，属刻期撤退，继尧不答。而由拥立继尧之刘显世、任可澄、郭重光（耆老会会长，为宪政预备会派）、戴戡等复电，拒荩诚勿前。且称北伐军应在湖南缴械，不许入贵州一步，语绝狂悖。荩诚怒，命部将席正铭进次辰州，将向黔边。时袁世凯继任总统，对贵州情况不明瞭，惑于蜚语，召杨荩诚内用，任命唐继尧为贵州都督。黎元洪、谭延闿皆迭电声援，格于形势，不生效力。正铭督师回黔，直捣铜仁，败绩，退驻四川之秀山，伤亡饥瘦，环境日非，无法维持，全体瓦解。继尧为民国史上开邻省兼并恶例，亦军阀据地自雄之首先表露者也。

（四）赣、皖之光复

江西之光复，始于九月二日九江之独立。其响应武汉，仅次于湖南、陕西，而位当下游重镇，犄角之势已成，为革命军增添不少勇气。且断绝清军之水路交通，迫使海军前来合作，使武汉不受舰队之威胁，长江下游各省，因此迅即响应者，不得谓非九江之功也。九江革命党之活动，以林森（字子超，号长仁，福建闽县人）由江海关调至九江关开其端，蒋群、蔡公时、吴铁城（广东人，其父为九江商会协理）、俞仙根、何瑞昌皆其同志。辛亥八月十九日，蒋群由昆明返抵汉口，正启碇东下，已见武昌革命之火光。次日抵九江，皆以武昌事为询，群乃饰言革命军之声威壮盛以歆动之。更联络驻九江之五十三标标统马毓宝（安徽人）及其部下。炮台总台官徐世法（公度）、统领戈克安，亦表同情赞助意，于是同志决定于九月初二日发动。是晚，金鸡坡炮台先放号炮三声，各营闻声，放枪一排，皆臂缠白布，往攻道府两署。九江道保恒，与知府璞良已潜逃无踪，臬台张检及五十五标标统庄守忠知无法抵抗，亦皆逃往南昌。九江可谓兵不血刃即响应武汉而反正矣。众推马毓宝为都督，群任参谋长，刘世均（原为队官)为参谋次长,徐世法为炮台总司令,戈克安为副司令,吴铁城为总参议,林森为政事部长(林以同盟会秘密工作未就职,副部长罗大佺代之),舒先庚(商会会长)为财政部长。其时萨镇冰所率之兵舰四艘,及鱼雷艇三艘,因参加武、汉战事,以九江独立而接济断绝,乃下驶九江,以观动静。镇冰知大势已去,无可挽回,遂悄然出走。由海筹舰长黄钟瑛任临时舰队司令。林森、吴铁城赴各舰访问,钟瑛鸣礼炮示欢迎。当晚军政府设宴欢迎海军,两方遂合作。清兵既攻下汉阳,局势转紧,居正、詹大悲来请援,乃会议决定分军援鄂、援皖及促成南昌独立,由蒋群等分任之。群偕刘世均向南昌,至王家度,南昌已于九月十日光复矣。江西新军原只一协,协统吴介璋,江苏无锡人。谨愿廉介,曾任江西武备学堂教官,及陆军学堂总办,部下多属学生。协有步兵两标,一即马毓宝之五十三标,一为齐宝善之五十四标,宝善因案调驻袁州。省城仅由巡防营改编之五十五标担任,兵力分散。蔡公时策动马、工、炮、辎各营队兵反正,初十日晚,即由管带方先亮、排长蔡森等将南昌占领。巡抚冯汝骙趁船出走,至九江,吴铁城招待之,汝骙乃吞烟自尽。南昌各界推吴介璋为都督,介璋以地方混乱,无法整理,极力求去。会有伪造中山先生任命状者,乃以都督让彭程万(测绘学堂教习)。众以野心家利用彭为傀儡,势非糜烂地方不可,因再促蒋群赴省,举行各界联席会议,决定推马毓宝为全省都督,入驻南昌,改九江为防守司令部,江西遂告统一。然毓宝对匪患无法收拾,省议会知李烈钧率师援鄂,乃开会选举烈钧为江西都督,电请中央任命。安徽之光复,事变最繁,曲折最多,都督凡五易而始定。辛亥八月,革命军占领武汉,全国震动,长江上下游,形势岌岌。安徽巡抚朱家宝一面电请江督张人骏迅派张勋所部江防营五营开拔来皖,借资镇慑;一面将常备军(第三十一混成协)各标营枪械弹药,一律缴回存库,并分散其力量。城守之责,完全委之巡防营。是时党人在皖者,如吴旸谷(名春阳,合肥人。同盟会最初加盟者)、韩衍(江苏丹徒人,民元改入太和籍。袁世凯练兵小站,衍曾入幕,知袁必贻祸国家,心不然之,袁亦不知其为革命党人也。苏杭甬铁路风潮起,东南民气激昂,袁奏派提督夏辛酉率二十营驻防浦口,压制东南民气,所谓江防军是也。夏辛酉死,程允和继之,程允和死,张勋继之,即后日所谓辫子军,酿复辟之祸者也。衍时以一布衣,上书清廷,言袁世凯此举,为朝廷贾怨,为一己植势力于东南,其心叵测,请罢夏辛酉南下之命。世凯闻之,募人杀衍,卒赖刑部主事吴葆初将护,微服南归。亦一奇男子也)、管鹏等乃从运动巡防营与新军联合为入手办法,定期九月九日夜起义,并推讲武党教官胡万泰为临时指挥,孙方瑜副之,孙病危在床,胡即夕潜逃。而江防五营已星夜驰至,分驻东西城外,监视巡防营,乃下令解散新军第六十一标与炮营,六十二标驻集贤关,亟出发围攻安庆,不克,遂散去,安徽所练之新军于此殆尽矣。皖北党人张孟介(汇滔)等时已召集民军逐走寿春总兵,先后光复寿州、六安、凤台、定远、凤阳各县,并组织淮上军司令部,推王庆云为总司令,孟介副之。孙万乘召集民军,光复庐州,组织军政分府。吴振黄等联合驻军,光复芜湖,组织军政府。各地民军高揭革命旗帜者风起云涌,莫之能遏。所谓安徽巡抚之政令,已不能出安庆城门一步。上下游九江、淞、沪、苏、浙皆已独立,于是党人与士绅暨谘议局议长宝以珏联合迫朱家宝援苏抚例,宣告独立。家宝曰:"食清之禄,死清之事,城存与存,城亡与亡,诸君无复多言。"此九月十六日也。士绅退而联合商民,集议于谘议局,议定十八日自行宣告独立,改悬革命军五色旗帜。朱家宝请示袁世凯,世凯复电告以宜顺应时势,静候变化,不可胶执书生成见,贻误大局。盖世凯复出,已有外挟革命势力,以要胁清廷,内挟北洋六镇兵力,以控制南方革命党人之秘计,故家宝旋即幡然改变,向皖绅表示可以接受皖人意见,遂于九月十八日,宣告安徽独立,仍推朱家宝为皖军都督,王天培副之。天培合肥人,留日士官学生,测绘学堂提调也。原为同盟会员,欲以监视家宝者,家宝阳以都督印让天培,而阴促巡防营统领刘利贞鼓动流氓、士绅等闹入都督府反王护朱,于是军权仍属于朱家宝。吴旸谷乃思利用客军,以制江防营,遂赴浔请兵。其时九江都督府参谋长李烈钧(烈钧于士官毕业后,在赣军一年,在滇军二年,以参加永平秋操北上,武昌已起义,在京与同志吴禄贞、蒋作宾议响应。既至九江,蒋群以参谋长让之)因胡万泰之言,派团长黄焕章率兵两营赴皖,拟光复安庆。焕章军纪废弛,兵士剽掠,箱笼山积。吴旸谷新自芜湖归,直入焕章所诘责之,焕章老羞成怒,竟拘吴别室而害之。管鹏为军务部长,乃出居集贤关,令调各军集合檄讨焕章,烈钧闻之,乃让参谋长于蒋作宾,自率海筹、海容兵舰两艘及步兵一营到皖,将焕章看管,并枪决肇祸之顾英,归还掠物(此据《李烈钧将军自传》,惟皖人则言烈钧适自上海来,乃从中调停,限焕章三日离皖,浔军满载而去,恐不确)。皖人推举烈钧为都督,烈钧以上游事急,不久即去,交都督印与胡万泰。时天培已他往,各界组织维持会。十月二十二日,安徽临时省参事会,选举正式皖军都督,全场一致票选孙毓筠为都督。十一月二日,毓筠到皖就职,各地军政分府皆撤销,惟黎宗岳占据大通所设立之军政府依然存在。于是南京中央政府遂明令陆军第一军军长柏文蔚,统率水陆军迫黎宗岳撤销大通军政府。时民国元年三月也。孙毓筠欲往北京活动,乃托病请假,由袁世凯发表柏文蔚为安徽都督。当安徽抢攘无主时,韩衍所创办之青年军,皆各校学生,颇能主持正义,保卫地方,使野心家有所忌惮。惟安徽统一后,衍忽被刺死,其狱终疑莫能明也。

(五) 上海之光复

上海、南京之光复,在辛亥革命中为一极重要之事,盖上海为对外通商口岸,全国财富所集中;南京为六朝建都之地,中华民国临时中央政府之成立,始足与清廷言和也。上海之光复,以陈其美(字英士,浙江吴兴人。留学日本东京警监学校,丙午加入同盟会)奔走为最力。其美运动革命,拟先在宁、杭间发动,众以为难,乃回沪与潘月樵等策进行。同志谋光复上海,由孙泉标等在张葆初(楚宝)家取公款四万两,交李平书同志付与英士,为上海起事之需。申江一地,革命党潜伏于此者至多,如李燮和等则有光复军之组织。时当地军警,与革命党已有相当接洽,辛亥九月十三日,民军于上海城及制造局分两路进攻,由高子白、杨谱笙率同志先攻制造局,时人数不多,子弹亦未齐备,而局中所驻清军,赞成与反对革命者,约各得半数,故一时未能攻下。英士遂请各同志暂停攻击,而个人徒手进制造局,欲向反对之清军开导,同志以其投身虎口,力尼之。英士不从,果为反对之清军扣留,以铁索锁之于柱。同志益愤,乃会合闸北巡警及营兵,星夜进攻,三点钟由局后越墙登屋,与局中守兵血战一时许,局兵死者数人，民军阵亡者仅二人，伤者三人。前一夕，该局总办张楚宝尚意气勃勃，并欲将被拘民军讯明正法。民军以两次进攻制造局未克，遂于十四日九时用煤油五箱发火，于十时将局攻破，民军直入搜寻，张楚宝已携眷跃登小轮逃窜。局中护勇、保甲、工匠三千余人均一律欢降，手缠白布。其入城之民军，直抵上海县署，县令即额手迎降。沪道刘襄孙已先逃匿租界，城自治公所总董李平书，革命党同志也，即拜会各国领事，接洽一切，均表同情。巡警皆臂缠白布，宣布与民军联合，俄而城上高悬白旗，各衙署局所门首，一律自换白旗，居民鼓掌呼中国国民万岁者，远近响应。十四日，仍由民军分队负枪出巡，南北居民，安堵无惊。十四晚六时许，有松江清兵来攻，在龙华附近登岸，旋亦降附于民军。十六日四时将海防厅署改为临时军政分府，各团体毕集，讨论独立后办法。先由临时民政总长李平书宣布："民国成立，皆诸同志热心毅力，有志竟成，救我沪上数十万生灵，但鄙人既蒙推举为临时民政长，于军事不能代谋，今当以军事为先，民事为后，请推举总司令。"旋由朱少屏宣布陈英士光复制造局之功绩，随公推陈为临时沪军大都督。复选举李燮和、钮永建、黄郛等七人为参谋，欢呼而散。以上系陈春生《辛亥上海光复记》所述，对民军如何组成，全然未详。徐棠《辛亥敢死团缘起与沪军革命史略》云："英人图占片马之事发生，清廷漠视不顾，一时社会嚣然，同志益形愤激。爰有吴兴朱家骅（字骝先，时为同济大学学生）同志，以为时机已至，不可坐失，遂约徐霁生（棠字，时为《民立报》广告部主任）组织敢死团，借御外之名义，作排满之运动，斥金以集经费，登报以征团员，风声所播，得团员五百余人，辛亥二月廿日，开成立大会，众推朱家骅为团长，徐霁生为总务……惟以号召既大，致引起英捕房之严密侦防，幸荷陈英士、戴季陶、于右任、张静江、周柏年、宋渔父、范孤鸿诸先生之奖掖，得以坚决进行。……武汉首举义旗，传檄沪滨，各同志急谋响应，一面联络军警……密约赞助，以后果能临事无反抗者，皆先期沟通使然也。……而陈英士方与蒋伯器约议，欲在浙江举事，霁生以沪地实控长江之咽喉，为东南之要冲，陆行既便，海运畅通，义旗一举，足寒贼胆。即为转移外人视听计，亦较发难浙江为上策，乃经本团会议，决与陈先烈共谋在沪起义，以为武汉之响应，陈先烈深韪霁生言,计乃决,遂与李平书、王一亭、沈缦云、于右任及旅沪各同志议决,定于九月十二日下午,全体动员,集合敢死团、商团、义军,于沪南沪军营旷地,以手枪炸弹向高昌庙制造局进攻。先是吴淞炮台,驻沪海军军舰,巡察局各方,皆已预约响应,斯时总办制造局者为张楚宝,提调李平书,李固事先参预擘划者,谓张亦默契其事,可派代表前赴局方洽商,毋庸大队齐发。时集中同志在沪防营操场,议决公推陈先烈为全体代表,赴局见张,推霁生督率团队以为后援。讵先烈昂然直入,张拒不见,竟备反抗,并将陈先烈缚于长板凳之上,而随陈径入之吾团队,约有百人,为防诡变计,立即涌进该局。防军遽将局之大门严扃,各要道亦皆以武力守御。惟时吾队员之入局作战者,仅十之三四,所幸内外齐心,奋勇力斗,始得冲破包围之一角而出,计死于是役者,有匡扶九、陈侠民两人,断手折臂者有姜宪武、陈天民二人,其他受伤者约十人。……幸赖诸同志咸抱百折不回之决心,誓将制造局攻占,方可救陈先烈于重围。复决以南康旅馆为发号施令之所,即于当夜二时,分三路避虚攻实,纠合精锐,出其不意,三面猛攻,更于局之外围,聚油纵火,伏疑诱敌,声势因以大振,卒之张楚宝果从黄浦江乘轮潜逃。至九月十三日之晨,始将该局占领,借奏肤功,而上海乃以光复闻矣。”此记民军有敢死团、商团、义军。而张承槱《辛亥上海起义》云:“九月十日,上海党人首领开会,准备即日起事,并推余率敢死队担任先锋。是晚余即与刘福标(帮会中人)自跑马厅陈英士宅内取得手枪四枝,炸弹十余枚,而返旅寓,置于床下。……十三日,在斜桥某园举行最后一次集会,凡与革命党有关重要人物均到,乃决定是日下午四时,所有参加革命各团体或个人,必须在九亩地集会去攻制造局,时指挥者为一浙籍高某(按冯自由《革命运动组织史》云:由高尔登任总指挥),日本士官学生也。……待穿过租界接近九亩地之时,见该处已聚集有数千人之多,吴怀九、李平书、徐寄尘、杨谱笙、沈缦云、郑师道、陈英士等数十人均在。最整齐者为商团之数百人,武装齐全,枪械精良,为叶惠钧带领而来者。其次即为余所领导各种各色人等,均有赳赳武夫之概。……余初以为凡到此地来参加之人,均往攻江南制造局者,孰意此一团群众知名之士及数百武装整齐之商团,均仅到此送吾党人之行,并不参加进攻之战斗。余左手执白旗,右手携手枪,领导党徒不及百人,最先前行……抵营门前,遂蜂涌前进,……先后两次冲锋,未能成功,吾等死伤已有五十余人之多,如此情形,只得狼狈分散而退。……齐奔上海道衙门……一时火光烛天,上海城就算是由吾等光复了。……至警察学堂休息……是晚十时,即浩浩荡荡向制造局进发……又见彼此枪声往来相持不下,但因有正式军队及警察加入,警官陈汉钦亦在此指挥警兵作战,其余形形色色人等,不约而来参加作战者有数千人,将制造局三面包围。……至午前十时左右,忽然张楚宝住宅被工人放火燃烧起来,张见大势已去,乘坐小火轮逃走,吾等革命军乃由三面冲入局内,从此上海清廷势力消灭,而此中国东南第一重镇遂为我革命党所掌有矣。……陈英士先生当余等在九亩地出发以后,即约李平书同乘一辆汽车,去向张楚宝接洽,劝其投降,免遭流血之祸,不料张丝毫不为所动,反将他扣留捆绑于办公厅前。并骂曰:'你们这批亡命之徒,待我将外面那些狐群狗党打死,再来杀你。'陈英士知此不行,束手待毙。张楚宝仅放李平书一人回去……有一兵士张杏村……已参加余之部属革命,眼见张楚宝来杀陈英士,乃挺身而出,劝以等大事平定再来,于是张楚宝将陈英士仍捆绑柱上,命人取用冷水从口注入,使其难受(据于右任先生云:英士被执后,彼曾以电话警告楚宝,勿得损害英士,致陷无可弥补之罪过。楚宝之意始动)……至十七日各界领袖在海防厅开会推举负责人员,维持治安,均一致举余为沪军总司令,余言余之惟一志愿领兵北伐,即由黄郛提议推陈其美为沪军都督,张蓬生(承槱)为沪军北伐军总司令。"又《上海商团与上海光复》一文云:"陈英士乃决于十三日下午二时集合敢死队袭取该局,其军械由商团假以步枪四十支,子弹若干。上午十一时闸北巡警臂绕白巾,先行发动,因此制造局戒备益严。于江滨设排炮六尊,要口设水机关枪,更于大门设小钢炮,薄暮陈英士率敢死队乘局中工人放工之际,一拥入局,总办先命部下放空枪一排,敢死队见无子弹,益前进,掷炸弹,守者乃实弹以应。前驱者死伤二,在后者欲退,陈英士在旁挥之使进,为巡勇所见,乃被拘,众遂退。……民党因陈被拘,生命可虞。决继续攻局,而商团之一部分亦告奋勇,从而为助,俾厚实力。……团员绕至局后,举火焚厂,守者惊乱无斗志,众长驱入,首趋陈英士拘室,乃为释缚,护之至城自治公所,与李(平书)略商善后而返寓。”又冯自由《革命逸史》云:“担任上海光复之任务者,陈其美与李燮和是也。其美从事浙江革命工作数载,与各地防军及会党素有渊源。燮和字柱中,湖南安化人,亦同盟会员,先后尝参加甲辰长沙华兴会及丙午萍醴二役,后至南洋荷属文岛双溪烈埠,充华侨学校教员。戊申陶成章在南洋发起光复会,端赖其力。辛亥,黄花岗一役之前,黄兴邀其归国参加义举,燮和偕陈方度至广州而事败,黄兴遂遣之赴沪,使联络驻扎上海、吴淞、南京各处湘籍防军相机反正。及武昌军兴,燮和运动益力,上海防军及驻吴淞之黎天才部(称济字营,岑春煊所调之广西部队,欲率以入川者),多受其部勒,准备克期发动。其美闻江南制造局已有防军一部联络就绪,遂迫不及待,使高尔登、杨谱笙于九月十三日率民军敢死队进攻制造局,局中驻军赞拒各半,一时未能攻下。其美乃请各同志停攻,而自徒手进制造局,向反抗军队开导。众力阻,不听,果为清军扣留,用铁索锁禁于柱上一夜。燮和闻警,乃令所预约之防营管带陈汉钦立向制造局猛攻,出其美于险。各同志乃在小东门内海防厅内开会,议组织沪军都督府。各防军初拟推燮和为都督,陈汉钦为上海总司令,后以燮和与其美意见不洽,绅商各界多属意其美,陈汉钦从中排解,力劝燮和退让,以免内讧。时驻吴淞粤军济字营早受燮和约束,亦同日反正,燮和乃让都督于其美,自领所部驻吴淞,另设军政分府,称吴淞都督,寻改称光复军司令。至民元南京政府成立,始解职闲居。”综上诸说,则知上海光复,多出陈其美之运筹,而敢死团(学生居多)、民军敢死队(会党)、商团防军皆与有力焉。尤以李燮和所运动之防军统带陈汉钦为较著,故章太炎以上海光复归功于燮和,谓:“自徐锡麟死,光复会未有达者,李燮和乃流寓爪哇一教员耳,而能复振其业。返归沪海,与湘军东伐者相结。江南制造局之役,事败气熸,乃以数百人宵突其门,而举之。上海一下,江、浙次第反正,则李燮和为之也。而燮和乃陷入帝制,为世诟病。故自民国九年以后,知当时事实者已少,夸诞之士,乃欲举一切笼为己有,亦曷足怪乎?”实则太炎为光复会重要分子,乃故为燮和张其功,而陶成章之被刺身死,即由于同盟会党人对光复会不满之所致耳。《辛壬春秋·民党死事记》云:“成章浙江山阴人,素有大志,谈革命,重实践……于新加坡创《中兴日报》,于仰光创《光华日报》,于爪哇立书报社,及光复会分部,海外侨商感其义,输资甚巨,成章悉为存储,靡毫发侵蚀。辛亥八月,武、汉事起,乃返逝,号召旧部,恢复浙江。事定往来杭、沪,欲自募兵经营北伐,会抱病,就医上海法租界广慈医院。十一月夜,成章方寝,忽有二人西装辟户入,揭其帐,以短铳击之,破脑及腹,移时卒。"说者谓成章在南洋与同盟会(汪、胡诸人)龃龉,即重整光复会,李燮和、许雪秋皆与力助。燮和既自称光复军,成章亦欲募兵北伐,皆在其美肘腋之下,颇使其美有寝馈难安之势,故世皆疑刺客为其美所遣也。惟事属隐密,莫能证明。燮和在沪治军不严,又好勒索,后且受袁世凯之威胁,参加帝制运动,为筹安会六君子之一,以视英士之忠于党国,以身殉名者,相去何啻霄壤耶!中山先生云:"时响应之最有力而影响全国最大者,厥为上海。陈英士在此积极进行,故汉口一失,英士则能取上海以抵之,由上海乃能窥南京,后汉阳一失,吾党又得南京以抵之,革命之大局,因以益振,则上海英士一木之支者,较他省尤多也。"上海光复之影响于大局者可知矣。

(六)苏、浙之光复

当上海光复之后,是夕(九月十四日)革军五十余人由沪乘车赴苏,与军界联络,先至枫林桥新军标营,宣告革命大义,众表同情。至十五日上午三时,向队官请领子弹,初未允,众坚求不散,寻一律发给。先是,前审判厅高等推事姚森藩,托高等厅丞郑淡丞转告苏抚程德全,定于十四日晚起事,并要求二事:一请抚台将巡防营、飞划营调出城外,将城外新军调进城内;一举火焚织造衙门为号,全城须挂白旗;能否办到,限二十四点钟内答复,如不赞成,即行起事。程抚当即承认。但焚织造衙门一层,恐居民恐慌,似可不必。十四日夜十时,商会遍发传单,预备白旗,时苏州绅商已举代表谒程抚,请其宣布独立。十五日晨,新军各队先后进城,一面驻守关要,一面请见程抚,推为都督,程抚允之。盖是早程抚已命开阊门将巡防营、飞划营调出;开盘门将新军全调进内,新军随带旗帜,于抚署门前高竖,上书中华民国江苏都督府兴汉安民,即以抚署内之督练公所作为军政府办事处。十一时,德全接都督印,放炮九响,各营亦同时放枪一排,统扯白旗,军人巡警袖上均缠白布。十六日,查抄盛宣怀财产,仅苏州一处,不动产约有八百余万,即作苏省银行资本。是日松江、镇江均宣告独立,十九日扬州亦为革命军所占领。十月初一日,程都督以组织代议机关,开江苏临时省议会于苏州拙政园,各属议员赴会者七十余人,举张謇为议长,苏炳章为副议长。松江人士闻苏垣独立之消息,十六日,乃召集各界至自治公所议事,公推钮永建为临时会长,旋举钮为军政司长,组织军政分府。同日,清江浦亦宣布独立,推举蒋雁行为军政分府都督。时淮扬海道奭良兼护江北提督,十三协辎重营队官赵云亭等起义,良令参议蒋雁行、协统魏宗瀚派兵追击,而马队管带吴士芬主张革命,抗不遵行。九月十五日夕,各营同时反正。十六晨宗瀚率领全协向清江进攻,巡防官兵登城抗拒,交绥半日,不能支,奭良遁,商民欢呼革命军万岁,开城欢迎。至于镇江之光复,在九月十七日,乃林述庆之力也。述庆字颂亭,闽侯人,与赵声、柏文蔚皆同志,任第十八协第三十六标第一营营官。辛亥武昌起义,第九镇准备响应,风声传播,政府震惊。其时两江总督张人骏、江宁将军铁良,疑九镇甚,严令统制徐绍桢将驻宁之第十七协及马、炮、工、辎各种兵一律移驻城外之秣陵关,收缴子弹。并调江防军张勋、防营王有宏、胡令宣(徐州镇)等军入城防守。全镇官兵,非常愤激。代理第十七协协统沈同午、正参谋史久光为尤甚。述庆认时机已至,乃赴沪接洽,决定起义日期。遂召集军官会议,一致赞同,乃于十七日夜集合全协军队于岘凉山,宣布起义,援应武昌。公推述庆为镇军都督。许崇灏为参谋长,围攻镇江城,威胁旗兵缴械。驻防都统自尽,道府县官吏相继潜逃。十八日午后旗营投降,巡防水师炮队同时响应,于是镇江要地完全光复矣。扬州徐宝山,盐务缉私统领也,为盐枭出身,性质强悍,素有徐老虎之徽号。负固扬州,拥兵自卫,尚未收服,颇为邻忧。遂派李竟成会同水师统领赵鸿禧前往收抚。徐宝山虽然枭悍成性,颇富民族思想,一经游说,欣然来投,遂收其部伍,编为镇军第二师,并令兼扬州军政分府,防守扬州各属,镇军辖区,兼及淮扬焉。南京新军,既移秣陵关,张人骏又派人谋刺徐绍桢,绍桢觉之,乃令新军分队向城,至雨花台,遂与防兵开战。苦战竟日,新军以子弹不足,有退镇江者,述庆令柏文蔚收容之,编为镇军第一师。苏、浙、沪联军会攻南京,推徐绍桢为总司令,苏军司令刘之洁,浙军司令朱瑞,镇军司令林述庆,沪军司令洪承典,济军司令黎天才,齐集镇江出发。光复军司令李燮和亦率三千人占领乌龙山,逼南京。皖省派兵一标,江西派兵千人,湖北派黄陂民军万人,绍桢设总司令部于高资,各军皆争欲前进。十月初四日,联军更推程德全为海陆联军总司令,长驻高资,调度一切。张勋亲率五百人出城督战,民军奋勇异常,尤以济字营骁勇善战,张军大败。林述庆率军占乌龙山、幕府山炮台。民军进攻麒麟门,张勋率七千余人出城拒战,各军将其包围,大破之。即进至孝陵卫,逼朝阳门,张军死伤无算。初六日天曙,张勋率悍卒四千人,旗兵悍卒千余人,袭攻浙军,战至亭午,清军始不支而溃。午后复战,清军退孝陵卫,自知不敌,竟纵火焚民房,民军愤而猛攻,直至朝阳门下。初七日,江浙联军因既得幕府山,遂以炮毁北极阁、富贵山、凤仪门、太平门等处,舰队佐之,张军死伤三千余人。而孝陵卫、狮子山、雨花台均为联军所占领,镇军复自雨花台炮击尧化门,张军稍稍退。徐绍桢亲统浙军及济军,由麒麟门攻入太平门,张勋之兵死者二千余人,胡令宣被击毙。夜,民军攻神策门,张勋由南门逃出,张人骏、铁良匿于日本领事馆。是役也,联军分三路进兵,一在聚宝门外,一在朝阳门,一在太平门,卒以疑兵制胜,张军大败而溃,投降者亦千余人。民军左翼以苏军居多,占领雨花台后,即攻击洪武门,清军弃而走。民军右翼以吴淞军居多,屯于幕府山后,自初七日占领紫金山,城外全境已入民军之手。初十日联军攻天保城,清军死拒,血战十二小时,两军肉搏,悉歼之。张勋已率残卒走徐州,巡防营开太平门投降,镇军乃全部入城,时十月十二日也。柏文蔚率兵追击张勋至临淮关,获其枪械辎重无算。联军将领公议,将江苏都督程德全移住江宁,以资镇守。时江苏全境除徐州外,已尽属民军矣。浙江革命势力之胚胎,远在同盟会成立之前,章炳麟、蔡元培、徐锡麟、陶成章等,除以文字鼓吹外,并组织光复会,为同盟会组成三大分子之一。同盟会成立后,中山派陈其美来往长江流域,联络同志,运动新军。其美以欲取沪必先取浙,特于九月初回杭布署。旋又派黄郛(上海光复后,任沪军第二师长)、蒋志清(中正,字介石,浙江奉化人。

上海光复后,任沪军第二师第五团长)等至杭会议,决议九月十三日至十七日为举义时期,推童保暄(宪兵营代表)为临时司令,葛庆恩等四人为参谋,由新军八十一标为主力部队,朱瑞为一标司令,俞炜为参谋领导之,马炮队亦归指挥,担任攻占旗营、军装局,并保护清泰门、涌金门一带教堂;顾乃斌为二标司令,吴思豫为参谋,领导八十二标,担任焚攻抚署及衙署局所,保护金融机关。破坏有利于敌方之交通。十三日,蒋志清、王逸率敢死队百余人抵抗,是夕上海起事,消息至杭,当由党人紧急会议,决即时响应。十四日晚,革命军第一路分两途进城,一标由笕桥出发,二标由南星桥出发,每一士兵均左臂缠白布,以独立为口号,长驱直入,向军装局及旗营进攻。新军以敢死队为先锋,依照预定计划,分别占领各官署及金融机关。生擒浙抚增韫。十五日,在谘议局开会,举汤寿潜为都督,褚辅成为政事部长,汪嵚为杭州民事长,寿潜原在沪,乃由辅成派人劝驾,下午始专车来杭,于是省城光复,各属闻风,亦相率反正矣。

一百七十八　各省之响应(下)

(一) 两广之光复

继苏、浙而独立者,为广西、广东,盖与安徽之光复,前后仅相差一日耳。广西革命进行,原分四区:梧州、桂林、南宁、柳州是也。而奔走擘划其间者,以柯鸾臣、宋新洲、刘震寰、刘崛、雷沛鸿、雷在汉等为最力。在汉主南宁,刘崛主梧州,桂林则赵正平,柳州则王冠三,所有宣传交际活动以及一切经济运筹,皆责之于一人。时桂林有新军一混成协,自蔡锷总办随营学堂以来,日本士官生与各省陆军速成生服务广西者,如钮永建、蒋尊簋、尹昌衡、方声涛、吕公望、胡景伊、赵恒惕、李书城等不下二百余人,或办理军事学堂,或在督练公所供职,为各省陆军人才冠。盖皆同盟会会员,革命思想最为热烈,实欲借桂省作发难地也。广州三月二十九日之役,广西新军颇谋响应,以桂藩王芝祥握巡防营军权,新军协统胡景伊与王氏有交,未肯即发。武昌事起,桂籍军官,直欲率队入城,劫持大吏。会九月十五日,谘议局决议独立,已商得巡抚沈秉堃同意,乃以王芝祥之反对而作罢。嗣经秉堃与之妥协,而新军又发出独立旗帜,于是十七日始宣布独立,以沈秉堃为广西都督、陆荣廷为副都督、王芝祥为参都督,开会庆祝,通告全国。南宁党人闻之,新军营队长如谭昌、王兆銮等力主民众自动独立,无须仰鼻息于当地官吏,如广西提督陆荣廷、左江道纪堪谨。十九日遂开大会于北校场,各户悉悬中华民国旗帜。以雷在汉、刘崛主其事,一致拥护广西临时革命政府,部队实行北伐。桂林新军全部由湘、鄂进,南宁新军一营由海道进。南宁新军原只一标,标统龙觐光,与陆荣廷为儿女姻亲,是夕对新军参加独立大会,表示不满,部下起而反对,逐之而出。觐光哭诉于陆,乃定计于二十二日缴新军械,严捕党人。党人知之,拟先发制人,而有枪无弹,何能济事?遂自动缴械,全部解散,暂保实力,免为祸地方。既而陆荣廷得龙州道李开侁等劝告,乃成立军民联席会议于提督署,由民党及陆之代表议决推陆荣廷为广西都督,设军政府于南宁,因沈秉堃已率新军北上,又因巡防营哗变而辞职,对王芝祥则电促其离桂也。桂林谘议局议员愤王芝祥之刚愎自用,亦议决迁省会于南宁,以孤其势。雷在汉因柳州反对陆荣廷,前往柳州疏解,并请王冠三征集新军,筹备北伐,不一月即编练二千余人,以沈鸿英为统领。在汉赴宁谒临时大总统,报告独立经过,深得嘉许。刘崛任参议员,召集同乡开会,时广西北伐军以停战奉调巩卫新都,加以黎天才军驻防宁垣,参加者不下二千人,自太平天国以来未有如斯之盛。中央特编桂军为陆军第八师,委陈之骥为师长,实临时政府辖下军队之首屈一指者也。广东光复,据胡汉民《光复粤垣记》谓以李准之功为最。《胡汉民自传》云:“初三月廿九之役,张鸣岐实只身走匿李准处,李颇挟功凌之,张不能堪,而惧夺其位,则奏调龙济光全部到粤。龙为张巡抚广西时之部将。龙至,则兼为广东新军镇统,位势在李上,李渐不平。余诇知其情,则使人离间之。李自被刺伤,虽医愈,然知革命党势力已大,不敢更与结怨,故为陈敬岳求免死,护送但懋辛回川,中路清乡之任务,李亦以让之他人。张更疑其与革命党人通,遂夺其中路所统三十营,且收取虎门要塞大炮撞针,李益不安。然虑革命党不能容赦之也,则托其幕友谢义谦至港,侦探革命党意旨。义谦,良牧之叔也,(九月)十五日,良牧偕与来见,余曰:‘革命党不报私仇,特为汉族请命耳。清廷大势已去,李当知之,李果能反正,而尽忠于革命,所谓以功赎罪也。李固识精卫(汪兆铭字),犹不能信革命党之行动耶?'谢归报。十六日,李又使电报职员黎凤墀(按李准记作凤翔,并偕其弟次武)至港,因韦宝珊求见,余见黎即曰:'今为李计,只有两途:若欲为满洲尽节效死,则当与民党再战;如其不然,则当即从民党;首鼠两端,祸在眉睫,今但问决心何如耳。'黎谓:'李已有决心,若不见疑,请示条件。将惟公之命是听。'余乃要以一、李须亲书降表来,同时去满清旗帜,用青天白日旗帜,通电反正。二、即逐张鸣岐,且迫龙济光投降。三、欢迎民军。四、李势力范围内之要塞、兵舰、军队皆须交出,由革命政府处分之。黎如所教上省。翌日复来,则李果为书上同盟会南方支部,表示降服,愿一一依所开条件执行。十八日,李以明电来,言'张鸣岐已走,谘议局开会,已举公为都督,盼即来省!'已而谘议局公电及省中同志陈景华、邓慕韩等电皆到,且言蒋尊簋(伯器)为副都督,于余未至省时,暂由蒋代理。盖谘议局先一日开会,宣布独立,举张鸣岐为都督,龙济光为副,舆论哗然,张亦不敢就。而李直以电话告张,谓己已通款于革命军,四江兵舰之炮,实比他部队为利,即他舰亦已集中省城,请其好自为计。张得电,召龙济光谋,时云南已独立,龙亦已受李运动,故张问龙,能即扑灭李否?龙告以不能。张知已陷于孤立,且得沪电,只'京陷帝崩'四字,而南海、番禺、顺德之民军渐逼,香山驻屯新军一营已变,南路东江皆告急,张故立逃。于是各界再就谘议局开会,而限于革命党人为合被选举资格矣。其时在港同志,尚有劝余不即上省者,以为李固新降,龙济光尤叵测,新军在省只两营,且执信、毅生尚未到省,手无一兵,不如且待。余曰:'不然,此时革命空气已笼罩全国,广东屡起义师,且在凤山被杀之后,官僚尤为丧胆,吾人所恃,不仅在兵,若稍涉犹豫,适以示弱。况此时事机,顷刻变化,我辈为革命党人,万无持重求全之理,我意必速行。'即晚上省,果见省河兵舰已悬青天白日旗,同行者皆欢呼:'中国人真见天日矣!'登陆,李以所部迎余,即步至谘议局,受各界之欢迎,伯器即日交代。"据邓慕韩《辛亥广州光复记》云:"九月十二日,江(孔殷)言张鸣岐非欲据粤,但交代有人,方能引去。余谓如张去意已决,须将政权交与革命党人,方可免乱。江问交与革命党何人乃可。余谓孙中山、胡汉民、汪精卫均可。江问三人现在何处？余谓孙在美洲，胡在海外，汪被囚北京，如欲交汪，须先电请清廷将汪释放。江即将余言转张。所以明日即有请清廷将汪精卫、黄复生二人释放，交其差遣之电。无何，晋、赣、滇、黔、苏、浙等省纷纷反正，粤水师提督李准，知久为党人欲得而甘心，又经闰六月之被炸，见大势已去，乃向党人输诚。孙先生电张速献地投降，张更惶恐。十七日，江约余及潘达微到南提鹿角酒店，商解决时局，余仍主张欲免广东糜烂，非将大权交与革命党人不可。江允与张商议定，如张接受，定十八日宣布独立，十九日举行独立典礼。江去见张，晚由督署电余，谓张已答应。十八早，张召集民众，在商会会议，并派江孔殷、胡铭盘二人代表，言张去志已决，请举人接替。众议仍请张暂为维持，俟有人继，乃可去。江、胡二代表言，张决不愿留，何苦苦举伊，终无结果而散。下午，再在谘议局会议，《震旦报》记者陈援庵提议，仍举张任都督，龙济光副之。众无言，遂通过。余二次均在座，虽不以留张为然，但见党人到者寥寥，又无武力，故未有发言。是晚夜深，有电来报，言张已逃。十九日余先往鹿角酒店与江相会，然后同往谘议局举行独立典礼，至则适陈景华由香港赶到同往，届时开会，众推余为宣布，余宣布今日独立重要，及革命宗旨毕，即升青天白日满地红旗，举行独立典礼。由陈景华等三人送大都督印与张鸣岐，到督署，则张已先逃，乃回谘议局报告。众议送副都督龙济光，龙不敢受，又回局报告。陈景华密谓余：‘盍举胡汉民？’余答谓：‘正合余意。’乃出而宣布，众均赞成。余以蒋尊簋亦曾入党，时为新军协统，提议举为军事部长，胡未到前，由蒋代理。众赞成，蒋即视事，派队保护各机关。是时八旗及军队中平日仇视革命者，在粤城仍众，余与蒋尊簋、陈景华三人出名，召集党人会议，布置一切，以防反侧。并即组织中国同盟会广东支部，集中势力。是次光复，兵不血刃，鸡犬无惊，而沦亡二百余年于胡虏之锦绣广州，竟得重见天日，诚幸事也！”又据程璟光《补述光复广州真象》谓：“党人邹鲁、何克夫、朱执信、姚雨平、潘达微、莫纪彭、高剑夫、李福林、黄明堂、胡毅生等，及省外各属如惠州陈炯明、邓铿、洪兆麟，前山任鹤年、林警魂，以及谢良牧、王和顺等均已部署妥当，俟机举义，省城亟应首先发难，以壮声威。乃一面督促绅商，继续集议于谘议局,务达迫张独立之目的;一面不顾生死,尽力进行,务得首先光复。黎萼既已出狱,乃与诸同志协商,临时又约绅商,再开紧急会议,决定迎胡汉民、蒋尊簋为正副都督,即速独立,免被济军(龙济光)之害。又深夜召集主干同志,决翌(十九)午发难。以朱永汉所带之陆军警察预备队及衙署之卫队计数百人为主力军……即正式占领水师行台,义旗首树于此。又命各同志分途收缴各警局、衙署枪支,实力由是益足。……黎亲督马枪营,保守(藩署)内外库……以民军统领名义,布告安民,一时欢声雷动,均相庆慰。……次日闻惠州各属同时光复,黎以全省大势已定,一面召集绅耆及七十二行商会,九善堂商决,公推陈景华为警察厅长,维持市面治安;一面派代表罗洽霖、谭瀛偕赴香港,欢迎胡汉民。二十一日,胡偕港绅十余人,莅省开大会,就都督职。……又呈请点收库藏,遂令财政部派毛文明、李煜棠、廖仲恺先后前往,计共提银千万余元。"此记言光复之功,归诸黎萼,而不及邓慕韩,而邓记则又未及黎。再以库藏论,程谓共提千万余元,而胡汉民则言:"时财政问题颇形棘手,括全城官库,仅得万元(查知由张鸣岐临去时发龙济光部军双饷,而与属吏席卷其余以逃。且告人云:革命党即得广东,不能守三日也)。而新军及旗营等部,立需饷二十余万。余乃使郁堂与杨西岩、陈赓虞等商借港商款四十万,许以三个月倍数偿还,一面将库存官钱银局纸币千二百万,加盖军政府财政部印发行,而使商会承认通用之,嗣后乃不虞困乏。"此可知记载之难,所谓真象者,亦未必即为实录矣。

(二) 福建之光复

福建青年因受乙未割台之影响,愤激特甚,留日学生陈天听(字不浮,闽县人,年三十五)即于回国途中,投海自杀,其遗诗曰:"牢骚满腹发于诗,如醉如狂总不痴。生有罪言同杜牧,死甘遗冢傍要离。头颅肯乞黄金买,肝胆空余宝剑知。湖海元龙沦落后,幸教前路有钟期。"闽人为开会追悼,一青年痛哭陈辞,誓死推翻满清政府,建立民主政治,当场即剪去发辫。此青年即以后光复福建最出力之彭寿松也。寿松原籍长沙,其父随左宗棠入闽,因为闽人。辛亥春,黄兴、赵声谋大举,林文赴港主粤事,林觉民回闽，招集同志，赴粤发难。同盟会福建支会（一称第十四支部，林文、郑祖荫均曾为会长）决由彭寿松等图福州，张海山等图厦门，以谋响应。而以刘元栋、冯郁庄率同志二十余人于三月十九日附轮首途。刘六符、吴任之（未死系狱）则率连江光复会猛士数十人于三月二十一日秘密出发。盖誓以数十百人之血肉，磅礴神州，为闽省革命之先河，而为同胞倡也。讵粤事失败，福建烈士就义者，至十九人之多。世以林文、方声洞、林觉民、林尹民、陈兴燊、陈可钧、陈更新、冯超骧（郁庄）、刘元栋、刘六符为黄花岗福建十杰。其余黄炳忠等九人则皆技击家之猛士也。及林温如（琛）、严汉民（猛）诸人脱难而回，闽同志誓继续大举，并为死者复仇。时方以铁路国有，酿起风潮，党人益谋所以鼓吹之，又以各国瓜分之警耗，知非革命必无救亡之道，故粤事虽败，而党人之志气则至是更一往无前，跃跃欲试。林温如赴沪联络同志，与宋教仁、谭人凤、陈其美等组织同盟会中部总会，严汉民则直抵西蜀，与方声涛谋反正。福建布政使尚其亨以闽中赴粤死义之多，知与彭寿松有密切关系（时彭任缉捕局局长），欲收罗彭氏，借以跟踪党中重要之人物，而解散其余。彭以尚氏之延访，征询支部同人之意见，各同志等以相信彭氏之深，而决其必忠于党，不至为尚氏所惑也，许与尚氏会晤。彭亦以迭次与尚会晤之结果报告于党人。无何，尚氏以彭之不易与也，乃欲假手端方以杀之，特为介绍于端。彭亦欲借此机缘以刺杀端，党议既决，彭遂奋然行。及晤端，以不得间，莫行所志，端乃啖以美差而羁縻之。彭诡言回闽挈妻子，而阴由谭人凤介见孙武，促筹武、汉起义，然后回闽，偕其侄荫祥发起军警特别同盟会，以哥老会为名，一时同情依附者达万人左右。第十镇统制兼水师提督孙道仁亦加入焉。九月十六日，孙、彭二氏会合于马江，决计反正。同日，林温如（一名斯琛）亦与郑祖荫代表党人至台江夹板船中与新军标统许崇智（九月九日在总机关加盟）及军官许肇民、萧奇煊（管带）等秘密计议，决定占据于山，放火为号，先烧都统、将军二署，后烧旗下街，留东门一路，以开汤网，并定九月二十二日起事，推许崇智为司令官。时闽浙总督松寿、福州将军朴寿，见事机已迫，决于十九日以旗兵一营扑南台桥南公益社同盟会总机关所，为先发制人之计。满员文楷所组织之“杀汉队”，又欲大肆杀戮,为同归于尽之谋。总机关于一切应备之枪弹、旗帜、印信及各种文告早已惨淡经营,十分周备,倘被破毁,则举事难矣。尤以枪弹系由许崇智设计暗通守库官兵偷运而出者,旗帜则由诸先烈之家属密制。遂与司令部洽商提前于九月十八夜举事。十八日,陆军武备学堂及英华、格致、汉英、开智各书院学生,齐集桥南总机关,由彭寿松、郑祖荫等将各学生编为炸弹队、洋枪队,炸弹队由寿松率之入城,洋枪队则派赴各处局所占据,并保护教堂。十八日夜四鼓,即十九日子时,开始战斗,革命军设司令部于花巷,陆军三十七、三十八、三十九、四十各标,均归统带,先行占据于山,在其北方山腹布置战线,装架大炮,以便射击。彭寿松率炸弹队于午夜由于山麓攀岩而上,会合革命军。十九日拂晓,于山革军向旗街攻击,敌以敢死队夺于山,冲至十八阶,为革军击退后,凭鳌峰坊法政学堂宿舍为据点而交战,互有死伤。寿松亲率炸弹队直扑高节里,后因旗界民房发火,旗兵受重创,势渐不支,乃竖白旗示投降。革军方停放枪炮,讵彼突发数百人,由九曲亭蜂拥而至,劫夺大炮五次,经革军奋勇还击,并由炸弹队助击,卒将其击退,此为光复时于山之苦战。司令官许崇智,与管带萧奇斌在枪林弹雨中指挥作战,克尽其职,萧且以过劳呕心致死,此为光复牺牲之第一人。其弟奇煊代之。十九日黎明,旗人于城厢放火焚民居,红光冲天,枪炮声与喊杀声,交响不绝。旗兵实力尚强,与革命军相持不下,局势相当危急。同盟会机关部因用军政府闽都督名义,致电长门统领陈恩焘调精兵四百名,大炮四尊,乘机入城助战。又赶提马江船政厂旧存之枪械、子弹,以补充学生军,因此革命军威势大增,军心为之一振。是日午后总督松寿微行出署,至高开榜画店吞金自尽。朴寿知大势已去,致书乞降,即逃至旗人明玉家中,为炸弹队员刘德观等察觉,乃协同新军十余人,将其擒获。德观年仅十三,培元斋学生也。当晚十一时,有旗人数百来抢,市内秩序大乱,朴寿乘机脱逃,复被革命军擒回,司令部乃宣布其罪状,将其枪决。旗兵缴械投降者数百人,皆妥为安插,待之以礼。二十日,大局已定,福建同盟会支会举参事员十人:彭寿松、林斯琛(温如)、郑祖荫(兰荪)、黄光弼、刘通、陈承泽、李恢、林晓、陈景松、宋渊源。以孙道仁为都督,由寿松代表参事员往司令部迎孙至都督府就职,授旗授印,皆由福建同盟会支会名义，不由绅商组合之谘议局选举，此与各省迥然不同者也。是日礼式极周备，升炮二十一响，奏乐三次，都督并有誓词。彭寿松当被举为参事员会长，为政治最高机关，都督管理军事。参事员会外，设民政、财政、交通、外交、司法、军务各部。高登鲤、陈之麟原为谘议局正副议长，乃君宪派中人，仍俾以民政、财政部长，以示革命党不自私，兼望浑融党派，向民主迈进也。此种作风，各省皆然，足证君宪派最后之勷助革命党，协谋推翻满清，实亦革命成功之一大原因。且各省用人，不仅无党派之见，即省籍之见亦泯除，如江西以林森为代表，福建以张继为代表，实则林森闽人，张继冀人也。彭寿松所领导之军警同盟会与福建同盟会支部亦合并为一，郑祖荫让会长于寿松，参事员会旋亦改组为政务院，由彭任院长，郑与林斯琛副之。设立法、叙官、印铸、统计四局。南北统一后，政务院取消，袁世凯对光复有功诸人，皆逼去之，或予以逮捕。二次革命后，李厚基率师入闽，孙道仁被召入京，而光复一幕终矣。

（三）山东独立之反复

同盟会在日本成立，山东籍学生加入者，有刘冠三、徐镜心、蒋衍升、谢鸿焘、邹秉绶、陈干、邱丕振、于洪起、丁惟汾、王朝俊等，秘密运动革命，并创办宣传机关。其在济南、烟台、即墨、曹州、惠民、青岛等处设立之学校，皆征学生加入同盟会，数年之间，革命空气弥漫全省。辛亥八月，武昌倡义，各省群起响应，山东党人均纷纷归来，积极活动。又闻清廷向德国借巨款，以山东全省土地作抵，群情益形愤慨。遂于九月十五日在谘议局开会，丁世峄提出向清廷要求八项，如禁政府借外债，迅明诏罢战，允南军要求，鲁新军不得调遣，留协饷，宪法定中国为联邦体，外官制、地方税本省自定之，本省得自由规定本省宪法及练兵。要巡抚孙宝琦代奏。如不答复，即宣告独立，众无异议，遂获通过。当是时，清廷迫于大势，凡地方所陈请，无不允纳，十九日，即复电报可。二十日，夏继泉（《辛壬春秋》谓为谘议局议长，邹鲁《中国国民党史稿》谓为京官回省者，与党人谢鸿焘、侯延爽、王讷、丁惟汾等结合组织保安会，被推为会长）等组织保安会。二十一日，开联合保安会，忽有第五镇军官三人莅会宣言，各省皆独立，吾鲁独否,耻后人,愿秣马厉兵以武力助成独立,请速决,会员惶遽失措,同声赞成。二十三日,复开大会,自巡抚司道及军弁毕集,有军人首发言:“我山东军学绅商各界均已决计独立,大帅如赞成,推为都督,否则我东民即另举都督。”声色俱厉。宝琦以势不可遏,立允为都督,而以统一事权,更易司道,会绅筹饷为要约。众鼓掌欢诺,并当场认筹银二十万两。即举宝琦为大都督,协统贾德懋(宾卿)为副都督。宝琦既操大权,即将司道镇协之附和民党者,悉改派彼之心腹,又夺德懋兵权,派人离间新军。于是二十标标统吴鼎元、张树元等乃上书诘问独立之由,请即取消。与联合保安会往返辩论。孙布置既定,乃欲设法拿办谘议局各议员及学界为首之党人并贾副都督。消息泄出,党人及贾氏均连夜逃出省城。十月初四日,改都督名为巡抚,遂遍贴宣统三年之告示,而将黄帝四千六百零九年之示一律刷去。八日宝琦电清内阁云:“九月十八日电奏组织临时政府,凡用人、行政、理财、调兵暂由本省主决等因,原以事出非常,保境为急,现在时局略定,应请即行撤销,请代奏。”清廷谕云:该省已取消独立名目,是该抚尚知愧悔,亟图补救,姑予宽容,仍着留任效力。实则宝琦虽取消独立,而一切政事,皆由布政使张广建,与提法使聂宪藩(聂士成子)、巡警道吴炳湘三人协议而行,孙已成赘瘤矣。《国民党史稿》云:“山东驻军第五镇为北洋军队,其协统贾某赞助革命,但懦弱无能力,袁世凯得以乘机破坏,密派皖人张广建、吴炳湘来东运动,取消独立。目的既达,张被任为布政使,吴任巡警道,搜捕党人,不遗余力,故党人多逃往商埠。有宜春轩者,乃党人所设之秘密机关,为张、吴侦悉,派兵抄捕,蓝玉昌死,刘溥霖等均下监狱。于是党人大愤,谋以炸弹先毙吴炳湘,以便起事。不幸未中,仅毙其卫从。袁党大愤,搜捕倍甚。至十月二十二日乃有烟台之举义。烟台为津、沽之门户,南北要道,交通四达。迨武、汉起义,寄居海外者,纷纷回国,云集于烟之机关部,谋所以响应之策。事前由同志对本地海陆军警早有运动,除警卫队统带郑汝成不表赞同外,余均秘密加入。十月二十二日晚,群聚渤海报馆,由王耀东、李凤梧、宫仁山等公同议决,由玉皇顶直扑海防营,营长董保泰事前已洽妥,为表示欢迎,遂将所部点齐,放枪两排,直攻入烟台道署。道员徐世光闻风逃避,党人即招警卫队等整队进街,郑汝成逃。二十三日,各商户同时易帜,适有舞凤兵舰由天津驶来,同志乃公举其舰长王传炯为总司令官。传炯本非党人,大权在握,即与孙宝琦暗通声气,意图反侧。以党众纷聚,未敢一逞。而同志意见不同,情势益趋险劣。遂公推王耀东、栾星壑、刘琴堂赴沪请兵,一方面迫传炯出兵西进。讵于某日晚全体党人在毓才学堂开会,传炯欲为一网打尽计,邀功于清室,遂率军警围攻一夜,天晓始由外人保护出险,避入日本旅馆。时张广建派炮兵标统张树元为胶东兵备道,带兵东攻。沪上得电,遂开同乡会,公推丁惟汾、王耀东等请沪督陈其美火速派兵。当允拨沪军三千,以刘基炎统带前往。政府并派胡瑛(胡瑛曾与山东同志徐镜心在烟台开办东牟公学,同盟会山东分会即设其中)为鲁军都督,时瑛方为南京议和代表,不能即往,乃派杜潜为代理都督,带兵先行,又派海军海筹、海容、建威、豫章、通济等舰,护送北上。杜潜抵烟,局势为之一变,王传炯于事前逃往北京。先是,在烟党人被攻脱险后,徐镜心、邱丕振、连绍先等先后克复登州、黄县等处,于是革命基础渐臻稳固。未几胡瑛到埠,军府重行改组,整理内部,再图西进,而清帝退位,共和告成,南京政府停止军事行动之命令至矣。”据此可知山东之光复,仅烟台、登州一隅之地,而济南省会虽一度独立,而其后始终在反动分子之控制中,对党人肆意屠杀。宝琦辞职后,胡建枢继之,胡去而张广建为巡抚,残暴更甚。鲁人宣布其罪状,通电全国,请胡讨伐。于是黎元洪致电袁世凯,袁即准胡辞职,调张、吴入京,另派周自齐为山东都督,而东事始定焉。

(四) 四川之光复

武昌革命以四川之铁路风潮为导火线,而四川之光复,反在各省之后,则以赵尔丰与端方兵力控制之故也。先是黄复生为同盟会四川支部主盟,谋以新旧党人与民间会党并力,相与举大事。乃与宜宾刘永年、泸州杨兆蓉等招泸州会党首领佘英渡海抵东京谒中山,遂加盟焉。光绪三十二年六月,命英归国,与谢奉琦、熊克武经营川事。告以:“吾国革命用兵,当在长江流域,四川其上游也,宜急图之!”宫崎寅藏并赠英倭刀,以壮其行。英归而川省革命相继起。光绪三十三年,英拟于端午日起义,熊克武等至成都,与各地党人议,皆以期迫不便。旋又集议于泸州,英以永宁黄方任侠好客,为乡里推重,宜挽与共事。乃由熊克武、杨维等往说之,方遂加盟。继议定叙州为一路,以谢奉琦、杨世尊、刘永年主之;泸州为一路,以佘英主之;永宁为一路,以黄方、杨维、杨兆蓉等主之。克武、黄方招致川、滇、黔三省义士,奉琦、佘英等联络会党并阴结盐务巡防军为助。继而黄复生、杨兆蓉、熊克武等皆会兴隆场黄方所,制造炸弹,不慎弹爆,栋宇为震,复生、黄方皆受重创。清吏知其事,严侦之,乃各走散。兆蓉赴泸州,佘英亦以母病归,旋得克武书,谓十月初九日,成都、叙府、泸州同时发难,宜急为之备。英遂戒各路不得缓期,会泸州知府微闻英有异志,召与议事,将捕之,英觉而脱,乃下令捕之。兆蓉乃与英议,定八月十五日在江安发难。顺流而下,泸州应之,嗣改为十月初一日,江安、泸州同时举事。部署既定,未发而事泄,泸州戒严,江安令亦得报,先捕举火者,大索党人,捕六人杀之。党人闻江安事败,各路首领数十人出走,众欲急发,英以外援已失,轻动徒取败,主待机再举。先是,张培爵、谢持、黄方、杨维等与武备学生龙光、王资军、彭家珍等十余人,及弁目学堂程德藩、孔白等欲在成都先举义,叙、泸、永应之,军事由余切、龙光等主之,初定十月初三日发难,寻改十月初九日。盖欲借西太后寿诞,尽殄同城诸吏,并部署新军、旧军及会党各路指挥,以黄成璋、黎靖寰、余切等分任之,由余切任总指挥,已集四千余人。及期省中大吏竟不朝会,而骤戒严,城棚皆扃。党人伏城外者不能动,知事泄,佘英所部远在川南,又以江安新败,黄方欲率众南下为大举。继闻有告密者,乃遣散会党,而清吏竟将黄方、杨维、黎靖寰、江爵成、王永章、张治祥、江竺等逮捕,系之狱。并通缉余切、熊克武、佘英等。光绪三十四年正月,佘英、克武往日本同盟会总部请械,得手枪百余支,子弹万余发,历尽艰苦。宣统元年二月,乃发难于广安,克武攻州署,久攻不下,乃转趋巡防营,欲与佘英并力;后均以众寡悬殊,不支败退。十二月佘英又起事于嘉定童家场,先袭取团练枪支三十杆,子弹三千发,因进攻嘉定。清兵凭河固守,不得渡,乃改赴屏山,期与熊克武等合力图叙府。既而嘉定、屏山清兵皆至,腹背受敌,自朝至暮,弹尽粮绝,党人被获死难者二百余人,同盟会蜀党之精英,大多尽矣。佘英至豆沙关,为提督董南党围攻被擒，逮至宜宾遇害。惟克武逃沪，秦炳出走滇、粤。川路风潮起后，各地民团蜂起，托名保路，实即革命。时端方率湖北第十六协第三十一标及三十二标之一营入川查办，其中原多革命党人，颇思乘机发难，经杨玉如、胡祖舜、邓玉麟等劝阻。端方至重庆，闻武昌革命军起，荫昌率京军南下亦败退，乃大恐，亟率师进至资州驻焉。清廷命端方代摄川督，端知事无可为，欲入都面陈机宜。十月初二日，重庆光复。党人张培爵、朱之洪、杨庶堪、谢持、石青阳等以府中学为机关，亟谋起义。是日，培爵与石青阳等率敢死队及商勇、川东巡防营、水道巡警、炮队等宣布独立，设军政府于巡警总署，推张培爵为蜀军都督，夏之时（之时于九月间率兵两连起事，与清兵战，以众寡不敌，退入山中）为副都督。培爵遣田智亮以兵三百人，挟炸弹八十枚，兼程驰资图端，智亮与党人密议，皆以为非杀端方不可。协统邓承拔、标统曾广大均惧祸，夜缒城遁走（或言曾力劝士兵听端行，死后犹备棺殓之）。十月初七日平明，军士群拥入端方行馆，挟端及其弟端锦（河南知府）至天上宫行馆大门一小屋中杀之。清廷闻之，谥端方忠敏，端锦忠惠。全军举第一营管带陈镇藩为总代表，率军赴渝，以报蜀军政府。后大部均回鄂参加北伐。是日，成都即宣布独立矣。先是，赵尔丰拘留蒲殿俊、罗纶等九人欲杀之，而将军玉崑不可。端方劾尔丰，复为蒲、罗诸人昭雪，清廷命释九人，并将田征葵、周善培、王棪、王梓（候补道）等革职。尔丰恶其逼己，调巡防军三十营入省自卫。会川绅法部主事邵从恩回成都，尔丰素敬其人，屡邀与谋解决川难之事。邵劝尔丰交出政权，并浼其参谋长吴璧彩关说。尔丰愿以四川自治，初欲交民政与从恩，从恩不可，乃促保路同志会于十月初七日独立，民政交谘议局议长蒲殿俊，军政交十七镇统制朱庆澜，尔丰仍回任川滇边务。释党人杨维、黎靖寰、黄方等。殿俊因称大汉军政府四川都督，朱庆澜为副都督。四川光复，惟至十七日，蒲、朱大阅兵，巡防旧军田征葵与王棪等谋，欲复拥尔丰为帅，击殿俊、庆澜，焚掠市肆。蒲、朱仓卒逃亡，川军大乱。陆军小学总办尹昌衡急入凤凰山新军兵营，激励将士，率三百人入城定乱。各界推昌衡为都督，罗纶副之。十一月初三日，昌衡以赵尔丰犹蟠据督署不退，派兵围攻，擒尔丰，杀之于明伦楼侧（《清史稿》谓拥尔丰至贡院，骂不绝口,遂遇害)。自武昌起义后,不过一月余,响应者已有湘、陕、晋、滇、赣、黔、苏、浙、桂、粤、皖、闽、鲁、川十四省,清廷所保有者,仅直隶、河南、东北、新疆而已。而此数省之革命军,亦复有加无已也。

(五) 直隶及东北之义师

在京津一带之同盟会会员凌钺、白毓崑(字雅雨,号铣玉,江苏通州人)、白逾桓、王法勤、王葆真、张良坤、董震、凌亮、何英、于树德、熊飞、张星华、崔剑华、黄瑾、汪云等数十人,于武昌起义后,开秘密会议,决定应从北方各省推动中央革命,特组织北方共和会以资号召。设机关于天津法租界梨栈生昌酒店楼上。由凌亮偕女同志制造炸弹储藏。筹备既竣,乃由王葆真运动陆军第二十镇统制张绍曾反正。绍曾因此与奉天第二混成协协统蓝天蔚及第六镇统制吴禄贞合作,拟合率所部直捣北京,以成中央革命之功。未几,禄贞为袁世凯贿其部下刺死(事详后),绍曾闻之大惧,匿居天津日租界。清廷以绍曾为宣抚大臣,使赴长江一带,宣布朝廷德意,阴实夺其兵权。令潘矩楹代为统制,矩楹至,调二十镇分驻昌黎、山海关、永平、海阳以分其势。留驻滦州者,仅步兵三营。第一营管带王金铭(字子箴,山东武城人),第二营管带施从云(字燮卿,安徽桐城人)革命党人也,与白毓崑密计,拟俟商震由烟台率兵至,合力举义,并联络静海民团,会攻天津。十月初二日,北方共和会所派敢死队长凌钺至,赍预制北军大都督及总司令印信与金铭、从云,二人欣然接受。又约第三营管带张建功同谋,以副都督推之。适驻开平巡防营统领王怀庆由芦台赴滦州视察,晓谕金铭等效忠清室,凌钺请金铭将其软禁,并乘该军不备,即袭据开平。金铭谓同是汉人,决可参加义举。乃与怀庆谈判多时,怀庆阳奉阴违。忽有排长张某人,持枪抵其胸曰:"不革命即立击汝,从则举汝为大都督。"怀庆大惊,佯言:"我早有此志,敢不从命?"旋被拥入城,拜印就职,而阴结建功乘间逃走。金铭、从云势成骑虎,遂不待商震部至,乃派人至海阳,约管带冯玉祥、队官张之江、张树声等并起,于十月十五日誓师滦州,督军向天津进发。建功倒戈反击,金铭命石敬亭、王鸿昇率兵攻之,建功不支,闭城自守。金铭进军至雷庄,而王怀庆已率巡防军及第三镇曹锟所部一旅，严阵以待。金铭力攻之，炮声动天地，血肉横飞，且战且进。清军力不能遏，乃伪示停战议和，金铭信之，曰：此苍生之福也。遂与施从云同入怀庆所设会议地，被擒遇害。临死，清统带汪学谦责之曰："清朝待汝恩厚，汝何为反?"金铭怒曰："汝非黄帝子孙耶？胡为出此言？满人以异族入主中夏垂二百余年，宰割我土地，鱼肉我人民，凡有血性者，皆欲得诛之，何谓反耶?"协统陈文运曰："是必有主使者。"金铭曰："若觍颜事仇，为虎作伥，自不知耻，反以革命为非耶?"继见弁目刘荣（或言黄云水）在侧，谓文运曰："若无罪，可纵之去。"荣曰："我随大都督上阵杀贼，今不幸被囚，生死同也，都督死，我何生为!"遂与金铭、从云等同死。部众皆溃散，白毓崑任参谋长，知事败，脱身走匿古寺竟日，易服至古冶，被逮。怀庆严讯之，毓崑直认不讳，强之跪，不屈，遂被杀，暴尸于野，见者哀之。凌钺乃率残部退守滦西九十里之太平庄，继以弹尽援绝，不得已解散所部，变装从间道回津。未几北方同志复谋攻袭天津直隶总督署，期前凌钺忽被清探勾结法租界巡捕拘禁，改由白逾桓任指挥，事未成，同志死者二十余人。凌钺以真正革命党被开释。东北之革命活动，始于吴禄贞、蓝天蔚，二人为革命党员在清军中之地位最高者，禄贞为新军统制，天蔚为混成协统，犹民国后之师长及混成旅长也。禄贞字绶卿，湖北云梦人，累世以儒学传家，年十七，入湖北武备学堂，翌年，鄂督张之洞遣赴日本士官学校，习陆军。己亥冬，与唐才常在东京组正气会，谋回国大举。才常组自立军，将于庚子七月起事于汉口，禄贞潜归赴之，参秦力山大通军，事败复归日本。张之洞知之，以禄贞为己所派，不欲揭其事以张己过。及光绪二十八年春，毕业归国，禄贞随众参谒，张之洞拘之于将弁学堂，三日，之洞召而训斥之。禄贞与辨，慷慨陈词，之洞无以难之，且许为奇才。于是统制张彪承帅意，派为将弁学堂总教习，及武普通中学会办，且兼营务处帮办。旬日之间兼数要职，顿成武汉三镇要员，各军中之管带莫不承望风旨，凡吴所言，无不允者。于是党人之由吴入营者，莫不备受优礼。由是士人皆趋军中，秀才当兵，一时蔚为风气，其后鄂军中多革命志士，禄贞之功大焉。禄贞假武昌花园山孙凯臣所有之孙森茂花园设秘密机关，交结有志青年，灌输革命思想。次年冬（癸卯），与黄兴同组华兴会。三十年长沙起义事败,鄂军渐警戒党人活动。会清廷设练兵处,铁良、良弼素重禄贞,招之,授陆军骑兵科监督。不获竟其志,乃留心边务,按视边兵,体察形势,以言事为陕甘总督升允所忌,几陷之至死。东三省总督徐世昌求陆军人才,军部以禄贞往,初任督练处总办。禄贞以由北洋陆军六镇中抽调编成之第一混成协多革命同志,请调随行。名单内即有王金铭、施从云、冯玉祥、张之江、石敬亭、郑金声、张树声等。禄贞拟将混成协及一、二两标编为一镇,适间岛事发,世昌以禄贞悉边情,命往调查。间岛者,日本灭韩后,欲攫我延吉,诡以间岛称之也。禄贞钩稽列国舆图,移译西人记载,证以日、韩邦志,痛斥日人之妄。世昌奏以珲春副都统陈昭常督办吉林边务,禄贞副之。旋昭常移吉林巡抚,禄贞为督办。与日本所遣陆军中将斋藤划鸭绿江而守。斋藤曾为士官学校教官,禄贞师也,平日尊酒往还,不减当年羊、陆。至及国事,则据理以争,不稍屈让。斋藤欲开六道沟商埠,禄贞拒之,斋藤亦莫如何也。间岛既解决,世昌上禄贞功,得授副都统,派赴德、法两国观操。返以良弼荐,授为保定第六镇统制。禄贞去,东北革命运动由第二混成协协统蓝天蔚负责进行。宣统元年,东三省总督锡良始实现禄贞之计划,将第一混成协改编为第二十镇,统制张绍曾虽非革命党,而思想颇新,其部下冯玉祥(八十标三营管带)、郑金声(八十标二营管带)、张之江、张树声(皆马队队官)等在新民组织武学研究会,龚柏龄、商震、程起陆等亦在锦州组织,与新民互相犄角,皆革命之秘密机关也。先是二十镇成立后,驻锦之将校,标统石星川,管带夏占奎、林德轩,队官龚柏龄、刘剑秋特组织随营学堂,以宣传革命。商震、朱霁青,皆曾留学日本,为革命故投入军中,为随营学堂学员,以实行下层工作。武昌革命起,二十镇内调滦州,因有张、蓝联合通电之举。东北之革命党人,密谋以保安会名义,拥戴东三省总督赵尔巽为会长,然后设法使其下台,另推举蓝天蔚为关外都督,吴景濂为奉天民政长。九月二十一日,绅学各界遂倡议,无分种族,合组保安会,推尔巽为正会长。二十六日吉林各界效之,亦举巡抚陈昭常为保安会会长。二十七日,黑龙江亦成立保安会,推巡抚周树模为会长,至是党人更谋以保安会名义,宣布共和,实行第二步计划。讵事机泄露,竟为尔巽所破坏,天蔚、景濂皆被迫相继南下。党人大愤,乃于十月六日宣布公推蓝天蔚为关东都督,纷纷赴各地起兵。如王宪章于海城,顾人宜、杨大实于复县,商震于辽阳,刘雍、宁武于凤城,祁耿寰于辽中,孙祥夫于铁岭,朱霁青于开原、昌图,均以力量薄弱,旋起旋仆。仅顾、杨支持较久。南京政府成立后,孙大总统始任命蓝天蔚为关东都督,并节制北上海军,商震为关东民军总司令,由中央拨给饷械,党人声威,为之一振。未几,南北统一,又皆奉令解散矣。

(六) 河南之革命军(附新疆、甘肃)

河南同盟会会员张钟端、杨汉光、刘积学、王庚先、杨源懋、刘荣棠诸人于武昌起义后,即联络军学各界及谘议局议员图响应,其机关分设于开封北土街和合堂,及优级师范学堂、中州公学、公立法政学堂、谘议局等处。陆军协统应龙翔亦表同情,愿率所部反正。河南巡抚宝芬闻之大惊,乃诡言决意退休,即挈眷离汴,将以事权交龙翔署理,请其往抚署办理交代。龙翔信之,及至抚署,竟为宝芬禁锢。而另派人统领河南陆军,且向清廷告变。清廷乃派齐耀琳代之。于是党人计划,全盘失败,乃不得不变更策略,改由各县同志召集会党、绿林分途发动。公推张钟端为河南革命总司令,王庚先副之。划分全省为五路:一、钟端与庚先、王子杰、李干公、张兆发、刘荣棠、王月波、李古民、方贞、张嘉谋担任中路。讵张兆发误信旧同事巡防营统领柴得贵为可恃,介绍与钟端接洽反正条件,订期十一月初三日发难。得贵竟向齐耀琳告密,并领兵突然包围革命军总部之师范学堂,捕获钟端等二十一人,仅刘荣棠数人逾垣逃。钟端等十一人被处极刑,王子杰等十人由当地巨绅保释。自总部失败,豫省党人之元气,殆呈一蹶不振之象。二、担任西路革命军者,为杨汉光、王天纵、杨源懋、刘纯仁等,此路发难最早,而声势亦较大。初由侠盗王天纵集合所部由嵩县进攻洛阳,刘镇华、冉效、张仲琴等亦率一部会党应之。洛阳知府启绥弃城逃。清廷以洛阳居中原腹心,势在必争,乃派赵倜、周辅麟率兵来攻,杨汉光遣刘纯仁、纪宗义往说赵倜反正,竟为赵所捕杀,天纵等大愤,与之战,相持月余,以众寡不敌,始弃洛阳而退入陕西边境,得陕军供给,声势复振。陕西都督张凤翙恐清军乘势西进,特派张钫领兵出潼关拒之。天纵与张钫合兵,屡败赵倜进犯之师,清兵退保渑、洛,不敢西侵,然天纵亦无力再攻洛阳矣。三、北路军原由暴式彬等担任,其任务在破坏黄河铁桥,以阻清军南下。因戒备严密,无从下手,乃全部渡河而南,并入西路。四、南路革命军由刘积学(新蔡人)、焦文斋、魏士骙、孙豪、海廷璧、赵伯阶负责进行,设机关于叶县城北焦文斋宅。初由文斋、士骙用办民团名义,经开封购洋枪子弹运往南阳,预定在南阳起义。事为南阳县令侦悉,先派军警在叶县城下截夺而去。积学以所谋不成,遂赴开封另图进取,任务由孙豪处理。豪与廷璧、伯阶等往来鲁、郏、宝等县,招聚绿林豪杰,月余得同志千余人,遂攻鲁山县城,县令派士绅往乞降,豪信之,偕入城,竟为县令惨杀。伯阶等率众攻城,南镇阳总兵谢宝胜以兵来援,内外夹攻,伯阶阵亡,南路军全部崩溃。五、东路革命军由刘荣棠等担任,其计划在联络商丘、睢州等县之仁义会,附和者称万数千人。惟均无枪支,荣棠乃挑选若干为敢死队,使乘隙突入开封城内纵火为号,而以大队自外应之。某日乘天未晓时,有一队曾冲进开封曹门,被城兵察觉驱散。城外大队以未见火号,亦逐渐散去。此总司令张钟端等被害前事也。钟端以各路相继失败,乃派刘积学赴上海向各省义军乞援。时南京政府已告成立,遂由旅沪河南同盟会员组织北伐威武军,以张国威为总司令,由陆军部及沪军都督府拨给枪械。国威率之北上,拟由皖境侧攻河南,师次芜湖,乃改道黄州、阳罗进抵光山县境,同时阎子固率偏师由三河尖攻新蔡,占领三岔口,以清军倪嗣冲从颍州出兵,恐被抄袭,乃回军自保。旋复占领固始、商城等县,开封为之震动。时旅鄂豫人马云卿、查光复、鲁鸿宾等请于鄂督黎元洪,组织河南革命奋勇军,任云卿为标统,率豫人二千余进攻新野,一举下之。继又克邓州、南阳,杀南阳总兵谢宝胜,枭其首以为孙豪、赵伯阶诸同志复仇也。威武、奋勇三军连战均胜,正向河南中部会师,适南北和议成,陆军部电告停止军事行动,三路军遂不得不遵令撤退。以故河南仍在反动军阀之手。内地十八省除河南未得光复,甘肃于民国元年三月十一日,黄钺在秦州(天水)起义,始告光复外,其余十六省皆于一二月内响应武、汉,清室已有土崩瓦解之势。至新疆则伊犁军政府成立于十一月十九日,即民国元年一月七日也。先是,湖北同盟会员冯特民因张之洞查禁党人严,适陆军四十二标标统杨缵绪调任伊犁协统,乃相随出关,乘机与同志冯大树、李辅黄、郝可权、黄立中等,联络哥老会首领蜀人徐开阳等及回部首领马腾霄等伺隙起义。辛亥十月,伊犁将军志锐在未抵任前,曾与甘督长庚及载澜、载漪等密议拥已废大阿哥溥儁为帝,联合蒙古,据新、甘两省,进窥山、陕。及抵任,又鉴于兰州、宁夏军队哗变,谋解散伊犁陆军。缵绪知其谋,遽于十一月十九日举兵反正。是日特民与立中占领南库,可权领炮队攻将军府,李辅据东门,迎军队入城,大树攻副都统署。志锐为马步云所执,枪杀之(长庚闻志锐被杀,知大势已去,不可收拾,忧郁特甚。未几民军起,遂被囚,甘肃全省宣布独立)。缵绪乃请卸任都统广福合组五族共和会,众举缵绪为会长,广福为临时都督,成立革命军政府。特民任外交事务,以处理得宜,俄人甚敬礼之。然蒙古、西藏则为俄、英所怂恿而真正宣告独立矣。

〔附记〕　蒙、藏之携贰　自光绪十六年与英订立《印藏条约》八款,承认哲孟雄为英属土。十九年,又订《印藏续约》三款,允开亚东为商埠,设关互市,英人得设官监督,于是英人在藏势力,乃益巩固。藏人闻之,颇滋不悦。对于清政府信仰之心骤减,渐转移而亲俄,冀得俄人保护。先是俄人谋扩利权于中国西部,特遣德尔智氏入藏,秘密运动,以喇嘛衣冠,与达赖相款洽,诱使从俄。俄又续派探险兵队赴藏调查,给以军火,饵以财货,达赖益惑之。至是遂有向俄之决心,且因德尔智崇拜喇嘛故,误以俄国为同教国,遂私遣其外务长官大喇嘛赴俄,上俄皇以护法皇帝之号。俄人又为达赖画策,密购军火,谋抗英兵,故英自续约互市后,其条款以达赖抗阻,迄未实行。会达赖杀其大喇嘛第穆呼图克图,没其所居阐宗寺之财产,藏人冤第穆而不直达赖,达赖渐失众心。而俄人又以日俄战起,为日人所窘,不能兼顾西藏。英人乘隙,借口英国利益为俄人侵害,举兵进藏。清政府遣驻藏大臣裕纲往和解之。而达赖倚德尔智为谋主,不愿议和,思与英人一战,乃止裕纲之行,而征土兵为战备。西藏土兵,以乍丫为最强,然无纪律,甫抵拉萨,即围攻驻藏大臣衙署,死者数十人,经藏官弹压始止。旋开往前敌,甫临战,即作鸟兽散。藏兵屡败,英焰益张,清廷乃命有泰为驻藏大臣,以代裕纲。有泰商之达赖,愿自往阻英兵,达赖不允,顾亦别无御侮之策,惟令部下诵经咒英兵速死而已。未几英兵长驱而进,直抵拉萨,达赖北遁。有泰以达赖误兵机,且擅离驻地,请革其名号,此光绪三十年六月事也。同时英将已与藏官议订印藏私约十款于春丕,除前约所开亚东一埠外,兼开江孜、噶大克为商埠,暂留英兵戍藏,俟应偿兵费七百五十万卢比缴清后撤退。是为《印藏条约》。然西藏为中国领土,无直接议约权,驻藏大臣有泰以未与议不肯画押,当然无效。而英人乃以之照会清政府,政府随于是年九月命唐绍仪为议约全权大臣往印度,议废该约,英人不许,议久不决。光绪三十二年,始与英使萨道义订《中英印藏条约》六款,英国承认中国有西藏之领土权,而以前所订之《印藏条约》为附条,由中国承认。翌年,又遣张荫棠赴印,议订《印藏通商章程》十五条,于是印藏兵事始得一结束。达赖由西藏遁走,遍历青海、甘肃等地,一般信徒,不以构衅启侮为罪,且沿途礼拜,奉为活佛。清廷以驻藏大臣之参奏,暂行革去达赖名号,以略示惩儆。未几,达赖由嘉峪关入蒙古,至库伦,清廷冀其悔悟,饬地方官随时存问,并敦促其回藏。光绪三十四年,达赖奏请入京陛见,诏许之。而沿途骚扰,怨讟繁兴。既至京,朝廷不加罪责,且优以赏赉,崇其封号,尊之曰诚顺赞化西天大善自在佛。已而达赖欲回藏,当时议者佥谓宜留之于京师,免生他变,且以维系藏人之心。然朝廷恐别生枝节,不欲多事,卒遣回藏。复派员护送,行至中途,达赖忽与俄使私会,沿途逗留,所至公行货贿。回藏后,又散布流言,谓清廷欲灭黄教,复嗾令藏人,举兵内犯。驻藏大臣联豫不能制。又谓英国通商,有损于藏,时谋抗阻。清廷恐其生事,派兵二千入藏弹压,达赖概不供应,密令藏兵沿途抵抗,焚掠江孜存粮,停止驻藏大臣供应。幸清军入藏,屡败藏兵,达赖乃渐悔。至宣统二年正月二日,邀帮办大臣温宗尧赴布达赖山相见,面允三事:一将各处阻兵番众立刻调回,二渥荷朝廷封赏,咨请奏谢,三仍尊重联大臣,一切供应,照常规复。温宗尧欲安其心,亦允以四事:一川兵到日,自必申明纪律,维持安宁秩序,不至骚扰地方;二诸事均和平办理;三达赖固有教权,不加侵害;四决不杀害喇嘛,以昭信守。翌日,川兵前队抵拉萨,达赖闻之,终不自安,即挈其左右宵遁。驻藏大臣联豫电奏实情,朝廷令设法追回,未获,随于是月十六日下诏革去达赖封号。达赖既革,赴诉英、俄,其至印度也,佛教徒及印度总督以盛礼待之。达赖复与俄人私订协约。英、俄两国,舆论嚣然,訾我国政府横暴。时驻俄公使,新疆巡抚,伊犁将军,乌里雅苏台、科布多塔尔巴哈台、库伦阿尔泰诸办事参赞大臣,皆奏请召还达赖,英、俄亦为达赖乞恩。清廷力驳之,外部又备文照会英使,宣告达赖罪状。既接驻英公使电,谓英政府声明决不因已革达赖一人之故,干预藏务,致碍邦交。并陈述印、藏商务之关系,于是外界风波渐息。一面调集重军入藏,以资镇压,饬堪布随时安抚藏民,藏事既平,廷议乘达赖更迭之时机,决取政教分离政策。以后凡关于西藏一切教务,由达赖专司其事,所有全藏之商务外交在西藏省治未设以前,悉由驻藏大臣随时禀承政府命令,相机处理。达赖不得越权干涉,并将关于西藏政教分离之条件,由外务部照会驻京各国公使,此后事无巨细,非经驻藏大臣磋商,政府认可,概无效力。如再遇有达赖私与外人缔结条约情事,中国政府一律不能承认云云。终清之世,新达赖未及签定,已革达赖之在印度者,渐为外人所轻视,民国后,始乘间回藏云。西藏之携贰,卒赖兵力戡定之,而蒙古之独立,则纠纷更多也。清廷之对待外蒙也,视为藩属,特加优待,其怀柔政策之可见者有三:一曰尊重宗教,内外蒙号称“胡图克图”者七十二人,以哲布尊丹巴为最贵,清廷赐号布施,及喇嘛大寺之建筑,不可胜计。二曰保护畜牧,清于蒙古行计口授地之制,每十五丁给以广一里长二十里之地为一区,为蒙民私有地。此外每旗尚有公共牧地,皆禁止内地人民前来开垦。三曰隔绝汉人,凡蒙古名字,及诉讼公文等皆禁用汉文,并禁止蒙、汉结婚。而清廷之立后及选择额驸,则多取于蒙古。凡此诸端,皆所以厚结蒙古之欢心,杜绝汉蒙之交通,而保持其优势也。自咸丰季年,《北京条约》既定,俄于外蒙之势力,逐渐发展,清廷乃始注意及之。然俄人野心无已,每订一约,则必得种种之权利而去。俄人知蒙古之重宗教种族也,因竭力尊崇喇嘛教以诱蒙人,更借其同族之布列雅德人以为联络。布列雅德人者,为纯粹之蒙古族,向居贝加尔湖滨,十六世纪以来,渐立于俄人势力之下,十七世纪始奉喇嘛教,俄人利用之而使与蒙民相交结,复借以与西藏相交结。庚子之役,联军入京,俄领事据有蒙古电局,乃诈称拳匪已由张家口杀掠前进,蒙人惶骇,乞援于俄。俄调哥萨克骑兵数百人入驻库伦,且建兵房、筑炮台为持久计。蒙人不知其诈,深感激之,对于清廷信仰之心遂日减。俄人又多方煽惑,谓清廷对蒙计划,皆蹂躏蒙人之权利,因使之背清归俄,蒙人惑之。光绪末,清廷闻知俄人阴谋,恐外蒙为所夺,遂改变从前对蒙方略,且决计取急进主义,施种种新政于蒙古。学汉文,用汉人,废除垦禁,设巡警局,一切规划,雷厉风行。蒙人僻处漠北,见闻素陋,保守之性极重,经此大变,不免疑惧。清廷又以蒙之积弱,由于宗教蒙蔽所致,思改革之,待遇活佛之礼浸薄。库伦办事大臣见活佛时,仅行换帕礼,不复叩首,且令活佛起立迎接。宣统二年,适有革除达赖喇嘛封号事,库伦活佛为达赖近侍之子,且为所选立,尤不免生疑惧。库伦办事大臣三多遇蒙人严,喇嘛有犯法者,辄惩办之,不少假借。同时兵备处总办唐在礼复出示募蒙民为兵,为军事之设施,蒙人习于游牧,不愿应募,则强迫之,蒙人益不悦。而清廷所遣办理垦务之人员,又有营私舞弊、虐待蒙人之事,于是俄人煽惑之词,益得利用,而蒙人反抗之志遂起。辛亥六月,蒙古诸王公开大会议,共筹对付中央之策,时分和平、激烈两派:和平派主张仍拥护中央,促政府反省;激烈派主张联俄反抗中央。结果卒为亲俄派之说所胜,土谢图部之杭达多尔济亲王等先后赴俄,与结密约。武汉革命起,各省纷纷响应,蒙古遂宣布独立,逐办事大臣三多,而哲布尊丹巴自称大蒙古国皇帝,年号“共戴”。民国二年“中俄声明文件”,袁世凯承认外蒙自治,外蒙实际已脱离中国。及俄国革命内乱,自无保护条约之能力,西北筹边使徐树铮,始带兵赴蒙迫活佛取消自治,仍复前清旧制,于是五族共和之中华民国始告金瓯无缺焉。

第四十二章　中华民国之成立

一百七十九　袁世凯之起复

(一) 袁氏复出之条件

清廷接瑞澂查获党人密谋起事之报,方嘉其弭患初萌,定乱俄顷,命就擒获诸人严鞫,并缉逃亡。不旋踵而革命党占领武昌之消息至,举朝震恐。八月二十一日,命陆军大臣荫昌督两镇兵前往湖北,又命萨镇冰率兵舰,程允和率长江水师赴援。革瑞澂、张彪职,仍命戴罪图功。二十三日,忽起用袁世凯为湖广总督,督办剿匪事宜,此内阁总理大臣奕劻之奏请也。奕劻自李鸿章逝世后,独执政柄,招权纳贿,与袁世凯内外结托,狼狈为奸。载沣之罢黜世凯,假名为光绪帝复仇,实欲以亲贵用事(剥夺汉人政权),其弟载洵、载涛主军政,及贝子载泽主度支,而载泽(恪郡王五世孙)夫人为隆裕太后妹,日日出入宫禁,其势大张。泽与奕劻结,暗中与载沣兄弟对立。世凯所练北洋六镇之军队,皆其羽翼,其在小站练兵时之文武二大幕僚曰徐世昌、段祺瑞(民国后,世凯拟改帝制,祺瑞反对,托病不见。世凯与书曰:"君托病不见,其亦忆及寒风夜雪,凯与君及菊人〔世昌字〕三人在新农镇〔即小站〕一矮屋中,围炉一段说话乎?又曾忆及某军门之丧,李节相〔即李鸿章〕亲制挽词,有'丈剑有谁怜我老,登坛犹悔用公迟'之句,吾三人为张挂时,感到热泪盈眶之一景乎?此景此情,今竟及吾身,凯欲无言,凭君开脱。"据祺瑞言,当夜围炉所谈者,亦与世凯及世昌在乡居结拜时誓言,大同而小异,不外一为宰相,一为将军,而寡人则从此称朕而已。但世昌与祺瑞私议曰:"共和建立,帝制永除,今日何年？人间何世？倘果有当涂再见之日，必身败名裂无疑！吾两人当一逃东海之滨，一遁合肥之野，以免天下人笑戮，遗子孙以无穷之羞。”此可见三人之关系矣)，时世昌任内阁协理大臣，祺瑞任江北提督，与王士珍、冯国璋、姜桂题等，皆掌握北洋军权，故世凯虽放归田里，而势力仍无甚减损也。今欲平乱用兵，非借重北洋势力不可，即非袁世凯不能收拾。此不特奕劻、载泽言之，外国使节亦如此建议，载沣无可如何，故不得不起复世凯。世凯因被逐夙愤，仍以“足疾未痊”力辞，不肯出山；盖欲使事态扩大，更可向清室要索有利之条件耳。奕劻以世凯不出，八月二十九日，使徐世昌微服出京，亲往彰德劝驾。及清廷再三敦促，世凯便以奕劻、世昌为介，提出六事：一、明年即开国会。二、组织责任内阁。三、宽容与此次事变有关之党人。四、解除党禁。五、须予以指挥水陆各军及关于军队编制之全权。六、供充足军费。此六事完全可表现其心理作用，前四条乃欲借以和缓人心，对革命、立宪两派之人皆与之谋妥协，为彼个人计，自当以保存革命军之势力，以免有“兔死狗烹，鸟尽弓藏”之悲，此即所谓“养敌自重”也。后二事则欲揽军事之实权，以便对清室与革命党皆可操纵自如。然而最重要之一条，尚为组织责任内阁，此则与立宪派之要求不同，立宪派之所谓责任内阁，乃欲对国会负责之意，而袁世凯之所谓责任内阁，不仅在取消皇族政权，实欲使载沣之摄政，归于无用。且环顾国内，敢出任斯职者，大有“舍我其谁”之概。如此则袁氏可以掌握一切军政大权，清室之命运悬于其手矣。无论革命党愿否与之妥协，彼固可坐享渔翁之利。此种姿态，宜载沣之甚不同意也。及各省响应独立者渐多，袁作势不出，荫昌所率之北洋军队，皆不肯力战，以致往来孝感、信阳间，迁延无功。九月初六日，清廷始诏授世凯为钦差大臣，节制水陆各军，另以军谘使冯国璋总统第一军，江北提督段祺瑞总统第二军，召荫昌回京。此为清廷对袁世凯第一步之降服，已表示接受袁提六事中之五、六两条矣。冯国璋所率南下之第二镇(原驻保定)统制马龙标，第四镇(原驻马厂)代理统制王遇甲(统制为吴凤岭，王为第八协统，王与吴禄贞同学，然非革命党)皆袁氏心腹旧属，荫昌并调第六镇第十一协协统李纯以益之。冯等闻袁氏将出，始奋力与革命军搏战，数日后竟夺取汉口。在清廷对袁第一步屈服之同日，资政院决议取消亲贵内阁，赦免国事犯，即开国会之要求，又加在滦州二十镇统制张绍曾及奉天第二协协统蓝天蔚等有类似兵谏之电奏，不啻立宪派及近畿军人皆与袁氏合演双簧戏，清廷受三方面之压迫，乃不得不接受其所提之前四条件，而袁即于九月十一日南下视师矣。

（二）张绍曾、蓝天蔚之要求立宪

张、蓝之威逼颁宪，在宣统三年九月八日，即武昌起义后二十日也。先是，光绪三十二年，徐世昌为东三省总督，调新成立之第一混成协（由第三镇之第五协改编）赴奉，三十三年复由二、四两镇，抽拨六营为第二混成协，调驻奉天。同时第三镇亦分防吉林。宣统元年，锡良为总督，始以混成第一协及独立两标为第二十镇。统制张绍曾，与第二混成协协统蓝天蔚，皆日本士官毕业生，天蔚为同盟会员，绍曾亦同情革命者，武昌事起，清廷调二十镇南下，绍曾顿兵滦州，受革命党之运动，与天蔚及第三镇第五协协统卢永祥（统制为曹锟），二十镇第三十九协协统伍祥祯等联名奏请清廷，实行立宪，其十二条之要求，直如青天霹雳，兹举如下：

一、大清皇帝万世一系。

二、于本年内召开国会。

三、宪法由国会起草，以皇帝之名义宣布之，但皇帝不得加以修正或否认。

四、缔结条约及媾和，由国会取决，以皇帝之名义行之。

五、皇帝统率海陆军，但对国内用兵时，须经国会议决。

六、不得以命令施行“就地正法，格杀勿论”之事。

七、特赦国事犯。

八、组织责任内阁，总理大臣由国会选举后，以皇帝敕任之，其他国务大臣，由总理大臣推荐任之，皇族不得为国务大臣。

九、国会有修改宪法之提议权。

十、本年度预算未经国会议决，不得适用前年度之预算支出。

十一、凡增重人民之负担，须由国会决议。

十二、宪法及国会法之制定,军人有参与权。

此十二条之建议,较之袁世凯所提之四条,尤为具体。较之资政院九月六日之决议上奏四条:一、取消亲贵内阁;二、宪法须由人民代表协赞;三、赦免国事犯;四、即开国会;更进一步。在张、蓝之心理中,清廷决难承认是项要求,如其表示不允,然后进攻北京,实行中央革命,即振振有辞。孰知是日正值山西响应独立,如不容纳彼等要求,则东西两面夹攻,北京如在釜中。以故此二消息到达北京时,流言四起,人心汹惧,官吏眷属与市民纷纷迁避天津。隆裕后及载沣深恐北京有立刻为革命军夺取之虞,特命锡良任热河都统,预备逃往热河。次日即降谕取消现行内阁章程,实行改组内阁;命资政院立即起草宪法;解除党禁,认革命党为正式政党;对张绍曾等传谕嘉奖。并下罪己之诏曰:

朕继承大统,于今三载,兢兢业业,期与士庶同登上理,而用人无方,施治寡术,政地多用亲贵,则显戾宪章;路事蒙于佥壬,则动违舆论。促行新治,而官绅或借为网利之图;更改旧制,而权豪或只为自便之计。民财之取已多,而未办一利民之事,司法之诏屡下,而实无一守法之人;驯致怨积于下而朕不知,祸迫于前而朕不觉,川乱首发,鄂乱继之,今则陕、湘警报迭闻,广、赣变端又见,区夏沸腾,人心摇动。九庙神灵,不安歆飨;无限蒸庶,涂炭可虞,此皆朕一人之咎也。兹特布告天下,誓与我国军,维新更始,实行宪政,凡法制之损益,利病之革兴,皆博采舆论,定其从违,以前旧制旧法,有不合于宪法者,悉皆除罢。化除旗、汉,屡奉先朝谕旨,务即实行。鄂、湘乱事,虽涉军队,实由瑞澂等乖于抚驭,激变弃军,与无端构乱者不同,朕惟自咎用瑞澂之不宜,军民何罪?果能翻然归正,决不追究既往。朕以眇眇之躬,立于臣民之上,祸变至此,几使烈圣之伟烈贻谋,颠坠于地,悼心失图,悔其何及!尚赖国民扶持,军人翼戴,期纳我亿兆生灵之幸福,而巩我万世一系之皇基,使宪政成立,因乱而图存,转危而为安,端恃全国民之忠诚,朕实嘉赖于无穷。此时财政外交,困难已极,我军民同心一德，犹惧颠危，倘我人民不顾大局，辄听匪徒煽惑，致酿滔天之祸，我中国前途，更复何堪设想？朕深忧极虑，夙夜旁皇，惟望天下臣民，共喻此意！

又开除党禁之诏曰：

内阁奉上谕：资政院奏请速开党禁，以示宽大，而固人心一折。党禁之祸，自古垂为炯戒，不独戕贼人才，抑且消阻士气；况时事日有变迁，政治随时递嬗，往往所持政见，在昔日为罪言，而在今日为谠论者，虽或逋逃海外，放言肆论，不无微瑕，究因热心政治，以致逾越范围，其情不无可原。兹特明白宣示，特沛恩纶，与民更始，所有戊戌以来，因政变获咎，与先后因犯政治革命嫌疑惧罪逃匿，以及此次乱事被胁，自拔来归者，悉皆赦其既往，俾齿齐民。嗣后大清帝国臣民，苟不越法律范围，均享国家保护之权利，非据法律，不得擅以嫌疑逮捕。至此次被赦人等，尤当深自拔濯，抒发忠爱，同观宪政之成，以副朝廷咸与维新之至意！钦此。

庆亲王奕劻之皇族内阁，于九月十一日解职，十二日即任命袁世凯为内阁总理大臣。十五日资政院先行议定宪法内重要信条十九条，奏上，载沣命即刊刻誊黄，宣示天下，并择期宣誓太庙。其宪法十九信条曰：

第一条：大清帝国皇统万世不易。
第二条：皇帝神圣不可侵犯。
第三条：皇帝之权，以宪法所规定者为限。
第四条：皇帝继承顺序，于宪法规定之。
第五条：宪法由资政院起草议决，由皇帝颁布之。
第六条：宪法改正提案权，属于国会。
第七条：上院议员由国民于法定特别资格者公选之。
第八条：总理大臣由国会公举，皇帝任命。其他国务大臣由总理大臣推举,皇帝任命之。皇族不得为总理大臣,其他国务大臣,并各省行政长官。

第九条:总理大臣受国会弹劾时,非国会解散,即内阁辞职,但一次内阁不得为两次国会之解散。

第十条:皇帝直接统率海陆军,但对内使用时,须依国会议决之特别条件。

第十一条:不得以命令代法律,除紧急命令外,以执行法律及法律所委任者为限。

第十二条:国际条约,非经国会议决,不得缔结。但宣战媾和不在国会开会期中者,由国会追认。

第十三条:官制官规,以法律定之。

第十四条:本年度预算,未经国会议决者,不得照前年度预算开支。又预算案内,不得有既定之岁出,预算案外,不得为非常财政之处分。

第十五条:皇室经费之制定及增减,由国会议决。

第十六条:皇室大典,不得与宪政相抵触。

第十七条:国务裁判机关,由两院组织之。

第十八条:国会议决事项,由皇帝颁布之。

第十九条:以上第八、第九、第十、第十二、第十三、第十四、第十五、第十八各条,国会未开以前,资政院适用之。

此种信条,除立宪派借以扶助袁世凯取得组织内阁之全权外,对于缓和革命心理方面,未发生丝毫效力。革命党对满清政府预备立宪之虚伪,早经宣告彻底反对。盖三民主义之革命,虽尚未为当时一般党人所尽喻,但民族革命与政治革命之必须贯彻,则已属一致之鹄的。是以清廷不惜让政权于国会,以提前实施宪政,并解除党禁,冀图国人之谅解者,均未能获任何结果也。盖国外立宪派之领袖,虽尚有“虚君共和”之主张,而国内之立宪派(大半为谘议局议长议员)则多与革命党合作矣。如谭延闿即归附革命党任湖南都督,蒲殿俊初为四川都督,汤寿潜为浙江都督,汤化龙、高登鲤任湖北、福建民政长，皆是。立宪及革命两党，均为反对袁氏者，但两派之行动，颇有助长袁氏复出之势，张、蓝威逼立宪，即为清廷接受袁氏条件之最大原因。当时真能了解国内局势之党人，只有一吴禄贞，深知袁世凯乃革命之劲敌，殊非摇摇欲坠之满清皇室也。

（三）吴禄贞之革命计划及被刺

禄贞之为第六镇统制也，由于良弼之力，弼在满人中最杰出，尤留意人才，自将帅以至军士，莫不延纳，思有所建树。尝谓禄贞曰："与君情如手足，如携手练兵，以御外侮，左提右挈，天下事大有可为。尊主庇民，何必革命为？"禄贞唯唯而心非之。及武昌起义，禄贞欲乘机与革命军合，自请督师赴鄂平乱。荫昌知禄贞终不为清廷用，言于载涛，阻之。既而滦州张绍曾及奉天蓝天蔚等要求立宪，清廷大震，以禄贞素得将士心，命往宣抚。禄贞偕陈其采、蒋作宾、黄恺元、吴之来等与绍曾等谋曰："今荫昌方倾北京兵南征，如合军起义，掩北京无备，可不血刃而易置帝政，奚请立宪为？"绍曾等深然之，乃密相结纳，共谋起兵。以滦州张绍曾部第二十镇为第一军，奉天蓝天蔚部为第二军，新屯卢永祥部为第三军，直趋丰台，北逼京师。禄贞以所部第六镇响应，北趋长辛店。谋定，电奏滦军安堵，会有与议者驰京告变，清廷乃密调火军集北京，以控制交通工具，并调第六镇之一协赴前线。又以山西独立，命禄贞往攻娘子关，辅之以旗兵，防变也。禄贞审晋事，欲入京有所要请，参谋长张世膺、副官长周维桢谏曰："公在滦所图者何事？清廷宁不闻之？何无故入虎穴？"禄贞乃驰往石家庄。命周维桢入关与阎锡山议联军事，致书锡山曰：

> 公不崇朝而据有太原，可谓雄矣。然大局所关，尤在娘子关外。革命之主要障碍，为清奴袁世凯，欲完成革命，必须阻袁入京。袁若入京，无论忠清与自谋，均不利于革命。望公以晋军东开石家庄，共组燕、晋革命联军，弟与公分任正、副都督，合力阻袁北上。

此可见禄贞真能见其大矣。李廉方谓："禄贞与绍曾等不解袁系之祸，甚于满清，而集议于滦州，威胁清廷立宪，固为援助革命，实则助长袁世凯掠夺政权。”此对绍曾言是已，对禄贞言则非也。禄贞盖亦自知其军力不济（李纯一协已调汉口，十二协仅一标在石家庄，一标仍在保定），故联晋以乞援兵。阎锡山犹恐禄贞非诚意，乃邀与会晤娘子关，禄贞告阎，北洋六镇新军，皆袁所练，除一镇为旗人，第六镇为其所部外，其余之统制，皆为袁之私人。清廷虽忌袁，但不得不用袁，袁一入京，则六镇新军为袁用，亦即为清廷用，欲竟革命全功，必须阻袁入京。此九月十四日事也。锡山又请禄贞撤旗军攻固关，晋击其前，禄贞击其后，先举旗军而歼之，然后合军。禄贞允之，而诡以晋军就抚入告。清廷固疑禄贞，仍授以山西巡抚，冀以爵糜之。而禄贞策画覆清廷益急，会清南征军械过石家庄，张世膺截留之，禄贞复草疏请正冯国璋军汉口焚杀之罪。第六镇原为段祺瑞所统，禄贞欲刷新人事，先撤协统周符麟，军部改派标统吴鸿昌升任，非禄贞意也。继荐李书城为标统，军部不允。凡有所请，副大臣寿勋故为阻挠，或驳复或留中，因此禄贞愤不问事。李纯之一协又南调，故禄贞所率之军队，即周符麟原带之第十二协耳。袁世凯既知禄贞有进攻北京之计划，不愿清廷崩溃太速，失去玩弄之工具，且感腹背受敌，使革命势力威胁北方，故非除去不可。加以禄贞为良弼同学，更使袁氏有所疑忌，北洋六镇，皆彼所创，又何能容此革命分子？乃阴使周符麟图之，符麟原为奉天胡匪出身，虽新被撤职，尚未离部。一日自京保归来，将谋不利于禄贞，颇见于色，禄贞未之察也。又以重贿收买马队第三营管带马步周（字蕙田，直隶人），九月十六日（或言十七日）夜，禄贞在石家庄车站内治军书，步周时为车站办公室卫队长，诡称有匪，所部士兵，固不知其行刺禄贞，而禄贞亦不知其谋已也，遂与张世膺、周维桢同遇害。年仅三十二岁。马并割禄贞首以献，符麟得复原官。六镇中之革命同志孔庚、王伯轩、倪普祥、李敏之、刘廷森等皆投晋军。禄贞性豪放，慷慨好诗，从不疑人，尝于京师宾朋会饮时，酒酣大言曰：“公等犹忆庚子夏盗劫大通厘局事乎？盗者，我也。”时良弼、姚锡光在座，相顾失色。周符麟之阴谋加害，其副军需官兼粮台筹备处长王彭年（字右箴，湖北黄陂人）驻保定，得之密告，急以报禄贞，讵车行中途，而事变作矣（或言禄贞已得密告，不介意。未遇害前称心跳，有人劝以暂避，禄贞不可，故及于难）。盖禄贞当疑难之际，处危险之地，自负才略，不知戒慎，其罹难岂偶然哉？然于革命之前途，民国之安危，关系绝巨。倘禄贞能阻世凯复出，则北洋军阀之祸可免矣。或言主谋刺吴者为良弼，系当时《民立报》之记载，此说并无根据，因周符麟为袁氏旧属，未必竟为良弼所用耳。且良弼欲除禄贞，亦曷需乎此种手段？后来袁世凯对付民党健者，如宋教仁、陈其美等，动辄出以暗杀，即因此举而获得成功也。世凯闻吴死，喜云："从此莫余毒也夫！"

（四）袁氏组织之内阁（附立宪派之活动）

清廷任用袁世凯为内阁总理大臣之命令，虽发于九月十二日，但资政院宪法信条颁布后，内阁总理大臣必须由国会公选。九月十八日，资政院选举袁世凯，清廷始依法重行任命。时袁世凯在孝感军次，接到谕旨，仍故意作态，电辞不就，清廷再三电促，始于二十三日率领卫队入京。二十六日，发表其内阁组织之人选如下：

内阁总理大臣	袁世凯		
外务大臣	梁敦彦	次官	胡惟德
民政大臣	赵秉钧	次官	乌　珍
度支大臣	严　修	次官	陈锦涛
陆军大臣	王士珍	次官	田文烈
海军大臣	萨镇冰	次官	谭学衡
学部大臣	唐景崇	次官	杨　度
法部大臣	沈家本	次官	梁启超
邮传大臣	唐绍仪	次官	梁如浩
农商大臣	张　謇	次官	熙　彦
理藩大臣	达　寿	次官	荣　勋

此种内阁名单，袁氏表示网罗各派人才，实则多为袁之党羽，如以梁启超任法部次官，盖明知启超为立宪派之指导者，必不肯就也。启超于武

昌革命起后,党禁既开,即往奉天,与蒋方震(时任总督赵尔巽之参谋长)、熊希龄等有所商洽,颇欲利用张绍曾、蓝天蔚与吴禄贞之部队,与载涛之禁卫军合作,实行政治革命。此于其致徐勤书可见之。九月八日,《致君勉书》云:

天祸中国,糜烂遂至今日,夫复何言!使革党而可以奠国家于治安,则吾党袖手以听其所为,亦复何恤?无奈其必不能也。彼先有割据之心,不能先机直捣北京,令彼有从容请外兵之余地,已为失计。今各国虽号称中立,然以吾所知者,则既磨刀霍霍以俟矣。就令目前幸免此难,及其成功之后,而所忧正有大者。此次发难,黄兴稍有运动之力,然非由彼主动,事权已不能出黄手,黄、黎龃龉,破裂之势一也。孙、黄不睦久矣,黄慓悍实行,而孙巧滑养望,黄党极恨之,去年曾决议除孙名,赖有刘揆一者,谓方当患难之时,不宜内讧,授人口实,仅乃无事(按梁言此事,不甚确实,盖反孙者,为章太炎光复会派,非黄兴华兴会派也)。今日彼此互相利用,而实有相仇之心,破裂之势二也。各省响应,皆煽动军队,而军队各有所拥戴,不能相下,破裂之势三也。要之秩序一破之后,无论何人莫能统一之,全国鼎沸,非数年不能勘定。今各国环伺,安容我数年之骚扰?其究也卒归外国享渔人之利已耳。此吾党所当认之甚真,万不可缘彼辈一时之声势,而遽为所眩者也。……故革命杀尽满人之时,即中国瓜分之时也。夫痛恨满人之心,吾辈又岂让革党?而无如此附骨之疽,骤去之而身且不保,故不能不暂为过渡。但使立宪实行,政权全归国会,则皇帝不过坐支干修之废物耳。国势既定,存之废之,无关大计,岂虑其长能为虐哉?……今兹武汉之乱,为祸为福,盖未可知,吾党实欲乘此而建奇功焉。今事机既迫,不得不举年来所经画者,为吾兄倾筐倒箧一言之。两年以来,朝贵中与吾党共事者,惟涛、洵两人而已。而洵实无用,可用者惟一涛,而涛与泽地位相同,暗争日甚。去年解禁之议,涛、洵争之不下十次,而梗之者泽也。泽与庆结,泽夫人为太后之妹,日日出入宫禁,老摄废物,畏蜀如虎,故使泽势大张,遍布私人,如张謇、郑孝胥之流,皆为之鹰犬,而外之复与袁结,务欲蹙涛于绝地。涛问计于安仁,安仁劝其以全力抚循禁卫军,使成为心腹,然后一举彼辈而廓清之。故数月以来,惟务多布吾党入禁卫军,而外之复抚第六镇之统制吴禄贞为我用。一切布置皆略备矣,吾两月前致兄书,谓九十月间,将有非常可喜之事,盖即指此。兄屡函求吾明言,吾以谨守秘密不欲道耳。今兹事起仓卒,不能全用旧时计划,必当急起直追,日间本书即发矣,而无端又被袁党调姜桂题兵入卫(原注:真是魔障)。应如何处置之法,尚须到京乃定(原注:或须与袁和同戡此难,亦未可知)。此所以迟迟也。今日所欲办之事,则一面勒禁卫军驻宫门,以备非常,即逐庆、泽而涛自为总理,杀盛以快天下之心。即日开国会,当选举未集时,暂以资政院、谘议局全数议员充国会议员,同时下诏罪己,停止讨伐军,极言今日时势,不容内争,令国会晓谕此意,然后由国会代表与叛军交涉。幸此次叛军非由中山主动,不纯然为种族革命,告以国会既揽实权,则满洲不革而自革之义,当能折服。若其不从,则举国人心暂归于平和党,彼无能为力矣。政府一面下诏废八旗,皇帝自改汉姓,满人一切赐姓,以消除怨毒……若果能办到,则缘有武汉之一区,而国会得有实权,完全宪政,从此成立,未始非因祸得福也。……所最患者,此一月中南方各省纷纷响应,糜烂不可收拾,今日所以处之之法,则运动各督抚暂倡自立,以杀革党之势,声称不接济北军军饷,如是则革党引以为友,无所用其煽动,而北京益危,自不得不俯从吾策,此则最近所分途布置者也。大抵广东、广西、云南必肯听吾言,但得一省倡之,他省必从之,然后稍有眉目,足供我布置,布置一定,则各省复合为一,此反掌之功耳……顷已到奉天,拟明日入京,顺道先往滦州一行,北军可用者约一镇半(原注:第二十镇,及驻奉混成协),若能用之,以维持京城秩序,则大局可定。各省纷纷独立,专以杀暴民之势,他日皆为我用也。……本初(指袁世凯)观望不进,今欲取巧,今欲取而代之,诚甚易。资政院皆吾党,一投票足矣。惟吾颇慎重不欲居此席,吾党今日但求一中心点,可以统一全国,毋致分裂,于愿斯足。现皇统可利用则利用之,若诚不能,亦尚有他法也。

同时康有为致徐勤书言:“所幸武汉之事,出自将军黎元洪,而汤化龙参之,皆士夫也,或可改为政治革命。又适有机会,北中兵事,有熟人亦有亲贵,欲胁以改政府,即以资政院为国会并合十八省谘议局为议员,且罢征讨军令往抚之,已发要人数四,入北运动,若不得则欲募壮士数百为之,否则土头(指袁)亦必自专,亦无我等回翔地矣。”九月二十一日启超到奉天,又给其女梁令娴书云:

> 奉城纷扰已极,今日正开保安会……形势刻刻改变,在东时之理想及沿途所策划,大半不能行,只得临机以应耳。冢骨(指袁世凯)所以迟迟不入京之故,闻武胜关为革军所扼(原注:天王游之兵),彼不能退不能进,亦殊可怜。都中虚无人焉,旧内阁已辞职,不管事,新内阁未成立,资政院议员遁逃过半,不能开会,亲贵互相阋,宫廷或尚有他变,日日预备蒙尘,天之所废,谁能兴之?真不知所届也。吾此行终以见张(绍曾)、蓝(天蔚)二人为主,二人现皆已入都矣。大约都中秩序,十日内恐将必破,冀破后能用此二军恢复秩序,与外交团交涉,徐图进取耳。现时所思如此,到京后能否办到,又非所知也。张、蓝确是可人,但其部下如何,又不可知,安保其不为吴禄贞者?今一线希望,在求保全此二人,保全此二军耳。

据以上诸函,可知康、梁皆欲趁此新旧内阁过渡之机会,利用京畿附近军队,及资政院之议员,攫取政权,实行立宪,取袁世凯而代之(启超九月十九日《与娴儿书》云:“入都后若冢骨尚有人心,当与共戡大难,否则取而代之,取否惟我所欲耳。”),或拥载涛作傀儡。但到奉后,知禄贞已被刺,张、蓝已调职,而袁世凯对载涛之禁卫军,已调姜桂题军以钤制之,梁欲取袁之地位,固不能如所欲矣。且闻蓝天蔚等将不利于梁,遂即仓促返日,年来经画,尽成泡影。十月间,始发表《新中国建设问题》一文,分上下两篇,上篇讨论单一国体和联邦国体之问题,下篇讨论虚君共和和民

主共和之问题。启超主张采单一国体,虚君共和。但又云:

十年来之中国,若支破屋于淖泽之上,非大乱后不能大治,此五尺之童所能知也。武汉事起,举国云集响应,此实应于时势之要求,冥契乎全国民心理之所同然,是故声气所感,不期而洽乎中外也。今者破坏之功,已逾半矣,自今以往,时势所要求者,乃在新中国建设之大业。……

然则中国亦可行此制(虚君共和)乎?曰:呜呼!吾中国大不幸,乃三百年间戴异族为君主,久施虐政,屡失信于民,逮至今日,而令此事殆成绝望,贻我国民以极难解决之问题也。吾十余年来日夜竭其力所能逮以与恶政治奋斗,而皇室实为恶政治所从出,于是皇室乃大憾我,所以僇辱窘迫之者无所不用其极。虽然,吾之奋斗,犹专向政府而不肯以皇室为射鹄,国中一部分人士,或以吾为有所畏、有所媚,讪笑之,辱骂之,而吾不改吾度。盖吾畴昔确信美、法之民主共和制,决不适于中国,欲跻国于治安,宜效英之存虚君,而事势之最顺者,似莫如就现皇统而虚存之。十年来之所以慎于发言,意即在是。吾行吾所信,故知我罪我,俱非所计也。虽然,吾盖误矣。今之皇室,乃饮酖以祈速死,甘自取亡而更贻我中国以难题,使彼数年以来,稍有分毫交让精神,稍能布诚以待吾民,使所谓十九信条者,能于一年数月前发布其一二,则吾民虽长戴此装饰品,视之如希腊、挪威等国之迎立异族耳。吾知吾民当不屑龂龂与较者。而无如始终不寤,直至人心尽去,举国皆敌,然后迫于要盟,以冀偷活,而既晚矣。夫国之建设组织,必以民众意向为归,民之所厌,虽与之天下,岂能一朝居?呜呼!以万国经验最良之虚君共和制,吾国民熟知之,而今日殆无道以适用之,谁之罪也?是真可为长太息也!

梁氏虽与其师康有为同主虚君共和,但此文已明言现皇统已不为民众意向所归,殆无道以适用之。又谓武汉革命,应于时势之要求,契乎国民之心理,中外浃洽,举国响应。是梁氏之拥护民国,赞成共和,已极显然。民国以后,袁世凯帝制自为,而梁氏与其弟子蔡锷得以再造民国,皆由于其向来攻击专制,为革命党之代言人也。袁世凯所组织之内阁,欲以次官一席羁縻之,似未免轻视宪政派矣。但对于启超所结托之载涛,特先罢其军谘府大臣(略如今之参谋总长),而代以袁系之荫昌,旋易其亲信徐世昌,清廷实权,已全落入世凯之手。摄政王虽虚位,而名义上代行大元帅职权,尚有禁卫军为所统率,实际则由载涛管辖。世凯亦必设法排去之,乃一面编练拱卫军以资对抗;一面以大义讽载涛率军出征。载涛以一少年贵胄,既无军事智识,又闻革命党英勇强大,何敢亲冒矢石,作马革裹尸想乎?自不得不请求解除管辖禁卫军事,世凯调冯国璋任禁卫军总统官。而以湖广总督畀诸段祺瑞,使统率一、二两军,当武汉前线任务。不久又用准备出征名义,调禁卫军出京,而以新编之拱卫军保护都城。于是清廷自卫之壁垒,亦尽行撤除,仅留一孤儿寡妇,被袁世凯玩弄于股掌上矣。

一百八十　阳夏之战争

(一) 各国对民军之态度

武昌革命,未尝依恃外力,或假外人以通声气,即事前设于租界之机关,亦与普通住户无异,故机关破坏,所捕党人,捕房照例引渡,初未以政治犯相待也。然三镇光复后,革命党已为政治上之主体,对于汉口旧有之英、法、德、俄、日五国租界,必须负保护责任,且须取得交战团之资格,方能不受各国之干涉。革命军初据武昌,一切部署未定,城门紧闭,亦无布告及报纸宣传真相,外人虽知其无排外性质,但颇虑如历来会党起事,徒滋纷扰,故颇有戒心。各领事署及新闻记者派员到处侦察,及探知都督为前协统黎元洪,民政长为前谘议局议长汤化龙,而民军举动文明,居民安堵,因此对民军甚为重视。军政府组织后,胡瑛任外交部长,乃照会各国领事,约以七事,其照会曰:

为照会事,军政府复祖国之情切,愤满清之无状,命本都督起兵武昌，推倒专制政府，建立民国。同时对各友邦益敦睦谊，以期维持世界之和平，增进人类之幸福。所有国民军对外之行动，特先知照，免致误会。

一、所有清国前此与各国缔结条约，皆继续有效。

二、赔偿外债照旧担任，仍由各省按期如数摊还。

三、居留军政府占领地域内之各国人民、财产均一律保护。

四、所有各国既得权利一体保护。

五、清政府与各国所立条约之所许权利，所供国债，其事件成立于此次知照后者，军政府概不承认。

六、各国如有助清政府，以妨害军政府者，概以敌人视之。

七、各国如有接济清政府以可为战事用之物品者，搜获一概没收。

黄帝纪元四千六百零九年八月二十一日即一千九百一十一年十月十二日。

自照会发出后，军政府派员分访各国领事，要求承认国民军为交战团。俄领事答云："各国国民革命，必对政府军经过胜仗，外国始肯承认为交战团。现清政府有战舰五艘泊刘家庙，瑞澂在楚豫兵舰，张彪亦在其处，荫昌不日率军南下，贵政府不先发制人，尚待何时？若拘于战地远近，是自失机宜也。"汉口军政分府成立后，詹大悲亦时往领事署交涉，于是二十五日晚领事团议决承认为交战团，二十六日，由英人盘恩持公函至军政府谒黎都督，声言领事团欢迎中国国民军勇敢文明，外侨又承保护，故特承认国民军为交战团，各国严守中立云云。元洪于接见盘恩后，即备复文五份，派汤化龙、胡瑛、夏维松等送至各国领事馆。次日各国领事会衔发出布告，其文曰：

为布告严守中立事，现值中国政府与中国国民军互起战争，查国际公法，勿论何国政府，与其国民开衅，其驻在该国之外国人，无干涉权，并应严守中立，不得藏匿两有关系之职守者，亦不得辅助任何方面之状态。据此，领事等自应严守中立，并照租界规则，不准携带军械之武装人，在租界内发现，及在租界内储藏各式军械及炸药等事，此系本领事遵守公法，敦结交谊上应尽之天职，为此剀切布告，希望中国无论何项官民，辅助本领事遵守达其目的，则本领事幸甚，中国幸甚。

附领事团与民、清两军声明中立事件之款：

一、领事团宣言：勿论何方面，如将炮火损害租界，当赔偿一亿一千万两。——黎都督即承认负责保护，清提督萨镇冰抵汉后亦照此声明签字为据。

二、领事团宣言：如两方交战，必于二十四小时前通告领事团，俾租界妇孺可以先期离避。

三、领事团宣言：如两方交战，必距租界十英里以外，勿论陆军水军皆然。

先是瑞、张逃后，张彪曾派标统张永汉往商日顾问寺西秀武，代为筹策，寺西建议，彪不能用。瑞澂派员商各国领事援助，请以重炮轰民军。领事团会议，法、俄领事主张不干涉，遂拒所请。盖清廷政治腐败贪污，民怨沸腾，虽标榜预备立宪，欺罔中外，而集权中央，重用亲贵，所谓作伪心劳日拙也。各国为维持本身利益，本不欲更中国统治者，然深觉如此政府，实无可以久支之理由。及见民军举动文明，既不扰民，又无排外性质，与以前会党主动起事者情事悬殊，其势力必足以推倒现政府，故本其利害关系，在首义数日内即承认为交战团，非仅凭任何人临时之周旋也。当上年英日同盟缔盟时，英人即感日本政策与英国利益不尽相符，颇感受其束缚不便。民党排满之势，不可遏止，不如助其扫荡腐败不堪之满清官吏，较于外交有利。日本则欲乘此机会扩张势力于大陆，主张积极干涉，以坐收渔人之利。西历十二月七日（阴历十月初），日外相内田康哉通知驻日美大使卜莱安（Bryan）曰："对敌行为如仍继续，日政府认为有考虑干涉必要。”十八日，日驻美代办又致美国务卿文曰：“中国情形益坏，清廷权力已等于零，而革党亦派别分歧，并无真正领袖，如任其继续发展，不但影响商务，恐其爆发类似拳乱之排外举动。加以洪水为灾，饥民溃兵交相为乱，在此情况之下，革党绝对无力维持占领区域，中国今日正当选择帝制或共和之歧路，依日政府意见，采用共和制度，实极困难，即使实行，亦难信中国人能运用之。另一方面则清廷无能，已无可讳言，则其恢复威权，统制国家，一如旧制，实际亦不可能。因此适应中国现状之最善方法，应建立一名义清廷政权之中国统治。一方尊重中国人民权利，一方限制清廷独裁权利，并消除共和空想，制定宪法，由皇帝矢誓遵守。如此日政府以为应劝告双方，订立条件，一方使清廷接受上提原则，并认以此为维持政权之善策；一面使革党了解建设共和不合实际，且得危及中国生存及人民自身福利，必须维持现在朝廷，并尊重人民地位，交由主要列强保障。”（见 *Foreign Relation of United States*. 1912. p. 567）此即日本运动共管中国之阴谋也。幸英、美两国均不赞成，日人势孤，乃又主张划江为国，北部仍维持清廷，江南则委之民党，实行共和制。然英政府亦不附和，驻日英使窦纳乐（Claude MacDonald）三次奉命向日外务省阻止日本违反中立之行动。第一次抗议日本驻华公使伊集院维持清廷之声明；第二次抗议日本拟贷款清廷；第三次抗议日本拟用武力干涉。英、日对中国之政策，既不相同，而美、德两政府又声明：“中国自革命发动以来，每遇机与列强交换意见，无不主张一致行动。不但无单独行动以及干涉中国内政之举，而且与平日和约尊重中国主权保全领土之言相符。现在中国方面清皇室及革命党皆保护外人生命财产，既不因外力干涉而然，则将来亦无必须出以干涉。倘若将来竟违一切期望，不得已而必干涉，则深信先由列强协商，然后共同行动，坚定保持其政策，庶一切误会自行扫除。”此声明不啻对日本干涉政策为严重之打击，日本欲借口满洲利益而进兵之密谋，乃自然打消矣。据中山先生之《革命缘起》云：

武昌起义之次夕，予适行抵美国哥罗拉多（Colorado）省之典华城（Deruer）。十余日前，在途中已接到黄克强在香港发来一电，因行李先运送至此地,而密电码则置其中,故途上无由译之。是夕抵埠,乃由行李检出密码,而译克强之电。其文曰"居正从武昌到港,报告新军必动,请速汇款应急"等语。时予在典华,思无法可得款,随欲拟电复之,令勿动。惟时已入夜,予终日在车中,体倦神疲,思虑纷乱,乃止。欲于明朝睡醒,精神清爽时,再详思审度,而后复之。乃一睡至翌日午前十一时,起后觉饥,先至饭堂用膳。道经回廊报铺,便购一报,携入饭堂阅看,坐下一展报纸,则见电报一段曰:"武昌为革命党占领。"如是我心中踌躇未决之复电,已为之冰释矣。乃拟电致克强,申说复电延迟之由,及予以后之行踪,遂起程赴美东。时予本可由太平洋潜回,则二十余日可到上海,亲与革命之战,以快生平。乃以此时吾当尽力于革命事业者,不在疆场之上,而在樽俎之间,所得效力为更大也。故决意先从外交方面致力,俟此问题解决,而后归国。

按当时各国情形,美国政府对于中国,则取门户开放,机会均等,领土保全,而对于革命,则尚无成见。而美国舆论,则大表同情于我。法国则政府民间之对于革命,皆有好意。英国则民间多表同情,而政府之对中国政策,则惟日本之马首是瞻。德、俄两国,当时之趋势,则多倾向于清政府,而吾党之与彼政府民间,皆向少交际,故其政策,无法转移。惟日本与中国最密切,而其民间志士不独表同情于我,且尚有舍身出力,以助革命者。惟其政府之方针,实在不可测。按之往事,彼曾一次逐余出境,一次拒我之登陆,则其对于中国革命事业可知。但以庚子条约之后,彼一国不能在中国单独自由行动。要而言之,列强之与中国,最有关系者,有六焉。美、法二国,则尝表同情革命者也;德、俄二国,则尝反对革命者也;日本则民间表同情,而其政府反对者也;英国则民间同情而其政府未定者也。是故吾之外交关键,可以举足重轻,为我成败存亡所系者,厥为英国。倘英国右我,则日本不能为患矣。

予于是乃超程赴纽约,觅船渡英,道过圣路易城(St. Louis)购报读之,则有"武昌革命军为奉孙逸仙命令而起者,拟建共和国体,其首任总统,当属之孙逸仙”云云。予得此报,于途中格外慎密,避却一切报馆访员,盖恶虚声而图实际也。过芝加古(Chicago)时,则带同志朱卓文一同赴英。抵纽约时,闻粤中同志图粤急,城将下,予以欲免流血计,乃致电两广总督张鸣岐劝之献城归降,而命同志全其性命。后此目的果达。到英国时,由美人同志咸马里(Homer Lea)代约四国银行团主任会谈,磋商停止清廷借款之事。先是清廷与四国银行团结约,订有川汉铁路借款一万万元,又币制借款一万万元,此两宗借款,一则已发行债票,收款存备待付者;一则已签约而未发行债票者。予之意,则欲银行团于已备之款,停止交付;于未备之款,停止发行债票。乃银行主干答以“对于中国借款之进止,悉由外务大臣主持,此事本主干当惟外务大臣之命是听,不能自由作主也”云云。予于是乃委托维加炮厂总理,为予代表,往与外务大臣磋商。向英政府要求三事:一止绝清廷一切借款;二制止日本援助清廷;三取消各处英属政府之放逐令,以便予取道回国。三事皆得英政府允许。予乃再与银行团主任开商革命政府借款之事,该主干曰:“我政府既允君之请,而停止吾人借款清廷,则此后银行团借款与中国,只有与新政府交涉耳。然必君回国,成立正式政府之后,乃能开议也。本团今拟派某行长与君同行归国,如正式政府成立之日,就近与之磋商可也。”时以予在英国个人所能尽之义务,已尽于此矣,乃取道法国而东归。过巴黎,曾往见其朝野之士,皆极表同情于我。而尤以现任首相格利门梳(Cleamonseau)为最恳挚。予离法三十余日始达上海(十一月初六日)。时南北和议已开,国体犹未定也。

观此则知各国态度之转变,以英国为关键,其暗中为之管枢运用者,仍系中山先生能洞烛于几先也。

(二)清军之南下与汉口之战

清廷得武昌革命军举义之报,大为震恐,时值永平秋操,陆军第二、四两镇及禁卫军皆与焉,甫经开始骑兵演习,即行停止。八月二十一日,下谕革瑞澂、张彪职,先派驻河南之混成协统应龙翔(应由豫抚宝芬看守,派张锡元代之)率所部南下。一面急调第四镇代理统制王遇甲(统制吴凤岭)率二(第二镇统制为马龙标)、四两镇各一部星夜赴援;一面令海军提督萨镇冰统率海军长江舰队,由水路进攻。以陆军大臣荫昌为钦差大臣节制各军。以军谘使冯国璋为第一军总统,当前敌之任。二十六日,荫昌到达信阳,豫军及遇甲所部,俱先后越孝感而军次于滠口以北。时张彪、瑞澂尚驻汉口刘家庙,以援军已到,开始进攻,元洪亲出誓师,以第二协协统何锡蕃为临时总指挥,渡江应战,击败清军,追至滠口南之三道桥而守焉。相持三日。(《清鉴》云:“时荫昌虽统陆军,然性怯懦,盘旋孝感、信阳间,虚作战备,不敢前进。清廷知事机危迫,不得不改变方略,起用袁世凯,令往湖北督军。至是更命为钦差大臣,而以冯国璋总统第一军,段祺瑞总统第二军,均归节制。召荫昌回京,世凯既受命,即令冯南下与民军开战。”)九月初一日,清军乃以军舰侧击民军右翼,遇甲所部援军,增加猛攻,民军失利,乃败退于刘家庙。锡蕃因受伤离职,元洪改派张景良为总指挥。景良原为张彪所部第二十九标标统,夙与督练公所总办满人铁英有因缘,当被推为都督府参谋长时,态度诡谲,前于二十四夜半入都督室,抱都督膝痛哭,语无伦次,蔡汉卿欲执而杀之,经元洪保证得免。至是忽声请杀敌立功,黎乃委为总指挥,连战皆败,第四协代理协统谢元恺,炮兵统带蔡德懋,营长孟华臣,敢死队长徐少斌、马荣等皆死焉。清军迫近大智门,居正及参谋人员皆披枪参战,居正面部且受伤,其余伤亡亦多。众皆咎景良有汉奸嫌疑,作战指挥不力,汉口军政分府詹大悲执而杀之以惩。元洪又派炮兵司令姜明经为总指挥,姜颇叹其难,借查防为名而离去。元洪又令第一协标统林翼支权代指挥。而清军攻势甚烈,民军又大败,翼支因以出走。时冯国璋所部第一军已抵刘家庙,炮火甚烈,民军退于刘家花园与六渡桥之一线,浴血抗战,死伤累累,汉口后湖有名之八堆枯骨,即此役之战果也。清军吴凤岭、王遇甲所统之第四镇,王占元所统之第二镇,李纯所统之第六镇,及马队标统贾德耀,以及河南张锡元所率之三营,兵力不下二万人。而革命军原只四千余人,起义后,扩充为六协:以第一协守汉阳,第二协守汉口,第三、四协守武昌,五、六协皆临时增募，其时当前线者，第二协约二千人，第四协、第七标约一千余人，第五协约二千余人，加以炮队一标，马队一营，工程一营，敢死队二大队，及团防一千余人，合计不足万人。而火药重炮机枪尤缺乏。观宋教仁抵汉后致函陈英士、杨谱笙，嘱购子药甚急即可知。九月初七日，黄兴由上海来，人心为之振奋，街衢多揭欢迎标语。初十日，兴偕吴兆麟、杨玺章、蔡济民等往汉口视察，设总司令部于满春茶园。前线部队零乱，无人负责，卒亦未能挽回颓势。十一日晨，兴方准备下令攻击，而清军已由王家墩来攻，枪炮齐发，民军稍后退，清军遂放火焚屋，使巷战失其掩蔽。兴自率敢死队督战，不准后退，退者斩。乃手刃数人，而士兵竟潜向两侧而退。兴遂下令退至玉带门一带，清军节节纵火，汉市中心，化为焦土，入夜火势更烈，居民狼狈逃走，其状甚惨。火势将延及四官殿，清军渐压迫至怡心茶楼附近，詹大悲、何海鸣乃将旧江汉关署之军政分府，付之一炬，急走九江。总司令部检查队伍，除伤亡外，已不及五千人。十二日，兴命各队仍守后堤至玉带门一带，而清军则以炮轰击汉阳、武昌，故意扰乱，扬言将分军往攻；一面仍在街市纵火，愈焚愈烈。午后六时，兴得元洪电话，即往武昌商筹善后事宜，命各队万不得已，得渐退汉阳沿襄河布防。汉口遂为清军所占。时袁世凯南下视师至孝感，冯国璋已驻扎大智门矣。军政府召集会议，黄兴报告六点如下：

一、前日往汉口督战，本期反攻，以图指挥，惟各队新兵过多，秩序混乱，难以指挥。

二、军官程度太低，多不上前指挥。

三、各队战斗日久，伤亡过多，官与兵均甚疲劳。一闻机关枪声，即往后退。

四、兵士多在武汉附近招募，夜间私自回家者众，战斗员减少，军官因其仓卒招募，难以查实。

五、我军全系步枪，无机关枪，较敌损伤更重。炮队又系山炮，子弹不开花，射出距离亦近，效用不及敌之管退炮远甚。

六、敌系北洋久经训练之兵，极有纪律，又善射击，惟冲锋时不及我军灵敏,每喊杀时敌即后退,我所恃者惟此。

九月十三日,元洪筑坛阅马厂,举行典礼,宣告黄兴为民军战时总司令,兴登坛受职,演说慷慨激昂,全军欢呼。先是,议及任职名义,新到同盟会同志,以兴代表民党,拟称南方民军总司令,以便统辖各省赴援民军。军政府各员意欲其属鄂军大都督下,主用民军战时总司令,当时战事甚紧,各同志亦未坚持,并无龃龉,黎、黄二人皆未与闻也。事后竟有黎、黄不和传说,至谓影响及于湘、鄂二军,纯系少数人有意造谣耳。清军之焚毁汉口也,汉口灾民致上海商会函云:

初十以后,冯军统国璋纵令军士,放火焚毁,肆行抢劫,并不准保安会救火,有救火者,当被枪毙三人,连烧三昼夜,自桥口以至蔡家巷,统计不下数万家。该处为汉口最繁盛之区,其间财产都系二十一省之客民居多,乃均一焚而无遗。且伤者伤,死者死,凡老幼妇女之被枪毙焚烧者,殆不可以数计,即古之恶贼如黄巢,亦未有如是之毒虐也。

汉口全体商民复哭告海内同胞曰:

事惟身受者其痛愈苦,亦维目睹者其状弥真。自大汉军兴,武汉同时救服,四民乐业,外人安堵,盗窃寝息,状至宁谧。乃清军北来,接仗数四,如果军队文明若我民军,则断不至糜烂损失。岂料彼清兵者,有如虎狼,全乖人道,以涂炭生灵破毁民产为主旨,马蹄所至,地为不毛,硝弹经过,咸变瓦砾,无一分保卫生民维持秩序之思想;方诸我大汉民军,直判霄壤,又不止文野之别已也。某等同罹祸患,痛甚切肤,今当丧乱之余,不堪回首!为此合同众意,宣布该军罪状,以告同胞,某等财产已矣,生计已矣,殊不自惜,特恐我同胞尚有不悉彼北军悖仁弃义之状况,致令害我汉而复害及他省者,特声其罪于一时,留信史于万世云尔!

时第六镇统制吴禄贞于被刺前亦上内阁电云：

现有鄂中父老多人，哭诉前来，鄂垣倡乱，本少数革党所为，自官军占领汉口，始以巨炮轰击，继则街市被焚，烟焰数日未息。兵骄将悍，纵肆杀戮，奸淫掠掳，无所不为，商民逃窜一空，即被伤之兵，亦无不盈橐珍宝。此等举动，施之外国战地，借以灭其种、耗其财，犹为公法所不许；况在本国财赋荟萃之区，人民生命财产，忍令妄遭荼毒，此岂朝廷用兵之本意乎？现又闻由京运二十四生的大炮四尊，预备攻城，残酷实无人道。武汉人民，哭声震地；部下将士，闻之坠泪。禄贞桑梓所关，尤为心痛！此次鄂省军事，为外人所注视，似此惨无人道，必至腾笑万国。此皆陆军大臣荫昌督师无状，司长丁士源、易乃谦逢迎助虐，结怨人民，激变各省军队，以至大局不可收拾。应如何严行治罪之处，出自圣裁。禄贞为保全国家，维持和平起见，不惮斧钺之诛，慷慨直陈，自知罪戾，恳请代奏，伏候训示！

此电虽未明白指出袁世凯、冯国璋，而以荫昌及其参谋长易乃谦当之，盖以荫为陆军大臣，时尚在信阳，汤则为汉阳人也。其实北军之奋力作战，全因闻袁将复出之关系，而纵兵焚掠者为冯（或言系铁忠报仇所为，或言由两军炮火所炽），如清廷果查究责任，固不难水落石出耳。袁之欲甘心于吴氏者，斯亦为二人短兵相接之一端矣。

〔附记〕　廖宇春《新中国武装解决和平记》云：“十一月初四日，午后四时抵汉……晋谒段军统于司令部，段公（祺瑞）扣予协议情形甚悉（按即十一月一日与顾忠琛所订之约，见下节第二目），继陈述江南民气激昂，所谓革命狂热，已达极点，断难和平解决，以大势论，保存君主，南军必不甘心，势必仍出于战。当此民穷财尽，饷源已竭，战则两败俱伤，同归于尽。能赞成共和，和局自易就绪。又恐北军不能屈于南军势力范围之下，必有反抗举动，惟推举项城（袁世凯）则民军之希望可达，北军之威权不坠，两方感情，自能融洽，救时良策，无善于此。段公曰:'项城焉肯出此?'余曰:'项城只可居于被动,而主动者则在公耳。'段公意甚动,然犹阳以军人不便干预政治为词,余向之略辩数语而退。……初五日,私谒段公于寝室车中,公曰:'所言诚善,但项城立于危险之境,不可不慎耳。'余曰:'只要我公居于主动地位,项城之危,不难解也。'公然之,遂兴辞而出。……初六日……偕罗君乘车至中国街,遍览兵燹遗迹,烟火万家,均付咸阳一炬矣。租界均极完善,惟街口则用拦阻戒严。是时南北军将士往来络绎,俨然一家。而南军中人,亦有借此演说革命理由,以冀摇动北军者。余于双方留心察看,南军固多缺点,然北军纪律亦颇紊乱,较在保定一带驻扎时大相径庭。闻前攻汉口时,尚有掳掠之事,外人谓中国军队以利为战,然乎否乎?……某君又言:此次南北交绥,北之所以胜南者,幸也。武胜关、黄河桥、三道桥均天然险要,倘敌人据关扼守,或将桥梁拆毁,则我军万难通过。不意守关之某某,首先投降,铁路桥梁又皆无恙,一幸也。历届秋操,向不携带炮弹,乃此次永平秋操,四镇炮队标统蒋仲材忽携炮弹数十枚,因之攻汉口时大为得力,二幸也。机关枪本系湖北所有,特因秋操借用,岂料以湖北之枪即用以攻湖北,转移之间,获效匪浅,三幸也。北军从前皆隶项城麾下,项城奉命督师,人心为之一振,四幸也。吴禄贞计划若成,北军后路必将断绝,全师覆没,亦在意中,乃忽出一马蕙田,其危立解,五幸也。攻汉阳时,正攻必败,而冯军统独用侧攻,且有奸细为向导,并将地雷引线切断,炮台射击,亦复中止,得以奏捷,六幸也。……至于北军兵士,体力强壮,亦其特色,且能忍苦耐劳,似为南军所不及。然南军中如学生队敢死队袒裼而前,临难不屈,于枪林弹雨之中,而有视死如归之乐,其一种勇往无前之气概,亦可谓壮矣!"观此可知冯军攻下阳、夏之原因,与北军纪律败坏之状况矣。

(三) 汉阳之防守及失陷

汉口不守,士兵稍有逃散,第一协协统宋锡全受胡瑛旨,潜往岳州,由都督府电湘以临阵退缩罪正法,将首级解鄂,悬示城门三日,其部属多惋惜之。派蒋肇鉴为协统,补充兵额,守汉阳兵工厂。第四协张廷辅部防汉阳南岸,第五协熊秉坤部防汉阳十里铺、锅底山一带。时两军经连日苦战,均感疲乏,隔江、汉二水对峙。黄兴设总司令部于汉阳昭忠祠,以李书城为参谋长,吴兆麟、杨玺章副之。蔡济民、甘绩熙、吴醒汉、徐达明等皆为参谋。书城原供职军谘府,由载涛派其与黄郛南下调停,郛留上海佐陈其美,书城来汉即被委任。九月十五日(十一月五日),总司令部布署已定,防御工程正在赶修,兴乃偕参谋巡视大别山经十里铺至三眼桥之防务。十六日,湘军第一协(协统王隆中)开到,皆受训练之新军,秩序整齐,调赴十里铺、锅底山附近,令五协熊部在七里铺为预备队。第一协则左翼至钢药厂,右翼与第四协联络。自是时与汉口之敌军,隔江炮战。十九日,湘军第二协协统甘兴典率队抵汉阳,因原系巡防营,缺乏训练,多徒手,由司令部发给枪弹。二十日(十一月十日),黎都督通电组临时政府,袁世凯派蔡廷干、刘承恩来议和,黎以袁所开条件,仍为君主立宪,拒不纳,并劝袁返旆北征,以平汴、冀。黄总司令手谕各军辟之。二十一日,军政府以第一协疲于久战,调在武昌之第六协换防。熊秉坤五协调防兵工厂至钢药厂之间,湘二协则防守美娘山、三眼桥至扁担山附近。清军虽得汉口,然损失已重,旬日以来,调集援军,赶运械弹,准备渐已就绪。民军闻吴禄贞被刺,群情愤慨,虽明知新募各旅,不堪应战,然见湘军已到两协,咸欲不待敌之进攻汉阳,而先自渡河,扫荡汉口。经黎、黄协议,二十六日,在琴断口上游架桥,入夜,湘军为前锋,鄂军继之渡河。湘一协奋勇前进,将敌驱至韩家墩,惟左翼鄂军仅一标渡河,多系临时招募,经一度与敌接战,闻机关枪声,辄先退。黄兴亲至督战,斩后退者二三人,卒至不可收拾。二十七日午后,鄂军已全退,军桥亦撤去,而下游攻击部队,四协因受阻不得登岸,六协统带杨选青因新婚未动,提付军法。兴令湘军速退却,湘军仍勇敢抵抗,入夜始乘船渡河。敌见左冀无故而退,疑其诈,未敢追,仅以炮击抢渡者,故死伤以浮桥拆卸,泅水溺毙为多也。自此总司令部所发命令,各军多未遵令布防,而敌人见反攻汉口,其力甚弱,因之谋攻汉阳益急,故汉阳之不守,此役实暴露其弱点也。是时袁世凯已北上组阁,亟欲得汉阳以示威,使清廷与民军两方面,皆知其北洋军队之举足重轻。表面上虽扬言革命军不攻,绝对不加攻击,并求外人保证,促成两军媾和谈判,佯示毫无战意,使民军戒备松弛。另方面则冯国璋以强大兵力,由汉水上游六十里蔡甸之新沟口,先后偷渡,进至汉阳西北之三眼桥,展开攻势。湘二协初犹力战,久之守兵死伤者多,退至山麓。清军复由汉口向仙女山、锅底山附近猛烈射击,又由彭家嘴徒涉潜占美娘山,侧击三眼桥守兵。湘二协遂退守锅底山与花园之线。黄兴令四协抽调一标赴花园增防,进攻美娘山,清军增援,双方战争激烈,各不相下。十月初三日,民军由花园进攻,已占仙女山东北,向美娘山射击,清军势已动摇;而援军续至,强支不退。既而援军大集,绕攻民军右侧,遂进占锅底山,湘二协瓦解,几不成军。兴激励各部队进攻仙女山、锅底山,每至山腰,不堪机关枪扫射,故冲击数次,皆未得势。清军进至扁担山花园,黄兴在十里铺宿营,誓死守,参谋甘绩熙卧病武昌,闻前线危急,顿足忿呼,即与蔡济民等同渡江,请挑敢死队一二百人,乘夜夺获诸山。兴壮之,乃率百余人首袭磨子山,湘军新到协统刘玉堂率一标助之,复夺获扁担山,甘以受伤惫甚,玉堂请回后方就医,便催援兵。及绩熙回见兴,而清军之在美娘山者,以大炮轰击,玉堂阵亡,其部众相率惊散,扁担、磨子两山既得而又复失。初六日,清军由花园向十里铺绕攻,炮弹密集如雨,时有汉奸张朝禧作暗探,捏散谣言,摇动军心。上午十一时,敌益进逼,火力更猛,民军伤亡者多,湘一协退武昌,湘二协雇船回湘。甘兴典至岳州为湘督谭延闿拿获正法。李书城以军无斗志,汉阳势不能守,请将兵工厂机械枪弹,搬运武昌,免资敌用。商请元洪施行。副参谋长杨玺章力主深沟固垒,死守汉阳,以待外援,即战至一兵一卒,亦不放弃。乃亲往前线督战,无如大势已非,独力难支,遂阵亡,吴兆麟舁其尸,殓于平湖门外。十里铺遂陷,清军以炮击溃退密集之队伍,各部队皆不战而退。黄兴回昭忠祠,痛哭失声,欲以身殉,经田桐婉劝而止。夜渡江往都督府。七日,清军遂占汉阳城。当两军之相持也,兴逐日至前线指挥督战,每见敌炮落在咫尺,不少为之动,辄由随从人员,强曳以避,其英勇之气,令人感佩。惟兵无训练,多不用命,时引为恨。黎元洪召集会议,兴惟自承放弃汉阳,深以为愧,当往沪与同志谋攻下南京为武昌声援耳。其时发言者多,皆主张武昌宜固守,并谓地势亦可固守,兴惟默然无语。《革命逸史》云:“克强之功,在坚守汉阳,以促各省响应,关系民国兴亡,厥功甚巨。其后汉阳虽以势孤失守,然克强血战逾月,心力交瘁,则非战之罪也。”而当时人记其事者,如胡祖舜之《六十谈往》,谭人凤之《牌词》,曹亚伯之《武昌革命真史》皆言兴主张放弃武昌。李廉方(时为都督府秘书)独以为失实,谓系事后政争,借题加甚其辞。并言:先是合组临时政府之议起,当时所谓名流如张謇、汤寿潜等集议上海,推庄蕴宽往武汉参观战事,兼观察革命党人物。蕴宽前在广西为督练公所总办,李书城在陆军中小学堂任监督,蕴宽至武昌,察知黎不足有为,其军政府办事紊乱,人亦芜杂。及往汉阳晤黄,一见倾心,颇期望其一往上海,主持国是。此时维持武昌,黄已无能为役,赴沪则于时局有利,故次日即乘轮去。时书城已偕汤化龙等先一日行矣。化龙致鄂电,有愤激语,而兴任为陆军部秘书长,武昌起义人联名反对,于是汤离黄而独立民主党,与国民党对立,皆此之因也。自汉阳失守后,袁世凯已组阁,以纵操议和为夺取政权之企图,调冯国璋统禁卫军,命段祺瑞为湖广总督,顿兵阳夏,养敌自重,不复进攻。惟以龟山之炮,不时向武昌发射,于是全城震动,相率迁移,元洪亦出走宝通寺,众推谭人凤为武昌防御使,蒋翊武为战时总司令。孙武、张振武运藩库存银约三十五万两移上海,张纵情挥霍,浪费一空(后黎电袁杀振武于北京,此其罪状之一也)。孙又排蒋去之。及停战议定,黎回武昌,委人凤为议和代表,清军撤退汉口百里以外,胡祖舜潜以步兵一标占领汉口,以徐声金为知事,始渐复旧观焉。

一百八十一　南京临时政府之组织

(一) 南北和议之先声

袁世凯于九月十一日自彰德南下,在孝感督师,十六日得清廷停止进攻之谕旨,即命刘承恩(黎元洪同乡素识)两次致书黎元洪劝和,(刘函有云,顷奉项城宫保谕开:“刻下朝廷有旨:一、下诏罪己。二、实行立宪。三、赦党禁。四、皇族不问政事。等因,似此则国事尚有挽回之期也。遵即转达台端,务宜设法和平了结,早息一日兵事,地方百姓早安静一日。

否则兵连祸结,胜负未见,不但荼毒生灵,糜费巨款,迨至日久息事,则我国已不可收拾矣。")黎置不答。二十一日乃命蔡廷干偕刘承恩同赴武昌晤黎请和,时宋教仁已到武昌,因与宋等共同接见蔡、刘,以袁仍提君主立宪政体,乃拒绝和议,并请劝袁倒戈北伐,任革命军汴、冀都督。此为和议最初之开端。其时南京尚未光复,黄兴守汉阳,已为武汉方面民军之重心,世凯因密派其子袁克定赴汉阳,与兴所有接洽,隐隐表示共同行动之意。(此据日人斋藤恒之记载,但袁克定密往与民军议和,中国方面亦有记载。或言袁未前往,仅派朱芾煌往武昌活动。廖宇春记云:"芸台〔即袁克定字〕曰:'吾父子之隐衷,惟孔文池知之最稔,特不能与外人道耳。吾不知举朝之人,皆严君旧属,而罕有明其心理者,冯〔国璋〕、王〔士珍〕二公,其最著也。两君曷弗剖陈利害于二公之前,以促其醒悟乎?'芸台于大局利害,独具只眼,曩派朱君芾煌于武昌运动民军,朱几为第一军所害。盖于项城左右,屡次几谏,早为所动矣。此次与文池密计之后,即遣人四出游说。"又云:"二十七日,由芸台介绍,访朱君芾煌,畅谈良久。朱君性沉毅,能识大体,不念旧恶。此次受民军委托,与内阁秘密交涉,于两方面疏通之力最大。"此可见朱为袁克定与民军之连系人矣。)但黄兴不欲示弱拒之。又恐军士为袁传播和平解决之说所摇动,手谕警告曰:

> 自鄂军起义以来,不旬日间,吾同胞之响应者,已六七省,足见天命已归,满贼立亡。乃虏廷不揣时势,不问民心,出其狴犴之卒,敌我仁义之师,是实妄干天诛,于何我妨?汉口之战,我师屡胜,继虽小挫,军家胜败,自古当然,不必介意!现鄂军大整,湘军来援,恢复之功,当在旦夕。……袁世凯甘心事虏……已派心腹多名,分道驰往各省,发布传单,演说谕众,冀离间我同胞之心,涣散我已成之势,设心之诡,用计之毒,诚堪痛恨!我同胞光复旧宇,义正词严,既为九仞之山,何惜一篑之覆?自不致为所动摇。然恐妖情善蛊,致荧众听,故此密谕同胞……俾鼠窃之技,无由而施,大局幸甚!

世凯知民军之气势方盛,非予以重大之打击,不易接受其和平攻势,乃于北上组阁时,传命猛攻汉阳。因此冯国璋督饬吴凤岭、王占元、李纯三镇之师,于十月初七日攻破汉阳,若乘胜长驱武昌,则黎元洪早成虏矣。然世凯于起复之初,即持渔翁得利之政策,不愿鹬蚌相持之局,归于消灭,乃示意前方将领,不再进攻,并请驻北京英国公使朱尔典,介绍两方和议。英以商业关系,恐受影响太甚,自然乐于相助。即电训驻汉英领事,从中调停,先停战三日(自十月十一日起),又延长三日。冯国璋以累胜而骄,称民军为匪军,又于袁氏之旨,故作不知,力主用兵。袁乃亟派唐绍仪来汉,借停战以缓和之,不久且将其调往北京。十月十五日袁世凯提出交涉之条件如下:

一、停战三日期满,续停十五日。

二、北京不遣兵向南,南军亦不遣兵向北。

三、总理大臣派各省居留北方之代表人前往与南军各代表讨论大局(此系袁氏欲利用北京居留之南方人为御用代表,以牵制民军之代表者也)。

四、唐绍仪充总理大臣之代表,与黎军门或其代表人讨论大局。

五、以上所言南军,山、陕及北方土匪不在内(盖袁正派军往攻山、陕,欲乘议和机会,消灭北方民军势力,以清肘腋之患。万一和议不成,亦可据北方数省,以与民军相抗)。

是时各省代表正集议于武昌,商组临时政府,接袁所提条件,对于第三、第五两项,不肯承认,决定以下列二条答复之:

一、停战三日期满,续停十五日,全国民军、清军均按兵不动,各守已占领之土地。

二、清总理大臣派唐绍仪为代表,与黎大都督或其代表人讨论大局。

旋由黎元洪与袁世凯电商,自十月十九日起停战,至十一月初五日止,后复屡次延长。山、陕方面,各不增加兵力。代表会因推伍廷芳为民军代表,温宗尧、汪兆铭、王宠惠、钮永建为参赞。湖北特派代表胡瑛、王正廷。十月十七日,世凯遵旨咨唐绍仪为全权代表,二十一日,绍仪抵汉口大智门车站,冯国璋及英、德领事均往欢迎。同行者,有英《泰晤士报》通讯员摩理逊。翌午渡江与元洪晤谈。廷芳因交涉甚繁,各省驻沪代表咸主张在沪协商。各国领事亦盼在沪谈判,由英领事电驻京英使表达此意,并转商诸袁内阁。绍仪遂于二十四日乘洞庭轮往上海。元洪并加派孙发绪、谭人凤、孙武、蓝天蔚、郑江灏、叶加久一同往议焉。

(二) 伍、唐之议和与顾、廖之密约

十月二十七日,唐绍仪至上海,次日,即与伍廷芳会议于英界议事厅。先由两代表换验文凭毕,廷芳即诘问北军进攻山西、陕西、安徽,何以不守停战协定?绍仪允即电袁制止。绍仪提停战不如罢战。廷芳谓安能必和议之成?绍仪言敢决其必成,因尔我皆汉人也。盖绍仪虽为袁氏代表,而实左袒革命军,故十一月初一第二次会议时,即言:共和、立宪,我等由北京来者,无反对之意向。又言黄兴有电致袁内阁云:“若能赞成共和,必可举为总统。”此电由汪君(按指汪兆铭)转杨度代达袁氏。袁氏谓:此事我不能为,应让黄兴为之。是袁氏亦赞成,不过不能出口耳。共和、立宪,万众一心,我等汉人,无不赞成。不过宜筹一善法,使和平解决,免致清廷横生阻力。且我共和思想,尚早于君,因我在美国留学,素受共和思想故也。今所议者,非反对共和宗旨,但求和平达到之办法而已。请示办法。廷芳言:我等所最注意者,宜使中国完全无缺,不为外人瓜分。皇室之待遇,旗兵之安置,自有善法。前此汤、程、张各都督与我,已有电致摄政王,只请逊位,其余一切优待。总之,君既赞成共和,则我等所求者,息事后之和平办法而已。盖承认共和,则一切办法,皆可商量。绍仪言:今日君之所言,我甚愿听,但君予我以时间,俾我得劝解彼等,劝解若成,可用和平办法,我等之幸也。伍言:予君多少时间?唐言:予我以七日停战之时期,则可以用劝解之法,和平解决。伍言:君意如何?能以告我否?唐言:我

以为国人皆希望共和,必须徇众。昨夜见黄兴,当以告君:自武昌起事之后,我曾拟一折,请国民大会决定君主、民主问题,服从多数之取决,清廷不允。现时我尚持此旨,盖对于袁氏,非此法不可也。其军队必如此乃可解散,开国会之后,必为民主,而又和平解决,使清廷易于下台,袁氏易于转移,军队易于收束。窃以为和平解决之法,无逾于此也。伍言:今万众齐心,古所未有,可以观国民多数之心理矣。今日之事,以从速解决为主,各省代表,望此决断,宜以速定为佳,若迟恐另起风波。唐言:此语吾意大以为然,我之意欲和平解决,非共和政体不可,我将以此语告知袁氏,如何再告。观绍仪所言,则知其倾向共和,出自肺腑。其随员二十余人,如杨士琦、章宗祥、傅增湘、张国淦、冯耿光、侯延爽、张锴等,虽多属立宪派,倾向康、梁主张之虚君共和,然南下后见长江一带充满民主空气,不敢在会议中有所主张。是月八日,绍仪电致世凯曰:

> 查民军宗旨,以改建共和政体为目的,若我不认共和,即不允再行开议。默察东南各省民情,主张共和,已成一往莫遏之势。近因新制飞艇二艘(按当时曾购机五艘),又值孙文来沪(中山于初六日到上海),挈带巨资,并偕同泰西水陆兵官数十员,声势极大,正议组织临时政府,为巩固根本之计。且闻中国商借外债,皆为孙文说止各国,以致阻抑不成。此次和议一败,战端再启,度支之竭蹶可虞,生民之涂炭愈甚,列强之分割必成,宗社之存亡莫卜。傥知而不言,上何以对皇太后,下何以对国民?绍仪出都时,总理大臣以和平解决为嘱,故会议时曾议召集国会,举君主、民主问题,付之公决,以为转圜之法。伍廷芳谓各代表在沪,本不乏人,赞成共和,已居多数,何必再行召集?当时以"东三省、直、鲁、豫及蒙、回、藏等处尚未派员,似非大公"折之,伍廷芳仍未允认。现在停战期间已促,再四思维,惟有吁请即日明降谕旨,命总理大臣颁布阁令,召集临时国会,以君主、民主付之公议,征集意见,以定指归。

袁世凯根据此电,要求清廷召集宗支王公会议,以决大计。奏称:

“唐绍仪苦心焦思,以为只有速开国民大会,将君主、民主问题付之公决之一法。其两次来电略谓:彼党坚持共和,不认则罢议,罢议则决裂,决裂则大局必糜烂。试思战祸再起,度支何如?军械何如?岂能必操胜算?万一挫衄,敌临城下,君位贵族岂能保全?外人生命财产岂能保护?不幸分崩离析,全国沦胥,上何以对君父?下何以对国民?如召集国会采取舆论,果能议决仍用君主国体,岂非至幸之事!就令议决共和,而皇室之待遇必极优隆,中国前途之幸当可希望,孰得孰失,情事较然。若再延误,祸害立至”等语,此可见袁、唐对清廷皆施以恫吓,使之不得不服从开国民大会以解决国体问题之主张也。清廷召开御前会议,载涛、毓朗皆反对此办法,而奕劻赞成,因于初九日谕令内阁迅将选举法妥议施行。世凯复电绍仪,希与伍代表切实讨论选举办法。十一月初十日,伍、唐第三会议,议定商量退兵办法,并谈及对清室待遇之问题。遂订定条款如下:

一、开国民会议解决国体问题,从多数取决,决定之后,两方均须依从。

二、国民会议未解决国体以前,清政府不得提取已经借定之洋款,亦不得再借新洋款。

三、自十一月十二日起,所有山西、陕西、湖北、安徽、江苏等处之清兵,五日之内,一律退出原驻地方百里以外,只留巡警保卫地方。

十一月十一日,第四次会议,伍、唐二代表又签订会议条件:

一、国民会议由各处代表组织,每一省为一处,内外蒙古合为一处,前后藏合为一处。

二、每处各派代表三人,每人一票,若代表不及三人者,仍有投三票之权。

三、开会之日,如各处到会之数,有四分之三即可开议。

四、各处代表:江苏、安徽、江西、湖北、湖南、山西、陕西、浙江、福建、广东、广西、四川、云南、贵州由中华民国临时政府发电召集。

直隶、山东、河南、东三省、甘肃、新疆由清政府发电召集。并由民国政府电知该省谘议局,内外蒙古、西藏由两政府分电召集。

十一月十二日,两代表第五次会议,除查办张勋违约,纵兵烧杀,及清军退出原驻地方百里外,伍代表并提议国民会议,于十一月二十日在上海开会。观以上议和之条款,可知唐绍仪已处处附和民党方面,而使袁世凯及清廷立于不利地位,因为北方所能操纵者只八省,而民军有十四省,约占三分之二。且其时各省代表已选举孙文为大总统,组织南京之临时政府,中华民国于十一月十三日即正式成立,改易正朔。袁世凯深恐其欲取得民国总统之希望成空,乃电绍仪谓其十一日以来之行动为越权,不肯承认。唐绍仪即电请辞职。世凯许之,并电伍廷芳此后当直接电商。廷芳复电,认绍仪有代表全权,所订各约,一经签字,即生遵守之效力。此后文电往返互争,毫无结果,乃由形式堂皇之会议,一变而为秘密交涉矣。先是,保定陆军小学监督廖宇春,与由滇逃回之靳云鹏(时任段祺瑞之参议)私议游说两方,赞成共和。十一月一日,即伍、唐第二次会议之日,宇春与黄兴所派之代表顾忠琛(原名忠深,因黄误书为琛,故改名)在上海文明书局磋订草约五条:一、确定共和政体;二、优待清皇室;三、先推覆清政府者为大总统(此即暗指袁世凯);四、南北满、汉军出力将士,各享其应得之优待,并不负战时害敌之责任;五、同时组织临时会议,恢复各地之秩序。中山向参议院声明暂行就职,俟政体解决,当让位贤者,即由黄兴先告以顾、廖所订之约,谓:"勿使吾辈负诺。"及世凯被举为临时大总统后,给顾忠琛、廖宇春勋三位,不没其劳也。宇春有《新中国武装解决和平记》一书详记其事,钱基博复有《辛亥南北和议别记》以彰之。至于汪兆铭与杨度等之国事匡济会,亦为秘密交涉之主要力量,绍仪已向伍廷芳述及矣。

(三) 临时政府之酝酿

当九月下旬之时,革命军已奄有中国疆土三分之二,然皆各自为政,并无统一之组织;清廷虽仅余北方三五省份,但自袁世凯组阁后,则已有一大权独揽之机关。是以和议之进行,表面上似南方极占优势,而实则暗许袁世凯以民国总统,贻彼以操纵政治之机会,二百余年来民族革命之硕果,已于隐微中付诸湘、淮军所遗留之北洋军阀矣。因革命党之领袖孙中山先生尚在海外,黄兴以仅次于中山之地位,固为众望所归,但其自愿参加前线(黄兴到沪后,党人请其带苏浙联军攻南京,兴言当顾武汉之急,遂往守汉阳),不惜屈居黎下。及汉阳败回,威望大减,故当时无适当之领导人物也。长江上下游均感有组织联合机关之必要,九月十九日,湖北都督府遂通电各省,请派全权委员赴鄂组织临时政府。二十一日,江苏都督程德全,浙江都督汤寿潜,上海都督陈其美亦联名通电各省,选代表集议上海,其文曰:

自武昌起义,各省响应,共和政治,已为全国所公认。然事必有所取则,功乃易于观成。美利坚合众国之制,当为吾国他日之模范。美之建国,其初各部颇起争端,外揭合众国之帜,内伏涣散之机,其所以苦战八年,收最后之成功者,赖十三州会议总机关,有统一进行维持秩序之力也。考其第一次、第二次会议均仅以襄助各州会议为宗旨,至第三次会议始能确定国会,长治久安,是亦历史上必经之阶级。吾国上海一埠,为中外耳目所寄,又为交通便利,不受兵祸之地,急宜仿照美国第一次会议方法,于上海设立临时会议总机关,磋商对内对外妥善方法,以期保疆土之统一,复人道之和平。务请各省举派代表,迅即莅沪,其集议方法及提议大纲并列于下:

一、各省旧谘议局各举代表一人;

二、各省现时都督府各派代表一人,均常驻上海;

三、以江苏教育总会为招待所;

四、两省以上代表到会,即行开议,续到者,随到随与议。

提议大纲三条:

一、公议外交代表;

二、对于军事进行之联络方法;

三、对于清皇室之处置。

发电之第二日，又以江苏代表雷奋、沈恩孚及浙江代表姚桐豫、高尔登联电催各省代表来沪，并请公认伍廷芳、温宗尧为临时外交代表。九月二十五日，开第一次会议，决定名为各省都督府代表联合会，会所仍设上海，并公认武昌为民国中央政府，以鄂军都督执行中央政务，并请派公推之伍、温为民国外交副总长。及十月三日，鄂代表居正、陶凤集到沪，请各省代表赴鄂组临时政府，于是在沪代表决定同往武昌，但各省仍留一人在沪联络声气。各代表陆续到武昌，时值汉阳失守，武昌全城皆在龟山炮火之下，元洪已避居城外，乃假汉口英租界顺昌洋行为代表会所。初十日，开第一次会议，公推谭人凤为议长，雷奋、马君武、王正廷起草组织大纲。十二日，议决如袁世凯反正，当公举为大总统。十三日，议决临时政府组织大纲二十一条，即行宣布，其要如下：

第一条　临时大总统、副总统由各省代表选举之，以得票满投票总数三分之二以上者为当选。代表投票权每省以一票为限。（此为修正文，原无副总统。）

第二条　临时大总统有统治全国之权。

第三条　临时大总统有统率海陆军之权。

第四条　临时大总统得参议院之同意，有宣战、媾和及缔结条约之权。

第五条　临时大总统得制定官制官规，兼任免文武职员；但制定官制、官规暨任命国务各员及外交专使，须得参议院之同意。（此为修正文，原案作得参议院之同意，有任各部长及派遣外交专使之权。）

第六条　临时大总统得参议院之同意，有设立临时中央审判所之权。

第七条　临时副总统于大总统因故去职时升任，但于大总统有故障不能视事时，得受大总统之委任代行其职权。（此条修正时加入，原案无。）

第八条　参议院以各省都督所派之参议员组织之。（此原为第

七条)

第九条　参议员每省以三人为限,其选派方法由省都督府自定之。(此原为第八条)

第十条　参议员会议时,每参议员有一表决权。(此原为第九条)

第十一条　参议员之职权如下:一、决议第四条及第六条事件;二、承认第五条事件;三、议决临时政府之预算;四、检查临时政府之出纳;五、议决全国统一之税法、币制及发行公债事件;六、议决暂行法律;七、议决临时大总统交议事件;八、答复临时大总统咨询事件。(此原为第十条)

第十二条　参议院会议时,以到会参议员过半数之所决为准,但关于第四条事件,非有到会参议员三分之二同意,不得决议。(此原为第十一条)

第十三条　参议院议决事件,由议长具报,经临时大总统盖印发交行政各部执行之。(此原为第十二条)

第十四条　临时大总统对于参议院决议事件,如不以为然,得于具报后十日内声明理由,交令复议,参议院对于复议事件,如有到会参议员三分之二以上同意,仍执前议时,应仍照前条办理。(此原为第十三条)

第十五条　参议院议长,由参议员用记名投票法互选之,以得票满投票总数之半者为当选。(此原为第十四条)

第十六条　参议院办事细则,由参议院定之。(原第十五条)

第十七条　参议院未成立前,暂由各省都督代表会代行其职权,但表决权每省以一票为限。(此原为第十六条。此条之设,似与第十条相冲突,然因此时代表会中,各省所派代表人数不等,故设此为救济办法。临时政府成立后,各省即行改派参议员,依第九条每省三人,此条遂归无用。)

第十八条　行政各部设部长一人为国务员,辅佐临时大总统办理各部事务。(此为修正文,原有第十七条云:“行政各部如下:一、外交部,二、内政部,三、财政部,四、军务部,五、交通部。”又第十八条云:“各部设部长一人,总理本部事务。”)

第十九条 各部所属职员之编制及其权限由部长规定,经临时大总统批准施行。

第二十条 临时政府成立后六个月内,由临时大总统召集国民会议,其召集方法由参议院议决之。

第二十一条 临时政府组织大纲施行期限,以中华民国宪法成立之日为止。

到会签名代表,有江苏、浙江、福建、山东、安徽、湖南、广西、四川、直隶、河南、湖北十一省。广东、江西、山、陕、云、贵等省代表尚未到。十四日,代表会得南京克复之消息,即议决以南京为临时政府所在地。各代表于七日内齐集南京;俟有十省以上之代表到后,即开临时大总统选举会。

(四) 组织政府之波澜

时留沪代表以武昌为汉阳炮火威胁,赴鄂代表未必能达成组织临时政府之任务。而临时政府又不可不从速组织,因于十四日选举黄兴为大元帅,黎元洪为副元帅,即以大元帅组织中华民国临时政府,经上海都督陈其美、九江都督马毓宝通电报告。在汉代表认为不合法,表示反对,并用黎元洪名义电沪请取消。而桂林陆荣廷、王芝祥两都督电称:“前月有日,苏州程都督通电,推孙文为临时大总统,已有多省赞同。查总统有统率海陆军之权,大元帅名目,似应归总统”云云。此亦显然反对黄兴为大元帅也。及各代表齐集南京,决定二十六日开临时大总统选举会,其先一日浙代表陈毅由鄂续到,报告袁世凯主张共和,所派议和代表唐绍仪已到汉,应维持十二日在汉所作之决议,虚位以待世凯。于是缓举大总统,而暂承认沪方所举之大元帅、副元帅,并于临时政府组织大纲追加一条:“临时大总统未举定前,其职权由大元帅暂任之。”但黄兴力辞大元帅职,推黎元洪暂任,盖以南京联军诸将,有声言不愿隶于汉阳败将之下者,兴遂知难而退也。于是各代表又有推黎元洪为大元帅,黄兴为副元帅之决议。黎驻武昌,即由副元帅代行其职权。黎初不受,经代表仇亮、陈毅等赴鄂劝其维持大局,始勉允任,并委副元帅代行职权,但黄兴仍坚辞不受。以致临时政府之组织,至十一月初,尚如在五里雾中,此可见当时革命党无领导人物,而各省附和革命之宪政派人物,皆依势苟且,毫无定见,且迷信袁世凯之势力,必欲以总统相酬,以换取袁氏之赞助共和也。幸而孙中山先生于十一月初六日到沪,众纷始解。盖盛传中山携华侨捐款数十百万来饷军,其时军之所亟者,财也,故皆有大欲以望于中山。尤以南京总司令徐绍桢,久镇江南,又新有功,一言为轻重,而以中山粤省同乡,革命先觉,苟选大总统,微其人莫属,昌议大廷,主之最力。各省代表集南京,以绍桢侃侃,不敢有异议,遂于十一月初十日,选举孙文为大总统。时到会代表,有苏、浙、皖、赣、鄂、湘、川、粤、桂、闽、滇、直、鲁、豫、晋、陕、奉十七省,中山得十六票当选。黄兴得一票。代表会派议长汤尔和、副议长王宠惠,赴沪恭迎。上海为交通中心,舆论中心,各省之革命党人及由宪政派依附革命者,均集中于此。光复会派之章炳麟,以革命名宿自居,在日曾反对中山,党虽未深罪之,而仍不自安。乃造为"革命军兴,革命党消"之口号,昌言若举总统,以功则黄兴,以才则宋教仁,以德则汪精卫(兆铭),而江、浙之立宪派人,如张謇、汤寿潜、赵凤昌等阳逢迎之,章辄为他人操戈。宋教仁初居日本,颇习纵横之术,内挟黄克强为重,外亦与立宪派相结纳,汤化龙、熊希龄等因乐之以进,宋之声誉乃骤起,故章炳麟才之。然终以党人故,黄兴不敢夺首领之地位,教仁始欲戴为总统,己为总理,至是亦不得不服从党议。以革命军首领派代表者,大率皆同盟会会员,且程德全于九月廿四日首电各省,谓:"拟联东南各军政府公电恳请孙中山先生迅速回国,组织临时政府,以一事权。中山先生为首创革命之人,中外人民,皆深信仰,组织临时政府,舍伊莫属。"和之者,已有湘、桂、皖、赣、浙、闽数省,故临时大总统终必属之中山也。教仁仍主张内阁制,于是胡汉民、汪精卫、黄克强、陈英士、宋教仁、张静江(人杰)、马君武、居觉生(正)等最高干部会议于中山寓所,讨论总统制与内阁制之取舍,中山谓:"内阁制乃平时不使元首当政治之冲,故以总理对国会负责,断非此非常时代所宜。吾人对于惟一置信推举之人,而复设防制之法度,余亦不肯徇诸人之意见,自居于神圣赘疣,以误革命之大计。"静江率先对曰:

"善！先生而外，无第二人能为此言者，吾等惟有遵先生之意而行耳。"然教仁必欲修改临时政府组织大纲，在选举前曾宴请各代表演说必须修改之理由达二小时，但赞成者甚少。及至孙总统就任之前一日，黄兴特赴南京向代表陈述必须修改之理由；时已午后九时，即由湘代表宋教仁、滇代表吕志伊、鄂代表居正提出修正案，当晚议决增设副总统，将固定之行政五部，改为不定之国务各员。惟宋教仁所提修改第十七条为："国务各员执行政务，临时大总统发布法律及有关政务之命令时，须副署之。"是仍欲变为国务员负责之内阁制，各代表皆疑教仁纯为自己打算，攻击不遗余力。盖当时谣传教仁欲为内阁总理也。

（五）孙大总统之就职

中山得南京各省代表会电告，即复电云："光复中华，皆我军民之力，文孑身归国，毫发无功，竟承选举，何以克当？惟念北方未靖，民国初基，宏济艰难，凡我国民，具有责任。诸公不计功能，加文重大之服务，文敢不黾勉从国民之后，当刻日赴宁就职。"十一月十三日，中山偕代表汤尔和、王宠惠乘沪宁铁路花车履任，各地欢送、欢迎者不知凡几，共和万岁之声，闻于数里。沿路遍悬五色国旗，密布军队。迨花车抵南京车站，各营队皆双手举枪，军舰鸣炮二十一门，街市悬灯结彩，颇为壮观。专车于下午六时至总统府，由黄兴、徐绍桢迎入。夜十时，行接任礼，黄兴左立，绍桢右立，总统就位后，各军团长及各部科长以上人员行三鞠躬礼。复鸣炮二十一响，代表景耀月报告选举情形，总统即宣述誓辞曰：

> 倾覆满洲专制政府，巩固中华民国，图谋民生幸福，此国民之公意，文实遵之！以忠于国，为众服务。至专制政府既倒，国内无变乱，民国卓立于世界，为列邦公认，斯时文当解临时大总统之职，谨以此誓于国民。

代表致欢迎词，并致玺绶，总统受印，盖于宣言上，由秘书长胡汉民代读宣言书曰：

中华民国缔造之始,而文以不德膺临时大总统之任,夙夜戒惧,虑无以副国民之望。夫中国专制政治之毒,至二百余年来而滋甚,一旦以国民之力踣而去之,起事不过数旬,光复已十余行省,自有历史以来,成功未有如是之速也。国民以为于内无统一之机关,于外无对待之主体,建设之事,更不容缓,于是以组织临时政府之责相属。自推功让能之观念以言,文所不敢任也;自服务尽责之观念以言,则文所不敢辞也。是用黾勉从国民之后,能尽扫专制之流毒,确定共和以达革命之宗旨,完国民之志愿,端在今日。敢披沥肝胆,为国民告:国家之本在于人民,合汉、满、蒙、回、藏诸地为一国,即汉、满、蒙、回、藏诸族为一人,是曰民族之统一。武汉首义,十数行省先后独立,所谓独立,对于清廷为脱离,对于各省为联合,蒙古、西藏,意亦同此。行动既一,决无歧趋,枢机成于中央,斯经纬周于四至,是曰领土之统一。血钟一鸣,义旗四起,拥甲带戈之士,遍于十余行省,虽编制或不一,号令或不齐,而目的所在,则无不同。由共同之目的,以为共同之行动,整齐画一,夫岂其难?是曰军政之统一。国家幅员辽阔,各省自有其风气所宜,前此清廷强以中央集权之法行之,遂其伪立宪之术,今者各省联合,互谋自治,此后行政,期于中央政府与各省之关系,调剂得宜,大纲既挈,条目自举,是曰内治之统一。满清借立宪之名,行敛财之实,杂捐苛细,民不聊生!此后国家经费取给于民,必期合于理财学理,而尤在改良社会经济组织,使人民知有生之乐,是曰财政之统一。以上数者,为政务之方针,持此进行,庶无大过。若夫革命主义为吾侪所昌言,万国同喻,前此虽屡起屡踬,外人无不鉴其用心。八月以来,义旗飙发,诸友邦对之抱和平之望,持中立之态,而报纸及舆论,尤每表其同情,邻谊之笃,良足深谢。临时政府成立以后,当尽文明国应尽之义务,以期享文明国应享之权利。满清时代辱国之举措与排外之心理,务一洗而去之,与我友邦益增睦谊,持和平主义,将使中国见重于国际社会,且将使世界渐趋于大同;循序以进,不为幸获,对外方针,实在于是。夫民国新建,外交内政,百绪繁生,文自顾何人,而克胜此!然而临时之政府,革命时代之政府也,十余年来,从事于革命者,皆以诚挚纯洁之精神,战胜所遇之艰难,即使后此之艰难,远逾于前日,而吾人惟保此革命之精神,一往而莫之能阻,必使中华民国之基础,确定于大地,然后临时政府之职务始尽,而吾人始可告无罪于国民也。今以与我国民初相见之日,披布腹心,惟我四万万之同胞共鉴之!

大中华民国元年元旦

是日为旧历十一月十三日,西历一九一二年一月一日,中山决改用阳历,故颁建元改历通令为中华民国元年元旦也。一月二日,代表开谈话会,总统交出国务员名单,交换意见。初提黄兴陆军,黄钟瑛海军,王宠惠外交,宋教仁内政,陈锦涛财政,伍廷芳司法,汤寿潜交通,张謇实业,章炳麟教育。代表中有一派反对宋教仁、王宠惠、章炳麟,以宋尝主内阁制,并欲自为总理,在修改组织法时招忌;王资格浅无藉藉名,而章则公然叛党者也。因改提汤寿潜教育、程德全交通。代表会预审改程德全内务、汤寿潜交通,教育另提,黄兴与中山商提蔡元培,廷芳与亮畴对调。中山曰:"内、教两部依兄议,外交问题,我欲直接,秩老(伍字秩庸)长者,诸多不便,故用亮畴(王字),可以随时指示,我意甚决。"并告宠惠曰:"吾人正当破除所谓官僚资格,外交问题吾自决之,勿怯也!"乃复商代表会,外交、司法勿动,众无异议,遂于次日开正式会,按照名单投同意票,一致通过,而政府成立矣。兹将国务员九人及各部次长列下:

陆军总长	黄　兴	次长	蒋作宾
内务总长	程德全	次长	居　正
外交总长	王宠惠	次长	魏宸组
财政总长	陈锦涛	次长	王鸿猷
海军总长	黄钟瑛	次长	汤芗铭
司法总长	伍廷芳	次长	吕志伊
教育总长	蔡元培	次长	景耀月
实业总长	张　謇	次长	马君武(名和)

交通总长　汤寿潜　　　　　次长　于右任

九部总长中只陆军、外交、教育为同盟会党员,余则清末大官,新同情于革命者也。惟次长悉为党员,此即黄兴所谓部长取名,次长取实之政策。各部组织,大半皆兴拟定,鄂、苏、沪都督初推张謇长财政(有通电致各省),兴又荐熊希龄,中山不可,曰:"财政不能授他派人,我知澜生(锦涛字)不敢有异同,且曾为清廷订币制,借款于国际,有信用。"于是用陈。然张、汤自负耆宿,仅一度就职,参列各部会议,即出住上海租界。程因病未理事,伍以议和代表,陈以经营借款,皆不常到部,故五部悉由次长代理。部长之负责者,黄、王、蔡耳。时战事未已,中央行政不及于各省,各部亦备员而已。但各部所拟之规章制度,粲然大备,如教育部之官制,普通教育章程,并定军国民教育、实利主义、德育主义、世界观、美育主义五者为教育宗旨,又修正教科书,创设国史院。以短短不足三月之间,立除旧布新之规模,诚难能可贵矣。黄兴以湖北首义,而政府中无人参与,啧有烦言(此系居正之言,实则居为首义策动者,亦政府要人也),乃示意代表会,选举黎元洪为副总统。兴又兼任参谋总长,军事全权,集于一身,虽无内阁之名,实各部之领袖也。钮永建为参谋次长,宋教仁为法制院长,汤化龙为副院长,徐绍桢为卫戍总督。聘章炳麟为枢密顾问。炳麟耻不获闻大计,尝热讽冷嘲,(如于南京追悼阵亡将士会制挽联云:"群盗鼠窃狗偷,死者当不瞑目;此地龙蟠虎踞,古人毕竟虚言。")并组中华民国联合会,以分化同盟会,且与张謇、汤寿潜等组织统一党。后又与湖北之民社合并为共和党,以与国民党抗衡,人皆以"章疯子"目之。而中山不念旧恶,极意拉笼,推许备至(聘函有"执事目空五蕴,心殚九流,撷百家之精微,为并世之仪表"等语),则以章因《苏报》案下狱,为世所重也。又海军部次长汤芗铭,即在巴黎偷割中山先生皮包,窃取誓书,以告密于驻法使馆者。据《李烈钧自传》云:"是时海军改编两舰队,第一队司令黄钟瑛,第二队司令汤芗铭。黄乃兼海军总司令,汤为化龙之弟,黎都督介于余者也。"又吴铁城《江西辛亥革命前后》云:"军事会议由马都督主席,李烈钧、林子超(森)、蒋君羊、蒋作宾、黄钟瑛各位都参加,济济一堂,共抒谋略。汤芗铭时任海军参谋,亦同列席。会议决定,派蒋君羊率一支队赴南昌,李烈钧领两支队及一部分舰队赴安庆援皖,汤芗铭率海容及一部分军舰援鄂。汤为鄂人,曾有过一段事,很对总理不住。总理于一九〇七年左右在法国,汤暗中割开总理的皮包,将入党的留学生名单,盗取送给清廷驻法公使孙宝琦去告密。这件事一直到援鄂以后,大家才知道。”可知海军反正九江时,烈钧以黎介而委汤为司令,遂置身海军,而中山亦未念旧恶而摒去之也。此固中山有君人之度矣。然汤于民国二年靠拢袁世凯,督湘滥杀党人,致有“汤屠户”之目。中山虽为临时大总统,用人行政,皆不由己,然而所最痛心者,仍为主义方略之不能贯彻实行也。

(六) 革命方略之不行

中山倡导国民革命,以三民主义为理论之基础,以革命方略为实行之阶梯,盖因世界上仅有此三种思潮在激荡,而历史上亦只有此三种革命在演进,中国如追踪攀援,一步一趋,将永作落后之国家乎?抑应“迎头赶上”,“毕其功于一役”,而建设为富强康乐之新中国乎?后胜于前,似无容疑也。但欧美经过三百年之奋斗,而后民族主义与民权主义始得实现,民生主义虽正在发展中,尚未完全实现,以落伍之中国,外受列强压迫,内又布满封建之思想,三民主义安能同时推行耶?况依社会演化之原则,躐等幸进,殊不可能,中国在工业未发达,资本主义未造成以前,民权主义尚难实现,更何论民生主义?“一次革命论”岂非偏于理想乎?清末之革命党人,对于中山先生之批评即如此,故于中国同盟会之宣言中,虽采纳其主张,规定三民主义与革命方略,却无一人能了解三期方略之重要性,即为达成三种主义之步骤,使之能符合进化之原则,而绝不涉于空想也。观中山先生之言曰:

> 余之于革命建设也,本世界进化之潮流,循各国已往之先例,鉴其利弊得失,思之稔熟,筹之有素,而后订为革命方略。规定革命进行之时期有三:第一“军政”时期,第二“训政”时期,第三“宪政”时期。第一为破坏时期,拟在此时期内施行军法,以革命军担任打破满

清之专制,扫除官僚之腐败,改革风俗之恶习,解脱奴隶之不平,洗净鸦片之流毒,破灭风水之迷信,废去厘卡之阻碍等事。第二为过渡时期,拟在此期内施行约法(非民元所订之约法),建设地方自治,促进民权发达,以一县为自治单位,县之下再分为乡村区域,而统于县。每县于敌兵驱除,战事停止之日,立颁布约法,以之规定人民之权利义务,与革命政府之统治权,以三年为限,三年期满,则由人民选举其县官。或于三年之内,该县自治局已能将其县积弊扫除如上所述者,及能得半数人民了解三民主义而归顺民国者,能将人口清查,户籍厘定,警察、卫生、教育、道路各事,照约法所定之低限程度充分办就者,亦可立行自选其县官,而成完全之自治团体。革命政府之对于此自治团体,只能照约法所规定而行其训政之权。俟全国平定之后六年,各县之已达完全自治者,皆得选举代表一人,组织国民大会,以制定五权宪法。以五院制为中央政府……宪法制定后,由各县人民投票选举总统……革命政府当归政于民选之总统,而训政时期于以告终。第三为建设完全时期,拟在此时期始施行宪法,此时一县之自治团体,当实行直接民权。人民对于本县之政治,当有普通选举之权,创制之权,复决之权,罢官之权;而对于一国政治,除选举之权外,其余之同等权,则付托于国民大会之代表以行之。此宪政时期即建设告竣之时,而革命收功之日,此革命方略之大要也。

同盟会军政府宣言:“以今日革命之大经,暨将来治国之大本,布告天下:一、驱除鞑虏,二、恢复中华,三、建立民国,四、平均地权。以上四纲,其措施之序则分三期:第一期为军法之治……第二期为约法之治……第三期为宪法之治。……此三期第一期为军政府督率国民扫除旧污之时代,第二期为军政府授地方自治权于人民,而自总揽国事之时代,第三期为军政解除权柄,宪法上国家机关分掌国事之时代,俾我国民循序以进,养成自由平等之资格,中华民国之根本,胥于是乎赖焉。军政府为国戮力,矢忠矢信,终始不懈。”此同盟会所预定之方略,倘党人能谨守之,则在辛亥革命时,军政府之应为者,不仅推翻满清一端,尚有扫除积弊等事,每县均以三年为限,始解军法,布约法,全国行约法六年后,始制定宪法。乃当时之革命党人,除中山外,已全置此革命方略于脑后矣。中山先生述之曰:

> 民国建元之初,予则极力主张施行革命方略,以达革命建设之目的,实行三民主义。而吾党之士,多期期以为不可。经予晓谕再三,辩论再四,卒无成效。莫不以为予之理想太高,知之非艰,行之惟艰也。呜呼!是岂予之理想太高哉?毋乃当时党人之知识太低耶?予于是乎不禁为之心灰意冷矣!夫革命之有破坏,与革命之有建设,固相因而至,相辅而行者也。今于革命破坏之后,而不开革命建设之始,是无革命之建设矣,既无革命之建设,又安用革命之总统为?此予之所以萌退志,而于南京政府成立之后,仍继续停战,重开和议也。至今事过情迁,则多有怪予于民国建元之后,不当允和议甘让总统者,然假使予仍为总统,而党员于破坏成功之后,已多不守革命之信誉,不从领袖之主张,纵能以革命党而统一中国,亦不能行革命之建设,其效果不过以新官僚,而代旧官僚而已。或者不察,有以为予当时之势力,不及袁世凯,故不得不与之议和,苟且了事者,甚有诬为受袁世凯百万之贿遂以总统让之者,事至今日,已可不待辩而明矣。苟予果贪也,则必不以百万而去总统之位矣。……至谓予之势力不及袁世凯,则更拟于不伦也,夫当时民国已有十五省,而山东、河南民党亦蜂起,直隶则军队且内应,稍迟数月,当可全国一律光复,断无疑义也。

观此可知中山于接任临时大总统时,即感觉一般人之见解,与彼相去太远,革命方略既不能实行,则何须为此有名无实之总统?故情愿让位于袁世凯,以待将来之继续奋斗,而不愿以身居高位,牺牲其平素之主张,其辞职并非由于袁世凯势力之威胁,亦非由于黄、宋、汪、章诸人与立宪党帝制派结托,使之无法展布,乃纯由革命方略之不得实行耳。又论训政时期之必要曰:

革命有非常之破坏,则不可无非常之建设,盖际此非常之时,必须非常之建设,乃足使人民之耳目一新,与国更始也。此革命方略之所以为必要也。试观……法国经革命之后,则大乱相寻,国体五更,两帝制而三共和,至八十年后,穷兵黩武之帝为外敌所败,而共和之局乃定。较之美国,其治乱得失,差若天壤者,其故何也?美国……未独立以前,十三州已各自为政,而地方自治已极发达,故其立国之后,政治蒸蒸日上,以其政治基础,全恃地方自治之发达也。……法国则不然,法虽为欧洲先进文化之邦,人民聪明奋厉,且曾受百十年哲理民权之鼓吹,又模范美国之先例,犹不能由革命一跃而几于共和宪政之治者,以彼之国体,向为君主专制,而其政治向为中央集权,无新天地为之地盘,无自治为之基础也。我中国缺憾之点,悉与法同。吾人民之知识,政治之能力,更远不如法国,此予所以创一过渡时期为之补救也。在此时期,行约法之治,以训导人民,实行地方自治。惜当时同志,不明其故,不行予所主张,而只采予约法之名,以定临时约法,以为共和之治,可不由其道而一跃可几。当时众人之所期者,实为妄想,顾反以予之方略计划为难行,抑何不思之甚耶?

当余鼓吹革命之时,拟创建共和于中国,欧美学者多以为不可,彼等盖有鉴于百年来之历史,而重乎其言之也。民国建元前一年,予过伦敦,有英国名士加尔根者,曾遍游中土,深悉吾国风土人情,著书言中国事甚多,其《中国变化》一书,尤为中肯。彼闻予提倡改革中国为共和,怀疑满腹,以为万不可能之事,特来旅馆与予辩论者,数日不能释焉。迨予示以革命方略之三时期,彼乃涣然冰释,欣然折服。喟然叹曰:“有如此计划,当然可免武人专制政治捣乱于民权青黄不接之际也。而今而后,吾当助子鼓吹。”故于武昌起义以后,东方之各西文报,皆盛传吾于民国建设之计划,满盘筹备,成竹在胸,不日当可见诸施行。凡同情于中国之良友,当拭目以观其成也云云。此皆加尔根氏在伦敦各报为吾游扬之言论也。惜予就总统职后,此种计划,为同志所格而不行,遂致欧美同情之士,亦大失所望。而此后欧美学界……多以中国人民知识程度不足,断不能行共和之治矣。

当同盟会成立之初，则有会员疑革命方略之难行者。谓清朝伪立宪许人民以预备九年；今吾党之方略，定以军政三年训政六年，岂不与清朝九年相等耶？吾等望治甚急，故投身革命，若于革命成功之后，犹须九年始得宪政之治，未免太久也云云。予答以非此则无望造成完全之民国。今民国改元已八年于兹矣，不独宪政之治不能期，而欲求如清朝苟且偷生犹不可得，尚何望九年之有完全民国出现耶？……譬如今次之世界大战，凡参战国无论共和君主，皆一律停止宪政……以其目的在战胜而图存也。人之已行宪政，犹且停之，况我宪政尚未发生，方欲由革命之战争以求之，岂可于开战之初，即施行宪政耶？此诚幼稚无伦之思想也。……吾党之士，于此八年间应得无量之经验，若能回忆予十数年前之训诲主张，当能恍然大悟，而不再河汉予言以为理想难行矣。夫以中国数千年专制退化，而被征服亡国之民族，一旦革命光复，而欲成立一共和宪治之国家，舍训政一道，断无由速达也。

中山先生对于“训政”必要，再三再四向党员申说，无如一般党员，在制定革命方略时，即视为具文，以敷衍领袖之态度处之，全无实行之意向。故临时政府组织时，代表会中之宪政派，固不知革命方略为何物，即同盟会员亦忘其参加革命时之誓辞，而置军政府“为纲有四，其序有三”之宣言于不顾，故中山先生于《中国革命史》云：

辛亥之役……所得之结果，一为荡涤二百六十余年之耻辱，使国内诸民族一切平等，无复轧轹凌制之象；一为铲除四千余年君主专制之迹，使民主政治，于此开始。自经此役，中国民族独立之性质与能力屹然于世界，不可动摇；自经此役，中国民主政治已为国人所公认，此后复辟帝制诸幻想，皆为得罪于国人而不能存在。此其结果之伟大，洵足于中国历史上大书特书，而百世皆蒙其利者也。然以为此役遂足以现中华民国之实乎？则大谬不然。于何证之？以十二年来之已事证之。十二年来所以有民国之名，而无民国之实者，皆此役阶之厉也。举世之人方疾首蹙额以求其原因而不可得,余请以简单一语而说明之,曰:此不行革命方略之过也。革命方略,前已言之,规定革命进行之时期为三……此为荡涤旧污,促进新治,所必要之历程,不容一缺者也。民国之所以得为民国,胥赖于此。不幸辛亥革命之役,忽视革命方略,置而不议,格而不行,于是根本错误,枝节横生,民国遂无所恃以为进行,此真可为太息痛恨者也!

由军政时期一蹴而至宪政时期,绝不予革命政府以训练人民之时间,又绝不予人民以养成自治能力之时间,于是第一流弊,在旧污末由荡涤,新治末由进行;第二流弊在粉饰旧污以为新治;第三流弊在发扬旧污,压抑新治。更端言之,即第一民治不能实现,第二为假民治之名行专制之实,第三则并民治之名而去之也。……训政时期,在以县为自治单位,盖必如是然后民权有所托始,使主权在民之规定,不至成为空文也。今于此忽之,其流弊遂不可胜言!……临时约法,既知规定人民权利义务,而于地方制度,付之阙如,徒沾沾于国家机关,此所谓合九州之铁铸成大错者也。……然即以国家机关之规定论之,惟知袭取欧美三权分立之制,且以为付重权于国会,即符主权在民之旨,曾不知国会与人民,实非同物。况无考试机关,则无以矫选举之弊;无纠察机关,又无以分国会之权。驯至国会分子,良莠不齐,薰莸同器,政府患国会权重,非劫以暴力,视为鱼肉,即济以诈术,弄为傀儡,政治无清明之望,国家无巩固之时。……余于临时大总统任内,见革命方略,格而不行,遂不惜辞职,非得已也。

由于上引中山先生之自述,可见南京临时政府成立时,代表会代表只注重通常宪政制度上之问题,如总统制与内阁制,完全不顾及同盟会所规定军政府之任务,除打倒满清皇室外,尚有扫除积弊,改革风俗之精神建设事项。盖未知由专制以达共和立宪,其中尚有如许之艰难困苦过程也。当时一般人心理,只知满清推翻,共和告成,宪政实现,国运即可挽回,人民即可安乐。其时清皇室之命运,已显然操于袁世凯之手,如以临时大总统之位置酬庸袁氏,则战祸既可立免,而宪政亦易成功,是以南北议和之时，此新产生之中华民国，业已注定落于袁世凯之手矣。

〔附言〕　同盟会党员因辛亥各省起义之推动，半属立宪派，故临时政府之组织，不得不多容纳该派人物，以收缙绅之望。此皆黄兴迎合现实之主张，如张謇曾筹款数十万元，并担保黄兴借日本三井洋行三十万元，以应亟需军政各费，即可见一斑。《胡汉民自传》谓："兴性素谨厚，而乏远大之识，又未尝治经济、政治之学，骤与立宪派人遇，即歉然自以为不如，还视同党，尤觉暴烈者之只堪破坏，难与建设，其为进步欤？抑退步欤？克强不自知也。既引进张、汤为收缙绅之望，杨度、汤化龙、林长民等方有反革命嫌疑，亦受克强庇护，而克强之政见，亦日益右倾。"此可知同盟会中当时已有温和与激烈两派，而中山以天下为公之精神，内而调和两派，外而容纳异党，始得有恢宏蓬勃之开国规模。至章炳麟之公然脱党，其原因乃由于光复会一派之宿有嫌怨，不足为异。而湖北孙武所立之民社（共和党前身），其原因据张继《五十年历史之研究与回顾》云："孙武在武汉起义的确很出力，发动的上一天，不幸被炸弹爆发所伤，不能出来，所以不得已请黎元洪当大都督。孙武既没有在武汉当领袖，南京政府成立后，要求做一个陆军部次长，当时并不曾答应他，因这点小事，武汉与南京发生了意见，竟至黎元洪被袁世凯拉拢，使革命蒙受重大影响。"足见同盟会组织时，分子既不单纯，革命初成，意见即纷歧矣。且不特此也，刘光汉（笔名韦裔，后改师培，字申叔）为上海东京革命报刊著名之作家，在民报社时，即与章炳麟不睦，乃至绝交。光汉之戚汪公权，亦党中人，竟置毒茶中，欲鸩《民报》诸人，汤公介（汤增璧，笔名揆郑，伯夔）因而受害。汪得使馆贿五千元，回沪后，为党中侠士王金发所杀。光汉曾诋炳麟函端方要挟巨款二万元，即舍革命不谈，往印度为僧。实则光汉与其妻何振投效端方，并密揭上海机关破获多人，金发欲诛之，乃跪地求饶。光汉随端方赴川，及端被戕，川人亦欲杀光汉，章炳麟函言，申叔乃读书种子，未可妄杀，乃介往北京大学任教。而光汉反与同盟会之得力分子胡瑛、孙毓筠、李燮和等参加筹安会,拥袁世凯为帝,殊可异也。民元时同盟会分子已四分五裂,其故皆由于党人对中山所持之主义与方略,全不了解,并有“孙氏理想,黄氏实行”一语,以为反对中山之借口。观陈其美致黄兴书(见《孙文学说》第六章附录),即可知党人之有负于中山者大矣。中山回沪,中外各报皆传布带有巨款以助革命军,同志之所望者以此,中山答之曰:“予不名一钱也,所带回者革命之精神耳。革命之目的不达,无和议之可言也。”此语含义极深,钱基博《别记》谓谒告纷至,闻中山言,则相与拊掌大笑,可见革命领袖与一般党人心情之夐然不同矣。

一百八十二　清帝之退位

(一) 袁世凯之诱胁民党

南北和议中止之理由,表面上为袁世凯不赞成伍、唐会议国民大会产生与进行之方法,实则因孙中山被选为临时大总统,并于十一月十三日就职,组织南京之中央政府。世凯深恐党人许为总统之诺言成空,将来国民会议时,南方代表人多,不能操纵自如,则大权将落入他人之手矣。故以唐绍仪之签字规定条约为越权,欲根本打消国民会议之原议,以便进行其胁迫清廷“禅让”之计划。此后两方之交涉,皆在暗中秘密进行,所谓直接通电者,乃表面上之形式耳。伍、唐仍任折冲之责,假南洋路赵凤昌宅为办事处,凤昌与张謇、汤寿潜皆立宪派人,素极密契,从中撮合,而黄兴、陈其美等亦常往接洽。从中拉拢最力者,则参赞汪兆铭也。伍、唐会议优待皇室之条件,即为兆铭所拟。兆铭与黄复生、罗世勋,于九月初以清廷大开党禁,被释出狱。复生往天津与彭家珍等组织京津同盟会,密谋暗杀;兆铭则与袁世凯之子克定相往来(并与杨度合组国事匡济会,欲说袁世凯赞成共和),朱芾煌往汉口活动,即携有兆铭书云:“袁氏将率北军反正,已饬前敌诸将停战矣,即请南中举袁为临时大总统,以免兵连祸结。”(见查光佛《武汉阳秋》)故举袁为临时大总统之事,实由兆铭发之,而黄兴复书认可,亦由兆铭交杨度转达世凯,世凯曰:“此事我不能为,应让黄兴为之。”唐绍仪与伍廷芳第一次会议时，即举此事以为袁氏赞成共和之证。绍仪南下议和，袁即派兆铭为参议，以便与党人折冲。据胡鄂公（湖北人，参加北方共和会，从事革命。旋任鄂军都督驻京津总代表）《辛亥北方革命实录》云：

十一月初七日下午五时，清内阁总理大臣袁世凯见汪兆铭于内阁总理官署。使兆铭之沪，以革命党人立场，斡旋于伍、唐两代表间，以免和议之局，因孙先生归国而中变。于是授兆铭议和代表参赞之名，俾得尽力协助绍仪，但对外秘不发表。同日下午七时，世凯复见兆铭，其子克定亦相偕至，世凯遂命其子克定与兆铭约为兄弟。先是袁世凯之见兆铭，每见必以一人，必以暮夜。盖是时袁世凯所资以利用兆铭者，则为京、津、保革命党人之控制，与听取南方革命党人之情势，借以纵横捭阖耳。及闻孙先生归国，则知非绍仪之外交所能胜任，遂使兆铭南下，以周旋于内。当兆铭、克定相偕见世凯之夕，室中预设盛筵以待之。兆铭、克定见世凯，四叩首。世凯南面坐，兆铭、克定北向立。世凯顾兆铭、克定曰：“汝二人今后异姓兄弟也，克定长，当以弟视兆铭，兆铭幼，当以兄视克定。吾老矣！吾望汝二人以异姓兄弟之亲，逾于骨肉。”兆铭、克定二人则合辞以进曰：“谨如老人命。”于是又北向四叩首。叩首毕，兆铭、克定伴世凯食，食罢而退。十一月初八日，汪兆铭遂由北京经天津乘津浦车至上海。是晚予方解衣卧，吴若龙、罗明典来自北京，告以兆铭谄附世凯、克定之情形，余问何日事？明典答以昨日。予曰：“何知之速？”若龙、明典曰：“此程克闻诸赵秉钧者。”

此段所记，似非虚语，观《胡汉民自传》，可与之互相印证，汉民云：

余随先生至沪，英士、克强俱来迎，相劳苦，数月之别，如数年。更见精卫（兆铭字），真如隔世。二人俱狂喜，至相抱而踊。精卫于湘、鄂等省反正时，得出狱，果如孙先生所预言。闻吴禄贞将起兵，趣走从之。中途知吴遇刺于石家庄,乃折回天津,与天津同志有秘密之运动。袁世凯起任事,其子克定跅弛以太原公子自任,精卫亦阴结之,事闻于袁,则私见精卫,谓非常之举,非儿辈所知,而自输诚于民党。既而南京亦光复,精卫乃至沪。时清廷与袁世凯使代表议和者,为唐绍仪,各省革命军之代表,则为伍廷芳同志,更推精卫与王正廷、王宠惠、温宗尧、胡瑛参赞其事。唐亦时与精卫密商,不拘形迹也。

兆铭之阴结克定,及唐绍仪之与其密商,不拘形迹,皆可知兆铭为两方面之参赞。汉民于同盟会成立后,随中山赴南洋,从事粤、滇革命,主持香港机关,不啻中山之右臂,而兆铭随之奔走募款,亦不啻左臂也。左右手之言,宁能捏造乎?是以伍、唐之会议,廖、顾之密约,皆形式耳。廖谓:"朱芾煌于两方面疏通之力最大。"此朱芾煌者,即汪兆铭之代表也。何况兆铭又于上海亲与其事?中山先生之不得贯彻革命宗旨,不能实行革命方略,情愿以临时总统之位置让予袁世凯,不仅以黄克强、陈英士、宋教仁之流不服从其主张,恐汪兆铭之暗中为袁氏说项,殆属最大之原因。盖黄、宋之于中山,始终系盟友性质,陈英士在革命党之地位,自辛亥始显。(《汉民自传》云:"英士以是年五月,由沪入粤,观察三月廿九败后一切情形,过港与南方支部同志相见,为余识英士之始。")中山所依赖之助手,惟胡、汪二人最亲密,胡对克强之右顷(与立宪派人交往),溢于言表,对兆铭则谓极意斡旋于伍廷芳、唐绍仪之间,而余则力挽先生(指中山)之意于内。余于精卫二人可云功之首,而又罪之魁。可见汉民虽知汪阴结克定,与唐密商,但为汪所绐,反代之进言,以影响中山心理,正如袁世凯所预计之"闻孙归国,知非绍仪之外交所能胜任,遂使兆铭南下,以周旋于内"也。可见世凯复出以后,对清廷如何逼迫,对民党如何诱胁,早已胸有成竹,廖宇春所记之事,皆北洋属下之外围活动,其内幕中心,固由袁氏父子直接嗾兆铭为之。观后段祺瑞等五十人之要求宣布共和通电,廖谓由彼要求段为主动,袁为被动之说,均属皮相之谭矣(段电纯由袁氏授意,非段之本心,此点下目当详言之)。盖袁世凯之政治资本,即为其旧属之北洋军队,北洋军人中本有龙、虎、狗三杰,王士珍(龙)地位最高,而态度消极。(廖记云:靳君〔云鹏〕谒军部王大臣〔士珍〕,力陈大计。王曰:“余本不欲居官,迫于宫保〔指袁世凯〕敦促,始勉强出山,今初志既违,仍当引退,以避贤路。”靳曰:“如学生之微贱,尚不甘遽自菲薄,公居显秩,一言足为苍生造无穷幸福,何乃竟出此言?窃恐公欲归而不得归,且无家可归耳。”王闻其言,但庄严自持,默然不答。)时为军中领袖者,冯(狗)、段(虎)二人,一主战,一主和,故世凯利用国璋以攻克汉口、汉阳,向民军示威。继而派段代冯宣布停战,向民军示和。及中山就职之日,又授意冯、段等大小将领四十余人,电请内阁代奏主张维持君宪,极端反对共和;又将此电传达伍代表,措辞异常激烈,谓若以少数意见采用共和政体,必誓死抵抗。此为袁氏利用北洋武力作工具,以威民党之最初表现也。中山固不受其恐吓,但为顾全黄、汪等之诺言,已立电袁世凯以坚其信,电云:

北京袁总理鉴:文前日抵沪,诸同志皆以组织临时政府之责任相属。问其理由,盖以东南诸省,久缺统一之机关,行动非常困难,故以组织临时政府为生存之必要条件。文既审艰虞,义不容辞,只得暂时担任。公方以旋乾转坤自任,即知亿兆属望,而目前之地位,尚不能引嫌自逊,故文虽暂时承乏,而虚位以待之心,终可大白于将来。望早定大计,以慰四万万人之渴望。

此为中山开诚布公,欲以安袁氏之心,意谓总统之位置,俟满清皇位推翻后,终当相让也。乃袁氏为人机诈,素以骗术起家,不肯相信,且不愿露出内幕活动之真相,于民国元年正月二日(即辛亥十一月十四日)复电云:

孙逸仙君鉴:蒸电悉。君主、共和问题,现方付之国民公决,所决如何,无从预揣。临时政府之说,未敢与闻。谬承奖诱,惭悚至不敢当,惟希谅鉴为幸。

中山知袁于让位事仍不放心,乃又复一电云:

> 袁慰亭君鉴:盐电悉。文不忍南北战争,生灵涂炭,故于议和之举,并不反对。虽民主君宪,不待再计,而君之苦心,自有人谅之。倘由君之力,不劳战争,达国民之志愿,保民族之调和,清室亦得安乐,一举数善,推功让能,自有公论。文承各省推举,誓词具在,区区此心,天日鉴之!若以文为有诱致之意,则误会矣。

此电等于中山对袁氏之誓词,袁氏纵不信,亦无法消灭南京之临时政府,除令冯、段诸人表示反对共和外,不过与伍廷芳往返电争停战撤兵之事,以装点门面而已。其实世凯已放弃国体问题由国民会议解决之说,仍由唐绍仪与伍廷芳等秘密协商清帝退位之条件,于是袁又筹得一策,主张北京君主政府与南京共和政府同时取消,另在天津设立临时统一政府,以统一之美名,为窃国之号召,其取消共和政府,不过借作陪衬,一方聊以慰藉满清皇室,一方又可除去南京障碍,故电达伍代表转南京政府,要求清帝逊位后二日,南京政府即行解散。民党窥知袁之阴谋,中山于一月十八日,立命伍代表转告唐绍仪,提出下列五项:

> 一、清帝退位,其一切政权,同时消灭,不得私授于其臣。
>
> 二、在北京不得更设临时政府。
>
> 三、得北京实行退位电,即由民国政府以清帝退位之故,电闻各国,要求承认中华民国。
>
> 四、文即向参议院辞职,宣布定期解职。
>
> 五、请参议院公举袁世凯为大总统。

一月十九日(即辛亥十二月一日),又改正昨电三、四、五条,合并为各国承认中华民国之后,临时总统即行辞职,请参议院公举袁为大总统。二十二日,中山又提出最后五条,加以声明,令伍廷芳电达袁氏,同时送交报馆披露,其电文如次:

前电言清帝退位，临时大总统即日辞职，意以袁能与满洲政府断绝一切关系，变为民国国民，故许以即时举袁。嗣就后来各电观之，袁意不独欲去满政府，并须同时取消民国政府，自在北京另行组织临时政府。则此种临时政府将为君主立宪政府乎？抑民主政府乎？人谁知之？纵彼有谓为民主之政府，又谁为保证？故文昨电谓须俟各国承认后，始行解职，无非欲巩固民国之基础，并非前后意见有所冲突也。若袁能实行断绝满政府关系，变为民国国民之条件，则文当仍践前言也。至虑北方将士与地方无人维持，不知清帝退位后，北方将士即民国将士，北方秩序亦即应由民国担任，惟一转移间，不能无一接洽之法，文意拟请袁举一声名卓著之人。交接一节，满祚已易，驻使当然与民国交涉，方为正当。其中断之时甚短，固无妨也。今确定办法如下：

一、清帝退位，由袁同时知照驻京各国公使，电知民国政府，现在清帝已经退位，或转饬驻沪各国领事转达亦可。

二、同时袁须宣布政见，绝对赞成共和主义。

三、文接到外交团或领事团通知清帝退位布告后，即行辞职。

四、由参议院举袁为临时总统。

五、袁被举为临时总统后，誓守参议院所定之宪法，乃能接受事权。

（按一、二两条，即为袁断绝满政府关系，变为民国国民之条件，此为最后解决办法，如袁并此而不能行，则是不愿赞同民国，不愿为和平解决，如此则所有优待皇室八旗各条件，不能履行，战争复起，天下流血，其罪当有所归。）

此电所提办法，袁氏别无躲闪方式，但以消灭满清皇室，换取总统地位，原为双方默契，现竟公开讨论，对于宗社党之痛恨，外人之讥评，不得不稍有顾虑。乃借被刺之事，称病不朝，并对外人声明，谓南北交涉，并非由彼直接，亦未有欲为总统之意。又言即将辞职，北京恐有变乱，劝外国人迁入东交民巷，以防意外。中山屡促其答复，初尚置之不理，及愈逼愈

紧,则撒赖不承认有与伍代表商洽清帝逊位之事。中山不得已,乃宣布袁氏罪状曰:

> 此次议和,屡次展期,原欲以和平之手段,达共和之目的。不意袁世凯始则取消唐绍仪之全权代表,继又不承认唐绍仪于正式会议时所签允之选举国民会议以议决国体之法,复于清帝退位问题,业经彼此往返电商多日,忽然电称并未与伍代表商及等语。似此种种失信,为全国军民所共愤,况民国既许以最优之体,对待清帝及清皇室,今以袁世凯一人阻力之故,致令共和之目的,不能速达;又令清帝不能享逊让之美名,则袁世凯不特为民国之蠹,且实为清帝之仇。此次停战之期届满,民国万不允再行展期,若因而再启兵衅,全唯袁世凯是咎。举国军民,均欲灭袁氏而后朝食。

此不但揭穿袁氏一切之诡计,且逼迫世凯不能不利用其最后法宝,以威胁清帝退位矣。

(二)袁世凯之逼迫清廷

世凯之授意冯国璋等电请反对共和维持君宪也,一方欲向民党示威,一方亦欲向清廷表忠,以取得信任,向之压榨。先是,唐绍仪于十一月初八日,电达内阁,言惟有请开国民会议,取诸公决,倘君主可以保存,固属幸事,即改建民主,皇室亦必优待。世凯于御前会议时,自奏奉职无状,罪不容诛,请全体辞职。隆裕太后慰之曰:"卿勿尔尔,国家大事,既相付托,卿当勉为其难,即万一无术挽回,吾决不稍加责备。将来皇帝成立,尚当以卿之忠荩谋国,艰难困苦情形告之,令其明悉底蕴。"言罢遂抱溥仪而泣。世凯出语人曰:"吾何以对孤儿寡妇?"然因借款无着,财源将竭,欲战无饷,曾向各亲贵要求集资千二百万,尚可再战半年。亲贵鲜有应者,惟奕劻认筹十万,余则三五万不等,独载泽仅允五千,尚系次年期票。世凯遂于冯电代奏时,仍以军费无着,不能实行讨伐为言,隆裕太后令发内帑黄金八万两以济之,合勒捐及公债亦近千万。(此载泽语,并谓有款仍不开战,是何居心?)及欲请清帝退位,实亦碍难出口,乃密持退位优待条件示奕劻,谓为清室及满人安全计,自以退位为最上策,否则革命党既不让步,用兵亦殊无把握,希奕劻设法疏解。奕劻执政时,世凯利用之以为傀儡,二人结托甚密,故特示意于各亲贵,亲贵皆气馁,莫知所为。独军谘使良弼,自负才略,与载涛、载洵、毓朗、铁良、善耆等朝夕规画,联络冯国璋所统之禁卫军,思以立宪弭革命,图救大局。十一月二十八日(阳历一月十六日),奕劻、世凯入朝谒见清后,请示最后决策,乃订于次日召集王公内阁御前会议。世凯出至东华门外丁字街,突遇人猛掷炸弹,幸车已驰过,误中卫兵数名,伤十余人。管带袁正卿(名金标)歼焉。暗杀者旋就获,一名张光培,一名杨禹昌,一名黄天鹏(或作大鹏,一作之萌),皆自认为革命党员,被绞死。盖清帝退位之说,已喧传于外,乃久不实现,党人以袁氏之作梗也,故欲除之。但自经此事以后,隆裕反信世凯非左袒民党,而确为清室谋安全者,对于攻击袁氏之亲贵,颇不直之。二十九日,开御前会议,贝子溥伦首言:"我族再主中夏,固已绝望,即国民会议果开,于我亦决无利益。袁世凯虽力欲保存君主,而势孤党弱,譬之片石置急流,其何能济?目下和议虽未决裂,而南京已立政府,北伐之声,日益加厉,民军四布,与其待兵临城下,服从武力,何若自行逊让,爰蒂长留?况优待皇室,系民军商请,公论在人,似不中变。孙文虽暂为总统,岂能支此危局?闻已约定推袁世凯为总统,事若果成,岂但中国之幸?抑亦皇室之福!所虑者,袁世凯理学气太深,日来辞职之意,坚决非常,此则不可不虑。凡此宗支,当说其不可拘泥者也。"奕劻甚以其言为然,溥伟、载泽驳之。争议甚久,旋以关系极重,未易取决,乃订于初一日再开会议,以决从违。十二月初一日,诸亲贵开第二次御前会议,奕劻仍执前议,并将密定之优待条件提出,蒙古王公反对更烈,亲贵中或意气沮丧,或稍活动,仍无结果而散。是日良弼等即结合同志三十余人,齐赴庆王府,包围奕劻,表示激烈。并诘问载涛兄弟,何以以前主张激烈,而两次御前会议,不发一言?于是以"君主立宪维持会"之名义,发布激烈之宣言,此即所谓"宗社党"也。蒙古亲王博尔济吉特培等,组织义勇勤王敢死队,并有所谓"君主立宪党"者,公举冯国璋为会长。初二日,宗室王公齐集内阁会议,国务大臣一律列席,惟世凯因请假未经与议。奕劻、溥伦为宗社党所吓,口吻一变,大反前日所言,似受人嗾使者。溥伟、那彦图等持之尤力,众情一致,愤激异常。各国务大臣,相对默然。惟民政大臣赵秉钧、外交大臣胡惟德、邮传大臣梁士诒等合词言本非主持共和,特恐人心已去,君主终难保耳。乃将北京君主政府,与南京临时政府同时取消,另设立统一政府之议案提出,满、蒙王公亲贵,一致反对。谓另设统一政府,即变君主为共和,断乎不可。奕劻亦言另设统一政府则可,废弃君主则不可。士诒以财政穷乏,不足支持一月之军费,胡惟德谓英、俄、日有乘机干涉之形势,各亲贵皆不顾。秉钧言:此案实为内阁苦心孤诣,于万难中想出之办法,倘不见采纳,则只有袁内阁全体辞职矣。乃先退席,会议又无结果而散。时传闻宗社党已运动第一镇禁卫军成熟,冯国璋在表面上且与良弼同一步调,实则暗中仍听袁指挥,一面借拥护君宪以缓和禁卫军中之满人将校,一面又可以窥探亲贵之内幕。外人不知,谣言纷起,谓京中将有暴动,袁世凯已处于危地,世凯欲赴津避之者屡矣。良弼拟俟世凯辞职后,拥毓朗或载泽出而组阁,以铁良任军政大臣,指挥全军,作最后之挣扎,形势异常混乱。初三日,太后召见庆王、醇王,奕劻于八时呈递假牌请假,载沣以庆不应召,亦于中途折回。初四日,内廷复召集御前会议,奕劻未到,余则赞成君宪者,十居其九。溥伟更力谏太后,勿为外人所惑。太后曰:"吾以逊位之事,非常重大,是以商之尔等,既均不赞成,吾又焉敢擅专?"言毕大哭。诸亲贵亦欷歔不置。初五日,宗社党上书袁世凯,措辞极严厉,略谓欲将我朝天下断送汉人,我辈决不容忍,愿与阁下同归澌灭。世凯阅之,恍若芒刺在背,意不自安。乃特邀荫昌、王士珍、冯国璋、姜桂题诸人密议大计。冯主战,王附会之,姜不愿战而荫则主和。世凯太息良久曰:"诸君既不避劳,惟有战耳。"遂颁各军整备再战之通电。然暗中往调驻滦之曹锟第三镇兵来京入卫。初九日,曹兵至天坛,而良弼之被炸,与段祺瑞等主张共和之通电亦至矣。据廖宇春所记,段之参议靳云鹏与廖同谋和议者,于上月二十日来京,见袁世凯力陈大局利害,不能再启争端。袁曰:"某为大清总理大臣,焉能赞成共和?以负付托!"靳曰:"人心为大势潮流所趋,非共和不能维系群情,必致瓦解土崩,宫保负旋乾转坤之任,自当好恶同民。”袁曰：“南人希望共和则有之，北人恐未必然。”靳曰：“宫保误矣，人同此心，心同此理。南北程度，容有不齐，而图谋幸福好安恶危则一也。”袁曰：“段军统之意若何？”靳曰：“第一军全体一致主张共和，并议推举宫保为临时大总统。”袁惊曰：“军心胡一变至此？将置余于何地？若欲使余欺孤儿寡妇，为万世所唾骂，余不为也。”靳曰：“宫保为四百兆人民代表，现在大局已危急万分，共和尚可图存，倘绝对主张君主，必致国亡种绝而后已，宫保试思保全中国为重乎？抑保全一姓为重乎？且民军倡言共和告成，皇室必加优待，正系两全之计。倘听其糜烂，国且沦亡，虽优待亦不可得，奴隶牛马，同听诸人，谁秉国钧，实阶之厉。宫保扪心自问，咎何可辞？”袁曰：“冯军统、张军门（怀芝），均极力主战，军队宗旨断难一致。”靳曰：“宫保勿忧，某当凭三寸舌，以游说之，必令联为一气。”言竟遂退。云鹏并拟三种办法：一、运动亲贵，由内廷降旨自行宣布共和；二、由各军队联名要求宣布共和；三、用武力胁迫要求宣布共和。此虽当时实情，但世凯对靳之言，非出本心。张国淦《辛亥革命史料》云：

> 据曾毓隽言：辛亥革命，前敌各将领电请退位，系中央授意。一月二十五日，段军统四十二人通电，为徐树铮拟稿。稿就多日，段搁置不发。司令部驻孝感，不意某日所部第四镇第七旅兵变，谣有轰司令部之说。广水驻军得信，急车来援，又与孝感兵车相撞，仓卒间不能镇慑，乃急将此通电拍发，一面将司令部车北开，过信阳未停，一直到保定。内幕如此，而其效力乃至于不可思议也。云云。曾系局中人，自是事实。

另据《天文台》余不足观阁主之《扪虱谈》，记曾毓隽之言曰：

> 当辛亥武昌起义，项城初派冯河间（即冯国璋）领军驰赴湖北应战，冯在汉阳、汉口颇称得手之际，项城忽召回河间，而代以合肥（段祺瑞），并授意合肥，联合将校四十余名发出维持君宪反对共和之通电。但不久，又授意合肥，欲其联合以前通电各将校，发一与前电极

端相反之"立即采取共和政体"之通电,以胁逼清廷。合肥深恐后电一发,自相矛盾,出尔反尔,等同儿戏。乃秘语余曰:"主张采取共和政体,为中国数千年来之创举,成功,固好!失败,则段某不辞十族之诛!但所不解者,前电之墨犹新,又催发深相抵触之后电,兹事体大,似应请示明白再发。"合肥正忧疑徬徨之际,项城忽特别电召本人回京,合肥见电喜曰:"正想派你回京请示,及探察一切。汝到京,应特别遵从我的吩咐,除向项城请示后电应否发出外,决不可浪发一言,更不准浪费一钱,切记勿忘!"果然,不出合肥所料,当我抵京晋谒项城时,其神态异常严肃,两目炯炯有光,我意志几全为其慑服。嗣忽和颜悦色谓曰:"汝兼掌芝泉(祺瑞字)军储,目前需款若干?可语我来!"项城语毕,两眼向我一扫,我亟答以:"目前尚不需款。"项城装做未听到者曰:"已由菊人(徐世昌)亲信某君筹存若干万两,可往取去,芝泉一切情形,我已知道,不必多说。"我察其语意坚决而又凌厉,真不敢浪发一言,只请示:"后电可否即发?"项城不耐曰:"不发又何待?已再电催芝泉速发,汝可专办提款!"我只得唯唯而退。回向合肥复命,合肥对此数目可观之巨款,始终分文不取,其清介为不可及。但后电则已领衔发出,且将余名亦附列矣。因此电关系满清之亡,与民国之兴,在合肥且冒十族可诛之险!记得庚子拳匪之乱,江督湖南刘忠诚坤一,发保卫东南各省电时,初颇犹豫,继蹶然曰:"吾决矣,头是姓刘物!"吾谓惟合肥亦具有此种勇气与决心!

以上曾毓隽所言,皆段电发出之内幕也。盖袁利用冯、段二人表示不同之主张,以淆惑观听,使清廷不疑其操纵耳。此种机密,绝非靳云鹏、廖宇春等之所知也。世凯一生行事,皆使贪使诈,权奇自肆,无事不取巧,无人不叛负,最低限度,亦凶终隙末以了之。其生平最亲信之徐世昌评世凯曰:"项城一上智与下愚兼备之《水浒传》中宋公明而已。严范孙曾语我:'苟无袁项城称帝,项城便能真正统一全国。'吾则谓:项城根本未作统一全国打算,即不称帝,亦不能统一全国。因项城从入仕途,迄为总理大臣,为总统,皆以'不诚'二字取之。不诚无物,此理显然,无物又何能牢笼天下人才，不能牢笼天下人才，欲统一全国，那有可能？知项城者莫如我，而真能使项城信任者，则直到其死，尚无其人！项城一开此例，绍承之者，几于无术以自克，则人心中毒之深也！”曾毓隽亦评之曰：“项城骗李合肥，保其可用；骗荣仲华保其可信；骗其他诸人，交赞其贤；以造成一个中心力量。迄于称帝失败，皆以为‘天下无人知是骗’之一念。”（并见《扪虱谈》）北洋三杰中，士珍资格较高，而与袁之气味不相投，国璋本聂士成部下，送往日本留学，回国时士成已死，转投世凯。在小站时，其地位不如段祺瑞。世凯真视为腹心而有金兰之契者，徐世昌与段祺瑞二人而已。徐之于袁，处以圆滑，而段则大处不肯敷衍，故始终能控制北洋军权。曹锟接承王、冯之绪，故民国后之北洋系分直、皖两派矣。世凯于清末内依徐而外依段，最后能逼迫清室退位，取得民国总统者，仍赖徐之运用、段之威胁耳。段氏通电实不啻满清二百六十八年天下之催命符，不可不纪，特录其全文如下：

窃惟停战以来，议和两月，传闻宫廷俯鉴舆情，已定议立改共和政体。其皇室尊荣及满、蒙、回、藏生计权限各条件，曰大清皇室，永保不废；曰优待大清皇帝岁俸，不得少于三百万；曰筹定八旗生计，蠲除满、蒙、回、藏一切限制；曰满、蒙、回、藏与汉人平等；曰王公世爵，概仍其旧；曰保护一切原有私产。民军代表伍廷芳承认，列于正式公文，交海牙万国和平会立案云云。电驰报纸，海宇闻风，率土臣民，罔不额手称庆，以为事机至顺，皇位从此永保，结果之良，轶越古今，真国家无疆之休也。想望懿旨，不遑朝夜，乃闻为辅国公载泽、恭亲王溥伟等一二亲贵所尼，事遂中沮，政体仍待国会公决。祺瑞等自应力修战备，静候新政之成。惟念事变以来，累次懿旨，莫不轸念民艰，惟国利民福是求，惟涂炭生灵是惧，既颁十九信条宪法，誓之太庙；又允召集国会，政体付之公决，可见民为国本，宫廷洞见其微，民视民听之所在，决不难降心相从。兹既一再停战，民军仍坚持不下，恐决难待国会之集。姑无论迁延数月，有兵溃民乱、盗贼蜂起之忧，寰宇糜烂，必无完土，瓜分惨祸，迫在目前。即此停战两月间，民军筹饷增兵，布满各境,我皆无后援,力太单薄;加以兼顾数路,势益孤危,彼则到处勾结土匪,勒捐助饷,四出煽扰,散布诱惑。且于山东之烟台,安徽之颍、寿境界,江苏之徐州以南,河南之光山、固始、商城,湖北之宜城、襄樊、枣阳等处,均已分兵前逼,而我皆困守一隅,一筹莫展。彼进一步则我之鲁、皖、豫即不自保。虽祺瑞等公忠自励,死生可保无他,而饷源告匮,兵气动摇,大势所趋,将心不固,一旦决裂,何所恃以为战?深恐丧师之后,宗社随倾,彼时皇室尊荣,宗藩生计,必均难求满志,即拟南北分立,勉强支持,而以人心论,则西北骚动,形既内溃;以地理论,则江海尽失,势成坐亡。祺瑞等治军无状,一死何惜?特捐躯自效,徒殉愚忠,而君国永沦,追悔无及,甚非所以报知遇之恩也。况召集国会之后,所公决者,尚不知为何项政体。而默察人心趋向,恐仍不免出于共和之一途,彼时万难反汗。是徒以数月水火之患,贻害民生,何如预行裁定,示天下以至公?使食毛践土之伦,歌舞圣明,零涕感激,咸谓唐虞之治,今古同揆,不亦伟哉!祺瑞等受国厚恩,何敢不以大局为念,故敢比较利害,冒死陈言:恳请涣汗大号,明降谕旨,宣示中外。立定共和政体,以现内阁及国务大臣等暂时代表政府,担任条约、国债及交涉未定各事项,再行召集国会,组织共和政府,俾中外人民,咸与维新,以期妥奠群生,速复地方秩序,然后振刷民气,力图自强,中国前途,实惟幸甚。不胜激切待命之至,谨请代奏。署湖广总督第一军军统官段祺瑞,古北口提督毅军统领姜桂题,长江提督张勋,察哈尔都统陆军统制官何宗莲,副都统段芝贵,河南布政使帮办军务倪嗣冲,陆军统制官王占元、曹锟、陈光远、吴鼎元、李纯、潘矩楹、孟恩远,河北镇总兵马金叙,总兵谢宝胜、王怀庆,第二军总参议官靳云鹏,参议官吴光新、曾毓隽、陶云鹏,总参谋官徐树铮,炮队协领官蒋廷梓,陆军统领官朱泮藻、王金镜、鲍贵卿、卢永祥、陈文运、李厚基、何丰林、张树元、马继增、周符麟、萧广传、聂汝清、张锡元,营务处长张士钰、袁乃宽,巡防统领王汝贤、洪自成、高文贵、刘金标、赵倜、仇俊恺、德启、刘洪顺、柴得贵,帮办天津防务张怀芝,正定镇徐邦杰,陆军统带官施从滨、萧国安谨叩。

此电署名者共五十人，各书所记四十二人或四十七者误矣。或言初无王怀庆、张怀芝，其名乃随后补列者。电发于辛亥年十二月初八日，即民国元年一月二十六日也。段电奏到京，《国风报》特出号外附送，廖宇春又刷印万张，派人分散，巡警仍制止。盖君主党人多指为伪造，是日，宗社党首领良弼遇刺，刺之者，即革命党北方暗杀部长彭家珍也。家珍字席儒，四川金堂人。毕业成都武备学堂，赴日习军事，参加同盟会，乙巳归国，初从锡良入滇，继调沈阳，又谋为天津兵站司令部副官，与驻滦张绍曾部联络，截留清廷由欧洲运来军械。黄复生出狱后，与家珍、赵铁桥往沪制造炸弹，程德全任家珍为北方招讨使，十一月间返津。京津同盟会推主暗杀部，乃锐意以狙击权贵自任。时良弼以组织宗社党，维持君宪，阻挠共和，复自请督师，期以三月平复东南。家珍奋然曰："良弼枭雄也，此獠不去，终为革命大患。"遂挟炸弹伺之。良弼防卫严，不能近，忽忆奉天讲武堂监督崇恭与良弼交至亲厚，乃冒崇恭名至西城红罗厂良弼新寓访之。适良弼自肃王府归，甫下车，仆从进崇恭刺，良弼见客非崇恭，方诧愕，欲相诘，而炸弹已发，良弼遇炸，左足骨立断，仅筋数茎属焉。家珍伤头部先死，年二十有五。良弼久始苏，谓其母曰："杀我者真英雄也，真知我者也。"旋语其西席康谟瞿曰："我死不足惜，惟清廷宗社，从此灭亡为可恸耳。上年我奏请释放党人，请开国会，皆不我听。今秋变起，请以禁军赴前敌，又不用我言，而委之荫昌。内廷纷争，外患迭起，我宗社之亡将无日矣。我欲挽救现在正拟组织宗社党，甫有头绪，欲实力进行，而我即受此惨恸，清廷亦遂之而亡也。刺我死者已死，我知之。"延日医救治，割去一腿，医谓可疗，忽有进以酒者，遂于十一日死。说者谓彭烈士之弹，段军统之电，足以夺禁卫军之魄而褫宗社党之魂，实乃祛除共和障害之二大利器也，不岂然哉！

（三）逊位之诏旨与优待条件

十二月初十日，内阁以段电入奏，隆裕太后以示各亲贵，皆相顾愕眙者久之。徐曰：此电未可尽信，尚须斟酌，不欢而散。十二日，各亲贵特开御前会议，虽无正当之解决，然相对欷歔，已无复从前之强硬矣。次日，隆裕召奕劻、载沣入见,皆以“官军既无斗志,不若逊位全终,始得优遇”奉答。十四日,隆裕太后传谕内阁曰:“段奏已悉,朝廷深愿和平解决,该大臣等宜仰体此意,从速布置。”嗣又召袁世凯入内,嘱之曰:“诸事听卿裁处,但求能保全余及皇帝之尊荣,亦无他求。”并令拟宣布共和之诏,先交内阁尊藏,俟优待条件议妥,再行颁发。谕旨谓:“朝廷何忍以一姓之尊荣,贻万姓以实祸?惟是宗庙陵寝,以及皇室之优礼,皇族之安全,八旗之生计,蒙、回、藏之待遇,均应预为筹画,故授袁世凯以全权,俾与民军研究一切办法。”先是伍廷芳致电世凯云:

> 停战屡次展期,原筹和平解决,前与唐使签定各款,不意贵大臣食言反悔,致失人民希望。本代表不忍决裂,力劝临时政府以最优之礼待遇满清皇室,已承贵大臣允许一切。乃于事机将定之时,忽尔中变,实为全国上下所共愤。目前大势,异常危迫,距停战届满之期,仅有三日(展限自十一月二十七日至十二月十一日)。万不能再言展期,空误时日。贵大臣如果实心主张共和,祈于此三日内速令清帝逊位,以安人心,而定大难。否则衅端再启,其咎不在满廷,而在贵大臣一人也。

初十日,世凯复电廷芳云:“现在筹商优待皇室条件,尚有少数亲贵,把持反抗,又虑禁卫军等或有无意识之暴动,则北京秩序扰乱,牵动外交,为害匪浅。刻正密为布置,未可以停战期满相逼。”自是隆裕既以决大计之权授诸袁世凯,于是“称病不入朝”之袁世凯,于十六日立愈入朝,退出后,即电告伍廷芳曰:“今日始有权讨论优待皇室之事。”因提出协商条件,计关于清帝者九款,关于皇族者四款,关于满、蒙、回、藏者七款(南京参议院于二月六日修正,咨复临时政府,电达袁世凯)。是日,段祺瑞复电陈“如亲贵尚怀疑惧,或以共和为不利,祺瑞当代全队入京,与各亲贵剖陈利害”。并有“挥涕登车,不知所云”等语,是直欲清君侧也。而冯国璋亦向将士演说赞成共和,甚至如蒙古联合会之那彦图等,亦致电伍廷芳表示赞成共和,结合五大民族捍卫国家,抵御外患。盖至是已无人敢再言反对矣。梁士诒曾记其逼宫一幕云：

> 当国事危时，清廷所以饵我甚至，御赐物件前后十余种，又赏紫缰及赐禁城骑马等等。良弼被炸之日，京师风云至急，入朝行礼后，隆裕太后掩面泣云："梁士诒啊！赵秉钧啊！胡惟德啊！我母子二人性命，都在你三人手中，你们回去好好对袁世凯说：务要保全我母子二人性命。"赵秉钧先大哭，誓言保驾，我亦不禁泫然。（见《三水梁燕孙先生年谱》）

又据清廷奏事处太监邱和追述，则谓："清之逊位也，袁世凯遣赵秉钧、杨士琦、荫昌及海军部某侍郎（按即谭学衡）四人持上请逊位折，期以三日。此折置养心殿三日，隆裕终未披阅，懵然不知为何事，亦无他人过问。及期四人者复来催逼，乃降旨照准。四人者哭，隆裕亦哭，四人退，隆裕治事如常例，久之，不见有奏国事者，乃问奏事处太监曰：'今日何无国事？'奏事处方告以国事已归袁世凯，太后但请问家事可耳。乃爽然。"（见吴瀛《故宫博物院前后五年经过记》）按谭学衡曾向隆裕谓："德宗首创宪政，功德在民，其志未终，隐恨而没，今太后赞成共和，则上足以继德宗之遗志，流芳万世"云。太后慨然曰："我亦知天下系公产，并非满洲私物，但满洲既已遗传二百余载，我只求德宗陵寝可以修造，皇室地位不至坠落，则亦无恨。至于皇帝将来大时，自有我担责任。"此事见《清宫遗闻》。可知梁、赵、胡之逼宫，与赵、杨、谭等之觐见，皆有其事也。而尚秉和《辛壬春秋》则云："二月一日，召开御前会议，决定下诏退位，太后哽咽流涕，各王公大臣亦皆痛哭失声。久之，太后谓皇帝曰：'尔之所以得有今日者，皆袁大臣之力。'即敕皇帝降御座致谢袁大臣。袁大臣惶恐顿首辞谢，伏地泣下，不能仰视。"此记或有其事，惟日期有误，盖决定退位为十二月十四日，即阳历二月一日，而世凯入朝尚在其后也。至十二月二十五日（即阳历二月十二日），孙中山先生向参议院宣言：现在和议大致就绪，无可再延。倘一二日内，清廷再不宣布共和，民军决计取消优待皇室条件。世凯遂令将预拟之退位诏宣布如下：

奉旨:朕钦奉隆裕皇太后懿旨,前因民军起事,各省响应,九夏沸腾,生灵涂炭,特命袁世凯遣员与民军代表讨论大局,议开国会,公决政体。两月以来,尚无确当办法,南北暌隔,彼此相持,商辍于途,士露于野,徒以国体一日不决,故民生一日不安。今全国人民心理,多倾向共和,南中各省既倡议于前,北方诸将亦主张于后,人心所向,天命可知。予亦何忍因一姓之尊荣,拂兆民之好恶?是用外观大势,内审舆情,特率皇帝,将统治权公诸全国,定为共和立宪国体,近慰海内厌乱望治之心,远协古圣天下为公之义。袁世凯前经资政院选举为总理大臣,当兹新旧代谢之际,宜有南北统一之方,即由袁世凯以全权组织临时共和政府,与民军协商统一办法,总期人民安堵,海宇乂安,仍合满、汉、蒙、回、藏五族完全领土为一大中华民国,予与皇帝得以退处安闲,优游岁月,长受国民之优礼,亲见郅治之告成,岂不懿欤!钦此。宣统三年十二月二十五日。盖用御宝。内阁总理大臣袁世凯,署外务大臣胡惟德,民政大臣赵秉钧,署度支大臣绍英假,学务大臣唐景崇假,陆军大臣王士珍假,署海军大臣谭学衡,司法大臣沈家本假,署农工商大臣熙彦,署邮传大臣梁士诒,理藩大臣达寿署名。

此诏旨系由上海和议代表办事处所拟,出于张謇手笔,原无即由袁世凯"以全权组织临时共和政府"句,乃袁氏故弄狡狯,以示其政权取之于清廷,而非得之于民军。中山见之,大怒,责其不当,袁与唐则诿之清廷,且以其为遗言之性质,无再起死回生使之更正之理,故后来实际政局,因此发生不少影响。十二月二十六日,清廷又发布两诏,其一为宣布优待皇室及皇族诸条件,略言:

前以大局阽危,兆民困苦,特饬内阁与民军商酌优待皇室各条件,以期和平解决。兹据复奏,民军所开优礼条件,于宗庙陵寝,永远奉祀,先皇陵制,如旧妥修各节,均已一律担承,皇帝但卸政权,不废尊号。并议定优待皇室八条,待遇皇族四条,待遇满、蒙、回、藏七条,览奏尚为周至。特行宣示皇族及满、蒙、回、藏人等,此后务当化除畛域，共保治安，重睹世界之升平，胥享共和之幸福，予有厚望焉。

甲、关于皇帝逊位后优待之条件：

第一款　清帝逊位之后，尊号仍存不废，以待遇外国君主之礼相待。

第二款　清帝逊位之后，岁用四百万圆，由中华民国政府付与。

第三款　清帝逊位之后，暂居宫禁，日后移居颐和园，侍卫照常留用。

第四款　清帝逊位之后，其宗庙陵寝，永远奉祀，由中华民国酌设卫兵，妥慎保护。

第五款　清德宗崇陵未完工程，如制妥修。其奉安典礼，仍如旧制，所有实用经费，均由中华民国支出。

第六款　以前宫内所用各项执事人员，可照常留用，惟以后不得再召阉人。

第七款　清帝逊位之后，其原有之私产，由中华民国特别保护。

第八款　原有之禁卫军，归中华民国陆军部编制，额数俸饷，仍如其旧。

乙、关于清皇族待遇之条件：

一、清王公世爵，概仍其旧。

二、清皇族对于中华民国国家之公权，及其私权，与国民同等。

三、清皇族私产，一律保护。

四、清皇族免兵役之义务。

丙、关于满、蒙、回、藏各族待遇之条件：

一、与汉人平等。

二、保护其原有之私产。

三、王公世爵概仍其旧。

四、王公中生计过艰者，设法代筹生计。

五、先筹八旗生计，未定之前，八旗兵弁俸饷，仍旧支放。

六、从前营业居住等限制，一律蠲除，各州县听其自由入籍。

七、满、蒙、回、藏原有之宗教，听其自由信仰。

以上条件列于正式公文,由两方代表照会各国驻北京公使。

其二为退位后维持京内外秩序及告戒各省疆吏略曰:

> 古之君天下者,重在保安民命,不忍以养人者害人。现将新定国体,无非欲先弭大乱,期保乂安,若拂逆多数之民心,重起无穷之战祸,则大局决裂,残杀相寻,必演成种族之惨痛,将至九庙震惊,兆民荼毒,后患何忍复言!两害相形,取其轻者,此正朝廷审时观变痌瘝吾民之苦衷。凡尔京外臣民,务当善体此意,为全局熟权利害,勿得挟虚矫之意气,逞偏激之空言,致国与民两受其祸。着民政部步军统领姜桂题、冯国璋等,严密防范,剀切开导,俾皆晓然于朝廷应天顺人大公无私之意。至国家设官分职,以为民极,内列阁部府院,外建督抚司道,所以康保群黎,非以一人一家而设。尔京外大小各官,均宜慨念时艰,慎供职守,应即责成各长官敦切诫劝,勿旷官守,用副予夙昔爱抚庶民之至意。

各诏既下,全国欢腾。盖举五千年专制之积习,一扫而空,而别开全中国五族共和之新局面。清自世祖入关,至宣统三年逊位,凡历十世,二百六十八年而国祚告终,中华民国屹立于世界,将永垂无疆之庥焉。

(四)和议告成之内幕

《胡汉民自传》述当时议和之情形曰:"当时最大问题,无过议和。议和之目的,及清帝退位,而清室以取得优待为条件,袁世凯则以取得政权为条件。袁一方挟满族以难民党,一方则张民党以迫清廷,时人谓之新式曹操。清廷主战者,惟良弼,正月二十六日为同志彭家珍炸毙,清亲贵皆胆落。而段祺瑞领衔北方将领四十余人,赞成共和,则实承袁之意志为之,其性质与张绍曾、蓝天蔚殊,盖为袁不为汉也。优待条件非民国所宜有,留尊号于别宫,听其窃以自娱,虽曰等于儿戏,仍足惑人视听。又许以数百万岁费,为逊让之报酬,使废朝之皇族,犹有所养,可云过厚不当。然此犹于革命之得失,无关宏旨。至举政权让之专制之余孽、军阀之首领袁世凯其人，则于革命主义为根本矛盾，真所谓‘铸九州之铁，成此大错’矣。（按民四有无名氏在北京报上发表《罪言》二首，其一云：“借口唐虞宁始愿，追纵操莽实平生。忍于末路欺孤寡，愧向重泉对父兄。三海沉沉高拱地，九门密密戒严兵。孙黄方悔推襟误，误铸中华大错成。”其意与胡同。）先生（指中山）始终不愿妥协，而内外负重要责任之同志，则悉倾于和议，大抵分为三派之说：其持中国固有之宗法伦理思想者，则曰：‘名不必自我成，功不必自我立，其次亦功成而不居。’其持欧西无政府主义者，则曰：‘权力为天下之罪恶，为政权而延长战争，更无可以自恕。’（原注：当南北争持至烈时，李石曾以长电驳诘南京政府，一若只须清帝退位，吾人即万事不宜深问者。）其仅识倾慕维新，而不觉修正改良派社会主义之毒者，则曰：‘武装革命之时期已过，当注全力以争国会与宪法，即为巩固共和，实现民治之正轨。’余集诸人意见，以陈于先生。先生于时亦不能不委曲以从众议（按中山以革命方略不能实行，已无意于政治矣）。更就客观环境而言，则鄂省实已与袁讲解（按黎元洪与段祺瑞之间，往来已密），北方得集中其力以向南京。南京军队隶编于陆军部者，号称十七师，然惟粤、浙两军有战斗力，粤军不满万人，持以击退张勋及北洋第五镇于徐州。浙军将领，则素反对克强，不受命令，陆军部不能加以裁制。其他各部，乃俱不啻乌合，不能应敌。盖当时党人对于军队，不知如法国革命及苏俄革命时所用之方法，能破坏之于敌人之手，而不能运用之于本党主义之下。由下级干部骤起为将，学问经验，非其所堪。又往往只求兵数增加，不讲实力，此为各省通病，而南京则尤甚也。军饷更为重要问题，各省方忧自给不足，遑论供给政府？千万之公债，虽通过参议院，而未尝得一钱以应急。财政部日谋借债，俄债千万，几有成议，为参议院所拒否。日商之款五百万，则为汇丰银行抵制，至不能成交，实受帝国主义者之打击。先生主张厉行征发，而克强难之。以南京之军队，纷无纪律，不能举军政时代一切之任务也。军队既不堪战斗，而乏饷且虑哗溃。于是克强则为书致精卫与余，谓：‘和议若不成，自度不能下动员令，惟有割腹以谢天下。’故精卫极意斡旋于伍廷芳、唐绍仪之间，而余则力挽先生之意于内。余与精卫二人，可云功之首，而又罪之魁！然其内容事实，有迫使不得不尔者,则非局外人所能喻矣。同盟会未尝深植其基础于民众,民众所接收者,仅三民主义中之狭义的民族主义耳。正惟排满悬之口号,极简明切要,易于普遍全国,而弱点亦在于此。民众以清室退位,即天下大定,所谓民国共和则取得从来未有之名义而已,至其实质如何,都非所问。革命时代本有不能免之痛苦,闻和平之呼声足以弛其忍受牺牲、继续奋斗之勇气,故当时民众心理,俱祝福于和议。逆之而行,乃至不易。夫以有热烈倾向于革命之群众,而不能使为坚强拥护革命之群众,此其责当由革命党负之,而亦为当日失败之重要原因也。党人且未完全认识其革命之使命,则于无组织训练之群众,又何尤焉!"汉民所述,确系中山先生不得施展其革命抱负之实情,盖革命党对于主义之了解,仅在排满,一般人对于国事之希望,仅在宪政,受立宪派之影响较革命党为多。梁启超之宣传,对于革命助力不小,然亦以其宣传,对于革命主义之推行,终不免受牵制也。而况有无政府主义之大言以掺杂于其中乎?(张静江、吴稚晖、李石曾等在法国所办之《新世纪报》,虽为革命党宣传,但所持为无政府主义。)中山至南京后,党徒中仅余胡汉民一人,而又为汪兆铭怂恿以力挽于内,可知中山所言:"既无革命之建设,又安用革命之总统为?"其内心之苦闷可知矣。再观陈其美于民国四年《致黄兴书》云:

当中山先生之就职总统也,海内风云扰攘未已,中山先生政见一未实行,而经济支绌,更足以掣其肘。俄国借款,经临时参议院之极端反对,海内士大夫更借丧失利权引为诟病。究其实,实交九七,年息五厘,即有担保,利权不碍,视后日袁氏五国财团借款之实交八二,盐税作抵,不足,复益以四省地丁,且予以监督财政全权者,孰利孰害?岂可同日而语耶?乃群焉不察,终受经济影响,致妨政府行动。中山先生既束手无策,国家更濒于阽危,固执偏见,贻误大局,有负于中山先生者此其一。及南北和议以后,袁氏当选临时总统,中山先生当时最要之主张,约有三事:一则袁氏须就职南京也。中山先生意谓南北声气未见调和,双方举动,发生误会,于共和民国统一前途,深恐多生障故。除此障故,非袁氏就职南京不为功,盖所以联络南北感情,以坚袁氏对于民党之信用,而祛民党对于袁氏之嫌疑也。二则民国须迁都南京也。北京为两代所都,帝王痴梦,自由之钟所不能醒,官僚遗毒,江河之水所不能湔,必使失所凭借,方足铲专制遗孽,迁地为良,庶可荡涤一般瑕秽耳。三则不能以清帝退位之诏全权授袁氏组织共和政府也。夫中华民国乃根据临时约法,取决人民代表之公意而后构成,非清帝袁氏所得私相授受也。袁氏之临时总统,乃得国民所公选之参议院议员推举之,非清帝所得任意取以予之也。故中山先生于此尤再三加之意焉。此三事者,皆言中山先生当日最为适当之主张,不惜以死力争之者也。乃竟听袁氏食其就职南京取决人民公意之前言,以演成弁髦约法,推翻共和之后患者,则非中山先生当日主张政见格而不行有以致之耶?试问中山先生主张政见之所以格而不行,情形虽复杂,而其重要原因,非由党人当日识未及此,不表同意有以致之耶?有负于中山先生者此其二。其后中山先生退职矣,欲率同志为纯粹在野党,专从事扩张教育,振兴实业,以立民国国家百年根本大计,而尽让政权于袁氏。吾人又以为空涉理想而反对之,且时有干涉政府用人行政之态度,卒至朝野冰炭,政党水火,既惹袁氏之忌,更起天下之疑,而中山先生谋国之苦衷,经世之硕画,转不能表白于天下,而一收其效。有负于中山先生者此其三。

其美于函首谓:"溯自辛亥以前,二三同志与谭、宋辈过沪上时,谈及吾党健者,必交推足下。以为孙氏理想,黄氏实行。夫谓足下为革命实行家,则海内无贤无愚,莫不异口同声,于足下无所增损。惟谓中山先生倾于理想,此语一入吾人脑际,遂使中山先生一切政见,不易见诸施行,迫至今日,犹有持此言以反对中山先生者也。然而征诸过去之事实,则吾党重大之失败,果由中山先生之理想误之耶?抑认中山先生之理想为误而反对之致于失败耶?惟其前日误认中山先生之理想为误皆致失败,则于今日中山先生之所主张,不宜轻以理想而不从,再贻他日之悔,此美所以追怀往事而欲痛涤吾非者也。"可见党人之不服从中山,致革命之成果,为袁氏所吞,民国扰攘达数十年,空有共和之名,而无民主之实,甚矣,当时谋国者之智识太低,而一味牵就现实,遂使国民革命之目的,终不能达耳。最可哂者:参议院初为各省代表代理其职权,一月二十八日,各省参议员到者四十余人,开正式大会,议员以同盟会占大多数,顾狃于三权分立之说,好持异议,与政府掣肘。定都南京之议,不仅中山力持此主张,即立宪派之精神领导者梁启超亦有此主张(见《饮冰室全集·新中国建设问题》),而参议院不同意,谓不足以控制东北。盖章炳麟、宋教仁之说也,议员惑于其语。中山召黄兴至总统府,让之,兴亦谓党中不应有异议。中山遂召集院中同志黄复生、李伯申、邓家彦等,为评言其得失,则皆唯唯。依参议法须交院议,始能推翻前案。邓、黄等以是请,黄兴遽曰:"政府决不为此委曲之手续,议院自动的翻案,尽于今日。否则吾将以宪兵入院,缚所有同盟会员去。"胡汉民因于中山祭明孝陵时,草文书交院再议,迨中山祭陵归,此事已解决。以如此重要之提议,而尚委曲周折以获通过,余事概可知矣。

(五)孙文之辞职与袁世凯之继任

清帝退位之后一日,袁世凯即电南京临时政府曰:

> 万急,南京孙大总统、参议院、各部总长、武昌黎副总统同鉴:共和为最良国体,世界之公认,今由帝政一跃而跻及之,实诸公累年之心血,亦民国无穷之幸福。大清皇帝既明诏辞位,业经世凯署名,则宣布之日,为帝政之终局,即民国之始基,从此努力进行,务令达到圆满地位,永不使君主政体,再行于中国。现在统一组织,至重且繁,世凯极愿南行,畅聆大教,共谋进行之法。只因北方秩序,不易维持,军旅如林,须加部署,而东北人心未尽一致,稍有动摇,牵涉各国。诸君洞察时局,必能谅此苦衷。至共和建设重要问题,诸君研究有素,成算在胸,应如何协商组织统一治法,尚希迅即见教。世凯,真。(此电原署真字韵目,系十一日,曾发表于十四日出版之《临时政府公报》。十五日复改号删字韵目,再行发表,文字亦稍有更改。)

此即为袁世凯表示绝对赞成共和主义，履行中山最后所提出条件之第二项也。中山立即向参议院辞职，并推荐袁世凯为临时总统，以履行条件之第三、四项，其咨文如下：

本总统以为我国民之志，在建设共和，倾覆专制，义师大起，全国景从。清帝鉴于大势，知保存君位，必然无效，遂有退位之议。今既宣布退位，赞成共和，承认中华民国，从此帝制永不留存于中国之内，民国目的，亦已达到。当缔造民国之始，本总统被选为公仆，宣言誓书，实以倾覆专制巩固民国，图谋民生幸福为任。至专制政府既倒，国内无变乱，民国卓立于世界，为列邦公认，本总统即行解职。现在清帝退位，专制已除，南北一心，更无变乱，民国为各国承认，旦夕可期，本总统当践誓言，辞职引退。为此咨告贵院，应代表国民之公意，速举贤能，来南京接事，以便解职。附办法条件如下：

一、临时政府地点设于南京，为各省代表所议定，不能更改。

二、辞职后俟参议院举定新总统亲到南京受任之时，本总统及国务各员乃行解职。

三、临时政府约法为参议院所制定，新总统须遵守颁布之一切法制章程。此咨。（二月十五日）

又推荐袁世凯为临时大总统文曰：

今日本总统提出辞职，要求改选贤能。选举之事，原为国民公权，本总统实无容喙之地。惟前使伍代表电北京有约，以清帝实行退位，袁世凯君宣布政见，赞成共和，即当推让，提议于贵院，亦表同情。此次清帝逊位，南北统一，袁君之力实多。发表政见，更为绝对赞同，举为公仆，必能尽忠民国。且袁君富于经验，民国统一，赖有建设之才，故敢以私见贡荐于贵院，请为民国前途熟计，无失当选之人，大局幸甚！此咨。（二月十五日。按：以上二咨文，原以袁电为二月十一日发，中山即于二月十三日提出，后以清帝逊位诏系十二日宣布，南京十三日接到,袁电改作十五日,则此项咨文,亦不得不改。)

是日参议院开临时大总统选举会,中山亲往陈述意见,到十七省代表,投票结果,袁世凯以十七票当选为中华民国临时大总统。即致电世凯曰:

> 袁慰廷先生鉴:昨孙大总统辞职,经本院承许,业已电知尊处。本日开临时大总统选举会,满场一致,选定先生为临时大总统。查世界历史,选举大总统满场一致者,只华盛顿一人,公为再见。同人深幸公为世界之第二华盛顿,我中华民国之第一华盛顿。统一之伟业,共和之幸福,实基此日。务请得电后,即日驾莅南京参议院受职,以慰全国之望。共和万岁!参议院叩。

二月二十日选举副总统,黎元洪亦以十七票当选。时民党对于民国前途,认为惟一保障者惟有约法。先是,临时政府组织大纲,仓卒制定,诸多疏漏,参议院决定修正,名为约法。及和议告成,以大总统授予袁氏,原为大局委曲求全之举,惟有在约法上约束权限,借资补救。计自二月七日起至三月八日止,经过三十二日修订完竣,三月十二日,由临时大总统公布,都凡十七章五十六条,其与组织大纲最不同者,前者采总统制,此采内阁制。不过袁氏惟在先得攫取地位,并不重视约法空文也。以狙诈自喜之袁氏,岂白纸黑字之约法所得而拘束哉?谷钟秀(直隶参议员,提议建都北京,获参议院通过者)著《中华民国开国史》云:“各省联合之始,实有类于美利坚十三州之联合,因其自然之势,宜建为联邦国家,故采美之总统制;自临时政府成立后,感于南北统一之必要,宜建为单一国家,如法兰西之集权政府,故采法之内阁制。”此种议论,不过借以掩饰当时“因人立法”之真相,世界上并无如斯之宪法原理也。参议院既早已主张将总统之位置酬庸袁世凯,而又虑其野性难驯,特以此变本加厉之内阁制(英、法之内阁制,只以总理取得国会多数之信任为条件,国务员全由总理择人组织。而临时约法之责任内阁制,一切国务员,均须提交参议院同意),

以作防闲，实则等于画地为牢，制纸为笼，焉能压制猛鸷枭悍之虎狼乎？此办法中山殊不以为然，惟彼所提议之建都南京，亦不过调虎离山之计。又岂出柙之虎所能俯首帖耳以从者？故世凯真电已有不欲离北京南下之意，参议院讨论国都问题时，主北、主南各不相下，盖如向以北京为巢穴之官僚军阀，与享有东交民巷特权之外交团固极愿定都北京者，亦袁氏挟以自重之势也。然上海为官僚资本所丛集，与所谓文化士绅以官为业者，利其近水楼台，则愿定都南京也。讨论结果，竟以二十一票对八票可决临时政府设于北京，时二月十四日也。中山以议员不了解其用心，非常气愤，立即咨院复议，暗加疏通，故十五日复议，又以十九票对七票，可决临时政府设于南京。中山屡电袁氏，催其南下就职，并揭破袁氏之隐衷，不能依清帝委任，在北方组织临时政府，若果行之，必生莫大枝节。其电文如下：

北京袁慰廷先生鉴：艮电及唐转来真电具悉。清帝辞位，执事宣言赞成共和，民国从此大定，不胜忻庆！盖全国人民之幸福也。现即报告参议院，提出辞表，推荐执事。至共和政府不能由清帝委任组织，若果行之，恐生莫大枝节，执事明于理势，当必知此。请即速来宁，以副众望！如虑一时北方无人维持秩序，当可由执事举人，电知临时政府，畀以镇守北方全权。谨布候复，并表欢迎之至意。孙文。

又电云：

慰廷先生鉴：文服务竭蹶，艰大之任，日夕望公。以文个人之初愿，本欲借交代国务，薄游河朔。嗣以国民同意，挽公南来，文遂亦以为公之此行，易新国之视听，副舆人之想望，所关颇巨。于是已申令所司，缮治馆舍，谨陈章绶，静待轩车。现在海内统一，南北皆有重要将帅，为国民之心膂，维持秩序之任，均有所委付，不必我辈簿书公仆，躬亲督率。今所急要者，但以新民国暂时中央机关之所在，系乎中外之具瞻，勿任天下怀庙宫未改之嫌，而使官僚有城社尚存之感，则燕京暂置为闲邑，宁府首建为新都，非特公之与文必表同意于国民，即凡南北主张共和及疾首于旧日腐败官僚政治之群公，宁有间焉？至于异日久定之都会，地点之所宜，俟大局既奠，决之正式国论，今且勿预计也。总之，文之志愿，但求作新邦国，公之心迹，更愿戮力人民，故知南北奔驰，公必忘其自暇。嗟呼！我辈之国民，为世界贱视久矣，能就新民国之发达，登我民于世界人道之林，此外岂尚有恤乎？公之旋转之劳，消磨其盛年，文亦忽其将衰（按世凯时为五十三岁，中山时为四十七岁。倘按阴历计算，仍为四十六岁），耿耿我辈之心，所足以资无穷之方来者，惟尽瘁大多数幸福之公道而已。公其毋以道途为苦，以为勉强服务者倡。公旋南莅，文当依末光，左右起居，俾公安愉，俟公受事而文退，翘盼不尽。

两电皆委婉而严厉，尤以疾首腐败官僚政治，必须作新邦国，系中外之具瞻。异日久定之国都，俟大局奠定，再徐议不迟也。情理兼至，使袁氏无法置答，乃以退居相要挟。十六日，通电各方云：

南京孙大总统、黎副总统、各部总长、参议院、各省都督、各军队长鉴：清帝辞位，自应速谋统一，以定危局，此时间不容发，实为惟一要图，民国存亡，胥关于是。顷接孙大总统电开，提出辞表，推荐鄙人，嘱速来宁，并举人电知临时政府，畀以镇安北方全权等因；黄陆军总长暨各军队长，电招鄙人赴宁等因。世凯德薄能鲜，何敢肩此重任？南行之愿，真电业已声明，暂时羁绊在此，实为北方危机隐伏，全国半数之生命财产，万难恝置，并非因清帝委任也。孙大总统来电，所论共和政府，不能由清帝委任组织，极为正确，现在北方各省军队暨全蒙代表，皆以函电推举为临时大总统，清帝委任一层，无足再论。然总未遽组织者，特虑南北意见因此而生，统一愈难，实非国家之福。若专为个人职任计，舍北而南，则实有无穷窒碍；北方军民意见，尚多分歧，隐患实繁，皇族受外人愚弄，根株潜长，北京外交团向以凯离此为虑，屡经言及。奉、江两省，时有动摇，外蒙各盟，迭来警告，内讧外患，递引互牵，若因凯一去，一切变端立见，殊非爱国救世之素志。若举人自代，实无措置各方面合宜之人。然长此不能统一，外人无可承认，险象环集，大局益危，反复思维，与其孙大总统辞职，不如世凯退居，盖就民设之政府，民举之总统，而谋统一，其事较便。今日之计，惟有由南京政府，将北方各省及各军队，妥筹接收以后，世凯立即退归田里，为共和之国民。当未接收以前，仍当竭智尽愚，暂维秩序。总之，共和既定之后，当以爱国为前提，决不欲以大总统问题酿成南北分歧之局，致资渔人分裂之祸。已请唐君绍仪代达此意，赴宁协商，以区区之怀，电达聪听，惟亮察之为幸。袁世凯咸。

此电以退为进，并谓北方军队暨全蒙代表推举为临时大总统，又言外交团以其离此为虑。盖中山欲调虎离山，而世凯则负隅自固，于是又促使段祺瑞、姜桂题、冯国璋三军统通电主张定都北京。以内忧外患怵惕国人，归宿于大总统受任必暂难离京一步，统一政府必须旦夕组定。若仅味玩其文电，可谓情词迫切极矣，究其实际，权奸拥有政府地位，嗾使隶属巧言惑众，虚声恫喝，民国政府首开其例，此袁氏惟一之法宝，既用之以颠覆满清，而又贻军阀割据，以武力胁迫政府之先声也。中山固不受其威吓，仍坚持原议。随即派蔡元培、汪兆铭、宋教仁、魏宸组、钮永建、王正廷等十人为专使，往北京欢迎袁世凯南下。中山用心良苦，亦无以转移袁氏意向也。二十五日，蔡、汪等到北京，袁氏毫不表示拒绝，且于专使初到时开正阳门迎之，以示隆重，惟暗使各团体纷纷反对。及二十九日之夜，曹锟所部竟起骚动，在东安门一带整队放火行劫，商民受祸者数千家，并侵入专使寓舍，几至遇害。次日天津、保定变乱亦同。其声言则称战时每兵每月领特饷一两，骤行停止，故有此变。实则停止者仅第二镇、第四镇，如肇变之第三镇固未停止也。因此北京外交团虑重演拳民之祸，决议增兵来京保护。日本首先将山海关及南满驻军一千数百人调京。蔡、汪等遂于三月二日电南京政府及参议院，速筹善策，以维北方危局。袁氏不便南下之计，至此达其目的，而孙中山所策划，反为多此一举矣。据蔡元培先生通电及告别京、津同胞书，蔡等二十五日到京即见袁，二十六日又为谈话会，袁始终无不能南下之语。且于此两日间与各统制及民政首领商留守之人,会诸君皆谦让未遑,故行期不能骤定。及兵变后,蔡认袁之离与否,与保持北方秩序未有密切不可离之关系,故舆论所称以袁将南行为其主要之一因者,知其不确。然自有此变,而军队之调度,外交之应付,种种困难,急待整理,袁氏一日万几,势难暂置,于是不得不与南京协商一变通办法,且通电各省,征求意见。最后仍由汪兆铭、唐绍仪与袁熟商之结果,改定临时政府之地点为北京。蔡电云:"北京兵变,外人极为激昂,日本已派多兵入京,设使再有此等事发生,外人自由行动,恐不可免。培等睹此情形,集议以为速设统一政府,为今日最要问题,余尽可迁就,以定大局。"中山以日本野心勃勃,欲造成中国南北分裂之局面,故不肯固执己见,以造成两方对峙,堕入日本之阴谋。乃由参议院决议变通办法如下:

一、参议院电知袁大总统,允其在北京就职。

二、袁大总统接电后,即电参议院宣誓。

三、参议院接到宣誓之电后,即电复认为授职,并通告全国。

四、袁大总统受职后,即将拟派之国务总理,及国务员姓名,电知参议院求同意。

五、国务总理及国务员任定后,即在南京接收临时政府交代事宜。

六、孙大总统于交代之日始行解职。

此办法自为袁氏所乐从,三月十日在北京宣誓就职,专使蔡、汪等参加典礼,誓词如下:

民国建设造端,百凡待治,世凯愿竭其能力,发扬共和之精神,涤荡专制之瑕秽。谨守宪法,依国民之愿望,达国家于安全强固之域,俾五大民族同臻乐利。凡此志愿,率履勿渝,俟召集国会选定第一任大总统,即行辞职,谨掬诚悃,誓告同胞。

此种誓言,不过官样文章,宣誓者是否有敬畏之心,惟有于事实上表现而已。袁氏就职后,提唐绍仪为内阁总理,经参议院同意。三月二十五日,唐赴南京组织新内阁,二十九日,内阁人选确定:外交陆征祥,陆军段祺瑞,教育蔡元培,内务赵秉钧,海军刘冠雄,农林宋教仁,财政熊希龄,司法王宠惠,工商陈其美,交通原提梁如浩,遭否决,改由唐自兼,后任施肇基。唐内阁组织后,即接收南京临时政府,中山于四月一日正式解临时大总统职。四月五日参议院议决临时政府迁于北京,中华民国南北统一,在形式上遂告完成。中山邀绍仪加入同盟会,因此召袁之猜忌,不三阅月,而唐内阁即罢职,民国亦从此沦为军阀官僚之政治矣。

〔附记〕　北京兵变之事,说者皆谓袁世凯有意为之,以造成不能离京之苦肉计,惟曾任袁氏秘书长之张一麐所记则异是。《心太平室集》有云:"丙辰之事(按指袁世凯洪宪帝制),不自丙辰而始发,其所由来久矣。读者诸君不记民元正月之北京兵变乎?当南京政府之议决请袁项城南迁践位也,时则专使蔡元培、宋教仁入京就馆,某公子(按指袁克定)者素选事,召各镇中下级军官开会密议,议决以兵入东华门夺清帝位,效黄袍加身故事。是时禁卫军为冯国璋所统,不与谋。故火焚东华门,禁卫军抵御,不能入。兵无所泄,遂大掠东西二城,次及于天津。(原注:此事有某某君告余,暂隐其名。)"观此可知世凯固早有九五之志(见本书第一百七十二节),而克定亦久欲为太原公子矣。其结交汪兆铭、朱芾煌诸人,在辛亥授受之际,确发生极大作用。张氏记载或不虚。盖袁如自造兵变,则不足以证明其有留镇之必要,诚如蔡先生所云。亦足见帝制骤跻共和,倘非有如中山所拟之训政时期以过渡之,则历史渐变之原则,固不能僭越也。

(六) 辛亥革命之总评

辛亥革命之成功,虽曰推翻满清、建立民国,然距中山先生之国民革命目的尚远,其故皆由同盟会集合革命党之诸派,如华兴会、光复会、共进会,但知排满以承种族革命之绪,全不知当时中国在世界上所处之形势。盖中山提倡之民族革命,已不以排满为能事,而实欲建设革命政府,与满人和平共处于中国也。换言之,彼之民族革命对象,乃列强帝国主义而非满清皇室,此点既不能使党人豁然明了,更何有于民权民生?以故武昌起义后,中国同盟会本部《宣言》曰:

惟我黄祖,桓桓武烈,戡定祸乱,实肇中邦,以贻子孙。有明之时,遭家不造,覯此闵凶。蕞尔鞑虏,包藏祸心,乘间窥隙,盗窃神器。沦衣冠于豕鹿,夷华胄为舆台,遍绿水青山,尽兽蹄鸟迹。盖吾族之不获见天日者,二百六十余年。故老遗民,如史可法、黄道周、倪元璐、顾炎武、黄宗羲、王夫之诸人,严《春秋》夷夏之防,抱冠带沉沦之痛,孤军一旅,修戈矛于同仇;下笔千言,传楮墨于来世;或遭屠杀,或被焚毁,中心未遂,先后殂落。而义声激越,流播人间,父老遗传,尚在耳目。自延平(郑成功)以抵金田(洪秀全),吾伯叔、昆季、诸姑姊妹奉先烈遗志,报九世之仇,为争自由争人道而死者,实一千二百万人。於戏! 烈矣。

吾等生当斯时,顾瞻身影,纡轸中邦,潸然雪涕,谨承先志,勿敢陨越。用是驰骤四方,以求同德,持民族、民权、民生三大旨,期实行其志。设同盟会本部于日本东京,设支部于各省及欧洲、美洲、斐洲、澳洲、安南、暹罗、南洋群岛等处,凑其智能,以图大举,筚路篮缕,于今八年。或刊报纸,以扬汉风,或遣偏师,以寒虏胆。而惠州之役,萍乡之役,镇南之役,广州之役,良材骏雄,前仆后继,断脰决肠,维系牢狱,辗转人间,漂沦绝域者,何可指数! 以死者愈繁,益用自励,日居月诸,走无停足,诚欲于颓波横流之中,拯同胞于沉溺;铁骑金枪之下,返大汉之山河。此物此志,宁有他哉?

今者天亡索虏,人心思汉,朔风变楚,天下响应。智勇之师,其会如林,旬月之间,戡定东南大局,上而士夫,而下婴娓,皆知凌厉踔发,以求其友,云气飞扬,日月再现。虽将帅努力,士卒知方,而黄祖之灵,吾伯叔、昆季、诸姑姊妹克念旧烈,实深赖之。惟元凶尚在,中夏未清,封豕长蛇,荐食上国,不去庆父,鲁难未已。有同胞未离鬼趣,怅燕南实惨人疴。吾等罔敢自弛,以逸时会,忧惕之念,造次不衰。